魏晉南北朝方鎮年表新編

宋齊梁陳卷

魯力 著

本書爲 2012 年度國家社會科學基金項目
"魏晉南北朝方鎮年表考補"（項目批准號：12BZS026）成果

前　言

　　魏晉南北朝是一個大分裂時期,改朝換代頻繁,各朝疆域變化不定,地方行政區劃、地方行政制度及中央與地方的關係都頗爲複雜,對這些問題的研究,在一定程度上有賴於方鎮年表。前人在這方面已經做了大量的工作,南宋李燾編有《江左方鎮年表》,①現已不傳。目前所見,主要有萬斯同、吳廷燮兩家。萬氏編有《三國漢季方鎮年表》《魏方鎮年表》《晉方鎮年表》《東晉方鎮年表》《宋方鎮年表》《齊方鎮年表》6 表,②吳氏編有《漢季方鎮年表》《三國方鎮年表》《晉方鎮年表》《東晉方鎮年表》《宋齊梁陳方鎮年表》《後魏方鎮年表》《東西魏北齊周隋方鎮年表》7 表。③ 另外,還有洪飴孫所編《三國職官表》、④秦錫圭所編《補晉方鎮表》,⑤嚴耕望《兩漢太守刺史表》⑥也有涉及。其中,秦表隨處可見“略”“略表”,於晉穆帝永和元年荆州條又提到周氏,可知還有周氏所編兩晉方鎮年表,惜筆者并未查到。

　　以上諸表爲相關研究提供了很大的幫助,但就實際使用而言,仍

---

① ［元］脱脱等撰:《宋史》卷三八八《李燾傳》,北京:中華書局,1977 年,第 11920 頁。
② 以上諸表皆見《二十五史補編》,上海:開明書店,1936 年。
③ 以上諸表皆見吳廷燮:《歷代方鎮年表》,遼海書社本。
④ ［清］洪飴孫:《三國職官表》,《二十五史補編》第二册,上海:開明書店,1936 年。又見劉祜仁點校:《後漢書三國志補表三十種》,北京:中華書局,1984 年。
⑤ 秦錫圭:《補晉方鎮表》,《二十五史補編》第三册,上海:開明書店,1936 年。
⑥ 嚴耕望:《兩漢太守刺史表》,上海:商務印書館,1948 年。

存在不足。萬氏諸表以年爲經，以州爲緯，即按年代順序編排，在各年之下列出諸州，後附都督、刺史等長官，并對其官銜、事蹟、遷轉等情況略作説明。這種體例簡明方便，可快速檢索，并了解同一年内不同方鎮之間的關係，以及整體方鎮格局的前後變化，對研究政治史頗爲有利。惜萬表未注明史料出處，不知哪些年份有明確記載，哪些年份爲萬氏自己推斷，更無從了解都督、刺史等長官遷轉的背景或緣由，因此使用時仍要一一查對，不免重複勞動。吳氏諸表注明了部分史料，讓使用者省去了一些翻檢之勞，但問題較多。一是體例與萬表不同。吳氏諸表以鎮或州爲經，以年爲緯，即按鎮或州的順序編排，各鎮或州之下按年代順序列出都督、刺史等長官。這種體例有利於了解某一鎮或州之長官的前後遷轉，卻失去了萬表的優點，不利於了解同一年内不同方鎮之間的關係，以及整體方鎮格局的前後變化，只有按年代將各州重新排在一起纔可得知，對研究政治史頗爲不便。而且吳氏三國、晉二表皆爲都督、刺史分列，同居一州卻分見兩處，也增加了查詢的難度。二是梁、陳和北朝諸表列州甚少。因“天監以後，置州過多”，[1]“元魏既分，疆土愈狹，建州愈多”，[2]故吳表僅選列了部分相對重要的州，其中梁 19 州、陳 14 州、北魏 30 州、東魏 23 州、西魏 16 州、北齊 14 州、北周 29 州，這與本新編諸表所列都督、刺史等長官可考的州數比較，普遍相差 3 倍至 5 倍（詳後），大大降低了吳表的參考價值。三是史料闕略頗多。如宋、齊、梁、陳諸表多引本紀，很少引列傳。又近百年來出土了大量北朝墓誌，吳表多未及參考。四是地理沿革不明。南北朝後期州郡置廢頻繁，很難厘清，而吳表鮮作説明。洪飴孫《三國職官表》的相關部分體例略同吳表，其持節都督、監軍、司隸校尉等條略列人名、年份及出處，刺史只列人名，都没

---

① 吳廷燮：《宋齊梁陳方鎮年表・序録》，《歷代方鎮年表》。
② 吳廷燮：《東西魏北齊周隋方鎮年表・序録》，《歷代方鎮年表》。

有列史料,比較簡約。秦錫圭《補晉方鎮表》體例略同萬表,但全表略寫,如泰始元年豫州條書"都駿,四都揚還豫六雍監刺胡威附",①不查原文很難理解,使用很不方便。

　　另外,已有諸表都在不同程度上存在脱誤。以萬斯同《三國漢季方鎮年表》爲例,有些是人物的闕漏,如司隸校尉條闕榮邵、丁沖,冀州條闕壺壽,豫州條闕劉勳之兄(名不詳)、劉威,青州條闕孫毓,徐州條闕浩周,揚州條闕鄭泰,涼州條闕种劭,益州條闕嚴幹。有些是人名的錯誤,如初平二年豫州條之周喁誤爲周昂,建安四年幽州條之袁紹誤爲袁術。有些是時間的錯誤,如韋端爲涼州牧在初平三年後,萬表誤爲中平六年;劉虞拜太尉在中平六年,萬表誤爲初平元年;嚴綱被殺於初平二年,萬表誤爲三年;張繡降於曹操在建安四年,萬表誤爲三年;袁熙走烏桓、焦觸自稱幽州刺史皆在建安十年,萬表誤爲九年;馬騰入爲衛尉,馬超代領父衆在建安十三年,萬表誤爲十五年;馬超奔漢中,韓遂被殺於建安十九年,萬表誤爲十六年;孫權徙治秣陵在建安十六年,萬表誤爲十七年;曹操并十四州爲九州在建安十八年正月或三月,萬表同年司隸校尉、并州、幽州、涼州條皆誤爲五月;建安二十年張魯降,凡據漢中三十年,萬表誤爲十年。有些是説明文字的錯誤,如董卓中平六年爲并州牧,萬表誤爲"刺史";建安六年張魯領漢寧太守,萬表誤爲"鎮漢寧太守";建安七年自稱車騎將軍者爲袁譚,萬表誤爲袁尚;建安十九年馬超奔漢中,萬表誤爲"漢陽"。

　　針對以上情況,本新編諸表於漢季(中平六年以後)及魏、西晉、東晉、宋、齊五朝大體沿襲萬表,對有明顯脱誤處作補充、修訂,對各州重新排序,并一一查考史料出處,附於各州之後。於梁、陳、北魏、東魏、西魏、北齊、北周七朝則重新列表,體例上遵照萬表,將有都督、刺史等長官可考的州全部列入,并注明史料出處。對吴廷燮等所編

----

① 　秦錫圭:《補晉方鎮表》,《二十五史補編》第三册,第3399頁。

諸表，則予以參照，擇善而從。對有明顯出入或脱誤者，在按語中作出説明。

衆所周知，這一時期在州郡縣之上還有兼統軍事與民事、範圍及權力更大之都督區、總管區、行臺區，北魏還有與州并行之軍鎮，這些纔是嚴格意義上的鎮，僅有刺史出任的州不能稱爲鎮。而前引諸表雖多冠以方鎮之名，實際上只有吳廷燮之三國、晉二表及洪亮吉之《三國職官表》是都督區、州分列的，其餘皆以州爲單位羅列。那麼，以州爲單位來編排這一時期的方鎮年表是否合理呢？筆者的看法是肯定的。

首先，州的組織機構具有很强的軍事性質。州始設於漢武帝時期，本爲監察區劃，後逐漸演變爲行政區劃。至魏晉南北朝，由於軍事活動頻繁，州刺史不論任都督、總管、行臺與否，多加軍號，置軍府，因此各州一般有兩個僚佐系統，一爲州佐，如別駕、治中、部郡從事等，負責民事；一爲府佐，如長史、司馬、諮議參軍等，負責軍事，有論者稱之爲“府州僚佐雙軌制”。府佐地位在州佐之上，且不斷侵奪州佐之權，至北周時已有混合兩系的趨勢。隋統一後，便廢掉州佐，專以軍府之長史、司馬、諸曹參軍負責地方行政。當然，這一時期也有刺史不加軍號者，謂之單車刺史，但大抵限於曹魏、西晉，其後不僅數量很少，且由於史書時或省略軍號而難以甄別。方鎮年表强調的是軍事性質，既然刺史例加軍號，各州普置軍府，那麼以州爲單位來編排，將刺史列於表中，是完全有必要的。

其次，都督區、總管區、行臺區大體以州爲本位。都督制産生於東漢末年，此後通行於魏晉南北朝。都督的範圍大小不定，從一州、數州、十數州至數十州皆有，然不論怎樣變化，大體以州數多少來劃定。也有區域較爲特殊者，如曹魏之隴右、淮北都督，西晉之沔北都督，東晉之會稽、沔中都督，南朝之會稽都督，數量較少，也不出州的範圍。尤爲重要的是，這一時期的都督多兼治所所在州之刺史。都督在産生之初，本來只負責軍事，民事則由刺史負責，但曹魏時已有都督兼領刺史的情況。西晉太康年間，曾一度規定"都督知軍事，刺史治民，各用人"，然"惠帝末，乃并任"。[①] 此後東晉南北朝凡爲都督者，必領治所之刺史，不領刺史的情況很少見。北周改都督爲總管，只是名稱的變更，并非制度的創新。總管區域仍大體以州來劃定，總管也照例領治所之刺史，只是不領刺史的情況稍多，如益州、吳州、鄖州、徐州、相州等總管與治所之刺史都曾各自用人。北魏末年天下大亂，爲應付頻繁的軍事需要，中央於是在地方設置行臺，作爲尚書臺的地方分支機構。當時都督制仍然存在，行臺往往直接加於都督、刺史之上，行臺區與都督區大多吻合。東魏沿襲此制，至北齊時，大的都督區已比較少見，而行臺普遍設立，成爲地方行政的最高機構。東魏、北齊的行臺例兼治所之州刺史，并統轄鄰近若干州，這一點與都督、總管相同。比較特殊的是北魏的軍鎮，有學者考證出 93 個，大致分爲三類：不設州郡縣地區之鎮，皆位於北邊及西邊；與州并置且同治所之鎮，除雲中外，皆偏於東南及西南邊境；置於州内但轄區及治所獨立之鎮，位於前二類交匯處及東南地區。其中第二類鎮如長安、仇池、虎牢、彭城等，與州的關係非常密切，鎮大將例都督本州或兼督附近諸州，并有兼本州刺史者。太和中葉後，第二、三類鎮多改置爲州，至北魏末年，第一類鎮也全部改置爲州。此後雖仍有鎮（北周多稱防），但地位下降，已統屬於州。[②]

　　由此可知，州與鎮關係密切，很難截然分開。從編撰年表的操作層面上看，因爲都督、總管、行臺多兼州刺史，以州爲單位來編排方鎮

---

① ［梁］蕭子顯：《南齊書》卷一六《百官志》，北京：中華書局，2019 年，第364 頁。

② 以上關於州的組織機構及都督區、總管區、行臺區、軍鎮與州之關係，據嚴耕望《魏晉南北朝地方行政制度》（臺北："中研院"歷史語言研究所，1990 年）之相關章節概括、引申。

年表,可以將刺史、都督、總管、行臺的有關史料基本囊括進去。① 而反過來,由於州刺史不一定同時任都督、總管、行臺,如以都督區、總管區、行臺區爲單位來列表,則不僅會將刺史的有關史料大量遺落,而且使人無從了解都督、總管、行臺與所屬州刺史之間的統轄關係。這應是以前諸表多以州爲單位來編排的主要原因。本新編諸表遵循舊例,而不另列都督、總管、行臺表,理由也在於此。但以州爲單位列表也有缺陷,即只能從所引史料中了解哪些刺史加了都督、總管、行臺,而不能清晰呈現都督、總管、行臺的區劃與數量。嚴耕望《魏晉南北朝地方行政制度》於各朝都督、總管、行臺及軍鎮羅列甚明,胡阿祥、②牟發松③等復有深考,本新編諸表之序言參照已有研究作了概述,此不贅。

　　由於疆域變化,分割合并,魏晉南北朝各朝的州數總是處於變動狀態。這裏將各朝前後設置的總的州數(非特定時間點的州數),與本新編諸表所列有刺史、都督等長官可考的州數作一比較。東漢末年有 14 州(含司隸),即司隸、豫、兗、徐、青、冀、幽、并、雍、涼、益、荆、揚、交,新表同。曹魏 16 州,即司、豫、兗、徐、青、冀、幽、平、并、雍、秦、涼、梁、益、荆、揚,新表列 15 州,無秦州。④ 西晉 21 州,即司、豫、兗、徐、青、冀、幽、平、并、雍、秦、涼、梁、益、寧、荆、湘、揚、江、廣、交,新表同。東晉 27 州(含僑州,下同),即揚、徐、兗、青、并、幽、豫、江、北徐、北兗、北青、冀、荆、湘、雍、司(寄治合肥或襄陽)、司(治虎牢)、

① 　只有北魏在州域之外的北邊及西邊軍鎮難以列入。

② 　周振鶴主編,胡阿祥、孔祥軍、徐成著:《中國行政區劃通史·三國兩晉南朝卷》,上海:復旦大學出版社,2017 年。

③ 　周振鶴主編,牟發松、毋有江、魏俊杰著:《中國行政區劃通史·十六國北朝卷》,上海:復旦大學出版社,2017 年。

④ 　遼東爲公孫淵所據,魏曾置平州,以田豫爲刺史,蓋遙領。景元四年平蜀,得益州,分置梁州。秦州於魏初分隴右置,後廢,無刺史可考。

北雍、東秦、梁(寄治襄陽)、梁(治漢中或魏興)、秦、益、寧、安、廣、交,新表列 24 州,司州、梁州僑實合列,無安州。[①] 宋 28 州,即揚、東揚、南徐、南兗、南豫、江、徐、東徐、兗、豫、青、東青、冀、荆、湘、雍、北雍、郢、司、北豫、梁、南秦、北秦、益、寧、廣、越、交,新表同。[②] 齊 23 州,即揚、南徐、南兗、南豫、江、徐、兗、豫、青、冀、荆、湘、雍、郢、司、梁、南秦、巴、益、寧、廣、越、交,新表同。梁 168 州,[③]新表列 104 州。陳 78 州,[④]新表列 45 州。北魏 131 州,[⑤]新表列 96 州。[⑥] 東魏 98 州,[⑦]新表列 70 州。西魏 144 州,[⑧]新表列 101 州。北齊 108 州,[⑨]新表列 72 州。北周 262 州,[⑩]新表列 174 州。

---

① 安州於咸康四年分寧州置,七年廢,無刺史可考。

② 東揚、東徐、東青、北雍、北豫皆南朝宋孝武帝、明帝時暫置。

③ 《中國行政區劃通史·三國兩晉南朝卷》列 158 州(含寧蠻府、與梁州同治之南秦州;青冀、南北青、南梁北巴、西益潼各計爲 2 州;北益、沙計爲 1 州)。本書《梁方鎮年表》另有北豫、北司(治湖陂城)、潁、秦(治尉氏)、東荆、勞、西楚、洪、夏、南梁(在嶺南)10 州。南北朝後期州郡置廢無常,史書記載也不完整,難以準確統計,這裏所得總州數僅供參考和比較,非爲確數。僑州皆納入統計,有些州不能確定是僑置還是遥領,也納入統計,可以肯定爲遥領的州不納入統計。梁及以下各朝州數太多,此不備列,分見各表。

④ 《中國行政區劃通史·三國兩晉南朝卷》列 75 州(豐閩、南北青各計爲 2 州)。本書《陳方鎮年表》另有梁、益、沙 3 州。

⑤ 《中國行政區劃通史·十六國北朝卷》列 128 州,本書《北魏方鎮年表》另有義(治弘農)、廣(分并肆置)、衡 3 州。

⑥ 對州名改變但領地及治所不變者不重複統計。

⑦ 《中國行政區劃通史·十六國北朝卷》列 87 州,本書《東魏方鎮年表》另有汾、南岐、華、東夏、河、東義、南益、荆、東荆、南荆、通 11 州。

⑧ 《中國行政區劃通史·十六國北朝卷》列 123 州,本書《西魏方鎮年表》另有東洛、兗、濟、南兗、潁、豫、東豫、建(治車箱)、蒲、晉(治絳)、并、瀛、營、青、徐、北徐、東徐、南青、揚、南郢、殷 21 州。

⑨ 《中國行政區劃通史·十六國北朝卷》列 98 州,本書《北齊方鎮年表》另有東朔、汾、岐、豳、涼、鄯、河、東秦、通、宜 10 州。

⑩ 《中國行政區劃通史·十六國北朝卷》列 259 州,本書《北周方鎮年表》另有武(治武陵)、營、東揚 3 州。

　　本新編諸表的史料來源以正史爲主，其他如雜史、方志、文集、類書、碑刻等也盡量採集。其中正史對魏晉南朝方鎮遷轉的記載相對完整，對北朝的記載則頗爲闕略，而大量北朝墓誌的出土，在很大程度上彌補了這一不足，這裏略作説明。

　　墓誌中有些誌主不見於史書，有些内容詳於史書，正可作爲年表的補充，自不待言。於年表編撰而言，墓誌還爲年份的斷定提供了重要依據。如《隋書・尒朱敞傳》載敞於周天和至隋開皇間歷信、臨、熊、潼、南光、膠州刺史，[①]但没有具體年份，無法準確列於表中，而《尒朱敞墓誌》不僅年份甚明，而且對官職的記載詳於正史。[②]　墓誌還可糾正史書記載的失誤。如《北齊書・李稚廉傳》載："顯祖嘗召見，問以治方……以應對失宜，除濟陰郡守，帶西兗州刺史。"[③]刺史領郡守很常見，郡守帶刺史則難以理解。而《李稚廉墓誌》載其歷"濟陰太守、西兗州長史、太府少卿、廷尉少卿"等，[④]知傳之"刺史"當爲"長史"之誤，也使本表避免了將李稚廉作爲刺史列入。

　　但墓誌内容也不可全以爲據。一是墓誌中有很多官職是贈官。贈官是死後所贈，自然不能列入年表。有些墓誌對是否爲贈官有明確的説明，有些則没有；對没有説明的，有些可以參照史書得知，有些則不能確知。如《元羽墓誌》載羽爲"使持節、侍中、司徒公、驃騎大將軍、冀州刺史"，[⑤]參其本傳，全爲死後所贈。[⑥]《李伯欽墓誌》載其

<hr>

① 〔唐〕魏徵等：《隋書》卷五五《尒朱敞傳》，北京：中華書局，2020 年，第 1549 頁。

② 王其禕、周曉薇編著：《隋代墓誌銘彙考》第二冊，北京：綫裝書局，2007 年，第 18 頁。

③ 〔唐〕李百藥：《北齊書》卷四三《李稚廉傳》，北京：中華書局，1972 年，第 572 頁。

④ 毛遠明：《漢魏六朝碑刻校注》第十冊，北京：綫裝書局，2008 年，第 55 頁。

⑤ 趙超：《漢魏南北朝墓誌彙編》，天津：天津古籍出版社，2008 年，第 40 頁。

⑥ 〔北齊〕魏收：《魏書》卷二一上《廣陵王羽傳》，北京：中華書局，2018 年，第 623 頁。

父佐歷"懷相荆秦四州刺史",①據李佐本傳,懷相荆三州刺史爲實職,秦州刺史則是死後所贈。②《侯君妻張列華墓誌》載其爲"幽州使君、范陽文康公之孫,相州使君、廣平簡公之女",③參照史書,范陽公爲張袞,幽州刺史爲實職;廣平公爲張白澤,而相州刺史爲贈官。④《元弼墓誌》載其父崙爲"秦雍二州刺史",而元崙本傳僅載其爲秦州刺史,⑤其雍州刺史則不能確定,"蓋卒後贈官"。⑥ 二是墓誌中有些官職疑爲遥領。如《宇文顯和墓誌》載顯和隨魏孝武帝西遷,宇文泰"即用爲帳内大都督、都督倉州諸軍事、倉州刺史",⑦倉州當即滄州,時爲高歡所控制,顯和不可能前往任職,史書中也未見西魏僑置滄州,疑顯和爲遥領。又如《趙熾墓誌》載熾"除使持節、都督鄩州諸軍事、車騎大將軍、鄩州刺史",天統初,除常山太守。⑧《吴遷墓誌》載遷天統五年"除使持節、幽州諸軍事、幽州刺史"。⑨ 鄩州、幽州屬西魏、北周,東魏、北齊未見僑置,疑趙熾、吴遷皆爲遥領。三是墓誌中有些官職爲杜撰。如《秦洪墓誌》載其高祖凱爲"晉泰始授持節、東莞校尉、鎮西將軍、秦州刺史",趙萬里認爲"於史俱無徵。誌叙先世事,疑出私譜杜撰,或緣飾他事爲之"。⑩查《晉書》,秦州泰始五年

---

① 羅新、葉煒:《新出魏晉南北朝墓誌疏證》,北京:中華書局,2016年,第58頁。

② 《魏書》卷三九《李佐傳》,第988—989頁。

③ 毛遠明:《漢魏六朝碑刻校注》第四册,第92頁。

④ 《魏書》卷二四《張袞傳》,第688、691頁。

⑤ 《魏書》卷一五《元崙傳》,第443頁。

⑥ 趙萬里:《漢魏南北朝墓誌集釋》,《石刻史料新編》第三輯第三册,臺北:新文豐出版公司,1986年,第65頁。

⑦ 毛遠明:《漢魏六朝碑刻校注》第十册,第268頁。

⑧ 毛遠明:《漢魏六朝碑刻校注》第九册,第278頁。

⑨ 趙超:《漢魏南北朝墓誌彙編》,第447頁。

⑩ 趙萬里:《漢魏南北朝墓誌集釋》,《石刻史料新編》第三輯第三册,第141頁。"東莞校尉"當爲"東羌校尉"之誤。

置,胡烈、杜預、向雄先後任刺史,秦凱無由出任,趙説是。《司馬紹墓誌》載其爲晉“使持節、鎮北將軍、徐兗二州刺史……司馬叔璠之孫”。[①] 徐兗二州爲東晉重鎮,東晉後期先後由謝琰、司馬元顯、桓脩、劉裕等宗室近屬或權臣出鎮,班班可考。司馬叔璠爲宗室疏屬,出鎮徐兗的可能性很小,史書中亦無記載,應爲杜撰。上引《吳遷墓誌》載遷爲“宋丞相、楊州刺史吳金昌十二世之玄孫”,揚州爲京師所在,出任刺史者皆非等閑之輩,劉宋絶無吳氏任丞相、揚州刺史者,吳金昌之官職顯爲杜撰。《緱光姬墓誌》載光姬爲“宋使持節、都督青徐齊三州諸軍事、齊州刺史永之孫”,[②]宋無齊州,應爲杜撰。《孟元華墓誌》載“高祖孟君,宋車騎將軍、江州刺史。……宗祖宋征虜將軍、交州刺史”,[③]劉宋刺江州、交州者歷年可考,無孟姓。《宋永貴墓誌》載其曾祖丞歷“桑干郡守、恒州刺史”,宋永貴於“周天和四年出身”,[④]據之推算,宋丞約爲北魏孝文、宣武時人,時恒州治平城,任刺史者非宗室即勳貴,宋丞似不得出任,疑爲杜撰。另外,隋唐墓誌多有記載父祖任前代刺史、都督、總管者,然傳世文獻不載,年份不明,其中不少亦當屬贈官或杜撰。對於死後所贈及杜撰的官職,能夠確定者,本新編諸表皆未列入。如不能確定,則在按語中加以説明。

　　本新編諸表所涉史料甚廣,筆者雖盡力搜求,仍難免脱漏。很多都督、刺史等長官的遷轉年份史書没有明確記載,以北朝諸史爲甚,有些可以通過互相參照得知,有些則無法判定,只能據相關史料大致估計一個時間插於表中。對年份不明者,本新編諸表皆在按語中注“年不明”字樣,以免引起誤解。

① 毛遠明:《漢魏六朝碑刻校注》第四册,第 168 頁。
② 王連龍:《新見北朝墓誌集釋》,北京:中國書籍出版社,2012 年,第 50 頁。
③ 毛遠明:《漢魏六朝碑刻校注》第五册,第 170 頁。
④ 陸增祥:《八瓊室金石補正》,《石刻史料新編》第一輯第六册,臺北:新文豐出版公司,1977 年,第 4442 頁。

目　録

凡　例

一、本新編諸表包括漢季、魏、西晉、東晉、宋、齊、梁、陳、北魏、東魏、西魏、北齊、北周 13 個方鎮年表。本卷爲宋齊梁陳卷。其中，漢季至齊 6 表有關都督、刺史的遷轉大體沿襲萬斯同諸表，對有明顯脱誤處作了補充、修訂，對各州重新排序，并附上史料出處。梁至北周 7 表爲新編。

二、除萬氏諸表外，前人所編這一時期的方鎮年表還有吴廷燮《漢季方鎮年表》《三國方鎮年表》《晉方鎮年表》《東晉方鎮年表》《宋齊梁陳方鎮年表》《後魏方鎮年表》《東西魏北齊周隋方鎮年表》及秦錫圭《補晉方鎮表》，嚴耕望《兩漢太守刺史表》、洪飴孫《三國職官表》也有涉及。本新編諸表參照以上諸表，對有明顯出入者在按語中作出説明。

三、各表前加序言，略述各朝疆域變遷、州鎮沿革及都督、刺史等長官之任用。

四、各表大體遵照萬表體例，先列年代，次列諸州，州後列都督、刺史等，并對官銜、遷轉等事項略作説明。

五、各表於第一年列出本朝有都督、刺史等長官可考的全部州名（非本朝的全部州名），以後各年有長官可考者則列，無則不列，死後所贈及杜撰的官職不列入。對各朝之内地望、治所不變但名稱變更的州，在第一年并排列出，以後各年只列當年的州名。如北魏天興中置司州，治平城，太和十七年改稱恒州，仍治平城。本《北魏方鎮年表》於第一年（皇始元年）并列“［司州］［恒州］”，太和十七年前只列

“［司州］”，太和十七年後只列“［恒州］”。對雙頭州，第一年及以後各年皆并排列出，如“［青州］［冀州］”“［梁州］［南秦州］”。

六、對各表第一年所列諸州，皆參照正史紀傳和地志、後人所補正史地志、《元和郡縣圖志》《太平寰宇記》及《中國行政區劃通史》（三國兩晉南朝卷和十六國北朝卷）等略述沿革。

七、梁陳及北魏以後州數較多，本新編相應諸表大致以都城所在爲中心按地理方位排序。梁、陳：江表、淮南、淮北、江漢、山南、劍南、嶺南。北魏：河南、河北、關中、隴右、山南。東魏、北齊：河北、河南、淮南。西魏、北周：關中、隴右、山南、劍南、河北、河南、淮南。

八、各州下羅列史料出處。首條史料列書名、卷數和篇名，後面連續出現於同書的史料則只列卷數和篇名。史料中無直接關係的內容略去，以省略號表示。因省略而致人物、時間不明者，加上括弧，補入人名、時間。

九、對有疑問處加按語説明。由於史書記載闕略，許多都督、刺史等長官不能判明準確的任職年份，本新編諸表據相關史料估計其大致時間，列於表中，并在按語中注“年不詳”字樣。大致時間亦難以推知者，集中列於各表最後一年的相關州下。

十、本新編諸表羅列史料時只標書（篇）名和卷數，詳細的版本信息見書後所附參考文獻。對部分引用較多的書用簡稱，簡稱書名附於本條參考文獻之後。

宋 方 鎮 年 表

　　宋初承晉，與魏隔河對峙。劉裕死後，魏軍南下，克滑臺、金墉、虎牢，得河南地。元嘉中，文帝數次北伐，然勞而無功，徒增紛擾。泰始中，北境諸將或降或没，宋復失淮北青、冀、徐、兗四州及豫州淮西，只得臨淮而守。宋時諸州多有分割，前後共置二十八州，即揚、東揚、南徐、南兗、南豫、江、徐、東徐、兗、豫、青、東青、冀、荆、湘、雍、北雍、郢、司、北豫、梁、南秦、北秦、益、寧、廣、越、交。

　　宋時都督區之明顯變化，是由大劃小，轄區縮小而數量增多，且各都督區間的統屬關係更爲複雜。（一）揚州都督區。鎮建康。常督揚、南徐二州。先後都督揚州者有劉義康、劉義恭、劉子尚、劉休仁、劉準、劉燮六人（劉義宣曾都督揚豫二州，未之任，不計），其中劉義康初都督揚、南徐、南兗三州，卻爲南徐州刺史，劉義恭初都督揚、南徐、南兗三州，卻未任刺史，劉子尚、劉休仁、劉燮皆以揚州刺史都督揚、南徐二州，劉準以揚州刺史都督揚、南豫二州。另有揚州刺史（牧）十人，皆不督揚州。宋初罷會稽郡府，元嘉末復承東晉，於揚州都督區內置會稽都督區，以會稽太守督浙江東會稽、東陽、新安、永嘉、臨海五郡。孝武帝曾以此五郡分置東揚州，後罷揚州爲王畿，改東揚州爲揚州。前廢帝時又罷王畿爲揚州，改揚州爲東揚州，旋罷東揚州。東晉以降，宰相常帶揚州都督、刺史，宋時揚州刺史常不加都督，加都督者其轄區也大爲縮小，權力被明顯削弱。（二）南徐州都督區。鎮京口。宋初改徐州爲南徐州；南徐州刺史常督南徐、南兗二州，泰始後常加督徐、兗、青、冀等州，宋末蕭道成曾以南徐州刺史都督十六州。南徐州又時爲揚州所督。（三）南兗州都督區。鎮廣陵，元嘉末曾暫鎮盱眙。宋初徐兗合鎮，後改兗州爲南兗州，以南兗州刺史督南徐、南兗之江北淮南。元嘉八年割江淮間爲境，南兗州始有實土，刺史後遂常督南兗、徐、兗、青、冀等州，督區擴至淮北，元嘉末劉義恭曾以南兗州刺史都督十三州。南兗州又時爲南徐州所督。（四）徐州都督區。初鎮彭城，泰始中淮北没於魏，遷鎮鍾離。宋初改北徐州爲徐州，徐州刺史常督徐、兗、青、冀等州及豫州之梁郡，且時兼兗州刺史。兗州、青州、冀州刺史時加都督，此數州遂另爲都督區，然常爲徐州所督。徐州又時爲南兗、南徐州所督。（五）南豫州都督區。鎮歷陽、姑熟或宣城。宋初分豫州淮東置南豫州，南豫州刺史常督南豫、豫、司、雍、秦、并等州，大明後不督雍、秦、并。南豫州時并入豫州。（六）豫州都督區。鎮壽陽。宋初以淮西爲豫州，泰始中淮西没於魏，復於淮東分立二豫，豫州刺史常督豫、司、雍、秦、并等州，大明後不督雍、秦、并。司州刺史時加都督，司州遂另爲都督區，然常爲豫州、郢州所督。分置二豫時，豫州又常爲南豫州所督。（七）江州都督區。鎮尋陽或豫章。江州刺史常督江州及豫州之西陽、新蔡、晉熙三郡。（八）荊州都督區。鎮江陵。荊州刺史常督荊、湘、益、寧、雍、梁、南北秦八州。湘州、益州、雍州、梁南秦二州刺史時加都督，此數州遂另爲都督區，然多爲荊州所督。（九）湘州都督區。鎮臨湘。宗王任湘州刺史時常督湘州。（十）益州都督區。鎮成都。益州刺史常督益寧二州。（十一）雍州都督區。鎮襄陽。宋初雍州寄治襄陽，雍州刺史常督雍、梁、南北秦四州及荊州之南陽、竟陵、順陽、義陽、新野、隨六郡。元嘉二十六年割襄陽、南陽、新野、順陽爲雍州，雍州始有實土，刺史後遂常督雍、梁、南北秦四州及竟陵、隨二郡。雍州雖爲荊州所督，然元嘉後實力大增，時以宗王爲都督、刺史。（十二）郢州都督區。鎮夏口。孝建元年分荊、湘、江、豫州置郢州，郢州刺史常督郢州及司州之義陽。（十三）廣州都督區。鎮番禺。

廣州刺史常督廣、交二州,宋末分廣、交二州置越州,遂加督越州。交州刺史偶加都督,交州遂另爲都督區,然爲廣州所督。綜上,宋時方鎮仍存東晉格局,揚、南徐、南豫、荆州爲核心都督區,揚州督南徐,南徐督南兗,南兗督徐州,南豫督豫州,荆州督湘州、益州、雍州,江州、郢州、廣州則較少被督,相對獨立。然各核心都督區的直接轄區(都督所帶刺史之州)較東晉大爲縮小,力量被大幅削弱,不同都督區間的統屬關係也更爲複雜,從而有利於減輕地方對中央的威脅。就南北對峙形勢而言,這種方鎮格局卻導致南方力量分散,難以協調,常在南北爭奪中處於劣勢。

與西晉類似,劉宋也採用宗王出鎮、以内制外的方式控制地方,核心都督區多任用宗王,中間都督區也常任用宗王,外圍都督區則多任用異姓。核心都督區中,宗王任都督、刺史者佔絕大多數。"揚州根本所係",先後任都督、刺史(牧)者十六人(含單任刺史者,下同),異姓僅見徐羨之、王弘、殷景仁、王景文、蕭道成五人。南徐州鎮京口,劉裕遺詔"京口要地,去都邑密邇,自非宗室近戚,不得居之",先後任都督、刺史者十七人,異姓僅見一人,即宋末的蕭道成。南豫州先後任都督、刺史者二十五人,異姓雖多至十人,然其中七人任於宋末後廢帝、順帝時。"荆州居上流之重,地廣兵強,資實兵甲,居朝廷之半,故高祖使諸子居之",先後任都督、刺史者十五人,異姓僅見謝晦、朱脩之、沈攸之、蕭嶷四人。中間都督區中,宗王與異姓任都督、刺史者約各佔一半。會稽(含由其改置之東揚州、揚州)十二人(單任會稽太守者不計)中有宗王六人,南兗州三十五人中有宗王十七人,江州二十二人中有宗王十二人,湘州二十二人中有宗王十二人,唯郢州宗王較少,十三人中有宗王三人。外圍都督區中,宗王任都督、刺史者很少,異姓佔絕大多數。徐州三十三人中有宗王七人,兗州三十二人中有宗王一人,豫州二十三人中有宗王四人,雍州二十七人中有宗王六人,廣州三十人中有宗王五人(此五人皆未之鎮),其餘青、冀、司（宋初劉義康領司州不計）、梁南秦、益、寧、越、交等州皆無宗王出鎮。外圍都督區軍事活動頻繁，安邊守土的重任多由異姓承擔。

　　宗王出鎮制最初對劉宋皇權的鞏固起了重要的作用。劉裕死後，徐羨之等人廢殺少帝，欲專權柄，但出鎮荆州的劉義隆實力强大，最終除掉徐羨之等，避免了權臣當政局面的重現。然宗王出鎮制本質上是一種家國合一的制度，它高度依賴血緣關係來實現中央對地方的控制，而血緣關係必然會一代代地疏遠，其對皇權的維護作用脆弱而短暫。宗王於皇帝爲子，於太子則爲弟；於皇帝爲弟，於太子則爲叔。太子一旦登位，原宗王與皇帝的關係即疏遠一代，雙方很容易相互猜忌甚至殘殺，從而形成一輪輪的惡性循環。綜觀整個劉宋，除末年的傀儡順帝外，新皇帝即位後都會產生激烈的兄弟或叔侄之争，如劉義隆廢劉義康、劉駿討劉劭、劉義宣舉兵、劉誕被殺、泰始之亂、劉休範舉兵等。頻繁的内争削弱了宗室的力量，長期征戰的蕭道成得以不斷擴張勢力，並最終取代劉宋。

武帝永初元年庚申（420）　　六月，劉裕即位。

［揚州］承東晉置，治建康。大明三年罷州，以其地爲王畿。八年，罷王畿，復立揚州。

盧陵王義真　刺史。

　　《宋書》卷六一《盧陵王義真傳》：“永初元年……移鎮東城。”按：置王畿事見是年東揚州條。萬斯同《宋方鎮年表》無揚州，見其所編《宋將相大臣年表》。

［東揚州］孝建元年分揚州五郡置，大明三年稱揚州，八年復稱東揚州，永光元年并入揚州。

　　《宋書》卷三五《州郡志一》揚州：“孝建元年，分揚州之會

稽、東陽、新安、永嘉、臨海五郡爲東揚州。大明三年罷州，以
其地爲王畿，以南臺侍御史部諸郡，如從事之部傳焉，而東揚
州直云揚州。八年，罷王畿，復立揚州，揚州還爲東揚州。前
廢帝永光元年，省東揚州并揚州。"按：萬表闕東揚州條。

[**南徐州**]　永初二年，改徐州爲南徐州，治京口。元嘉八年，以江北
爲南兗州，江南爲南徐州。

　長沙王道憐　司空、都督徐兗青三州揚州之晉陵京口諸軍事、徐
兗二州刺史。進位太尉。八月，省青州。

　　　《宋書》卷三五《州郡志一》南徐州："武帝永初二年，加徐
州曰南徐，而淮北但曰徐。文帝元嘉八年，更以江北爲南兗
州，江南爲南徐州，治京口，割揚州之晉陵、兗州之九郡僑在江
南者屬焉，故南徐州備有徐、兗、幽、冀、青、并、揚七州郡邑。"
卷五一《長沙王道憐傳》："高祖受命，進位太尉，封長沙
王……持節、侍中、都督、刺史如故。"《劉襲墓誌》（《墓誌集
成》一三七五）："曾祖宋孝皇帝。祖諱道鄰，字道鄰，侍中、太
傅、長沙景王。"顏師古《匡謬正俗》卷五《宋書》："宋高祖弟道
鄰、道規二人……史牒誤爲'憐'字，讀者就而呼之，莫有知其
本實。余家嘗得《宋高祖集》十卷，是宋元嘉時秘閣官書，所載
'道鄰'字，始知'憐'者是錯。"按："憐"字當誤，然流傳已久，
本表仍之。道憐督揚州之晉陵京口見永初三年南徐州條。

[**南兗州**]　永初三年，改兗州爲南兗州，治廣陵。元嘉八年，割江淮
間爲境。二十八年，徙治盱眙。三十年，并入南徐，是年復置，還
治廣陵。

　長沙王道憐

　　　《南齊書》卷一四《州郡志上》南兗州："晉末以廣陵控接
三齊，故青、兗同鎮。宋永初元年，罷青并兗。三年，檀道濟始
爲南兗州，廣陵因此爲州鎮。"《宋書》卷三五《州郡志一》南兗

州：“文帝元嘉八年，始割江淮間爲境，治廣陵。……元嘉二十八年，南兗州徙治盱眙。三十年，省南兗州并南徐，其後復立，還治廣陵。”卷五《文帝紀》：“（元嘉三十年）正月……以南兗州并南徐州。”卷六《孝武帝紀》：“（元嘉三十年）六月……還分南徐立南兗州。”

[**南豫州**]　永初三年分淮東置，後二豫多次分合，常治歷陽。

　　《宋書》卷三《武帝紀下》：“（永初三年）二月丁丑，詔曰：‘豫州南臨江澍，北接河、洛，民荒境曠，轉輸艱遠，撫莅之宜，各有其便。淮西諸郡，可立爲豫州，自淮以東，爲南豫州。’”卷三六《州郡志二》南豫州：“永初三年，分淮東爲南豫州，治歷陽；淮西爲豫州。文帝元嘉七年合二豫州爲一，十六年又分，二十二年又合，孝武大明三年又分。五年，割揚州之淮南、宣城又屬焉。徙治姑孰。明帝泰始二年又合，而以淮南、宣城還揚州。九月又分，還治歷陽。三年五月，又合。四年，以揚州之淮南、宣城爲南豫州，治宣城，五年罷。時自淮以西，悉没寇矣。七年，復分歷陽、淮陰、南譙、南兗州之臨江立南豫州。……淮東自永初至于大明，便爲南豫，雖乍有離合，而分立居多。爰自泰始甫失淮西，復於淮東分立兩豫。”卷八《明帝紀》：“（泰始五年）二月丙申，分豫州、揚州爲南豫州。……六月……罷南豫州。”卷七九《廬江王褘傳》：“泰始五年……出鎮宣城。”按：萬表是年南豫州條注“永初二年置，治壽陽”，年份及治所皆誤。《州郡志》云泰始四年立南豫州，據《明帝紀》及《褘傳》，當在五年。

[**江州**]　承東晉置，治尋陽或豫章。

　　王弘　監江州豫州之西陽新蔡二郡諸軍事、撫軍將軍、江州刺史。

　　《宋書》卷四三《徐羨之傳》：“上初即位，思佐命之功，詔

曰：‘……監江州豫州之西陽新蔡諸軍事、撫軍將軍、江州刺史
華容侯王弘……使持節、雍梁南北秦四州荆州之河北諸軍事、
後將軍、雍州刺史關中侯趙倫之，使持節、督北徐兖青三州諸
軍事、征虜將軍、北徐州刺史南城男劉懷慎……並宜與國同
休，饗兹大賚……’”

[徐州]　永初二年，改北徐州爲徐州，治彭城。泰始中，淮北没於
　　魏，僑立徐州，治鍾離。

　　劉懷慎　督北徐兖青三州諸軍事、征虜將軍、北徐州刺史。進號
　　平北將軍。

　　　　《宋書》卷三五《州郡志一》徐州：“明帝世，淮北没寇，僑
　　　立徐州，治鍾離。泰豫元年，移治東海朐。後廢帝元徽元年，
　　　分南兖州之鍾離、豫州之馬頭，又分秦郡之頓丘、梁之穀熟、
　　　歷陽之酇，立新昌郡，置徐州，還治鍾離。”卷三《武帝紀下》：
　　　“七月……征虜將軍、北徐州刺史劉懷慎進號平北將軍。”按：
　　　徐州沿革參見是年南徐州條。劉懷慎參見是年江州條。

[東徐州]　泰始三年置，治團城。泰始四年没於魏。

　　　　《宋書》卷八《明帝紀》：“（泰始三年）十一月……分徐州
　　　置東徐州，以輔國將軍張讜爲刺史。”卷八八《薛安都傳》：“東
　　　安、東莞二郡太守張讜守團城，在彭城東北。始同安都，末亦
　　　歸順，太宗以爲東徐州刺史。”《魏書》卷六一《張讜傳》：“及革
　　　徐兖，讜乃歸順於尉元。”

[兖州]　承東晉置，初治滑臺。永初三年滑臺陷，兖州或置或罷，先
　　後治湖陸、鄒山、彭城、須昌、瑕丘等。泰始中，淮北没於魏，僑立
　　兖州，寄治淮陰。

　　申永　刺史。徵還。

　　張基　刺史。

　　　　《宋書》卷三五《州郡志一》兖州：“武帝平河南，治滑臺，文

帝元嘉十三年，治鄒山，又寄治彭城。二十年，省兗州，分郡屬徐、冀州。三十年六月復立，治瑕丘。……宋末失淮北，僑立兗州，寄治淮陰。"卷四《少帝紀》："（永初三年）十二月庚戌，魏軍克滑臺。"卷九五《索虜傳》："景平元年……虜悦勃大肥率三千餘騎，破高平郡所統高平、方與、任城、金鄉、亢父等五縣……兗州刺史鄭順之戍湖陸，以兵卒不敢出。"《通鑑》卷一二四元嘉二十一年十月："以左軍將軍徐瓊爲兗州刺史……徙兗州鎮須昌。"《宋書》卷六五《申恬傳》："永歷青、兗二州刺史。高祖踐祚，拜太中大夫。"《張安姬墓誌》（《墓誌集成》二六八）："大魏正光二年……張墓誌銘。諱字安姬，兗東平人也。故兗州刺史張基之孫，濟南太守張憘之女。年十三，因遭（羅）〔罹〕難，家戮沒宮。……春秋六十有五……奄焉上世。春二月卒於洛陽宮。"趙萬里釋（《墓誌集釋》卷二）："安姬……罹難沒宮時，當在魏獻文皇帝皇興三年。……魏之濟南郡隸齊州，即劉宋之冀州，皇興三年更名。史、誌互證，安姬先世俱官劉宋，其祖占籍任所，故稱東平人也。"按：永初後兗州刺史大略可考，張安姬生於大明元年，其祖基蓋仕於宋初，列於此。

[**豫州**]　永初三年分淮西置，治壽陽。泰始中，淮西没於魏，復於淮東分立二豫。或稱豫州爲西豫州。

彭城王義康　冠軍將軍、督豫司雍并四州徐州之鍾離荆州之義陽諸軍事、豫州刺史，領司州。進號右將軍。

　　　《宋書》卷六八《彭城王義康傳》："永初元年……進號右將軍。"校勘記："本書卷四九《虞丘進傳》云：'元熙二年，宋王令書以爲高祖第四子義康右將軍司馬。'……是義康於晉末已進號爲右將軍之證。"卷三六《州郡志二》豫州："《永初郡國》、何、徐寄治睢陽，而郡縣在淮西。"《廿二史考異》卷二三《宋書一·州郡志二》豫州："睢陽即壽陽也。晉末僑立南梁郡於壽

陽,并置睢陽縣,後乃省壽陽入睢陽,名實之混淆如此。"同卷
《宋書一‧後廢帝紀》:"當時本有西豫之稱,殆以壽陽故稱西
府,因以西豫呼之,而宋、齊二《志》不以西豫標目者,以其未著
甲令也。"按:豫州沿革參見是年南豫州條。

[青州] 永初元年,省青州,改北青州爲青州,治東陽。孝建三年,
移治歷城。大明八年,還治東陽。泰始中,淮北没於魏,於鬱洲
僑立青州。

傅弘仁 刺史。

《宋書》卷三六《州郡志二》青州:"後省南青州,而北青州
直曰青州。孝武孝建二年,移治歷城。大明八年,還治東陽。
明帝失淮北,於鬱洲僑立青州。"卷五〇《垣護之傳》:"(孝建)
二年……復督青冀二州諸軍事、寧遠將軍、青冀二州刺史,鎮
歷城。明年,進號寧朔將軍。進督徐州之東莞東安二郡軍事。
世祖以歷下要害,欲移青州并鎮歷城。議者多異。護之曰:
'青州北有河、濟,又多陂澤,非虜所向。每來寇掠,必由歷城,
二州并鎮,此經遠之略也。北又近河,歸順者易,近息民患,遠
申王威,安邊之上計也。'由是遂定。"《通鑑》卷一二八孝建三
年胡注:"青州本治東陽,冀州治歷城,今并爲一鎮。"《宋書》
卷三《武帝紀下》:"六月……中領軍劉義欣爲青州刺
史。……八月……罷青州并兗州。"卷五一《長沙王義欣傳》:
"歷中領軍,征虜將軍、青州刺史,魏郡太守,將軍如故,戍石
頭。"《比丘尼傳》卷二《景福寺慧果尼傳》:"宋青州刺史北地
傅弘仁,雅相歡貴,厚加賑給。以永初三年,割宅東面,爲立精
舍,名曰景福。"《水經注》卷一六《穀水注》:"孫暢之嘗見青州
刺史傅弘仁説,臨淄人發古冢,得銅棺。"卷二六《淄水注》:
"孫暢之所云:青州刺史傅弘仁言得銅棺隷書處。"《宋書》卷
五五《傅僧祐傳》:"祖父弘仁,高祖外弟也。以中表歷顯官,

征虜將軍、南譙太守,太常卿。”《南史》卷七〇《傅琰傳》:“北
地靈州人也。曾祖弘仁,宋武帝之外弟,以中表歷顯官,位太
常卿。”《梁書》卷四二《傅岐傳》:“高祖弘仁,宋太常。”按:劉
義欣所任爲僑置之青州,即《宋志》所云之南青州,是年廢,
《宋書考論》卷一云南青州“終宋世不復設”,本表不列,附於
此。傅弘仁所任當爲東陽之青州,正史皆失載。

［東青州］泰始四年置,治不其城。尋没於魏。

　　　　《宋書》卷八《明帝紀》:“(泰始四年)八月……分青州置
東青州,以輔國將軍沈文靖爲東青州刺史。”卷八八《沈文秀
傳》:“虜圍青州積久,太宗所遣救兵並不敢進,乃以文秀弟征
北中兵參軍文靜爲輔國將軍,統高密、北海、平昌、長廣、東萊
五郡軍事,海道救青州。文靜至東萊之不其城,爲虜所斷遏,
不得進,因保城自守,又爲虜所攻,屢戰輒尅,太宗加其東青州
刺史。四年,不其城爲虜所陷,文靜見殺。”

［冀州］元嘉九年置,治歷城。泰始中没於魏。

　　　　《宋書》卷三六《州郡志二》冀州:“文帝元嘉九年,又分青
州立,治歷城,割土置郡縣。”《魏書》卷五〇《慕容白曜傳》:
“(皇興)二年,(冀州刺史)崔道固及兗州刺史梁鄒守將劉休
賓並面縛而降。”按:魏皇興二年即宋泰始四年。

［荊州］承東晉置,治江陵。

宜都王義隆　西中郎將、都督荊益寧雍梁秦北秦七州豫州之河
南廣平揚州之義成松滋四郡諸軍事、荊州刺史。進號鎮西
將軍。

　　　　《宋書》卷三《武帝紀下》:“八月戊午,西中郎將、荊州刺
史宜都王義隆進號鎮西將軍。”卷五《文帝紀》:“永初元
年……進督北秦,并前七州。進號鎮西將軍……又進督湘州。
是歲入朝。時年十四。”按:湘州義熙十二年省,永初三年置,

而《文帝紀》云義隆永初元年已進督湘州,疑敘事次序有誤,進督湘州當置後。

[**湘州**] 永初三年置,治臨湘。元嘉八年省,十六年立,二十九年省,三十年立。

《宋書》卷三七《州郡志三》湘州:"宋武帝永初三年又立,文帝元嘉八年省,十六年又立,二十九年又省。孝武孝建元年又立。"卷六《孝武帝紀》:"(元嘉三十年)六月……以侍中南譙王世子恢爲湘州刺史。……閏(六)月……丞相南郡王義宣改爲荆、湘二州刺史。"按:《州郡志》云湘州"孝建元年又立",據《孝武帝紀》,當在元嘉三十年。

[**雍州**] 承東晉僑置,治襄陽。元嘉二十六年,割荆州之襄陽、南陽、新野、順陽四郡爲雍州。

趙倫之 雍梁南北秦四州荆州之沔北諸軍事、後將軍、雍州刺史。進號安北將軍。

《宋書》卷三七《州郡志三》雍州:"宋文帝元嘉二十六年,割荆州之襄陽、南陽、新野、順陽、隨五郡爲雍州,而僑郡縣猶寄寓在諸郡界。孝武大明中,又分實土郡縣以爲僑郡縣境。"《廿二史考異》卷二三《宋書一·州郡志三》雍州:"隨郡本屬荆州,孝武孝建元年度屬郢,前廢帝永光元年度屬雍,明帝泰始五年還屬郢,改爲隨陽,後廢帝元徽四年度屬司州,是元嘉廿六年隨未嘗屬雍也。"《宋書》卷四六《趙倫之傳》:"累遷雍州刺史。"卷一〇〇《自序》:"(義熙)十一年,(沈田子)復從討司馬休之,領別軍,與征虜將軍趙倫之,參征虜軍事、振武將軍、扶風太守。"卷三《武帝紀下》:"(永初元年)七月……後將軍、雍州刺史趙倫之進號安北將軍。"按:趙倫之參見是年江州條,《徐羨之傳》之"雍梁"前當闕"都督""監"或"督"。倫之初任雍州刺史時爲征虜將軍,不知何時進號後將軍。

［**北雍州**］泰始六年置，旋罷，治不詳。

　　《宋書》卷八《明帝紀》："（泰始六年）十月……以前右軍馬誑爲北雍州刺史。"

［**郢州**］孝建元年分荊、湘、江、豫州置，治夏口。

　　《宋書》卷六《孝武帝紀》："（孝建元年）六月……分荊、湘、江、豫州立郢州。"卷三七《州郡志三》郢州："孝武孝建元年，分荊州之江夏、竟陵、隨、武陵、天門，湘州之巴陵，江州之武昌，豫州之西陽，又以南郡之州陵、監利二縣度屬巴陵，立郢州。天門後還荊。"卷七八《蕭思話傳》："分荊、江、豫三州置郢州……鎮夏口。"

［**司州**］承東晉置，治虎牢，景平元年沒於魏。元嘉七年復虎牢，尋又沒。元嘉二十八年僑置於汝南，泰始五年沒。泰始六年，復於南豫州之義陽郡立司州。

彭城王義康　豫州兼。

　　《宋書》卷三六《州郡志二》司州："武帝北平關、洛，河南底定，置司州刺史，治虎牢。……少帝景平初，司州復沒北虜。文帝元嘉末，僑立於汝南，尋亦省廢。明帝復於南豫州之義陽郡立司州，漸成實土焉。"卷九五《索虜傳》："（元嘉七年）太祖以前征虜司馬、南廣平太守尹沖爲督司雍并三州豫州之穎川兗州之陳留二郡諸軍事、奮威將軍、司州刺史，戌虎牢。十一月，虜大衆南渡河，（到）彦之敗退，洛陽、滑臺、虎牢諸城並爲虜所沒。"卷七四《魯爽傳》："下詔曰：'……爽可督司州豫州之陳留東郡濟陰濮陽五郡諸軍事、征虜將軍、司州刺史……'爽至汝南，加督豫州之義陽宋安二郡軍事，領義陽內史，將軍、刺史如故。……是歲二十八年也。"《南齊書》卷二九《吕安國傳》："（泰始五年）虜陷汝南，司州失守，以安國爲督司州諸軍事、寧朔將軍、司州刺史。六年，義陽立州治，仍領義陽太守。"

卷一五《州郡志下》司州："泰始中,立州於義陽郡。有三關之隘,北接陳、汝,控帶許、洛。自此以來,常爲邊鎮。"

[**北豫州**]　泰始二年置,五年罷。

《宋書》卷八《明帝紀》:"(泰始二年)七月……以男子時朗之爲北豫州刺史。……又以義軍主鄭叔舉爲北豫州刺史。……(四年)二月辛丑,以前龍驤將軍常珍奇爲平北將軍、司州刺史,珍奇子超越爲北冀州刺史。"卷八六《劉勔傳》:"以珍奇爲使持節、都督司北豫二州諸軍事、平北將軍、司州刺史,汝南新蔡縣侯,食邑千户,超越輔國將軍、北豫州刺史、潁川汝陽(闕二字)三郡太守。……(泰始五年)珍奇爲虜所攻,引軍南出,虜追擊破之,珍奇走依山,得至壽陽,超越、式寶爲人所殺。"《魏晉南北朝史札記・〈宋書〉札記・州郡志諸問題》:"《明帝紀》太始四年二月,以常珍奇之子超越爲北冀州刺史。實際是時淮北既失,青冀二州俱移治鬱(州)[洲],空賜北冀州之名於超越耳。"按:《明帝紀》之"北冀州",《劉勔傳》作"北豫州",此從後者。

[**梁州**][**南秦州**]　承東晉置,二州一刺史,治漢中之南城。元嘉十年,南城失守,還治南鄭。

《宋書》卷三七《州郡志三》梁州:"文帝元嘉十年,刺史甄法護於南城失守,刺史蕭思話還治南鄭。"《南齊書》卷一五《州郡志下》秦州:"《永明郡國志》秦州寄治漢中南鄭,不曰南北。《元嘉計偕》亦云秦州,而荆州都督常督二秦,梁、南秦一刺史。是則《志》所載秦州爲南秦,氐爲北秦。"《廿二史考異》卷二三《宋書一・文帝紀》:"《州郡志》止有秦州,無南北之分。今考秦州本治隴西,晉南渡後,寄治漢中,常以梁州刺史兼之,是爲南秦,即《志》所載秦州也。仇池氏楊氏世授北秦州刺史,其地不入版圖,故不載於《志》。

然南、北秦之名昉於何代，史家宜詳述之，不應竟闕。《晉志》云‘江左分梁爲秦，寄居梁州，又立氐池爲北秦州’，則北秦之名，東晉已有之，蓋自義熙三年授楊盛始矣。南徐、南兗之名，皆起宋初，則秦州加‘南’字，亦必在永初以後矣。”

［北秦州］元嘉十九年克仇池置，治百頃。二十年没於魏。

　　　　《宋書》卷九八《氐胡傳》：“（元嘉）十九年……仇池平。”卷七四《臧質傳》：“仇池之平也，以崇之爲龍驤將軍、北秦州刺史，鎮百頃。”卷五《文帝紀》：“（元嘉二十年二月）仇池爲索虜所没。”

［益州］承東晉置，治成都。

［寧州］承東晉置，治味。

［廣州］承東晉置，治番禺。

　張茂度　督廣交二州諸軍事、建武將軍、平越中郎將、廣州刺史。徵還。

　　　　《宋書》卷五三《張茂度傳》：“以疾求還，復爲道憐司馬。丁繼母憂，服闋，除廷尉，轉尚書吏部郎。太祖元嘉元年，出爲……益州刺史。”《庚寅年二月十二日遊虎丘山精舍詩跋》（《廣弘明集》卷三〇）：“宋初有法瓊尼，南方人，不知因緣所出。……會稽恭子張使君莅廣州，便供養之。隨使君還吳，又隨出入。”按：萬表斷張茂度爲廣州刺史至元嘉元年，據本傳，茂度宋初已徵還，此從吳表。

［越州］泰始七年置，治合浦。

　　　　《宋書》卷三八《州郡志四》越州：“明帝泰始七年立。”

［交州］承東晉置，治龍編。

　杜慧度　督交州諸軍事、廣武將軍、交州刺史。進號輔國將軍。

　　　　《宋書》卷九二《杜慧度傳》：“高祖踐阼，進號輔國將軍。”

永初二年辛酉（421）

[揚州]

　　廬陵王義真　　爲司徒。

　　徐羨之　　尚書令、刺史。

　　　　　《宋書》卷三《武帝紀下》：“正月……以揚州刺史廬陵王義真爲司徒，以尚書僕射、鎮軍將軍徐羨之爲尚書令、揚州刺史。……罷會稽郡府。”

[南徐州]

　　長沙王道憐　　改徐州爲南徐州。

　　　　　《宋書》卷三五《州郡志一》南徐州：“武帝永初二年，加徐州曰南徐，而淮北但曰徐。”

[南兗州]

　　長沙王道憐

[江州]

　　王弘

[徐州]

　　劉懷慎　　徵還。改北徐州爲徐州。

　　　　　《宋書》卷四五《劉懷慎傳》：“徵爲五兵尚書，加散騎常侍、光禄大夫。”

[豫州]

　　彭城王義康

[青州]

　　傅弘仁

[冀州]

　　王仲德　　刺史。

　　　　　《宋書》卷三《武帝紀下》：“四月……以左衛將軍王仲德

　爲冀州刺史。"按：萬表闕。

［荆州］

　宜都王義隆

　　　《宋書》卷三《武帝紀下》："三月乙丑，初限荆州府置將不
　得過二千人，吏不得過一萬人，州置將不得過五百人，吏不得
　過五千人。兵士不在此限。"卷六三《王華傳》："華性尚物，不
　欲人在己前。……（張）邵白服登城，爲華所糾，坐被徵，華代
　爲司馬、南郡太守，行府州事。"

［雍州］

　趙倫之

［司州］

　彭城王義康

［寧州］

　應襲　刺史。

　　　《宋書》卷三《武帝紀下》："十月……以員外散騎常侍應
　襲爲寧州刺史。"按：應襲永初二年命，萬表誤爲三年。

［交州］

　杜慧度

永初三年壬戌（422）　　五月，武帝死，太子義符即位。

［揚州］

　徐羡之　爲司空、録尚書事，刺史如故。

　　　《宋書》卷三《武帝紀下》："正月……以尚書令、揚州刺史
　徐羡之爲司空、録尚書事，刺史如故。"

［南徐州］

　長沙王道憐　六月卒。

彭城王義康　都督南徐兗二州揚州之晉陵諸軍事、右將軍、南徐州刺史。

　　《宋書》卷五一《長沙王道憐傳》："六月，薨，年五十五。追贈太傅。……太祖元嘉九年，詔曰：'……故使持節、侍中、都督南徐兗二州揚州之晉陵京口諸軍事、太傅、南徐兗二州刺史長沙景王……'"按：道憐初督徐兗青三州，永初元年省青州，二年改徐州爲南徐州，故終前爲南徐兗二州都督、刺史。義康見是年南豫州條。

[南兗州]

長沙王道憐

檀道濟　監南徐兗之江北淮南諸郡軍事、鎮北將軍、南兗州刺史，鎮廣陵。

　　《宋書》卷四三《檀道濟傳》："高祖不豫，給班劍二十人。出監南徐兗之江北淮南諸郡軍事、鎮北將軍、南兗州刺史。"《南齊書》卷一四《州郡志上》南兗州："三年，檀道濟始爲南兗州，廣陵因此爲州鎮。"

[南豫州]

彭城王義康　監南豫豫司雍并五州諸軍事、右將軍、南豫州刺史。遷南徐。

廬陵王義真　都督南豫豫雍司秦并六州諸軍事、車騎將軍、南豫州刺史，鎮歷陽。

　　《宋書》卷三《武帝紀下》："二月丁丑，詔曰：'豫州南臨江滸，北接河、洛，民荒境曠，轉輸艱遠，撫莅之宜，各有其便。淮西諸郡，可立爲豫州，自淮以東，爲南豫州。'以豫州刺史彭城王義康爲南豫州刺史，征虜將軍劉粹爲豫州刺史。……三月，上不豫。……以司徒廬陵王義真爲車騎將軍、開府儀同三司、南豫州刺史。"卷三六《州郡志二》南豫："永初三年，分淮東

爲南豫州,治歷陽;淮西爲豫州。"卷六八《彭城王義康傳》:
"二年,徙監南豫豫司雍并五州諸軍事、南豫州刺史,(右)將
軍如故。三年,遷使持節、都督南徐兗二州揚州之晉陵諸軍
事、南徐州刺史,將軍如故。"卷六一《廬陵王義真傳》:"高祖
不豫,以爲使持節、侍中、都督南豫豫雍司秦并六州諸軍事、車
騎將軍、開府儀同三司、南豫州刺史,出鎮歷陽。未之任而高
祖崩。"卷六九《劉湛傳》:"義康以本號徙爲南豫州,湛改領歷
陽太守。……廬陵王義真出爲車騎將軍、南豫州刺史,湛又爲
長史,太守如故。"按:《義康傳》稱義康遷南豫在永初二年,萬
表亦斷在是年,據《武帝紀下》,當在永初三年。

[江州]

　王弘　進號衛將軍。

　　　《宋書》卷三《武帝紀下》:"正月……撫軍將軍、江州刺史
王弘進號衛將軍、開府儀同三司。"

[徐州]

　王仲德　左將軍、刺史,加都督。

　　　《宋書》卷三《武帝紀下》:"正月……以前冀州刺史王仲
德爲徐州刺史。"卷四六《王懿傳》:"武帝受命,累遷徐州刺
史,加都督。"《法苑珠林》卷六五《晉將軍王懿》:"後自五兵尚
書爲徐州刺史。"按:王仲德爲左將軍,見元嘉二年徐州條。

[兗州]

　徐琰　四月,刺史。十二月,滑臺陷,棄地南奔。

　　　《宋書》卷三《武帝紀下》:"四月……以車騎司馬徐琰爲
兗州刺史。"卷四《少帝紀》:"十二月庚戌,魏軍克滑臺。"卷二
六《天文志四》:"其年,索頭攻圍司、兗,兗州刺史徐琰委守奔
敗,司州刺史毛德祖距守陷没,緣河吏民,多被侵略。"校勘記:
"司州刺史毛德祖陷没於虎牢則在次年即景平元年閏四月。"

《魏書》卷三《太宗紀》：“十有二月，遣壽光侯叔孫建等率眾自平原東渡，徇下青、兗諸郡。劉義符兗州刺史徐琰聞渡河，棄守走，叔孫建遂東入青州。”

［豫州］

彭城王義康　遷南豫，又遷南徐。

劉粹　征虜將軍、督豫司雍并四州南豫州之梁郡弋陽馬頭三郡諸軍事、豫州刺史，領梁郡太守，鎮壽陽。

　　《宋書》卷四五《劉粹傳》：“督江北淮南郡事、征虜將軍、廣陵太守。三年，以本號督豫司雍并四州南豫州之梁郡弋陽馬頭三郡諸軍事、豫州刺史，領梁郡太守，鎮壽陽。”

［青州］

傅弘仁

［荊州］

宜都王義隆　進督湘州。

　　按：義隆進督湘州事見永初元年荊州條。

［湘州］

張邵　二月，刺史，復置。

　　《宋書》卷三《武帝紀下》：“二月……又分荊州十郡還立湘州，左衛將軍張邵為湘州刺史。”卷四六《張邵傳》：“分荊州立湘州，以邵為刺史。將署府，邵以為長沙內地，非用武之國，置署妨人，乖為政要。帝從之。”《高僧傳》卷一三《釋僧亮傳》：“欲造丈六金像，用銅不少，非細乞能辦。聞湘州界銅溪伍子胥廟多有銅器，而廟甚威嚴，無人敢近，亮聞而造焉。告刺史張邵，借健人百頭，大船十艘。”

［雍州］

趙倫之　徵還。

褚叔度　監雍梁南北秦四州荊州之南陽竟陵順陽義陽新野隨六

郡諸軍事、征虜將軍、雍州刺史，領寧蠻校尉、襄陽義成太守。

《宋書》卷四六《趙倫之傳》：“少帝即位，徵拜護軍。”卷五二《褚叔度傳》：“永初三年，出爲使持節、監雍梁南北秦四州荆州之南陽竟陵順陽義陽新野隨六郡諸軍事、征虜將軍、雍州刺史，領寧蠻校尉、襄陽義成太守。”按：吳表誤“褚叔度”爲“褚茂度”。

［司州］

彭城王義康

毛德祖　督司雍并三州豫州之潁川兗州之陳留諸軍事、冠軍將軍、司州刺史，戍虎牢。

《宋書》卷三《武帝紀下》：“正月……以輔國將軍毛德祖爲司州刺史。”卷九五《索虜傳》：“高祖踐祚，（德祖）進號冠軍。……又除督司雍并三州豫州之潁川兗州之陳留諸軍事、司州刺史，將軍如故。”《晉書》卷八一《毛德祖傳》：“遷督司雍并三州諸軍事、冠軍將軍、司州刺史，戍武牢。”按：萬表、吳表皆斷毛德祖元熙元年任司州刺史，當誤，元熙元年後任司州刺史者相繼爲義真、義康。毛德祖元熙元年從蒲坂敗奔洛陽，似已戍於虎牢，永初三年任刺史，仍戍虎牢。

［梁州］［南秦州］

康穆　秦梁二州刺史，未拜，卒。

《梁書》卷一八《康絢傳》：“華山藍田人也。其先出自康居。……（祖）穆爲姚萇河南尹。宋永初中，穆舉鄉族三千餘家，入襄陽之峴南。宋爲置華山郡藍田縣，寄居於襄陽，以穆爲秦梁二州刺史。未拜，卒。”按：萬表闕穆，吳表列於永初三年，從之。

［益州］

蕭摹之　刺史。

按：蕭摹之見元嘉三年益州條。始任年不詳，萬表、吳表皆斷於永初三年，從之。

［寧州］

應襲

［交州］

杜慧度

少帝景平元年癸亥(423)　　閏四月，虎牢陷，失河南地。

［揚州］

徐羨之

［南徐州］

彭城王義康

［南兗州］

檀道濟

《宋書》卷四《少帝紀》："四月，檀道濟北征，次臨朐，焚虜攻具。"校勘記："疑'焚虜攻具'當作'虜焚攻具'。"

［南豫州］

廬陵王義真

《宋書》卷六九《劉湛傳》："景平元年，召入，拜尚書吏部郎，遷右衛將軍。出督廣交二州諸軍事、建威將軍、平越中郎將、廣州刺史。"

［江州］

王弘

［徐州］

王仲德

［兗州］

鄭順之　　刺史。

《宋書》卷九五《索虜傳》：“景平元年……虜悦勃大肥率三千餘騎，破高平郡所統高平、方與、任城、金鄉、亢父等五縣，殺略二千餘家，殺其男子，驅虜女弱。兗州刺史鄭順之戍湖陸，以兵卒不敢出。”《盧□墓誌》（《墓誌集成》一三八八）：“妻榮陽鄭氏，父義彦，宋……兗州刺史。”按：宋世鄭氏爲兗州刺史者唯鄭順之一人，義彦蓋爲字。

［豫州］

劉粹

《宋書》卷四《少帝紀》：“三月……豫州刺史劉粹遣軍襲許昌，殺虜潁川太守庾龍。……初虜自河北之敗，請修和親；及聞高祖崩，因復侵擾，河、洛之地騷然矣。”

［青州］

竺夔　　冠軍將軍、刺史。遷鎮不其城。進號前將軍。

《宋書》卷四三《檀道濟傳》：“景平元年，虜圍青州刺史竺夔於東陽城，夔告急。加道濟使持節、監征討諸軍事，與王仲德救東陽。未及至，虜燒營，焚攻具遁走。”卷九五《索虜傳》：“冠軍將軍、青州刺史竺夔鎮東陽城，聞虜將至，斂衆固守。……四月壬申，虜聞道濟將至，焚燒器械，棄青州走。竺夔上言東陽城被攻毀壞，不可守，移鎮長廣之不其城。夔以固守功，進號前將軍。”

［荆州］

宜都王義隆

［湘州］

張邵

［雍州］

褚叔度

［司州］

毛德祖　閏四月,虎牢陷,被俘。

　　　《魏書》卷三《太宗紀》:"閏(四)月……虎牢潰,獲劉義符冠軍將軍、司州刺史、觀陽伯毛德祖。"《宋書》卷三六《州郡志二》司州:"少帝景平初,司州復没北虜。"

［益州］

蕭摹之

［寧州］

應襲

［廣州］

劉湛　督廣交二州諸軍事、建威將軍、平越中郎將、廣州刺史。

　　　按:劉湛見是年南豫州條。萬表斷於元嘉元年,此從吳表。

［交州］

杜慧度　卒。

杜弘文　振威將軍、刺史,慧度子。

　　　《建康實録》卷一一《廢帝營陽王》:"冬十月……輔國將軍交州刺史龍編侯杜惠之卒。"校勘記:"《宋書》、《南史》本傳及《通鑑》卷一一九皆作'杜慧度'。"《宋書》卷九二《杜慧度傳》:"少帝景平元年,卒。……以慧度長子員外散騎侍郎弘文爲振威將軍、刺史。"

文帝元嘉元年甲子(424)　五月,少帝被廢。八月,劉裕第三子義隆即位。

［揚州］

徐羨之　進位司徒。

　　《宋書》卷五《文帝紀》："八月……司空、録尚書事、揚州刺史徐羨之進位司徒。"卷四三《徐羨之傳》："帝後失德,羨之等將謀廢立,而盧陵王義真輕動多過,不任四海,乃先廢義真,然後廢帝。時謝晦爲領軍,以府舍内屋敗應治,悉移家人出宅,聚將士於府内。鎮北將軍、南兗州刺史檀道濟先朝舊將,威服殿省,且有兵衆,召使入朝,告之以謀。事將發,道濟入宿領軍府。中書舍人邢安泰、潘盛爲内應。……遣使殺義真於新安,殺帝於吴縣。"

[南徐州]

彭城王義康　　進號驃騎將軍。

　　《宋書》卷五《文帝紀》："八月……右將軍、南徐州刺史彭城王義康進號驃騎將軍。"卷六八《彭城王義康傳》："進號驃騎將軍,加散騎常侍。"

[南兗州]

檀道濟　　進號征北將軍,增督青州徐州之淮陽下邳琅邪東莞諸軍事。

　　《建康實録》卷一一《廢帝營陽王》："夏五月,江州刺史王弘、南兗州刺史檀道濟來朝執政,諷之。"《宋書》卷四三《檀道濟傳》："徐羨之將廢盧陵王義真,以告道濟,道濟意不同,屢陳不可,不見納。羨之等謀欲廢立,諷道濟入朝,既至,以謀告之。……上即位,進號征北將軍,加散騎常侍……又增督青州、徐州之淮陽下邳琅邪東莞五郡諸軍事。"卷五《文帝紀》："八月……鎮北將軍、南兗州刺史檀道濟進號征北將軍。"《廿二史考異》卷二四《宋書二·檀道濟傳》："文云'五郡',而實四郡,當有脱誤。"

[南豫州]

盧陵王義真　　二月,廢爲庶人。

江夏王義恭　監南豫豫司雍秦并六州諸軍事、冠軍將軍、南豫州刺史,鎮歷陽。進號撫軍將軍。

《宋書》卷四《少帝紀》:"二月……廢南豫州刺史盧陵王義真爲庶人,徙新安郡。乙未,以皇弟義恭爲冠軍將軍,南豫州刺史。……執政使使者誅義真于新安。"卷六一《盧陵王義真傳》:"義真聰明愛文義,而輕動無德業。與陳郡謝靈運、琅邪顏延之、慧琳道人並周旋異常,云得志之日,以靈運、延之爲宰相,慧琳爲西豫州都督。徐羨之等嫌義真與靈運、延之暱狎過甚,故使范晏從容戒之。……及至歷陽,多所求索,羨之等每裁量不盡與,深怨執政,表求還都。而少帝失德,羨之等密謀廢立,則次第應在義真,以義真輕訬,不任主社稷,因其與少帝不協,乃奏廢之……徙新安郡。……景平二年六月癸未,羨之等遣使殺義真於徙所,時年十八。"同卷《江夏王義恭傳》:"景平二年,監南豫豫司雍秦并六州諸軍事、冠軍將軍、南豫州刺史,代盧陵王義真鎮歷陽,時年十二。元嘉元年……加使持節,進號撫軍將軍。"

［江州］

王弘　進位司空。

《宋書》卷五《文帝紀》:"八月……衛將軍、江州刺史王弘進位司空。"按:王弘參見是年南兗州條。

［徐州］

王仲德

［兗州］

鄭順之

［豫州］

劉粹　遷雍州。

管義之　八月,刺史。

《宋書》卷五《文帝紀》："八月……驍騎將軍管義之爲豫州刺史。"

[青州]

竺夔

[荆州]

宜都王義隆　八月，即位。

謝晦　都督荆湘雍益寧南北秦七州諸軍事、撫軍將軍、領護南蠻校尉、荆州刺史。進號衛將軍。

　　《宋書》卷五《文帝紀》："景平二年七月中，少帝廢。百官備法駕奉迎，入奉皇統。行臺至江陵，進璽紱。……八月丙申，車駕至京城。丁酉，謁初寧陵，還於中堂即皇帝位。元嘉元年秋八月……庚子，以行撫軍將軍、荆州刺史謝晦爲撫軍將軍、荆州刺史。……撫軍將軍、荆州刺史謝晦進號衛將軍。"《宋書考論》卷一："（京城）當作'京邑'。'京城'則京口矣。"《宋書》卷六三《王華傳》："太祖入奉大統，以少帝見害，疑不敢下。華建議曰：'羨之等受寄崇重，未容便敢背德，廢主若存，慮其將來受禍，致此殺害。蓋由每生情多，寧敢一朝頓懷逆志。且三人勢均，莫相推伏，不過欲握權自固，以少主仰待耳。今日就徵，萬無所慮。'太祖從之，留華總後任。"同卷《王曇首傳》："太祖爲冠軍、徐州刺史，留鎮彭城，以曇首爲府功曹。太祖鎮江陵，自功曹爲長史，隨府轉鎮西長史。……太祖入奉大統，上及議者皆疑不敢下，曇首與到彦之、從兄華固勸，上猶未許。曇首又固陳，并言天人符應，上乃下。率府州文武嚴兵自衛，臺所遣百官衆力，不得近部伍，中兵參軍朱容子抱刀在平乘户外，不解帶者數旬。"卷四四《謝晦傳》："少帝既廢，司空徐羨之録詔命，以晦行都督荆湘雍益寧南北秦七州諸軍事、撫軍將軍、領護南蠻校尉、荆州刺史，欲令居外爲援，慮太祖至或別用人,故遽有此授。精兵舊將,悉以配之,器仗軍資甚盛。太祖即位,加使持節,依本位除授。"《南史》卷二《宋文帝紀》:"少帝廢,百官議所立,徐羨之、傅亮等以禎符所集,備法駕奉迎,入奉皇統。行臺至江陵,尚書令傅亮奉表進璽紱。……是時,司空徐羨之等新有弒害,及鑾駕西迎,人懷疑懼,惟長史王曇首、司馬王華、南蠻校尉到彥之共期朝臣未有異志。帝曰:'諸公受遺,不容背貳;且勞臣舊將,內外充滿,今兵力又足以制物,夫何所疑!'甲戌,乃發江陵,命王華知州府,留鎮陝西,令到彥之監襄陽。"

[湘州]

張邵

[雍州]

褚叔度　卒。

劉粹　八月,督雍梁南北秦四州荊州之南陽竟陵順陽襄陽新野隨六郡諸軍事、征虜將軍、領寧蠻校尉、雍州刺史、襄陽新野二郡太守。

　　《宋書》卷五二《褚叔度傳》:"景平二年,卒。"卷五《文帝紀》:"八月……以豫州刺史劉粹爲雍州刺史……南蠻校尉到彥之爲中領軍。"卷四五《劉粹傳》:"太祖即位,遷使持節、督雍梁南北秦四州荊州之南陽竟陵順陽襄陽新野隨六郡諸軍事、征虜將軍、領寧蠻校尉、雍州刺史、襄陽新野二郡太守。"《南史》卷二五《到彥之傳》:"從文帝西鎮,除使持節、南蠻校尉。……及文帝入奉大統,以徐羨之等新有篡虐,懼,欲使彥之領兵前驅。彥之曰:'了彼不貳,便應朝服順流;若使有虞,此師既不足恃,更開嫌隙之端,非所以副遠邇之望也。'會雍州刺史褚叔度卒,乃遣彥之權鎮襄陽。羨之等欲即以彥之爲雍州,上不許,徵爲中領軍,委以戎政。"

［梁州］［南秦州］

吉翰　督梁南秦二州諸軍事、龍驤將軍、西戎校尉、梁南秦二州
刺史。

《宋書》卷六五《吉翰傳》：“太祖元嘉元年，出督梁南秦二
州諸軍事、龍驤將軍、西戎校尉、梁南秦二州刺史。”

［益州］

蕭摹之

張茂度　督益寧二州梁州之巴西梓潼宕渠南漢中秦州之懷寧安
固六郡諸軍事、冠軍將軍、益州刺史。

《宋書》卷五三《張茂度傳》：“太祖元嘉元年，出爲使持
節、督益寧二州梁州之巴西梓潼宕渠南漢中秦州之懷寧安固
六郡諸軍事、冠軍將軍、益州刺史。”

［寧州］

應襲

［廣州］

劉湛

［交州］

杜弘文

元嘉二年乙丑（425）

［揚州］

徐羨之

［南徐州］

彭城王義康

《宋書》卷五《文帝紀》：“八月……驃騎將軍、南徐州刺史
彭城王義康爲開府儀同三司。”

［南兗州］

　檀道濟

［南豫州］

　江夏王義恭

　　　《宋書》卷六〇《王淮之傳》：“元嘉二年，爲江夏王義恭撫
　　軍長史、歷陽太守，行州府之任……尋入爲侍中。”

［江州］

　王弘　　改監爲都督，進號車騎大將軍。

　　　《宋書》卷五《文帝紀》：“八月……新除司空王弘爲車騎
　　大將軍、開府儀同三司。”卷四二《王弘傳》：“加使持節、侍中，
　　改監爲都督，進號車騎大將軍，開府、刺史如故。”

［徐州］

　王仲德　　進號安北將軍。

　　　《宋書》卷五《文帝紀》：“三月乙丑，左將軍、徐州刺史王
　　仲德進號安北將軍。”按：同書卷四六《王懿傳》云懿進號安北
　　在元嘉三年，此從《文帝紀》。

［兗州］

　鄭順之

［豫州］

　管義之

［青州］

　竺夔

［荆州］

　謝晦

［湘州］

　張邵

［雍州］

劉粹

［梁州］［南秦州］

吉翰

［益州］

張茂度

［寧州］

應襲

［廣州］

劉湛　丁憂。

江恒　刺史。

　　　《宋書》卷六九《劉湛傳》：“嫡母憂去職。”卷五《文帝紀》：“八月……以右軍長史江恒爲廣州刺史。”

［交州］

杜弘文

元嘉三年丙寅（426）

［揚州］

徐羨之　被誅。

王弘　司徒、録尚書事、揚州刺史。

　　　《宋書》卷五《文帝紀》：“正月丙寅，司徒、録尚書事、揚州刺史徐羨之，尚書令、護軍將軍、左光禄大夫傅亮，有罪伏誅。……丁卯，以車騎大將軍、江州刺史王弘爲司徒、録尚書事、揚州刺史。”卷四三《徐羨之傳》：“羨之回還西州，乘内人問訊車出郭，步走至新林，入陶竈中自到死。”卷四二《王弘傳》：“徐羨之等以廢弑之罪將見誅，弘既非首謀，弟曇首又爲上所親委，事將發，密使報弘。羨之等誅，徵弘爲侍中、司徒、揚州刺史,録尚書。”

[南徐州]

彭城王義康　遷荆州。

江夏王義恭　監南徐兖二州揚州之晉陵諸軍事、撫軍將軍、徐州刺史。進監爲都督,鎮京口。

《宋書》卷五《文帝紀》:“正月……撫軍將軍、南豫州刺史江夏王義恭改爲南徐州刺史。”卷六一《江夏王義恭傳》:“三年,監南徐兖二州揚州之晉陵諸軍事、徐州刺史,持節、將軍如故。進監爲都督,未之任。太祖征謝晦,義恭還鎮京口。”《宋書考論》卷三:“‘徐州’上脱‘南’字。”

[南兖州]

檀道濟　討謝晦,遷江州。

長沙王義欣　後將軍、刺史。

《宋書》卷五《文帝紀》:“五月……以後將軍長沙王義欣爲南兖州刺史。”卷五一《長沙王義欣傳》:“元嘉元年,進號後將軍,加散騎常侍。三年,以本號爲南兖州刺史。”

[南豫州]

江夏王義恭　遷南徐。

到彦之　監六州諸軍事、鎮軍將軍、南豫州刺史,鎮歷陽。

《宋書》卷五《文帝紀》:“五月……中領軍到彦之爲南豫州刺史。”《南史》卷二五《到彦之傳》:“元嘉三年討晦,進彦之鎮軍,於彭城洲戰不利,咸欲退還夏口,彦之不回。會檀道濟至,晦乃敗走。江陵平,因監荆州州府事,改封建昌縣公。其秋,遷南豫州刺史、監六州諸軍事,鎮歷陽。”

[江州]

王弘　遷揚州。

檀道濟　都督江州荆州之江夏豫州之西陽新蔡晉熙四郡諸軍

事、征南大將軍、江州刺史。

　　《宋書》卷五《文帝紀》：“五月乙未，以征北將軍、南兗州刺史檀道濟爲征南大將軍、江州刺史。”卷四三《檀道濟傳》：“及討謝晦，道濟率軍繼到彥之。彥之戰敗，退保隱圻，會道濟至。晦本謂道濟與羨之等同誅，忽聞來上，人情兇懼，遂不戰自潰。事平，遷都督江州荊州之江夏豫州之西陽新蔡晉熙四郡諸軍事、征南大將軍、開府儀同三司、江州刺史，持節、常侍如故。”

［徐州］

王仲德

　　《高僧傳》卷三《求那跋摩傳》：“初元嘉三年徐州刺史王仲德，於彭城請外國伊葉波羅譯出《雜心》。”《出三藏記集》卷二《新集撰出經律論録》：“《雜阿毗曇心》十三卷……宋文帝時，西域沙門伊葉波羅，以元嘉三年爲北徐州刺史王仲德於彭城譯出。”按：北徐州時已改稱徐州。

［兗州］

鄭順之

［豫州］

管義之

［青州］

竺夔

蕭思話　督青州徐州之東莞諸軍事、振武將軍、青州刺史。

　　《宋書》卷五《文帝紀》：“十二月癸丑，以中書侍郎蕭思話爲青州刺史。”卷七八《蕭思話傳》：“三年，遷中書侍郎，仍督青州徐州之東莞諸軍事、振武將軍、青州刺史。”

［荊州］

謝晦　兵敗，被誅。

彭城王義康　都督荊湘雍梁益寧南北秦八州諸軍事、驃騎將軍、

荆州刺史。

《宋書》卷五《文帝紀》：“正月……遣中領軍到彦之、征北將軍檀道濟討荆州刺史謝晦。上親率六師西征。……驃騎將軍、南徐州刺史彭城王義康改爲荆州刺史。……二月……到彦之、檀道濟大破謝晦於隱磯。丙子，車駕自蕪湖反旆。己卯，擒晦於延頭，送京師伏誅。”卷四四《謝晦傳》：“太祖時已戒嚴，諸軍相次進路。尚書符荆州曰：‘……使持節、散騎常侍、都督南徐兗之江北淮南青州徐州之淮陽下邳琅邪東莞七郡諸軍事、征北將軍、南兗州刺史、永脩縣開國公檀道濟統勁銳武卒三萬……又命征虜將軍、雍州刺史劉粹控河陰之師，衝其巢窟。湘州刺史張邵提湘川之衆，直據要害……’”《廿二史考異》卷二四《宋書二·檀道濟傳》：“《謝晦傳》稱青州、徐州之淮陽下邳琅邪東莞七郡，‘七’字亦誤。”《高僧傳》卷七《釋法愍傳》：“時沙門僧昌，於江陵城内立塔。刺史謝晦欲壞之，愍聞故往諫晦，晦意不止，愍於是隱迹於長沙麓山，終身不出。晦迺率儀至寺，厚賜酒肉，嚴皷振威，斬斫形像。俄而雲霧暗天，風塵四起，晦驚懼而走，後以叛逆誅滅。”明槧《決對傅奕廢佛法僧事》（《廣弘明集》卷一二）：“宋臣謝晦，身臨荆州，城内有五層寺，寺有舍利塔。晦性凶勃，先無誠信，云寺塔不宜禍城，令毁而出之。……不久叛逆，尋被誅滅。”《宋書》卷六八《彭城王義康傳》：“元嘉三年，改授都督荆湘雍梁益寧南北秦八州諸軍事、荆州刺史，給班劍三十人，持節、常侍、將軍如故。”《高僧傳》卷七《僧徹傳》：“南遊荆州，止江陵城内五層寺，晚移琵琶寺。彭城王義康、儀同蕭思話等，並從受戒法。”

[湘州]

張邵

　　《宋書》卷四六《張邵傳》：“謝晦反，遺書要邵，邵不發函，馳使呈帝。”卷六四《何承天傳》：“元嘉三年，晦將見討……晦以湘州刺史張邵必不同己，欲遣千人襲之，承天以爲邵意趨未可知，不宜便討。時邵兄茂度爲益州，與晦素善，故晦止不遣兵。”

[雍州]

劉粹　討謝晦。

劉遵考　督雍梁南北秦四州荆州之南陽竟陵順陽襄陽新野隨六郡諸軍事、征虜將軍、寧蠻校尉、雍州刺史，襄陽新野二郡太守。

　　《宋書》卷四五《劉粹傳》：“元嘉三年討謝晦，遣粹弟車騎從事中郎道濟、龍驤將軍沈敞之就粹，自陸道向江陵。……初，晦與粹厚善，以粹子曠之爲參軍。粹受命南討，一無所顧，太祖以此嘉之。晦遣送曠之還粹，亦不害也。明年，粹卒。”卷五《文帝紀》：“十一月……以南蠻校尉劉遵考爲雍州刺史。”卷五一《劉遵考傳》：“出爲使持節、督雍梁南北秦四州荆州之南陽竟陵順陽襄陽新野隨六郡諸軍事、征虜將軍、寧蠻校尉、雍州刺史，襄陽新野二郡太守。”

[梁州][南秦州]

吉翰　遷益州。

劉道産　督梁南秦二州諸軍事、寧遠將軍、西戎校尉、梁南秦二州刺史。

　　《宋書》卷五《文帝紀》：“十一月……驃騎參軍劉道産爲梁、南秦二州刺史。”卷六五《劉道産傳》：“元嘉三年，督梁南秦二州諸軍事、寧遠將軍、西戎校尉、梁南秦二州刺史。”

[益州]

張茂度　徵還。

吉翰　督益寧二州梁州之巴西梓潼宕渠南漢中秦州之安固懷寧

六郡諸軍事、龍驤將軍、益州刺史。

　　《宋書》卷四四《謝晦傳》："時益州刺史蕭摹之、巴西太守
劉道産被徵還,始至江陵,晦並繫縶,没其財貨,以充軍資。"卷
五三《張茂度傳》："三年,太祖討荆州刺史謝晦,詔益州遣軍
襲江陵,晦已平而軍始至白帝。茂度與晦素善,議者疑其出軍
遲留,時茂度弟邵爲湘州刺史,起兵應大駕,上以邵誠節,故不
加罪,被代還京師。"卷五《文帝紀》："十一月戊寅,以梁、南秦
二州刺史吉翰爲益州刺史。"卷六五《吉翰傳》："徙督益寧二
州梁州之巴西梓潼宕渠南漢中秦州之安固懷寧六郡諸軍事、
益州刺史,將軍如故。"

　［寧州］

　　應襲

　　　　《宋書》卷四三《徐羨之傳》："兄子佩之……結殿中監茅
亨謀反,并告前寧州刺史應襲,以亨爲兗州,襲爲豫州。亨密
以聞,襲亦告司徒王弘。……收斬之。"

　［廣州］

　　江恒

　［交州］

　　杜弘文

元嘉四年丁卯（427）

　［揚州］

　　王弘

　［南徐州］

　　江夏王義恭

　［南兗州］

　　長沙王義欣

［南豫州］

　　到彥之

［江州］

　　檀道濟

［徐州］

　　王仲德

［兗州］

　　鄭順之

［豫州］

　　管義之

［青州］

　　蕭思話

［荊州］

　　彭城王義康

［湘州］

　　張邵

［雍州］

　　劉遵考

［梁州］［南秦州］

　　劉道產

［益州］

　　吉翰

［廣州］

　　江恒

［交州］

　　杜弘文　　徵還，道卒。

王徽之　刺史。

《宋書》卷九二《杜慧度傳》："太祖元嘉四年,以廷尉王徽爲交州刺史,弘文就徵。會得重疾……到廣州,遂卒。"卷五《文帝紀》："四月庚戌,以廷尉王徽之爲交州刺史。"《太平御覽》卷八八五《妖異部一·怪》引《異苑》："太原王徽之,字伯猷。元嘉四年,爲兗州刺史。在道,有客命索酒炙,言未訖而炙至。徽之取自割,終不入,投地大怒。少頃顧視,向炙已變爲徽頭矣。驚愕反矚,又覩其首在空中,揮霍而没。王至州便殞。"《太平廣記》卷三六○《妖怪二·王徽》引《幽冥記》："元嘉中,交州刺史太原王徽始拜,乘車出行,聞其前鏘鋒有聲,見一輛車當路,而餘人不見,至州遂亡。"注:"明鈔本、陳校本作出《幽明録》。"按:所引《太平御覽》據中華書局影宋本,文淵閣四庫本"兗州"作"交州",無"王至州便殞"。《廣記》之王徽當即王徽。萬表列王徽之於元嘉五年。

元嘉五年戊辰(428)

[揚州]

王弘　降爲衛將軍。

《宋書》卷五《文帝紀》："六月庚戌,司徒王弘降爲衛將軍、開府儀同三司。"卷四二《王弘傳》："五年春,大旱,弘引咎遜位。……先是彭城王義康爲荆州刺史,鎮江陵。平陸令河南成粲與弘書曰:'……天道福謙,宜存挹損。驃騎彭城王道德昭備,上之懿弟,宗本歸源,所應推先,宜入秉朝政,翊贊皇猷。竟陵、衡陽春秋已長,又宜出據列蕃,齊光魯、衛……'弘本有退志,挾粲言,由是固自陳請,乃降爲衛將軍、開府儀同三司。"

［南徐州］

　江夏王義恭

［南兗州］

　長沙王義欣

［南豫州］

　到彦之

［江州］

　檀道濟

［徐州］

　王仲德

［兗州］

　鄭順之

　竺靈秀　刺史。

　　　《魏書》卷四上《世祖紀上》：“（神䴥元年）閏（十）月辛巳，
　　義隆又遣將王玄謨、兗州刺史竺靈秀步騎二千人寇滎陽，將襲
　　虎牢。豫州遣軍逆擊走之。”按：萬表之鄭順之止於元嘉元年，
　　吳表止於五年，此從吳表。又，吳表誤竺靈秀爲“竺靈夔”。

［豫州］

　管義之

　劉德武　刺史。

　　　《宋書》卷五《文帝紀》：“閏（十）月癸未，以右軍司馬劉德
　　武爲豫州刺史。”《魏書》卷四五《韋崇傳》：“父肅，字道壽。劉
　　義真鎮關中，辟爲主簿，仍隨義真度江，歷魏郡弋陽二郡太守、
　　豫州刺史。”按：義真義熙十四年南還，是後任豫州、南豫州刺
　　史者皆可考，無韋肅，存疑，附於此。

［青州］

　蕭思話

［荆州］

彭城王義康

［湘州］

張邵　遷雍州。

蕭摹之　刺史。

顏延之《祭屈原文》(《文選》卷六〇)：“維有宋五年月日，湘州刺史吳郡張邵，恭承帝命，建旟舊楚，訪懷沙之淵，得捐珮之浦。”《宋書》卷五《文帝紀》：“四月己亥，以南蠻校尉蕭摹之爲湘州刺史。”按：“宋五年”當指元嘉五年。

［雍州］

劉遵考

張邵　征虜將軍、領寧蠻校尉、雍州刺史，加都督。

《宋書》卷五一《劉遵考傳》：“遵考爲政嚴暴，聚斂無節。五年，爲有司所糾，上不問，赦還都。”卷五《文帝紀》：“五月己卯，以湘州刺史張邵爲雍州刺史。”卷四六《張邵傳》：“元嘉五年，轉征虜將軍，領寧蠻校尉、雍州刺史，加都督。”

［梁州］［南秦州］

劉道産

［益州］

吉翰

［寧州］

周籍之　刺史。

《宋書》卷五《文帝紀》：“閏(十)月……安陸公相周籍之爲寧州刺史。”

［廣州］

江恒

徐豁　督廣交二州諸軍事、寧遠將軍、平越中郎將、廣州刺史。

未拜,卒。

　　程道惠　刺史。

　　　　《宋書》卷五《文帝紀》:"四月……以始興太守徐豁爲廣
州刺史。……六月……以江夏内史程道惠爲廣州刺史。"卷九
二《徐豁傳》:"五年,以爲持節、督廣交二州諸軍事、寧遠將
軍、平越中郎將、廣州刺史。未拜,卒。"《法苑珠林》卷五五
《捨邪歸正》:"晉程道慧,字文和,武昌人也。……後爲廷
尉……遷爲廣州刺史。"卷二八《宋參軍程德度》:"父道惠,廣
州刺史。"

　　[交州]

　　阮彌之　刺史。

　　　　《隋書》卷三二《經籍志一》:"《毛詩序注》一卷,宋交州刺
史阮珍之撰。"按:阮珍之當即阮彌之,彌之見元嘉八年交
州條。

元嘉六年己巳(429)

　　[揚州]

　　王弘

　　[南徐州]

　　江夏王義恭　遷荆州。

　　彭城王義康　都督揚南徐兗三州諸軍事、司徒、録尚書事,領平
北將軍、南徐州刺史。

　　　　《宋書》卷五《文帝紀》:"正月……以驃騎將軍、荆州刺史
彭城王義康爲司徒、録尚書事,領平北將軍、南徐州刺史。"卷
四二《王弘傳》:"六年,弘又上表曰:'臣聞異姓爲後,宗周之
明義;親不在外,有國之所先。……驃騎將軍臣義康……周旦

之寄,不謀同詞,分陝雖重,比此爲輕。……乞解州録,以允民望……'……義康由是代弘爲司徒,與之分録。”卷六三《王曇首傳》：“時兄弘録尚書事,又爲揚州刺史,曇首爲上所親委,任兼兩宮。彭城王義康與弘並録,意常怏怏,又欲得揚州,形於辭旨。以曇首居中,分其權任,愈不悦。……曇首勸弘減府兵力之半以配義康,義康乃悦。”卷六八《彭城王義康傳》：“六年,司徒王弘表義康宜還入輔,徵侍中、都督揚南徐兗三州諸軍事、司徒、録尚書事,領平北將軍、南徐州刺史,持節如故。二府並置佐領兵,與王弘共輔朝政。弘既多疾,且每事推謙,自是内外衆務,一斷之義康。”

[南兗州]

　長沙王義欣

[南豫州]

　到彦之

[江州]

　檀道濟

[徐州]

　王仲德

[兗州]

　竺靈秀

[豫州]

　劉德武

[青州]

　蕭思話

[荆州]

　彭城王義康　　遷南徐。

　江夏王義恭　　都督荆湘雍益梁寧南北秦八州諸軍事、撫軍將軍、荆州刺史。

　　《宋書》卷六一《江夏王義恭傳》：“六年，改授散騎常侍、都督荆湘雍益梁寧南北秦八州諸軍事、荆州刺史，持節、將軍如故。”卷六九《劉湛傳》：“撫軍將軍江夏王義恭鎮江陵，以湛爲使持節、南蠻校尉、領撫軍長史，行府州事。時王弘輔政，而王華、王曇首任事居中，湛自謂才能不後之，不願外出，是行也，謂爲弘等所斥，意甚不平，常曰：‘二王若非代邸之舊，無以至此，可謂遭遇風雲。’”

［湘州］

　蕭摹之

［雍州］

　張邵　　降號揚烈將軍。

　　《宋書》卷四六《張邵傳》：“子敷至襄陽定省，當還都，群蠻伺欲取之。會蠕蠕國遣使朝貢，賊以爲敷，遂執之，邵坐降號揚烈將軍。”

［梁州］［南秦州］

　劉道産

［益州］

　吉翰

　劉道濟　　振武將軍、刺史。

　　《宋書》卷六五《吉翰傳》：“六年，以老疾徵還。”卷五《文帝紀》：“五月……以撫軍司馬劉道濟爲益州刺史。”卷四五《劉道濟傳》：“粹弟道濟……遷振武將軍、益州刺史。”

［寧州］

　周籍之

［廣州］

　程道惠　　卒。

孔默之　刺史。

> 《法苑珠林》卷五五《捨邪歸正》：“（程道慧）元嘉六年卒，
> 六十九矣。”《宋書》卷五《文帝紀》：“七月己酉，以尚書左丞孔
> 默之爲廣州刺史。”《比丘尼傳》卷三《崇聖寺僧敬尼傳》：“逮
> 元嘉中，魯郡孔默出鎮廣州，攜與同行。”

［交州］

阮彌之

元嘉七年庚午（430）　三月，到彦之等伐魏。十月，敗退。

［揚州］

王弘

［南徐州］

彭城王義康

［南兗州］

長沙王義欣　遷豫州。

> 《宋書》卷九五《索虜傳》：“太祖踐祚，便有志北略。七年三
> 月，詔曰：‘……可簡甲卒五萬，給右將軍到彦之，統安北將軍王
> 仲德、兗州刺史竺靈秀舟師入河，驍騎將軍段宏精騎八千，直指
> 虎牢，豫州刺史劉德武勁勇一萬，以相掎角，後將軍長沙王義欣
> 可權假節，率見力三萬，監征討諸軍事。便速備辦，月內悉
> 發。’”卷五一《長沙王義欣傳》：“七年，到彦之率大衆入河，義欣
> 進彭城，爲衆軍聲援。彦之退敗，青、齊搔擾，將佐慮寇大至，勸
> 義欣委鎮還都，義欣堅志不動。”卷五〇《胡藩傳》：“到彦之北
> 伐，南兗州刺史長沙王義欣進據彭城，藩出戍廣陵，行府州事。”

［南豫州］

到彦之　兵敗，免。十月，罷南豫并豫州。

《南史》卷二五《到彥之傳》："七年,遣彥之制督王仲德、竺靈秀、尹沖、段宏、趙伯符、竺靈真、庾俊之、朱脩之等北侵,自淮入泗。……魏軍仍進滑臺。時河冰將合,糧食又罄,彥之先有目疾,至是大動,將士疾疫,乃回軍,焚舟步至彭城。初遣彥之,資實甚盛;及還,凡百蕩盡,府藏爲空。文帝遣檀道濟北救滑臺,收彥之下獄,免官。兗州刺史竺靈秀棄軍伏誅。"《宋書》卷五《文帝紀》："十月甲寅,罷南豫州并豫州。"

［江州］

檀道濟

《宋書》卷四三《檀道濟傳》："元嘉七年,到彥之伐索虜,已平河南,尋復失之,金墉、虎牢並沒,虜逼滑臺。加道濟都督征討諸軍事,率衆北討。"

［徐州］

王仲德　兵敗,免。

竟陵王義宣　都督徐兗青冀幽五州諸軍事、左將軍、徐州刺史,戍石頭。

《宋書》卷四六《王懿傳》："與到彥之北伐,大破虜軍。……十月,虜於委粟津渡河,進逼金墉,虎牢、洛陽諸軍,相繼奔走。……焚舟棄甲,還至彭城。仲德與彥之並免官。"卷五《文帝紀》："十月……以左將軍竟陵王義宣爲徐州刺史。"卷六八《南郡王義宣傳》："拜左將軍,鎮石頭。七年,遷使持節、都督徐兗青冀幽五州諸軍事、徐州刺史,將軍如故,猶戍石頭。"按:《通鑑》卷一二一元嘉七年十月云"以竟陵王義宣爲南徐州刺史",衍"南"字。

［兗州］

竺靈秀　兵敗,被誅。

《魏書》卷四上《世祖紀上》："(神䴥三年)十有一月……

義隆兗州刺史竺靈秀棄須昌,南奔湖陸。"《宋書》卷五《文帝紀》:"十二月……兗州刺史竺靈秀有罪伏誅。"按:竺靈秀參見是年南豫州條。

[豫州]

劉德武

長沙王義欣　監豫司雍并四州諸軍事、後將軍、豫州刺史,鎮壽陽。

《宋書》卷五《文帝紀》:"十二月辛酉,以南兗州刺史長沙王義欣爲豫州刺史。"卷五一《長沙王義欣傳》:"遷使持節、監豫司雍并四州諸軍事、豫州刺史,將軍如故。給鼓吹一部。鎮壽陽。于時土境荒毀,人民彫散,城郭頹敗,盜賊公行。義欣綱維補緝,隨宜經理,劫盜所經,立討誅之制。境内畏服,道不拾遺,城府庫藏,並皆完實,遂爲盛藩彊鎮。"

[青州]

蕭思話

[荆州]

江夏王義恭

[湘州]

蕭摹之

[雍州]

張邵

[司州]

尹沖　督司雍并三州豫州之潁川兗州之陳留二郡諸軍事、奮威將軍、司州刺史,戍虎牢。敗死。

吉翰　監司雍并三州諸軍事、輔國將軍、司州刺史。

《宋書》卷五《文帝紀》:"三月……以前征虜司馬尹沖爲司州刺史。……十二月……司徒司馬吉翰爲司州刺史。"卷

九五《索虜傳》：“太祖以前征虜司馬、南廣平太守尹沖爲督
司雍并三州豫州之潁川兗州之陳留二郡諸軍事、奮威將軍、
司州刺史，戍虎牢。十一月，虜大衆南渡河，彥之敗退，洛
陽、滑臺、虎牢諸城並爲虜所没。尹沖及司馬滎陽太守崔模
抗節不降，投塹死。沖字子順，天水冀人也。”《魏書》卷四上
《世祖紀上》：“十月……義隆司州刺史尹沖墜城死。”卷九七
《島夷劉裕傳》：“詔冠軍將軍安頡等率衆自盟津渡，攻金墉，
義隆建武將軍杜驥出奔，遂乘勝進攻虎牢，陷之，斬其司州
刺史尹沖。”卷三〇《安頡傳》：“劉義隆遣將到彥之率衆寇河
南，以援赫連定。……世祖西征赫連定，以頡爲冠軍將軍，
督諸軍擊彥之。……進攻虎牢，虎牢潰，義隆司州刺史尹沖
墜城死。”《宋書》卷六五《吉翰傳》：“時太祖經略河南，以翰
爲持節、監司雍并三州諸軍事、司州刺史，（輔國）將軍如故。
會前鋒諸軍到彥之等敗退。”按：《通鑑》及萬表皆云尹沖
“降魏”，此從《宋書》《魏書》。

［梁州］［南秦州］

　劉道産　徵還。

　甄法護　梁南秦二州刺史。

　　　《宋書》卷六五《劉道産傳》：“七年，徵爲後軍將軍。”卷五
　　　《文帝紀》：“七月……以平北諮議參軍甄法護爲梁、南秦二州
　　　刺史。”

［益州］

　劉道濟

［寧州］

　周籍之

［廣州］

　孔默之

［交州］

　阮彌之

元嘉八年辛未（431）

［揚州］

　王弘

［南徐州］

彭城王義康　更以江北爲南兗州，江南爲南徐州。

　　《宋書》卷三五《州郡志一》南徐州：“文帝元嘉八年，更以江北爲南兗州，江南爲南徐州，治京口，割揚州之晉陵、兗州之九郡僑在江南者屬焉，故南徐州備有徐、兗、幽、冀、青、并、揚七州郡邑。”卷六八《彭城王義康傳》：“太子詹事劉湛有經國才，義康昔在豫州，湛爲長史，既素經情款，至是意委特隆，人物雅俗，舉動事宜，莫不咨訪之。故前後在藩，多有善政，爲遠近所稱。”

［南兗州］

劉遵考　督南徐兗州之江北淮南諸軍事、征虜將軍、南兗州刺史，領廣陵太守。徵還。

竟陵王義宣　都督南兗、南兗州刺史，當鎮山陽，未行。

　　《宋書》卷三五《州郡志一》南兗州：“文帝元嘉八年，始割江淮間爲境，治廣陵。”卷五《文帝紀》：“二月……以太子右衛率劉遵考爲南兗州刺史。……六月……以徐州刺史竟陵王義宣爲南兗州刺史。”卷五一《劉遵考傳》：“七年，除太子右衛率，加給事中。明年，督南徐兗州之江北淮南諸軍事、征虜將軍、南兗州刺史，領廣陵太守。又徵爲侍中，領後軍將軍，徙太常。”卷六八《南郡王義宣傳》：“八年，又改都督南兗、兗州刺

史,當鎮山陽,未行。"校勘記:"疑'兗州'前佚'南'字。"《宋
書考論》卷三:"按《本紀》及《地理志》,是年南兗州鎮廣陵。"
按:萬表列劉遵考於元嘉七年,當誤。

［江州］

檀道濟　進位司空。

　　《宋書》卷五《文帝紀》:"二月……滑臺爲索虜所陷。癸
酉,征南大將軍檀道濟引軍還。"卷四三《檀道濟傳》:"虜衆
盛,遂陷滑臺。道濟於歷城全軍而反。進位司空,持節、常侍、
都督、刺史並如故。還鎮尋陽。"

［徐州］

竟陵王義宣　遷南兗。

吉翰　監徐兗二州豫州之梁郡諸軍事、輔國將軍、徐州刺史。

　　《宋書》卷五《文帝紀》:"六月……司徒司馬吉翰爲徐州
刺史。"卷六五《吉翰傳》:"復爲司徒司馬,將軍如故。其年,
又假節、監徐兗二州豫州之梁郡諸軍事、徐州刺史,將軍如
故。"按:吳表作"司馬吉翰",誤以官職爲姓。

［兗州］

申宣　刺史。

徐遵之　刺史。

　　《宋書》卷五《文帝紀》:"正月……以左軍將軍申宣爲兗
州刺史。……四月……以後軍參軍徐遵之爲兗州刺史。"卷六
五《申恬傳》:"魏郡魏人也。……高祖平廣固,恬父宣、宣從
父兄永皆得歸國,並以幹用見知。……宣,太祖元嘉初,亦歷
兗、青二州刺史。"《南齊書》卷一《高帝紀上》:"宋文帝以皇考
（濟南太守蕭承之）有全城之功,手書與都督長沙王義欣曰:
'承之理民直亦不在武幹後,今擬爲兗州,□□檀征南詳之。'
皇考與道濟無素故,事遂寢。"

［豫州］

長沙王義欣

［青州］

蕭思話　棄地走。

韋朗　刺史。

《宋書》卷五《文帝紀》："二月乙卯,以平北司馬韋朗爲青州刺史。……丁丑,青州刺史蕭思話棄城走。"卷七八《蕭思話傳》："八年,除竟陵王義宣左軍司馬、南沛郡太守。未及就徵,索虜南寇,檀道濟北伐,既而迴師,思話懼虜大至,乃棄鎮奔平昌。思話先使參軍劉振之戍下邳,聞思話奔,亦委城走。虜定不至,而東陽積聚,已爲百姓所焚,由是徵下廷尉,仍繫尚方。"《太平御覽》卷二五五《職官部五三・刺史下》引《異苑》："晉陵韋朗,家在延陵。元嘉初,忽見庭前井中有人,長尺餘,所被帶組,相應相隨出門,良久乃盡。朗兄藪頗善占筮,常云:'吾子弟當至刺史。'朗歷清、廣二州。"按:宋無清州,《御覽》之"清"當爲"青"。

［荆州］

江夏王義恭

《宋書》卷六九《劉湛傳》："義恭性甚狷隘,年又漸長,欲專政事,每爲湛所裁,主佐之間,嫌隙遂構。太祖聞之,密遣使詰讓義恭,并使深加諧緝。義恭具陳湛無居下之禮,又自以年長,未得行意,雖奉詔旨,頗有怨言。……先是,王華既亡,曇首又卒,領軍將軍殷景仁以時賢零落,白太祖徵湛。八年,召爲太子詹事……與景仁並被任遇。"

［湘州］

蕭摹之

江夷　刺史。未任,卒。

阮萬齡　刺史。尋還，廢湘州。

　　《宋書》卷五《文帝紀》："二月……以尚書右僕射江夷爲
湘州刺史。……四月甲寅，以衡陽王師阮萬齡爲湘州刺
史。……十二月，罷湘州還并荆州。"卷五三《江夷傳》："出爲
湘州刺史，加散騎常侍，未之職，病卒。……追贈前將軍，本官
如故。"《劉襲墓誌》（《墓誌集成》一三七五）："第六姊茂嫄，
適濟陽考城江遜……祖夷，茂遠，前將軍、湘州刺史。"《宋書》
卷九三《阮萬齡傳》："遷太常，出爲湘州刺史，在州無政績。
還爲東陽太守。"

[雍州]

張邵　免。

劉道産　督雍梁南秦三州荆州之南陽竟陵順陽襄陽新野隨六郡
諸軍事、寧遠將軍、寧蠻校尉、雍州刺史、襄陽太守。

　　《宋書》卷四六《張邵傳》："江夏王義恭鎮江陵，以邵爲撫
軍長史、持節、南蠻校尉。坐在雍州營私蓄聚，贓貨二百四十
五萬，下廷尉，免官，削爵土。"卷五《文帝紀》："閏（六）月……
以左軍諮議參軍劉道産爲雍州刺史。"卷六五《劉道産傳》：
"遷竟陵王義宣左將軍諮議參軍，仍爲持節、督雍梁南秦三州
荆州之南陽竟陵順陽襄陽新野隨六郡諸軍事、寧遠將軍、寧蠻
校尉、雍州刺史、襄陽太守。"

[司州]

吉翰　遷徐州。

[梁州][南秦州]

　甄法護

[益州]

　劉道濟

[廣州]

孔默之

［交州］

阮彌之

《宋書》卷九七《林邑傳》："八年，（林邑王范陽邁）又遣樓船百餘寇九德，入四會浦口，交州刺史阮彌之遣隊主相道生三千人赴討。"

元嘉九年壬申（432）

［揚州］

王弘　卒。

彭城王義康　刺史。

《宋書》卷五《文帝紀》："三月庚戌，衛將軍王弘進位太保，加中書監。……五月壬申，中書監、録尚書事、衛將軍、揚州刺史王弘薨。……六月……司徒、南徐州刺史彭城王義康改領揚州刺史。"按：義康元嘉六年爲都督揚南徐兖三州、南徐州刺史，現改領揚州，而以義季都督南徐、義恭都督南兖，不知義康是否仍爲都督。

［南徐州］

彭城王義康　改領揚州。

衡陽王義季　都督南徐州諸軍事、右將軍、南徐州刺史。

《宋書》卷五《文帝紀》："六月……征虜將軍衡陽王義季爲南徐州刺史。"卷六一《衡陽王義季傳》："九年，遷使持節、都督南徐州諸軍事、右將軍、南徐州刺史。"

［南兖州］

竟陵王義宣

江夏王義恭　都督南兖徐兖青冀幽六州豫州之梁郡諸軍事、征北將軍、南兗州刺史,鎮廣陵。

　　　　《宋書》卷五《文帝紀》:“六月……以撫軍將軍、荆州刺史
　　江夏王義恭爲征北將軍、開府儀同三司、南兗州刺史。……南
　　兗州刺史竟陵王義宣爲中書監、中軍將軍。”卷六一《江夏王義
　　恭傳》:“九年,徵爲都督南兗徐兗青冀幽六州豫州之梁郡諸軍
　　事、征北將軍、開府儀同三司、南兗州刺史,鎮廣陵。”

[江州]

　檀道濟　進位司空。

　　　　《宋書》卷五《文帝紀》:“三月……征南大將軍、江州刺史
　　檀道濟進位司空。”

[徐州]

　吉翰　卒。

　王仲德　鎮北將軍、刺史。

　　　　《宋書》卷六五《吉翰傳》:“卒官。”卷五《文帝紀》:“七月
　　戊辰,以尚書王仲德爲鎮北將軍、徐州刺史。”

[兗州]

　徐遵之

[豫州]

　長沙王義欣

[青州]

　韋朗

　申宣　刺史。

　　　　《宋書》卷五《文帝紀》:“六月甲戌,以左軍諮議參軍申宣
　　爲青州刺史。”

[冀州]

　崔諲　刺史,六月置。

　　　　《宋書》卷五《文帝紀》:“六月……分青州置冀州。……

以司徒參軍崔諲爲冀州刺史。"卷三六《州郡志二》冀州："文
帝元嘉九年,又分青州立,治歷城,割土置郡縣。"卷六五《申令
孫傳》："太祖元嘉中,(崔諲)至青州刺史。"校勘記："疑'青
州'爲'冀州'之訛。"《明曇憘墓誌》(《墓誌集成》一三七七):
"第四叔休之……夫人清河崔氏,父諲,右將軍、冀州刺史。"
按:誌云崔諲爲右將軍,不知是否爲死後所贈。

[荆州]

江夏王義恭　遷南兖。

臨川王義慶　都督荆雍益寧梁南北秦七州諸軍事、平西將軍、荆
州刺史。

《宋書》卷五《文帝紀》："六月……前將軍臨川王義慶爲
平西將軍、荆州刺史。"卷五一《臨川王義慶傳》："出爲使持
節、都督荆雍益寧梁南北秦七州諸軍事、平西將軍、荆州刺史。
荆州居上流之重,地廣兵彊,資實兵甲,居朝廷之半,故高祖使
諸子居之。義慶以宗室令美,故特有此授。"

[雍州]

劉道產

[梁州][南秦州]

甄法護

[益州]

劉道濟

甄法崇　刺史。

《宋書》卷四五《劉道濟傳》："遠方商人多至蜀土資貨,或
有直數百萬者,(長史費)謙等限布絲綿各不得過五十斤,馬無
善惡,限蜀錢二萬。府又立冶,一斷民私鼓鑄,而貴賣鐵器,商
旅吁嗟,百姓咸欲爲亂。(帛)氏奴既懷恚忿,因聚黨爲盜
賊。……蜀土僑舊,翕然並反。"卷五《文帝紀》："十一月壬

子,以少府甄法崇爲益州刺史。"《法苑珠林》卷二二《宋尼釋曇輝》:"蜀郡成都人也。……刺史甄法崇信尚正法,聞輝志業,迎與相見。"按:劉道濟元嘉十年卒,萬表誤爲九年。

［廣州］

　孔默之

［交州］

　阮彌之

　李秀之　　刺史。

　　　　《宋書》卷五《文帝紀》:"十二月甲戌,以右軍參軍李秀之爲交州刺史。"

元嘉十年癸酉（433）

［揚州］

　彭城王義康

［南徐州］

　衡陽王義季

［南兗州］

　江夏王義恭

［江州］

　檀道濟

［徐州］

　王仲德

［兗州］

　王仲德　　刺史,徐州兼。

　　　　《宋書》卷五《文帝紀》:"正月……鎮北將軍、徐州刺史王仲德加領兗州刺史。"

［豫州］

長沙王義欣　進號鎭軍將軍,進監爲都督。

　　《宋書》卷五《文帝紀》:“正月……後將軍、豫州刺史長沙王義欣進號鎭軍將軍。”卷五一《長沙王義欣傳》:“十年,進號鎭軍將軍,進監爲都督。”

［青州］

申宣

段宏　征虜將軍、青冀二州刺史。

　　《宋書》卷五《文帝紀》:“正月……淮南太守段宏爲青州刺史。……四月戊戌,青州刺史段宏加冀州刺史。”卷六一《廬陵王義真傳》:“宏,鮮卑人也,爲慕容超尚書左僕射,徐州刺史。高祖伐廣固,歸降。太祖元嘉中,爲征虜將軍、青冀二州刺史。”

［冀州］

崔湮

段宏

［荆州］

臨川王義慶

［雍州］

劉道産

［梁州］［南秦州］

甄法護　奔西城。

蕭思話　督梁南秦二州諸軍事、橫野將軍、梁南秦二州刺史,遷鎭南鄭。進號寧朔將軍。

　　《宋書》卷五《文帝紀》:“四月……封陽縣侯蕭思話爲梁、南秦二州刺史。……十一月,氐楊難當寇漢川。丁未,梁州刺史甄法護棄城走,難當據有梁州。”卷七八《蕭思話傳》:“九年,仇池大饑,益、梁州豐稔,梁州刺史甄法護在任失和,氐帥楊難當因此寇漢中。乃自徒中起思話督梁南秦二州諸軍事、橫野將軍、梁南秦二州刺史。既行，聞法護已委鎮北奔西城。……（南城）爲賊所焚燒不可固，思話遷鎮南鄭，加節，進號寧朔將軍。……法護委鎮之罪，統府所收，於獄賜死。"卷三七《州郡志三》梁州："文帝元嘉十年，刺史甄法護於南城失守，刺史蕭思話還治南鄭。"

［益州］

甄法崇

《宋書》卷四五《劉道濟傳》："十年正月，賊衆大至，攻逼成都。道濟卒，梁儁之與（裴）方明等，及其故舊門生數人，共埋尸於後齋。使書與道濟相似者爲教命，酬答籤疏，不異常日。……九月，益州刺史甄法崇至成都，誅費謙之，道濟喪及方明等並東反。"

［廣州］

孔默之　罪免。

韋朗　刺史。

《宋書》卷六九《范曄傳》："初（孔）熙先父默之爲廣州刺史，以贓貨得罪下廷尉，大將軍彭城王義康保持之，故得免。"卷五《文帝紀》："六月乙亥，以前青州刺史韋朗爲廣州刺史。"《法苑珠林》卷五《宋俞氏有二女》："宋俞氏二女，東官曾城人也。……元嘉九年，姊年十歲，妹年九歲。……明年正月十五日，忽復失之。田間作人云：見其從風徑飄上天。父母號懼，祀神求福。既而，經月乃反。剃頭爲尼，被服法衣，持髮而歸。自說見佛及比丘尼。……刺史韋朗就里並迎供養。"卷二二《宋東官俞二女》："刺史韋朗、孔默等皆迎敬異云。"

［交州］

李秀之

元嘉十一年甲戌（434）

　[揚州]

　　彭城王義康

　[南徐州]

　　衡陽王義季

　[南兗州]

　　江夏王義恭

　[江州]

　　檀道濟

　[徐州]

　　王仲德

　[兗州]

　　王仲德

　[豫州]

　　長沙王義欣

　[青州]

　　段宏

　[冀州]

　　段宏

　[荊州]

　　臨川王義慶

　[雍州]

　　劉道産

　[梁州][南秦州]

　　蕭思話

　　　　《宋書》卷五《文帝紀》:"四月,梁、秦二州刺史蕭思話破

氐楊難當,梁州平。"卷七八《蕭思話傳》:"漢中平,悉收没地,
置戍葭萌水。"

[益州]

甄法崇

[廣州]

韋朗

[交州]

李秀之

李耽之　　刺史。

　　《宋書》卷五《文帝紀》:"二月癸酉,以交阯太守李耽之爲
交州刺史。"

元嘉十二年乙亥(435)

[揚州]

彭城王義康

　　《宋書》卷六八《彭城王義康傳》:"十二年,又領太子太
傅,復加侍中、班劍。……既專總朝權,事決自己,生殺大事,
以錄命斷之。凡所陳奏,人無不可,方伯以下,並委義康授用,
由是朝野輻湊,勢傾天下。……凡朝士有才用者,皆引入己
府,無施及忤旨,即度爲臺官。……内外衆事,皆專決施行。"
卷六九《劉湛傳》:"湛與(殷)景仁素欵,又以其建議徵之,甚
相感説。及俱被時遇,猜隙漸生,以景仁專管内任,謂爲間己。
時彭城王義康專秉朝權,而湛昔爲上佐,遂以舊情委心自結,
欲因宰相之力以回主心,傾黜景仁,獨當時務。義康屢構之於
太祖,其事不行。義康寮屬及湛諸附隸潛相約勒,無敢歷殷氏
門者。"

［南徐州］

　衡陽王義季

［南兗州］

　江夏王義恭

［江州］

　檀道濟

［徐州］

　王仲德

［兗州］

　王仲德

［豫州］

　長沙王義欣

［青州］

　段宏

［冀州］

　段宏

［荊州］

　臨川王義慶

［雍州］

　劉道産

［梁州］［南秦州］

　蕭思話

　　《法苑珠林》卷三二《宋馬虔伯》："巴西閬中人也。少信
　　佛法，嘗作宣漢縣宰。以元嘉十二年七月夜於縣得夢。……
　　虔伯後爲梁州西曹，州將蕭思話也。"

［益州］

　甄法崇

［廣州］

　　韋朗

　　　　《高僧傳》卷三《求那跋陀羅傳》：“元嘉十二年至廣州，刺史車朗表聞。”按：“車朗”當爲“韋朗”之訛。

［交州］

　　李耽之

　　荀道覆　　刺史。

　　　　《宋書》卷五《文帝紀》：“十一月，以右軍行參軍荀道覆爲交州刺史。”

元嘉十三年丙子（436）

［揚州］

　　彭城王義康

［南徐州］

　　衡陽王義季

［南兗州］

　　江夏王義恭

［江州］

　　檀道濟　　被誅。

　　南譙王義宣　　都督江州豫州之西陽晉熙新蔡三郡諸軍事、鎮南將軍、江州刺史。

　　　　《宋書》卷五《文帝紀》：“三月己未，司空、江州刺史檀道濟有罪伏誅。……以中軍將軍南譙王義宣爲鎮南將軍、江州刺史。”卷四三《檀道濟傳》：“道濟立功前朝，威名甚重，左右腹心，並經百戰，諸子又有才氣，朝廷疑畏之。太祖寢疾累年，屢經危殆，彭城王義康慮宮車晏駕，道濟不可復制。十二年，上疾篤,會索虜爲邊寇,召道濟入朝。既至,上間。十三年春,將遣道濟還鎮,已下船矣,會上疾動,召入祖道,收付廷尉。……於是收道濟及其子給事黃門侍郎植、司徒從事中郎粲、太子舍人隰、征北主簿承伯、秘書郎遵等八人,並於廷尉伏誅。"《太平御覽》卷八八五《妖異部一・怪》引《異苑》:"檀道濟,元嘉中鎮尋陽,十二年入朝,與家分別,顧瞻城闕,歔欷逾深,識者是知道濟之不南旋也。"《宋書》卷六八《南郡王義宣傳》:"十三年,出都督江州豫州之西陽晉熙新蔡三郡諸軍事、鎮南將軍、江州刺史。"《廿二史考異》卷二四《宋書二・武二王傳》:"《州郡志》:西陽本屬豫州,孝武孝建元年度郢州,明帝泰始五年又度豫,後又還郢。考漢之西陽在淮水之南,即今光山縣地,晉南渡後,荊州刺史庾翼表移西陽、新蔡二郡荒民就陂田於尋陽,而江州界內遂有僑立之西陽郡矣。自後西陽與新蔡、汝南、潁川謂之豫州四郡,江州刺史常兼督之。義熙土斷,省汝南、潁川兩郡,又分廬江立晉熙郡,故自義熙十二年訖元嘉之末,除江州督者必兼督豫州之西陽、新蔡、晉熙三郡也。孝武之世,晉熙王昶、晉安王子勛、始安王休仁除江州刺史,則云都督郢州之西陽、豫州之新蔡晉熙三郡,其時西陽已度郢州矣。王景文以泰始二年除刺史,西陽尚屬郢州。及泰始六年桂陽王休範出爲都督江郢司廣交五州豫州之西陽新蔡晉熙湘州之始興四郡諸軍事、江州刺史,則西陽仍屬豫州也。元徽元年,晉熙王燮爲使持節、監郢州豫州之西陽司州之義陽二郡諸軍事、郢州刺史,其時西陽尚屬豫州,而卻在郢州部內矣。"

[徐州]

王仲德　進號鎮北大將軍。

　　《宋書》卷五《文帝紀》:"五月戊辰,鎮北將軍、徐兗二州刺史王仲德進號鎮北大將軍。"

[兗州]

王仲德

王方俳　刺史。

　　《宋書》卷三五《州郡志一》兗州："文帝元嘉十三年,治鄒山,又寄治彭城。"卷五《文帝紀》："五月……以征北司馬王方俳爲兗州刺史。"

[豫州]

長沙王義欣

[青州]

段宏

[冀州]

段宏

[荆州]

臨川王義慶

[雍州]

劉道産　進號輔國將軍。

　　《宋書》卷六五《劉道産傳》："善於臨民,在雍部政績尤著,蠻夷前後叛戾不受化者,並皆順服,悉出緣沔爲居。百姓樂業,民户豐贍,由此有《襄陽樂歌》,自道産始也。十三年,進號輔國將軍。"

[梁州][南秦州]

蕭思話

[益州]

甄法崇

[廣州]

韋朗

［交州］

　苟道覆

元嘉十四年丁丑(437)

［揚州］

　彭城王義康

［南徐州］

　衡陽王義季

［南兗州］

　江夏王義恭

［江州］

　南譙王義宣

［徐州］

　王仲德

［兗州］

　王方俳

［豫州］

　長沙王義欣

［青州］

　段宏

［冀州］

　段宏

［荆州］

　臨川王義慶

［雍州］

　劉道產

［梁州］［南秦州］

　　蕭思話　　遷南蠻校尉。

　　劉真道　　梁南秦二州刺史。

　　　　《宋書》卷七八《蕭思話傳》：“十四年，遷使持節、臨川王義慶平西長史、南蠻校尉。”《法苑珠林》卷三二《宋馬虔伯》：“蕭轉南蠻，復命爲行參軍。”《宋書》卷五《文帝紀》：“二月壬子，以步兵校尉劉真道爲梁、南秦二州刺史。”

［益州］

　　甄法崇

　　周籍之　　刺史。

　　　　《宋書》卷五《文帝紀》：“四月丁未，以輔國將軍周籍之爲益州刺史。”按：吴表誤爲十三年。

［廣州］

　　韋朗

［交州］

　　苟道覆

　　徐森之　　刺史。

　　　　《宋書》卷六一《江夏王義恭傳》：“時詔内外百官舉才，義恭上表曰：‘……尚書金部郎臣徐森之，臣府中直兵參軍事臣王天寶，並局力允濟，忠諒款誠。……謂森之可交州刺史，天寶可寧州刺史，庶足威懷荒表，肅清遐服……’”卷五《文帝紀》：“八月戊午，以尚書金部郎中徐森之爲交州刺史。”《法苑珠林》卷三二《宋太守諸葛覆》：“于時徐森之始除交州，徐道立爲長史。”

元嘉十五年戊寅（438）

　　［揚州］

彭城王義康

[南徐州]

衡陽王義季

[南兗州]

江夏王義恭

[江州]

南譙王義宣

[徐州]

王仲德　卒。

劉遵考　監徐兗二州豫州之梁郡諸軍事、前將軍、徐兗二州刺史。未任。

趙伯符　徐兗二州刺史。

《宋書》卷五《文帝紀》：“五月……鎮北大將軍、徐州刺史王仲德卒。壬辰，以右衛將軍劉遵考爲徐、兗二州刺史。……八月辛丑，以左衛將軍趙伯符爲徐、兗二州刺史。”卷五一《劉遵考傳》：“監徐兗二州豫州之梁郡諸軍事、前將軍、徐兗二州刺史。未之鎮，留爲侍中，領左衛將軍。”《高僧傳》卷一三《釋法悅傳》：“悅嘗聞彭城宋王寺有丈八金像，乃宋車騎徐州刺史王仲德所造。”按：《宋書》卷四六及《南史》卷二五《王懿傳》未載懿（字仲德）爲車騎將軍，蓋死後所贈。

[兗州]

王方俳　遷青冀二州。

劉遵考

趙伯符

[豫州]

長沙王義欣

[青州]

段宏

王方俳　青冀二州刺史。

　　　《宋書》卷五《文帝紀》：“八月……以兗州刺史王方俳爲青、冀二州刺史。”卷二八《符瑞志中》：“元嘉十二年正月，白麞見東萊黄縣，青、冀州刺史王方回以獻。”按：王方回當即王方俳，然據《文帝紀》，王方俳元嘉十五年方爲青、冀二州刺史，疑《符瑞志》有誤。

［冀州］

段宏

王方俳

［荆州］

臨川王義慶

［雍州］

劉道産

［梁州］［南秦州］

劉真道

［益州］

周籍之

［寧州］

徐循　刺史。

　　　《宋書》卷五《文帝紀》：“七月……以陳、南頓二郡太守徐循爲寧州刺史。”

［廣州］

韋朗

陸徽　督交廣二州諸軍事、綏遠將軍、平越中郎將、廣州刺史。

　　　《初學記》卷二二《武部·甲》“兕革犀皮”條引《宋元嘉起居注》：“御史中丞劉楨奏：前廣州刺史韋朗，於廣州所

部,作犀皮鎧六領,請免朗官。"卷二五《器用部·屏風》"緑
沉白字"條引同書:"十六年,御史中丞劉楨奏:風聞前廣川
刺史韋朗,於廣州所作銀塗漆屏風二十三牀,又緑沉屏風一
牀,請以見事追韋朗前所居官。"同卷《席》"碧蒲白莞"條引
同書:"御史中丞劉楨奏:風聞廣州刺史韋朗,於府州部所作
新白莞席三百二十領,請以見事追韋朗前所居官。"同卷《鏡
臺》引同書:"韋朗爲廣州刺史,作銅鏡臺一具,御史中丞劉
楨奏請以見事免朗所居官。"《宋書》卷五《文帝紀》:"八
月……以始興内史陸徽爲廣州刺史。"卷九二《陸徽傳》:"仍
除使持節、交廣二州諸軍事、綏遠將軍、平越中郎將、廣州刺
史。"《南史》卷四八《陸杲傳》:"祖徽字休猷……元嘉十五
年,除平越中郎將、廣州刺史,加督。"按:"緑沉白字"條之
"廣川"當爲"廣州"。

[交州]

　　徐森之

元嘉十六年己卯(439)

[揚州]

　　彭城王義康　　進位大將軍。

　　　　《宋書》卷五《文帝紀》:"正月……司徒、録尚書事、揚州
　　　　刺史彭城王義康進位大將軍,領司徒,餘如故。"

[南徐州]

　　衡陽王義季　　遷荆州。

　　南譙王義宣　　都督南徐州軍事、征北將軍、南徐州刺史。

　　　　《宋書》卷五《文帝紀》:"四月丁巳,以鎮南將軍、江州刺
　　　　史南譙王義宣爲征北將軍、南徐州刺史。"按:義宣參見是年

荆州條。

[南兖州]

江夏王義恭　進位司空。

　　　《宋書》卷五《文帝紀》："正月……征北將軍、開府儀同三司、南兖州刺史江夏王義恭進位司空，刺史如故。"

[南豫州]

始興王濬　都督南豫豫司雍并五州諸軍事、後將軍、南豫州刺史，復置。

　　　《宋書》卷五《文帝紀》："閏（八）月……復分豫州之淮南爲南豫州。……以湘州刺史始興王濬爲南豫州之刺史。"按：濬參見是年湘州條。

[江州]

南譙王義宣　遷南徐。

臨川王義慶　都督江州豫州之西陽晉熙新蔡三郡諸軍事、衛將軍、江州刺史。

　　　《宋書》卷五《文帝紀》："四月……平西將軍臨川王義慶爲衛將軍、江州刺史。"卷五一《臨川王義慶傳》："十六年，改授散騎常侍、都督江州豫州之西陽晉熙新蔡三郡諸軍事、衛將軍、江州刺史，持節如故。"《法苑珠林》卷二八《宋參軍程德度》："度爲衛軍臨川王行參軍，時在尋陽。"

[徐州]

趙伯符

[兖州]

趙伯符

[豫州]

長沙王義欣　卒。

劉遵考　監豫司雍并四州南豫州之梁郡弋陽馬頭荆州之義陽四

郡諸軍事、前將軍、豫州刺史，領南梁郡太守。

　　《宋書》卷五《文帝紀》：“閏（八）月乙未，鎮軍將軍、豫州刺史長沙王義欣薨。……以左衛將軍劉遵考爲豫州刺史。”卷五一《劉遵考傳》：“出爲使持節、監豫司雍并四州南豫州之梁郡弋陽馬頭荆州之義陽四郡諸軍事、前將軍、豫州刺史，領南梁郡太守。”

［青州］

　　王方俳

［冀州］

　　王方俳

［荆州］

　　臨川王義慶　　遷江州。

　　衡陽王義季　　都督荆湘雍益梁寧南北秦八州諸軍事、安西將軍、荆州刺史。

　　《宋書》卷五《文帝紀》：“二月己亥，以南徐州刺史衡陽王義季爲安西將軍、荆州刺史。”卷六一《衡陽王義季傳》：“十六年，代臨川王義慶都督荆湘雍益梁寧南北秦八州諸軍事、安西將軍、荆州刺史，持節如故，給鼓吹一部。先是義慶在任，值巴蜀亂擾，師旅應接，府庫空虛，義季躬行節儉，畜財省用，數年間，還復充實。”卷六八《南郡王義宣傳》：“初，高祖以荆州上流形勝，地廣兵彊，遺詔諸子次第居之。謝晦平後，以授彭城王義康。義康入相，次江夏王義恭。又以臨川王義慶宗室令望，且臨川武烈王有大功於社稷，義慶又居之。其後應在義宣。上以義宣人才素短，不堪居上流。十六年，以衡陽王義季代義慶，而以義宣代義季爲南徐州刺史，都督南徐州軍事、征北將軍，持節如故。”《高僧傳》卷一三《釋曇光傳》：“宋衡陽文王義季鎮荆州，求覓意理沙門，共談佛法，聲境推光，以當鴻

任。"《法苑珠林》卷一四《宋荆州壁畫像塗却現緣》："宋衛軍
臨川康王在荆州城内，築堂三間，供養經像，堂壁上多畫菩薩
圖相。及衡陽文王代鎮，廢爲寢室，悉加泥治。乾輒褫脱，畫
狀鮮净，再塗猶爾。"

[湘州]

始興王濬　都督湘州諸軍事、後將軍、湘州刺史，復置。遷南豫。

武陵王駿　都督湘州諸軍事、征虜將軍、湘州刺史，領石頭戍事。

　　《宋書》卷五《文帝紀》："正月……復分荆州置湘州。二
月……以始興王濬爲湘州刺史。……閏（八）月……武陵王駿
爲湘州刺史。"卷九九《始興王濬傳》："元嘉十三年，年八歲，
封始興王。十六年，都督湘州諸軍事、後將軍、湘州刺史。仍
遷使持節、都督南豫豫司雍并五州諸軍事、南豫州刺史，將軍
如故。"卷六《孝武帝紀》："十六年，都督湘州諸軍事、征虜將
軍、湘州刺史，領石頭戍事。"

[雍州]

劉道産

[梁州][南秦州]

劉真道

[益州]

周籍之

[寧州]

徐循

[廣州]

陸徽

[交州]

徐森之

元嘉十七年庚辰(440)

[揚州]

彭城王義康 遷江州。

江夏王義恭 司徒、録尚書事、都督揚南徐兗三州諸軍事。

殷景仁 尚書僕射、刺史。卒。

始興王濬 後將軍、刺史。

《宋書》卷五《文帝紀》："十月戊午,前丹陽尹劉湛有罪,及同黨伏誅。……以大將軍、領司徒、録尚書、揚州刺史彭城王義康爲江州刺史,大將軍如故。以司空、南兗州刺史江夏王義恭爲司徒、録尚書事。……尚書僕射、護軍將軍殷景仁爲揚州刺史,僕射如故。……十一月……尚書僕射、揚州刺史殷景仁卒。十二月……以南豫州刺史始興王濬爲揚州刺史。"卷六八《彭城王義康傳》："義康素無術學,闇於大體,自謂兄弟至親,不復存君臣形迹,率心逕行,曾無猜防。……尚書僕射殷景仁爲太祖所寵,與太子詹事劉湛素善,而意好晚衰。湛常欲因宰輔之權以傾之,景仁爲太祖所保持,義康屢言不見用,湛愈憤。……自是主相之勢分,内外之難結矣。……上以嫌隙既成,將致大禍。十七年十月,乃收劉湛付廷尉,伏誅。……青州刺史杜驥勒兵殿内,以備非常。……改授(義康)都督江州諸軍事、江州刺史,持節、侍中、將軍如故,出鎮豫章。……征虜司馬蕭斌,昔爲義康所暱,劉斌等害其寵,讒斥之。乃以斌爲諮議參軍,領豫章太守,事無大小,皆以委之。司徒主簿謝綜,素爲義康所狎,以爲記室參軍,左右愛念者,並聽隨從至豫章。"卷一〇〇《自序》："大將軍彭城王義康出鎮豫章,申謨爲中兵參軍,掌城防之任。"《建康實録》卷一二《太祖文皇帝》："出義康爲江州刺史,實幽於豫章。"《宋書》卷六一《江夏王義恭傳》："大將軍彭城王義康有罪

出藩,徵義恭爲侍中、都督揚南徐兗三州諸軍事、司徒、錄尚書,
領太子太傅,持節如故。"卷六三《殷景仁傳》:"代義康爲揚州刺
史,僕射領吏部如故。……爲州凡月餘卒。或云見劉湛爲祟。"
卷九九《始興王濬傳》:"十七年,爲揚州刺史,將軍如故,置佐領
兵。"卷六九《范曄傳》:"爲始興王濬後軍長史,領南下邳太守。
及濬爲揚州,未親政事,悉以委曄。尋遷左衛將軍、太子詹事。"
卷一○○《自序》:"元嘉十七年,始興王濬爲揚州刺史,寵愛殊
異,以(沈璞)爲主簿。時順陽范曄爲長史,行州事。曄性頗疏,
太祖召璞謂曰:'神畿之政,既不易理。濬以弱年臨州,萬物皆
屬耳目,賞罰得失,特宜詳慎。范曄性疏,必多不同。卿腹心所
寄,當密以在意。彼雖行事,其實委卿也。'璞以任遇既深,乃夙
夜匪懈,其有所懷,輒以密啓,每至施行,必從中出。曄正謂聖明
留察,故深更恭慎,而莫見其際也。在職八年,神州大治。"

［南徐州］

南譙王義宣

［南兗州］

江夏王義恭

臨川王義慶　都督南兗徐兗青冀幽六州諸軍事、衛將軍、南兗州刺史。

《宋書》卷五《文帝紀》:"十月……衛將軍臨川王義慶以
本號爲南兗州刺史。"卷五一《臨川王義慶傳》:"十七年,即本
號都督南兗徐兗青冀幽六州諸軍事、南兗州刺史。尋加開府
儀同三司。"《通典》卷一四五《樂五·雜歌曲》:"《烏夜啼》,
宋臨川王義慶所作也。元嘉十七年,徙彭城王義康於章郡,義
慶時爲江州,至鎮,相見而哭,爲文帝所怪,徵還。義慶大懼,
伎妾聞烏夜啼聲,叩齋閣云:'明日應有赦。'其年更爲兗州刺
史,因作此歌。"校勘記:"章郡即豫章郡,《通典》避代宗諱,少

稱‘章郡’。”《法苑珠林》卷二八《宋參軍程德度》：“元嘉十七
年,隨(臨川)王鎮廣陵。”按:《通典》“兗州”前當闕“南”字。

[南豫州]

始興王濬　遷揚州。

武陵王駿　都督南豫豫司雍并五州諸軍事、征虜將軍、南豫州刺
史,猶戍石頭。

《宋書》卷五《文帝紀》：“十二月……湘州刺史武陵王駿爲
南豫州刺史。”卷六《孝武帝紀》：“十七年,遷使持節、都督南豫
豫司雍并五州諸軍事、南豫州刺史,將軍如故,猶戍石頭。”

[江州]

臨川王義慶　遷南兗。

彭城王義康　大將軍、都督江州諸軍事、江州刺史,鎮豫章。

按:義康見是年揚州條。

[徐州]

趙伯符

[兗州]

趙伯符

[豫州]

劉遵考

[青州]

王方俳

杜驥　督青冀二州徐州之東莞東安二郡諸軍事、寧遠將軍、青冀
二州刺史。

《宋書》卷五《文帝紀》：“七月壬寅,以征虜諮議參軍杜驥
爲青州刺史。”卷六五《杜驥傳》：“十七年,出督青冀二州徐州
之東莞東安二郡諸軍事、寧遠將軍、青冀二州刺史。”按:杜驥
參見是年揚州條引《義康傳》。《宋書考論》卷三:“杜驥七月

命青州刺史，十月尚未之任也。"

[冀州]

　王方俳

　杜驥

[荆州]

　衡陽王義季

[湘州]

　武陵王駿　遷南豫。

　南平王鑠　都督湘州諸軍事、冠軍將軍、湘州刺史，不之鎮，領石
　　頭戍事。

　　　《宋書》卷五《文帝紀》："十二月……南平王鑠爲湘州刺
　　史。"卷七二《南平王鑠傳》："元嘉十七年，都督湘州諸軍事、
　　冠軍將軍、湘州刺史，不之鎮，領石頭戍事。"

[雍州]

　劉道產

[梁州][南秦州]

　劉真道

[寧州]

　徐循

[廣州]

　陸徽

元嘉十八年辛巳（441）

[揚州]

　江夏王義恭　解督南兗。

　始興王濬

《宋書》卷六一《江夏王義恭傳》："解督南兖。"

[南徐州]

南譙王義宣

[南兖州]

臨川王義慶

《宋書》卷五《文帝紀》："五月壬午，衛將軍南兖州刺史臨川王義慶、征北將軍南徐州刺史南譙王義宣並開府儀同三司。"

[南豫州]

武陵王駿

[江州]

彭城王義康　辭州，增督廣交二州湘州之始興諸軍事。

庾登之　刺史。

《宋書》卷六八《彭城王義康傳》："辭州，見許，增督廣交二州湘州之始興諸軍事。"卷五《文帝紀》："二月乙卯，以豫章太守庾登之爲江州刺史。"《高僧傳》卷八《釋法瑗傳》："後入廬山守静味禪，澄思五門，遊心三觀。頃之，刺史庾登之請出山講説。"

[徐州]

趙伯符　徵還。

臧質　都督徐兖二州諸軍事、寧遠將軍、徐兖二州刺史。

《宋書》卷五《文帝紀》："七月戊戌，以徐、兖二州刺史趙伯符爲領軍將軍。冬十月辛亥，以巴東、建平二郡太守臧質爲徐、兖二州刺史。"卷七四《臧質傳》："徵爲使持節、都督徐兖二州諸軍事、寧遠將軍、徐兖二州刺史。"

[兖州]

趙伯符

　　臧質

［豫州］

　　劉遵考

［青州］

　　杜驥

［冀州］

　　杜驥

［荆州］

　　衡陽王義季

［湘州］

　　南平王鑠

［雍州］

　　劉道産

［梁州］［南秦州］

　　劉真道

　　　　《宋書》卷五《文帝紀》：“氐楊難當又寇漢川。十二月癸亥，遣龍驤將軍裴方明與梁、秦二州刺史劉真道討之。”卷九八《氐胡傳》：“十八年十月，（楊難當）傾國南寇，規有蜀土，慮漢中軍出，遣建忠將軍苻沖出東洛以防之。梁州刺史劉真道擊斬沖。”

［寧州］

　　徐循

　　　　《宋書》卷五《文帝紀》：“十二月，晉寧太守爨松子反叛，寧州刺史徐循討平之。”

［廣州］

　　陸徽

［交州］

　　李淼　刺史。

《高、明二法師答李交州淼難佛不見形事并李書》(《弘明集》卷一一):"今正就尋西方根源,伏願大和上垂懷,允納下心,無惜神誥。弟子李淼和南。"校記:"徑、汪、陵……題下標明作者:'宋李淼。'"按:年不詳,列於此。

元嘉十九年壬午(442)

[揚州]

江夏王義恭

始興王濬　　罷府。

《宋書》卷九九《始興王濬傳》:"十九年,罷府。"

[南徐州]

南譙王義宣

[南兗州]

臨川王義慶

[南豫州]

武陵王駿

[江州]

彭城王義康

庾登之

[徐州]

臧質

[兗州]

臧質

[豫州]

劉遵考

[青州]

杜驥

[冀州]

杜驥

[荆州]

衡陽王義季

[湘州]

南平王鑠

[雍州]

劉道産　卒。

劉真道　建威將軍、刺史。

　　　《宋書》卷六五《劉道産傳》:"十九年卒……道産惠澤被
　　於西土,及喪還,諸蠻皆備衰絰,號哭追送,至于沔口。"卷五
　　《文帝紀》:"七月,以梁、秦二州刺史劉真道爲雍州刺史。"卷
　　四七《劉真道傳》:"秦州刺史胡崇之西鎮百頃,行至濁水,爲
　　索虜所邀擊,敗没。以真道爲建威將軍、雍州刺史,(裴)方明
　　輔國將軍、梁南秦二州刺史。方明辭不拜。"《通鑑》卷一二四
　　元嘉十九年七月《考異》:"《真道傳》,此事在胡崇之没後;《氐
　　胡傳》,崇之没在明年二月;即《真道傳》誤。"

[梁州][南秦州]

劉真道　遷雍州。

裴方明　梁南秦二州刺史,辭不拜。

　　　《宋書》卷五《文帝紀》:"七月……龍驤將軍裴方明爲梁、
　　南秦二州刺史。"《宋書》卷二九《符瑞志下》:"元嘉二十年六
　　月,嘉禾一莖九穗生上庸新安,梁州刺史劉真道獻。"校勘記:
　　"元嘉十九年秋七月,劉真道遷雍州刺史,時梁州刺史爲申
　　坦。"按:裴方明參見是年雍州條。

[北秦州]

胡崇之　龍驤將軍、北秦州刺史、平羌校尉,鎮百頃。

　　《宋書》卷九八《氐胡傳》:“十九年正月,太祖遣龍驤將軍
裴方明、太子左積弩將軍劉康祖、後軍參軍梁坦甲士三千人,
又發荊、雍二州兵討難當,受劉真道節度。……閏(五)月……
仇池平。以輔國司馬胡崇之爲龍驤將軍、秦州刺史、平羌校
尉,守仇池。”卷七四《臧質傳》:“仇池之平也,以崇之爲龍驤
將軍、北秦州刺史,鎮百頃。”《魏書》卷四下《世祖紀下》:“閏
(五)月,劉義隆龍驤將軍裴方明、梁州刺史劉康祖寇南秦,南
秦王楊難當敗,奔於上邽。”校勘記:“疑此處‘劉康祖’爲‘劉
真道’之誤,或‘劉康祖’之官職誤植。”

[寧州]

徐循

周萬歲　刺史。

　　《宋書》卷五《文帝紀》:“十月……以晉寧太守周萬歲爲
寧州刺史。”

[廣州]

陸徽

元嘉二十年癸未（443）

[揚州]

江夏王義恭

始興王濬

[南徐州]

南譙王義宣

[南兗州]

臨川王義慶

［南豫州］

武陵王駿

［江州］

彭城王義康

庾登之　徵還。

廬陵王紹　南中郎將、刺史。

　　　　《宋書》卷五《文帝紀》："二月甲戌,江州刺史庾登之爲中
　　　護軍。庚申,以廬陵王紹爲江州刺史。"卷五三《庾登之傳》:
　　　"疾篤,徵爲中護軍。未拜。"卷六一《廬陵王紹傳》:"二十年,
　　　出爲南中郎將、江州刺史,時年十二。"卷五二《袁洵傳》:"元
　　　嘉中,歷顯官,廬陵王紹爲南中郎將、江州刺史,年少未親政,
　　　洵爲長史、尋陽太守,行府州事。"卷一〇〇《自序》:"廬陵王
　　　紹爲江州,以(沈)邵爲南中郎府録事參軍,行府州事,事未行,
　　　會(申)謨丁艱,邵代謨爲大將軍中兵,加寧朔將軍。邵南行,
　　　上遂相任委,不復選代,仍兼録事,領城局。"

［徐州］

臧質

［兗州］

臧質　省兗州。

　　　　《宋書》卷三五《州郡志一》兗州:"二十年,省兗州,分郡
　　　屬徐、冀州。"

［豫州］

劉遵考

［青州］

杜驥

［冀州］

杜驥

[荊州]

衡陽王義季　進號征西大將軍,領南蠻校尉。

　　《宋書》卷五《文帝紀》:"三月辛亥,安西將軍、荊州刺史衡陽王義季進號征西大將軍。"卷六一《衡陽王義季傳》:"二十年,加散騎常侍,進號征西大將軍,領南蠻校尉。義季素嗜酒,自彭城王義康廢後,遂爲長夜之飲,略少醒日。"

[湘州]

南平王鑠

[雍州]

劉眞道　下獄死。

蕭思話　監雍梁南北秦四州荊州之南陽竟陵順陽襄陽新野隨六郡諸軍事、寧蠻校尉、雍州刺史、襄陽太守。

　　《宋書》卷五《文帝紀》:"七月……以南蠻校尉蕭思話爲雍州刺史。甲子,前雍州刺史劉眞道、梁南秦二州刺史裴方明有罪,下獄死。"卷七八《蕭思話傳》:"遷持節、監雍梁南北秦四州荊州之南陽竟陵順陽襄陽新野隨六郡諸軍事、寧蠻校尉、雍州刺史、襄陽太守。"

[梁州][南秦州]

裴方明　下獄死。

申坦　梁南秦二州刺史。

　　《宋書》卷五《文帝紀》:"三月……以巴西、梓潼二郡太守申坦爲梁、南秦二州刺史。"按:裴方明見是年雍州條。

[北秦州]

胡崇之　没於魏。

　　《宋書》卷五《文帝紀》:"二月……仇池爲索虜所没。"卷七四《臧質傳》:"(崇之)行至濁水,爲索虜所克,舉軍敗散,崇之及將佐以下,皆爲虜所執,後得叛還。"卷九八《氐胡傳》:

“索虜拓跋燾遣安西大將軍吐奚弼、平北將軍拓跋齊等二萬人邀崇之。二十年二月，崇之至濁水，去仇池八十里，遇齊等，戰敗没，餘衆奔還漢中。”

［寧州］

　　周萬歲

［廣州］

　　陸徽

　　陶愍祖　　刺史。

　　　　《宋書》卷五《文帝紀》：“八月癸未，以廷尉陶愍祖爲廣州刺史。”按：萬表列於元嘉二十一年，誤。

［交州］

　　檀和之　　龍驤將軍、刺史。

　　　　《宋書》卷五《文帝紀》：“十二月庚午，以始興内史檀和之爲交州刺史。”按：檀和之爲龍驤將軍，見元嘉二十三年交州條。

元嘉二十一年甲申（444）

［揚州］

　　江夏王義恭　　進太尉，領司徒。

　　始興王濬　　進號中軍將軍。

　　　　《宋書》卷六一《江夏王義恭傳》：“二十一年，進太尉，領司徒，餘如故。義恭既小心恭慎，且戒義康之失，雖爲總録，奉行文書而已，故太祖安之。”卷五《文帝紀》：“七月丁酉，揚州刺史始興王濬加中軍將軍。”

［南徐州］

　　南譙王義宣　　八月，遷荆州。

廣陵王誕　北中郎將、刺史。

《宋書》卷七一《江湛傳》：“隨王誕爲北中郎將、南徐州刺史，以湛爲長史、南東海太守，政事委之。”按：誕參見是年南兗州條，元嘉二十六年方改封隨王。

[南兗州]

臨川王義慶　正月卒。

劉義宗　正月，征虜將軍、刺史。尋卒。

廣陵王誕　二月，監南兗州諸軍事、北中郎將、南兗州刺史，鎮廣陵。八月，遷南徐。

衡陽王義季　八月，都督南兗徐兗青冀幽六州諸軍事、征北大將軍、南兗州刺史。

《宋書》卷五《文帝紀》：“正月……戊午，衛將軍臨川王義慶薨。辛酉，以太子詹事劉義宗爲南兗州刺史。二月……以廣陵王誕爲南兗州刺史。……八月戊辰，征西大將軍、荊州刺史衡陽王義季爲征北大將軍、開府儀同三司、南兗州刺史。……南兗州刺史廣陵王誕爲南徐州刺史。”卷五一《臨川王義慶傳》：“義慶在廣陵，有疾，而白虹貫城，野麕入府，心甚惡之，固陳求還。太祖許解州，以本號還朝。二十一年，薨於京邑。”同卷《劉義宗傳》：“又爲侍中，太子詹事，加散騎常侍，征虜將軍、南兗州刺史。二十一年，卒。”卷七九《竟陵王誕傳》：“二十一年，監南兗州諸軍事、北中郎將、南兗州刺史，出鎮廣陵。尋以本號徙南徐州刺史。”卷六一《衡陽王義季傳》：“二十一年，爲都督南兗徐青冀幽六州諸軍事、征北大將軍、開府儀同三司、南兗州刺史，持節、常侍如故。”校勘記：“疑此‘徐’下脫‘兗’字。”

[南豫州]

武陵王駿　加督秦州，進號撫軍將軍。

《宋書》卷五《文帝紀》：“七月……南豫州刺史武陵王駿
加撫軍將軍。”卷六《孝武帝紀》：“二十一年，加督秦州，進號
撫軍將軍。”卷七四《臧質傳》：“任薈之……歷世祖、南平王鑠
撫軍右軍司馬、長史行事。”

[江州]

　彭城王義康

　廬陵王紹

[徐州]

　臧質

[兗州]

　徐瓊　　刺史，十月分設，移鎮須昌。

　　　　《宋書》卷五《文帝紀》：“十月己卯，以左軍將軍徐瓊爲兗
州刺史。”《通鑑》卷一二四元嘉二十一年十月：“以左軍將軍
徐瓊爲兗州刺史，大將軍參軍申恬爲冀州刺史。徙兗州鎮須
昌，冀州鎮歷下。”按：萬表誤“須昌”爲“順昌”。

[豫州]

　劉遵考　　免。

　趙伯符　　刺史。

　　　　《宋書》卷五一《劉遵考傳》：“二十一年，坐統內旱，百姓
饑，詔加賑給，而遵考不奉符旨，免官。”卷五《文帝紀》：“二月
庚午，以領軍將軍趙伯符爲豫州刺史。”

[青州]

　杜驥

[冀州]

　申恬　　督冀州青州之濟南樂安太原三郡諸軍事、揚烈將軍、冀州
刺史，移鎮歷下。

　　　　《宋書》卷五《文帝紀》：“十月……大將軍參軍申恬爲冀

州刺史。"卷六五《申恬傳》："二十一年,冀州移鎮歷下,以恬督冀州青州之濟南樂安太原三郡諸軍事、揚烈將軍、冀州刺史。"

[荆州]

衡陽王義季　八月,遷南兖。

南譙王義宣　都督荆雍益梁寧南北秦七州諸軍事、車騎將軍、荆州刺史。

《宋書》卷五《文帝紀》："八月……征北將軍、南徐州刺史南譙王義宣爲車騎將軍、荆州刺史。"卷六八《南郡王義宣傳》："二十一年,乃以義宣都督荆雍益梁寧南北秦七州諸軍事、車騎將軍、荆州刺史,持節、常侍如故。……義宣至鎮,勤自課厲,政事脩理。"《高僧傳》卷三《求那跋陀羅傳》："後譙王鎮荆州,請與俱行,安止辛寺。"按:《高僧傳》之"譙王"當爲"南譙王"。

[湘州]

南平王鑠

《宋書》卷九二《陸徽傳》："二十一年,徵以爲南平王鑠冠軍司馬、長沙内史,行湘州府事。"

[雍州]

蕭思話

[梁州][南秦州]

申坦

[益州]

庾彦達　刺史。

《宋書》卷七六《朱脩之傳》："新野庾彦達爲益州刺史,攜姊之鎮,分禄秩之半以供贍之,西土稱焉。"卷八四《孔覬傳》："庾業,新野人也。父彦達,以幹局爲太祖所知,爲益州刺史。"

卷二八《符瑞志中》：“元嘉二十一年，甘露降益州府内梨李樹，刺史庾俊之以聞。”按：庾彦達、庾俊之應爲一人，吴表作庾俊之。

[廣州]

陶憋祖

劉道錫　揚烈將軍、刺史。

《宋書》卷五《文帝紀》：“五月……諮議參軍劉道錫爲廣州刺史。”卷六五《劉道錫傳》：“二十一年，遷揚烈將軍、廣州刺史。”按：萬表列於元嘉二十二年，誤。

[交州]

檀和之

元嘉二十二年乙酉（445）

[揚州]

江夏王義恭

始興王濬

《宋書》卷一〇〇《自序》：“二十二年，范曄坐事誅，于時濬雖曰親覽，州事一以付（沈）璞。……濬年既長，璞固求辭事，上雖聽許，而意甚不悦。以璞爲濬始興國大農，尋除秣陵令。”

[南徐州]

廣陵王誕

[南兗州]

衡陽王義季　進督豫州之梁郡。遷徐州。

《宋書》卷六一《衡陽王義季傳》：“二十二年，進督豫州之梁郡。遷徐州刺史，持節、常侍、都督如故。”卷五《文帝紀》：

“七月……征北大將軍、南兖州刺史衡陽王義季改爲徐州
刺史。”

[南豫州]

武陵王駿　遷雍州。

南平王鑠　都督南豫豫司雍秦并六州諸軍事、冠軍將軍、南豫州
刺史。罷南豫并豫州,遷豫州刺史。

《宋書》卷五《文帝紀》:“正月……湘州刺史南平王鑠爲
南豫州刺史。……六月辛亥,以南豫州刺史南平王鑠爲豫州
刺史。”卷七二《南平王鑠傳》:“二十二年,遷使持節、都督南
豫豫司雍秦并六州諸軍事、南豫州刺史。時太祖方事外略,乃
罷南豫并壽陽,即以鑠爲豫州刺史,尋領安蠻校尉。”卷三六
《州郡志二》南豫州:“文帝元嘉七年合二豫州爲一,十六年又
分,二十二年又合,孝武大明三年又分。”

[江州]

彭城王義康　廢爲庶人。

廬陵王紹　進都督江州豫州之西陽晉熙新蔡三郡諸軍事。

《宋書》卷六八《彭城王義康傳》:“二十二年,太子詹事范
曄等謀反,事逮義康……於是免義康及子泉陵侯允、女始寧豐
城益陽興平四縣主爲庶人,絶屬籍,徙付安成郡。以寧朔將軍
沈邵爲安成公相,領兵防守。”卷一〇〇《自序》:“後義康被
廢,邵改爲廬陵王紹南中郎參軍,將軍如故。義康徙安成,邵
復以本號爲安成相。”卷六一《廬陵王紹傳》:“二十二年,入
朝,加桨戟,進都督江州、豫州之西陽晉熙新蔡三郡諸軍事。”

[徐州]

臧質　罪免。

衡陽王義季　征北大將軍、都督、刺史。

《宋書》卷七四《臧質傳》:“在鎮奢費,爵命無章,爲有司

所糾,遇赦。”按：義季見是年南兗州條。

[兗州]

　　徐瓊

[豫州]

　　趙伯符　徵還。

　　南平王鑠　都督豫司雍秦并五州諸軍事、右將軍、豫州刺史、領
　　安蠻校尉。

　　　　《宋書》卷五《文帝紀》：“十二月……以前豫州刺史趙伯
　　符爲護軍將軍。”按：鑠見是年南豫州條。是年罷南豫,鑠都
　　督豫司雍秦并五州,爲右將軍,見元嘉二十七年揚州條,本
　　傳闕。

[青州]

　　杜驥

[冀州]

　　申恬　加濟南太守。

　　　　《宋書》卷六五《申恬傳》：“加濟南太守。”

[荊州]

　　南譙王義宣　進督湘州。

　　　　《出三藏記集》卷九《八吉祥經後記》：“《八吉祥經》,宋元
　　嘉二十九年,太歲壬辰,正月三日,天竺國大乘比丘釋求那跋陀
　　羅於荊州城內譯出此經,至其月六日竟。使持節、侍中、都督荊
　　湘雍益梁寧南北秦八州諸軍事、司空、荊州刺史、領南蠻校尉南
　　譙王優婆塞劉義宣爲檀越。”按：義宣元嘉二十一年都督荊雍益
　　梁寧南北秦七州,而《出三藏記集》云都督八州,蓋二十二年湘
　　州刺史南平王鑠遷職後,義宣進督湘州,計前共八州。

[湘州]

　　南平王鑠　遷南豫州。

王僧朗　刺史。

《宋書》卷五《文帝紀》：“二月辛巳，以侍中王僧朗爲湘州刺史。”

[雍州]

蕭思話

武陵王駿　都督雍梁南北秦四州荆州之襄陽竟陵南陽順陽新野隨六郡諸軍事、撫軍將軍、寧蠻校尉、雍州刺史。

《宋書》卷七八《蕭思話傳》：“除侍中，領太子右率。”卷五《文帝紀》：“正月……撫軍將軍、南豫州刺史武陵王駿改爲雍州刺史。”卷六《孝武帝紀》：“徙都督雍梁南北秦四州荆州之襄陽竟陵南陽順陽新野隨六郡諸軍事、寧蠻校尉、雍州刺史，持節、將軍如故。自晉氏江左以來，襄陽未有皇子重鎮，時太祖欲經略關、河，故有此授。”卷一〇〇《自序》：“襄陽地接邊關，江左來未有皇子重鎮。元嘉二十二年，世祖出爲撫軍將軍、雍州刺史。天子甚留心，以舊宛比接二關，咫尺崤、陜，蓋襄陽之北扦，且表里彊蠻，盤帶疆場，以（沈）亮爲南陽太守，加揚武將軍。”《南齊書》卷一五《州郡志下》雍州：“宋元嘉中，割荆州五郡屬，遂爲大鎮。疆蠻帶沔，阻以重山，北接宛、洛，平塗直至，跨對樊、沔，爲鄢郢北門。”

[梁州][南秦州]

申坦

[益州]

庾彥達

[廣州]

劉道錫

[交州]

檀和之

元嘉二十三年丙戌（446）

　［揚州］

　　江夏王義恭

　　始興王濬

　［南徐州］

　　廣陵王誕

　［南兗州］

　　劉義賓　刺史。

　　　　《宋書》卷五《文帝紀》："二月癸卯,以左衛將軍劉義賓爲
　　　　南兗州刺史。"

　［江州］

　　廬陵王紹

　［徐州］

　　衡陽王義季

　　　　《宋書》卷六一《衡陽王義季傳》："索虜侵逼,北境擾動,
　　　　義季懲義康禍難,不欲以功勤自業,無它經略,唯飲酒而已。"

　［兗州］

　　徐瓊

　［豫州］

　　南平王鑠

　［青州］

　　杜驥

　　杜坦　龍驤將軍、青州刺史,驥兄。

　　　　《宋書》卷五《文帝紀》："七月辛未,以散騎常侍杜坦爲青
　　　　州刺史。"卷六五《杜驥傳》："兄坦,頗涉史傳。高祖征長安,
　　　　席卷隨從南還。太祖元嘉中,任遇甚厚,歷後軍將軍,龍驤將

軍、青冀二州刺史。……（驥）在任八年，惠化著於齊土。自義熙至于宋末，刺史唯羊穆之及驥，爲吏民所稱詠。二十四年，徵左軍將軍，兄坦代爲刺史，北土以爲榮焉。”《陶浚墓誌》（《墓誌集成》三五）：“公諱浚，字彩雲，潯陽柴桑人也。……遘疾於太和十六年……十八年……窆葬於雒陽郡型仁里之原陵。青州刺史、持節軍車騎將軍杜坦敬撰書。”按：杜坦爲青州刺史在元嘉二十三年，次年加冀州刺史。《浚誌》所云北魏太和十八年即齊建武元年，上距宋元嘉二十三年已有四十八年。李楢《〈陶浚墓誌〉志疑》（《東方藝術》二〇一二年第二〇期）疑爲僞誌。

[冀州]

申恬

[荆州]

南譙王義宣

[湘州]

王僧朗

[雍州]

武陵王駿

《建康實録》卷一二《太祖文皇帝》：“六月……以北地段英爲都督關隴諸軍事、安西將軍、雍州刺史，後魏破之，死其將，河東薛安都棄衆南之國。”按：時雍州刺史爲武陵王駿，段英當爲宋遥授，附於此。

[梁州][南秦州]

申坦

[益州]

陸徽 督益寧二州諸軍事、寧朔將軍、益州刺史。

《宋書》卷五《文帝紀》：“正月丁巳，以長沙内史陸徽爲益州刺史。”卷九二《陸徽傳》：“張尋、趙廣爲亂於益州，兵寇之餘，政荒民擾。二十三年，乃追徽爲持節、督益寧二州諸軍事、寧朔將軍、益州刺史。”

［寧州］

爨龍顔　龍驤將軍、護鎮蠻校尉、寧州刺史。

　　《爨龍顔碑》（《碑刻校注》三·二九六）：“君諱龍顔，字仕德，建寧同樂縣人。……君南中磐石，人情歸望，遷本號龍驤將軍、護鎮蠻校尉、寧州刺史、邛都縣侯。……享年六十一，歲在丙戌，十二月上旬薨。”陸耀遹跋（《金石續編》卷一）：“終宋之世，寧州刺史之見於正史者前有應襲、周籍之，後有桓閎、尹懷順、杜叔文、符仲子、費景緒、費伯宏諸人，而不及龍顔，豈當時聲教既遠，朝廷任官不能久於其地，龍顔獨步南境，爲衆所推，襲封遷秩或不待命與？……歲在丙戌，爲宋文帝元嘉二十三年。”李慈銘《劉宋寧州刺史爨龍顔碑跋》（《越縵堂讀書記》）：“龍顔三世皆官建寧晉寧二郡太守、寧州刺史，雖出於朝命，已同蕃酋世襲之例。當時羈縻荒遠，若武都楊氏等類，皆如此。”吳廷燮《宋方鎮年表》：“本紀自元嘉十九年周萬歲後至二十九未除，當爲龍顔任寧刺時。”按：爨龍顔死於元嘉二十三年，不得仕至二十九年。

［廣州］

劉道錫

［交州］

檀和之　督交州廣州之鬱林寧浦二郡諸軍事、建威將軍、交州刺史。

蕭景憲　刺史。

　　《宋書》卷九七《林邑傳》：“二十三年……剋林邑，（范）陽邁父子並挺身奔逃……上嘉將帥之功，詔曰：‘……龍驤將軍、

交州刺史檀和之……可持節、督交州廣州之鬱林寧浦二郡諸
軍事、建威將軍、交州刺史。'"卷五《文帝紀》:"十二月丁酉,
以龍驤司馬蕭景憲爲交州刺史。"

元嘉二十四年丁亥(447)

[揚州]

江夏王義恭

始興王濬

《宋書》卷七二《建平王宏傳》:"二十四年,爲中護軍,領
石頭戍事。"

[南徐州]

廣陵王誕

[南兗州]

劉義賓　遷徐州。

徐湛之　前將軍、刺史。

《宋書》卷五《文帝紀》:"九月……以太子詹事徐湛之爲
南兗州刺史。"卷七一《徐湛之傳》:"二十四年,服闋,轉中書
令,領太子詹事。出爲前軍將軍、南兗州刺史。"校勘記:"按本
書卷九五《索虜傳》云元嘉二十七年徐湛之爲'前將軍'。"

[江州]

廬陵王紹

《宋書》卷五《文帝紀》:"十月壬午,豫章胡誕世反,殺太
守桓隆之。前交州刺史檀和之南還至豫章,因討平之。"卷六
八《彭城王義康傳》:"二十四年,豫章胡誕世、前吳平令袁惲
等謀反,襲殺豫章太守桓隆、南昌令諸葛智之,聚衆據郡,復欲
奉戴義康。太尉録尚書江夏王義恭等奏曰:'……宜徙廣州遠

郡,放之邊表,庶有防絕。'奏可,仍以安成公相沈邵爲廣州事。
未行。"

[徐州]

衡陽王義季　卒。

劉義賓　輔國將軍、刺史。

《宋書》卷五《文帝紀》:"八月乙未,征北大將軍、徐州刺
史衡陽王義季薨。癸卯,以南兗州刺史劉義賓爲徐州刺史。"
卷六一《衡陽王義季傳》:"二十四年,義季病篤……薨於彭
城。"卷五一《劉義賓傳》:"位至輔國將軍、徐州刺史。"

[兗州]

徐瓊

[豫州]

南平王鑠

[青州]

杜坦

[冀州]

申恬

杜坦　刺史,青州兼。

《宋書》卷五《文帝紀》:"五月甲戌,青州刺史杜坦加冀州
刺史。"

[荆州]

南譙王義宣

[湘州]

王僧朗

[雍州]

武陵王駿

[梁州][南秦州]

　　申坦

　［益州］

　　陸徽

　［廣州］

　　劉道錫

　［交州］

　　蕭景憲

元嘉二十五年戊子(448)

　［揚州］

　　江夏王義恭

　　始興王濬

　［南徐州］

　　廣陵王誕

　　　　《宋書》卷七一《江湛傳》："元嘉二十五年,徵爲侍中,任
　　　以機密。"

　［南兗州］

　　徐湛之

　　　　按：萬表誤"湛"爲"堪"。

　［江州］

　　廬陵王紹

　［徐州］

　　劉義賓　卒。

　　武陵王駿　都督南兗徐兗青冀幽六州豫州之梁郡諸軍事、安北
　　　將軍、徐州刺史,鎮彭城。

　　　　《宋書》卷五一《劉義賓傳》："二十五年,卒。"卷五《文帝

紀》：“四月……以撫軍將軍、雍州刺史武陵王駿爲安北將軍、
徐州刺史。……六月……安北將軍、徐州刺史武陵王駿加兗
州刺史。”卷六《孝武帝紀》：“二十五年，改授都督南兗徐兗青
冀幽六州豫州之梁郡諸軍事、安北將軍、徐州刺史，持節如故，
北鎮彭城。尋領兗州刺史。”卷七六《王玄謨傳》：“義賓薨，玄
謨上表，以彭城要兼水陸，請以皇子撫臨州事，乃以孝武
出鎮。”

［兗州］

武陵王駿　刺史，徐州兼。

［豫州］

南平王鑠

［青州］

杜坦

［冀州］

杜坦

［荆州］

南譙王義宣　進位司空，領南蠻校尉。

　　　　《宋書》卷五《文帝紀》：“六月……車騎將軍、荆州刺史南
譙王義宣進位司空。”卷六八《南郡王義宣傳》：“進位司空，改
侍中，領南蠻校尉。”

［湘州］

王僧朗

［雍州］

武陵王駿　遷徐州。

蕭思話　監雍梁南北秦四州荆州之竟陵隨二郡諸軍事、右將軍、
寧蠻校尉、雍州刺史。

　　　　《宋書》卷五《文帝紀》：“四月……以右衛將軍蕭思話爲

雍州刺史。”卷七八《蕭思話傳》：“復監雍梁南北秦四州荆州之竟陵隨二郡諸軍事、右將軍、寧蠻校尉、雍州刺史如故。”

［梁州］［南秦州］

申坦

劉秀之　督梁南北秦三州諸軍事、寧遠將軍、西戎校尉、梁南秦二州刺史。

《宋書》卷五《文帝紀》：“八月己酉，以撫軍參軍劉秀之爲梁、南秦二州刺史。”卷八一《劉秀之傳》：“二十五年，除督梁南北秦三州諸軍事、寧遠將軍、西戎校尉、梁南秦二州刺史。時漢川饑儉，境内騷然，秀之善於爲政，躬自儉約。”按：同書卷九五《索虜傳》載元嘉二十七年北伐時劉秀之爲綏遠將軍，參同書《百官志》，寧遠將軍五品，綏遠將軍爲雜號將軍，八品；秀之爲都督、刺史，即便降號，亦不應如此之低，《索虜傳》蓋誤，此從本傳。

［益州］

陸徽

［廣州］

劉道錫

［交州］

蕭景憲

元嘉二十六年己丑(449)

［揚州］

江夏王義恭

始興王濬　遷南徐兗。

廬陵王紹　左將軍、刺史。

《宋書》卷六一《江夏王義恭傳》：“二十六年，領國子祭酒。”卷七九《廬江王褘傳》：“二十六年，以爲侍中、後軍將軍，領石頭戍事。”按：紹見是年南徐州條。

［南徐州］

廣陵王誕　遷雍州。

廬陵王紹　左將軍、刺史。未之鎮，遷揚州。

始興王濬　都督南徐兗二州諸軍事、征北將軍、南徐兗二州刺史。

《宋書》卷五《文帝紀》：“七月辛未，以江州刺史廬陵王紹爲南徐州刺史，廣陵王誕爲雍州刺史。……十月……以中軍將軍、揚州刺史始興王濬爲征北將軍、開府儀同三司、南徐兗二州刺史，南徐州刺史廬陵王紹爲揚州刺史。”卷六一《廬陵王紹傳》：“在任七年，改授左將軍、南徐州刺史，給鼓吹一部。未之鎮，仍遷揚州刺史，將軍如故。”卷九九《始興王濬傳》：“二十六年，出爲使持節、都督南徐兗二州諸軍事、征北將軍、開府儀同三司、南徐兗二州刺史，常侍如故。”

［南兗州］

徐湛之

始興王濬

《宋書》卷七一《徐湛之傳》：“二十六年，復入爲丹陽尹，領太子詹事。”

［江州］

廬陵王紹　遷南徐州。

建平王宏　征虜將軍、刺史。

《宋書》卷五《文帝紀》：“八月己酉，以中護軍建平王宏爲江州刺史。”卷七二《建平王宏傳》：“出爲征虜將軍、江州刺史。”

[徐州]

　武陵王駿　解督南兗。

　　　《宋書》卷六《孝武帝紀》："始興王濬爲南兗州，上解督
　　南兗。"

[兗州]

　武陵王駿

[豫州]

　南平王鑠

　　　《宋書》卷七二《南平王鑠傳》："二十六年，進號平西將
　　軍，讓不拜。"

[青州]

　杜坦

[冀州]

　杜坦

[荆州]

　南譙王義宣

[湘州]

　王僧朗

　南豐王朗　刺史。

　　　《宋書》卷五《文帝紀》："八月……以南豐王朗爲湘州刺
　　史。"卷六一《江夏王義恭傳》："長子朗……爲湘州刺史、持
　　節、侍中，領射聲校尉。"

[雍州]

　蕭思話

　隨王誕　都督雍梁南北秦四州荆州之竟陵隨二郡諸軍事、後將
　　軍、雍州刺史。

　　　《宋書》卷七八《蕭思話傳》："二十六年，徵爲吏部尚書。"

卷七九《竟陵王誕傳》:"二十六年,出爲都督雍梁南北秦四州荆州之竟陵隨二郡諸軍事、後將軍、雍州刺史。以廣陵彫弊,改封隨郡王。上欲大舉北討,以襄陽外接關、河,欲廣其資力,乃罷江州軍府,文武悉配雍州,湘州入臺稅租雜物,悉給襄陽。"卷三七《州郡志三》雍州:"宋文帝元嘉二十六年,割荆州之襄陽、南陽、新野、順陽、隨五郡爲雍州,而僑郡縣猶寄寓在諸郡界。孝武大明中,又分實土郡縣以爲僑郡縣境。"按:元嘉二十六年隨郡未嘗屬雍,見永初元年雍州條。

[梁州][南秦州]

　　劉秀之

[益州]

　　陸徽

[廣州]

　　劉道錫

[交州]

　　蕭景憲

元嘉二十七年庚寅(450)　　七月,伐魏。十二月,魏太武帝至瓜步,京師戒嚴。

[揚州]

　　江夏王義恭

　　廬陵王紹

　　　《宋書》卷五《文帝紀》:"七月庚午,遣寧朔將軍王玄謨北伐。太尉江夏王義恭出次彭城,總統諸軍。……十二月……虜僞主率大衆至瓜步。壬午,內外戒嚴。"卷九五《索虜傳》:"其年,大舉北討,下詔曰:'……可遣寧朔將軍王玄謨率太子步兵校尉沈慶之、鎮軍諮議參軍申坦等,戈船一萬,前驅入河。
使持節、督青冀幽三州徐州之東安東莞二郡諸軍事、輔國將
軍、青冀二州刺史霄城侯蕭斌,推三齊之鋒,爲之統帥。持節、
都督徐兗青冀幽五州豫州之梁郡諸軍事、鎮軍將軍、徐兗二州
刺史武陵王駿,總四州之衆,水陸並驅。……使持節、督豫司
雍秦并五州諸軍事、右將軍、豫州刺史、領安蠻校尉南平王鑠
悉荆、河之師,方軌繼進。東西齊舉,宜有董一,使持節、侍中、
都督揚南徐二州諸軍事、太尉、領司徒、録尚書、太子太傅、國
子祭酒江夏王義恭……出次徐方,爲衆軍節度。別府司空府
使所督諸鎮,各遣虎旅,數道爭先。督梁南北秦三州諸軍事、
綏遠將軍、西戎校尉、梁南北秦三州刺史秀之……連旗深入,
震盪沔、隴。"卷六一《廬陵王紹傳》:"索虜至瓜步,紹從太子
鎮石頭。"卷六一《江夏王義恭傳》:"二十七年春,索虜寇豫
州,太祖因此欲開定河、洛。其秋,以義恭總統群帥,出鎮彭
城。解國子祭酒。虜遂深入,徑至瓜步,義恭與世祖閉彭城
自守。"

[南徐州]

始興王濬

[南兗州]

始興王濬

[江州]

建平王宏

[徐州]

武陵王駿　降號鎮軍將軍。

　　《宋書》卷五《文帝紀》:"四月壬子,安北將軍、徐兗二州
刺史武陵王駿降號鎮軍將軍。"卷六《孝武帝紀》:"二十七年,
坐汝陽戰敗,降號鎮軍將軍。"《廿二史考異》卷二三《宋書

一·文帝紀》：“以《百官志》證之，則中、鎮、撫三號比四鎮，班在四安、四平之上。由安北改鎮軍，乃是敘遷，非左降也。至次年降號北中郎將，乃爲真降耳。”《宋書考論》卷一：“官品高下，時不同，《明帝紀》書鎮軍將軍沈攸之進號安西，《攸之傳》亦云然，可明此爲降號也。”

[兗州]

　武陵王駿

[豫州]

　南平王鑠　　進號平西將軍。

　　　　《宋書》卷五《文帝紀》：“二月辛丑，右將軍、豫州刺史南平王鑠進號平西將軍。”卷七二《南平王鑠傳》：“二十七年，大舉北伐，諸蕃並出師。鑠遣中兵參軍胡盛之出汝南，到坦之出上蔡，向長社。”

[青州]

　杜坦

　蕭斌　　督青冀幽三州徐州之東安東莞二郡諸軍事、輔國將軍、青冀二州刺史。

　　　　《宋書》卷五《文帝紀》：“六月丁酉，侍中蕭斌爲青、冀二州刺史。”《劉襲墓誌》（《墓誌集成》一三七五）：“第五姊茂容，適蘭陵蕭贍，叔文。父斌，伯蒨，青冀二州刺史。”按：蕭斌參見是年揚州條。

[冀州]

　杜坦

　蕭斌

[荆州]

　南譙王義宣

　　　　《宋書》卷六八《南郡王義宣傳》：“二十七年，索虜南侵，義宣慮寇至,欲奔上明。及虜退,太祖詔之曰:'善脩民務,不須營潛逃計也。'"

[湘州]

南豐王朗

[雍州]

隨王誕

《宋書》卷七九《竟陵王誕傳》:"及大舉北伐,命諸蕃並出師,莫不奔敗,唯誕中兵參軍柳元景先克弘農、關、陝三城,多獲首級,關、洛震動……會諸方並敗退,故元景引還。"

[梁州][南秦州]

劉秀之

[益州]

陸徽

[廣州]

劉道錫

[交州]

蕭景憲

元嘉二十八年辛卯(451)

[揚州]

江夏王義恭　降號驃騎將軍,領南兗州刺史,增督南兗豫徐兗青冀司雍秦幽并十一州諸軍事,并前十三州,移鎮盱眙。

廬陵王紹

隨王誕　都督會稽東陽新安臨海永嘉五郡諸軍事、安東將軍、會稽太守。

《宋書》卷五《文帝紀》:"五月……驃騎將軍江夏王義恭領

南兗州刺史。"卷六一《江夏王義恭傳》:"二十八年春,虜退走,
自彭城北過,義恭震懼不敢追。……降義恭號驃騎將軍、開府
儀同三司,餘悉如故。……又以本官領南兗州刺史,增督南兗、
豫、徐、兗、青、冀、司、雍、秦、幽、并十一州諸軍事,并前十三州,
移鎮盱眙。脩治館宇,擬制東城。"按:誕見是年廣州條。

［南徐州］

始興王濬

［南兗州］

始興王濬　　三月,解南兗州。

武陵王駿　　三月,北中郎將、都督、刺史,當鎮山陽。尋遷江州。

江夏王義恭　　五月,刺史,移鎮盱眙。

　　　　《宋書》卷五《文帝紀》:"三月……征北將軍始興王濬解
南兗州。"卷九九《始興王濬傳》:"二十八年,遣濬率衆城瓜步
山,解南兗州。"按:駿、義恭分見是年徐州、揚州條。

［江州］

建平王宏　　徵還。

武陵王駿　　六月,都督江州荊州之江夏豫州之西陽晉熙新蔡四
郡諸軍事、南中郎將、江州刺史。

　　　　《宋書》卷七二《建平王宏傳》:"二十八年,徵爲中書令,
領驃騎將軍。"卷六八《彭城王義康傳》:"值(沈)邵病卒,索虜
來寇瓜步,天下擾動。上慮異志者或奉義康爲亂,世祖時鎮彭
城,累啓宜爲之所,太子及尚書左僕射何尚之並以爲言。二十
八年正月,遣中書舍人嚴龍齎藥賜死。"卷一〇〇《自序》:"元
嘉二十六年,(沈邵)卒,時年四十三。上甚相痛悼。"按:駿見
是年徐州條。

［徐州］

武陵王駿　　二月,降號北中郎將。三月,遷南兗州。

蕭思話　三月,監徐兗青冀四州豫州之梁郡諸軍事、撫軍將軍、徐兗二州刺史。

　　《宋書》卷五《文帝紀》:"二月……鎮軍將軍、徐兗二州刺史武陵王駿降號北中郎將。……三月……戊申,徐州刺史武陵王駿爲南兗州刺史。甲寅,護軍將軍蕭思話爲撫軍將軍、徐兗二州刺史。……六月壬戌,以北中郎將武陵王駿爲江州刺史。"卷六《孝武帝紀》:"又以索虜南侵,降爲北中郎將。二十八年,進督南兗州、南兗州刺史,當鎮山陽。尋遷都督江州荆州之江夏豫州之西陽晉熙新蔡四郡諸軍事、南中郎將、江州刺史,持節如故。時緣江蠻爲寇,太祖遣太子步兵校尉沈慶之等伐之,使上總統衆軍。"卷七八《蕭思話傳》:"領精甲三千,助鎮彭城。虜退,即代世祖爲持節、監徐兗青冀四州豫州之梁郡諸軍事、撫軍將軍、兗徐二州刺史。"

[兗州]

武陵王駿

蕭思話

[豫州]

南平王鑠

[青州]

蕭斌　免。

劉興祖　青冀二州刺史。

　　《宋書》卷七八《蕭斌傳》:"斌坐滑臺退敗,免官。"卷五《文帝紀》:"六月……以振武將軍、秦郡太守劉興祖爲青、冀二州刺史。"

[冀州]

蕭斌

劉興祖

［荆州］

　南譙王義宣

［湘州］

　南豐王朗

［雍州］

　隨王誕　遷廣州。

　臧質　監雍梁南北秦四州諸軍事、冠軍將軍、寧蠻校尉、雍州
　　刺史。

　　　《宋書》卷五《文帝紀》：“三月……以輔國將軍臧質爲雍
　　州刺史。”卷七四《臧質傳》：“上嘉質功，以爲使持節、監雍梁
　　南北秦四州諸軍事、冠軍將軍、寧蠻校尉、雍州刺史。”

［司州］

　魯爽　督司州豫州之陳留東郡濟陰濮陽諸軍事、征虜將軍、司州
　　刺史。加督豫州之義陽宋安二郡軍事，領義陽内史，鎮義陽。

　　　《宋書》卷五《文帝紀》：“四月……索虜僞寧南將軍魯爽、
　　中書郎魯秀歸順。戊寅，以爽爲司州刺史。”卷七四《魯爽
　　傳》：“下詔曰：‘……爽可督司州豫州之陳留東郡濟陰濮陽五
　　郡諸軍事、征虜將軍、司州刺史……’爽至汝南，加督豫州之義
　　陽宋安二郡軍事，領義陽内史，將軍、刺史如故。……爽北鎮
　　義陽。北來部曲凡六千八百八十三人，是歲二十八年也。”校
　　勘記：“五郡數之止四郡，當有誤。”《宋書考論》卷四：“時無東
　　郡。”《諸史考異》卷五《宋書下》“司州五郡”條：“五郡止四
　　郡。其時邊郡遷立不常，又有遥領僑郡，故與《州郡志》司州所
　　屬不同。”《宋書》卷三六《州郡志二》司州：“文帝元嘉末，僑立
　　於汝南，尋亦省廢。”

［梁州］［南秦州］

　劉秀之

［益州］

陸徽

［廣州］

劉道錫　徵還。

隨王誕　都督廣交二州諸軍事、安南將軍、廣州刺史。當鎮始
興，未行，改授會稽太守。

　　《宋書》卷六五《劉道錫傳》：“二十七年，坐貪縱過度，自
杖治中荀齊文垂死，乘輿出城行，與阿尼同載，爲有司所糾，值
赦。明年散徵。”卷五《文帝紀》：“五月……以後將軍隨王誕
爲安南將軍、廣州刺史。”卷七九《竟陵王誕傳》：“徵誕還京
師，遷都督廣交二州諸軍事、安南將軍、廣州刺史，當鎮始興，
未行，改授都督會稽東陽新安臨海永嘉五郡諸軍事、安東將
軍、會稽太守。”卷七八《蕭斌傳》：“斌弟簡，歷位長沙内史。
廣陵王誕爲廣州，未之鎮，以簡爲安南諮議參軍、南海太守，行
府州事。”《南齊書》卷一四《州郡志上》廣州：“江左以其遼遠，
蕃戚未有居者，唯宋隨王誕爲刺史。”

［交州］

蕭景憲

元嘉二十九年壬辰（452）

［揚州］

江夏王義恭　改授大將軍、都督揚南徐二州諸軍事、南徐州刺
史，録尚書事如故，還鎮東府。

廬陵王紹　卒。

隨王誕

　　《宋書》卷五《文帝紀》：“十一月壬寅，揚州刺史廬陵王紹

薨。十二月辛未，以驃騎將軍、南兗州刺史江夏王義恭爲大將軍、南徐州刺史，録尚書事如故。”卷六一《江夏王義恭傳》：“二十九年冬，還朝……遭太妃憂，改授大將軍、都督揚南徐二州諸軍事、南徐州刺史，持節、侍中、録尚書、太子太傅如故，還鎮東府。辭侍中未拜。”

［南徐州］

始興王濬

江夏王義恭　刺史。

　　　　　按：義恭見是年揚州條。

［南兗州］

江夏王義恭　遷南徐。

［江州］

武陵王駿

［徐州］

蕭思話　解徐州，加冀州。

　　　　《宋書》卷五《文帝紀》：“六月……撫軍將軍蕭思話率衆北伐。……八月丁卯，蕭思話攻磽磝，不拔，退還。九月……撫軍將軍、徐兗二州刺史蕭思話加冀州刺史，兗州如故。”卷七八《蕭思話傳》：“詔曰：‘……思話可解徐州爲冀州，餘如故……’”《廿二史考異》卷二三《宋書一・文帝紀》：“是時冀州刺史張永失律，思話爲統帥，亦當任咎，故解徐州，除冀州刺史代永，仍兼領兗州也。紀所書未核。”

［兗州］

蕭思話

［豫州］

南平王鑠

［青州］

劉興祖

［冀州］

劉興祖

張永　督冀州青州之濟南樂安太原三郡諸軍事、揚威將軍、冀州刺史。兵敗，下獄。

蕭思話　刺史，兗州兼。

《宋書》卷五《文帝紀》：“四月……以驃騎參軍張永爲冀州刺史。”卷五三《張永傳》：“二十九年，以永督冀州青州之濟南樂安太原三郡諸軍事、揚威將軍、冀州刺史，督王玄謨、申坦等諸將，經略河南。攻碻磝城，累旬不能拔。……死敗塗地。永及申坦並爲統府撫軍將軍蕭思話所收，繫於歷城獄。”《廿二史考異》卷二四《宋書二·張永傳》：“時永爲冀州刺史，而思話以徐、兗二州刺史持節監徐、兗、青、冀四州，故云統府。”按：蕭思話見是年徐州條，萬表闕。

［荆州］

南譙王義宣

［湘州］

南豐王朗　五月，罷湘州并荆州。

《宋書》卷五《文帝紀》：“五月甲午，罷湘州并荆州。以始興、臨賀、始安三郡屬廣州。”

［雍州］

臧質

［司州］

魯爽

《宋書》卷五《文帝紀》：“十月癸亥，司州刺史魯爽攻虎牢不拔，退還。”

［梁州］［南秦州］

劉秀之

[益州]

陸徽　卒。

劉瑀　寧遠將軍、刺史。

《宋書》卷九二《陸徽傳》：“二十九年，卒。”卷五《文帝紀》：“六月……以征北從事中郎劉瑀爲益州刺史。”卷四二《劉瑀傳》：“元嘉二十九年，出爲寧遠將軍、益州刺史。”

[廣州]

東海王禕　都督廣交二州荆州之始興臨賀始安三郡諸軍事、前將軍、平越中郎將、廣州刺史。

《宋書》卷七九《廬江王禕傳》：“二十九年，遷使持節、都督廣交二州荆州之始興臨賀始安三郡諸軍事、車騎將軍、平越中郎將、廣州刺史。”校勘記：“疑‘車騎將軍’爲‘前將軍’之訛。”卷七八《蕭斌傳》：“東海王禕代誕，（蕭）簡仍爲前軍諮議，太守如故。”

[交州]

蕭景憲

元嘉三十年癸巳（453）　二月，太子劭殺文帝，武陵王駿討之。四月，駿即位。五月，駿入京師，殺劭。

[揚州]

江夏王義恭　四月，都督揚南徐二州諸軍事、太尉、録尚書六條事、南徐徐二州刺史。進位太傅，領大司馬。

南譙王義宣　正月，司徒、中軍將軍、揚州刺史。四月，中書監、都督揚豫二州、丞相、録尚書六條事、揚州刺史。未任。

竟陵王誕　應武陵王駿。遷荆州，未任。閏六月，遷驃騎大將軍、揚州刺史。

東海王褘 會稽太守,加撫軍將軍。

《宋書》卷五《文帝紀》:"正月戊寅,以司空、荊州刺史南譙王義宣爲司徒、中軍將軍、揚州刺史。"卷六《孝武帝紀》:"四月……以大將軍江夏王義恭爲太尉、録尚書六條事、南徐州刺史。庚午,以荊州刺史南譙王義宣爲中書監、丞相、録尚書六條事、揚州刺史。……六月……改封……隨王誕爲竟陵王。……閏(六)月……驃騎大將軍、荊州刺史竟陵王誕改爲揚州刺史。"卷六一《江夏王義恭傳》:"值元凶肆逆,其日劭召義恭。先是,詔召太子及諸王,各有常人,慮有詐妄致害者。至是義恭求常所遣傳詔,劭遣之而後入。義恭請罷兵,凡府内兵仗,並送還臺。進位太保,進督會州諸軍事,服侍中服,又領大宗師。世祖入討……單馬南奔。始濟淮,追騎已至北岸,僅然得免。劭大怒,遣始興王濬就西省殺義恭十二子。世祖時在新林浦,義恭既至,上表勸世祖即位……世祖即祚,授使持節、侍中、都督揚南徐二州諸軍事、太尉、録尚書六條事、南徐徐二州刺史。……事寧,進位太傅,領大司馬。"卷九九《元凶劭傳》:"三月……分浙以東五郡爲會州,省揚州立司隸校尉,以殷沖補之。……會稽太守隨王誕會州刺史。"卷七九《竟陵王誕傳》:"元凶弒立,以揚州浙江西屬司隸校尉,浙江東五郡立會州,以誕爲刺史。世祖入討,遣沈慶之兄子僧榮間報誕,又遣寧朔將軍顧彬之自魯顯東入,受誕節度。……事平,徵誕爲持節、都督荊湘雍益寧梁南北秦八州諸軍事、衛將軍、開府儀同三司、荊州刺史。誕以位號正與濬同,惡之,請求回改。乃進號驃騎將軍,加班劍二十人,餘如故。南譙王義宣不肯就徵,以誕爲侍中、驃騎大將軍、揚州刺史,開府如故。改封竟陵王。"卷一〇〇《自序》:"誕鎮會稽,(沈正)復參安東軍事。元

嘉三十年，元凶弑立，分江東爲會州，以誕爲刺史。誕將受命，
正説司馬顧琛曰：‘國家此禍，開闢未聞，今以江東義鋭之衆，
爲天下倡始，若馳一介，四方詎不響應……’……琛乃與正俱
入説誕，誕猶預未決。會尋陽義兵起，世祖使至，誕乃加正寧
朔將軍，領軍繼劉季之。”卷八《明帝紀》：“世祖踐阼，爲秘書
監，遷冠軍將軍、南蘭陵下邳二郡太守，領石頭戍事。”按：《義
恭傳》之“南徐徐二州刺史”，《册府元龜》卷二七六、卷二七八
作“揚南徐二州刺史”。據《孝武帝紀》，時揚州刺史先後任劉
義宣、劉誕，當以本傳爲是。義宣參見是年荆州條。禕見是年
廣州條。

［南徐州］

江夏王義恭　四月，刺史。

　　按：義恭見是年揚州條。

［南兗州］

南平王鑠　都督南兗徐兗青冀幽六州諸軍事、征北將軍、南兗州
刺史，劉劭命。

沈慶之　閏六月，督南兗豫徐兗四州諸軍事、鎮軍將軍、南兗州
刺史，鎮盱眙。尋還鎮廣陵。

　　《宋書》卷五《文帝紀》：“正月……以南兗州并南徐州。”
卷六《孝武帝紀》：“六月……還分南徐立南兗州。……閏
（六）月壬申，以領軍將軍沈慶之爲鎮軍將軍、南兗州刺史。”
卷七二《南平王鑠傳》：“上以兗土彫荒，罷南兗并南徐州，當
別置淮南都督住盱眙，開創屯田，應接遠近，欲以授鑠。既而
改授散騎常侍、撫軍將軍，領兵戍石頭。元凶弑立，以爲中軍
將軍，護軍、常侍如故。世祖入討，劭屯兵京邑，使鑠巡行撫
勞。劭還立南兗，以鑠爲使持節、都督南兗徐兗青冀幽六州諸
軍事、征北將軍、開府儀同三司、南兗州刺史，常侍如故。……

及義軍入宮,鑠與濬俱歸世祖,濬即伏法,上迎鑠入營。……
鑠素不推事世祖,又爲元凶所任,上乃以藥内食中毒殺之。"校
勘記:"'護軍、常侍如故',上云爲撫軍將軍,不云爲護軍,蓋
'護軍'爲'撫軍'之訛。"卷七七《沈慶之傳》:"世祖踐阼,以
慶之爲領軍將軍,加散騎常侍,尋出爲使持節、督南兗豫徐兗
四州諸軍事、鎮軍將軍、南兗州刺史,常侍如故,鎮盱眙。上伐
逆定亂……又使慶之自盱眙還鎮廣陵。"

[江州]

武陵王駿　二月,討劉劭。四月,即帝位。五月,入京師。

臧質　四月,都督江州諸軍事、車騎將軍、江州刺史。

《宋書》卷五《文帝紀》:"正月……江州刺史武陵王駿統
衆軍伐西陽蠻。"卷六《孝武帝紀》:"三十年正月,上出次西陽
之五洲。會元凶弑逆,以上爲征南將軍,加散騎常侍。上率衆
入討,荆州刺史南譙王義宣、雍州刺史臧質並舉義兵。四
月……上至于新亭。己巳,即皇帝位。……雍州刺史臧質爲
車騎將軍、開府儀同三司、江州刺史。……五月……克定京
邑。劭及始興王濬諸同逆並伏誅。"卷七八《劉延孫傳》:"爲
世祖鎮軍北中郎中兵參軍,南中郎諮議參軍,領録事。世祖伐
逆,府缺上佐,轉補長史、尋陽太守,行留府事。"宋孝武帝《誡
嚴教》(《文館詞林》卷六九九):"賊劭狂忍,躬行弑逆。……
可遣冠軍將軍、諮議、領中直兵柳元景率精鋭三萬,風馳先邁。
輔國將軍、諮議、領中直兵宗慤提勁捍二萬,以相係接。征虜
將軍、司馬、武昌内史沈慶之統勒五萬,星言次路。吾當總領
大衆,躬御戎旗,便可内外戒嚴,星速備辦。"按:臧質參見是
年雍州條。適園叢書本《文館詞林》"星言"作"星夜"。

[徐州]

江夏王義恭　四月,刺史。

王玄謨　　六月，寧朔將軍、刺史，加都督。

　　　　《宋書》卷六《孝武帝紀》：“六月……寧朔將軍王玄謨爲徐州刺史。”卷七六《王玄謨傳》：“元凶弑立，玄謨爲冀州刺史。孝武伐逆，玄謨遣濟南太守垣護之將兵赴義。事平，除徐州刺史，加都督。”按：義恭見是年揚州條。

[兗州]

蕭思話　　應武陵王駿。徵還。

徐遺寶　　六月，刺史，治瑕丘。

　　　　《宋書》卷六《孝武帝紀》：“四月……撫軍將軍、兗冀二州刺史蕭思話爲尚書左僕射。……六月……衞軍司馬徐遺寶爲兗州刺史。”卷七八《蕭思話傳》：“尋爲江夏王義恭所奏免官。元凶弑立，以爲使持節、監徐青兗冀四州豫州之梁郡諸軍事、徐兗二州刺史，將軍如故。思話即率部曲還彭城，起義以應世祖。……上即位，徵爲散騎常侍、尚書左僕射，固辭，不受拜。改爲中書令、丹陽尹，常侍如故。”卷三五《州郡志一》兗州：“三十年六月復立，治瑕丘。”

[豫州]

南平王鑠　　遷南兗。

劉遵考　　正月，平西將軍、刺史。應南譙王義宣。

魯爽　　六月，督豫司雍秦并五州諸軍事、左將軍、豫州刺史，鎮壽陽。

　　　　《宋書》卷五《文帝紀》：“正月……以領軍將軍劉遵考爲平西將軍、豫州刺史。……以豫州刺史南平王鑠爲撫軍將軍、領軍將軍。”卷五一《劉遵考傳》：“三十年，復出爲使持節、監豫州刺史。元凶弑立，進號安西將軍，遣外監徐安期、仰捷祖防守之。遵考斬安期等，起義兵應南譙王義宣，義宣加遵考鎮西將軍。夏侯獻率衆至瓜步承候世祖，又坐免官。”卷六《孝武

帝紀》：“六月……以司州刺史魯爽爲豫州刺史。”按：魯爽參
見是年司州條。

[青州]

張永　　督青州徐州之東安東莞二郡諸軍事、輔國將軍、青州刺
史，劉劭命。應武陵王駿。

申恬　　六月，寧朔將軍、刺史，尋加督徐州之東莞東安二郡諸
軍事。

　　　　《宋書》卷五三《張永傳》：“三十年，元凶弒立，起永督青
州徐州之東安東莞二郡諸軍事、輔國將軍、青州刺史。司空南
譙王義宣起義，又板永爲督冀州青州之濟南樂安太原三郡諸
軍事、輔國將軍、冀州刺史。永遣司馬崔勳之、中兵參軍劉則
二軍馳赴國難。……事平，召爲江夏王義恭大司馬從事中郎，
領中兵。”卷六《孝武帝紀》：“六月……以山陽太守申恬爲青
州刺史。”卷六五《申恬傳》：“爲寧朔將軍、山陽太守。善於治
民，所蒞有績。世祖踐阼，遷青州刺史，將軍如故。尋加督徐
州之東莞東安二郡諸軍事。”

[冀州]

蕭思話

張永　　督冀州青州之濟南樂安太原三郡諸軍事、輔國將軍、冀州
刺史，義宣板。

王玄謨　　刺史，劉劭命。應武陵王駿。

垣護之　　六月，督冀州青州之濟南樂安太原三郡諸軍事、寧遠將
軍、冀州刺史。

　　　　《宋書》卷六《孝武帝紀》：“六月壬寅，以驃騎參軍垣護之
爲冀州刺史。”卷五〇《垣護之傳》：“還爲江夏王義恭驃騎戶
曹參軍，戍淮陰。加建武將軍，領濟北太守。……三十年春，
太祖崩，遷屯歷下。聞世祖入討，率所領馳赴，上嘉之，以爲督

冀州青州之濟南樂安太原三郡諸軍事、寧遠將軍、冀州刺史。"
按：張永見是年青州條。王玄謨見是年徐州條。

[荆州]

南郡王義宣　　遷揚州，討劉劭，改授丞相、都督荆湘雍益梁寧南
　　北秦八州諸軍事、荆湘二州刺史。

始興王濬　　正月，都督荆雍益梁寧南北秦七州諸軍事、衛將軍、
　　荆州刺史、領護南蠻校尉。未任。

隨王誕　　四月，都督荆湘雍益寧梁南北秦八州諸軍事、衛將軍、
　　荆州刺史。進號驃騎將軍。未任。

　　《宋書》卷五《文帝紀》："正月……以征北將軍、南徐州刺
史始興王濬爲衛將軍、荆州刺史。"卷九九《始興王濬傳》："三
十年，徙都督荆雍益梁寧南北秦七州諸軍事、衛將軍、開府儀
同三司、荆州刺史、領護南蠻校尉，持節、常侍如故。……盧陵
王紹以疾患解揚州，時江夏王義恭外鎮，濬謂州任自然歸己，
而上以授南譙王義宣，意甚不悦。乃因員外散騎侍郎徐爰求
鎮江陵，又求助於尚書僕射徐湛之。而尚書令何尚之等咸謂
濬太子次弟，不宜遠出。上以上流之重，宜有至親，故以授濬。
時濬入朝，遣還京，爲行留處分。至京數日而巫蠱事發，時二
十九年七月也。……明年正月，荆州事方行，二月，濬還
朝。……劭入弒之旦，濬在西州……徑向石頭。"卷六《孝武帝
紀》："四月……安東將軍隨王誕爲衛將軍、開府儀同三司、荆
州刺史。……六月……衛將軍隨王誕進號驃騎大將軍。……
改封南譙王爲南郡王。……閏(六)月……丞相南郡王義宣改
爲荆、湘二州刺史。……南蠻校尉王僧達爲護軍將軍。"卷六
八《南郡王義宣傳》："三十年，遷司徒、中軍將軍、揚州刺史，
侍中如故。未及就徵，值元凶弒立，以義宣爲中書監、太尉，領
司徒、侍中如故。義宣聞之，即時起兵，徵聚甲卒，傳檄近遠。

會世祖入討,義宣遣參軍徐遺寶率衆三千,助爲前鋒。世祖即位,以義宣爲中書監、都督揚豫二州、丞相、録尚書六條事、揚州刺史。……改封南郡王。……義宣固辭內任,及(次子)愷王爵。於是改授都督荆湘雍益梁寧南北秦八州諸軍事、荆湘二州刺史,持節、侍中、丞相如故。"卷八五《謝莊傳》:"時驃騎將軍竟陵王誕當爲荆州,徵丞相、荆州刺史南郡王義宣入輔,義宣固辭不入,而誕便克日下船。莊以:'丞相既無入志,驃騎發便有期,如似欲相逼切,於事不便。'世祖乃申誕發日,義宣竟亦不下。"按:誕參見是年揚州條。

[湘州]

劉恢　六月,西中郎將、刺史,義宣子,復置。

南郡王義宣　閏六月,刺史,荆州兼。

《宋書》卷六《孝武帝紀》:"六月……以侍中南譙王世子恢爲湘州刺史。"卷六八《南郡王義宣傳》:"恢至新亭,即除侍中。俄遷侍中、散騎常侍、西中郎將、湘州刺史。義宣并領湘州,轉恢侍中,領衛尉。"按:義宣參見是年荆州條。

[雍州]

臧質　應南譙王義宣。四月,遷江州。

柳元景　五月,監雍梁南北秦四州荆州之竟陵隨二郡諸軍事、前將軍、寧蠻校尉、雍州刺史。未任。

朱脩之　六月,平西將軍、雍州刺史、寧蠻校尉,加都督。

《宋書》卷七四《臧質傳》:"元凶弑立,以質爲丹陽尹,加征虜將軍。質家遣門生師顗報質,具太祖崩問。質疏顗所言,馳告司空義宣,又遣州祭酒從事田穎起銜命報世祖,率衆五千,馳下討逆,自陽口進江陵見義宣。……質遽赴尋陽,與世祖同下。世祖至新亭即位,以質爲都督江州諸軍事、車騎將軍、開府儀同三司、江州刺史,加散騎常侍,持節如故。"卷六

《孝武帝紀》：“五月……以左衞將軍柳元景爲雍州刺史。……六月……以江夏内史朱脩之爲平西將軍、雍州刺史。……以新除雍州刺史柳元景爲護軍將軍。”卷七七《柳元景傳》：“上至新亭即位，以元景爲侍中，領左衞將軍，轉使持節、監雍梁南北秦四州荆州之竟陵隨二郡諸軍事、前將軍、寧蠻校尉、雍州刺史。……及元景爲雍州刺史，（臧）質慮其爲荆、江後患，建議爪牙不宜遠出。上重違其言，更以元景爲護軍將軍，領石頭戍事，不拜。徙領軍將軍。”卷七六《朱脩之傳》：“孝武初，爲寧蠻校尉、雍州刺史，加都督。”

[司州]

魯爽　應南譙王義宣。六月，遷豫州。

魯秀　十一月，督司州豫州之新蔡汝南汝陽潁川義陽弋陽六郡諸軍事、輔國將軍、司州刺史，領汝南太守。爽弟。

　　《宋書》卷七四《魯爽傳》：“三十年，元凶弑逆，南譙王義宣起兵入討，爽即受命，率部曲至襄陽，與雍州刺史臧質俱詣江陵。……事平，以爽爲使持節、督豫司雍秦并五州諸軍事、左將軍、豫州刺史。爽至壽陽，便曲意賓客，爵命士人，蓄仗聚馬，如寇將至。……世祖即位，以（秀）爲左軍將軍，出督司州豫州之新蔡汝南汝陽潁川義陽弋陽六郡諸軍事、輔國將軍、司州刺史，領汝南太守。”卷六《孝武帝紀》：“十一月丙午，以左軍將軍魯秀爲司州刺史。”

[梁州] [南秦州]

劉秀之　應南譙王義宣。六月，遷益州。

龐秀之　六月，梁南秦二州刺史。尋免。

費沈　八月，梁南秦二州刺史。

　　《宋書》卷六《孝武帝紀》：“六月……以梁、南秦二州刺史劉秀之爲益州刺史，太尉司馬龐秀之爲梁、南秦二州刺

史。……八月……撫軍司馬費沈爲梁、南秦二州刺史。"卷八
一《劉秀之傳》:"元凶弒逆,秀之聞問,即日起兵,求率衆赴襄
陽,司空南譙王義宣不許。事寧,遷使持節、督益寧二州諸軍
事、寧朔將軍、益州刺史。"卷七八《龐秀之傳》:"龐秀之,河南
人也。以(蕭)斌故吏,賊劭甚加信委,以爲遊擊將軍。奔世祖
於新亭。時劭諸將未有降者,唯秀之先至,事平,以爲梁州刺
史。秀之子弟爲劭所殺者將十人,而酣讌不廢,坐免官。"

[益州]

劉琂　應南譙王義宣。徵還。

劉秀之　六月,督益寧二州諸軍事、寧朔將軍、益州刺史。

　　《宋書》卷四二《劉琂傳》:"元凶弒立,以爲青州刺史。琂
聞問,即起義遣軍,并送資實於荆州。世祖即位,召爲御史中
丞。"按:劉秀之見是年梁南秦二州條。

[寧州]

垣閬　八月,刺史。

　　《宋書》卷六《孝武帝紀》:"八月……以沛郡太守垣閬爲
寧州刺史。"

[廣州]

東海王禕　進號安南將軍,未之鎮。遷會稽。

王曇生　六月,刺史。

宗愨　七月,監交廣二州湘州之始興諸軍事、冠軍將軍、平越中
郎將、廣州刺史。

　　《宋書》卷七九《廬江王禕傳》:"元凶弒立,進號安南將
軍,未之鎮。世祖踐阼,復爲會稽太守,加撫軍將軍。"卷六《孝
武帝紀》:"六月……御史中丞王曇生爲廣州刺史。……七
月……以右衛將軍宗愨爲廣州刺史。……九月……劭黨南海
太守蕭簡據廣州反。丁卯,輔國將軍鄧琬討平之。"卷七八《蕭

斌傳》："世祖入討元凶,遣輔國將軍、南海太守劉琬討簡,固守
經時,城陷伏誅。"《宗愨母夫人墓誌》(《集古録跋尾》卷四):
"(愨)爲右衛將軍,監交廣二州湘州之始興、冠軍將軍、平越
中郎將、廣州刺史。"《高僧傳》卷一三《釋法願傳》:"宗愨、沈
慶微時,經請願相,願曰:'宗君應爲三州刺史。沈君當位極三
公。'……及孝武龍飛,宗愨出鎮廣州,攜願同往,奉爲五戒之
師。"校注:"三本、金陵本'慶'下有'之'。"按:宗愨歷廣州刺
史,《宋書》卷七六本傳闕。《高僧傳》之"殼"當爲"愨"之訛。

[交州]

蕭景憲

孝武帝孝建元年甲午(454)　　二月,南郡王義宣舉兵,六月敗。

[揚州]

江夏王義恭　　省録尚書事。十一月,還鎮京口。

竟陵王誕

東海王褘　　徵還,尋遷江州。

《宋書》卷六一《江夏王義恭傳》:"孝建元年,南郡王義
宣、臧質、魯爽等反,加黃鉞,白直百人入六門。……世祖以義
宣亂逆,由於彊盛,至是欲削弱王侯。義恭希旨,乃上表省録
尚書……上從其議。……是歲十一月,還鎮京口。"卷七九《竟
陵王誕傳》:"義宣舉兵反,有荆、江、兗、豫四州之力,勢震天
下。上即位日淺,朝野大懼,上欲奉乘輿法物,以迎義宣,誕固
執不可,然後處分。……上流平定,誕之力也。"

[東揚州]

義陽王昶　　東中郎將、刺史,進號後將軍。六月置。

　　《宋書》卷六《孝武帝紀》：“六月……分揚州立東揚州。……七月……以會稽太守義陽王昶爲東揚州刺史。”卷三五《州郡志一》揚州：“孝建元年，分揚州之會稽、東陽、新安、永嘉、臨海五郡爲東揚州。”卷七二《晉熙王昶傳》：“元凶弑立，加散騎常侍。世祖踐祚，遷太常，出爲東中郎將、會稽太守，尋監會稽、東陽、臨海、永嘉、新安五郡諸軍事。孝建元年，立東揚州，拜昶爲刺史，東中郎將如故，進號後將軍。”卷八一《顧覬之傳》：“孝建元年，出爲義陽王昶東中郎長史、寧朔將軍、行會稽郡事。尋徵爲右衛將軍。”

[南徐州]

江夏王義恭

[南兗州]

沈慶之　進號鎮北大將軍，進督青冀幽三州。

　　《宋書》卷六《孝武帝紀》：“四月……進慶之號鎮北大將軍。”卷七七《沈慶之傳》：“孝建元年正月，魯爽反，上遣左衛將軍王玄謨討之，軍泝淮向壽陽，總統諸將。尋聞荆、江二州並反，徵慶之入朝……慶之與薛安都等進與爽戰，安都臨陣斬爽。進慶之號鎮北大將軍，進督青、冀、幽三州。……尋與柳元景俱開府儀同三司，辭。”

[江州]

臧質　二月舉兵，六月被殺。

蕭思話　三月，都督江州豫州之西陽晉熙新蔡三郡諸軍事、安南將軍、江州刺史。九月，遷郢州。

東海王褘　十月，撫軍將軍、刺史。

　　《宋書》卷六《孝武帝紀》：“三月……以安北將軍、徐州刺史蕭思話爲安南將軍、江州刺史。……六月戊辰，臧質走至武昌，爲人所斬。……十月……以秘書監東海王褘爲撫軍將軍、

江州刺史。"卷七四《臧質傳》："時世祖自攬威柄,而質以少主
遇之,是事專行,多所求欲。及至尋陽,刑政慶賞,不復諮稟朝
廷。盆口、鈎圻米,輒散用之,臺符屢加檢詰,質漸猜懼。自謂
人才足爲一世英傑,始聞國禍,便有異圖,以義宣凡闇,易可制
勒,欲外相推奉,以成其志。……且義宣腹心將佐蔡超、竺超
民之徒,咸有富貴之情,願義宣得,欲倚質威名,以成其業,又
勸獎義宣。……馳報豫州刺史魯爽,期孝建元年秋同舉。爽
失旨,即便起兵。……質於是執臺使,狼狽舉兵。……大
潰。……隊主裴應斬質首。"卷七八《蕭思話傳》："出爲使持
節、都督徐兗青冀幽五州豫州之梁郡諸軍事、安北將軍、徐州
刺史,加鼓吹一部。未行而江州刺史臧質反,復以爲使持節、
都督江州豫州之西陽晉熙新蔡三郡諸軍事、江州刺史。"卷七
九《廬江王褘傳》："徵爲秘書監,加散騎常侍。尋出爲撫軍將
軍、江州刺史。"

［徐州］

王玄謨　遷豫州。

蕭思話　正月,都督徐兗青冀幽五州豫州之梁郡諸軍事、安北將
軍、徐州刺史。未行,改江州。

龐秀之　三月,刺史。卒。

垣護之　八月,督徐兗二州豫州之梁郡諸軍事、寧朔將軍、徐州
刺史。

　　　　《宋書》卷六《孝武帝紀》："正月……以丹陽尹蕭思話爲
安北將軍、徐州刺史。……三月……以太子左衛率龐秀之爲
徐州刺史。……八月……以游擊將軍垣護之爲徐州刺史。"卷
七八《龐秀之傳》："後又爲徐州刺史,太子右衛率。孝建元
年,卒。"卷五○《垣護之傳》："梁山平,護之率軍追討,會朱脩
之已平江陵,至尋陽而還。遷督徐兗二州豫州之梁郡諸軍事、

寧朔將軍、徐州刺史。"按：蕭思話參見是年江州條。

[兗州]

徐遺寶　二月舉兵，三月敗走。

夏侯祖歡　二月，建武將軍、刺史。

　　《宋書》卷六《孝武帝紀》："二月……以安北司馬夏侯祖歡爲兗州刺史。三月……徐遺寶爲夏侯祖歡所破，棄衆走。"卷六八《南郡王義宣傳》："義宣既叛，遣使以遺寶爲征虜將軍、徐州刺史，率軍出瓜步。遺寶遣長史劉雍之襲彭城，寧朔司馬明胤擊破之。……詔安北司馬夏侯祖權率五百人馳往助胤……遺寶棄城奔魯爽。……夏侯祖權……大明中，爲建武將軍、兗州刺史。"卷三四《五行志五》："大明六年七月甲申，地震……兗州地裂泉涌，二年不已。其後虜主死，兗州刺史夏侯祖權卒。"按：祖歡、祖權應爲一人，此從《孝武帝紀》。祖歡大明二年已去職，《五行志》當有誤，或"兗州刺史"前闕一"前"字。

[豫州]

魯爽　二月舉兵，四月被殺。

王玄謨　二月，假輔國將軍，拜豫州刺史，討義宣。加都督、前將軍。

　　《宋書》卷六《孝武帝紀》："二月……左衛將軍王玄謨爲豫州刺史。……四月……鎮軍將軍、南兗州刺史沈慶之大破魯爽於歷陽之小峴，斬爽。"卷七四《魯爽傳》："爽與義宣及質相結已久，義宣亦欲資其勇力，情契甚至。孝建元年二月，義宣報爽，秋當同舉。爽狂酒乖謬，即日便起兵。……將戰，而飲酒過醉，安都刺爽倒馬，左右范雙斬首。"卷七六《王玄謨傳》："及南郡王義宣與江州刺史臧質反，朝庭假玄謨輔國將軍，拜豫州刺史，與柳元景南討。……賊遂大潰。加都督、前將軍,封曲江縣侯。"

[青州]

申恬　督冀州。進號輔國將軍。

　　《宋書》卷六五《申恬傳》:"又督冀州。齊地連歲興兵,百
姓凋弊,恬初防衛邊境,勸課農桑,二三年間,遂皆優實。……
進號輔國將軍。"

[冀州]

垣護之　徵還。

明僧胤　三月,刺史。

　　《宋書》卷五〇《垣護之傳》:"孝建元年,南郡王義宣
反,兗州刺史徐遺寶,護之妻弟也,遠相連結,與護之書,勸
使同逆。護之馳使以聞。遺寶時戍湖陸,護之留子恭祖守
歷城,自率步騎襲遺寶。道經鄒山,破其別戍。未至湖陸六
十里,遺寶焚城西走。兗土既定,徵爲游擊將軍。隨沈慶之
等擊魯爽。"卷六《孝武帝紀》:"三月……以輔國長史明胤爲
冀州刺史。"《南齊書》卷五四《明僧紹傳》:"僧紹長兄僧胤,
能玄言。宋世爲冀州刺史。"按:明僧胤參見是年兗州條,當
即明胤。

[荊州]

南郡王義宣　二月舉兵,六月賜死。

劉愔　輔國將軍、刺史,義宣署。

朱脩之　四月,安西將軍、刺史,加都督。

　　《宋書》卷六《孝武帝紀》:"二月庚午,豫州刺史魯爽、車
騎將軍江州刺史臧質、丞相荊州刺史南郡王義宣、兗州刺史徐
遺寶舉兵反。……四月……以平西將軍、雍州刺史朱脩之爲
安西將軍、荊州刺史。……五月甲寅,義宣等攻梁山,王玄謨
大破之。……六月……罷南蠻校尉。……義宣於江陵賜死。"

卷六八《南郡王義宣傳》："義宣在鎮十年,兵彊財富,既首創大義,威名著天下,凡所求欲,無不必從。朝廷所下制度,意所不同者,一不遵承。……初,臧質陰有異志,以義宣凡弱,易可傾移,欲假手爲亂,以成其姦。……而世祖閨庭無禮,與義宣諸女淫亂,義宣因此發怒,密治舟甲,克孝建元年秋冬舉兵。報豫州刺史魯爽、兗州刺史徐遺寶使同。爽狂酒失旨,其年正月便反。遣府户曹送版,以義宣補天子,并送天子羽儀。遺寶亦勒兵向彭城。義宣及質狼狽起兵。……雍州刺史朱脩之起兵奉順。義宣二月十一日率衆十萬發自江津……以第八子愔爲輔國將軍,留鎮江陵。……義宣至梁山……衆一時奔潰。"《金樓子》卷三《説蕃篇》:"(義宣)舉兵反,以第八子愔爲輔國將軍、荆州刺史,左司馬竺超民輔之。"《宋書》卷七六《朱脩之傳》:"及荆州刺史南郡王義宣反,檄脩之舉兵,脩之僞與之同,而遣使陳誠於帝。帝嘉之,以爲荆州刺史,加都督。義宣聞脩之不與己同,乃以魯秀爲雍州刺史,擊襄陽。脩之命斷馬鞍山道,秀不得前,乃退。及義宣敗於梁山,單舟南走,脩之率衆南定遺寇。時竺超民執義宣,脩之至,乃殺之。"

［湘州］

南郡王義宣

劉義綦　四月,後將軍、刺史。

　　《宋書》卷六《孝武帝紀》:"四月戊辰,以後將軍劉義綦爲湘州刺史。"卷五一《劉義綦傳》:"歷右衛將軍,湘州刺史。"

［雍州］

朱脩之　遷荆州。

柳元景　三月,都督雍梁南北秦四州荆州之竟陵隨二郡諸軍事、撫軍將軍、領寧蠻校尉、雍州刺史。六月,進號撫軍大將軍。八月,徵還。

武昌王渾　監雍梁南北秦四州荊州之竟陵隨二郡諸軍事、征虜
將軍、寧蠻校尉、雍州刺史。

　　《宋書》卷六《孝武帝紀》："三月……撫軍將軍柳元景即
本號爲雍州刺史。……六月……撫軍將軍柳元景進號撫軍
大將軍……以征虜將軍武昌王渾爲雍州刺史。……八月庚
午，撫軍大將軍柳元景復爲領軍將軍，本號如故。"卷七七
《柳元景傳》："孝建元年正月，魯爽反，遣左衛將軍王玄謨討
之，加元景撫軍，假節置佐，係玄謨。復以爲都督雍梁南北
秦四州荊州之竟陵隨二郡諸軍事、撫軍將軍、領寧蠻校尉、
雍州刺史，持節如故。……克捷。……復爲領軍、太子詹
事。"卷七九《武昌王渾傳》："孝建元年，遷使持節、監雍梁南
北秦四州荊州之竟陵隨二郡諸軍事、寧蠻校尉、雍州刺史，
（征虜）將軍如故。"

［郢州］

蕭思話　九月，都督郢湘二州諸軍事、鎮西將軍、郢州刺史，鎮夏
口。六月置。

　　《宋書》卷六《孝武帝紀》："六月……分荊、湘、江、豫州立
郢州。……九月……以安南將軍、江州刺史蕭思話爲鎮西將
軍、郢州刺史。"卷三七《州郡志三》郢州："孝武孝建元年，分
荊州之江夏、竟陵、隨、武陵、天門，湘州之巴陵，江州之武昌，
豫州之西陽，又以南郡之州陵、監利二縣度屬巴陵，立郢州。
天門後還荊。"卷六六《何尚之傳》："時欲分荊州置郢州，議其
所居。江夏王義恭以爲宜在巴陵，尚之議曰：'夏口在荊、江之
中，正對沔口，通接雍、梁，寔爲津要，由來舊鎮，根基不易。今
分取江夏、武陵、天門、竟陵、隨五郡爲一州，鎮在夏口，既有見
城，浦大容舫。竟陵出道取荊州，雖水路，與去江夏不異，諸郡
至夏口皆從流，並爲利便。湘州所領十一郡，其巴陵邊帶長

江,去夏口密邇,既分湘中,乃更成大,亦可割巴陵屬新州,於
事爲允。'上從其議。荆、揚二州,戶口半天下,江左以來,揚州
根本,委荆以閫外,至是並分,欲以削臣下之權,而荆、揚並因
此虛秏。尚之建言復合二州,上不許。"同卷"史臣曰":"江左
以來,樹根本於揚越,任推轂於荆楚。揚土自廬、蠡以北,臨海
而極大江;荆部則包括湘、沅,跨巫山而掩鄧塞。民戶境域,過
半於天下。晉世幼主在位,政歸輔臣,荆、揚司牧,事同二陝。
宋室受命,權不能移,二州之重,咸歸密戚。是以義宣藉西楚
彊富,因十載之基,嫌隙既樹,遂規問鼎。而建郢分揚,矯枉過
直,藩城既剖,盜實人單,閫外之寄,於斯而盡。若長君南面,
威刑自出,至親在外,事不患彊。若運經盛衰,時艱主弱,雖近
臣懷禍,止有外憚,呂宗不競,寔由齊、楚,興喪之源,於斯尤
著。尚之言并合,可謂識治也矣。"卷七八《蕭思話傳》:"事
平,分荆、江、豫三州置郢州,復都督郢湘二州諸軍事、鎮西將
軍、郢州刺史,持節、常侍如故,鎮夏口。"

[司州]

　魯秀　二月舉兵,敗死。

　　　《宋書》卷七四《魯爽傳》:"義宣還江陵,秀與共北走,衆
　　叛且盡。秀向城,上射之,中箭,赴水死。"

[梁州][南秦州]

　費沈

　梁坦　八月,梁南秦二州刺史。

　　　《宋書》卷六《孝武帝紀》:"八月……以安西司馬梁坦爲
　　梁、南秦二州刺史。"

[益州]

　劉秀之　襲江陵。進號征虜將軍,改督爲監。

　　　《宋書》卷八一《劉秀之傳》:"南譙王義宣據荆州爲逆,遣

參軍王曜徵兵於秀之,秀之即日斬曜戒嚴。遣中兵參軍韋山松萬人襲江陵,出峽。……進號征虜將軍,改督爲監,持節、刺史如故。"

[寧州]

垣闐

尹懷順　九月,刺史。

　　《宋書》卷六《孝武帝紀》:"九月丙申,以彊弩將軍尹懷順爲寧州刺史。"按:萬表誤"懷順"爲"懷慎",吳表闕懷順。

[廣州]

宗愨

　　《宋書》卷四一《前廢帝何皇后傳》:"(何)瑀兄子亮,孝建初,爲桂陽太守。丞相南郡王義宣爲逆,遣參軍王師壽斷桂陽道,以防廣州刺史宗愨,亮收斬之。"《高僧傳》卷一三《釋法願傳》:"會譙王構逆,羽檄嶺南。愨以諮願,願曰:'隨君來,誤殺人。今太白犯南斗,法應殺大臣。宜速改計,必得大勳。'果如願言。"

[交州]

蕭景憲

孝建二年乙未(455)

[揚州]

江夏王義恭　刺史,解都督。

竟陵王誕　遷南徐。

　　　按:義恭見是年南徐州條。

[東揚州]

義陽王昶

［南徐州］

江夏王義恭　進督東揚南兗二州。遷揚州。

竟陵王誕　司空、都督南徐兗二州諸軍事、太子太傅、南徐州刺史。

《宋書》卷六一《江夏王義恭傳》：“二年春，進督東南兗二州。其冬，徵爲揚州刺史，餘如故。……又解持節、都督并侍中。”校勘記：“時無東兗州……疑此於‘東’下佚‘揚’字。”卷六《孝武帝紀》：“十月壬午，太傅江夏王義恭領揚州刺史，驃騎大將軍、揚州刺史竟陵王誕爲司空、南徐州刺史。”卷七九《竟陵王誕傳》：“初討元凶，與上同舉兵，有奔牛之捷，至是又有殊勳。上性多猜，頗相疑憚。而誕造立第舍，窮極工巧，園池之美，冠於一時。多聚才力之士，實之第內，精甲利器，莫非上品，上意愈不平。孝建二年，乃出爲使持節、都督南徐兗二州諸軍事、太子太傅、南徐州刺史，侍中如故。”

［南兗州］

沈慶之

劉延孫　刺史。遷雍州。

檀和之　刺史。

《宋書》卷六《孝武帝紀》：“二月……以鎮北大將軍、南兗州刺史沈慶之爲左光禄大夫、開府儀同三司。辛巳，以尚書右僕射劉延孫爲南兗州刺史。……八月……以右衛將軍檀和之爲南兗州刺史。”卷七七《沈慶之傳》：“慶之以年滿七十，固請辭事，上嘉其意，許之。……聽以郡公罷就第。”卷九七《林邑傳》：“孝建二年，除（檀和之）輔國將軍、豫州刺史，不行，復爲右衛，加散騎常侍。三年，出爲南兗州刺史。”按：《林邑傳》云檀和之爲南兗州刺史在孝建三年，此從《孝武帝紀》。

［江州］

東海王禕

［徐州］

垣護之　免。遷青冀二州。

申坦　寧朔將軍、徐州刺史。

　　　　《宋書》卷六《孝武帝紀》：“五月……以輔國將軍申坦爲徐、兗二州刺史。”卷六五《申坦傳》：“孝建初，爲太子右衛率，寧朔將軍、徐州刺史。”按：夏侯祖歡爲兗州刺史至大明二年，申坦不應爲徐兗二州刺史，此從本傳。

［兗州］

夏侯祖歡

［豫州］

王玄謨　免，尋復爲刺史。遷青冀二州。

檀和之　輔國將軍、刺史。不行。

申恬　督豫州軍事、寧朔將軍、豫州刺史。

　　　　《宋書》卷六《孝武帝紀》：“四月……以豫章太守檀和之爲豫州刺史。……六月……以曲江縣侯王玄謨爲豫州刺史。……八月……以新除豫州刺史王玄謨爲青、冀二州刺史，青州刺史申恬爲豫州刺史。”卷七六《王玄謨傳》：“中軍司馬劉沖之白孝武，言：‘玄謨在梁山，與義宣通謀。’上意不能明，使有司奏玄謨多取寶貨，虛張戰簿，與徐州刺史垣護之並免官。尋復爲豫州刺史。淮上亡命司馬黑石推立夏侯方進爲主，改姓李名弘，以惑衆，玄謨討斬之。”卷六五《申恬傳》：“孝建二年，遷督豫州軍事、寧朔將軍、豫州刺史。”按：檀和之參見是年南兗州條。

［青州］

申恬　遷豫州。

王玄謨　青冀二州刺史。遷雍州。

垣護之　督青冀二州諸軍事、寧遠將軍、青冀二州刺史,鎮歷城。

　　　《宋書》卷六《孝武帝紀》:“十一月……青、冀二州刺史王玄
　　謨爲雍州刺史。甲午,以大司馬垣護之爲青、冀二州刺史。”卷
　　五〇《垣護之傳》:“二年,護之坐論功挾私,免官。……復督青
　　冀二州諸軍事、寧遠將軍、青冀二州刺史,鎮歷城。”《宋書考論》
　　卷一:“護之不得爲大司馬,蓋大司馬僚佐也。《護之傳》並脱。”

[冀州]

明僧胤

王玄謨

垣護之

[荆州]

朱脩之

[湘州]

劉義綦　卒。

劉遵考　刺史,未行。

顧覬之　刺史。

　　　《宋書》卷五一《劉義綦傳》:“孝建二年,卒。”卷六《孝武
　　帝紀》:“三月辛亥,以吳興太守劉遵考爲湘州刺史。……五月
　　戊戌,以湘州刺史劉遵考爲尚書右僕射。……以右衛將軍顧
　　覬之爲湘州刺史。”卷五一《劉遵考傳》:“徵爲湘州刺史,未
　　行,遷尚書右僕射。”

[雍州]

武昌王渾　被逼自殺。

劉延孫　監雍梁南北秦四州郢州之竟陵隨二郡諸軍事、鎮軍將
　　軍、寧蠻校尉、雍州刺史。不行。

王玄謨　寧蠻校尉、雍州刺史,加都督。

《宋書》卷六《孝武帝紀》："八月庚申，雍州刺史武昌王渾有
皋，廢爲庶人，自殺。辛酉，以南兗州刺史劉延孫爲鎮軍將軍、雍
州刺史。"卷七九《武昌王渾傳》："渾至鎮，與左右人作文檄，自
號楚王，號年爲永光元年，備置百官，以爲戲笑。長史王翼之得
其手迹，封呈世祖。上使有司奏免爲庶人，下太常，絶其屬籍，徙
付始安郡。……逼令自殺，即葬襄陽，時年十七。"卷七八《劉延
孫傳》："二年，又出爲南兗州刺史，加散騎常侍。仍徙爲使持
節、監雍梁南北秦四州郢州之竟陵隨二郡諸軍事、鎮軍將軍、寧
蠻校尉、雍州刺史，以疾不行。留爲侍中、護軍。"卷七六《王玄
謨傳》："遷寧蠻校尉、雍州刺史，加都督。雍土多僑寓，玄謨請
土斷流民，當時百姓不願屬籍，罷之。"按：王玄謨參見是年青州
條，本傳闕其爲青冀二州刺史事。

[郢州]

　　蕭思話　卒。

　　劉秀之　監郢州諸軍事、征虜將軍、郢州刺史。未就。

　　　　《宋書》卷七八《蕭思話傳》："孝建二年卒。"卷六《孝武帝
　　　　紀》："七月……以益州刺史劉秀之爲郢州刺史。"卷八一《劉
　　　　秀之傳》："遷監郢州諸軍事、郢州刺史，將軍如故。未就。大
　　　　明元年，徵爲右衛將軍。"

[梁州][南秦州]

　　梁坦

[益州]

　　劉秀之　遷郢州。

　　到元度　刺史。

　　　　《宋書》卷六《孝武帝紀》："七月……以義興太守到元度
　　　　爲益州刺史。"

[寧州]

尹懷順

[廣州]

宗慤

[交州]

蕭景憲

垣閬　五月,刺史。

蕭景憲　十二月,復爲刺史。

　　《宋書》卷六《孝武帝紀》:"五月……前軍司馬垣閬爲交州刺史。……十二月癸亥,以前交州刺史蕭景憲爲交州刺史。"

孝建三年丙申(456)

[揚州]

江夏王義恭　解揚州。

西陽王子尚　刺史。

　　《宋書》卷六一《江夏王義恭傳》:"時西陽王子尚有盛寵,義恭解揚州以避之,乃進位太宰,領司徒。……時世祖嚴暴,義恭慮不見容,乃卑辭曲意,盡禮祗奉,且便辯善附會,俯仰承接,皆有容儀。每有符瑞,輒獻上賦頌,陳詠美德。"按:義恭、子尚參見是年南兗州條。

[東揚州]

義陽王昶

[南徐州]

竟陵王誕

[南兗州]

檀和之　免。

西陽王子尚　都督南兗徐二州諸軍事、北中郎將、南兗州刺史。
遷揚州。

建安王休仁　都督南兗徐二州諸軍事、冠軍將軍、南兗州刺史。

　　　　《宋書》卷九七《林邑傳》：“（檀和之）坐酤飲贓貨，迎獄中
女子入內，免官禁錮。”卷六《孝武帝紀》：“三月癸丑，以西陽
王子尚爲南兗州刺史。……七月，太傅江夏王義恭解揚州。
丙子，以南兗州刺史西陽王子尚爲揚州刺史，秘書監建安王休
仁爲南兗州刺史。”卷八〇《豫章王子尚傳》：“孝建三年，年六
歲……仍都督南徐兗二州諸軍事、北中郎將、南兗州刺史。其
年，遷揚州刺史。”張森楷《校勘記》：“子尚爲南兗州刺史，則
當云都督南兗徐二州諸軍事。”《宋書》卷八九《袁粲傳》：“出
爲輔國將軍、西陽王子尚北中郎長史、廣陵太守，行南兗州
事。”卷七二《始安王休仁傳》：“孝建三年，爲秘書監，領步兵
校尉。尋都督南兗徐二州諸軍事、冠軍將軍、南兗州刺史。”

［江州］

東海王禕　進號平南將軍。

　　　　《宋書》卷六《孝武帝紀》：“十月……撫軍將軍、江州刺史
東海王禕進號平南將軍。”卷七九《廬江王禕傳》：“進號平南
將軍，置吏。”

［徐州］

申坦

［兗州］

夏侯祖歡

［豫州］

申恬　徵還，道卒。

宗愨　監五州諸軍事、平西將軍、豫州刺史。

　　　　《宋書》卷六五《申恬傳》：“疾病徵還，於道卒。”卷六《孝

武帝紀》：“二月……以廣州刺史宗慤爲平西將軍、豫州刺史。”卷七六《宗慤傳》：“孝建中，累遷豫州刺史，監五州諸軍事。”《高僧傳》卷一三《釋法願傳》：“慤遷豫州刺史，復攜同行。”《南史》卷七七《呂文顯傳》：“宋氏晚運，多以幼少皇子爲方鎮，時主皆以親近左右領典籤，典籤之權稍重。大明、泰始，長王臨蕃，素族出鎮，莫不皆出内教命，刺史不得專其任也。宗慤爲豫州，吳喜公爲典籤。慤刑政所施，喜公每多違執。慤大怒曰：‘宗慤年將六十，爲國竭命，政得一州如斗大，不能復與典籤共臨！’喜公稽顙流血乃止。自此以後，權寄彌隆，典籤遞互還都，一歲數反，時主輒與閒言，訪以方事。”

[青州]

垣護之　進號寧朔將軍，進督徐州之東莞東安二郡軍事。移青州并鎮歷城。

《宋書》卷五〇《垣護之傳》：“明年（孝建三年），進號寧朔將軍。進督徐州之東莞東安二郡軍事。世祖以歷下要害，欲移青州并鎮歷城。議者多異。護之曰：‘青州北有河、濟，又多陂澤，非虜所向。每來寇掠，必由歷城，二州并鎮，此經遠之略也。北又近河，歸順者易，近息民患，遠申王威，安邊之上計也。’由是遂定。”卷三六《州郡志二》青州：“孝武孝建二年，移治歷城。”《通鑑》卷一二八孝建三年胡注：“青州本治東陽，冀州治歷城，今并爲一鎮。”按：《州郡志》之孝建二年當爲三年。

[冀州]

垣護之

[荆州]

朱脩之

[湘州]

顧覬之

［雍州］

　王玄謨

［郢州］

　孔靈符　輔國將軍、刺史。

　　　　《宋書》卷六《孝武帝紀》：“十二月丙午，以侍中孔靈符爲
　　郢州刺史。”卷五四《孔靈符傳》：“自侍中爲輔國將軍、郢州
　　刺史。”

［梁州］［南秦州］

　梁坦

［益州］

　到元度

　劉瑀　輔國將軍、刺史。免。

　張悦　刺史。

　　　　《宋書》卷六《孝武帝紀》：“五月……以右衛將軍劉瑀爲
　　益州刺史。……十月癸未，以尋陽太守張悦爲益州刺史。”卷
　　四二《劉瑀傳》：“尋轉右衛將軍。瑀願爲侍中，不得……因求
　　益州。世祖知其此意，許之。孝建三年，除輔國將軍、益州刺
　　史。既行，甚不得意。……其年，坐奪人妻爲妾，免官。”卷五
　　四《羊希傳》：“益州刺史劉瑀，先爲右衛將軍，與府司馬何季
　　穆共事不平。季穆爲尚書令建平王宏所親待，屢毀瑀於宏。
　　會瑀出爲益州，奪士人妻爲妾，宏使羊希彈之，瑀坐免官，瑀恨
　　希切齒。”

［寧州］

　尹懷順

［廣州］

　宗愨　遷豫州。

　王翼之　刺史。

王琨　都督廣交二州軍事、建威將軍、平越中郎將、廣州刺史。

　　《宋書》卷六《孝武帝紀》："二月……以新除御史中丞王翼爲廣州刺史。……八月……以尚書吏部郎王琨爲廣州刺史。"校勘記："'王翼'，當作'王翼之'。"《劉襲墓誌》（《墓誌集成》一三七五）："第六姊茂嬡……重適琅耶臨沂王法興，驃騎參軍。父翼之，季弼，廣州刺史。"《南齊書》卷三二《王琨傳》："出爲持節、都督廣交二州軍事、建威將軍、平越將軍、平越中郎將、廣州刺史。南土沃實，在任者常致巨富，世云'廣州刺史但經城門一過，便得三千萬'也。琨無所取納，表獻禄俸之半。"校勘記："《宋書·百官志》無平越將軍，又《南史》卷二三《王華傳》附《王琨傳》、《建康實録》卷一六俱未載王琨嘗任此職。"

　［交州］

蕭景憲

費淹　刺史。

　　《宋書》卷六《孝武帝紀》："八月戊戌，以北中郎諮議參軍費淹爲交州刺史。"

大明元年丁酉（457）

　［揚州］

西陽王子尚

　［東揚州］

義陽王昶　徵還。

山陽王休祐　刺史。未拜，改湘州。

顔竣　右將軍、刺史。

　　《宋書》卷七二《晉熙王昶傳》："大明元年，徵爲秘書監，領驍騎將軍，加散騎常侍。”卷六《孝武帝紀》：“六月……以長水校尉山陽王休祐爲東揚州刺史。丁亥，休祐改爲湘州刺史。以丹陽尹顏竣爲東揚州刺史。”卷七二《晉平王休祐傳》：“大明元年，爲散騎常侍，領長水校尉，尋遷東揚州刺史。未拜，徙湘州刺史，加號征虜將軍。”卷七五《顏竣傳》：“起爲右將軍，丹陽尹如故。竣藉蕃朝之舊，極陳得失。上自即吉之後，多所興造，竣諫争懇切，無所回避，上意甚不説，多不見從。竣自謂才足幹時，恩舊莫比，當贊務居中，永執朝政，而所陳多不被納，疑上欲疏之，乃求外出，以占時旨。大明元年，以爲東揚州刺史，將軍如故。所求既許，便憂懼無計。”《高僧傳》卷七《釋慧静傳》：“顏延之每歎曰：‘荆山之玉，唯静是焉。’及子竣出鎮東州，攜與同行。”《廣弘明集》卷六《顏延之》：“子敳爲楊州刺史，乘軒還宅，延之負杖，避而譏之。”《越縵堂讀書記·南史》：“《顏竣傳》出爲東揚州刺史，正大明時新移會稽之揚州，其時别無揚州，本無東揚之稱，史家欲别於建鄴，故亦加東字耳。”按：《廣弘明集》之“敳”當爲“竣”，“楊州”前當闕“東”字。據《宋書》卷七三《顏延之傳》，延之卒於孝建三年，竣大明元年方爲東揚州刺史，延之不得“避而譏之”，《廣弘明集》所記當有誤。《越縵堂讀書記》云“東揚州”之“東”字爲史家所加，據《宋書》卷三五《州郡志》，孝建元年分揚州之會稽等五郡爲東揚州，大明三年改揚州爲王畿，改東揚州爲揚州，大明元年顏竣所任正爲東揚州，其時尚未改云揚州，“東”字非史家所加。

［南徐州］

竟陵王誕 　遷南兗。

劉延孫 　鎮軍將軍、刺史。

《宋書》卷六《孝武帝紀》：“八月……太子詹事劉延孫爲

鎮軍將軍、南徐州刺史。”卷七八《劉延孫傳》：“大明元年……又出爲鎮軍將軍、南徐州刺史。先是高祖遺詔，京口要地，去都邑密邇，自非宗室近戚，不得居之。延孫與帝室雖同是彭城人，別屬吕縣。劉氏居彭城縣者，又分爲三里，帝室居綏輿里，左將軍劉懷肅居安上里，豫州刺史劉懷武居叢亭里，及吕縣凡四劉。雖同出楚元王，由來不序昭穆。延孫於帝室本非同宗，不應有此授。時司空竟陵王誕爲徐州，上深相畏忌，不欲使居京口，遷之於廣陵。廣陵與京口對岸，欲使腹心爲徐州，據京口以防誕，故以南徐授延孫，而與之合族，使諸王序親。”

[南兗州]

建安王休仁　徵還。

竟陵王誕　司空、都督南兗南徐兗青冀幽六州諸軍事、南兗州刺史，鎮廣陵。

《宋書》卷七二《始安王休仁傳》：“大明元年，入爲侍中，領右軍將軍。”卷六《孝武帝紀》：“八月……司空、南徐州刺史竟陵王誕改爲南兗州刺史。”卷七九《竟陵王誕傳》：“上以京口去都密邇，猶疑之。大明元年秋，又出爲都督南兗南徐兗青冀幽六州諸軍事、南兗州刺史，餘如故。誕既見猜，亦潛爲之備，至廣陵，因索虜寇邊，修治城隍，聚糧治仗。嫌隙既著，道路常云誕反。”

[江州]

東海王褘

[徐州]

申坦

沈曇慶　督徐兗二州及梁郡諸軍事、輔國將軍、徐州刺史。

《宋書》卷六五《申坦傳》：“大明元年，虜寇兗州，世祖遣太子左衛率薛安都、新除東陽太守沈法系北討，至兗州，虜已

去。坦建議：‘任榛亡命，屢犯邊民，軍出無功，宜因此翦撲。’
上從之。亡命先已聞知，舉村逃走，安都與法系坐白衣領職，
坦棄市。……尋被宥。”卷六《孝武帝紀》：“五月……以左衛
將軍沈曇慶爲徐州刺史。”卷五四《沈曇慶傳》：“大明元年，督
徐兗二州及梁郡諸軍事、輔國將軍、徐州刺史。”

［兗州］

夏侯祖歡

［豫州］

宗愨

［青州］

垣護之

［冀州］

垣護之

［荆州］

朱脩之

［湘州］

顧覬之

山陽王休祐　　刺史，加征虜將軍。

　　《宋書》卷八一《顧覬之傳》：“大明元年，徵守度支尚書。”

　按：休祐見是年東揚州條。

［雍州］

王玄謨

［郢州］

孔靈符

［梁州］［南秦州］

梁坦

［益州］

　張悦

［寧州］

　尹懷順

［廣州］

　王琨

［交州］

　費淹

大明二年戊戌（458）

［揚州］

　西陽王子尚　加撫軍將軍。

　　　《宋書》卷六《孝武帝紀》："十一月壬子,揚州刺史西陽王
　　子尚加撫軍將軍。"

［東揚州］

　顏竣　賜死。

　　　《宋書》卷七五《顏竣傳》："每對親故,頗懷怨憤,又言朝
　　事違謬、人主得失。及王僧達被誅,謂爲竣所讒構,臨死陳竣
　　前後忿懟,每恨言不見從。……詔曰:'竣孤負恩養,乃可至
　　此。於獄賜死……'"卷六《孝武帝紀》："八月……中書令王
　　僧達有罪,下獄死。"

［南徐州］

　劉延孫

［南兗州］

　竟陵王誕

［江州］

　東海王禕　徵還。

義陽王昶　都督江州郢州之西陽豫州之新蔡晉熙三郡諸軍事、前將軍、江州刺史。

《宋書》卷七九《廬江王褘傳》：“大明二年，徵爲散騎常侍、中書令，領驍騎將軍。”卷六《孝武帝紀》：“十月甲午，以中軍將軍義陽王昶爲江州刺史。”卷七二《晉熙王昶傳》：“又出爲都督江州郢州之西陽豫州之新蔡晉熙三郡諸軍事、前將軍、江州刺史。”卷八四《袁顗傳》：“大明二年，除東海王褘平南司馬、尋陽太守，行江州事。復爲義陽王昶前軍司馬，太守如故。”

［徐州］

沈曇慶　徵還。

劉道隆　寧朔將軍、刺史。

《宋書》卷五四《沈曇慶傳》：“復徵爲左衛將軍，加給事中，領本州大中正。”卷六《孝武帝紀》：“九月……以寧朔將軍劉道隆爲徐州刺史。”

［兗州］

夏侯祖歡

沈僧榮　寧朔將軍、刺史。

《宋書》卷六《孝武帝紀》：“八月……以寧朔將軍沈僧榮爲兗州刺史。”孔廣陶本《北堂書鈔》卷一二九《衣冠部三·絡帶》“織成絡帶”條引《述異記》：“夏侯祖歡爲兗州刺史，身喪，沈僧榮代之。”按：《通鑑》卷一二九大明三年四月誤“沈僧榮”爲“沈僧明”。

［豫州］

宗慤

［青州］

垣護之　徵還。

顏師伯　督青冀二州徐州之東安東莞兗州之濟北三郡諸軍事、輔國將軍、青冀二州刺史。

《宋書》卷五〇《垣護之傳》："大明二年，徵爲右衛將軍，還，於道聞司空竟陵王誕於廣陵反叛，護之即率部曲受車騎大將軍沈慶之節度。"卷六《孝武帝紀》："七月……以右衛將軍顏師伯爲青、冀二州刺史。"卷七七《顏師伯傳》："二年，起爲持節、督青冀二州徐州之東安東莞兗州之濟北三郡諸軍事、輔國將軍、青冀二州刺史。"卷九五《索虜傳》："大明二年，虜寇青州，爲刺史顏師伯所破，退走。"

［冀州］

　垣護之

　顏師伯

［荆州］

　朱脩之

［湘州］

　山陽王休祐

［雍州］

　王玄謨

　海陵王休茂　都督雍梁南北秦四州郢州之竟陵隨二郡諸軍事、北中郎將、寧蠻校尉、雍州刺史。

《宋書》卷七六《王玄謨傳》："玄謨又令九品以上租，使貧富相通，境内莫不嗟怨。民間訛言玄謨欲反，時柳元景當權，元景弟僧景爲新城太守，以元景之勢，制令南陽、順陽、上庸、新城諸郡並發兵討玄謨。玄謨令内外晏然，以解衆惑，馳啓孝武，具陳本末。帝知其虛，馳遣主書吳喜公撫慰之。……後爲金紫光禄大夫，領太常。"卷六《孝武帝紀》："四月……以海陵王休茂爲雍州刺史。"卷七九《海陵王休茂傳》："大明二年，以爲使持節、都督雍梁南北秦四州郢州之竟陵隨二郡諸軍事、北中郎將、寧蠻校尉、雍州刺史。”卷八七《蕭惠開傳》：“大明二年，出爲海陵王休茂北中郎長史、寧朔將軍、襄陽太守，行雍州州府事。善於爲政，威行禁止。”

［郢州］

孔靈符

［司州］

劉季之　寧朔將軍、刺史。

　　《宋書》卷六《孝武帝紀》：“三月……以寧朔將軍劉季之爲司州刺史。”

［梁州］［**南秦州**］

梁坦

［益州］

張悦

［寧州］

尹懷順

杜叔文　刺史。

　　《宋書》卷六《孝武帝紀》：“八月……以彊弩將軍杜叔文爲寧州刺史。”

［**廣州**］

王琨

費淹　刺史。

　　《宋書》卷六《孝武帝紀》：“八月……交州刺史費淹爲廣州刺史。”

［交州］

費淹　遷廣州。

垣閬　刺史。

《宋書》卷六《孝武帝紀》："八月……南海太守垣閬爲交州刺史。"卷二九《符瑞志下》："大明五年正月丙子，交州刺史垣閎獻白孔雀。"《南史》卷二五《垣閎傳》："孝武帝即位，以爲交州刺史。"按：《孝武帝紀》之"垣閬"誤，當從《符瑞志下》及《南史》作"垣閎"。垣閬爲垣閎之兄，見《宋書》卷五〇《垣護之傳》，時爲義興太守，後遷兗州刺史，見大明三年兗州條。

大明三年己亥（459）

［揚州］

西陽王子尚　二月，以揚州六郡爲王畿，改東揚州爲揚州。子尚爲都督揚州江州之鄱陽晉安建安三郡諸軍事、撫軍將軍、揚州刺史，移鎮會稽。

　　《宋書》卷六《孝武帝紀》："二月乙卯，以揚州所統六郡爲王畿。以東揚州爲揚州。時欲立司隸校尉，以元凶已立乃止。撫軍將軍、揚州刺史西陽王子尚徙爲揚州刺史。"卷三五《州郡志一》揚州："大明三年罷州，以其地爲王畿，以南臺侍御史部諸郡，如從事之部傳焉，而東揚州直云揚州。"卷八〇《豫章王子尚傳》："三年，分浙江西立王畿，以浙江東爲揚州，命子尚都督揚州江州之鄱陽晉安建安三郡諸軍事、揚州刺史，將軍如故。"卷八二《沈懷文傳》："大明二年，遷尚書吏部郎。時朝議欲依古制置王畿，揚州移治會稽，猶以星變故也。懷文曰：'周制封畿，漢置司隸，各因時宜，非存相反，安民寧國，其揆一也。苟民心所安，天亦從之，未必改今追古，乃致平壹。神州舊壤，歷代相承，異於邊州，或罷或置，既物情不說，容虧化本。'又不從。三年，子尚移鎮會稽，遷撫軍長史，行府州事。"

［南徐州］

劉延孫　　進號車騎將軍。

　　　《宋書》卷六《孝武帝紀》：“十月……鎮軍將軍、南徐州刺史劉延孫進號車騎將軍。”卷七八《劉延孫傳》：“三年，南兗州刺史竟陵王誕有皋，不受徵，延孫馳遣中兵參軍杜幼文率兵起討，既至，誕已閉城自守，乃還。誕遣使劉公泰齎書要之，延孫斬公泰，送首京邑。復遣幼文率軍渡江，受沈慶之節度。其年，進號車騎將軍，加散騎常侍。”

［南兗州］

竟陵王誕　　四月舉兵，七月被殺。

沈慶之　　四月，都督南兗徐兗三州諸軍事、車騎大將軍、南兗州刺史，討誕。

　　　《宋書》卷六《孝武帝紀》：“四月……司空、南兗州刺史竟陵王誕有罪，貶爵。誕不受命，據廣陵城反，殺兗州刺史垣閬。以始興公沈慶之爲車騎大將軍、開府儀同三司、南兗州刺史討誕。……七月己巳，剋廣陵城，斬誕。……以新除車騎大將軍、開府儀同三司、南兗州刺史沈慶之爲司空，刺史如故。”卷七九《竟陵王誕傳》：“上將誅誕，以義興太守垣閬爲兗州刺史，配以羽林禁兵，遣給事中戴明寶隨閬襲誕，使閬以之鎮爲名。閬至廣陵，誕未悟也。明寶夜報誕典籤蔣成，使明晨開門爲内應。成以告府舍人許宗之，宗之奔入告誕。……閬即遇害，明寶奔逃，自海陵界得還。上乃遣車騎大將軍沈慶之率大衆討誕。……豫州刺史宗慤、徐州刺史劉道隆率衆來會。……司州刺史劉季之，誕故佐也……委官間道欲歸朝廷。會誕反，季之至盱眙，盱眙太守鄭瑗以季之素爲誕所遇，疑其同逆，因邀道殺之。……七月二日，慶之率衆軍進攻……殺之（誕）。”卷七七《沈慶之傳》：“三年，司空竟陵王誕據廣陵反，復以慶之爲使持節、都督南兗徐兗三州諸軍事、車騎大將軍、

開府儀同三司、南兗州刺史,率衆討之。……屠城斬誕。進慶
之司空,又固讓。於是與柳元景並依晉密陵侯鄭袤故事,朝會
慶之位次司空,元景在從公之上。"卷五七《蔡興宗傳》:"左遷
司空沈慶之長史,行兗州事,還爲廷尉卿。"《南北史合注》卷
一五《竟陵王誕傳》李清按:"誕於孝武有功,乃疑忌橫加,逼
之使反,君臣俱有過焉,故不入逆臣傳。"

[南豫州]

東海王褘　衛將軍、刺史。七月復置。

　　　《宋書》卷六《孝武帝紀》:"七月……分淮南北復置二豫
州。……以衛將軍、護軍將軍東海王褘爲南豫州刺史,衛將軍
如故。"卷七九《廬江王褘傳》:"又出爲南豫州刺史,常侍、將
軍如故。以本號開府儀同三司,領國子祭酒,常侍如故。"

[江州]

義陽王昶

桂陽王休範　刺史,尋加征虜將軍。

　　　《宋書》卷六《孝武帝紀》:"七月……江州刺史義陽王昶
爲護軍將軍,冠軍將軍桂陽王休範爲江州刺史。"卷七九《桂陽
王休範傳》:"三年,出爲江州刺史,尋加征虜將軍。"

[徐州]

劉道隆　討誕。

　　　按:劉道隆見是年南兗州、司州條。

[兗州]

沈僧榮

垣閬　三月,刺史。四月,爲誕所殺。

　　　《宋書》卷六《孝武帝紀》:"三月……以義興太守垣閬爲
兗州刺史。"按:垣閬參見是年南兗州條。萬表誤"垣閬"爲
"垣閎",且誤列於南兗州條下。

［**豫州**］

　宗愨　討誕。

　庾深之　刺史。

　　　《高僧傳》卷一三《釋法願傳》：“及竟陵王誕舉事，願陳諫亦然。”《宋書》卷七六《宗愨傳》：“大明三年，竟陵王誕據廣陵反，愨表求赴討……及行，隸車騎大將軍沈慶之。……事平，入爲左衛將軍。”卷六《孝武帝紀》：“八月……以車騎長史庾深之爲豫州刺史。”

［**青州**］

　顏師伯　討誕。

　　　《宋書》卷七七《顏師伯傳》：“三年，竟陵王誕反，師伯遣長史嵇玄敬率五千人赴難。”

［**冀州**］

　顏師伯

［**荆州**］

　朱脩之

［**湘州**］

　山陽王休祐

［**雍州**］

　海陵王休茂　進號左將軍。

　　　《宋書》卷七九《海陵王休茂傳》：“進號左將軍。”

［**郢州**］

　孔靈符

　王玄謨　刺史。

　　　《宋書》卷五四《孔靈符傳》：“入爲丹陽尹。”卷六《孝武帝紀》：“七月……以前左衛將軍王玄謨爲郢州刺史。”按：王玄謨歷郢州刺史，《宋書》卷七六本傳闕。

［司州］

劉季之　被殺。

　　　《宋書》卷六《孝武帝紀》：“四月……司州刺史劉季之反叛，徐州刺史劉道隆討斬之。”按：劉季之參見是年南兖州條。

［梁州］［南秦州］

梁坦

［益州］

張悦

［寧州］

杜叔文

苻仲子　刺史。

　　　《宋書》卷六《孝武帝紀》：“四月……以建寧太守苻仲子爲寧州刺史。”

［廣州］

費淹

［交州］

垣閎

大明四年庚子(460)

［揚州］

西陽王子尚

［南徐州］

劉延孫

［南兖州］

沈慶之

晉安王子勛　都督南兖州徐州之東海諸軍事、征虜將軍、南兖州刺史。

　　　　《宋書》卷六《孝武帝紀》：“八月……以晉安王子勛爲南
兖州刺史。”卷八〇《晉安王子勛傳》：“大明四年，年五歲……
仍都督南兖州徐州之東海諸軍事、征虜將軍、南兖州刺史。”
《南齊書》卷三二《張岱傳》：“後臨海王爲征虜廣州，豫章王爲
車騎揚州，晉安王爲征虜南兖州，岱歷爲三府諮議、三王行事，
與典籤主帥共事，事舉而情得。”

[南豫州]

　東海王褘

[江州]

　桂陽王休範

[徐州]

　劉道隆　遷青冀二州。

　巴陵王休若　都督徐州諸軍事、冠軍將軍、徐州刺史，增督豫州
之梁郡。

　　　　《宋書》卷六《孝武帝紀》：“三月甲子，以冠軍將軍巴陵王
休若爲徐州刺史。”卷七二《巴陵王休若傳》：“四年，出爲都督
徐州諸軍事、徐州刺史，（冠軍）將軍如故，增督豫州之梁郡。”
《南齊書》卷三二《張岱傳》：“巴陵王休若爲北徐州，未親政
事，以岱爲冠軍諮議參軍、領彭城太守，行府、州、國事。”

[兖州]

　沈僧榮

[豫州]

　庾深之

　垣護之　督豫司二州諸軍事、輔國將軍、豫州刺史、淮南太守。

　　　　《宋書》卷六《孝武帝紀》：“九月辛未，以冠軍將軍垣護之
爲豫州刺史。”卷五〇《垣護之傳》：“出爲使持節、督豫司二州

諸軍事、輔國將軍、豫州刺史、淮南太守。復隸沈慶之伐西陽蠻。"

[青州]

顏師伯

劉道隆　青冀二州刺史。

《宋書》卷七七《顏師伯傳》："四年，徵爲侍中，領右軍將軍。"卷六《孝武帝紀》："三月……以徐州刺史劉道隆爲青、冀二州刺史。"

[冀州]

顏師伯

劉道隆

[荆州]

朱脩之　進號鎮軍將軍。

《宋書》卷六《孝武帝紀》："正月……左將軍、荆州刺史朱脩之進號鎮軍將軍。"

[湘州]

山陽王休祐

建安王休仁　平南將軍、刺史。

《宋書》卷七二《晉平王休祐傳》："四年，還爲秘書監，領右軍將軍。"卷六《孝武帝紀》："二月庚子，侍中建安王休仁爲湘州刺史。"卷七二《始安王休仁傳》："四年，出爲湘州刺史，加散騎常侍，加號平南將軍。"

[雍州]

海陵王休茂

[郢州]

王玄謨

安陸王子綏　都督郢州諸軍事、冠軍將軍、郢州刺史。

《宋書》卷六《孝武帝紀》：“三月……以安陸王子綏爲郢州刺史。”卷六一《江夏王義恭傳附子綏傳》：“以子綏爲都督郢州諸軍事、冠軍將軍、郢州刺史。”按：萬表誤“安陸”爲“安樂”。

[梁州] [南秦州]

梁坦

柳叔仁　梁南秦二州刺史。

《宋書》卷六《孝武帝紀》：“正月……以北中郎司馬柳叔仁爲梁、南秦二州刺史。”按：萬表誤列叔仁於大明三年。

[益州]

張悦

劉思考　刺史。

《宋書》卷六《孝武帝紀》：“五月……以撫軍長史劉思考爲益州刺史。”《高僧傳》卷七《釋道汪傳》：“徵士費文淵初從受業，乃立寺於州城西北……梁州刺史申坦與汪有舊，坦後致故，汪將往省之，仍欲停彼。費文淵乃上書刺史張悦曰：‘……近聞梁州遣迎，承教旨許去，闔境之論，僉曰非宜……’悦即敦留，遂不果行。悦還都，具向宋孝武述汪德行，帝即敕令，迎接爲中興寺主。汪廼因悦固辭以疾，遂獲免。於是謝病下帷，絕窺人世。後劉思考臨州，大設法祀，請汪講説，廼應請。”按：申坦爲梁南秦二州刺史在元嘉二十年至二十五年，大明初歷徐州刺史、驍騎將軍，道汪不得至梁州省之，《高僧傳》之“申坦”當爲“梁坦”之訛。

[寧州]

符仲子

費景緒　刺史。

《宋書》卷六《孝武帝紀》：“二月……以員外散騎侍郎費

景緒爲寧州刺史。”

[廣州]

費淹

[交州]

垣閎

大明五年辛丑(461)

[揚州]

豫章王子尚

　　　《宋書》卷六《孝武帝紀》：“夏四月癸巳,改封西陽王子尚
　　爲豫章王。”

[南徐州]

劉延孫

新安王子鸞　　北中郎將、刺史,領南琅邪太守。

　　　《宋書》卷六《孝武帝紀》：“十月甲寅,以車騎將軍、南徐
　　州刺史劉延孫爲尚書左僕射、領護軍將軍……以東中郎將新
　　安王子鸞爲南徐州刺史。”卷七八《劉延孫傳》：“五年,詔延孫
　　曰:‘舊京樹親,由來常準。卿前出所有別議,今此防久弭,當
　　以還授小兒。’徵延孫爲侍中、尚書左僕射,領護軍將軍。……
　　又欲以代朱脩之爲荆州,事未行,明年,卒。”卷八〇《始平王子
　　鸞傳》：“大明四年,年五歲……五年,遷北中郎將、南徐州刺
　　史,領南琅邪太守。母殷淑儀,寵傾後宮,子鸞愛冠諸子,凡爲
　　上所盼遇者,莫不入子鸞之府、國。及爲南徐州,又割吳郡以
　　屬之。”卷八四《孔覬傳》：“庾徽之字景猷,潁川鄢陵人也,自
　　中丞出爲新安王子鸞北中郎長史、南東海太守,卒官。”卷五九
　　《江智淵傳》：“出爲新安王子鸞北中郎長史、南東海太守,加

拜寧朔將軍,行南徐州事。"《南齊書》卷三三《王僧虔傳》:"出
爲豫章王子尚撫軍長史,遷散騎常侍,復爲新安王子鸞北中郎
長史、南東海太守,行南徐州事,二蕃皆帝愛子也。"按: 大明
八年孝武帝死後子鸞始之鎮,行府州事者有庾徽之、江智淵、
王僧虔等,年皆不詳,附於此。

［南兗州］

晉安王子勛

《宋書》卷八五《謝莊傳》:"五年,又爲侍中,領前軍將
軍。……改領游擊將軍,又領本州大中正,晉安王子勛征虜長
史、廣陵太守,加冠軍將軍。"

［南豫州］

東海王褘　割揚州之淮南、宣城屬南豫州,徙治姑孰。

尋陽王子房　冠軍將軍、刺史、淮南太守。

《宋書》卷三六《州郡志二》南豫州:"(大明)五年,割揚州
之淮南、宣城又屬焉。徙治姑孰。"卷六《孝武帝紀》:"九
月……以冠軍將軍尋陽王子房爲南豫州刺史。"卷八〇《松滋
侯子房傳》:"大明四年,年五歲……仍爲冠軍將軍、淮南宣城
二郡太守。五年,遷豫州刺史,將軍、淮南太守如故。"卷八七
《殷琰傳》:"尋陽王子房冠軍司馬,行南豫州,隨府轉右軍
司馬。"

［江州］

桂陽王休範

［徐州］

巴陵王休若

王玄謨　平北將軍、刺史。

《宋書》卷七二《巴陵王休若傳》:"徵爲散騎常侍。"卷六
《孝武帝紀》:"十二月……以太常王玄謨爲平北將軍、徐州

刺史。"

[兖州]

沈僧榮

[豫州]

垣護之

[青州]

劉道隆

[冀州]

劉道隆

[荆州]

朱脩之

[湘州]

建安王休仁

[雍州]

海陵王休茂　四月舉兵,被殺。

永嘉王子仁　四月,監雍梁南北秦四州郢州之竟陵隨二郡諸軍事、北中郎將、寧蠻校尉、雍州刺史。遷吳郡。

劉秀之　十月,都督雍梁南北秦四州郢州之竟陵隨二郡諸軍事、安北將軍、寧蠻校尉、雍州刺史。

　　《宋書》卷六《孝武帝紀》:"四月……雍州刺史海陵王休茂殺司馬庾深之,舉兵反,義成太守薛繼考討斬之。甲寅,以第九皇子子仁爲雍州刺史。……十月……尚書右僕射劉秀之爲安北將軍、雍州刺史。"卷七九《海陵王休茂傳》:"時司馬庾深之行府事,休茂性急疾,欲自專,深之及主帥每禁之,常懷忿怒。左右張伯超至所親愛,多罪過,主帥常加呵責。……夜挾伯超及左右……於城内殺典籤楊慶,出金城,殺司馬庾深之、典籤戴雙。……義成太守薛繼考爲休茂盡力攻城……參軍尹

玄慶起義，攻休茂，生禽之，將出中門斬首，時年十七。母妻皆
自殺，同黨悉伏誅。城中撓亂，無相統領。時尚書右僕射劉秀
之弟恭之爲休茂中兵參軍，衆共推行府州事。”《南史》卷二
《宋孝武帝紀》：“雍州刺史海陵王休茂殺司馬庾深之，舉兵
反，參軍尹玄慶起義，斬之，傳首建鄴。”《十七史商榷》卷五四
《南史合宋齊梁陳書二》“尹玄慶斬休茂”條：“彼書（《宋書》）
紀傳自相矛盾矣，《南史》是也。”《廿二史考異》卷二三《宋書
一·孝武帝紀》：“繼考乃黨於休茂者，紀所書誤矣。《南史》
云參軍尹元義起義斬之，爲得其實。”《宋書》卷八〇《永嘉王
子仁傳》：“大明五年，年五歲，監雍梁南北秦四州郢州之竟陵
隨二郡諸軍事、北中郎將、寧蠻校尉、雍州刺史。……仍遷東
中郎將、吳郡太守。”卷八一《劉秀之傳》：“五年，雍州刺史海
陵王休茂反，爲土人所誅，遣秀之以本官慰勞，分別善惡。事
畢還都，出爲使持節、散騎常侍、都督雍梁南北秦四州郢州之
竟陵隨二郡諸軍事、安北將軍、寧蠻校尉、雍州刺史。”按：《廿
二史考異》之“尹元義”應爲“尹玄慶”，“元”字避清諱改，
“義”字誤。

［郢州］

安陸王子綏

　　　　《宋書》卷八五《王景文傳》：“五年，出爲安陸王子綏冠軍
長史、輔國將軍、江夏内史，行郢州事。”

［梁州］［南秦州］

柳叔仁

［益州］

劉思考

［寧州］

費景緒

費伯弘　刺史。

《宋書》卷六《孝武帝紀》：“八月……以北中郎參軍費伯弘爲寧州刺史。”《法苑珠林》卷九五《宋羅瑛妻費氏》：“寧蜀人。父悅，宋寧州刺史。”按：宋費氏爲寧州刺史者有費景緒、費伯弘二人，悅蓋爲名，然不知爲誰。

［**廣州**］

費淹

臨海王子頊　都督廣交二州湘州之始興始安臨賀三郡諸軍事、征虜將軍、平越中郎將、廣州刺史。未之鎮。

《宋書》卷六《孝武帝紀》：“十月……以冠軍將軍臨海王子頊爲廣州刺史。”卷八〇《臨海王子頊傳》：“大明四年，年五歲……仍爲冠軍將軍、吳興太守。五年……遷使持節、都督廣交二州湘州之始興始安臨賀三郡諸軍事、征虜將軍、平越中郎將、廣州刺史。未之鎮。”按：子頊爲廣州刺史在大明五年，萬表誤列於四年。張岱時爲行事，見大明四年南兗州條。

［**交州**］

垣閬

大明六年壬寅（462）

［**揚州**］

豫章王子尚

［**南徐州**］

新安王子鸞

《宋書》卷八〇《始平王子鸞傳》：“六年，丁母憂。……葬畢，詔子鸞攝職。”

［南兗州］

　晉安王子勛

［南豫州］

　尋陽王子房　　改領宣城太守。

　　　　《宋書》卷八〇《松滋侯子房傳》：“六年，改領宣城太守。”
　　　卷八四《孔覬傳》：“六年，除義興太守，未之任，爲尋陽王子房
　　　冠軍長史，加寧朔將軍，行淮南、宣城二郡事。”

［江州］

　桂陽王休範

［徐州］

　王玄謨

［兗州］

　沈僧榮

［豫州］

　垣護之

［青州］

　劉道隆

［冀州］

　劉道隆

［荆州］

　朱脩之

　臨海王子頊　　征虜將軍、刺史。

　　　　《宋書》卷六《孝武帝紀》：“七月庚辰，以荆州刺史朱脩之
　　　爲領軍將軍，廣州刺史臨海王子頊爲荆州刺史。”卷八〇《臨海
　　　王子頊傳》：“徙荆州刺史，將軍如故。”

［湘州］

　建安王休仁　　加平南將軍。

　　《宋書》卷六《孝武帝紀》：“正月己丑，湘州刺史建安王休仁加平南將軍。”

［雍州］

　劉秀之

［郢州］

　安陸王子綏　進號後軍將軍。

　　　《宋書》卷六一《江夏王義恭傳附子綏傳》：“進號後軍將軍。”卷八四《孔覬傳》：“復除安陸王子綏冠軍長史、江夏內史，復隨府轉後軍長史，內史如故。”按：子綏何年進號不詳，斷於此。

［梁州］［南秦州］

　柳叔仁

［益州］

　劉思考

［寧州］

　費伯弘

［廣州］

　臨海王子頊　遷荆州。

　王翼之　輔國將軍、刺史。

　　　《宋書》卷六《孝武帝紀》：“七月……以輔國將軍王翼之爲廣州刺史。”

［交州］

　垣閎

　檀翼之　刺史。

　　　《宋書》卷六《孝武帝紀》：“七月……以西陽太守檀翼之爲交州刺史。”

大明七年癸卯（**463**）

［揚州］

豫章王子尚　進號車騎將軍。

　　《宋書》卷六《孝武帝紀》：“五月乙亥，撫軍將軍、揚州刺史豫章王子尚進號車騎將軍。……十月……車騎將軍、揚州刺史豫章王子尚加開府儀同三司。”卷八〇《豫章王子尚傳》：“七年，加使持節，進號車騎將軍。其年，又加散騎常侍，以本號開府儀同三司。”按：時張岱爲行事，見大明四年南兗州條。

［南徐州］

新安王子鸞　兼司徒。

　　《宋書》卷六《孝武帝紀》：“九月……南徐州刺史新安王子鸞兼司徒。”卷八〇《始平王子鸞傳》：“以本官兼司徒。”

［南兗州］

晉安王子勛　遷江州。

柳元景　驃騎大將軍、刺史，留衞京師。

　　《宋書》卷七七《柳元景傳》：“授侍中、驃騎大將軍、南兗州刺史，留衞京師。”

［南豫州］

尋陽王子房　進號右將軍，解宣城。

　　《宋書》卷八〇《松滋侯子房傳》：“七年，進號右將軍，解宣城，餘如故。”

［江州］

桂陽王休範

晉安王子勛　督江州南豫州之晉熙新蔡郢州之西陽三郡諸軍事、前將軍、江州刺史。

　　《宋書》卷七九《桂陽王休範傳》：“入爲秘書監，領前軍將

軍。"卷六《孝武帝紀》:"正月……以南兗州刺史晉安王子勛
爲江州刺史。"卷八〇《晉安王子勛傳》:"七年,改督江州南豫
州之晉熙新蔡郢州之西陽三郡諸軍事、前將軍、江州刺史。"

[徐州]

　王玄謨

[兗州]

　沈僧榮

[豫州]

　垣護之　　免。

　劉德願　　刺史。

　　　《宋書》卷五〇《垣護之傳》:"護之所莅多聚斂,賄貨充
　　　積。七年,坐下獄,免官。"卷六《孝武帝紀》:"六月……以秦
　　　郡太守劉德願爲豫州刺史。"卷四五《劉懷慎傳》:"子德願
　　　嗣。……上寵姬殷貴妃薨,葬畢,數與群臣至殷墓。謂德願
　　　曰:'卿哭貴妃若悲,當加厚賞。'德願應聲便號慟,撫膺擗踊,
　　　涕泗交流。上甚悦,以爲豫州刺史。"

[青州]

　劉道隆

[冀州]

　劉道隆

[荆州]

　臨海王子頊

[湘州]

　建安王休仁

[雍州]

　劉秀之

[郢州]

安陸王子綏

[梁州][南秦州]

柳叔仁

柳元怙　梁南秦二州刺史。

　　　　《宋書》卷六《孝武帝紀》：“六月甲辰，以北中郎司馬柳元
　　　怙爲梁、南秦二州刺史。”

[益州]

劉思考

[寧州]

費伯弘

[廣州]

王翼之

始安王子真　監廣交二州湘州之始興始安臨賀三郡諸軍事、輔
　　　國將軍、平越中郎將、廣州刺史。未之鎮。

　　　　《宋書》卷六《孝武帝紀》：“五月……輔國將軍始安王子
　　　真爲廣州刺史。”卷八〇《始安王子真傳》：“大明五年，年五
　　　歲……仍爲輔國將軍、吳興太守。七年，遷使持節、監廣交二
　　　州湘州之始興始安臨賀三郡諸軍事、平越中郎將、廣州刺史，
　　　將軍如故，不之鎮。”

[交州]

檀翼之

大明八年甲辰（464）　　閏五月，孝武帝死，太子子業即位。

[揚州]

豫章王子尚　十二月，以王畿爲揚州，揚州爲東揚州。徵子尚爲
　　　司徒、都督揚南徐二州諸軍事、揚州刺史，還鎮建康。

《宋書》卷七《前廢帝紀》:"十二月……以王畿諸郡爲揚州,以揚州爲東揚州。癸巳,以車騎將軍、揚州刺史豫章王子尚爲司徒、揚州刺史。"卷八○《豫章王子尚傳》:"前廢帝即位,罷王畿復舊,徵子尚都督揚南徐二州諸軍事。"按:以王畿爲揚州在大明八年,萬表誤爲七年。

［南徐州］

新安王子鸞　正月,進號撫軍將軍,加都督南徐州諸軍事、中書令、領司徒。七月,解中書令、領司徒,之鎮。

《宋書》卷六《孝武帝紀》:"正月……南徐州刺史新安王子鸞爲撫軍將軍,領司徒、刺史如故。"卷七《前廢帝紀》:"七月……撫軍將軍、南徐州刺史新安王子鸞解領司徒。"卷八○《始平王子鸞傳》:"進號撫軍、司徒……又加都督南徐州諸軍事。八年,加中書令,領司徒。前廢帝即位,解中書令、領司徒,加持節之鎮。"卷八一《顧琛傳》:"六年,起爲大司農,都官尚書,新安王子鸞北中郎司馬、東海太守、行南徐州事,隨府轉撫軍司馬,太守如故。"校勘記:"疑'東海'上佚'南'字。"

［南兗州］

柳元景

永嘉王子仁　閏五月,左將軍、刺史。

《宋書》卷七《前廢帝紀》:"閏五月……丹陽尹永嘉王子仁爲南兗州刺史。"卷八○《永嘉王子仁傳》:"出爲左將軍、南兗州刺史。"

［南豫州］

尋陽王子房

［江州］

晉安王子勛　正月,遷雍州。七月,復任。

建安王休仁　正月,督江州南豫州之晉熙新蔡郢州之西陽三郡諸軍事、安南將軍、江州刺史。未拜。

　　《宋書》卷六《孝武帝紀》："正月……以平南將軍、湘州刺史建安王休仁爲安南將軍、江州刺史。"卷七二《始安王休仁傳》："八年，遷使持節、督江州南豫州之晉熙新蔡郢州之西陽三郡諸軍事、安南將軍、江州刺史。未拜，徙爲散騎常侍、太常，又不拜。仍爲護軍將軍，常侍如故。"卷七《前廢帝紀》："七月己亥，鎮軍將軍、雍州刺史晉安王子勛改爲江州刺史。"卷八〇《晉安王子勛傳》："八年，遷使持節、都督雍梁南北秦四州郢州之竟陵隨二郡諸軍事、鎮軍將軍、寧蠻校尉、雍州刺史。未拜而世祖崩，以鎮軍將軍還爲江州，本官如故。"卷八四《鄧琬傳》："出爲晉安王子勛鎮軍長史、尋陽內史，行江州事。"

［徐州］

王玄謨　二月，徵還。

湘東王彧　二月，都督徐兗二州豫州之梁郡諸軍事、鎮北將軍、徐州刺史。七月，徵還。

義陽王昶　七月，都督徐兗南兗青冀幽六州豫州之梁郡諸軍事、征北將軍、徐州刺史。

　　《宋書》卷六《孝武帝紀》："二月……以鎮軍將軍湘東王彧爲鎮北將軍、徐州刺史，平北將軍、徐州刺史王玄謨爲領軍將軍。"卷七《前廢帝紀》："七月……鎮北將軍、徐州刺史湘東王彧爲護軍將軍，中軍將軍義陽王昶爲征北將軍、徐州刺史。"卷八《明帝紀》："（大明）八年，出爲使持節、都督徐兗二州豫州之梁郡諸軍事、鎮北將軍、徐州刺史……其年，徵爲侍中、護軍將軍。未拜，復爲領軍將軍，侍中如故。"卷七二《晉熙王昶傳》："前廢帝即位，出爲使持節、都督徐兗南兗青冀幽六州豫州之梁郡諸軍事、征北將軍、徐州刺史，加散騎常侍，開府如故。《高僧傳》卷一三《釋曇光傳》：“義陽王旭出鎮北徐，攜光同行。”校注：“《音義》‘旭’作‘昶’。”

［兗州］

沈僧榮

［豫州］

劉德願

［青州］

劉道隆

蕭惠開　閏五月，督青冀二州諸軍事、輔國將軍、青冀二州刺史。不行，八月，改益州。

王玄謨　八月，鎮北將軍、青冀二州刺史，加都督，還治東陽。

　　《宋書》卷四五《劉道隆傳》：“前廢帝景和中，以爲右衛將軍……委以腹心之任。”卷六《孝武帝紀》：“閏五月辛丑，以前御史中丞蕭惠開爲青、冀二州刺史。”卷七《前廢帝紀》：“八月丁卯，領軍將軍王玄謨爲鎮北將軍、青冀二州刺史。己巳，以青、冀二州刺史蕭惠開爲益州刺史。”卷八七《蕭惠開傳》：“起爲持節、督青冀二州諸軍事、輔國將軍、青冀二州刺史，不行。改督益寧二州、刺史，持節、將軍如故。”卷七六《王玄謨傳》：“孝武崩，與柳元景等俱受顧命，以外監事委玄謨。時朝政多門，玄謨以嚴直不容，徙青、冀二州刺史，加都督。”卷三六《州郡志二》青州：“大明八年，還治東陽。”

［冀州］

劉道隆

蕭惠開

王玄謨

［荊州］

臨海王子頊　進號前將軍，加都督荆湘雍益梁寧南北秦八州諸軍事。

　　　　《宋書》卷八〇《臨海王子頊傳》：“八年，進號前將軍。前
　　廢帝即位，以本號都督荆、湘、雍、益、梁、寧、南北秦八州諸軍
　　事，刺史如故。”

[湘州]

　　建安王休仁　正月，遷江州。

　　劉伯禽　輔國將軍、刺史。

　　　　　《宋書》卷六《孝武帝紀》：“正月……輔國將軍江夏王世
　　子伯禽爲湘州刺史。”

[雍州]

　　劉秀之　正月卒。

　　晉安王子勛　正月，都督雍梁南北秦四州郢州之竟陵隨二郡諸
　　軍事、鎮軍將軍、寧蠻校尉、雍州刺史。未拜，還爲江州。

　　宗悫　七月，安西將軍、寧蠻校尉、雍州刺史，加都督。

　　　　　《宋書》卷六《孝武帝紀》：“正月……安北將軍、雍州刺史
　　劉秀之卒。……晉安王子勛爲鎮軍將軍、雍州刺史。”卷七《前
　　廢帝紀》：“七月……中護軍宗悫爲安西將軍、雍州刺史。”卷
　　七六《宗悫傳》：“廢帝即位，爲寧蠻校尉、雍州刺史，加都督。”
　　按：子勛參見是年江州條。

[郢州]

　　安陸王子綏

　　　　　《宋書》卷八四《孔覬傳》：“八年，覬自郢州行眞，徵爲右
　　衛將軍，未拜，徙司徒左長史，道存代覬爲後軍長史、江夏内
　　史。”卷五七《蔡興宗傳》：“遷安陸王子綏後軍長史、江夏内
　　史，行郢州事。徵還。”

[司州]

　　宗越　十月，督司州豫州之汝南新蔡汝陽潁川四郡諸軍事、寧朔

將軍、司州刺史。尋領汝南、新蔡二郡太守。

　　《宋書》卷七《前廢帝紀》：“十月……輔國將軍宗越爲司州刺史。”卷八三《宗越傳》：“督司州豫州之汝南新蔡汝陽潁川四郡諸軍事、寧朔將軍、司州刺史，尋領汝南、新蔡二郡太守。”

[梁州][南秦州]

　柳元怙

[益州]

　劉思考

　蕭惠開　八月，督益寧二州諸軍事、輔國將軍、益州刺史。

　　按：蕭惠開見是年青冀二州條，萬表誤爲五月。

[寧州]

　費伯弘

[廣州]

　始安王子真

　袁曇遠　六月，刺史。

　　《宋書》卷八〇《始安王子真傳》：“遷征虜將軍、南彭城太守，領石頭戍事。”卷七《前廢帝紀》：“六月……以南海太守袁曇遠爲廣州刺史。”按：袁曇遠爲廣州刺史在大明八年，萬表誤爲七年。

[交州]

　檀翼之

明帝泰始元年乙巳（465）　　正月，改元永光。八月，改元景和。十一月，湘東王彧殺前廢帝。十二月，彧即位，改元泰始，江州刺史子勛舉兵。

[揚州]

　豫章王子尚　八月，領尚書令。十一月，賜死。

建安王休仁　十二月，都督揚南徐二州諸軍事、司徒、尚書令、揚州刺史。

尋陽王子房　正月，右將軍、東揚州刺史。八月，罷東揚州，改督會稽東陽新安臨海永嘉五郡諸軍事、會稽太守。十二月，改督爲都督，進號安東將軍，應子勛。

　　《宋書》卷七《前廢帝紀》：“永光元年春正月……南豫州刺史尋陽王子房爲東揚州刺史。……八月……司徒、揚州刺史豫章王子尚領尚書令。……罷東揚州并揚州。”卷八《明帝紀》：“十一月……司徒揚州刺史豫章王子尚、山陰公主並賜死。……十二月……以新除驃騎大將軍建安王休仁爲司徒、尚書令、揚州刺史。”卷八〇《豫章王子尚傳》：“領尚書令，解督東揚州，餘如故。……太宗殞廢帝，稱太皇后令曰：‘……並可於第賜盡。’子尚時年十六。”卷七二《始安王休仁傳》：“景和元年，又遷使持節、都督雍梁南北秦四州諸軍事、安西將軍、寧蠻校尉、雍州刺史，未之任，留爲散騎常侍、護軍將軍。……時廢帝狂悖無道，誅害群公，忌憚諸父，並囚之殿內，毆捶凌曳，無復人理。……太宗克定禍難，殞帝於華林園。……太宗令書以爲使持節、侍中、都督揚南徐二州諸軍事、司徒、尚書令、揚州刺史。”卷八〇《松滋侯子房傳》：“前廢帝永光元年，遷東揚州刺史，（右）將軍如故。景和元年，罷東揚州，子房以本號督會稽東陽新安臨海永嘉五郡諸軍事、會稽太守。太宗即位，改督爲都督，進號安東將軍，太守如故。又徵爲撫軍，領太常。長史孔覬不受命，舉兵反，應晉安王。”卷八四《孔覬傳》：“永光元年，遷侍中，未拜，復爲江夏王義恭太宰長史，復出爲尋陽王子房右軍長史，加輔國將軍，行會稽郡事。太宗即位，召覬爲太子詹事，遣故佐平西司馬庾業爲右軍司馬，代覬行會稽郡事。時上流反叛……遂發兵馳檄。”按：子房爲東揚州刺史在永光元年,萬表誤爲大明八年。

[南徐州]

新安王子鸞　九月,賜死。

永嘉王子仁　九月,左將軍、刺史。十二月,遷中軍將軍,領太常。

桂陽王休範　十二月,都督南徐徐南兗兗四州諸軍事、鎮北將軍、南徐州刺史。

　　《宋書》卷七《前廢帝紀》:"九月……以南兗州刺史永嘉王子仁爲南徐州刺史。……撫軍將軍、南徐州刺史新安王子鸞免爲庶人,賜死。"卷八《明帝紀》:"十二月……崇憲衛尉桂陽王休範爲鎮北將軍、南徐州刺史。……南徐州刺史永嘉王子仁爲中軍將軍。"卷八〇《始平王子鸞傳》:"帝素疾子鸞有寵,既誅群公,乃遣使賜死,時年十歲。……同生弟妹並死,仍葬京口。"卷八〇《永嘉王子仁傳》:"景和元年,遷南徐州刺史,將軍如故。泰始元年,又遷中軍將軍,領太常。未拜,徙護軍將軍。"卷七九《桂陽王休範傳》:"太宗定亂,以爲使持節、都督南徐徐南兗兗四州諸軍事、鎮北將軍、南徐州刺史。"按:萬表闕子鸞,又子仁死於泰始二年,萬表誤爲元年。

[南兗州]

永嘉王子仁　九月,遷南徐。

始安王子真　九月,征虜將軍、刺史。

　　《宋書》卷七《前廢帝紀》:"九月……丹陽尹始安王子真爲南兗州刺史。"卷八〇《始安王子真傳》:"景和元年,爲丹陽尹,(征虜)將軍如故。尋復爲南兗州刺史,將軍如故。"按:《江文通集》卷六有《始安王拜征虜將軍丹陽尹章》《始安王拜征虜將軍南兗州刺史章》。

［南豫州］

尋陽王子房　正月，遷東揚州。

湘東王彧　正月，都督南豫豫司江四州揚州之宣城諸軍事、衛將軍、南豫州刺史，鎮姑孰。六月，遷雍州，未任。八月，還爲南豫州。入朝，十一月，殺前廢帝。十二月，即帝位。

柳元景　六月，督南豫豫司江四州揚州之宣城諸軍事、驃騎大將軍、南豫州刺史，尚書令如故。未拜，八月，被殺。

劉遵考　九月，督南豫州諸軍事、安西將軍、南豫州刺史。

建平王景素　十二月，監南豫豫二州諸軍事、輔國將軍、南豫州刺史。不拜。

　　　　《宋書》卷七《前廢帝紀》：“永光元年春正月……以領軍將軍湘東王彧爲衛將軍、南豫州刺史。……六月……衛將軍、南豫州刺史湘東王彧改爲雍州刺史。尚書令、驃騎大將軍柳元景加南豫州刺史。秋八月……帝自率宿衛兵，誅太宰江夏王義恭、尚書令驃騎大將軍柳元景、尚書左僕射顏師伯、廷尉劉德願。……衛將軍湘東王彧還爲南豫州刺史。……九月……衛將軍湘東王彧加開府儀同三司，特進、右光禄大夫劉遵考爲安西將軍、南豫州刺史。”卷八《明帝紀》：“永光元年，又出爲使持節、散騎常侍、都督南豫豫司江四州揚州之宣城諸軍事、衛將軍、南豫州刺史，鎮姑孰。又徙爲都督雍梁南北秦四州郢州之竟陵諸軍事、寧蠻校尉、雍州刺史，持節、常侍、將軍如故。未拜，復本位。尋以本號開府儀同三司。廢帝景和末，上入朝，被留停都。廢帝誅害宰輔，殺戮大臣，恒慮有圖之者，疑畏諸父，並拘之殿内，遇上無禮。……既而害上意定，明旦便應就禍。……（阮）佃夫、（李）道兒因結壽寂之等殞廢帝於後堂，十一月二十九日夜也。……泰始元年冬十二月丙寅，上即皇帝位。……以安西將軍、南豫州刺史劉遵考爲特進、右

光禄大夫、輔國將軍、歷陽南譙二郡太守建平王景素爲南豫州
刺史。"卷七七《柳元景傳》："前廢帝少有凶德,內不能平,殺
戴法興後,悖情轉露,義恭、元景等憂懼無計,乃與師伯等謀廢
帝立義恭,日夜聚謀,而持疑不能速決。永光年夏,元景遷使
持節、督南豫之宣城諸軍事、即本號開府儀同三司、南豫州刺
史,侍中、令如故。未拜,發覺,帝親率宿衛兵自出討之。……
下車受戮。"校勘記:"'永光'下疑脱'元'字。……宣城時屬
揚州,而云'督南豫之宣城',誤。……元景乃繼明帝劉彧而
任,疑所督州郡與劉彧同。"卷五一《劉遵考傳》:"景和元年,
出督南豫州諸軍事、安西將軍、南豫州刺史。太宗即位,以爲
侍中、特進、右光禄大夫。"卷七二《建平王景素傳》:"監南豫
豫二州諸軍事、輔國將軍、南豫州刺史,又不拜。"

[江州]

晉安王子勛　十二月,進號車騎將軍。不受命,舉兵。

山陽王休祐　十二月,都督江郢雍湘諸軍事、驃騎大將軍、江州
刺史。未任。

《宋書》卷八《明帝紀》:"十二月……鎮軍將軍、江州刺史
晉安王子勛進號車騎將軍、開府儀同三司。……鎮軍將軍、江
州刺史晉安王子勛舉兵反,鎮軍長史鄧琬爲其謀主,雍州刺史
袁顗率衆赴之。辛巳,驃騎大將軍、前荊州刺史山陽王休祐改
爲江州刺史。……子綏、子房、子頊並不受命,舉兵同逆。"卷
八○《晉安王子勛傳》:"景和元年,加使持節。時廢帝狂凶,
多所誅害。……遣左右朱景雲送藥賜子勛死。景雲至盆口,
停不進,遣信使報長史鄧琬。琬等因奉子勛起兵,以廢立爲
名。太宗定亂,進子勛號車騎將軍、開府儀同三司。琬等不受
命,傳檄京邑。"卷八四《鄧琬傳》:"前廢帝狂悖無道,以太祖、
世祖並第數居三以登極位,子勛次第既同,深構嫌隙,因何邁

之謀，乃遣使齎藥賜子勛死。……景和元年十一月十九日，稱
子勛教，即日戒嚴。……會太宗定亂，進子勛號車騎將軍、開
府儀同三司。……琬以子勛次第居三，又以尋陽起事，有符世
祖，理必萬克。乃取令書投地曰：'殿下當開端門，黃閤是吾徒
事耳！'眾並駭愕。琬與陶亮等繕治器甲，徵兵四方。郢州刺
史安陸王子綏、荊州刺史臨海王子頊、會稽太守尋陽王子房、
雍州刺史袁顗、梁州刺史柳元怙、益州刺史蕭惠開、廣州刺史
袁曇遠、徐州刺史薛安都、青州刺史沈文秀、冀州刺史崔道固、
湘州行事何慧文、吳郡太守顧琛、吳興太守王曇生、晉陵太守
袁標、義興太守劉延熙並同叛逆。先是，廢帝以邵陵王子元爲
冠軍將軍、湘州刺史，中兵參軍沈仲玉爲道路行事。至鵲
頭……琬聞子元停鵲頭不進，遣數百人劫迎之。"按：休祐參
見是年荊州條。

［徐州］

義陽王昶　九月，奔魏。

薛安都　九月，督徐州豫州之梁郡諸軍事、平北將軍、徐州刺史。

張岱　冠軍將軍、徐州刺史，都督北討諸軍事，明帝命。未任。

　　《宋書》卷七《前廢帝紀》："九月……以兗州刺史薛安都
爲平北將軍、徐州刺史。……車駕討征北將軍、徐州刺史義陽
王昶，內外戒嚴。昶奔于索虜。"卷七二《晉熙王昶傳》："昶輕
訬褊急，不能祗事世祖，大明中常被嫌責，民間喧然，常云昶當
有異志。永光、景和中，此聲轉甚。……帝因此北討，親率眾
過江。……昶知其不捷，乃夜與數十騎開門北奔索虜。"《高僧
傳》卷一三《釋曇光傳》："及景和失德，義陽起事，以光預見。
乃齎七曜以決光，光杜口無言，故事寧獲免。"《宋書》卷八八
《薛安都傳》："永光元年，出爲使持節、督兗州諸軍事、前將
軍、兗州刺史。景和元年，代義陽王昶督徐州豫州之梁郡諸軍

事、平北將軍、徐州刺史。”按：張岱見是年豫州條。

[兗州]

沈僧榮　卒。

薛安都　督兗州諸軍事、前將軍、兗州刺史。遷徐州。

殷孝祖　九月，督兗州諸軍事、寧朔將軍、兗州刺史。

《宋書》卷七七《沈慶之傳》：“景和中，徵（僧榮）爲黃門郎，未還，卒。”卷七《前廢帝紀》：“九月……寧朔將軍殷孝祖爲兗州刺史。”卷八六《殷孝祖傳》：“前廢帝景和元年，以本號督兗州諸軍事、兗州刺史。”按：薛安都見是年徐州條。沈僧榮卒、薛安都繼任皆在永光中，萬表誤爲大明八年。

[豫州]

山陽王休祐　正月，都督豫司二州南豫州之梁郡諸軍事、右將軍、豫州刺史。入朝，九月，進號鎮西大將軍。十月，遷鎮軍大將軍。

張岱　督豫州諸軍事、輔國將軍、豫州刺史，明帝命。未任。

殷琰　十二月，督豫司二州南豫州之梁郡諸軍事、建武將軍、豫州刺史，明帝命。應子勛。

《宋書》卷七《前廢帝紀》：“永光元年春正月……秘書監山陽王休祐爲豫州刺史。……九月……右將軍、豫州刺史山陽王休祐進號鎮西大將軍。……十月……以鎮西大將軍、豫州刺史山陽王休祐爲鎮軍大將軍、開府儀同三司。”卷八《明帝紀》：“十二月……前右將軍長史殷琰爲豫州刺史。”卷七二《晉平王休祐傳》：“出爲使持節、都督豫司二州南豫州之梁郡諸軍事、右將軍、豫州刺史。景和元年，入朝，進號鎮西大將軍，仍遷散騎常侍、鎮軍大將軍、開府儀同三司。”卷八七《殷琰傳》：“前廢帝永光元年，除黃門侍郎，出爲山陽王休祐右軍長史、南梁郡太守。休祐入朝，琰仍行府州事。太宗泰始元年，以休祐爲荆州，欲以吏部郎張岱爲豫州刺史。會晉安王子勛反，即以琰督豫司二州南豫州之梁郡諸軍事、建武將軍、豫州刺史，以西汝陰太守龐道隆爲琰長史，殿中將軍劉順爲司馬。順勸琰同子勛。琰家累在京邑。意欲奉順，而土人前右軍參軍杜叔寶……等，並勸琰同逆。琰素無部曲，門義不過數人，無以自立，受制於叔寶等。"《南齊書》卷三二《張岱傳》："明帝初，四方反，帝以岱堪幹舊才，除使持節、督西豫州諸軍事、輔國將軍、西豫州刺史。尋徙爲冠軍將軍、北徐州刺史，都督北討諸軍事，並不之官。"

［青州］

王玄謨

沈文秀　八月，督青州徐州之東莞東安二郡諸軍事、建威將軍、青州刺史。

《宋書》卷七《前廢帝紀》："八月……射聲校尉沈文秀爲青州刺史……鎮北將軍、青冀二州刺史王玄謨爲領軍將軍。"卷八八《沈文秀傳》："景和元年，遷督青州徐州之東莞東安二郡諸軍事、建威將軍、青州刺史。"

［冀州］

王玄謨

崔道固　八月，寧朔將軍、刺史，鎮歷城。

《宋書》卷七《前廢帝紀》："八月……左軍司馬崔道固爲冀州刺史。"卷八八《崔道固傳》："景和元年，出爲寧朔將軍、冀州刺史，鎮歷城。"

［荆州］

臨海王子頊　十二月，應子勛。

山陽王休祐　十二月，都督荆湘雍益梁寧南北秦八州諸軍事、驃騎大將軍、荆州刺史。未任，遷江州。

　　《宋書》卷八《明帝紀》：“十二月……鎮軍大將軍、開府儀同三司山陽王休祐進號驃騎大將軍、荆州刺史。……以荆州刺史臨海王子頊爲鎮軍將軍。……荆州刺史臨海王子頊即留本任。……前將軍、荆州刺史臨海王子頊進號平西將軍。”卷八〇《臨海王子頊傳》：“明帝即位，解督雍州，以爲鎮軍將軍、丹陽尹。尋留本任，進督雍州，又進號平西將軍。長史孔道存不受命，舉兵反，以應晉安王子勛。”卷八四《鄧琬傳》：“初，廢帝使荆州録送前軍長史、荆州行事張悦下至盆口，琬稱子勛命，釋其桎梏，迎以所乘之車，以爲司馬，加征虜將軍。”卷七二《晉平王休祐傳》：“太宗定亂，以爲使持節、都督荆湘雍益梁寧南北秦八州諸軍事、驃騎大將軍、荆州刺史，開府、常侍如故。又改都督江郢雍湘五州、江州刺史。”校勘記：“五州止四州，奪去一州，或‘五’是‘四’之誤。”

［湘州］

劉伯禽　　被殺。

邵陵王子元　　八月，冠軍將軍、刺史。爲子勛所留。進號撫軍將軍。

　　《宋書》卷六一《江夏王義恭傳》：“（伯禽）又爲前廢帝所殺。”卷七《前廢帝紀》：“八月……以冠軍將軍邵陵王子元爲湘州刺史。”卷八〇《邵陵王子元傳》：“大明六年，年五歲。……景和元年，出爲湘州刺史，將軍如故，未之鎮。至尋陽，值晉安王子勛爲逆，留不之鎮。進號撫軍將軍。”按：湘州行事何慧文應子勛，見是年江州條。

［雍州］

宗愨　　六月卒。

湘東王彧　　六月，都督雍梁南北秦四州郢州之竟陵諸軍事、衛將軍、寧蠻校尉、雍州刺史。未任，還爲南豫州。

建安王休仁　八月，都督雍梁南北秦四州諸軍事、安西將軍、寧蠻校尉、雍州刺史。未之任。

袁顗　九月，督雍梁南北秦四州郢州之竟陵隨二郡諸軍事、冠軍將軍、領寧蠻校尉、雍州刺史。十二月，應子勛。

　　　《宋書》卷七《前廢帝紀》：“六月……安西將軍、雍州刺史宗愨卒。壬午，衛將軍、南豫州刺史湘東王彧改爲雍州刺史。……八月……以領軍將軍建安王休仁爲安西將軍、雍州刺史。……九月……以安西長史袁顗爲雍州刺史。”卷八四《袁顗傳》：“除建安王休仁安西長史、襄陽太守，加冠軍將軍。休仁不行，即以顗爲使持節、督雍梁南北秦四州郢州之竟陵隨二郡諸軍事、領寧蠻校尉、雍州刺史，將軍如故。……會太宗定大事……便建牙馳檄，奉表勸晉安王子勛即大位。”按：彧參見是年南豫州條，休仁參見是年揚州條。

［郢州］

安陸王子綏　十二月，進號征南將軍。未受命，應子勛。

　　　《宋書》卷八《明帝紀》：“十二月……後將軍、郢州刺史安陸王子綏進號征南將軍。”卷六一《江夏王義恭傳》：“太宗泰始元年，進（子綏）號征南將軍……子綏未受命，與晉安王子勛同逆。”

［司州］

宗越

垣閬　十二月，龍驤將軍、刺史。

　　　《宋書》卷八三《宗越傳》：“前廢帝景和元年，召爲遊擊將軍，直閤。”卷八《明帝紀》：“十二月……後軍將軍垣閬爲司州刺史。”《南齊書》卷二八《垣閬傳》：“累遷龍驤將軍、司州刺史。義嘉事起，明帝使閬出守盱眙，領兵北討薛道摽，破之。”

［梁州］［南秦州］

柳元怙　九月,復任。十二月,應子勛。

劉道隆　六月,梁南秦二州刺史。

　　《宋書》卷七《前廢帝紀》:"六月己巳,左軍長史劉道隆爲
　　梁、南秦二州刺史。……九月……以前梁、南秦二州刺史柳元
　　怙復爲梁、南秦二州刺史。"按:柳元怙參見是年江州條。

［益州］

蕭惠開　十二月,應子勛。

劉思考　九月,刺史。未任。

　　《宋書》卷七《前廢帝紀》:"九月……以左民尚書劉思考
　　爲益州刺史。"按:蕭惠開參見是年江州條。

［廣州］

袁曇遠　十二月,應子勛。

　　按:袁曇遠見是年江州條。

［交州］

檀翼之

張牧　五月,刺史。

　　《宋書》卷七《前廢帝紀》:"五月……以後軍司馬張牧爲
　　交州刺史。"《高僧傳》卷一《曇摩耶舍傳附竺法度傳》:"宋故
　　丹陽尹顔竣女法弘尼、交州刺史張牧女普明尼,初受其法。"

泰始二年丙午(466)　　正月,子勛稱帝。八月,兵敗被殺。

［揚州］

建安王休仁　都督征討諸軍事。

尋陽王子房　進號車騎將軍,子勛命。十月,被殺。

巴陵王休若　正月,都督會稽東陽永嘉臨海新安五郡諸軍事、鎮

東將軍、會稽太守，東討。進督吳吳興晉陵三郡。進號衛將軍，又進督晉安□□二郡諸軍事。九月，遷雍州。

　　《宋書》卷七二《始安王休仁傳》：“尋諸方逆命，休仁都督征討諸軍事……出據虎檻，進據赭圻。尋領太子太傅，總統諸軍，隨宜應接。中流平定，休仁之力也。”卷八〇《松滋侯子房傳》：“子勛即僞位，進子房號車騎將軍、開府儀同三司。三吳晉陵並受命於（孔）覬。太宗遣衛將軍巴陵王休若督諸將吳喜等東討，戰無不捷，以次平定。上虞令王晏起兵殺覬，囚子房，送還京都。……司徒建安王休仁以子房兄弟終爲禍難，勸上除之。……於是並殺之，子房時年十一。”卷八《明帝紀》：“正月……以左衛將軍巴陵王休若爲鎮東將軍……鎮東將軍巴陵王休若統衆軍東討。”卷七二《巴陵王休若傳》：“太宗泰始元年……出爲使持節、都督會稽東陽永嘉臨海新安五郡諸軍事、領安東將軍、會稽太守，率衆東討。進督吳、吳興、晉陵三郡。尋加散騎常侍，進號衛將軍，給鼓吹一部。又進督晉安□□二郡諸軍事。”按：《休若傳》作泰始元年、領安東將軍，此從《明帝紀》。

［南徐州］

桂陽王休範　　三月，督北討諸軍事，加南兗州刺史。七月，進號征北大將軍。還京口，解兗州。

　　《宋書》卷八《明帝紀》：“三月……鎮北將軍、南徐州刺史桂陽王休範總統北討諸軍事。”卷七九《桂陽王休範傳》：“時薛安都據彭城反叛，遣從子索兒南侵，休範進據廣陵，督北討諸軍事，加南兗州刺史，進征北大將軍，加散騎常侍，還京口，解兗州。”《南齊書》卷一《高帝紀上》：“（蕭道成）還除桂陽王征北司馬、南東海太守、行南徐州事。”按：休範參見是年南兗州條。

［南兗州］

始安王子真　遷左將軍、丹陽尹。未拜，十月，賜死。

劉祗　正月，刺史。謀應子勛，被誅。

桂陽王休範　三月，刺史，南徐州兼。尋解。

張永　七月，都督南兗徐二州諸軍事、鎮軍將軍、南兗州刺史。尋復領徐州。

建平王景素　九月，冠軍將軍、刺史。

蕭道成　假冠軍將軍、都督北討前鋒諸軍事，鎮淮陰。

　　《宋書》卷八〇《始安王子真傳》：“泰始二年，遷左將軍、丹陽尹。未拜，賜死，時年十歲。”卷八《明帝紀》：“正月……以青州刺史劉祗爲南兗州刺史。……三月……鎮北將軍、南徐州刺史桂陽王休範領南兗州刺史。……七月己丑，鎮北將軍、南徐兗二州刺史桂陽王休範進號征北大將軍。辛卯，鎮軍將軍、徐州刺史張永改爲南兗州刺史。……九月……以太子左衛率建平王景素爲南兗州刺史。”卷五一《劉祗傳》：“太宗初，爲南兗州刺史，都官尚書，謀應晉安王子勛爲逆，伏誅。”卷七二《建平王景素傳》：“太宗初，太子中庶子，領步兵校尉，太子左衛率，加給事中。冠軍將軍、南兗州刺史。”《南齊書》卷一《高帝紀上》：“安都見兵至，果引索虜，永等敗於彭城。淮南孤弱，以太祖爲假冠軍將軍、持節、都督北討前鋒諸軍事，鎮淮陰。”按：休範參見是年南徐州條，萬表闕。張永參見是年徐州條。子真被殺、景素爲南兗州刺史皆在泰始二年，萬表誤爲元年。

［南豫州］

山陽王休祐　正月，都督南豫江司州、驃騎大將軍、南豫州刺史。尋合二豫爲豫州，以淮南、宣城還揚州，改都督豫江司三州、豫州刺史，出鎮歷陽，討殷琰。九月，遷荆州。

劉伯融　九月，復分豫州立南豫州，還治歷陽，伯融爲南豫州刺史。

王玄謨　十一月，車騎將軍、南豫州刺史，加都督。

　　　《宋書》卷三六《州郡志二》南豫州：“（二豫）泰始二年又合，而以淮南、宣城還揚州。九月又分，還治歷陽。”卷八《明帝紀》：“正月……驃騎大將軍、江州刺史山陽王休祐改爲南豫州刺史，鎮歷陽。……驃騎大將軍、南豫州刺史山陽王休祐改爲豫州刺史，統衆軍西討。……九月……分豫州立南豫州。……以建安王休仁世子伯融爲豫州刺史。……十一月……以新除左光禄大夫、開府儀同三司王玄謨爲車騎將軍、南豫州刺史。”《宋書考論》卷一：“伯融係南豫州，脱‘南’字。”《宋書》卷七二《晉平王休祐傳》：“又改都督江南豫司州、南豫州刺史，改都督豫江司三州、豫州刺史。時豫州刺史殷琰據壽陽反叛，休祐出鎮歷陽，督劉勔等討琰，琰未平，勔築長圍守之。休祐復徙都督荆湘雍益梁寧南北秦八州諸軍事、荆州刺史，持節、常侍、將軍、開府並如故。”卷七二《始安王休仁傳》：“（子）伯融歷南豫州刺史，琅邪、臨淮二郡太守。”卷七六《王玄謨傳》：“遷南豫州刺史，加都督。”

［江州］

晉安王子勛　正月，稱帝。八月，賜死。

山陽王休祐　正月，遷南豫州。

王玄謨　正月，車騎將軍、刺史。

王景文　九月，都督江州郢州之西陽豫州之新蔡晉熙三郡諸軍事、安南將軍、江州刺史。

　　　《宋書》卷八《明帝紀》：“正月……鎮軍將軍、領軍將軍王玄謨爲車騎將軍、江州刺史。……申令孫、（龐）孟虯及豫州刺史殷琰、青州刺史沈文秀、冀州刺史崔道固、湘州行事何慧文、廣州刺史袁曇遠、益州刺史蕭惠開、梁州刺史柳元怙並同叛逆。……八月己卯，司徒建安王休仁率衆軍大破賊，斬僞尚書僕射袁顗，進討江、郢、荆、雍、湘五州，平定之。晉安王子勛、安陸王子綏、臨海王子頊、邵陵王子元並賜死，同黨皆伏誅。……九月……以中軍將軍王景文爲安南將軍、江州刺史。戊戌，以車騎將軍、江州刺史王玄謨爲左光禄大夫、開府儀同三司、護軍將軍。……十月乙卯，永嘉王子仁、始安王子真、淮南王子孟、南平王子産、廬陵王子興、松滋侯子房並賜死。"卷八〇《晉安王子勛傳》："泰始二年正月七日，（鄧琬）奉子勛爲帝，即僞位於尋陽城，年號義嘉元年，備置百官，四方並響應，威震天下。是歲四方貢計，並詣尋陽。遣左衛將軍孫沖之等下據赭圻，又遣豫州刺史劉胡率大衆來屯鵲尾，又遣安北將軍袁顗總統衆軍。……沈攸之諸軍至尋陽，誅子勛及其母，同逆皆夷滅。子勛死時年十一。"卷七六《王玄謨傳》："明帝即位，禮遇甚優。時四方反叛，以玄謨爲大統，領水軍南討，以脚疾，聽乘輿出入。尋除車騎將軍、江州刺史，副司徒建安王於赭圻。……頃之，爲左光禄大夫、開府儀同三司，領護軍。"卷八五《王景文傳》："仍出爲使持節、散騎常侍、都督江州郢州之西陽豫州之新蔡晉熙三郡諸軍事、安南將軍、江州刺史。"按：萬表闕王玄謨。

[徐州]

薛安都 正月，進號安北將軍。不受命，應子勛。子勛敗，降魏。

申令孫 正月，寧朔將軍、刺史。投安都。

劉思考 三月，刺史。

張永 六月，鎮軍將軍、領徐州刺史，都督徐兗青冀四州諸軍事。七月，遷南兗，尋復領徐州。

崔道固 七月，征虜將軍、刺史。不受命。

　　《宋書》卷八《明帝紀》："正月……平北將軍、徐州刺史薛安都進號安北將軍。安都亦不受命。……以征虜司馬申令孫爲徐州刺史。……三月……以尚書劉思考爲徐州刺史。……六月辛酉，鎮軍將軍張永領徐州刺史。……七月……鎮軍將軍、南兗州刺史張永復領徐州刺史。甲寅，復以冀州刺史崔道固爲徐州刺史。……十二月……薛安都要引索虜，張永、沈攸之大敗，於是遂失淮北四州及豫州淮西地。"卷八八《薛安都傳》："太宗即位，進號安北將軍，給鼓吹一部。安都不受命，舉兵同晉安王子勛。……太宗以申令孫爲徐州，代安都。令孫進據淮陽，密有反志……北投（安都從子）索兒。……子勛平定，安都遣別駕從事史畢衆愛、下邳太守王煥等奉啟書詣太宗歸欵……太宗以四方已平，欲示威於淮外，遣張永、沈攸之以重軍迎之。安都謂既已歸順，不應遣重兵，懼不免罪，乃遣信要引索虜。三年正月，索虜遣博陵公尉遲苟人、城陽公孔伯恭二萬騎救之。永等引退，安都開門納虜。"卷六五《申令孫傳》："太宗以爲寧朔將軍、徐州刺史，討薛安都。行至淮陽，即與安都合。"卷五一《劉思考傳》："泰始元年，卒於散騎常侍。"《宋書考論》卷三："思考泰始二年三月命徐州，必非元年卒，此有誤。"《宋書》卷五三《張永傳》："又遷散騎常侍、鎮軍將軍、太子詹事，權領徐州刺史。又都督徐、兗、青、冀四州諸軍事，又爲使持節、都督南兗徐二州諸軍事、南兗州刺史，常侍、將軍如故。時薛安都據彭城請降，而誠心不欵，太宗遣永與沈攸之以重兵迎之，加督前鋒軍事，進軍彭城。安都招引索虜之兵既至，士卒離散，永狼狽引軍還，爲虜所追，大敗。"按：據《明帝紀》，張永遷南兗後復領徐州，本傳失載。崔道固參見是年冀州條。

[兗州]

　　殷孝祖　正月，入衛京師，進都督兗青冀幽四州諸軍事、撫軍將軍。三月,敗死。

申纂　八月,刺史,屯無鹽。敗於魏。

畢衆敬　刺史,屯瑕丘。十一月,降魏。

　　《宋書》卷八《明帝紀》:“正月……兗州刺史殷孝祖入衛京都,仍遣孝祖前鋒南伐。甲辰,加孝祖撫軍將軍。”卷八六《殷孝祖傳》:“太宗初即位,四方反叛,孝祖外甥司徒參軍潁川葛僧韶建議銜命徵孝祖入朝,上遣之。……孝祖即日棄妻子,率文武二千人隨僧韶還都。時普天同逆,朝廷唯保丹陽一郡……孝祖忽至,衆力不少,並傖楚壯士,人情於是大安。進孝祖號冠軍,假節、督前鋒諸軍事,遣向虎檻,拒對南賊。……進使持節、都督兗州青冀幽四州諸軍事、撫軍將軍,刺史如故。……泰始二年三月三日,與賊合戰……於陣爲矢所中死。”《魏書》卷六《顯祖紀》:“(天安元年)十有一月壬子,劉彧兗州刺史畢衆敬遣使内屬。”卷六一《畢衆敬傳》:“及劉彧殺子業而自立,遣衆敬詣兗州募人。到彭城,刺史薛安都召與密謀,云:‘晉安有上流之名,且孝武第三子,當共卿爲計西從。’乃矯彧命,以衆敬行兗州事,衆敬從之。時兗州刺史殷孝祖留其妻子,率文武二千人赴彧,使司馬劉文石守城。衆敬率衆取瑕丘,殺文石。……州内悉附,唯東平太守申纂據無鹽城不與之同。及彧平子勛,授纂兗州刺史。……及安都以城入國,衆敬不同其謀。……衆敬先已遣表謝彧,彧授衆敬兗州刺史,而以(其子)元賓有他罪,猶不捨之。……及尉元至,遂以城降。”同卷《申纂傳》:“及在無鹽,劉彧用爲兗州刺史。顯祖曰:‘申纂既不識機,又不量力,進不能歸正朔,退不能還江南,守孤城於危亡之地,欲建功立節豈可得乎!’纂既敗,子景義入國。”《周書》卷三二《申徽傳》:“祖隆道,宋北兗州刺史。……元顥入洛,以元邃爲東徐州刺史,邃引徽爲主簿。”按:《周

書·申徽傳》云徽祖隆道仕宋爲北兗州刺史,北兗州當即兗
州,宋省"北"字。劉宋申氏任兗州刺史者有申永、申宣、申纂,
皆爲申鐘之後,永仕於晉末宋初,宣仕於元嘉中,纂仕於泰始
中。徽初仕於魏末,其祖隆道蓋爲申纂,隆道爲字。萬表是年
兗州條闕申纂、畢衆敬,誤列張永,永爲南兗州刺史,非兗州
刺史。

［豫州］

殷琰　十二月降。

張興世　十月,督豫司二州南豫州之梁郡諸軍事、寧朔將軍、豫
州刺史、領南梁郡太守。

　　《宋書》卷八七《殷琰傳》:"二年正月,太宗遣輔國將軍劉
勔率寧朔將軍呂安國西討,休祐出鎮歷陽,爲諸軍總統。……
十二月……琰將降,先送休祐内人出城,然後開門。"卷八《明
帝紀》:"十月……左軍將軍張世爲豫州刺史。"卷五〇《張興
世傳》:"太宗即位,四方反叛。進興世號龍驤將軍,領水軍,距
南賊於赭圻。……與吳喜共平江陵。遷左軍將軍,尋爲督豫
司二州南豫州之梁郡諸軍事。"校勘記:"疑'諸軍事'後脫
'寧朔將軍豫州刺史領南梁郡太守'十四字。"卷八四《鄧琬
傳》:"有司奏:'寧朔將軍、督豫州之梁郡諸軍事、豫州刺史、
領南梁郡太守竟陵張興世,都統水軍,屢戰剋捷……'"

［青州］

沈文秀　正月,應子勛。

劉祗　青州刺史。

張永　三月,監青冀幽并四州諸軍事、前將軍、青冀二州刺史。
進號鎮軍將軍,遷徐州。

明僧暠　四月,青州刺史。

　　《宋書》卷八八《沈文秀傳》:"時晉安王子勛據尋陽反叛,

六師外討,徵兵於文秀,文秀遣劉彌之、張靈慶、崔僧琁三軍赴朝廷。時徐州刺史薛安都已同子勛,遣使報文秀,以四方齊舉,勸令同逆,文秀即令彌之等回應安都。彌之等尋歸順。……太宗遣青州刺史明僧暠、東莞東安二郡太守李靈謙率軍伐文秀。(王)玄邈、(劉)乘民、僧暠等並進軍攻城,每戰輒爲文秀所破。"卷八《明帝紀》:"三月……以新除太子詹事張永爲青、冀二州刺史。……四月壬午,以散騎侍郎明僧暠爲青州刺史。……五月……以青、冀二州刺史張永爲鎮軍將軍。"卷五三《張永傳》:"太宗即位……遷使持節、監青冀幽并四州諸軍事、前將軍,青冀二州刺史,統諸將討徐州刺史薛安都,累戰剋捷,破薛索兒等。"《南齊書》卷二七《王玄邈傳》:"泰始初,遷輔國將軍、清河廣川二郡太守,幽州刺史。青州刺史沈文秀反,玄邈欲向朝廷,慮見掩襲,乃詣文秀求安軍頓。文秀令頓城外。玄邈即立營壘,至夜拔軍南奔赴義。比曉,文秀追不復及。"《廿二史考異》卷二五《南齊書·王玄邈傳》:"《宋州郡志》未見僑立幽州之文,蓋僑置未久而旋廢也。"《魏書》卷四三《房崇吉傳》:"爲沈文秀中兵參軍。……既而背文秀,同於劉彧。……彧以崇吉爲龍驤將軍、并州刺史,領太原太守,戍升城。……後與(房)法壽取盤陽,俱降。"卷五〇《慕容白曜傳》:"劉彧徐州刺史薛安都、兗州刺史畢衆敬並以城內附,詔鎮南大將軍尉元、鎮東將軍孔伯恭率師赴之。而彧東平太守申纂屯無鹽,并州刺史房崇吉屯升城,遏絕王使。"按:劉祗見是年南兗州條,當未之任。萬表誤"明僧暠"爲"明僧嵩"。房崇吉之并州刺史蓋遙領。

[冀州]

崔道固 正月,應子勛。進號輔國將軍,又進號征虜將軍。七月,遷徐州,不受命。

張永　　三月,青冀二州刺史。

劉乘民　　五月,寧朔將軍、冀州刺史。卒。

劉善明　　十二月,綏遠將軍、冀州刺史。

　　《宋書》卷八八《崔道固傳》:"泰始二年,進號輔國將軍,又進號征虜將軍。時徐州刺史薛安都同逆,上即還道固本號爲徐州代之。道固不受命,遣子景微、軍主傅靈越率衆赴安都。既而爲土人起義所攻,屢戰失利,閉門自守。"卷八《明帝紀》:"五月……以寧朔將軍劉乘民爲冀州刺史。……十二月己未,以尚書金部郎劉善明爲冀州刺史。"《明曇憘墓誌》(《墓誌集成》一三七七):"父歆之……夫人平原劉氏,父乘民,冠軍將軍、冀州刺史。"《南齊書》卷二八《劉善明傳》:"以乘民爲寧朔將軍、冀州刺史,善明爲寧朔長史、北海太守,除尚書金部郎。乘民病卒,仍以善明爲綏遠將軍、冀州刺史。"按:萬表闕張永、劉乘民、劉善明,張永見是年青州條。《曇憘誌》云劉乘民爲冠軍將軍,蓋死後所贈,此從《劉善明傳》。

[荆州]

臨海王子頊　　八月,賜死。

山陽王休祐　　九月,都督荆湘雍益梁寧南北秦八州諸軍事、驃騎大將軍、荆州刺史。

　　《宋書》卷八〇《臨海王子頊傳》:"子勛即僞位,進號衛將軍、開府儀同三司。鵲尾奔敗,吳喜、張興世等軍至,子頊賜死,時年十一。"卷八《明帝紀》:"九月……驃騎大將軍、豫州刺史山陽王休祐改爲荆州刺史。"《高僧傳》卷一一《釋僧隱傳》:"州將山陽王劉休祐及長史張岱,並諮稟戒法。後刺史巴陵王休若及建平王景素,皆稅駕禪房,屈膝恭禮。"按:休祐參見是年南豫州條。

[湘州]

邵陵王子元　　八月,賜死。

永嘉王子仁　八月,都督湘廣交三州諸軍事、平南將軍、湘州刺史。未拜,十月,被殺。

顧覬之　十月,左將軍、刺史。

　　《宋書》卷八○《邵陵王子元傳》:"事平,賜死,時年九歲。"卷八《明帝紀》:"八月……以護軍將軍、永嘉王子仁爲平南將軍、湘州刺史。……十月……以吳郡太守顧覬之爲湘州刺史。"卷八○《永嘉王子仁傳》:"四方平定,以爲使持節、都督湘廣交三州諸軍事、平南將軍、湘州刺史。……時司徒建安王休仁南討猶未還,既還白上,以將來非社稷計,宜並爲之所。未拜,賜死,時年十歲。"卷八一《顧覬之傳》:"泰始二年,復爲湘州刺史,常侍、(左)將軍如故。"按:子仁十月被殺,見是年江州條,萬表誤爲九月。"顧覬之"之"覬",萬表誤爲"顗"。

[雍州]

袁顗　正月,進號安北將軍,加尚書左僕射,子勛命。八月,被殺。

沈攸之　五月,督雍梁南北秦四州郢州之竟陵諸軍事、冠軍將軍、領寧蠻校尉、雍州刺史。九月,遷郢州。

巴陵王休若　九月,都督雍梁南北秦四州荆州之竟陵隨二郡諸軍事、衞將軍、寧蠻校尉、雍州刺史。

　　《宋書》卷八四《袁顗傳》:"子勛即位,進顗號安北將軍,加尚書左僕射。……子勛徵顗下尋陽,遣侍中孔道存行雍州事。顗乃率衆馳下。……(薛)伯珍請以間言,乃斬顗首。"卷五六《孔道存傳》:"晉安王子勛建僞號,爲侍中,行雍州事。事敗自殺。"卷八《明帝紀》:"五月壬辰,以輔國將軍沈攸之爲雍州刺史。……九月……衞將軍巴陵王休若即本號爲雍州刺史。雍州刺史沈攸之爲郢州刺史。……十月……以郢州刺史沈攸之爲中領軍,與張永俱北討。"卷七四《沈攸之傳》:"尋剋赭圻，遷使持節、督雍梁南北秦四州郢州之竟陵諸軍事、冠軍將軍、領寧蠻校尉、雍州刺史。……攸之進平尋陽，徙監郢州諸軍事、前將軍、郢州刺史，持節如故。不拜，遷中領軍。"卷七二《巴陵王休若傳》："二年，遷雍梁南北秦四州荊州之竟陵隨二郡諸軍事、寧蠻校尉、雍州刺史，持節、常侍、將軍如故。"校勘記："疑'遷'下脫'都督'二字。……是時竟陵屬郢州，隨郡屬雍州。"

［郢州］

安陸王子綏　八月，賜死。

沈攸之　九月，監郢州諸軍事、前將軍、郢州刺史。未拜。

劉襲　十一月，輔國將軍、刺史。

　　　《宋書》卷八四《鄧琬傳》："郢州行事張沈、僞竟陵太守丘景先聞敗，變形爲沙門逃走，追擒伏誅。"卷八《明帝紀》："十一月甲申，以安成太守劉襲爲郢州刺史。"《劉襲墓誌》（《墓誌集成》一三七五）："除輔國將軍、郢州刺史。"按：沈攸之見是年雍州條。

［司州］

龐孟虬　正月，刺史、領隨郡太守。應子勛。

鄭黑　三月，刺史。

　　　《宋書》卷八《明帝紀》："正月……義陽內史龐孟虬爲司州刺史。……三月……以奉朝請鄭黑爲司州刺史。……七月……以男子時朗之爲北豫州刺史。……又以義軍主鄭叔舉爲北豫州刺史。"卷八七《殷琰傳》："太宗泰始元年……綏戎將軍、汝南新蔡二郡太守周矜起義於懸瓠，收兵得千餘人。袁顗遣信誘矜司馬汝南人常珍奇，以金鈴爲信。珍奇即日斬矜，送首詣顗，顗以珍奇爲汝南、新蔡二郡太守。太宗追贈矜本官，以義陽內史龐孟虬爲司州刺史，領隨郡太守，孟虬不受命，起兵同子勛。……二年……三月……淮西人前奉朝請鄭墨率子弟部曲及淮右郡起義於陳郡城,有衆一萬,太宗以爲司州刺史。……七月,龐孟虯至弋陽……(呂)安國進軍,破孟虯於蓼潭,義軍主陳肫又破之於汝水,孟虯走向義陽,義陽已爲王玄謨子曇善起義所據,乃逃於蠻中。淮西人鄭叔舉起義擊常珍奇,以爲北豫州刺史。"卷八六《劉勔傳》:"常珍奇據汝南,與琰爲逆,琰降,因據戍降虜。"《魏書》卷六《顯祖紀》:"(天安元年)九月,劉彧司州刺史常珍奇以懸瓠內屬。"按:"鄭黑"史書或作"鄭墨",萬表作"鄭默",此從《明帝紀》。常珍奇時爲袁顗所署汝南、新蔡二郡太守,《魏書》作司州刺史,當誤。

［北豫州］

時朗之　七月,刺史。

鄭叔舉　七月,刺史。

　　按:時朗之、鄭叔舉見是年司州條。《宋書考論》卷一:"時有北豫州之稱,但以其人起兵助應,遂命之耳。"

［梁州］［南秦州］

柳元怙　子勛敗,歸降。

垣恭祖　六月,都督梁南北秦三州諸軍事、寧朔將軍、梁秦二州刺史。

劉靈遺　十二月,梁南秦二州刺史。

　　《宋書》卷七七《柳元景傳》:"元景從兄元怙,大明末,代叔仁爲梁州,與晉安王子勛同逆,事敗歸降。"卷八《明帝紀》:"六月……以左軍將軍垣恭祖爲梁、南秦二州刺史。……十二月……以輔國將軍劉靈遺爲梁、南秦二州刺史。"按:垣恭祖參見泰始三年徐州條。

［益州］

蕭惠開　進號冠軍將軍,又進平西將軍,改督爲都督。子勛敗,歸降。

劉勔　十二月，督益寧二州諸軍事、輔國將軍、益州刺史。未拜。

　　《宋書》卷八《明帝紀》："五月……冠軍將軍、益州刺史蕭惠開進號平西將軍。"卷八七《蕭惠開傳》："太宗即位，進號冠軍將軍，又進平西將軍，改督爲都督。晉安王子勛反，惠開乃集將佐謂之曰：'湘東太祖之昭，晉安世祖之穆，其於當璧，並無不可。但景和雖昏，本是世祖之嗣，不任社稷，其次猶多。吾奉武、文之靈，兼荷世祖之眷，今便當投袂萬里，推奉九江。'乃遣巴郡太守費欣壽領二千人東下，爲巴東人任叔兒起義所邀，欣壽敗没，陝口道不復通。更遣州治中程法度領三千人步出梁州，又爲氐賊楊僧嗣所斷。先是惠開爲治，多任刑誅，蜀土咸懷猜怨。及聞欣壽没，法度又不得前，晉原一郡遂反，於是諸郡悉應之，並來圍城。城内東兵不過二千，凡蜀人惠開疑之，皆悉遣出。子勛尋平，蜀人並欲屠城，以望厚賞。惠開每遣軍出戰，未嘗不捷，前後所摧破殺傷不可勝計。外衆逾合，勝兵者十餘萬人。時天下已平，太宗以蜀土險遠，赦其誅責，遣惠開弟惠基步道使蜀，具宣朝旨。……惠開奉旨歸順，城圍得解。"按：劉勔見是年廣州條。

［廣州］

袁曇遠　被殺。

李萬周　步兵校尉，加寧朔將軍，權行廣州事。

劉勔　十月，督廣交二州諸軍事、輔國將軍、平越中郎將、廣州刺史。未拜，改益州。

費混　十二月，刺史。

　　《宋書》卷八四《鄧琬傳》："廣州刺史袁曇遠聞始興起義，遣將李萬周、陳伯紹率衆討（劉）嗣祖。嗣祖遣兵戍滇陽，萬周亦築壘相守。嗣祖遣人誑萬周曰：'尋陽已平，臺遣劉勔爲廣州,垂至。'萬周信之,便回還襲番禺,夜以長梯入城,曇遠怯弱無防,聞萬周反,便徒跣出奔,萬周追斬之於城内。交州刺史檀翼被代還至廣州,資貨鉅萬,萬周誣以爲逆,襲而殺之。"卷八《明帝紀》:"十月……以輔國將軍劉勔爲廣州刺史。……十二月……以新除廣州刺史劉勔爲益州刺史,前巴西、梓潼二郡太守費混爲廣州刺史。"卷八六《劉勔傳》:"會豫州刺史殷琰反叛,徵勔還都,假輔國將軍,率衆討琰。……除輔國將軍、山陽王休祐驃騎諮議參軍、梁郡太守、假節,不拜。……復除使持節、督廣交二州諸軍事、平越中郎將、廣州刺史,將軍如故,不拜。及琰開門請降……改督益寧二州諸軍事、益州刺史,持節、將軍如故。又不拜。還京都,拜太子左衛率。"按:李萬周參見泰始三年廣州條。

[交州]

張牧

泰始三年丁未(467)

[揚州]

建安王休仁

張永　都督會稽東陽臨海永嘉新安五郡諸軍事、鎮軍將軍、會稽太守。降號左將軍,又降號冠軍將軍。

《宋書》卷五三《張永傳》:"三年,徙都督會稽東陽臨海永嘉新安五郡諸軍事、會稽太守,將軍如故。以北討失律,固求自貶,降號左將軍。……在會稽,賓客有謝方童等,坐贓下獄死,永又降號冠軍將軍。"

[南徐州]

桂陽王休範

［南兗州］

　建平王景素

　沈攸之　假冠軍將軍、行南兗州刺史。

　蕭道成

　　　《宋書》卷八《明帝紀》：“八月……以中領軍沈攸之行南
　　兗州刺史，率衆北討。”卷七四《沈攸之傳》：“攸之之還淮陰，
　　以爲持節、假冠軍將軍、行南兗州刺史。”《南齊書》卷一《高帝
　　紀上》：“泰始三年，沈攸之、吳喜北敗於睢口，諸城戍大小悉奔
　　歸，虜遂退至淮北，圍角城，戍主賈法度力弱不敵。諸將勸太
　　祖渡岸救之，太祖不許，遣軍主高道慶將數百張弩浮艦淮中，
　　遥射城外虜，弩一發數百箭俱去，虜騎相引避之，乃命進戰，城
　　圍即解。”按：萬表沈攸之前爲張永，當誤，永時領徐州刺史，
　　任南兗州刺史者爲景素。

［南豫州］

　王玄謨　五月，罷南豫州并豫州。

　　　《宋書》卷八《明帝紀》：“五月……以車騎將軍、南豫州刺
　　史王玄謨爲左光禄大夫、開府儀同三司。辛酉，罷南豫州并豫
　　州。”卷三六《州郡志二》南豫州：“三年五月，（二豫）又合。”

［江州］

　王景文

　　　《三洞珠囊》卷二引《道學傳》：“陸修静……隱廬山瀑布
　　山修道。宋明帝思弘道教，廣求名德，悦先生之風，遣招引。
　　太始三年三月，乃詔江州刺史王景宗以禮敦勸，發遣下都。”
　　按：“宗”當爲“文”之訛。

［徐州］

　張永　遷會稽。

　王玄載　三月，徐州刺史、監徐州豫州梁郡軍事、寧朔將軍、平胡

中郎將，尋領山陽、東海二郡太守，據下邳。

　　《宋書》卷八《明帝紀》：“三月……以冠軍將軍王玄載爲徐州刺史。”《南齊書》卷二七《王玄載傳》：“泰始初，爲長水校尉。隨張永征彭城，臺軍大敗，玄載全軍據下邳城拒虜，假冠軍將軍。官軍新敗，人情恐駭，以玄載士望，板爲徐州刺史、持節、監徐州豫州梁郡軍事、寧朔將軍、平胡中郎將，尋又領山陽、東海二郡太守。”《魏書》卷六《顯祖紀》：“皇興元年春正月癸巳，尉元大破張永、沈攸之於呂梁東，斬首數萬級，凍死者甚衆。獲劉彧秦州刺史垣恭祖，羽林監沈承伯。永、攸之單騎走免。”卷五〇《尉元傳》：“生擒劉彧使持節、都督梁、南、北秦三州諸軍事、梁、秦二州刺史、寧朔將軍、益陽縣開國侯垣恭祖；龍驤將軍、羽林監沈承伯等。永、攸之輕騎走免。收其船車軍資器械不可勝數。劉彧東徐州刺史張讜據圍城，徐州刺史王玄載守下邳，輔國將軍、兗州刺史樊昌侯王整，龍驤將軍、蘭陵太守桓忻驅掠近民，保險自固。元遣慰喻，張讜及青州刺史沈文秀等皆遣使通誠，王整、桓忻相與歸命。”按：萬表王玄載前爲劉思考，當誤，時爲張永。

［東徐州］

張讜　十一月分徐州置，冠軍將軍、刺史。

　　《宋書》卷八《明帝紀》：“十一月……分徐州置東徐州，以輔國將軍張讜爲刺史。”卷八八《薛安都傳》：“東安、東莞二郡太守張讜守團城，在彭城東北。始同安都，末亦歸順，太宗以爲東徐州刺史。”《魏書》卷六一《張讜傳》：“讜仕劉駿，歷給事中、泰山太守、青冀二州輔國府長史，帶魏郡太守。劉彧之立，遙授冠軍將軍、東徐州刺史。”按：萬表無東徐州條，吳表列讜於徐州條下。

［兗州］

王整　刺史。降魏。

崔平　　三月,寧朔將軍、刺史。

周寧民　　九月,刺史。

劉休賓　　十二月,寧朔將軍、刺史。

　　《宋書》卷八《明帝紀》：“三月……寧朔將軍崔平爲兗州刺史。……九月……以越騎校尉周寧民爲兗州刺史。……十二月庚辰,以寧朔將軍劉休賓爲兗州刺史。”按：王整見是年徐州條所引《魏書》卷五〇《尉元傳》,不見於《宋書》。萬表闕周寧民。

[豫州]

張興世

劉勔　　都督豫司二州諸軍事、征虜將軍、行豫州刺史。

　　《宋書》卷五〇《張興世傳》：“徵爲游擊將軍。”卷八《明帝紀》：“八月……以新除右衛將軍劉勔爲豫州刺史。”卷八六《劉勔傳》：“（殷）琰初求救索虜,虜大衆屯據汝南。泰始三年,以勔爲征虜將軍、督西討前鋒諸軍事,假節、置佐、本官如故。先是,常珍奇據汝南,與琰爲逆,琰降,因據戍降虜。……至是引虜西河公、長社公攻圍輔國將軍、汝陰太守張景遠。景遠與軍主楊文萇拒擊,大破之。……除勔右衛將軍,仍以爲使持節、都督豫司二州諸軍事、征虜將軍、豫州刺史,餘如故。”按：劉勔當爲行豫州刺史,見泰始五年豫州條。

[青州]

沈文秀　　二月歸順,復任,進號輔國將軍。

　　《宋書》卷八八《沈文秀傳》：“三年二月,文秀歸命請罪,即安本任。先是,冀州刺史崔道固亦據歷城同逆,爲土人起義所攻,與文秀俱遣信引虜,虜遣將慕輿白曜率大衆援之,文秀已受朝命,乃乘虜無備,縱兵掩擊,殺傷甚多。虜乃進軍圍城。”《魏書》卷六一《沈文秀傳》：“皇興初,文秀與崔道固俱以

州降,請師應接,顯祖遣平東將軍長孫陵等率騎赴之。會劉彧
遣文秀弟文炳來喻之,文秀復歸於彧,彧以文秀爲輔國將軍,
刺史如故。"

[冀州]

崔道固　歸順,都督冀青兖幽并五州諸軍事、前將軍、冀州刺史。
九月,進號平北將軍。

劉善明　徵還。

　　《宋書》卷八八《崔道固傳》:"會四方平定,上遣使宣慰,
道固奉詔歸順。先是與沈文秀共引虜,虜既至,固守距之,因
被圍逼。虜每進,輒爲道固所摧。三年,以爲都督冀青兖幽并
五州諸軍事、前將軍、冀州刺史,加節,又進號平北將軍。"卷八
《明帝紀》:"九月……前將軍兼冀州刺史崔道固進號平北將
軍。"《南齊書》卷二八《劉善明傳》:"文秀既降,除善明爲屯騎
校尉。"

[荆州]

山陽王休祐

[湘州]

顧覬之　卒。

劉韞　刺史。

　　《宋書》卷八一《顧覬之傳》:"三年卒。"卷八《明帝紀》:
"六月乙酉,以侍中劉韞爲湘州刺史。"卷五一《劉韞傳》:"瞻
弟韞……宣城太守。子勛爲亂,大衆屯據鵲尾,攻逼宣城。于
時四方牧守,莫不同逆,唯韞棄郡赴朝廷,太宗嘉其誠,以爲黃
門郎,太子中庶子,侍中,加荆、湘州,南兖州刺史,吳興太守。"
《宋書考論》卷三:"劉韞……未嘗爲荆州。加荆湘州,亦非沈
書文法。疑'荆'字是'節'字之訛。加節,即假節也。"《太平
御覽》卷三五七《兵部八八·楯下》引王琰《冥祥記》:"東海何

敬叔,少而奉佛。至泰始中,隨湘州刺史劉韞監營浦縣。"

[雍州]

巴陵王休若　正月,降號鎮西將軍。九月,進號衞將軍。復降號左將軍,貶使持節都督爲監,行雍州刺史,使寧蠻校尉。

《宋書》卷八《明帝紀》:"正月……衞將軍巴陵王休若降號鎮西將軍。……九月癸丑,鎮西將軍、雍州刺史巴陵王休若進號衞將軍。"卷七二《巴陵王休若傳》:"前在會稽,録事參軍陳郡謝沈以諂佞事休若,多受賄賂。……休若坐與沈褻黷,致有姦私,降號鎮西將軍。又進衞將軍。典籤夏寶期事休若無禮,繫獄,啓太宗殺之,慮不被許,啓未報,輒於獄行刑,信反果錮送,而寶期已死。上大怒……降號左將軍,貶使持節都督爲監,行雍州刺史,使寧蠻校尉。"

[郢州]

劉襲

蔡興宗　三月,都督郢州諸軍事、安西將軍、郢州刺史。貶號平西將軍,九月,復進號安西將軍。

《劉襲墓誌》(《墓誌集成》一三七五):"俄徵太子右衞率,加給事中,未拜。"《宋書》卷八《明帝紀》:"三月丙子,以尚書右僕射蔡興宗爲安西將軍、郢州刺史。……九月……平西將軍、郢州刺史蔡興宗進號安西將軍。"卷五七《蔡興宗傳》:"三年春,出爲使持節、都督郢州諸軍事、安西將軍、郢州刺史。坐詣尚書切論以何始真爲諮議參軍,初不被許,後又重陳,上怒,貶號平西將軍,尋又復號。"

[司州]

鄭黑　刺史。

《宋書》卷八《明帝紀》:"四月癸巳,以前司州刺史鄭黑爲司州刺史。"

[梁州][南秦州]

劉靈遺

劉亮　梁南秦二州刺史。

　　《宋書》卷八《明帝紀》：“二月……以鎮西司馬劉亮爲梁、南秦二州刺史。”

[益州]

垣閎　刺史。

　　《宋書》卷八《明帝紀》：“閏（正）月……以游擊將軍垣閎爲益州刺史。”

[廣州]

李萬周　被殺。

費混

羊希　二月，寧朔將軍、平越中郎將、刺史。

　　《宋書》卷八《明帝紀》：“二月甲申，以御史中丞羊希爲廣州刺史。”卷五四《羊希傳》：“泰始三年，出爲寧朔將軍、廣州刺史。……初，李萬周、劉嗣祖籍略廣州……太宗以萬周爲步兵校尉，加寧朔將軍，權行廣州事。希既至，而萬周等並有異圖，希誅之。”按：羊希帶平越中郎將見泰始四年廣州條。

[交州]

張牧

泰始四年戊申（468）

[揚州]

建安王休仁

張永　遷雍州。

[南徐州]

桂陽王休範

[南兗州]

沈攸之

劉韞　　刺史。

蕭道成　　督南兗徐二州諸軍事、南兗州刺史，假冠軍、督北討如故。

　　《宋書》卷七四《沈攸之傳》：“四年，徵攸之爲吳興太守，辭不拜。乃除左衛將軍。”卷八《明帝紀》：“五月……湘州刺史劉韞爲南兗州刺史。……七月……以驍騎將軍齊王爲南兗州刺史。”《南齊書》卷一《高帝紀上》：“遷督南兗徐二州諸軍事、南兗州刺史，持節、假冠軍、督北討如故。”卷二七《李安民傳》：“遷寧朔將軍、冠軍司馬、廣陵太守、行南兗州事。”按：蕭道成泰始二年爲都督北討前鋒諸軍事，鎮淮陰，五年遷南兗州刺史，督北討如故，當仍鎮淮陰。李安民行南兗州事，領廣陵太守，當鎮廣陵。

[江州]

王景文　　進號鎮南將軍。

　　《宋書》卷八《明帝紀》：“八月……安南將軍、江州刺史王景文進號鎮南將軍。”

[徐州]

王玄載

劉懷珍　　三月，都督徐兗二州軍事、輔國將軍、平胡中郎將、徐州刺史。

　　《宋書》卷八《明帝紀》：“三月己未，以游擊將軍劉懷珍爲東徐州刺史。”《南齊書》卷二七《劉懷珍傳》：“其秋，虜遂侵齊，圍歷城、梁鄒二城，游騎至東陽，擾動百姓。冀州刺史崔道固、兗州刺史劉休賓告急。休賓，懷珍從弟也。朝廷以懷珍爲使持節、都督徐兖二州軍事、輔國將軍、平胡中郎將、徐州刺史……督水步四十餘軍赴救。二城既没，乃止。”按：《宋書》載劉懷珍爲東徐州刺史，此從《南齊書》。

[東徐州]

　張讜　降魏。

　　　《魏書》卷六一《張讜傳》：“及革徐兖，讜乃歸順於尉元。元亦表授冠軍、東徐州刺史，遣中書侍郎高閭與讜對爲刺史。”卷五四《高閭傳》：“（尉）元表閭以本官領東徐州刺史，與張讜對鎮團城。”

[兖州]

　劉休賓　降魏。

　　　《魏書》卷四三《劉休賓傳》：“休賓爲劉彧虎賁中郎將，稍遷幽州刺史，鎮梁鄒。……歷城降，白曜遣道固子景業與文曄至城下。休賓知道固降，乃出請命。……延興二年卒。……高祖曾幸方山……文曄對曰：‘……臣亡父休賓，劉氏持節、兖州刺史，戍梁鄒。……徐兖既降，諸戍皆應國有。而東徐州刺史張讜所戍團城，領二郡而已。徐兖降後，猶閉門拒命，授以方嶽，始乃歸降。父子二人，並蒙侯爵。論功比勤，不先臣父。’”《諸史考異》卷九《魏書上》“兖州刺史”條：“‘幽州’當是‘兖州’之僞。”按：劉休賓參見是年冀州條。

[豫州]

　劉勔　進號右將軍。

　　　《宋書》卷八六《劉勔傳》：“四年，除侍中，領射聲校尉，又不受。進號右將軍。”

[青州]

　沈文秀　進號右將軍。

　　　《宋書》卷八八《沈文秀傳》：“四年，又進文秀號右將軍。”

［東青州］

沈文静　八月置，輔國將軍、刺史，治不其。兵敗被殺。

　　《宋書》卷八八《沈文秀傳》：“虜圍青州積久，太宗所遣救兵並不敢進，乃以文秀弟征北中兵參軍文静爲輔國將軍，統高密、北海、平昌、長廣、東萊五郡軍事，海道救青州。文静至東萊之不其城，爲虜所斷過，不得進，因保城自守，又爲虜所攻，屢戰輒剋，太宗加其東青州刺史。四年，不其城爲虜所陷，文静見殺。”卷八《明帝紀》：“八月……分青州置東青州，以輔國將軍沈文靖爲東青州刺史。”按：沈文静、沈文靖當爲一人，此從《沈文秀傳》。

［冀州］

崔道固　没於魏。

　　《宋書》卷八八《崔道固傳》：“其年（泰始三年），爲虜所陷，被送桑乾，死於虜中。”《魏書》卷五〇《慕容白曜傳》：“（皇興）二年，崔道固及兗州刺史梁鄒守將劉休賓並面縛而降。白曜皆釋而禮之。送道固、休賓及其僚屬於京師。”按：《宋書》載崔道固降於泰始三年，此從《魏書》，魏皇興二年即宋泰始四年。

［荆州］

晉平王休祐

　　《宋書》卷八《明帝紀》：“四月……山陽王休祐改封晉平王，改晉安郡爲晉平郡。”卷七二《晉平王休祐傳》：“以山陽荒敝，改封晉平王。”

［湘州］

劉韞　遷南兗州。

巴陵王休若　都督湘州諸軍事、左將軍、行湘州刺史。

　　《宋書》卷八《明帝紀》：“五月……以行雍州刺史巴陵王

休若行湘州刺史。"卷七二《巴陵王休若傳》:"四年,遷使持
節、都督湘州諸軍事、行湘州刺史,將軍如故。"

[雍州]

巴陵王休若　遷湘州。

張永　督雍梁南北秦四州郢州之竟陵諸軍事、右將軍、雍州刺
史。未拜。

張悅　寧遠將軍、刺史。

《宋書》卷八《明帝紀》:"五月……會稽太守張永爲雍州
刺史。……九月丙辰,以驃騎長史張悅爲雍州刺史。"卷五三
《張永傳》:"四年,遷使持節、督雍梁南北秦四州郢州之竟陵
隨二郡諸軍事、右將軍、雍州刺史。未拜,停爲太子詹事。"校
勘記:"按本書卷七《前廢帝紀》、卷八《明帝紀》、卷三六《州郡
志》二,永光元年五月至泰始五年四月間隨郡屬雍州而不屬郢
州。疑'隨二郡'衍。"卷五九《張悅傳》:"仍除巴陵王休若衛
軍長史、襄陽太守。四年,即代休若爲雍州刺史、寧遠將軍。"

[郢州]

蔡興宗

[司州]

鄭黑　被殺。

常珍奇　都督司北豫二州諸軍事、平北將軍、司州刺史,領汝南、
新蔡二郡太守。

《宋書》卷八七《殷琰傳》:"後虜寇淮西,(鄭黑)戰敗見
殺。"卷八《明帝紀》:"二月辛丑,以前龍驤將軍常珍奇爲平北
將軍、司州刺史,珍奇子超越爲北冀州刺史。"卷八六《劉勔
傳》:"勔與常珍奇書,勸令反虜,珍奇乃與子超越、羽林監式
寶,於譙殺虜子都公費拔等凡三千餘人。勔馳驛以聞,太宗大
喜,以珍奇爲使持節、都督司北豫二州諸軍事、平北將軍、司州

刺史,汝南新蔡縣侯,食邑千户,超越輔國將軍、北豫州刺史、潁川汝陽(闕二字)三郡太守。"校勘記:"疑'新蔡'後佚'太守'二字,而'縣侯'前又別有佚文。"卷八七《殷琰傳》:"十一月,常珍奇乞降,慮不見納,又求救於索虜,太宗即以珍奇爲司州刺史,領汝南、新蔡二郡太守。"《魏書》卷六一《常珍奇傳》:"汝南人也。爲劉駿司州刺史,亦與薛安都等推立劉子勛。子勛敗,遣使馳告長社鎮請降,顯祖遣殿中尚書元石爲都將,率衆赴之。……事定,以珍奇爲持節、平南將軍、豫州刺史、河内公。……珍奇雖有虛表,而誠款未純。歲餘,徵其子超,超母胡氏不欲超赴京師,密懷南叛。時汝徐未平,元石自出攻之。珍奇乘虛於懸瓠反叛。"

［北豫州］

常超越 輔國將軍、刺史。

按:常超越見是年司州條。《明帝紀》作北冀州,此從《劉勔傳》。

［梁州］［南秦州］

劉亮

劉靈遺 梁南秦二州刺史。

《宋書》卷八《明帝紀》:"三月……以軍司馬劉靈遺爲梁、南秦二州刺史。"《宋書考論》卷一:"'軍'上脱一字。"

［益州］

垣閎

［廣州］

羊希 被殺。

張辯 刺史。

《宋書》卷八《明帝紀》:"三月……妖賊攻廣州,殺刺史羊希,龍驤將軍陳伯紹討平之。夏四月……以豫章太守張辯爲廣州刺史。"卷五四《羊希傳》："希以沛郡劉思道行晉康太守，領軍伐俚。思道違節度，失利，希遣收之。思道不受命，率所領攻州，希遣平越長史鄒琰於朝亭拒戰，軍敗見殺。思道進攻州城，司馬鄒嗣之拒之西門，戰敗又死。希踰城走，思道獲而殺之。……時龍驤將軍陳伯紹率軍伐俚，還擊思道，定之。"《魏晉南北朝史札記·〈宋書〉札記·羊希傳》："羊希當是以廣州刺史帶平越中郎將，故下屬有平越長史，本傳失書。"

［交州］

張牧　卒。

吳喜　督交州廣州之鬱林寧浦二郡諸軍事、輔國將軍、交州刺史。不行。

孫奉伯　刺史。

劉敳　寧朔將軍、刺史。

《南齊書》卷五八《扶南傳》："交州斗絕海島，控帶外國，故恃險數不賓。宋泰始初，刺史張牧卒，交趾人李長仁殺牧北來部曲，據交州叛，數年病死。"《宋書》卷九四《徐爰傳》："有司奏以爲宋隆太守。除命既下，爰已至交州，值刺史張牧病卒，土人李長仁爲亂，悉誅北來流寓，無或免者。長仁素聞爰名，以智計誑誘，故得無患。久之聽還。"卷八三《吳喜傳》："泰始四年……仍除使持節、督交州廣州之鬱林寧浦二郡諸軍事、輔國將軍、交州刺史。不行。"卷八《明帝紀》："三月……南譙太守孫奉伯爲交州刺史，交州人李長仁據州叛。……八月戊子，以南康相劉勃爲交州刺史。"卷八六《劉勔傳》："勔弟敳，泰始中，爲寧朔將軍、交州刺史。"《顏氏家訓》卷三《勉學》："梁世彭城劉綺，交州刺史勃之孫。"按：《明帝紀》校勘記云勃、敳形近，當即一人。

泰始五年己酉（469）

［揚州］

建安王休仁　進都督豫司二州。表解揚州。

桂陽王休範　中書監、中軍將軍、揚州刺史。

蔡興宗　鎮東將軍、會稽太守，加都督會稽東陽新安永嘉臨海五郡諸軍事。

《宋書》卷八《明帝紀》："十二月戊戌，司徒建安王休仁解揚州刺史。己未，以征北大將軍、南徐州刺史桂陽王休範爲中書監、中軍將軍、揚州刺史。"卷七二《始安王休仁傳》："泰始五年，進都督豫、司二州。休仁年與太宗鄰亞，俱好文籍，素相愛友。及廢帝世，同經危難，太宗又資其權譎之力。泰始初，四方逆命，兵至近畿，休仁親當矢石，大勳克建，任總百揆，親寄甚隆。朝野四方，莫不輻湊。上漸不悦。休仁悟其旨，其冬，表解揚州，見許。"卷七九《桂陽王休範傳》："泰始五年，徵爲中書監、中軍將軍、揚州刺史，常侍如故。"卷五七《蔡興宗傳》："遷鎮東將軍、會稽太守，加散騎常侍，尋領兵置佐，加都督會稽、東陽、新安、永嘉、臨海五郡諸軍事，給鼓吹一部。會稽多諸豪右，不遵王憲。又幸臣近習，參半宮省，封略山湖，妨民害治。興宗皆以法繩之。會土全實，民物殷阜，王公妃主，邸舍相望，橈亂在所，大爲民患，子息滋長，督責無窮。興宗悉啓罷省。"

［南徐州］

桂陽王休範　遷揚州。

晉平王休祐　都督南徐南兗徐兗青冀六州諸軍事、驃騎大將軍、南徐州刺史。留京邑。

《宋書》卷八《明帝紀》："閏（十一）月戊子，驃騎大將軍、荆州刺史晉平王休祐以本號爲南徐州刺史。”卷七二《晉平王休祐傳》：“休祐素無才能，彊梁自用，大明之世，年尚少，未得自專，至是貪淫，好財色。在荆州，哀刻所在，多營財貨。……泰始六年，徵爲都督南徐南兗徐兗青冀六州諸軍事、南徐州刺史，加侍中，持節、將軍如故。上以休祐貪虐不可莅民，留之京邑，遣上佐行府州事。”按：《休祐傳》云休祐泰始六年遷南徐，此從《明帝紀》。

［南兗州］

蕭道成　進督兗青冀三州。

《南齊書》卷一《高帝紀上》：“五年，進督兗、青、冀三州。”
按：萬表蕭道成下衍劉韞。

［南豫州］

廬江王褘　二月，車騎將軍、刺史，治宣城，復置。六月，被逼自殺，州罷。

《宋書》卷八《明帝紀》：“二月丙申，分豫州、揚州爲南豫州。以太尉廬江王褘爲車騎將軍、開府儀同三司、南豫州刺史。……六月……車騎將軍、南豫州刺史廬江王褘免官爵。……罷南豫州。”卷七九《廬江王褘傳》：“太宗踐阼，進太尉，加侍中、中書監，給班劍二十人。改封廬江王。太祖諸子，褘尤凡劣，諸兄弟蚩鄙之。……泰始五年，河東柳欣慰謀反，欲立褘，褘與相酬和。……乃下詔曰：‘……今以淮南、宣城、歷陽三郡還立南豫州，降公爲車騎將軍、開府儀同三司、南豫州刺史，削邑千户，侍中、王如故。’出鎮宣城，上遣腹心楊運長領兵防衛。……明年六月……逼令自殺。”校勘記：“此乃泰始五年六月事，此云‘明年’，誤。”卷三六《州郡志二》南豫州：“（泰始）四年，以揚州之淮南、宣城爲南豫州，治宣城，五年罷。時自淮以西，悉没寇矣。”按：《州郡志》云南豫州泰始四年置，據《明帝紀》及《廬江王褘傳》，當在五年。

［江州］

　　王景文

［徐州］

　　王亮　輔國將軍、刺史。

　　　　《宋書》卷八《明帝紀》：“七月己酉，以輔國將軍王亮爲徐州刺史。”卷三五《州郡志一》徐州：“明帝世，淮北没寇，僑立徐州，治鍾離。”

［兗州］

　　崔公烈　寧朔將軍、刺史。

　　李靈謙　刺史。

　　孟次陽　輔師將軍、刺史，戍淮陰。進號冠軍將軍。

　　　　《宋書》卷八《明帝紀》：“四月……以寧朔將軍崔公烈爲兗州刺史。……七月……以山陽太守李靈謙爲兗州刺史。……閏（十一）月……輔師將軍孟次陽爲兗州刺史。”卷九四《阮佃夫傳》：“六年，（孟次陽）出爲輔師將軍、兗州刺史，戍淮陰。立北兗州，自此始也。進號冠軍將軍。”卷三五《州郡志一》兗州：“宋末失淮北，僑立兗州，寄治淮陰。”按：《阮佃夫傳》云孟次陽爲兗州刺史在泰始六年，此從《明帝紀》。

［豫州］

　　劉勔　平西將軍、刺史。

　　段佛榮　輔師將軍、刺史。

　　　　《宋書》卷八《明帝紀》：“八月己丑，以右將軍、行豫州刺史劉勔爲平西將軍、豫州刺史。……九月……以新除平西將軍、豫州刺史劉勔爲中領軍。”卷八六《劉勔傳》：“五年，汝陰太守楊文萇又頻破虜於荆亭及戍西。詔進勔號平西將軍、豫州刺史，餘如故，不拜。其年，徵拜散騎常侍、中領軍。”卷八四

《段佛榮傳》：“泰始五年,自游擊將軍爲輔師將軍、豫州刺史。”

[青州]

沈文秀　正月,東陽陷。

王玄載　督青兖二州、寧朔將軍、青州刺史。

　　《宋書》卷八八《沈文秀傳》：“文秀被圍三載,外無援軍,士卒爲之用命,無離叛者,日夜戰鬪,甲冑生蟣虱。五年正月二十四日,遂爲虜所陷。……鏁送桑乾。”《魏書》卷六一《沈文秀傳》：“後慕容白曜既剋升城,引軍向歷下,白曜復遣(長孫)陵等率萬餘人長驅至東陽。文秀始欲降,以軍人虜掠,遂有悔心,乃嬰城固守。……自夏至春始剋。”《南齊書》卷二七《王玄載傳》：“五年,督青兖二州,刺史、將軍、東海郡如故。”

[冀州]

劉崇智　刺史。

　　《宋書》卷八《明帝紀》：“八月……以海陵太守劉崇智爲冀州刺史。”

[荆州]

晉平王休祐　遷南徐。

巴陵王休若　都督荆湘雍益梁寧南北秦八州諸軍事、征西將軍、荆州刺史。

　　按：休若見是年湘州條,紀、傳年不同,此從紀。

[湘州]

巴陵王休若　監荆州事,進號征南將軍、湘州刺史。遷荆州。

建平王景素　監湘州諸軍事、冠軍將軍、湘州刺史。

　　《宋書》卷八《明帝紀》：“六月……以左將軍、行湘州刺史巴陵王休若爲征南將軍、湘州刺史。……閏(十一)月……征南將軍、湘州刺史巴陵王休若爲征西將軍、荆州刺史。……十

二月……吳興太守建平王景素爲湘州刺史。”卷七二《巴陵王
休若傳》：“六年，荆州刺史晉平王休祐入，以休若監荆州事，進
號征南將軍、湘州刺史。仍爲都督荆湘雍益梁寧南北秦八州
諸軍事、征西將軍、荆州刺史，持節如故。”卷七二《建平王景素
傳》：“使持節、監湘州諸軍事、湘州刺史，將軍並如故。”《南齊
書》卷三一《江謐傳》：“出爲建平王景素冠軍長史、長沙内史，
行湘州事。”

［雍州］

　張悦

［郢州］

　蔡興宗　遷會稽。

　沈攸之　監郢州諸軍事、前將軍、郢州刺史。

　　　　《宋書》卷八《明帝紀》：“六月……以安西將軍、郢州刺史
　　　　蔡興宗爲鎮東將軍。癸酉，以左衞將軍沈攸之爲郢州刺史。”
　　　　卷七四《沈攸之傳》：“五年，出爲持節、監郢州諸軍、郢州刺
　　　　史。”按：沈攸之爲前將軍，見次年郢州條，本傳闕。

［司州］

　常珍奇　敗走壽陽。

　吕安國　督司州諸軍事、寧朔將軍、司州刺史。

　　　　《魏書》卷六一《常珍奇傳》：“（元）石馳往討擊，大破之。
　　　　會日闇，放火燒其營，珍奇乃匹馬逃免。其子超走到苦城，爲
　　　　人所殺。”《宋書》卷八六《劉勔傳》：“珍奇爲虜所攻，引軍南
　　　　出，虜追擊破之，珍奇走依山，得至壽陽，超越、式寶爲人所
　　　　殺。”卷八《明帝紀》：“閏（十一）月……義陽太守吕安國爲司
　　　　州刺史。”《南齊書》卷二九《吕安國傳》：“虜陷汝南，司州失
　　　　守，以安國爲督司州諸軍事、寧朔將軍、司州刺史。”按：萬表
　　　　注常珍奇“舉地降魏”，當誤。

［北豫州］

　　常超越　被殺。

　　　　　按：常超越見是年司州條。

［梁州］［南秦州］

　　劉靈遺

　　杜幼文　輔國將軍、梁南秦二州刺史。

　　　　　《宋書》卷八《明帝紀》：“四月……新除給事黃門侍郎杜幼文爲梁、南秦二州刺史。”卷六五《杜幼文傳》：“出爲輔國將軍、梁南秦二州刺史。”

［益州］

　　垣閬

　　劉亮　刺史。

　　　　　《魏書》卷九七《島夷劉裕傳》：“或遣其司州刺史垣叔通爲益州刺史，叔通極爲聚斂，蜀還之貨過數千金，知或好財，先送家資之半，或猶嫌少。……凡蠻夷不受鞭罰，輸財贖罪，謂之賧，時人謂叔通被賧刺史。”《宋書》卷八《明帝紀》：“六月……以新除給事黃門侍郎劉亮爲益州刺史。”按：垣閬字叔通，見《南史》卷二五《垣閬傳》。

［廣州］

　　張辯

　　劉伯融　寧朔將軍、刺史。不之職。

　　　　　《宋書》卷八《明帝紀》：“十二月……輔師將軍建安王世子伯融爲廣州刺史。”卷七二《始安王休仁傳》：“子伯融……歷……寧朔將軍、廣州刺史，不之職。”

［交州］

　　劉勲　卒於道。

　　陳伯紹　刺史。

《宋書》卷八六《劉勔傳》：“（勛）於道遇病卒。”卷八《明帝紀》：“七月……東莞太守陳伯紹爲交州刺史。”

泰始六年庚戌（470）

[揚州]

桂陽王休範　遷江州。

王景文　尚書左僕射、刺史。

蔡興宗

《宋書》卷八《明帝紀》：“六月……揚州刺史桂陽王休範爲征南大將軍、江州刺史。癸卯，以鎮南將軍、江州刺史王景文爲尚書左僕射、揚州刺史。”卷八五《王景文傳》：“後以江州當徙鎮南昌，領豫章太守，餘如故。州不果遷。頃之，徵爲尚書左僕射，領吏部，揚州刺史，加太子詹事，常侍如故。不願還朝，求爲湘州刺史，不許。”《高僧傳》卷八《釋法瑗傳》：“廬於方山。……後天保改構，請瑗居之，因辭山出邑，綱爲寺網。刺史王景文往候，正值講《喪服》，問論數番，稱善而退。”《比丘尼傳》卷二《景福寺法辯尼傳》：“高簡之譽，早盛京邑。揚州刺史琅邪王彧，甚相敬禮。”

[南徐州]

晉平王休祐

[南兗州]

蕭道成　復授冠軍將軍。

劉勔　中領軍、都督南兗徐兗青冀五州諸軍事、假平北將軍，鎮廣陵。

《南齊書》卷一《高帝紀上》：“六年，除黃門侍郎，領越騎校尉，不拜。復授冠軍將軍。留本任。明帝常嫌太祖非人臣

相,而民間流言,云'蕭道成當爲天子',明帝愈以爲疑,遣冠軍
將軍吳喜以三千人北使,令喜留軍破釜,自持銀壺酒封賜太
祖。太祖戎衣出門迎,即酌飲之。喜還,帝意乃悦。"《南史》
卷四《齊高帝紀》:"帝戎服出門迎,懼鴆,不敢飲,將出奔,喜
告以誠,先飲之,帝即酌飲之。"《南齊書》卷二七《李安民傳》:
"太祖在淮,安民遥相結事,明帝以爲疑,徙安民爲劉韞冠軍司
馬、寧朔將軍、京兆太守。"校勘記:"'淮',《南史》卷四六《李
安人傳》作'淮陰'。"《宋書》卷八《明帝紀》:"九月乙丑,中領
軍劉勔加平北將軍。"卷八六《劉勔傳》:"南兖州刺史齊王出
鎮淮陰,以勔爲使持節、都督南徐兖青冀(闕)五州諸軍事、平
北將軍,侍中、中領軍如故,出鎮廣陵。固辭侍中、軍號,許之,
以爲假平北將軍。"校勘記:"劉勔時所都督者,乃南兖徐兖青
冀五州,疑'南'後佚'兖'字。"《宋書考論》卷四:"恐是督南
兖徐,而闕處是'兖'字。然據《齊書·高紀》,時道成以南兖
州刺史督此五州,雖移鎮,而本州軍事當不並奪之。勔蓋督南
徐及兖青冀徐五州也,闕處是'徐'。"按:《李安民傳》之"冠
軍"當爲"撫軍"之誤,見是年雍州條,劉韞不應從撫軍降爲冠
軍。時晉平王休祐任南徐州都督、刺史,爲統府,劉勔不得都
督南徐,孫説誤。奪蕭道成五州都督,明帝抑之耳。

[江州]

王景文　領豫章太守。尋遷揚州。

桂陽王休範　都督江郢司廣交五州豫州之西陽新蔡晉熙湘州之
　始興四郡諸軍事、征南大將軍、江州刺史。未拜。

　　《宋書》卷七九《桂陽王休範傳》:"出爲使持節、都督江郢
司廣交五州豫州之西陽新蔡晉熙湘州之始興四郡諸軍事、征
南大將軍、江州刺史。尋加開府儀同三司,未拜。"按:休範參
見是年揚州條。

［徐州］

　王亮

　陳胤宗　刺史。

　　　　《宋書》卷八《明帝紀》：“五月丁丑，以前軍將軍陳胤宗爲
　　　徐州刺史。”

［兗州］

　孟次陽

［豫州］

　段佛榮

　吳喜　督豫州諸軍事，假冠軍將軍。

　　　　《宋書》卷八三《吳喜傳》：“六年，又率軍向豫州拒索虜，
　　　加節、督豫州諸軍事，假冠軍將軍，驍騎、太守如故。”

［青州］

　王玄邈　都督青州、輔國將軍、青州刺史，治鬱洲。

　　　　《南齊書》卷二七《王玄邈傳》：“明帝以爲持節、都督青
　　　州、青州刺史，（輔國）將軍如故。”卷一四《州郡志上》青州：
　　　“宋泰始初淮北没虜，六年，始治鬱（州）[洲]上。”《宋書》卷
　　　三六《州郡志二》青州：“明帝失淮北，於鬱洲僑立青州，立齊、
　　　北海、西海郡。”

［冀州］

　劉崇智

［荆州］

　巴陵王休若

［湘州］

　建平王景素　進號左將軍。

　　　　《宋書》卷七二《建平王景素傳》：“進號左將軍。”

［雍州］

張悦

劉韞　撫軍將軍、刺史。

　　《宋書》卷五九《張悦傳》：“復爲休若征西長史、南郡太守。六年，太宗於巴郡置三巴校尉，以悦補之，加持節、輔師將軍，領巴郡太守。未拜，卒。”卷八《明帝紀》：“六月……以侍中劉韞爲撫軍將軍、雍州刺史。”

[北雍州]

馬誼　刺史。

　　《宋書》卷八《明帝紀》：“十月……以前右軍馬誼爲北雍州刺史。”按：萬表闕馬誼，吳表列於雍州條下。

[郢州]

沈攸之　進監豫州之西陽司州之義陽二郡軍事，進號鎮軍將軍。

　　《宋書》卷八《明帝紀》：“六月……前將軍、郢州刺史沈攸之進號鎮軍將軍。”卷七四《沈攸之傳》：“六年，進監豫州之西陽、司州之義陽二郡軍事，進號鎮軍將軍。”

[司州]

吕安國　治義陽，領義陽太守。

　　《南齊書》卷二九《吕安國傳》：“六年，義陽立州治，仍領義陽太守。”卷一五《州郡志下》司州：“泰始中，立州於義陽郡。有三關之隘，北接陳、汝，控帶許、洛。自此以來，常爲邊鎮。”

[梁州][南秦州]

杜幼文

[益州]

劉亮

[寧州]

孔玉　刺史。

《宋書》卷八《明帝紀》："五月……奉朝請孔玉爲寧州刺史。"

[廣州]

　劉伯融

[交州]

　陳伯紹

泰始七年辛亥（471）

[揚州]

　王景文　領中書監。

　蔡興宗

　　　　《宋書》卷八《明帝紀》："五月……尚書左僕射、揚州刺史王景文以刺史領中書監。"卷八五《王景文傳》："景文屢辭内授，上手詔譬之曰：'……庶姓作揚州，徐干木、王休元、殷鐵並處之不辭。卿清令才望，何愧休元，毗贊中興，豈謝干木，綢繆相與，何後殷鐵邪？司徒以宰相不應帶神州，遠遵先旨，京口鄉基義重，密邇畿内，又不得不用驃騎，陝西任要，由來用宗室。驃騎既去，巴陵理應居之，中流雖曰閑地，控帶三江，通接荆、郢，經塗之要，由來有重鎮。如此，則揚州自成闕刺史，卿若有辭，更不知誰應處之……'固辭詹事領選，徙爲中書令，常侍、僕射、揚州如故。又進中書監，領太子太傅，常侍、揚州如故。景文固辭太傅，上遣新除尚書右僕射褚淵宣旨，以古來比例六事詰難之，不得已乃受拜。"

[南徐州]

　晉平王休祐　二月，被殺。

　巴陵王休若　二月，都督南徐南兗徐兗青冀六州諸軍事、征北大將軍、南徐州刺史。六月,遷江州。七月,賜死。

桂陽王休範　六月,都督南徐徐南兗兗青冀六州諸軍事、驃騎大
將軍、南徐州刺史。未任,七月,還爲江州。

劉秉　七月,都督南徐徐兗豫青冀六州諸軍事、後將軍、南徐州
刺史。

　　《宋書》卷八《明帝紀》:"二月癸巳,征西將軍、荆州刺史
巴陵王休若進號征西大將軍,開府儀同三司。……甲寅,驃騎
大將軍、開府儀同三司、南徐州刺史晉平王休祐薨。戊午,以
征西大將軍、荆州刺史巴陵王休若爲征北大將軍、南徐州刺
史。……六月丁酉,以征南大將軍、江州刺史桂陽王休範爲驃
騎大將軍、南徐州刺史,征北大將軍巴陵王休若爲車騎大將
軍、江州刺史。……七月……新除車騎大將軍、江州刺史巴陵
王休若薨。桂陽王休範以新除驃騎大將軍,還爲江州。……
以太子詹事劉秉爲南徐州刺史。"卷七二《晉平王休祐傳》:
"休祐很戾彊梁,前後忤上非一。……(帝)積不能平。且慮
休祐將來難制,欲方便除之。七年二月……殺之。"同卷《巴陵
王休若傳》:"加散騎常侍,又進號征西大將軍、開府儀同三司。
七年,晉平王休祐被殺,建安王休仁見疑。京邑譌言休若有至
貴之表,太宗以言報之,休若内甚憂懼。會被徵,代休祐爲都
督南徐南兗徐兗青冀六州諸軍事、征北大將軍、南徐州刺史,
持節、常侍、開府如故。休若腹心將佐咸謂還朝必有大禍,中
兵參軍京兆王敬先固陳不宜入,勸割據荆楚以距朝廷,休若僞
許之。敬先既出,執録,馳使白太宗,敬先坐誅死。休若至京
口,建安王休仁又見害,益懷危慮。上以休若和善,能諧緝物
情,慮將來傾幼主,欲遣使殺之。慮不奉詔,徵入朝,又恐猜
駭,乃僞遷休若爲都督江郢司廣交豫州之西陽新蔡晉熙湘州
之始興四郡諸軍事、車騎大將軍、江州刺史,持節、常侍、開府

如故。徵還召拜，手書殷勤，使赴七月七日，即於第賜死。"卷七九《桂陽王休範傳》："改授都督南徐徐南兗兗青冀六州諸軍事、驃騎大將軍、南徐州刺史，持節、常侍、開府如故。未拜，以驃騎大將軍還爲江州，進督越州諸軍事。"卷五一《劉秉傳》："遷使持節、都督南徐徐兗豫青冀六州諸軍事、後將軍、南徐州刺史，加散騎常侍。"

［南兗州］

蕭道成　徵還。

劉勔　解都督、假號。

沈懷明　七月，刺史。

《南齊書》卷一《高帝紀上》："七年，徵還京師，部下勸勿就徵，太祖曰：'諸卿闇於見事。主上自誅諸弟，爲太子稚弱，作萬歲後計，何關佗族。惟應速發，事緩必見疑。今骨肉相害，自非靈長之運，禍難將興，方與卿等戮力耳。'拜散騎常侍、太子左衛率。"《宋書》卷八六《劉勔傳》："七年，解都督、假號、幷節。"卷八《明帝紀》："七月……以寧朔將軍沈懷明爲南兗州刺史。"卷七七《沈慶之傳》："（僧榮）子懷明……歷位黃門侍郎，再爲南兗州刺史。"

［南豫州］

王玄載　十二月，都督二豫、冠軍將軍、南豫州刺史、歷陽太守，復置。

《宋書》卷八《明帝紀》："十二月丁酉，分豫州、南兗州立南豫州，以歷陽太守王玄載爲南豫州刺史。"卷三六《州郡志二》南豫州："七年，復分歷陽、淮陰、南譙、南兗州之臨江立南豫州。……淮東自永初至於大明，便爲南豫，雖乍有離合，而分立居多。爰自泰始甫失淮西，復於淮東分立兩豫。"《南齊書》卷二七《王玄載傳》："七年，復爲徐州，督徐兗二州、鍾離

太守,將軍、郎將如故。遷左軍將軍。仍爲寧朔將軍、歷陽太
守,改持節、都督二豫、冠軍將軍、南豫州刺史,太守如故。"

[江州]

桂陽王休範　六月,遷南徐。七月,以驃騎大將軍還爲江州,進
督越州。

巴陵王休若　六月,都督江郢司廣交豫州之西陽新蔡晉熙湘州
之始興四郡諸軍事、車騎大將軍、江州刺史。未任,七月,
被殺。

按:休範、休若皆見是年南徐州條。

[徐州]

陳胤宗

周寧民　寧朔將軍、刺史。

《宋書》卷八《明帝紀》:"九月辛未,以越騎校尉周寧民爲
徐州刺史。"卷八三《周寧民傳》:"官至寧朔將軍、徐州刺史,
鍾離太守。"

[兗州]

孟次陽

[豫州]

段佛榮

吳喜　還都。

《宋書》卷八三《吳喜傳》:"還京都。"

[青州]

王玄邈　徵還。

劉崇智　刺史,冀州兼。

《南齊書》卷二七《王玄邈傳》:"太祖鎮淮陰,爲帝所疑,
遣書結玄邈。玄邈長史房叔安勸玄邈不相答和。罷州還,太
祖以經途又要之,玄邈雖許,既而嚴軍直過,還都啓帝,稱太祖

有異謀,太祖不恨也。"《宋書》卷八《明帝紀》:"八月……冀州
刺史劉崇智加青州刺史。"按:劉崇智加青州刺史在泰始七
年,萬表誤爲六年。

[冀州]

　劉崇智

[荆州]

　巴陵王休若　　二月,進號征西大將軍。遷南徐。

　建平王景素　　二月,都督荆湘雍益梁寧南北秦八州諸軍事、右將
　　軍、荆州刺史。

　　　　《宋書》卷八《明帝紀》:"二月……湘州刺史建平王景素
　　爲荆州刺史。"卷七二《建平王景素傳》:"泰始六年,都督荆湘
　　雍益梁寧南北秦八州諸軍事、左將軍、荆州刺史,持節如故。"
　　校勘記:"'左將軍',疑當作'右將軍'。《文選》卷二七江文通
　　《望荆山》李善注引沈約《宋書》云:'建平王景素爲右將軍、荆
　　州刺史。'《南齊書》卷二七《劉懷珍傳》:'建平王景素爲荆州,
　　仍徙右軍司馬。'《江文通集》有《建平王讓右將軍荆州刺史
　　表》《到主簿日事詣右軍建平王》二文。可證景素刺荆時爲右
　　將軍。"按:《景素傳》云景素爲荆州刺史在泰始六年,此從《明
　　帝紀》。

[湘州]

　建平王景素　　二月,遷荆州。

　王僧虔　　五月,都督湘州諸軍事、建武將軍、行湘州刺史。轉輔
　　國將軍、湘州刺史。

　　　　《宋書》卷八《明帝紀》:"五月……監吳郡王僧虔行湘州
　　刺史。"《南齊書》卷三三《王僧虔傳》:"遷使持節、都督湘州諸
　　軍事、建武將軍,行湘州事,仍轉輔國將軍,湘州刺史。"《高僧
　　傳》卷八《釋法安傳》:"王僧虔出鎮湘州,攜共同行。"卷一三

《釋曇遷傳》:"王僧虔爲湘州及三吳,並攜共同遊。"同卷《釋曇智傳》:"僧虔臨湘州,攜與同行。"

[雍州]

　劉韞

[郢州]

　沈攸之

[司州]

　吕安國

[梁州][南秦州]

　杜幼文

[益州]

　劉亮

[寧州]

　孔玉

[廣州]

　劉伯融

　孫超之　刺史。

　　　《宋書》卷八《明帝紀》:"五月……以寧朔長史孫超之爲廣州刺史。"

[交州]

　陳伯紹

泰豫元年壬子(472)　　四月,明帝死,太子昱即位。

[揚州]

　王景文　三月,賜死。

　安成王準　四月,撫軍將軍、刺史。

蔡興宗　四月，遷荆州。

王琨　督會稽東陽新安臨海永嘉五郡軍事、左軍將軍、會稽太守。降號冠軍將軍。

　　《宋書》卷八《明帝紀》："三月……中書監、揚州刺史王景文卒。"卷九《後廢帝紀》："泰豫元年四月……撫軍將軍安成王爲揚州刺史。"卷八五《王景文傳》："時太子及諸皇子並小，上稍爲身後之計，諸將帥吳喜、壽寂之徒，慮其不能奉幼主，並殺之，而景文外戚貴盛，張永累經軍旅，又疑其將來難信。……時上既有疾，而諸弟並已見殺，唯桂陽王休範人才本劣，不見疑，出爲江州刺史。慮一旦晏駕，皇后臨朝，則景文自然成宰相，門族彊盛，藉元舅之重，歲暮不爲純臣。泰豫元年春，上疾篤，乃遣使送藥賜景文死。"《南齊書》卷三二《王琨傳》："明帝臨崩，出爲督會稽東陽新安臨海永嘉五郡軍事、左軍將軍、會稽太守，常侍如故。坐誤竟囚，降號冠軍。"

[南徐州]

劉秉　閏七月，遷郢州。

建平王景素　閏七月，都督南徐南兗兗徐青冀六州諸軍事、鎮軍將軍、南徐州刺史。

　　《宋書》卷九《後廢帝紀》："閏（七）月……新除太常建平王景素爲鎮軍將軍、南徐州刺史。"卷七二《建平王景素傳》："徵爲散騎常侍、後將軍、太常，未拜。授使持節、都督南徐南兗兗徐青冀六州諸軍事、鎮軍將軍、南徐州刺史。"按：《江文通集校注》卷六有《建平王讓鎮南徐州刺史啓》，題解云"疑於'鎮'後佚'軍'一字"。

[南兗州]

沈懷明

[南豫州]

王玄載

[江州]

桂陽王休範　進位司空。

> 《宋書》卷八《明帝紀》：“四月……驃騎大將軍、江州刺史桂陽王休範進位司空。”卷七九《桂陽王休範傳》：“休範素凡訥，少知解，不爲諸兄所齒遇。……及太宗晚年，晉平王休祐以狠戾致禍，建安王休仁以權逼不見容，巴陵王休若素得人情，又以此見害。唯休範謹澀無才能，不爲物情所向，故得自保，而常懷憂懼，恒慮禍及。及太宗晏駕，主幼時艱，素族當權，近習秉政，休範自謂宗戚莫二，應居宰輔，事既不至，怨憤彌結。招引勇士，繕治器械，行人經過尋陽者，莫不降意折節，重加問遺，□□留則傾身接引，厚相資給。於是遠近同應，從者如歸。朝廷知其有異志，密相防禦，雖未表形迹，而釁難已成。”

[徐州]

周寧民

垣崇祖　行徐州事。

> 《宋書》卷三五《州郡志一》徐州：“泰豫元年，移治東海朐。”《南齊書》卷二五《垣崇祖傳》：“泰豫元年，行徐州事，徙戍龍沮，在朐山南。”

[兗州]

孟次陽

[豫州]

段佛榮

[青州]

劉崇智

[冀州]

劉崇智

［荆州］

建平王景素　遷南徐州。

蔡興宗　四月,都督荆湘雍益梁寧南北秦八州諸軍事、征西將軍、荆州刺史。未任,閏七月,改中書監。

沈攸之　閏七月,都督荆湘雍益梁寧南北秦八州諸軍事、鎮西將軍、荆州刺史。

　　《宋書》卷八《明帝紀》:"四月……鎮東將軍蔡興宗爲征西將軍、開府儀同三司、荆州刺史。"卷九《後廢帝紀》:"閏(七)月……以新除征西將軍、開府儀同三司、荆州刺史蔡興宗爲中書監、光禄大夫,安西將軍、郢州刺史沈攸之爲鎮西將軍、荆州刺史。"卷五七《蔡興宗傳》:"太宗崩,興宗與尚書令袁粲、右僕射褚淵、中領軍劉勔、鎮軍將軍沈攸之同被顧命。以興宗爲使持節、都督荆湘雍益梁寧南北秦八州諸軍事、征西將軍、開府儀同三司、荆州刺史。……(王)道隆等以興宗彊正,不欲使擁兵上流,改爲中書監、左光禄大夫。"卷七四《沈攸之傳》:"泰豫元年,太宗崩,攸之與蔡興宗在外蕃,同豫顧命,進號安西將軍,加散騎常侍……未拜,會巴西民李承明反,執太守張澹,蜀土騷擾。時荆州刺史建平王景素被徵,新除荆州刺史蔡興宗未之鎮,乃遣攸之權行荆州事。攸之既至,會承明已平,乃以攸之都督荆湘雍益梁寧南北秦八州諸軍事、鎮西將軍、荆州刺史,持節、常侍如故。至荆州,政治如在夏口,營造舟甲,常如敵至。時幼主在位,群公當朝,攸之漸懷不臣之迹,朝廷制度,無所遵奉。"《法苑珠林》卷一三《東晉荆州金像遠降緣》:"荆州刺史沈攸之初不信法,沙汰僧尼。長沙一寺千有餘僧,應還俗者將數百人。舉衆惶駭,長幼悲泣。像爲汗流,五日不止。有聞於沈,沈召寺大德玄暢法師訪聞所以。……

即停沙汰。”

[湘州]

　王僧虔

[雍州]

　劉韞

　張興世　　四月,督雍梁南北秦郢州之竟陵隨二郡諸軍事、冠軍將軍、雍州刺史。尋加寧蠻校尉。

　　　　《宋書》卷八《明帝紀》:“四月……以右衛將軍張興世爲雍州刺史。”卷五〇《張興世傳》:“泰豫元年,爲持節、督雍梁南北秦郢州之竟陵隨二郡諸軍事、冠軍將軍、雍州刺史,尋加寧蠻校尉。”

[郢州]

　沈攸之　　進號安西將軍。閏七月,遷荆州。

　劉秉　　閏七月,都督郢州豫州之西陽司州之義陽二郡諸軍事、平西將軍、郢州刺史。未拜,十一月,改左僕射。

　　　　《宋書》卷八《明帝紀》:“四月……鎮軍將軍、郢州刺史沈攸之進號安西將軍。”《魏晉南北朝史札記・〈宋書〉札記・將軍位號高下》:“據《百官志》,中鎮撫在四安之上,而云進號安西,未詳。類似之例尚有臨海王子頊由鎮軍‘進號’平西,廬江王褘由撫軍‘進號’平南。……疑將軍位號因時代不同而前後有變更,《百官志》未詳載,紀傳所敘未必誤也。”《宋書》卷九《後廢帝紀》:“閏(七)月……南徐州刺史劉秉爲平西將軍、郢州刺史。……十一月己亥,新除平西將軍、郢州刺史劉秉爲左僕射。”卷五一《劉秉傳》:“後廢帝即位,改都督郢州豫州之西陽司州之義陽二郡諸軍事、郢州刺史,持節、常侍如故。未拜,留爲尚書左僕射。”按:《宋書考論》卷一元嘉二十七年條亦云沈攸之由鎮軍進號安西不誤。

［司州］

　吕安國

　王瞻　二月，刺史。

　　　《宋書》卷八《明帝紀》："二月辛丑，以給事黄門侍郎王瞻爲司州刺史。"卷九五《索虜傳》："泰豫元年，虜狹石鎮主白虎公……等，引山蠻馬步二萬餘人，攻圍義陽縣義陽戌。司州刺史王瞻遣從弟司空行參軍思遠、撫軍行參軍王叔瑜擊大破之，虜退走。"

［梁州］［南秦州］

　杜幼文

［益州］

　劉亮　卒。

　蔡那　四月，寧朔將軍、益州刺史、宋寧太守。未拜，卒。

　張岱　五月，督益寧二州軍事、冠軍將軍、益州刺史。

　　　《比丘尼傳》卷二《蜀郡永康寺慧耀尼傳》："少出家，常誓燒身，供養三寶。泰始末，言於刺史劉亮，亮初許之。"《宋書》卷四五《劉亮傳》："亮在梁州，忽服食修道，欲致長生。迎武當山道士孫道胤，令合仙藥。至益州，泰豫元年藥始成……至食鼓後，心動如刺，中間便絶。"卷一〇〇《自序》："泰始末，（沈仲玉）爲寧朔長史、蜀郡太守。益州刺史劉亮卒，仲玉行府州事。巴西李承明爲亂，仲玉遣司馬王天生討平之。"《高僧傳》卷一〇《邵碩傳》："刺史蕭惠開及劉孟明等，並挹事之。……孟明長史沈仲玉，改鞭杖之格，嚴重常科。碩謂玉曰：'天地嗷嗷從此起，若除鞭格得刺史。'玉信而除之。及孟明卒，仲玉果行州事。"《宋書》卷八《明帝紀》："四月辛卯，以撫軍司馬蔡那爲益州刺史。"卷八三《蔡那傳》："加寧朔將軍。泰豫元年，以本號爲益州刺史、宋寧太守。未拜，卒。"卷九《後

廢帝紀》:"五月丁巳,以吴興太守張岱爲益州刺史。"《南齊
書》卷三二《張岱傳》:"元徽中,遷使持節、督益寧二州軍事、
冠軍將軍、益州刺史。"《比丘尼傳》卷三《鹽官齊明寺僧猛尼
傳》:"益州刺史吴郡張岱,聞風貴敬,請爲門師。宋元徽元年,
净度尼入吴,攜出京城,仍住建福寺。"按:《高僧傳》之劉孟明
當即劉亮,孟明蓋爲字,《宋書》本傳失載。

［寧州］

　　孔玉

［廣州］

　　孫超之

［交州］

　　陳伯紹

後廢帝元徽元年癸丑(473)

［揚州］

　　安成王準

　　王琨

　　江夏王躋　督會稽東陽新安臨海永嘉五郡諸軍事、東中郎將、會
　　　稽太守。進號左將軍。

　　　　《南齊書》卷三二《王琨傳》:"元徽中,遷金紫光禄。"《宋
　　　書》卷六一《江夏王義恭傳》:"(泰始)七年,太宗以第八子躋
　　　字仲升,繼義恭爲孫,封江夏王,食邑五千户。後廢帝即位,督
　　　會稽東陽新安臨海永嘉五郡諸軍事、東中郎將、會稽太守,進
　　　號左將軍。"

［南徐州］

　　建平王景素　進號鎮北將軍。

《宋書》卷九《後廢帝紀》："八月……鎮軍將軍、南徐州刺史建平王景素進號鎮北將軍。"

［南兗州］

沈懷明　丁憂。

《宋書》卷七七《沈慶之傳》："元徽初，（懷明）丁母艱，去職。"

［南豫州］

王玄載

劉靈遺　輔師將軍、刺史、歷陽太守。

《南齊書》卷二七《王玄載傳》："遷撫軍司馬。"《宋書》卷九《後廢帝紀》："三月……以前淮南太守劉靈遺爲南豫州刺史。"卷八四《劉靈遺傳》："元徽元年，自輔師將軍、淮南太守，爲南豫州刺史、歷陽太守，將軍如故。"

［江州］

桂陽王休範　進位太尉。

《宋書》卷九《後廢帝紀》："十二月……司空、江州刺史桂陽王休範進位太尉。"

［徐州］

垣閎　刺史。

《宋書》卷九《後廢帝紀》："十月……割南兗州之鍾離、豫州之馬頭，又分秦郡、梁郡、歷陽置新昌郡，立徐州。十一月丙子，以散騎常侍垣閎爲徐州刺史。"卷三五《州郡志一》徐州："後廢帝元徽元年……置徐州，還治鍾離。"

［兗州］

孟次陽　刺史。

《宋書》卷九《後廢帝紀》："六月……以左軍將軍孟次陽爲兗州刺史。"按：孟次陽泰始五年已爲兗州刺史，不知何時遷左軍將軍。

[豫州]

　段佛榮

[青州]

　劉崇智

[冀州]

　劉崇智

[荆州]

　沈攸之

[湘州]

　王僧虔

[雍州]

　張興世

[郢州]

晉熙王燮 監郢州豫州之西陽司州之義陽二郡諸軍事、征虜將軍、郢州刺史。

《宋書》卷九《後廢帝紀》："二月乙亥,以晉熙王燮爲郢州刺史。"卷七二《晉熙王燮傳》："時主幼時艱,宗室寡弱。元徽元年,燮年四歲,以爲使持節、監郢州豫州之西陽司州之義陽二郡諸軍事、征虜將軍、郢州刺史,以黃門郎王奐爲長史,總府州之任。"卷七九《桂陽王休範傳》："時夏口闕鎮,朝議以居尋陽上流,欲樹置腹心,重其兵力。元徽元年,乃以第五皇弟晉熙王燮爲郢州刺史,長史王奐行府州事,配以資力,出鎮夏口。"

[司州]

　王瞻

李安民 督司州軍事、輔師將軍、司州刺史,領義陽太守。

　　　　《宋書》卷九《後廢帝紀》：“五月辛卯，以輔師將軍李安民爲司州刺史。”《南齊書》卷二七《李安民傳》：“元徽初，除督司州軍事、司州刺史、領義陽太守，假節、將軍如故。別敕安民曰：‘九江須防，邊備宜重，今有此授，以增鄢郢之勢，無所致辭也。’”

［梁州］［南秦州］

杜幼文

孫謙　刺史。未任。

王玄載　督梁南北秦三州軍事、冠軍將軍、西戎校尉、梁南秦二州刺史。

　　　　《宋書》卷六五《杜幼文傳》：“廢帝元徽中，爲散騎常侍。”《梁書》卷五三《孫謙傳》：“元徽初，遷梁州刺史，辭不赴職，遷越騎校尉、征北司馬、府主簿。”《宋書》卷九《後廢帝紀》：“十月壬子，以撫軍司馬王玄載爲梁、南秦二州刺史。”《南齊書》卷二七《王玄載傳》：“出爲持節、督梁南北秦三州軍事、冠軍將軍、西戎校尉、梁秦二州刺史。”按：孫謙當爲梁南秦二州刺史，本傳省稱。

［益州］

張岱

［寧州］

孔玉

［廣州］

孫超之

何恢　刺史，未任。

　　　　《宋書》卷九《後廢帝紀》：“三月丙申，以撫軍長史何恢爲廣州刺史。”卷四一《前廢帝何皇后傳》：“亮弟恢，廢帝元徽初，爲廣州刺史，未之鎮，坐國哀箐晦不到，免官。”

［越州］

陳伯紹　六月，刺史。

《宋書》卷八《明帝紀》：“（泰始七年）二月……立越州。”
卷九《後廢帝紀》：“（元徽元年）六月壬子，以越州刺史陳伯紹
爲交州刺史。”張森楷《校勘記》：“此當是以交州刺史陳伯紹
爲越州刺史，刻訛互倒。”《南齊書》卷一四《州郡志上》越州：
“宋泰始中，西江督護陳伯紹獵北地，見二青牛驚走入草，使人
逐之不得，乃誌其處，云‘此地當有奇祥’。啓立爲越州。七
年，始置百梁、隴蘇、永寧、安昌、富昌、南流六郡，割廣、交朱戫
三郡屬。元徽二年，以伯紹爲刺史，始立州鎮。”按：《州郡志》
云伯紹爲越州刺史在元徽二年，此從《後廢帝紀》。

[交州]

陳伯紹　　遷越州。

元徽二年甲寅（474）

[揚州]

安成王準　　進號車騎將軍、都督揚南豫二州諸軍事。

《宋書》卷九《後廢帝紀》：“九月……撫軍將軍、揚州刺史
安成王進號車騎將軍。”卷一〇《順帝紀》：“元徽二年，進號車
騎將軍、都督揚南豫二州諸軍事，給鼓吹一部，刺史如故。”《南
齊書》卷三二《何戢傳》：“太祖爲領軍，與戢來往，數置歡
讌。……久之，復爲侍中，遷安成王車騎長史、加輔國將軍、濟
陰太守，行府、州事。”

[南徐州]

建平王景素　　進號征北將軍。解督南兗。

《宋書》卷九《後廢帝紀》：“七月……鎮北將軍、南徐州刺
史建平王景素進號征北將軍。”卷七二《建平王景素傳》：“桂
陽王休範爲逆，景素雖纂集兵衆，以赴朝廷爲名，而陰懷兩端。

及事平，進號征北將軍。齊王爲南兖州，景素解都督。時太祖諸子盡殂，衆孫唯景素爲長，建安王休祐諸子並廢徙，無在朝者。景素好文章書籍，招集才義之士，傾身禮接，以收名譽。由是朝野翕然，莫不屬意焉。而後廢帝狂凶失道，内外皆謂景素宜當神器，唯廢帝所生陳氏親戚疾忌之。而楊運長、阮佃夫並太宗舊隸，貪幼少以久其權，慮景素立，不見容於長主，深相忌憚。”

［南兖州］

張永　正月，都督南兖徐兖青冀五州諸軍事、征北將軍、南兖州刺史。未之鎮。

蕭道成　六月，中領軍、都督南兖徐兖青冀五州軍事、鎮軍將軍、南兖州刺史。

《宋書》卷九《後廢帝紀》：“正月庚子，以右光禄大夫張永爲征北將軍、南兖州刺史。……六月庚子，以平南將軍齊王爲中領軍、鎮軍將軍、南兖州刺史。”卷五三《張永傳》：“元徽二年，遷使持節、都督南兖徐青冀益五州諸軍事、征北將軍、南兖州刺史，侍中如故。……未之鎮，值桂陽王休範作亂，永率所領出屯白下。……永衆於此潰散，永亦棄軍奔走。”校勘記：“‘益’字爲衍文，‘徐’字下當爲‘兖’字。”《南齊書》卷一《高帝紀上》：“太祖振旅凱入……與袁粲、褚淵、劉秉引咎解職，不許。遷散騎常侍、中領軍、都督南兖徐兖青冀五州軍事、鎮軍將軍、南兖州刺史，持節如故。……太祖欲分其功，請益粲等户，更日入直決事，號爲‘四貴’。”

［南豫州］

劉靈遺

王寬　三月，右將軍、刺史。六月，進號平西將軍。

《宋書》卷八四《劉靈遺傳》：“徵爲散騎常侍。”卷九《後廢帝紀》：“三月癸酉，以左衛將軍王寬爲南豫州刺史。……六月……右將軍、南豫州刺史王寬進號平西將軍。”

［江州］

桂陽王休範　五月，舉兵，尋被殺。

邵陵王友　督江州豫州之西陽新蔡晉熙三郡諸軍事、南中郎將、江州刺史。

　　《宋書》卷九《後廢帝紀》：“五月壬午，太尉、江州刺史桂陽王休範舉兵反。……壬辰，賊奄至，攻新亭壘。齊王拒擊，大破之。越騎校尉張敬兒斬休範。……荊州刺史沈攸之、南徐州刺史建平王景素、郢州刺史晉熙王燮、湘州刺史王僧虔、雍州刺史張興世並舉義兵赴京師。己亥，以第七皇弟友爲江州刺史。……六月……晉熙王燮遣軍剋尋陽，江州平。”卷七九《桂陽王休範傳》：“舉兵反。……率眾二萬，鐵騎數百匹，發自尋陽。……休範於新林步上，及新亭壘……（黃）回與越騎校尉張敬兒直前斬休範首。”卷九〇《邵陵王友傳》：“後廢帝元徽二年，太尉、江州刺史桂陽王休範反誅，皇室寡弱，友年五歲，出爲使持節、督江州豫州之西陽新蔡晉熙三郡諸軍事、南中郎將、江州刺史。……府州文案及臣吏不諱有無之有。”

［徐州］

垣閎

［兗州］

孟次陽

吕安國　九月，都督青兗冀三州緣淮前鋒諸軍事、輔師將軍、兗州刺史。

　　《宋書》卷九《後廢帝紀》：“七月……以撫軍司馬孟次陽爲兗州刺史。……九月壬辰，以游擊將軍吕安國爲兗州刺史。”卷九四《阮佃夫傳》：“元徽四年，（次陽）卒。”《南齊書》

卷二九《呂安國傳》："三年，出爲持節、都督青兗冀三州緣淮前鋒諸軍事、輔師將軍、兗州刺史。"按：孟次陽卒於元徽四年，萬表誤爲二年。《南齊書》云呂安國爲兗州刺史在元徽三年，此從《宋書》。

［豫州］

段佛榮

任農夫　　六月，輔師將軍、刺史。尋進號冠軍將軍。

《宋書》卷八四《段佛榮傳》："後廢帝元徽二年，徵爲散騎常侍，領長水校尉。"卷九《後廢帝紀》："六月……以淮南太守任農夫爲豫州刺史。"卷八三《任農夫傳》："時桂陽王休範在江州，有異志，朝廷慮其下，以農夫爲輔師將軍、淮南太守，戍姑孰以防之。休範尋率衆向京邑，奄至近道，農夫棄戍還都。休範平……出爲輔師將軍、豫州刺史，尋進號冠軍將軍。"按：萬表誤"任農夫"爲"任大"。

［青州］

劉崇智

劉善明　　輔國將軍、西海太守、行青冀二州刺史。

《南齊書》卷二八《劉善明傳》："幼主新立，群公秉政，善明獨結事太祖，委身歸誠。二年，出爲輔國將軍、西海太守、行青冀二州刺史。"《廿二史考異》卷二五《南齊書・劉善明傳》："《宋州郡志》，泰始七年，割贛榆置鬱縣，立西海郡，隸僑青州，故善明以西海太守行青、冀二州刺史也。《齊志》無西海郡，蓋後來并省。"

［冀州］

劉崇智

劉善明

［荆州］

沈攸之　進號征西大將軍。

　　《宋書》卷九《後廢帝紀》:"七月……鎮西將軍、荆州刺史沈攸之進號征西大將軍。"卷七四《沈攸之傳》:"後廢帝元徽二年,休範舉兵襲京邑,攸之謂僚佐曰:'桂陽今反朝廷,必聲云與攸之同。若不顚沛勤王,必增朝野之惑。'於是遣軍主孫同、沈懷奧興軍馳下,受郢州刺史晉熙王燮節度。同等始過夏口,會休範平,還。進攸之號征西大將軍、開府儀同三司,固讓開府。"

[湘州]

王僧虔　進號平南將軍。

王蘊　十月,寧朔將軍、刺史。

　　《宋書》卷九《後廢帝紀》:"七月……前將軍、湘州刺史王僧虔進號平南將軍。……十月庚申,以新除侍中王蘊爲湘州刺史。"卷八五《王蘊傳》:"值桂陽王休範逼京邑,蘊領兵於朱雀門戰敗被創,事平,除侍中,出爲寧朔將軍、湘州刺史。"

[雍州]

張興世　進號征虜將軍。

　　《宋書》卷五〇《張興世傳》:"桂陽王休範反,興世遣軍赴朝廷,未發而事平。進號征虜將軍。"

[郢州]

晉熙王燮　進號安西將軍,加督江州諸軍事。

　　《宋書》卷九《後廢帝紀》:"七月……征虜將軍、郢州刺史晉熙王燮進號安西將軍。"卷七二《晉熙王燮傳》:"太尉、江州刺史桂陽王休範舉兵逼朝廷,燮遣中兵參軍馮景祖襲尋陽,休範留中兵參軍毛惠連、州別駕程罕之居守,開門詣景祖降。進燮號安西將軍,加督江州諸軍事。"

[司州]

李安民

《南齊書》卷二七《李安民傳》：“及桂陽王休範起事，安民
出頓，遣軍援京師。”

[梁州][南秦州]

王玄載

[益州]

張岱

[寧州]

孔玉

劉延祖　八月，刺史。

《宋書》卷九《後廢帝紀》：“八月辛酉，以征虜行參軍劉延
祖爲寧州刺史。”

[廣州]

陳顯達　十月，督廣交越三州湘州之廣興軍事、輔國將軍、平越
中郎將、廣州刺史。進號冠軍將軍。

《宋書》卷九《後廢帝紀》：“十月……以游擊將軍陳顯達
爲廣州刺史。”《南齊書》卷二六《陳顯達傳》：“爲使持節、督廣
交越三州湘州之廣興軍事、輔國將軍、平越中郎將、廣州刺史，
進號冠軍。”

[越州]

陳伯紹

[交州]

沈煥　寧遠將軍、刺史。未至，病卒。

《南齊書》卷五八《扶南傳》：“（李長仁）據交州叛。數年
病死。從弟叔獻嗣事，號令未行，遣使求刺史。宋朝以南海太
守沈煥爲交州刺史，以叔獻爲煥寧遠司馬、武平新昌二郡太
守。叔獻得朝命，人情服從，遂發兵守險不納煥，煥停鬱林病
卒。”《宋書》卷一○○《自序》：“煥字士蔚……後廢帝元徽中，

以爲寧遠將軍、交州刺史,未至鎮,病卒。"按:沈煥任期不詳,
當在陳伯紹與沈景德間,萬表闕。

元徽三年乙卯(475)

[揚州]

安成王準

[南徐州]

建平王景素　奪征北將軍。

　　《宋書》卷七二《建平王景素傳》:"元徽三年,景素防閤將
軍王季符失景素旨,怨恨,因單騎奔京邑,告運長、佃夫云'景
素欲反'。運長等便欲遣軍討之,齊王及衛將軍袁粲以下並保
持之,謂爲不然也。景素亦馳遣世子延齡還都,具自申理。運
長等乃徙季符於梁州,又奪景素征北將軍、開府儀同三司。自
是廢帝狂悖日甚,朝野並屬心景素,陳氏及運長等彌相猜疑。
景素因此稍爲自防之計……要結才力之士。由是冠軍將軍黃
回、游擊將軍高道慶、輔國將軍曹欣之、前軍韓道清、長水校尉
郭蘭之、羽林監垣祇祖,並皆響附,其餘武人失職不得志者,莫
不歸之。"校勘記:"《通鑑》卷一三四《宋紀》元徽四年作'前軍
將軍韓道清',疑是。"

[南兗州]

蕭道成

[南豫州]

王寬

段佛榮　冠軍將軍、刺史、歷陽太守。

　　《宋書》卷八四《段佛榮傳》:"復出爲冠軍將軍、南豫州刺
史、歷陽太守。"

　　［江州］

　　　邵陵王友

　　［徐州］

　　　垣閬

　　［兗州］

　　　呂安國

　　［豫州］

　　　任農夫

　　　劉懷珍　督豫司二州郢州之西陽軍事、冠軍將軍、豫州刺史。

　　　　　　《宋書》卷八三《任農夫傳》：“入爲驍騎將軍，加通直散騎
　　　　常侍。”卷九《後廢帝紀》：“七月……以給事黃門侍郎劉懷珍
　　　　爲豫州刺史。”《南齊書》卷二七《劉懷珍傳》：“爲使持節、督豫
　　　　司二州郢州之西陽軍事、冠軍將軍、豫州刺史。”

　　［青州］

　　　劉善明

　　［冀州］

　　　劉善明

　　［荆州］

　　　沈攸之

　　［湘州］

　　　王藴

　　［雍州］

　　　張興世

　　　張敬兒　督雍梁二州郢州之竟陵司州之隨郡諸軍事、輔國將軍、
　　　　寧蠻校尉、雍州刺史。進號征虜將軍。

　　　　　　《宋書》卷五〇《張興世傳》：“廢帝元徽三年，徵爲通直散
　　　　騎常侍、左衛將軍。”卷九《後廢帝紀》：“三月……以車騎將軍

張敬兒爲雍州刺史。"校勘記:"疑'車騎'爲'驍騎'之訛。"
《南齊書》卷二五《張敬兒傳》:"除驍騎將軍、加輔國將軍。太
祖以敬兒人位既輕,不欲便使爲襄陽重鎮。敬兒求之不已,乃
微動太祖曰:'沈攸之在荆州,公知其欲何所作? 不出敬兒以
防之,恐非公之利也。'太祖笑而無言,乃以敬兒爲持節、督雍
梁二州郢司二郡軍事、雍州刺史,將軍如故。"《廿二史考異》
卷二五《南齊書·張敬兒傳》:"雍州刺史常督郢州之竟陵、司
州之隨郡,非盡督司、郢二州也。……敬兒初鎮雍州,官征虜
將軍,本傳亦未之及。"按:張敬兒爲征虜將軍見昇明元年荆
州條。本傳云張敬兒初鎮雍州時,"將軍如故",當爲輔國將
軍,後乃進號征虜將軍。

[郢州]

晉熙王燮

[司州]

李安民

姚道和　　督司州諸軍事、征虜將軍、司州刺史,領義陽太守。

　　　　《南齊書》卷二七《李安民傳》:"徵授左軍將軍,加給事
中。"《宋書》卷九《後廢帝紀》:"十二月乙丑,以冠軍將軍姚道
和爲司州刺史。"按:姚道和參見昇明元年司州條。

[梁州][南秦州]

王玄載

[益州]

張岱

[寧州]

劉延祖

[廣州]

陳顯達

［越州］

陳伯紹

元徽四年丙辰（476）

［揚州］

安成王準　進號驃騎大將軍。

王延之　都督浙東五郡、會稽太守。

　　《宋書》卷九《後廢帝紀》：“九月……車騎將軍、揚州刺史安成王進號驃騎大將軍、開府儀同三司。”《南齊書》卷三二《王延之傳》：“出爲吳郡太守。……復爲吏部尚書、領驍騎將軍，出爲後軍將軍、吳興太守。遷都督浙東五郡、會稽太守。轉侍中、秘書監、晉熙王師。遷中書令，師如故。未拜，轉右僕射。”《宋書》卷二九《符瑞志下》：“泰始七年二月戊寅，木連理生吳郡錢唐，太守王延之以聞。”卷一〇《順帝紀》：“（昇明元年十二月）新除中書令王延之爲尚書右僕射。”按：王延之爲會稽太守在泰始七年至昇明元年間，當在江夏王躋後，列於此。

［南徐州］

建平王景素　七月，舉兵，尋被殺。

武陵王贊　督南徐徐兗青冀五州諸軍事、北中郎將、南徐州刺史。

　　《宋書》卷九《後廢帝紀》：“七月戊子，征北將軍、南徐州刺史建平王景素據京城反。己丑，內外纂嚴。遣驍騎將軍任農夫、冠軍將軍黃回北討，鎮軍將軍齊王總統衆軍。……南豫州刺史段佛榮統前鋒馬步衆軍。……剋京城，斬景素，同逆皆伏誅。……以武陵王贊爲南徐州刺史。”卷七二《建平王景素傳》：“元徽四年七月，垣祗祖率數百人奔景素，云京邑已潰亂，勸令速入。景素信之，即便舉兵，負戈至者數千人。……右衛殿中將軍張倪奴、前軍將軍周盤龍攻陷京城，倪奴禽景素斬之。”卷八○《武陵王贊傳》：“泰始六年生。……後廢帝元徽四年，出爲使持節、督南徐兖青冀五州諸軍事、北中郎將、南徐州刺史。”校勘記：“疑‘南徐’下脱‘徐’字。”卷五九《江智淵傳》：“兄子概……武陵王北中郎長史、南東海太守，行南徐州事。後廢帝元徽中卒。”《南齊書》卷二七《李安民傳》：“建平王景素作難，冠軍黃回、游擊將軍高道慶、輔國將軍曹欣之等皆密遣致誠，而游擊將軍高道慶領衆出討，太祖慮其有變，使安民及南豫州刺史段佛榮行以防之。安民至京，破景素軍於葛橋。景素誅，留安民行南徐州事。”校勘記：“‘京’，南監本、北監本、殿本、局本、《册府》卷三五一《將帥部》作‘京口’。”按：萬表闕贊，而列李安民，安民爲行事，非都督、刺史。

［南兖州］

蕭道成

《南齊書》卷一《高帝紀上》：“四年，加太祖尚書左僕射，本官如故。”

［南豫州］

段佛榮　卒。

阮佃夫　八月，督南豫州諸軍事、冠軍將軍、南豫州刺史、歷陽太守。留京師。

《宋書》卷八四《段佛榮傳》：“四年，卒。”卷九《後廢帝紀》：“八月……以給事黃門侍郎阮佃夫爲南豫州刺史。”卷九四《阮佃夫傳》：“遷使持節、督南豫州諸軍事、冠軍將軍、南豫州刺史、歷陽太守，猶管内任。”

［江州］

　邵陵王友

［徐州］

　垣閎

　曹欣之　輔國將軍、刺史、鍾離太守。進號冠軍將軍。

　　　　《宋書》卷九《後廢帝紀》：“五月……以驍騎將軍曹欣之
　　爲徐州刺史。”卷八三《曹欣之傳》：“爲左軍、驍騎將軍，加輔
　　國將軍。元徽四年，以本號爲徐州刺史、鍾離太守，進號冠軍
　　將軍。”

［兗州］

　吕安國

［豫州］

　劉懷珍

　　　　《南齊書》卷二七《劉懷珍傳》：“建平王景素反，懷珍遣子
　　靈哲領兵赴京師。”

［青州］

　劉善明　正青冀二州刺史。

　　　　《宋書》卷九《後廢帝紀》：“八月……以行青、冀二州刺史
　　劉善明爲青、冀二州刺史。”

［冀州］

　劉善明

［荆州］

　沈攸之

　　　　《宋書》卷七四《沈攸之傳》：“四年，建平王景素據京城
　　反，攸之復應朝廷。景素尋平。”

［湘州］

　王藴

[雍州]

　張敬兒

[郢州]

　晉熙王燮　進號鎮西將軍。

　　　《宋書》卷九《後廢帝紀》："九月……安西將軍、郢州刺史晉熙王燮進號鎮西將軍。"《南齊書》卷三《武帝紀》："沈攸之在荆楚，宋朝密爲之備，元徽四年，以上爲晉熙王鎮西長史、江夏内史、行郢州事。"

[司州]

　姚道和

[梁州][南秦州]

　王玄載　進號征虜將軍。尋遷益州。

　范柏年　梁南秦二州刺史。

　　　《宋書》卷九《後廢帝紀》："二月壬戌，以步兵校尉范柏年爲梁、南秦二州刺史。"《南齊書》卷二一《文惠太子傳》："柏年，梓潼人，徙居華陽，世爲土豪，知名州里。宋泰始中，氏寇斷晉壽道，柏年以倉部郎假節領數百人慰勞通路，自益州道報命。除晉壽太守。討平氏賊，遂爲梁州。"

[益州]

　張岱

　王玄載　督益寧二州、征虜將軍、益州刺史、建寧太守。

　　　《南齊書》卷三二《張岱傳》："數年，益土安其政。徵侍中，領長水校尉。"卷二七《王玄載傳》："進號征虜將軍。尋徙督益寧二州、益州刺史、建寧太守，將軍、持節如故。"《宋書》卷九《後廢帝紀》："正月……以梁、南秦二州刺史王玄載爲益州刺史。"

[寧州]

　劉延祖

［廣州］

陳顯達

［越州］

陳伯紹

順帝昇明元年丁巳（477）　七月，後廢帝被殺，弟準即位，改元，蕭道成輔政。十二月，荆州刺史沈攸之舉兵。

［揚州］

安成王準　七月，即帝位。

晉熙王燮　七月，都督揚南徐二州諸軍事、撫軍將軍、揚州刺史。

《宋書》卷一〇《順帝紀》：“元徽五年七月戊子夜，廢帝殂，奉迎王入居朝堂。壬辰，即皇帝位。”按：燮見是年郢州條。

［南徐州］

武陵王贊　七月，遷郢州。

蕭道成　七月，進督南徐州，改領南徐州刺史。十月，進督豫司二州。

《南齊書》卷二八《劉善明傳》：“蒼梧廢，徵善明爲冠軍將軍、太祖驃騎諮議、南東海太守、行南徐州事。”江淹《爲蕭驃騎發徐州三五教》（《文館詞林》卷六九九）：“府州綱紀：沈攸之背慢雲極，稽誅之日久矣，況今稱兵江漢之上，圖釁廟闕之下，怨熾罪盈，人靈所絶。……所統郡縣，便普三五，咸依舊格，以赴戎塵。”按：蕭道成參見是年南兗州條。江淹文題名之“徐州”當爲南徐州。

［南兗州］

蕭道成　七月，司空、録尚書事、驃騎大將軍，都督、刺史如故。

改領南徐。

李安民 七月,督北討軍事、冠軍將軍、南兗州刺史。加征虜將軍。進前將軍。

《宋書》卷一〇《順帝紀》:"(七月)鎮軍將軍齊王出鎮東城,輔政作相。……尚書左僕射、中領軍、鎮軍將軍、南兗州刺史齊王爲司空、録尚書事、驃騎大將軍,刺史如故。……司空、南兗州刺史齊王改領南徐州刺史,征虜將軍李安民爲南兗州刺史。"《南齊書》卷二二《豫章王嶷傳》:"太祖帶南兗州,鎮軍府長史蕭順之在鎮,憂危既切,期渡江北起兵。嶷諫曰:'主上狂凶,人下不自保,單行道路,易以立功。外州起兵,鮮有克勝。物情疑惑,必先人受禍。今于此立計,萬不可失。'"卷一《高帝紀上》:"太祖密謀廢立。五年七月戊子,帝微行出北湖……時殺害無常,人懷危懼。(楊)玉夫與其黨陳奉伯等二十五人同謀,於氈屋中取千牛刀殺蒼梧王,稱敕,使廂下奏伎,因將首出與王敬則,敬則送太祖。……甲午,太祖移鎮東府,與袁粲、褚淵、劉秉各甲仗五十人入殿。丙申,進位侍中、司空、録尚書事、驃騎大將軍,持節、都督、刺史如故……太祖固辭上臺,即驃騎大將軍、開府儀同三司。庚戌,進督南徐州刺史。……十月戊辰,又進督豫、司二州。"卷二七《李安民傳》:"轉征虜將軍、東中郎司馬、行會稽郡事。安民將東,太祖與別宴語,淹留日夜。安民密陳宋運將盡,曆數有歸。……蒼梧廢,太祖徵安民爲使持節督北討軍事、冠軍將軍、南兗州刺史。沈攸之反,太祖召安民以本官鎮白下,治城隍。加征虜將軍。進軍西討,又進前將軍。"

[南豫州]

阮佃夫 四月,被誅。

全景文 五月,輔國將軍、刺史、歷陽太守。

劉澄之 八月,刺史。

《宋書》卷九《後廢帝紀》："四月甲戌,豫州刺史阮佃夫、步兵校尉申伯宗、朱幼謀廢立,佃夫、幼下獄死,伯宗伏誅。……五月……驍騎將軍全景文爲南豫州刺史。"卷一〇《順帝紀》："八月……以驃騎長史劉澄之爲南豫州刺史。"卷九四《阮佃夫傳》："時廢帝猖狂,好出游走……内外莫不懼憂。佃夫密與直閤將軍申伯宗、步兵校尉朱幼、于天寶謀共廢帝,立安成王。……于天寶因以其謀告帝,帝乃收佃夫、幼、伯宗於光禄外部,賜死。"《南齊書》卷二九《全景文傳》："元徽末,出爲南豫州刺史,歷陽太守,輔國將軍如故。遷征虜將軍、南琅邪濟陰二郡太守、軍主,尋加散騎常侍。"

[江州]

邵陵王友　進號左將軍,改督爲都督。

　　《宋書》卷九〇《邵陵王友傳》："順帝即位,進號左將軍,改督爲都督。"

[徐州]

曹欣之

王廣之　十二月,督徐州軍事、冠軍將軍、徐州刺史、鍾離太守。留京師。

　　《宋書》卷八三《曹欣之傳》："順帝昇明二年,徵爲散騎常侍、驍騎將軍。"卷一〇《順帝紀》："十二月丁巳,以驍騎將軍王廣之爲徐州刺史。"《南齊書》卷二九《王廣之傳》："太祖廢蒼梧,出廣之爲假節、督徐州軍事、徐州刺史、鍾離太守,冠軍如故。沈攸之事起,廣之留京師,豫平石頭,仍從太祖頓新亭,進號征虜將軍。"

[兗州]

吕安國　進號冠軍將軍。

李靈謙　八月,刺史。

《南齊書》卷二九《吕安國傳》：“進號冠軍將軍，還爲游擊將軍、加散騎常侍、征虜將軍。”《宋書》卷一〇《順帝紀》：“八月……以宣城太守李靈謙爲兖州刺史。”

[豫州]

劉懷珍 進號征虜將軍，又進號左將軍。

《南齊書》卷二七《劉懷珍傳》：“昇明元年，進號征虜將軍。沈攸之在荆楚，朝議疑惑，懷珍遣冗從僕射張護使郢，致誠於世祖，并陳計策。及攸之起兵……遣子靈哲領馬步數千人衛京師。攸之遣使許天保説結懷珍，懷珍斬之，送首於太祖，太祖送示攸之。進號左將軍。”

[青州]

劉善明

明慶符 七月，青冀二州刺史。

《宋書》卷一〇《順帝紀》：“（七月）以安西參軍明慶符爲青、冀二州刺史。”

[冀州]

劉善明

明慶符

[荆州]

沈攸之 七月，進號車騎大將軍。十二月，舉兵。

武陵王贊 十二月，都督荆湘雍益梁寧南北秦八州諸軍事、安西將軍、荆州刺史。

《宋書》卷一〇《順帝紀》：“（七月）征西大將軍、荆州刺史沈攸之進號車騎大將軍、開府儀同三司。……十二月……車騎大將軍、荆州刺史沈攸之舉兵反。……以郢州刺史武陵王贊爲安西將軍、荆州刺史，征虜將軍、雍州刺史張敬兒進號鎮軍將軍。右衛將軍黄回爲平西將軍、郢州刺史，督諸軍前鋒南

討。……新除左衛將軍齊王世子奉新除撫軍將軍、揚州刺史
晉熙王燮鎮尋陽之盆城。……豫州刺史劉懷珍、雍州刺史張
敬兒、廣州刺史陳顯達並舉義兵。司州刺史姚道和、梁州刺史
范柏年、湘州行事庾佩玉擁衆懷貳。"卷七四《沈攸之傳》："廢
帝既殞，順帝即位，進攸之號車騎大將軍、開府儀同三
司。……其年十一月，乃發兵反叛。攸之素蓄士馬，資用豐
積，至是戰士十萬，鐵馬二千。遣使要雍州刺史張敬兒、梁州
刺史范柏年、司州刺史姚道和、湘州行事庾佩玉、巴陵内史王
文和等。敬兒、文和斬其使，馳表以聞；伯年、道和、佩玉懷兩
端，密相應和。"《南齊書》卷一《高帝紀上》："初，荆州刺史沈
攸之與太祖於景和世同直殿省，申以歡好，以長女義興公主妻
攸之第三子元和。攸之爲郢州，值明帝晚運，陰有異圖。自郢
州遷爲荆州，聚斂兵力，將吏逃亡，輒討質鄰伍。養馬至二千
餘匹，皆分賦戍邏將士，使耕田而食，廩財悉充倉儲。荆州作
部歲送數千人仗，攸之割留，簿上供討四山蠻。裝治戰艦數百
千艘。……十二月，遂舉兵。"《通典》卷一四五《樂五·雜歌
曲》："《棲烏夜飛》者，荆州刺史沈攸之所作也。攸之舉兵發
荆州來，未敗之前，思歸京師，所以歌云：'日落西山還去
來。'"《册府元龜》卷八五一《總録部·友悌一》："沈雍之與兄
攸之異生……終鎮西將軍、荆州刺史。"按：宋荆州刺史歷年
可考，無沈雍之，沈攸之也非終於鎮西將軍，《册府》所記當有
誤。武陵王贊參見是年郢州條，本傳云遷荆州在昇明二年，此
從《順帝紀》。

[湘州]

王蘊　母憂，還都。

南陽王翽　七月，督湘州諸軍事、南中郎將、湘州刺史。未之鎮，
　　進號前將軍。

吕安國　十二月,征虜將軍、刺史。

　　《宋書》卷一〇《順帝紀》:“(七月)新除郢州刺史南陽王
翽爲湘州刺史。……十二月……征虜將軍吕安國爲湘州刺
史。”卷八五《王藴傳》:“藴輕躁,薄於行業,時沈攸之爲荆州
刺史,密有異志,藴與之結厚。及齊王輔朝政,藴、攸之便連謀
爲亂,會遭母憂,還都,停巴陵十餘日,更與攸之成謀。時齊王
世子爲郢州行事,藴至郢州,謂世子必下慰之,欲因此爲變,據
夏口,與荆州連横。世子覺其意,稱疾不往,又嚴兵自衛,藴計
不得行,乃下。及攸之爲逆,藴密與司徒袁粲等結謀……事
敗,走鬭場,追禽,斬於秣陵市。”《南齊書》卷三七《劉悛傳》:
“除中書郎,行宋南陽八王事,轉南陽王南中郎司馬、長沙内
史,行湘州事。未發,霸業初建,悛先致誠節。”卷二九《吕安國
傳》:“沈攸之事起,太祖以安國爲湘州刺史,征虜將軍如故。”
按:翽參見是年郢州條。

[**雍州**]

張敬兒　十二月,進號鎮軍將軍,改爲都督。

　　《南齊書》卷二五《張敬兒傳》:“昇明元年冬,攸之反,遣
使報敬兒……乃列仗於廳事前斬之,集部曲,偵攸之下,當襲
江陵。……敬兒告變使至,太祖大喜,進號鎮軍將軍,加散騎
常侍,改爲都督。”卷二四《柳世隆傳》:“持節、督雍梁二州郢
州之竟陵司州之隨郡諸軍事、征虜將軍、寧蠻校尉、雍州刺史、
襄陽縣開國侯、新除鎮軍將軍張敬兒,志節慷慨,卷甲樊、鄧,
水步俱馳,破其巢窟。”按:張敬兒參見是年荆州條。

[**郢州**]

晉熙王燮　七月,遷揚州。

南陽王翽　七月,督郢州司州之義陽諸軍事、西中郎將、郢州刺
史。未拜,遷湘州。

武陵王贊　七月,督郢州司州之義陽諸軍事、前將軍、郢州刺史。
十二月,遷荆州。

黄回　十二月,督郢州司州之義陽諸軍事、平西將軍、郢州刺史。
《宋書》卷一〇《順帝紀》:"(七月)鎮西將軍、郢州刺史晉
熙王燮爲撫軍將軍、揚州刺史,南陽王翩爲郢州刺史。……武
陵王贊爲郢州刺史。"卷七二《晉熙王燮傳》:"順帝即位,徵爲
使持節、都督揚南徐二州諸軍事、撫軍將軍、揚州刺史。先是,
齊世子爲燮安西長史,行府州事,時亦被徵爲左衛將軍,與燮
俱下。會荆州刺史沈攸之舉兵反,世子因奉燮鎮尋陽之盆城,
據中流,爲内外形援。"《南齊書》卷三《武帝紀》:"從帝立,徵
晉熙王燮爲撫軍、揚州刺史,以上爲左衛將軍,輔燮俱下。沈
攸之事起,未得朝廷處分,上以中流可以待敵,即據盆口城爲
戰守之備。……上表求西討,不許,乃遣偏軍援郢。平西將軍
黄回等皆受上節度。加上冠軍將軍、持節。"《宋書》卷九
〇《隨陽王翩傳》:"元徽四年,年六歲……昇明元年,爲使持
節、督郢州司州之義陽諸軍事、西中郎將、郢州刺史。未拜,徙
督湘州諸軍事、南中郎將、湘州刺史,持節如故。未之鎮,進號
前將軍。"卷八〇《武陵王贊傳》:"順帝昇明元年,遷持節、督
郢州司州之義陽諸軍事、前將軍、郢州刺史。二年,爲沈攸之
所圍,徙都督荆湘雍益梁寧南北秦八州諸軍事、安西將軍、荆
州刺史,持節如故。"《南齊書》卷二四《柳世隆傳》:"爲晉熙王
安西司馬、加寧朔將軍。時世祖爲長史,與世隆相遇甚
懽。……是時朝廷疑憚沈攸之,密爲之防,府州器械,皆有素
蓄。世祖將下都,劉懷珍白太祖曰:'夏口是兵衝要地,宜得其
人。'太祖納之,與世祖書曰:'汝既入朝,當須文武兼資人與汝
意合者,委以後事,世隆其人也。'世祖舉世隆自代。轉爲武陵
王前軍長史、江夏内史、行郢州事。"《宋書》卷八三《黄回傳》:

“沈攸之反,以回爲使持節、督郢州司州之義陽諸軍事、平西將軍、郢州刺史,給鼓吹一部,率衆出新亭爲前鋒。未發,而袁粲據石頭爲亂,回與新亭諸將帥任候伯、彭文之、王宜興、孫曇瓘等謀應粲。……事既不果,齊王撫之如舊。”按:黄回參見是年荆州條,萬表闕。

[司州]

姚道和

　　《南齊書》卷二四《柳世隆傳》:“持節、督司州諸軍事、征虜將軍、司州刺史、領義陽太守、范陽縣侯姚道和,義烈梗槩,投袂方隅,風馳電掩,襲其輜重。”

[梁州][南秦州]

范柏年

[益州]

王玄載　進號後將軍。

　　《南齊書》卷二七《王玄載傳》:“沈攸之之難,玄載起義送誠,進號後軍將軍。”校勘記:“‘後軍將軍’,疑當作‘後將軍’。按後軍將軍非將軍號,似不得云‘進號’。”

[寧州]

劉延祖

柳和　二月,刺史。

　　《宋書》卷九《後廢帝紀》:“五年春二月壬申,以建寧太守柳和爲寧州刺史。”

[廣州]

陳顯達　進號左將軍。

沈景德　十一月,刺史。

周盤龍　十二月,督交廣二州軍事、征虜將軍、平越中郎將、廣州刺史。未之官。

　　　　《南齊書》卷二六《陳顯達傳》：“沈攸之事起，顯達遣軍援
臺……遣表疏歸心太祖。進使持節、左將軍。軍至巴丘，而沈
攸之平。除散騎常侍、左衛將軍。”《宋書》卷一〇《順帝紀》：
“十一月……以交州刺史沈景德爲廣州刺史。……十二
月……以驍騎將軍周盤龍爲廣州刺史。”《南齊書》卷二九《周
盤龍傳》：“昇明元年，出爲假節、督交廣二州軍事、征虜將軍、
平越中郎將、廣州刺史，未之官，預平石頭。”按：周盤龍是年
刺廣州，萬表誤列於元徽四年及是年越州條下。

[越州]

　　陳伯紹

　　孫曇瓘　　五月，寧朔將軍、刺史。未任，被誅。

　　胡羨生　　十一月，行越州刺史。

　　　　《宋書》卷九《後廢帝紀》：“五月……以屯騎校尉孫曇瓘
爲越州刺史。”卷八三《孫曇瓘傳》：“爲寧朔將軍、越州刺史。
於石頭叛走，逃竄經時，後於秣陵縣禽獲，伏誅。”卷一〇《順帝
紀》：“十一月……員外散騎侍郎胡羨生行越州刺史。”

[交州]

　　沈景德　　五月，刺史。十一月，遷廣州。

　　　　《宋書》卷九《後廢帝紀》：“五月己亥，以左軍將軍沈景德
爲交州刺史。”按：萬表沈景德前列李長仁，當誤。李長仁泰
始四年據交州叛，未任刺史，數年卒，其從弟叔獻嗣事，參見泰
始四年及元徽二年交州條。

昇明二年戊午（478）　　　正月，沈攸之平。

[揚州]

　　晉熙王燮　　解督南徐，進督南豫、江州諸軍事。二月，進號中軍

將軍。九月,遷司徒。

蕭道成 二月,進太尉、都督南徐南兗徐兗青冀司豫荊雍湘郢梁益廣越十六州諸軍事。九月,加都督中外諸軍事、太傅,領揚州牧。

《宋書》卷一〇《順帝紀》:"二月……撫軍將軍、揚州刺史晉熙王燮進號中軍將軍、開府儀同三司。……九月……加太尉齊王黃鉞、都督中外諸軍事、太傅,領揚州牧。……中軍將軍、揚州刺史晉熙王燮爲司徒。"卷七二《晉熙王燮傳》:"攸之平,燮還京邑。齊王爲南徐州,燮解督南徐,進督南豫、江州諸軍事,進號中軍將軍、開府儀同三司,遷司徒。"《南齊書》卷三七《劉悛傳》:"轉晉熙王撫軍中軍二府長史,行揚州事。"卷一《高帝紀上》:"二年正月,沈攸之攻郢城不剋,衆潰,自經死,傳首京邑。丙子,太祖旋鎮東府。二月癸未,進太祖太尉……都督南徐、南兗、徐、兗、青、冀、司、豫、荊、雍、湘、郢、梁、益、廣、越十六州諸軍事。"

[南徐州]

蕭道成

[南兗州]

李安民 二月,遷郢州。

黃回 二月,都督南兗徐兗青冀五州諸軍事、鎮北將軍、南兗州刺史。未赴,四月,被殺。

蕭映 四月,督南兗兗徐青冀五州諸軍事、輔國將軍、行南兗州刺史。九月,進監五州、冠軍將軍、南兗州刺史。

《宋書》卷一〇《順帝紀》:"二月……郢州刺史、新除鎮西將軍黃回爲鎮北將軍、南兗州刺史。……四月……新除鎮北將軍、南兗州刺史黃回有辠賜死。甲午,輔國將軍、淮南宣城二郡太守蕭映行南兗州刺史。……九月……行南兗州刺史蕭

映爲南兗州刺史。”《南齊書》卷三五《臨川王映傳》：“沈攸之
事難，太祖時領南徐州，以映爲寧朔將軍，鎮京口。事寧，除中
軍諮議、從事中郎、輔國將軍、淮南宣城二郡太守，並不拜。仍
爲假節、都督南兗兗徐青冀五州諸軍事、行兗州刺史，將軍如
故。尋除給事黃門侍郎、領前軍將軍，仍復爲冠軍將軍、南兗
州刺史、假節、都督，復爲監軍，督五州如故。”《廿二史考異》
卷二五《南齊書·臨川王映傳》：“此亦進督爲監也。上文‘假
節都督’字兩見，俱當爲‘假節督’，誤衍‘都’字耳。”按：黃回
參見是年郢州條。

[南豫州]

邵陵王友　正月，都督南豫豫司三州諸軍事、安南將軍、南豫州
刺史、歷陽太守。

　　《宋書》卷一〇《順帝紀》：“正月……以江州刺史邵陵王
友爲安南將軍、南豫州刺史。”卷九〇《邵陵王友傳》：“昇明二
年，徙都督南豫豫司三州諸軍事、安南將軍、南豫州刺史、歷陽
太守。”

[江州]

邵陵王友　正月，遷南豫州。

蕭賾　正月，都督江州豫州之新蔡晉熙二郡軍事、征虜將軍、江
州刺史。

蕭嶷　八月，都督江州豫州之新蔡晉熙二郡軍事、左將軍、江州
刺史。

　　《宋書》卷一〇《順帝紀》：“正月……左衛將軍齊王世子
爲江州刺史。……八月……以江州刺史齊王世子爲領軍將
軍、撫軍將軍。丙申，以領軍蕭嶷爲江州刺史。”《南齊書》卷
三《武帝紀》：“昇明二年，事平，轉散騎常侍，都督江州豫州之
新蔡晉熙二郡軍事、征虜將軍、江州刺史，持節如故。……其

年,徵侍中、領軍將軍。”卷三四《沈沖傳》:“世祖爲江州,沖爲
征虜長史、尋陽太守,甚見委遇。世祖還都,使沖行府、州事。
遷領軍長史。”卷三七《胡諧之傳》:“世祖頓盆城,使諧之守尋
陽城,及爲江州,復以諧之爲別駕,委以事任。”卷二二《豫章王
嶷傳》:“上流平後,世祖自尋陽還,嶷出爲使持節、都督江州豫
州之新蔡晉熙二郡軍事、左將軍、江州刺史,常侍如故。”

[徐州]

王廣之

[兗州]

李靈謙

垣崇祖　　四月,督兗青冀三州諸軍事、冠軍將軍、兗州刺史。

　　　　《宋書》卷一〇《順帝紀》:“四月己卯,以游擊將軍垣崇祖
爲兗州刺史。”《南齊書》卷二五《垣崇祖傳》:“初,崇祖遇太祖
於淮陰,太祖以其武勇,善待之。……遂密布誠節。……沈攸
之事平,以崇祖爲持節、督兗青冀三州諸軍事,累遷冠軍將軍、
兗州刺史。”

[豫州]

劉懷珍　　正月,進號平南將軍,增督南豫、北徐二州。徵還。

蕭晃　　十月,監豫司二州郢州之西陽諸軍事、西中郎將、豫州
刺史。

　　　　《宋書》卷一〇《順帝紀》:“正月……左將軍、豫州刺史劉
懷珍進號平南將軍。……十月丁丑,寧朔將軍、淮南宣城二郡
太守蕭晃爲豫州刺史。”《南齊書》卷二七《劉懷珍傳》:“進平
南將軍,增督南豫、北徐二州,增邑爲千户。初,孝武世,太祖
爲舍人,懷珍爲直閣,相遇早舊。……太祖輔政,以懷珍内資
未多,二年冬,徵爲都官尚書、領前軍將軍,以第四子寧朔將軍
晃代爲豫州刺史。或疑懷珍不受代,太祖曰:‘我布衣時,懷珍

便推懷投款,況在今日,寧當有異?'晃發經日,而疑論不止。
上乃遣軍主房靈民領百騎追送晃,謂靈民曰:'論者謂懷珍必
有異同,我期之有素,必不應爾。卿是其鄉里,故遣卿行,非唯
衛新,亦以迎故也。'懷珍還,仍授相國右司馬。"卷三五《長沙
王晃傳》:"遷爲持節、監豫司二州郢州之西陽諸軍事、西中郎
將、豫州刺史。"卷五三《沈憲傳》:"昇明二年,西中郎將晃爲
豫州,太祖擢憲爲晃長史、南梁太守,行州事。"

[青州]

　　明慶符

[冀州]

　　明慶符

[荊州]

　　武陵王贊

　　　《宋書》卷一○《順帝紀》:"二年春正月……沈攸之自郢
城奔散。己巳,華容縣民斬送之。……鎮軍將軍、雍州刺史張
敬兒克江陵,斬攸之子元琰,荊州平,同逆皆伏誅。"卷八○《武
陵王贊傳》:"攸之平,乃之鎮。"

[湘州]

　　呂安國

　　　《宋書》卷一○《順帝紀》:"二月……行湘州事任候伯殺
前湘州行事庾佩玉,傳首京邑。……五月……輔國將軍、行湘
州事任候伯有辜伏誅。"卷八三《黃回傳》:"王蘊爲湘州,潁川
庾佩玉爲蘊寧朔府長史、長沙內史。蘊去職,南中郎將、湘州
刺史南陽王翽未之任,權以佩玉行府州事。先遣中兵參軍、臨
湘令韓幼宗領軍戍防湘州,與佩玉共事,不美。及沈攸之爲
逆,佩玉、幼宗各不相信,幼宗密圖,佩玉知其謀,襲殺幼宗。
回至郢州,遣輔國將軍任候伯行湘州事,候伯以佩玉兩端,輒

殺之。湘州刺史吕安國之鎮,齊王使安國誅候伯。"《法苑珠
林》卷二七《宋韓徽念觀音》:"湘府長史庾佩玉阻甲自守,未
知所赴。以幼宗猜貳,殺之,戮及妻孥。徽以兄子繫於郡獄。"

[雍州]

張敬兒　正月,進號征西將軍。

《宋書》卷一〇《順帝紀》:"正月……鎮軍將軍、雍州刺史
張敬兒進號征西將軍。"《南齊書》卷二五《張敬兒傳》:"攸之
於郢城敗走……敬兒至江陵,誅攸之親黨……攸之於湯渚村
自經死……進號征西將軍。"

[郢州]

黄回　正月,進號鎮西將軍,改督爲都督。二月,遷南兗州。

李安民　二月,督郢州司州之義陽諸軍事、前將軍、郢州刺史。

《宋書》卷一〇《順帝紀》:"正月……平西將軍、郢州刺史
黄回進號鎮西將軍。二月……南兗州刺史李安民爲郢州刺
史。"卷八三《黄回傳》:"回進軍未至郢州,而沈攸之敗走。回
至鎮,進號鎮西將軍,改督爲都督。回不樂停郢州,固求南兗,
遂率部曲輒還。……改都督南兗徐兗青冀五州諸軍事、鎮北
將軍、南兗州刺史,加散騎常侍,持節如故。齊王以回終爲禍
亂,乃上表曰:'……便收付廷尉,依法窮治。'回死時,年五十
二。"《南齊書》卷二七《李安民傳》:"行至盆城,沈攸之平,仍
授督郢州司州之義陽諸軍事、郢州刺史,持節、將軍如故。"

[司州]

姚道和　徵還。

周盤龍　三月,督司州軍事、征虜將軍、司州刺史。

《南齊書》卷二五《張敬兒傳》:"初,敬兒既斬沈攸之使,
報隨郡太守劉道宗,聚衆得千餘人,立營頓。司州刺史姚道和
不殺攸之使,密令道宗罷軍。及攸之圍郢,道和遣軍頓堇城爲

郪援,事平,依例蒙爵賞。敬兒具以啓聞。建元元年,太祖令
有司奏道和罪,誅之。"卷二九《周盤龍傳》:"二年,沈攸之平,
司州刺史姚道和懷貳被徵,以盤龍督司州軍事、司州刺史,假
節、將軍如故。"《宋書》卷一○《順帝紀》:"三月庚戌,以廣州
刺史周盤龍爲司州刺史。"

[梁州][南秦州]

　范柏年

[益州]

王玄載

傅琰　二月,督益寧二州軍事、建威將軍、益州刺史、宋寧太守。

　　　　《南齊書》卷二七《王玄載傳》:"徵散騎常侍、領後軍,未
拜。"《高僧傳》卷一一《釋普恒傳》:"姓郭,蜀郡成都人
也。……宋昇明三年卒……州將王玄載乃爲之讚曰……"《宋
書》卷一○《順帝紀》:"二月……以山陰令傅琰爲益州刺史。"
《南齊書》卷五三《傅琰傳》:"昇明二年,太祖擢爲假節、督益
寧二州軍事、建威將軍、益州刺史、宋寧太守。"按:昇明二年
傅琰爲益州刺史,王玄載已是前州將。

[寧州]

　柳和

[廣州]

周盤龍　三月,改司州。

劉悛　三月,督廣州、輔國將軍、廣州刺史。

　　　　《宋書》卷一○《順帝紀》:"三月……輔國將軍劉悛爲廣
州刺史。"卷八六《劉勔傳》:"子悛嗣,順帝昇明末,爲廣州刺
史。"《南齊書》卷三七《劉悛傳》:"出爲持節、督廣州、廣州刺
史,(輔國)將軍如故。"按:劉悛前爲周盤龍,萬表誤爲沈
景德。

［越州］

　　胡羨生

［交州］

　　趙超民　　六月,刺史。

　　　　《宋書》卷一〇《順帝紀》:“六月己丑,以前新會太守趙超
　　民爲交州刺史。”按:吴表闕趙超民。

昇明三年己未(479)　　四月,齊代宋。

［揚州］

　　蕭道成　　四月,即帝位。

　　蕭子良　　都督會稽東陽臨海永嘉新安五郡諸軍事、輔國將軍、會
　　稽太守。

　　　　《宋書》卷一〇《順帝紀》:“三月……崇太傅爲相國,總百
　　揆,封十郡,爲齊公……其驃騎大將軍、揚州牧、南徐州刺史如
　　故。……四月壬申,進齊公爵爲齊王……辛卯,天禄永終,禪
　　位于齊。”《南齊書》卷四〇《竟陵王子良傳》:“昇明三年,爲使
　　持節、都督會稽東陽臨海永嘉新安五郡、輔國將軍、會稽太守。
　　宋世元嘉中,皆責成郡縣,孝武徵求急速,以郡縣遲緩,始遣臺
　　使,自此公役勞擾。”按:《文選》卷六〇《齊竟陵文宣王行狀》
　　“五郡”後有“諸軍事”三字。

［南徐州］

　　蕭道成

［南兖州］

　　蕭映

［南豫州］

　　邵陵王友　　二月,被殺。

　蕭頤　　三月,刺史。

　　　　《宋書》卷一○《順帝紀》:"二月丙子,安南將軍、南豫州
　　刺史邵陵王友薨。……三月……以中軍大將軍蕭頤爲南豫州
　　刺史、齊公世子,副貳相國。"

［江州］

　蕭嶷　　正月,遷荊州。

　王延之　　都督江州豫州之新蔡晉熙二郡諸軍事、安南將軍、江州
　　刺史。

　　　　《宋書》卷一○《順帝紀》:"正月……尚書左僕射王延之
　　爲安南將軍、江州刺史。"《南齊書》卷三二《王延之傳》:"三
　　年,出爲使持節、都督江州豫州之新蔡晉熙二郡諸軍事、安南
　　將軍、江州刺史。"

［徐州］

　王廣之

　　　　《南齊書》卷二九《王廣之傳》:"建元元年……轉散騎常
　　侍、左軍將軍。"

［兗州］

　垣崇祖

［豫州］

　蕭晃

［青州］

　明慶符

［冀州］

　明慶符

［荊州］

　武陵王贊　　四月,被殺。

　蕭嶷　　正月,都督荊湘雍益梁寧南北秦八州諸軍事、鎮西將軍、

荊州刺史。

《宋書》卷一〇《順帝紀》：“正月甲辰，以江州刺史蕭嶷爲鎮西將軍、荊州刺史。……四月……安西將軍武陵王贊薨。”《南齊書》卷二二《豫章王嶷傳》：“仍徙都督荊湘雍益梁寧南北秦八州諸軍事、鎮西將軍、荊州刺史，持節、常侍如故。”按：《宋書》卷八〇《武陵王贊傳》云贊死於昇明二年，此從《順帝紀》。

[湘州]

呂安國

《南齊書》卷二九《呂安國傳》：“建元元年……轉右衛將軍，加給事中。”

[雍州]

張敬兒

蕭長懋　正月，都督雍梁二州郢州之竟陵司州之隨郡軍事、北中郎將、寧蠻校尉、雍州刺史。

《宋書》卷一〇《順帝紀》：“正月……以征西將軍、雍州刺史張敬兒爲護軍將軍，新除給事黃門侍郎蕭長懋爲雍州刺史。”《南齊書》卷二一《文惠太子傳》：“昇明三年，太祖將受禪，世祖已還京師，以襄陽兵馬重鎮，不欲處他族，出太子爲持節、都督雍梁二州郢州之竟陵司州之隨郡軍事、左中郎將、寧蠻校尉、雍州刺史。”校勘記：“左中郎將，《南史》卷四四《齊武帝諸子文惠太子長懋傳》作‘北中郎將’，疑是。按本書卷三七《胡諧之傳》云文惠太子鎮襄陽，胡諧之爲北中郎征虜司馬、扶風太守，‘在鎮毗贊’。”按：萬表闕蕭長懋。

[郢州]

李安民

蕭順之　正月，刺史。

　　《南齊書》卷二七《李安民傳》：“昇明三年，遷左衛將軍、領衛尉。”《宋書》卷一〇《順帝紀》：“正月……安西長史蕭順之爲郢州刺史。”

［司州］

周盤龍

［梁州］［南秦州］

范柏年　被誅。

王玄邈　正月，都督梁南秦二州軍事、征虜將軍、西戎校尉、梁南秦二州刺史。

　　《南齊書》卷二一《文惠太子傳》：“梁州刺史范柏年誘降晉壽亡命李烏奴討平氐賊楊城、蘇道熾等，頗著威名。沈攸之事起，柏年遣將陰廣宗領軍出魏興聲援京師，而候望形勢，事平，朝廷遣王玄邈代之。烏奴勸柏年據漢中不受命，柏年計未決，玄邈已至，柏年遲回魏興不肯下，太子慮其爲變，乃遣説柏年，許啓爲府長史，柏年乃進襄陽，因執誅之。”《宋書》卷一〇《順帝紀》：“三年春正月……以驍騎將軍王玄邈爲梁、南秦二州刺史。”《南齊書》卷二七《王玄邈傳》：“出爲持節、都督梁南秦二州軍事、征虜將軍、西戎校尉、梁南秦二州刺史，兄弟同時爲方伯。”按：萬表列王玄邈於昇明二年，此從《順帝紀》。

［益州］

傅琰

［寧州］

柳和

［廣州］

劉悛

［越州］

　胡羡生

［交州］

　趙超民

齊方鎮年表

齊初承宋，臨淮而守。建武中，魏遷都洛陽，南侵齊境，齊失沔北之地，退守襄陽。永元中，裴叔業以壽陽降魏，齊復失豫州淮南之地。齊初有二十二州，後置巴州，旋廢，是前後共置二十三州，即揚、南徐、南兗、南豫、江、徐、兗、豫、青、冀、荊、湘、雍、郢、司、梁、南秦、巴、益、寧、廣、越、交。

齊之方鎮格局大體因襲劉宋，明顯的變化是各都督區加督的州郡數減少，相互之間的統屬關係也沒有劉宋複雜。（一）揚州都督區。鎮建康。常督揚、南徐二州。內置會稽都督區，督浙江東五郡。（二）南徐州都督區。鎮京口。常督南徐、南兗二州。宋時南徐州刺史常加督徐、兗、青、冀等州，齊時未見。永明中曾省南徐州軍府，不置都督。（三）南兗州都督區。鎮廣陵。常督南兗、兗、徐、青、冀五州。兗州、徐州、青冀二州常另爲都督區，然爲南兗州所督。（四）徐州都督區。鎮鍾離。常督徐州。宋時徐州刺史常加督兗、青、冀州及豫州之梁郡，齊時未見，唯督本州。（五）南豫州都督區。鎮姑熟。常督南豫、司二州。宋時南豫州刺史常加督豫州，齊時加督豫州者僅見蕭子懋一人，豫州遂另爲獨立都督區，南豫州亦時并入豫州。（六）豫州都督區。鎮壽陽。常督豫州，或加督郢州之西陽、司州之汝南二郡。齊末壽陽沒於魏。（七）江州都督區。鎮尋陽。常督江州。宋時江州刺史常加督豫州之西陽、新蔡、晉熙三郡，齊初王延之加督新蔡、晉熙，蕭嶷加督晉熙，此後江州刺史唯督本州。永明中曾省江州軍府，不置都督。（八）荊州都督區。鎮江陵。齊初督荊、湘、益、寧、雍、梁、南北秦八州，後置巴州，所督增至九州，巴州尋廢。湘州、益州、雍州、梁南秦二州常另爲都督區，異姓出鎮時爲荆州所督，宗王出鎮時則例不爲荆州所督，故永明後荆州所督通常爲七州或六州。（九）湘州都督區。鎮臨湘。常督湘州。（十）益州都督區。鎮成都。常督益寧二州。（十一）雍州都督區。鎮襄陽。常督雍、梁、南北秦四州及郢州之竟陵、司州之隨郡。（十二）郢州都督區。鎮夏口。初督郢州及司州之義陽，永明七年後督郢、司二州。司州常另爲都督區，然先後爲南豫州、郢州所督。（十三）廣州都督區。鎮番禺。齊時廣州刺史少見加都督，唯齊初劉悛督廣州，鬱林王時王思遠督廣、交、越三州（未到任）。

　　齊時核心都督區仍主要由宗王鎮守。揚州先後任都督、刺史（牧）者八人（含單任刺史者，下同），唯齊末的蕭衍爲疏族，無異姓。南徐州先後任都督、刺史者十四人，唯蕭諶、蕭秀爲疏族，無異姓。南豫州先後任都督、刺史者八人，唯柳世隆、申冑爲異姓。荆州先後任都督、刺史者十人，唯蕭遙欣、蕭穎冑爲疏族，無異姓。中間都督區中，宗王任都督、刺史的比例也很高。會稽六人中有宗王五人（單任會稽太守者不計），南兖州十八人中有宗王九人，江州十五人中有宗王八人，湘州十人中有宗王四人、疏族一人，郢州十三人中有宗王五人、疏族四人，唯巴州暫置，無宗王。外圍都督區中，宗王任都督、刺史者很少，唯雍州十一人中宗王三人、疏族四人，豫州十一人中有宗王一人、疏族四人，益州八人中有宗王一人、疏族一人，其餘徐、兖、青、冀、司、梁南秦、寧、廣、越、交等州皆無宗王出鎮。與劉宋相比，蕭齊對疏族的任用明顯增加。

　　蕭道成臨終云：“宋氏若不骨肉相圖，他族豈得乘其衰弊！”故蕭頤在位時對宗王的控制十分嚴厲，兄弟之爭較劉宋有所緩和。但這又爲血緣較遠的同姓提供了可乘之機，先是蕭鸞廢帝自立，盡誅高、武諸子，後蕭衍又在雍州起兵，攻入建康，盡誅蕭鸞諸子,取代了蕭齊。

高帝建元元年己未(479)　　四月,蕭道成即位。

[揚州]　承宋置,治建康。

豫章王嶷　四月,尚書令、都督揚南徐二州諸軍事、驃騎大將軍、揚州刺史。未任。

臨川王映　九月,都督揚南徐二州諸軍事、前將軍、揚州刺史。

聞喜公子良　都督會稽東陽臨海永嘉新安五郡、輔國將軍、會稽太守。

　　《南齊書》卷二《高帝紀下》:"四月……以荆州刺史嶷爲尚書令、驃騎大將軍、開府儀同三司、揚州刺史,冠軍將軍映爲荆州刺史。……六月……罷荆州刺史。……九月……以新除尚書令、驃騎將軍豫章王嶷爲荆、湘二州刺史。……平西將軍臨川王映爲揚州刺史。"卷三五《臨川王映傳》:"以映爲使持節、都督荆湘雍益梁寧南北秦八州諸軍事、平西將軍、荆州刺史。……又領湘州刺史。豫章王嶷既留鎮陝西,映亦不行。改授散騎常侍、都督揚南徐二州諸軍事、前將軍、揚州刺史,持節如故。國家初創,映以年少臨神州,吏治聰敏,府州曹局,皆重足以奉禁令,自宋彭城王義康以後未之有也。"按:萬斯同《齊方鎮年表》無揚州,見其所編《齊將相大臣年表》。嶷參見是年荆州條。

[南徐州]　承宋置,治京口。

長沙王晃　四月,都督南徐兗二州諸軍事、後將軍、南徐州刺史。

　　《南齊書》卷二《高帝紀下》:"四月……西中郎將晃爲南徐州刺史。"卷三五《長沙王晃傳》:"太祖踐祚,晃欲用政事,輒爲典籤所裁,晃執殺之。上大怒,手詔賜杖。尋遷使持節、都督南徐兗二州諸軍事、後將軍、南徐州刺史。"按:江淹《北伐詔》(《江文通集校注》卷九)"後將軍"作"後軍將軍",此從本傳。

[**南兗州**] 承宋置,治廣陵。

　王敬則　四月,都督南兗兗徐青冀五州軍事、平北將軍、南兗州刺史。

　　　　《南齊書》卷二《高帝紀下》:"四月……中領軍王敬則爲南兗州刺史。"卷二六《王敬則傳》:"建元元年,出爲使持節、散騎常侍、都督南兗兗徐青冀五州軍事、平北將軍、南兗州刺史。"

[**南豫州**] 承宋置,建元二年并入豫州,永明二年復置,治姑熟。

　柳世隆　四月,都督南豫司二州諸軍事、平南將軍、南豫州刺史。

　　　　《南齊書》卷二《高帝紀下》:"四月……吳郡太守柳世隆爲南豫州刺史。"卷二四《柳世隆傳》:"太祖踐阼,起爲使持節、都督南豫司二州諸軍事、平南將軍、南豫州刺史。"卷一四《州郡志上》南豫州:"建元二年,太祖以西豫吏民寡刻,分置兩州,損費甚多,省南豫。……永明二年,割揚州宣城、淮南,豫州歷陽、譙、廬江、臨江六郡,復置南豫州。"卷三五《宜都王鏗傳》:"(永明)十一年,爲持節、都督南豫司二州軍事、冠軍將軍、南豫州刺史,鎮姑熟。"《諸史考異》卷六《南齊書》"西豫州"條:"《宋志》永初二年分淮東爲南豫州,淮西爲豫州。其時稱西豫者,即豫州也。"

[**江州**] 承宋置,治尋陽。

　王延之　都督江州豫州之新蔡晉熙二郡諸軍事、安南將軍、江州刺史。

[**徐州**] 承宋置,治鍾離,或曰北徐州。

　崔文仲　四月,刺史。

　　　　《南齊書》卷二《高帝紀下》：“四月……驃騎司馬崔文仲
爲徐州刺史。”卷二八《崔文仲傳》：“歷驃騎諮議，出爲徐州
刺史。”

［兗州］　承宋置，治淮陰，或曰北兗州。

　周山圖　　六月，督兗青冀三州徐州東海朐山軍事、寧朔將軍、兗
州刺史。

　　　　《南齊書》卷二《高帝紀下》：“六月……以游擊將軍周山
圖爲兗州刺史。”卷二九《周山圖傳》：“出爲假節、督兗青冀三
州徐州東海朐山軍事、寧朔將軍、兗州刺史。百姓附之。”

［豫州］　承宋置，治壽陽。永元二年，壽陽没於魏。

　垣崇祖　　四月，監豫司二州諸軍事、冠軍將軍、豫州刺史。

　　　　《南齊書》卷二《高帝紀下》：“四月……冠軍將軍垣崇祖
爲豫州刺史。”卷二五《垣崇祖傳》：“太祖踐阼……徙爲使持
節、監豫司二州諸軍事、豫州刺史，將軍如故。”卷七《東昏侯
紀》：“（永元二年）正月……詔討豫州刺史裴叔業。二月……
裴叔業病死，兄子植以壽春降虜。”

［青州］［冀州］　承宋置，二州一刺史，治鬱洲。

　明慶符　　青冀二州刺史。

［荆州］　承宋置，治江陵。

　豫章王嶷　　四月，遷揚州，不行。九月，復爲都督荆湘雍益梁寧
南北秦八州諸軍事、驃騎大將軍、南蠻校尉、荆湘二州刺史。

　臨川王映　　四月，都督荆湘雍益梁寧南北秦八州諸軍事、平西將
軍、荆州刺史，又領湘州刺史。未任，遷揚州。

　　　　《南齊書》卷二二《豫章王嶷傳》：“建元元年……遷侍中、
尚書令、都督揚南徐二州諸軍事、驃騎大將軍、開府儀同三司、
揚州刺史，持節如故。……會北虜動，上思爲經略，乃詔曰：
‘神牧總司王畿，誠爲治要，荆楚領馭遐遠，任寄弘隆。自頃公

私凋盡,綏撫之宜,尤重恒日。'復以爲都督荆湘雍益梁寧南北
秦八州諸軍事、南蠻校尉、荆湘二州刺史,持節、侍中、將軍、開
府如故。晉宋之際,刺史多不領南蠻,別以重人居之,至是有
二府二州。荆州資費歲錢三千萬,布萬匹,米六萬斛,又以江、
湘二州米十萬斛給鎮府,湘州資費歲七百萬,布三千匹,米五
萬斛,南蠻資費歲三百萬,布萬匹,綿千斤,絹三百匹,米千斛,
近代莫比也。"按:嶷、映參見是年揚州條。

[湘州] 承宋置,治臨湘。

　豫章王嶷　荆州兼。

　　　《南齊書》卷三一《江謐傳》:"建元元年,遷侍中,出爲臨
　　　川王平西長史、冠軍將軍、長沙内史、行湘州留事,先遣之鎮,
　　　既而驃騎豫章王嶷領湘州,以謐爲長史,將軍、内史、知州留事
　　　如故。"按:吳表建元元年湘州刺史條闕嶷。

[雍州] 承宋置,治襄陽。

　南郡王長懋　都督雍梁二州郢州之竟陵司州之隨郡軍事、左中
　　郎將、寧蠻校尉、雍州刺史。進號征虜將軍。

　　　《南齊書》卷二一《文惠太子傳》:"建元元年……進號征
　　　虜將軍。"

[郢州] 承宋置,治夏口。

　蕭順之　刺史。

[司州] 承宋置,治義陽。

　周盤龍　督司州軍事、征虜將軍、司州刺史。

　蕭景先　十一月,督司州軍事、寧朔將軍、司州刺史,領義陽太
　　守。進號輔國將軍。

　　　《南齊書》卷二《高帝紀下》:"十一月庚子,以太子左衛率
　　　蕭景先爲司州刺史。"卷三八《蕭景先傳》:"出爲持節、督司州
　　　軍事、寧朔將軍、司州刺史,領義陽太守。是冬,虜出淮、泗,增

司部邊戍兵。……虜退，進號輔國將軍。”

[梁州][南秦州]　承宋置，二州一刺史，治南鄭。

　王玄邈　都督梁南秦二州軍事、征虜將軍、西戎校尉、梁南秦二州刺史。

[巴州]　建元二年置，永明元年廢，治魚復。

　　　《南齊書》卷一五《州郡志下》巴州：“三峽險隘，山蠻寇賊，宋泰始三年，議立三巴校尉以鎮之。後省。昇明二年，復置。建元二年，分荊州巴東建平、益州巴郡爲州，立刺史，而領巴東太守，又割涪陵郡屬。永明元年省，各還本屬焉。”

[益州]　承宋置，治成都。

　傅琰　督益寧二州軍事、建威將軍、益州刺史、宋寧太守。進號寧朔將軍。

　　　《南齊書》卷五三《傅琰傳》：“建元元年，進號寧朔將軍。”《魏晉南北朝史札記·〈南齊書〉札記·傅琰傳》：“宋志無寧朔，唯有寧遠，遠在建威之後。各傳屢見此號，蓋志有脱漏。齊志有寧朔，在輔國之下寧遠之上。”

[寧州]　承宋置，治建寧。

　柳和　刺史。

　　　《南齊書》卷一五《州郡志下》寧州：“鎮建寧郡。”按：萬表誤柳和爲“姚和”。

[廣州]　承宋置，治番禺。

　劉悛　督廣州、冠軍將軍、廣州刺史。

　　　《南齊書》卷三七《劉悛傳》：“太祖受禪，國除。進號冠軍將軍。”《法苑珠林》卷一四《齊番禺石像遇火輕舉緣》：“州部兵寇，輒淚汗滿體。嶺南以爲恒候。後廣州刺史劉悛表送出都。今應在故蔣州寺中。”

[越州]　承宋置，治臨漳。

胡羨生　行越州刺史。

　　《南齊書》卷一四《州郡志上》越州：“鎮臨漳郡，本合浦北
界也。”按：胡羨生於宋昇明元年任越州刺史，何年去任不詳，
吳表列至齊建元四年，從之。

[交州]　承宋置，治龍編。

趙超民　刺史。

李叔獻　七月，刺史。

　　《南齊書》卷二《高帝紀下》：“七月……以試守武平太守、
行交州府事李叔獻爲交州刺史。”卷五八《扶南傳》：“太祖建
元元年，仍以叔獻爲交州刺史，就安慰之。”《法苑珠林》卷三
六《梁沙門釋惠釗》：“惠釗生緣姓徐，齊初隨舅在廬陵……仍
感神瑞，入水不没，入火不然。……於是競以香華貢奉，每有
靈驗。南人李叔獻結願乞本州，後果爲交州刺史。”

建元二年庚申（480）

[揚州]

臨川王映　遷荆州。

豫章王嶷　十二月，都督揚南徐二州諸軍事、中書監、司空、揚州
刺史。

聞喜公子良　去官。

武陵王曄　都督會稽東陽新安永嘉臨海五郡軍事、征虜將軍、會
稽太守。

　　《南齊書》卷二《高帝紀下》：“十二月……以驃騎大將軍
豫章王嶷爲司空、揚州刺史。”卷二二《豫章王嶷傳》：“入爲都
督揚南徐二州諸軍事、中書監、司空、揚州刺史，持節、侍中如
故。加兵置佐。以前軍臨川王映府文武配司空府。”卷四

〇《竟陵王子良傳》：“建元二年，穆妃薨，去官。”卷三五《武陵
王曅傳》：“建元三年，出爲持節、都督會稽東陽新安永嘉臨海
五郡軍事、會稽太守，（征虜）將軍如故。”按：《南史》卷四三
《武陵王曅傳》“三年”作“二年”，從之。

［南徐州］

長沙王晃

［南兗州］

王敬則　　進號安北將軍。棄鎮還。

陳顯達　　三月，都督南兗兗徐青冀五州諸軍事、平北將軍、南兗
州刺史。

　　《南齊書》卷二六《王敬則傳》：“二年，進號安北將軍。虜
寇淮、泗，敬則恐，委鎮還都，百姓皆驚散奔走，上以其功臣，不
問，以爲都官尚書、撫軍。”卷二七《王玄載傳》：“會虜動，南兗
州刺史王敬則奔京師，上遣玄載領廣陵，加平北將軍、假節、行
南兗州事，本官如故。事寧，爲光祿大夫、員外散騎常侍。”卷
二《高帝紀下》：“三月……以護軍將軍陳顯達爲南兗州刺
史。”卷二六《陳顯達傳》：“建元二年，虜寇壽陽，淮南江北百
姓搔動。上以顯達爲使持節、散騎常侍、都督南兗兗徐青冀五
州諸軍事、平北將軍、南兗州刺史。之鎮，虜退。”

［南豫州］

柳世隆　　進號安南將軍。罷南豫州，并入豫州。

　　《南齊書》卷二四《柳世隆傳》：“建元二年，進號安南將
軍。是時虜寇壽陽，上敕世隆曰：‘歷陽城大，恐不可卒治，正
宜斷隔之，深爲保固。處分百姓，若不將家守城，單身亦難可
委信也。’尋又敕曰：‘吾更歷陽外城，若有賊至，即勒百姓守
之，故應勝割棄也。’垣崇祖既破虜，上欲罷并二豫，敕世隆曰：
‘比思江西蕭索，二豫兩辦爲難。議者多云省一足一，於事爲

便。吾謂非乃乖謬。卿以爲云何？可具以聞。'尋授後將軍、尚書右僕射，不拜。"卷一四《州郡志上》南豫州："建元二年，太祖以西豫吏民寡刻，分置兩州，損費甚多，省南豫。左僕射王儉啓：'愚意政以江西連接汝、潁，土曠民希。匈奴越逸，唯以壽春爲阻。若使州任得才，虜動要有聲聞，豫設防禦，此則不俟南豫。假令或慮一失，醜羯之來，聲不先聞，胡馬倏至，壽陽嬰城固守，不能斷其路，朝廷遣軍歷陽，已當不得先機。戎車初戒，每事草創，孰與方鎮常居，軍府素正。臨時配助，所益實少。安不忘危，古之善政。所以江左屢分南豫，意亦可求。如聞西豫力役尚復粗可，今得南譙等郡，民户益薄，於其實益，復何足云。'太祖不從。"《十七史商榷》卷六二《南史合宋齊梁陳書十》"江西即江北"條："《柳世隆傳》……此江西即指壽陽一路徐沛淮泗之間而言，亦以江北爲江西也。"

[江州]

王延之 進號鎮南將軍。

《南齊書》卷三二《王延之傳》："建元二年，進號鎮南將軍。"按：《南史》卷二四《王延之傳》"二年"作"元年"。

[徐州]

崔文仲

王廣之 都督淮北軍事、平北將軍、徐州刺史。

《南齊書》卷二八《崔文仲傳》："除黃門郎，領越騎校尉。"卷二九《王廣之傳》："建元元年……轉散騎常侍、左軍將軍。北虜動，明年，詔假廣之節，出淮上。廣之家在彭、沛，啓上求招誘鄉里部曲，北取彭城，上許之。以廣之爲使持節、都督淮北軍事、平北將軍、徐州刺史。"按：萬表、吳表皆闕王廣之。

[兗州]

周山圖 進號輔國將軍。

　　　　　　《南齊書》卷二九《周山圖傳》：“二年，進號輔國將軍。”

　[豫州]

　　垣崇祖

　[青州][冀州]

　　明慶符

　　崔祖思　督青冀二州、征虜將軍、青冀二州刺史。尋卒。

　　盧紹之　輔國將軍、青冀二州刺史。

　　　　　　《南齊書》卷五四《明僧紹傳》：“慶符，建元初，爲黄門。”
　　　　卷二《高帝紀下》：“三月……以征虜將軍崔祖思爲青冀二州
　　　　刺史。……七月甲寅，以輔國將軍盧紹之爲青冀二州刺史。”
　　　　卷二八《崔祖思傳》：“二年，進號征虜將軍，軍主如故。仍遷
　　　　假節、督青冀二州、刺史，將軍如故。少時，卒。”

　[荆州]

　　豫章王嶷　遷揚州。

　　臨川王映　十二月，都督荆湘雍益梁巴寧南北秦九州諸軍事、鎮
　　　　西將軍、荆州刺史。

　　　　　　《南齊書》卷二《高帝紀下》：“十二月……前將軍臨川王
　　　　映爲荆州刺史。”卷三五《臨川王映傳》：“出爲都督荆湘雍益
　　　　梁巴寧南北秦九州諸軍事、鎮西將軍、荆州刺史，持節、常侍
　　　　如故。”

　[湘州]

　　豫章王嶷

　　王僧虔　都督湘州諸軍事、征南將軍、湘州刺史。

　　　　　　《南齊書》卷三三《王僧虔傳》：“其年冬，遷持節、都督湘
　　　　州諸軍事、征南將軍、湘州刺史，侍中如故。”

　[雍州]

　　南郡王長懋

蕭赤斧　督雍梁南北秦四州郢州之竟陵司州之隨郡軍事、冠軍將軍、寧蠻校尉、雍州刺史。

　　《南齊書》卷二一《文惠太子傳》：“會北虜南侵，上慮當出樊、沔。二年，徵爲侍中、中軍將軍，置府，鎮石頭。”卷二《高帝紀下》：“二月……以寧蠻校尉蕭赤斧爲雍州刺史。”卷三八《蕭赤斧傳》：“起爲冠軍將軍、寧蠻校尉。出爲持節、督雍梁南北秦四州郢州之竟陵司州之隨郡軍事、雍州刺史，本官如故。”

[郢州]

蕭順之

蕭鸞　都督郢州司州之義陽諸軍事、冠軍將軍、郢州刺史。進號征虜將軍。

　　《南齊書》卷二《高帝紀下》：“三月丁酉，以侍中西昌侯鸞爲郢州刺史。”卷六《明帝紀》：“建元二年，爲持節、督郢州司州之義陽諸軍事、冠軍將軍、郢州刺史，進號征虜將軍。”按：江淹《蕭冠軍進號征虜詔》（《江文通集校注》卷九）“持節、督”作“使持節、都督”，從之。

[司州]

蕭景先

[梁州][南秦州]

王玄邈

崔慧景　都督梁南北秦沙四州軍事、輔國將軍、西戎校尉、梁南秦二州刺史。

　　《南齊書》卷二七《王玄邈傳》：“還爲征虜將軍、長沙王後軍司馬、南東海太守。”卷二《高帝紀下》：“二月……南蠻長史崔惠景爲梁南秦二州刺史。”卷五一《崔慧景傳》：“梁州賊李烏奴未平，以慧景爲持節、都督梁南北秦沙四州軍事、西戎校尉、梁南秦二州刺史,（輔國）將軍如故。敕荆州資給發遣,配以實甲千人,步道從襄陽之鎮。……烏奴大敗,遂奔于武興。”

［巴州］

明惠照　刺史,二月置。

《南齊書》卷二《高帝紀下》:“二月……置巴州。壬申,以三巴校尉明慧昭爲巴州刺史。”卷一五《州郡志下》巴州:“建元二年,分荆州巴東建平、益州巴郡爲州,立刺史,而領巴東太守,又割涪陵郡屬。”卷一六《百官志》:“護三巴校尉。宋置。建元二年,改爲刺史。”卷五八《蠻傳》:“汶陽本臨沮西界,二百里中,水陸迂狹,魚貫而行,有數處不通騎,而水白田甚肥腴,桓温時割以爲郡。西北接梁州新城,東北接南襄城,南接巴、巫二邊,並山蠻凶盛,據險爲寇賊。宋泰始以來,巴建蠻向宗頭反,刺史沈攸之斷其鹽米,連討不剋。……太祖置巴州以威静之。”卷五四《明僧紹傳》:“僧胤子惠照……建元元年爲巴州刺史。”按:年從紀,名從傳。

［益州］

傅琰

《南齊書》卷五一《裴叔業傳》:“上初即位,群下各獻讜言。二年,叔業上疏曰:‘成都沃壤,四塞爲固,古稱一人守隘,萬夫趑趄。雍、齊亂於漢世,譙、李寇於晉代,成敗之迹,事載前史。頃世以來,綏馭乖術,地惟形勢,居之者異姓,國實武用,鎮之者無兵,致寇掠充斥,賦稅不斷。宜遣帝子之尊,臨撫巴蜀,總益、梁、南秦爲三州刺史。率文武萬人,先啓岷漢,分遣郡戍,皆配精力,搜盪山源,糾虔姦蠹。威令既行,民夷必服。’”

［廣州］

劉悛

［越州］

　胡羨生

［交州］

　李叔獻

建元三年辛酉（481）

［揚州］

　豫章王嶷

　武陵王曅

［南徐州］

　長沙王晃

［南兗州］

　陳顯達　遷益州。

　柳世隆　督南兗兗徐青冀五州軍事、安北將軍、南兗州刺史。

　　　　《南齊書》卷二《高帝紀下》：“正月……貞陽公柳世隆爲
　　　　南兗州刺史。”卷二四《柳世隆傳》：“三年，出爲使持節、督南
　　　　兗兗徐青冀五州軍事、安北將軍、南兗州刺史。”《南史》卷三
　　　　八《柳世隆傳》：“三年，出爲南兗州刺史，加都督。”

［江州］

　王延之

［徐州］

　王廣之　免。

　徐榮祖　冠軍將軍、刺史。

　　　　《南齊書》卷二九《王廣之傳》：“廣之引軍過淮，無所剋
　　　　獲，坐免官。”卷二《高帝紀下》：“七月，以冠軍將軍徐榮祖爲
　　　　徐州刺史。”校勘記：“‘徐榮祖，南監本、北監本、汲本、殿本、

局本作‘垣榮祖’。按本書卷二八《垣榮祖傳》不言垣榮祖曾
爲徐州刺史。《南史》卷五九《王僧孺傳》載齊武帝時有徐榮
祖，爲徐夤父，‘位祕書監’，或即此人。”

［兗州］

　周山圖

［豫州］

　垣崇祖

［青州］［冀州］

　盧紹之

［荆州］

　臨川王映

［湘州］

　王僧虔

［雍州］

　蕭赤斧

［郢州］

　蕭鸞

［司州］

　蕭景先

［梁州］［南秦州］

　崔慧景

［巴州］

　明惠照

［益州］

　傅琰

陳顯達　都督益寧二州軍事、安西將軍、益州刺史，領宋寧太守。
　　《南齊書》卷五三《傅琰傳》：“四年，徵驍騎將軍、黄門

郎。"卷二《高帝紀下》:"正月……以平北將軍陳顯達爲益州
刺史。"卷二六《陳顯達傳》:"遷都督益寧二州軍事、安西將
軍、益州刺史、領宋寧太守,持節、常侍如故。"

[廣州]

劉悛

沈景德　寧朔將軍、刺史。

　　《南齊書》卷二《高帝紀下》:"四月,以寧朔將軍沈景德爲
　　廣州刺史。"

[越州]

胡羨生

[交州]

李叔獻

建元四年壬戌(482)　三月,高帝死,太子賾即位。

[揚州]

豫章王嶷　進位太尉。

武陵王曅　進號左將軍,入爲中書令。

　　《南齊書》卷二二《豫章王嶷傳》:"世祖即位,進位太尉,
　　置兵佐,解侍中。"卷三五《武陵王曅傳》:"世祖即位,進號左
　　將軍,入爲中書令,將軍如故。"

[南徐州]

長沙王晃

南郡王長懋　正月,都督南徐兗二州諸軍事、征北將軍、南徐州
　　刺史。

竟陵王子良　五月,都督南徐兗二州諸軍事、鎮北將軍、南徐州
　　刺史。

　　　　《南齊書》卷三五《長沙王晃傳》：“入爲侍中、護軍將軍。”
卷二《高帝紀下》：“正月……中軍將軍南郡王長懋爲南徐州
刺史。”卷三《武帝紀》：“五月乙丑，以丹陽尹聞喜公子良爲南
徐州刺史。……六月甲申，立皇太子長懋。……進封聞喜公
子良爲竟陵王。”卷二一《文惠太子傳》：“四年，遷使持節、都
督南徐兗二州諸軍事、征北將軍、南徐州刺史。世祖即位，爲
皇太子。”卷四〇《竟陵王子良傳》：“世祖即位……爲使持節、
都督南徐兗二州諸軍事、鎮北將軍、南徐州刺史。”

［南兗州］

柳世隆

［江州］

王延之

安成王暠　　正月，督江州豫州之晉熙諸軍事、南中郎將、江州
刺史。

　　　　《南齊書》卷二《高帝紀下》：“正月……以江州刺史王延
之爲右光禄大夫。……冠軍將軍安成王暠爲江州刺史。”卷三
二《王延之傳》：“四年，遷中書令、右光禄大夫。”卷三五《安成
王暠傳》：“四年，出爲使持節、督江州豫州之晉熙諸軍事、南中
郎將、江州刺史。”

［徐州］

徐榮祖

戴僧静　　十二月，督徐州諸軍事、冠軍將軍、北徐州刺史。

　　　　《南齊書》卷三《武帝紀》：“十二月……以太子左衛率戴
僧静爲徐州刺史。”卷三〇《戴僧静傳》：“世祖踐阼，出爲持
節、督徐州諸軍事、冠軍將軍、北徐州刺史。”

［兗州］

周山圖

張倪　四月,輔國將軍、刺史。

　　《南齊書》卷三《武帝紀》:“四月丙午,以輔國將軍張倪爲兗州刺史。”卷一四《州郡志上》北兗州:“鎮淮陰。……建元四年,移鎮盱眙,仍領盱眙郡。舊北對清泗,臨淮守險,有陽平石鱉,田稻豐饒。所領唯陽平一郡。”

[豫州]

垣崇祖　進號安西將軍。徵還。

蕭順之　七月,刺史。

　　《南齊書》卷三《武帝紀》:“五月……以新除左衛將軍垣崇祖爲豫州刺史。……七月庚申,以衛尉蕭順之爲豫州刺史。”卷二五《垣崇祖傳》:“世祖即位,徵爲散騎常侍、左衛將軍。俄詔留本任,加號安西。仍遷五兵尚書、領驍騎將軍。初,豫章王有盛寵,世祖在東宮,崇祖不自附結。及破虜,詔使還朝,與共密議。世祖疑之……太祖崩,慮崇祖爲異,便令內轉。永明元年四月九日,詔曰:‘……便可收掩,肅明憲辟。’”
　　按:萬表建元四年至永明三年豫州刺史皆誤爲蕭鸞。

[青州][冀州]

盧紹之

桓康　二月,督青冀二州東徐之東莞琅邪二郡朐山戍北徐之東海漣口戍諸軍事、冠軍將軍、青冀二州刺史。卒。

垣榮祖　七月,督青冀二州、冠軍將軍、青冀二州刺史。

　　《南齊書》卷二《高帝紀下》:“二月乙未,以冠軍將軍桓康爲青冀二州刺史。”卷三〇《桓康傳》:“以康爲持節、督青冀二州東徐之東莞琅邪二郡朐山戍北徐之東海漣口戍諸軍事、青冀二州刺史,冠軍如故。世祖即位,轉驍騎將軍,復前軍郡。其年,卒。”《廿二史考異》卷二五《南齊書·桓康傳》:“《州郡志》止有南徐北徐,初無東徐之名,惟青州有東莞、琅邪二郡,

治朐山,蓋齊初嘗別爲東徐矣。"《諸史考異》卷六《南齊書》
"東徐州"條:"《宋書·明帝紀》泰始三年十一月分徐州置東
徐州⋯⋯桓康督東徐在齊建元四年,《齊志》不載,當是其後省
也。"《南齊書》卷三《武帝紀》:"七月⋯⋯以冠軍將軍垣榮祖
爲青冀二州刺史。"卷二八《垣榮祖傳》:"出爲持節、督青冀二
州、刺史,冠軍如故。"卷一四《州郡志上》青州:"建元四年,移
鎮朐山,後復舊。"按:萬表誤"桓康"爲"桓康祖",誤"垣榮
祖"爲"桓榮祖"。

［荆州］

臨川王映　進號征西將軍。

　　《南齊書》卷三五《臨川王映傳》:"以國憂解散騎常侍,進
　　號征西。"

［湘州］

王僧虔

王奐　九月,監湘州軍事、前將軍、湘州刺史。

　　《南齊書》卷三三《王僧虔傳》:"世祖即位,僧虔以風疾欲
　　陳解,會遷侍中、左光禄大夫、開府儀同三司。"卷三《武帝
　　紀》:"九月⋯⋯尚書右僕射王奐爲湘州刺史。"卷四九《王奐
　　傳》:"世祖即位,徵右僕射。仍轉使持節監湘州軍事、前將軍、
　　湘州刺史。"《高僧傳》卷一一《釋志道傳》:"王奐出鎮湘州,攜
　　與同遊。以永明二年卒於湘土。"

［雍州］

蕭赤斧　徵還。

鄱陽王鏘　六月,督雍梁南北秦四州郢州之竟陵司州之隨郡軍
　　事、北中郎將、寧蠻校尉、雍州刺史。

　　《南齊書》卷三八《蕭赤斧傳》:"遷散騎常侍、左衛將軍。世
　　祖親遇與蕭景先相比。"卷三《武帝紀》:"六月⋯⋯以鄱陽王鏘

爲雍州刺史。"卷三五《鄱陽王鏘傳》:"建元四年,世祖即位,以鏘爲使持節、督雍梁南北秦四州郢州之竟陵司州之隨郡軍事、北中郎將、寧蠻校尉、雍州刺史。"卷二四《張瑰傳》:"世祖即位,爲冠軍將軍、鄱陽王北中郎長史、襄陽相、行雍州府州事。"

[郢州]

蕭鸞

廬陵王子卿 六月,都督郢州司州之義陽軍事、冠軍將軍、郢州刺史。

《南齊書》卷六《明帝紀》:"世祖即位,轉度支尚書,領右軍將軍。"卷三《武帝紀》:"六月……臨汝公子卿爲郢州刺史。……臨汝公子卿爲廬陵王。"卷四〇《廬陵王子卿傳》:"世祖即位,爲持節、都督郢州司州之義陽軍事、冠軍將軍、郢州刺史。"卷三四《沈沖傳》:"冠軍廬陵王子卿爲郢州,以沖爲長史、輔國將軍、江夏內史,行府、州事。"

[司州]

蕭景先 徵還。

吕安國 三月,平西將軍、刺史,領義陽太守。

《南齊書》卷三八《蕭景先傳》:"世祖即位,徵爲侍中、領左軍將軍,尋兼領軍將軍。"卷三《武帝紀》:"三月……以右衛將軍吕安國爲司州刺史。"卷二九《吕安國傳》:"世祖即位,授使持節、散騎常侍、平西將軍、司州刺史、領義陽太守。"

[梁州][南秦州]

崔慧景 進號冠軍將軍。

姜伯起 九月,秦州刺史。

《南齊書》卷五一《崔慧景傳》:"世祖即位,進號冠軍將軍。"卷三《武帝紀》:"九月……以前軍將軍姜伯起爲秦州刺史。"

［巴州］

　明惠照　卒。

　蘇烈　督巴州軍事、寧朔將軍、巴州刺史、巴東太守。

　　　　《南齊書》卷五四《明惠照傳》：“綏懷蠻蜑，上許爲益州，未遷，卒。”卷二八《蘇烈傳》：“建元中，爲假節、督巴州軍事、巴州刺史、巴東太守，寧朔將軍如故。”

［益州］

　陳顯達　進號鎮西將軍。

　　　　《南齊書》卷二六《陳顯達傳》：“世祖即位，進號鎮西。”

［廣州］

　沈景德

［越州］

　胡羨生

　臧靈智　六月，寧朔將軍、刺史。

　　　　《南齊書》卷三《武帝紀》：“六月……以寧朔將軍臧靈智爲越州刺史。”

［交州］

　李叔獻

武帝永明元年癸亥（483）

［揚州］

　豫章王嶷

　　　　《南齊書》卷二二《豫章王嶷傳》：“永明元年，領太子太傅，解中書監，餘如故。”

［南徐州］

　竟陵王子良　遷南兗。

長沙王晃　都督南徐兗二州諸軍事、鎮軍將軍、南徐州刺史。

　　《南齊書》卷三《武帝紀》："正月……護軍將軍長沙王晃爲南徐州刺史。"卷三五《長沙王晃傳》："太祖臨崩,以晃屬世祖,處以輦轂近蕃,勿令遠出。永明元年,上遷南徐州刺史竟陵王子良爲南兗州,以晃爲使持節、都督南徐兗二州諸軍事、鎮軍將軍、南徐州刺史。"

[南兗州]

柳世隆

竟陵王子良　都督南兗兗徐青冀五州、征北將軍、南兗州刺史。

　　《南齊書》卷二四《柳世隆傳》："世祖即位,加散騎常侍。……入爲侍中、護軍將軍。"卷三《武帝紀》："正月……鎮北將軍竟陵王子良爲南兗州刺史。"卷四〇《竟陵王子良傳》："永明元年,徙爲侍中、都督南兗兗徐青冀五州、征北將軍、南兗州刺史,持節如故。"任彥昇《齊竟陵文宣王行狀》(《文選》卷六〇)："遷使持節、侍中、都督南兗徐北兗青冀五州諸軍事、征北將軍、南兗州刺史。"《諸史考異》卷六《南齊書》"北兗州"條："《州郡志》亦作北兗州,傳於北兗州皆省'北'字。"

[江州]

安成王暠　進號征虜將軍。

　　《南齊書》卷三五《安成王暠傳》："永明元年,進號征虜將軍。"

[徐州]

戴僧静

[兗州]

張倪

[豫州]

蕭順之

［青州］［冀州］

　　垣榮祖

［荆州］

　　臨川王映

　　盧陵王子卿　　都督荆湘益寧梁南北秦七州、安西將軍、荆州刺史。

　　　　　《南齊書》卷三《武帝紀》：“九月己卯，以荆州刺史臨川王映爲驃騎將軍，冠軍將軍盧陵王子卿爲荆州刺史。”卷四〇《盧陵王子卿傳》：“永明元年，徙都督荆湘益寧梁南北秦七州、安西將軍、荆州刺史，持節如故。”卷三四《沈沖傳》：“隨府轉爲安西長史、南郡内史，行荆州府事，將軍如故。”

［湘州］

　　王奐

［雍州］

　　鄱陽王鏘

［郢州］

　　盧陵王子卿　　遷荆州。

　　蕭緬　　都督郢州司州之義陽軍事、冠軍將軍、郢州刺史。

　　　　　《南齊書》卷三《武帝紀》：“九月……吴郡太守安陸侯緬爲郢州刺史。”卷四五《安陸王緬傳》：“世祖嘉其能，轉持節、都督郢州司州之義陽軍事、冠軍將軍、郢州刺史。”

［司州］

　　吕安國

［梁州］［南秦州］

　　崔慧景

［巴州］

　　蘇烈　　廢巴州，并入益州。

《南齊書》卷二八《蘇烈傳》：“永明中，至平西司馬、陳留太守，卒官。”卷一五《州郡志下》巴州：“永明元年省。”《□質墓誌》（《墓誌集釋》卷八）：“公諱質，帝嚳之後，司徒公倉之苗裔。……祖，齊巴州刺史。”趙萬里釋：“推之……質乃張姓矣。……質祖官巴州，當是建元、永明間事。”按：巴州建元二年立，永明元年省，首尾不過四年，明惠照、蘇烈先後任刺史，張質之祖無由出任，疑爲杜撰。

[益州]

陳顯達

[廣州]

沈景德

[越州]

臧靈智

[交州]

李叔獻

永明二年甲子（484）

[揚州]

豫章王嶷

[南徐州]

長沙王晃

桂陽王鑠　　刺史，省軍府。

《南齊書》卷三五《長沙王晃傳》：“入爲散騎常侍、中書監。”卷三《武帝紀》：“十月丁巳，以桂陽王鑠爲南徐州刺史。”卷三五《桂陽王鑠傳》：“永明二年，出爲南徐州刺史，鎮京口。歷代鎮府，鑠出蕃，始省軍府。”

［南兗州］

竟陵王子良

呂安國　都督南兗兗徐青冀五州諸軍事、平北將軍、南兗州刺史。遷湘州。

張岱　監南兗兗徐青冀五州諸軍事、後將軍、南兗州刺史。未拜，卒。

安陸王子敬　監南兗兗徐青冀五州諸軍事、北中郎將、南兗州刺史。

《南齊書》卷三《武帝紀》：“正月乙亥，以司州刺史呂安國爲南兗州刺史，征北將軍竟陵王子良爲護軍將軍、兼司徒。……三月乙亥，以吳興太守張岱爲南兗州刺史……平北將軍呂安國爲湘州刺史。……六月……以安陸王子敬爲南兗州刺史。”卷四〇《竟陵王子良傳》：“入爲護軍將軍、兼司徒，領兵置佐，侍中如故。鎮西州。”卷二九《呂安國傳》：“永明二年，徙都督南兗兗徐青冀五州諸軍事、平北將軍、南兗州刺史，仍爲都督、湘州刺史。”卷三二《張岱傳》：“遷使持節監南兗兗徐青冀五州諸軍事、後將軍、南兗州刺史，常侍如故。未拜，卒。”卷四〇《安陸王子敬傳》：“永明二年，出爲持節、監南兗兗徐青冀五州、北中郎將、南兗州刺史。”按：萬表闕呂安國。

［江州］

安成王暠

王奐　刺史，省軍府。

《南齊書》卷三五《安成王暠傳》：“爲左衛將軍。”卷三《武帝紀》：“三月……前將軍王奐爲江州刺史。”卷四九《王奐傳》：“永明二年，徙爲散騎常侍、江州刺史。初省江州軍府。”

［徐州］

　戴僧静

［兗州］

　張倪

［豫州］

　蕭順之

［青州］［冀州］

　垣榮祖

　崔平仲　青冀二州刺史。

　　　　《南齊書》卷二八《垣榮祖傳》:“遷黃門郎。”卷三《武帝
　　　　紀》:“六月……以黄門侍郎崔平仲爲青冀二州刺史。”

［荊州］

　廬陵王子卿　解督益州。

　　　　《南齊書》卷四〇《廬陵王子卿傳》:“始興王鑑爲益州,子
　　　　卿解督。”

［湘州］

　王奐　遷江州。

　呂安國　都督、刺史。

　　　　按:呂安國見是年南兗州條。

［雍州］

　鄱陽王鏘　進號征虜將軍。

　　　　《南齊書》卷三五《鄱陽王鏘傳》:“永明二年,進號征虜將
　　　　軍。”卷二四《張瓌傳》:“隨府轉征虜長史。”

［郢州］

　蕭緬

［司州］

　呂安國　遷南兗。

劉悛　都督司州諸軍事、冠軍將軍、司州刺史。

　　《南齊書》卷三《武帝紀》:"正月……征北長史劉悛爲司
州刺史。"卷三七《劉悛傳》:"轉持節、都督司州諸軍事、司州
刺史,(冠軍)將軍如故。"

［梁州］［南秦州］

崔慧景

［益州］

陳顯達

始興王鑑　都督益寧二州軍事、前將軍、益州刺史。

　　《南齊書》卷二六《陳顯達傳》:"永明二年,徵爲侍中、護
軍將軍。"卷三《武帝紀》:"十一月丁亥,以始興王鑑爲益州刺
史。"卷三五《始興王鑑傳》:"永明二年,世祖始以鑑爲持節、
都督益寧二州軍事、前將軍、益州刺史。"卷一五《州郡志下》
益州:"宋世亦以險遠,諸王不牧。泰始中,成都市橋忽生小
洲,始康人邵碩有術數,見之曰:'洲生近市,當有貴王臨境。'
永明二年,而始興王鎮爲刺史。州土瓖富,西方之一都焉。"

［寧州］

程法勤　寧朔將軍、刺史。

　　《南齊書》卷三《武帝紀》:"四月……以寧朔將軍程法勤
爲寧州刺史。"

［廣州］

沈景德

趙翼景　刺史。

　　《南齊書》卷三《武帝紀》:"三月……以少府趙景翼爲廣
州刺史。"

［交州］

李叔獻

永明三年乙丑(485)

[揚州]

豫章王嶷

《南齊書》卷二二《豫章王嶷傳》:"三年……嶷常慮盛滿,又因言宴,求解揚州授竟陵王子良。上終不許,曰:'畢汝一世,無所多言。'"

[南徐州]

桂陽王鑠

[南兗州]

安陸王子敬

[南豫州]

晉安王子懋　正月,都督南豫豫司三州、南中郎將、南豫州刺史。四月,解督豫州。

《南齊書》卷一四《州郡志上》南豫州:"永明二年,割揚州宣城、淮南,豫州歷陽、譙、廬江、臨江六郡,復置南豫州。"卷三《武帝紀》:"正月……以晉安王子懋爲南豫州刺史。"卷四〇《晉安王子懋傳》:"永明三年,爲持節、都督南豫豫司三州、南中郎將、南豫州刺史。魚復侯子響爲豫州,子懋解督。"卷三四《王諶傳》:"世祖與諶相遇於宋明之世,欲委任,爲輔國將軍、晉安王南中郎長史、淮南太守,行府、州事。"

[江州]

王奐

[徐州]

戴僧静

《南齊書》卷三〇《戴僧静傳》:"遷給事中、太子右率。"

[兗州]

張倪

桓敬　輔國將軍、刺史。

　　　《南齊書》卷三《武帝紀》：“四月……輔國將軍桓敬爲兗州刺史。”

[豫州]

蕭順之

巴東王子響　都督豫州郢州之西陽司州之汝南二郡軍事、冠軍將軍、豫州刺史。

　　　《南齊書》卷三《武帝紀》：“四月戊戌，以新除右衛將軍豫章王世子子響爲豫州刺史。”卷四〇《魚復侯子響傳》：“永明三年，遷右衛將軍。仍出爲使持節、都督豫州郢州之西陽司州之汝南二郡軍事、冠軍將軍、豫州刺史。”

[青州][冀州]

崔平仲

王文和　冠軍將軍、青冀二州刺史。

　　　《南齊書》卷三《武帝紀》：“十一月乙丑，以冠軍將軍王文仲爲青冀二州刺史。”卷二七《王玄邈傳》：“同族王文和……永明中，歷青、冀、兗、益四州刺史，平北將軍。”按：紀作王文仲，此從傳。

[荆州]

廬陵王子卿

　　　《南齊書》卷五三《傅琰傳》：“徙廬陵王安西長史、南郡内史，行荆州事。”

[湘州]

吕安國

[雍州]

鄱陽王鏘

［郢州］

　蕭緬

［司州］

　劉悛

［梁州］［南秦州］

　崔慧景

　崔慶緒　梁南秦二州刺史。

　　　《南齊書》卷五一《崔慧景傳》：“永明三年，以本號還。遷
　　黄門郎、領羽林監。”卷三《武帝紀》：“正月……安西諮議參軍
　　崔慶緒爲梁南秦二州刺史。”

［益州］

　始興王鑑

　　　《南齊書》卷一六《百官志》：“平蠻校尉。永明三年置，隸
　　益州。”

［寧州］

　程法勤

　董仲舒　刺史。

　　　《南齊書》卷三《武帝紀》：“七月……以驃騎中兵參軍董
　　仲舒爲寧州刺史。”卷五一《崔慧景傳》：“永泰元年……慧景
　　頓渦口村，與太子中庶子梁王及軍主前寧州刺史董仲民、劉山
　　陽、裴颺、傅法憲等五千餘人進行鄧城。”按：董仲舒、董仲民
　　當爲一人。

［廣州］

　趙翼景

［交州］

　李叔獻

　劉楷　刺史。

《南齊書》卷三《武帝紀》："正月丙辰，以大司農劉楷爲交州刺史。"卷五八《扶南傳》："叔獻受命，既而斷割外國，貢獻寡少。世祖欲討之，永明三年，以司農劉楷爲交州刺史，發南康、廬陵、始興郡兵征交州。叔獻聞之，遣使願更申數年，獻十二隊純銀兜鍪及孔雀毦，世祖不許。叔獻懼爲楷所襲，間道自湘川還朝。"

永明四年丙寅（486）

［揚州］

豫章王嶷

隨郡王子隆　督會稽東陽新安臨海永嘉五郡、東中郎將、會稽
太守。

　　　　　　按：子隆見是年江州條。

［南徐州］

桂陽王鑠

　　　　《南齊書》卷三五《桂陽王鑠傳》："四年，加散騎常侍。"

［南兗州］

安陸王子敬　進號左將軍。

　　　　《南齊書》卷四〇《安陸王子敬傳》："四年，進號右軍。"校勘記："'右軍'，南監本、北監本、殿本、局本作'右將軍'。按本書卷三《武帝紀》云永明五年'左將軍安陸王子敬爲荆州刺史'，卷二九《王廣之傳》云世祖即位後廣之遷'安陸王北中郎左軍司馬'，卷四二《江祐傳》云祐爲'安陸王左軍諮議'。疑安陸王子敬當進號左將軍。"

［南豫州］

晉安王子懋　進號征虜將軍。加領宣城太守。

　　　　《南齊書》卷四〇《晉安王子懋傳》："四年，進號征虜將

軍。南豫新置,力役寡少,加子懋領宣城太守。”

[江州]

王奐

隨郡王子隆　刺史,未拜,遷會稽。

衡陽王鈞　刺史。

　　《南齊書》卷四九《王奐傳》:“四年,遷右僕射、本州中正。”卷三《武帝紀》:“正月甲子,以南琅邪彭城二郡太守隨郡王子隆爲江州刺史。”卷四〇《隨郡王子隆傳》:“遷江州刺史,未拜,唐㝢之賊平,遷爲持節、督會稽東陽新安臨海永嘉五郡、東中郎將、會稽太守。”卷四五《衡陽王鈞傳》:“永明四年,爲江州刺史,加散騎常侍。”

[徐州]

薛淵　督徐州諸軍事、征虜將軍、徐州刺史。

王廣之　都督徐州諸軍事、征虜將軍、徐州刺史。

　　《南齊書》卷三《武帝紀》:“正月……征虜將軍薛淵爲徐州刺史。……九月甲寅,以征虜將軍王廣之爲徐州刺史。”卷三〇《薛淵傳》:“四年,出爲持節、督徐州諸軍事、徐州刺史,將軍如故。”卷二九《王廣之傳》:“出爲持節、都督徐州諸軍事、徐州刺史,將軍如故。”

[兗州]

桓敬

王玄載　監兗州緣淮諸軍事、平北將軍、兗州刺史。

　　《南齊書》卷三《武帝紀》:“二月……以光禄大夫王玄載爲兗州刺史。”卷二七《王玄載傳》:“永明四年,爲持節監兗州緣淮諸軍事、平北將軍、兗州刺史。”

[豫州]

巴東王子響　進號右將軍。進督南豫州之歷陽、淮南、潁川、汝陽四郡。

　　《南齊書》卷四〇《魚復侯子響傳》：“進號右將軍。進督
南豫州之歷陽、淮南、潁川、汝陽四郡。”

[青州][冀州]

　王文和

[荆州]

　盧陵王子卿

　　《南齊書》卷三四《沈沖傳》：“永明四年，徵爲五兵尚書。”
卷四八《袁彖傳》：“補安西諮議、南平内史。除黄門，未拜，仍
轉長史、南郡内史，行荆州事。”

[湘州]

　呂安國

　柳世隆　都督湘州諸軍事、鎮南將軍、湘州刺史。

　　《南齊書》卷二九《呂安國傳》：“有疾，徵爲光禄大夫、加
散騎常侍。”卷三《武帝紀》：“四月丁亥，以尚書左僕射柳世隆
爲湘州刺史。”卷二四《柳世隆傳》：“改授散騎常侍，尚書左僕
射，中正如故。湘州蠻動，遣世隆以本官總督伐蠻衆軍，仍爲
使持節、都督湘州諸軍事、鎮南將軍、湘州刺史，常侍如故。世
隆至鎮，以方略討平之。”

[雍州]

　鄱陽王鏘

　張瓌　督雍梁南北秦四州郢州之竟陵司州之隨郡軍事、輔國將
軍、雍州刺史，尋領寧蠻校尉。

　　《南齊書》卷三五《鄱陽王鏘傳》：“四年，爲左衛將軍。”卷
三《武帝紀》：“正月……征虜長史張瓌爲雍州刺史。”卷二四
《張瓌傳》：“四年，仍爲持節、督雍梁南北秦四州郢州之竟陵
司州之隨郡軍事、輔國將軍、雍州刺史，尋領寧蠻校尉。”

［郢州］

　蕭緬

［司州］

　劉悛

　崔慧景　督司州軍事、冠軍將軍、司州刺史。

　　　　《南齊書》卷三七《劉悛傳》：“遷長兼侍中。”卷三《武帝
　　　　紀》：“十二月乙亥，以東中郎司馬崔惠景爲司州刺史。”卷五
　　　　一《崔慧景傳》：“遷隨王東中郎司馬、加輔國將軍。出爲持
　　　　節、督司州軍事、冠軍將軍、司州刺史。”

［梁州］［南秦州］

　崔慶緒

［益州］

　始興王鑑

［寧州］

　董仲舒

［廣州］

　趙翼景

　劉勅　刺史。

　蕭惠休　刺史。

　　　　《南齊書》卷三《武帝紀》：“閏（正）月……以始興內史劉勅
　　　　爲廣州刺史。……八月辛酉，以鎮南長史蕭惠休爲廣州刺史。”

［交州］

　劉楷

永明五年丁卯（487）

　［揚州］

豫章王嶷　進位大司馬。

隨郡王子隆

　　　　《南齊書》卷二二《豫章王嶷傳》：“五年，進位大司馬。”

[南徐州]

　桂陽王鑠

[南兗州]

　安陸王子敬

　晉安王子懋　監南兗兗徐青冀五州軍事、後將軍、南兗州刺史。

　　　　《南齊書》卷三《武帝紀》：“正月……征虜將軍晉安王子懋爲南兗州刺史。”卷四〇《晉安王子懋傳》：“爲監南兗兗徐青冀五州軍事、後將軍、南兗州刺史，持節如故。”

[南豫州]

　晉安王子懋　遷南兗。

　建安王子真　督南豫司二州軍事、冠軍將軍、南豫州刺史，領宣城太守。進號南中郎將。

　　　　《南齊書》卷三《武帝紀》：“正月……輔國將軍建安王子真爲南豫州刺史。”卷四〇《建安王子真傳》：“遷持節、督南豫司二州軍事、冠軍將軍、南豫州刺史、領宣城太守。進號南中郎將。”卷五三《沈憲傳》：“遷爲冠軍長史，行南豫州事，晉安王後軍長史、廣陵太守。”按：晉安王見是年南兗州條。

[江州]

　衡陽王鈞

[徐州]

　王廣之

[兗州]

　王玄載

[豫州]

巴東王子響

蕭鸞　監豫州郢州之西陽司州之汝南二郡軍事、右將軍、豫州刺史。

《南齊書》卷四〇《魚復侯子響傳》：“入爲散騎常侍，右衛將軍。”卷三《武帝紀》：“十月甲申，以中領軍西昌侯鸞爲豫州刺史。”卷六《明帝紀》：“五年，爲持節、監豫州郢州之西陽司州之汝南二郡軍事、右將軍、豫州刺史。”《廿二史考異》卷二五《南齊書・明帝紀》：“《州郡志》，司州汝南郡寄州治，州治即義陽，似非豫州所當兼督，而齊世除豫州者例兼督司州之汝南，未審其故。”《朱幹墓誌》（《秦晉豫墓誌》六七）：“九世祖鴻臚卿均，避董卓之亂，遷于江左，因居吳郡之錢唐縣，世爲著姓。……祖巽之……齊高宗作鎮壽春，引爲府佐。”

[青州] [冀州]

王文和

[荆州]

盧陵王子卿

安陸王子敬　都督荆湘梁雍南北秦六州軍事、平西將軍、荆州刺史。尋進號安西將軍。

《南齊書》卷四〇《盧陵王子卿傳》：“五年，入爲侍中、撫軍將軍。”卷三《武帝紀》：“正月……左將軍安陸王子敬爲荆州刺史。”卷四〇《安陸王子敬傳》：“徙都督荆湘梁雍南北秦六州軍事、平西將軍、荆州刺史，持節如故。尋進號安西將軍。”

[湘州]

柳世隆

[雍州]

張瓌

陳顯達　都督雍梁南北秦郢州之竟陵司州之隨郡軍事、鎮北將
軍、領寧蠻校尉、雍州刺史。

　　　《南齊書》卷二四《張瓌傳》：“還爲左民尚書、領右軍將
軍。”卷三《武帝紀》：“三月……以護軍將軍陳顯達爲雍州刺
史。”卷二六《陳顯達傳》：“五年，荒人桓天生自稱桓玄宗族，與
雍、司二州界蠻虜相扇動，據南陽故城。上遣顯達假節，率征虜
將軍戴僧静等水軍向宛、葉，雍、司衆軍授顯達節度。……仍以
顯達爲使持節、散騎常侍、都督雍梁南北秦郢州之竟陵司州之
隨郡軍事、鎮北將軍，領寧蠻校尉、雍州刺史。顯達進據舞陽城，
遣僧静等先進，與天生及虜再戰，大破之，官軍還。”

［郢州］

蕭緬

沈文季　督郢州司州之義陽諸軍事、左將軍、郢州刺史。

　　　《南齊書》卷四五《安陸王緬傳》：“永明五年，還爲侍中、
領驍騎將軍。”卷三《武帝紀》：“正月……都官尚書沈文季爲
郢州刺史。”卷四四《沈文季傳》：“出爲持節、督郢州司州之義
陽諸軍事、左將軍、郢州刺史。”

［司州］

崔慧景

［益州］

始興王鑑

［寧州］

董仲舒

［廣州］

蕭惠休

［交州］

劉楷

永明六年戊辰（488）

[揚州]

　豫章王嶷

　隨郡王子隆

[南徐州]

　桂陽王鑠

　安成王暠　刺史。

　　　《南齊書》卷三五《桂陽王鑠傳》：“七年，轉中書令。”卷三
　　《武帝紀》：“正月壬午，以祠部尚書安成王暠爲南徐州刺史。”
　　卷三五《安成王暠傳》：“六年，出爲南徐州刺史。”卷四三《江
　　敩傳》：“出爲輔國將軍、東海太守……行南徐州事。”

[南兗州]

　晉安王子懋　遷湘州。

　西陽王子明　都督南兗兗徐青冀五州軍事、冠軍將軍、南兗州
　　刺史。

　　　《南齊書》卷三《武帝紀》：“十一月……西陽王子明爲南
　　兗州刺史。”卷四〇《西陽王子明傳》：“六年，爲持節、都督南
　　兗兗徐青冀五州軍事、冠軍將軍、南兗州刺史。”卷五三《沈憲
　　傳》：“西陽王子明代爲南兗州，憲仍留爲冠軍長史，太守如故，
　　頻行州府事。”

[南豫州]

　建安王子真　解領宣城太守。

　　　《南齊書》卷四〇《建安王子真傳》：“六年，以府州稍實，
　　表解領郡。”

[江州]

　衡陽王鈞

武陵王曅　刺史。

　　　　《南齊書》卷四五《衡陽王鈞傳》：“六年，遷爲征虜將軍。”
卷三《武帝紀》：“十月……以祠部尚書武陵王曅爲江州刺
史。”卷三五《武陵王曅傳》：“曅無寵於世祖，未嘗處方嶽，數
以語言忤旨。……久之，出爲江州刺史，常侍如故。”按：繼鈞
者爲武陵王曅，萬表誤爲晉安王子懋。

[徐州]

　王廣之

　沈景德　刺史。

　　　　《南齊書》卷二九《王廣之傳》：“還爲光禄大夫、左將軍、
司徒司馬。”卷三《武帝紀》：“六月甲寅，以散騎常侍沈景德爲
徐州刺史。”

[兗州]

　王玄載　卒。

　周盤龍　都督兗州緣淮諸軍事、平北將軍、兗州刺史。

　　　　《南齊書》卷二七《王玄載傳》：“六年，卒。”卷三《武帝
紀》：“三月……以光禄大夫周盤龍爲行兗州刺史。”卷二九
《周盤龍傳》：“後以疾爲光禄大夫。尋出爲持節、都督兗州緣
淮諸軍事、平北將軍、兗州刺史。”

[豫州]

　蕭鸞

[青州][冀州]

　王文和

[荆州]

　安陸王子敬

[湘州]

　柳世隆

晉安王子懋　監湘州、平南將軍、湘州刺史。

　　《南齊書》卷二四《柳世隆傳》："復入爲尚書左僕射、領衛尉,不拜。仍轉尚書令。"卷三《武帝紀》："十一月……以後將軍晉安王子懋爲湘州刺史。"卷四〇《晉安王子懋傳》："六年,徙監湘州、平南將軍、湘州刺史。"《南史》卷七六《阮孝緒傳》："父彦之,宋太尉從事中郎。……年十六,父喪不服縣纊。……(裴)子野薦之尚書徐勉,言其'年十余歲隨父爲湘州行事,不書官紙,以成親之清白……'……大同二年……十月卒,年五十八。"按:據《阮孝緒傳》推算,阮彦之行湘州事約在永明六年至隆昌元年間,附於此。

[雍州]

陳顯達

[郢州]

沈文季

[司州]

崔慧景

[梁州][南秦州]

皇甫澄　秦梁二州刺史。

　　《北齊書》卷三五《皇甫和傳》："安定朝那人,其先因官寓居漢中。祖澄,南齊秦、梁二州刺史。"《薛懷儁妻皇甫豔墓誌》(《墓誌集成》一〇一八):"大父秦州使君澄。"按:崔慶緒前、陰智伯後梁南秦二州刺史略可考,皇甫澄蓋在二人之間,列於此。

[益州]

始興王鑑

[寧州]

董仲舒

［廣州］

　　蕭惠休

［越州］

　　費延宗　　刺史。

　　　　　　《南齊書》卷三《武帝紀》：“十一月乙卯，以羽林監費延宗
　　　　　爲越州刺史。”卷五六《吕文度傳》：“殿内軍隊及發遣外鎮人，
　　　　　悉關之，甚有要勢。故世傳越州嘗缺，上覓一直事人往越州，
　　　　　文度啓其所知費延宗合旨，上即以爲刺史。”

［交州］

　　劉楷

　　房法乘　　刺史。

　　　　　　《南齊書》卷三《武帝紀》：“六月……以始興太守房法乘
　　　　　爲交州刺史。”卷五八《扶南傳》：“六年，以始興太守房法乘
　　　　　代楷。”

永明七年己巳（489）

［揚州］

　　豫章王嶷

　　隨郡王子隆

　　蕭緬　　会稽太守。

　　　　　　《南齊書》卷四〇《隨郡王子隆傳》：“遷長兼中書
　　　　　令。……未及拜，仍遷中護軍。”卷三《武帝紀》：“三月……中
　　　　　書令隨郡王子隆爲中護軍。”卷四五《安陸王緬傳》：“（永明六
　　　　　年）轉散騎常侍、太子詹事。出爲會稽太守，常侍如故。”

［南徐州］

　　安成王暠

［南兗州］

西陽王子明

［南豫州］

建安王子真　　進號右將軍。

巴陵王子倫　　都督南豫司二州軍事、南中郎將、南豫州刺史。

　　　《南齊書》卷四〇《建安王子真傳》：“七年，進號右將軍，遷丹陽尹，將軍如故。”卷三《武帝紀》：“二月……以巴陵王子倫爲豫州刺史。”卷四〇《巴陵王子倫傳》：“永明七年，爲持節、都督南豫司二州軍事、南中郎將、南豫州刺史。”卷四六《顧憲之傳》：“仍行南豫、南兗二州事，籤典咨事，未嘗與色，動遵法制。”《梁書》卷五二《顧憲之傳》：“遷南中郎巴陵王長史，加建威將軍、行婺州事。”校勘記：“‘婺’字疑爲‘豫’之誤。”

［江州］

武陵王曄

王晏　　刺史，未赴。

巴東王子響　　刺史。遷荆州。

　　　《南史》卷四四《巴陵王子倫傳》：“高帝、武帝爲諸王置典籤帥，一方之事，悉以委之。每至覲接，輒留心顧問，刺史行事之美惡，係於典籤之口，莫不折節推奉，恒慮弗及，於是威行州部，權重蕃君。武陵王曄爲江州，性烈直不可忤，典籤趙渥之曰：‘今出都易刺史。’及見武帝相誣，曄遂免還。”《南齊書》卷三五《武陵王曄傳》：“至鎮百餘日，典籤趙渥之啓曄得失，於是徵還爲左民尚書。”卷三《武帝紀》：“二月……以丹陽尹王晏爲江州刺史。……三月……以中護軍巴東王子響爲江州刺史。……十二月……江州刺史巴東王子響爲荆州刺史。”卷四二《王晏傳》：“六年，轉丹陽尹，常侍如故。晏位任親重，朝夕進見，言論朝事……上以晏須禄養，七年，轉爲江州刺史。晏固辭不願出外，見許，留爲吏部尚書。"卷四〇《魚復侯子響傳》："遷中護軍，常侍如故。尋出爲江州刺史，常侍如故。七年，遷使持節、都督荊湘雍梁寧南北秦七州軍事、鎮軍將軍、荊州刺史。"按：王晏爲江州刺史在永明七年，萬表誤爲六年。

［徐州］

沈景德

［兗州］

周盤龍

王玄邈　都督兗州緣淮軍事、平北將軍、兗州刺史。未之任。

垣榮祖　督緣淮諸軍事、冠軍將軍、兗州刺史，領東平太守。

　　《南齊書》卷三《武帝紀》："三月丁未，以太子右衛率王玄邈爲兗州刺史。……十二月……前安西司馬垣榮祖爲兗州刺史。"卷二七《王玄邈傳》："永明七年，爲持節、都督兗州緣淮軍事、平北將軍、兗州刺史，未之任，轉大司馬，加後將軍。"校勘記："時豫章王爲大司馬，玄邈爲其府佐。按張森楷《校勘記》云：'"大司馬"下有奪文'。"卷二八《垣榮祖傳》："遷持節、督緣淮諸軍事、冠軍將軍、兗州刺史、領東平太守、兗州大中正。"按：萬表誤"垣榮祖"爲"桓榮祖"。

［豫州］

蕭鸞

王敬則　都督豫州郢州之西陽司州之汝南二郡軍事、征西大將軍、豫州刺史。進號驃騎將軍。

　　《南史》卷四《齊武帝紀》："正月丙午……以豫州刺史西昌侯鸞爲右僕射。"《南齊書》卷六《明帝紀》："七年，爲尚書右僕射。"卷三《武帝紀》："正月丙午，以中軍將軍王敬則爲豫州刺史。"卷二六《王敬則傳》："七年，出爲使持節、散騎常侍、都督豫州郢州之西陽司州之汝南二郡軍事、征西大將軍、豫州刺史,開府如故。進號驃騎。"

[青州][冀州]

　王文和

[荆州]

　安陸王子敬

　巴東王子響　都督荆湘雍梁寧南北秦七州軍事、鎮軍將軍、荆州刺史。

　　　《南齊書》卷四〇《安陸王子敬傳》:"七年,徵侍中、護軍將軍。"按:子響見是年江州條。

[湘州]

　晉安王子懋　加都督。

　　　《南齊書》卷四〇《晉安王子懋傳》:"加持節、都督。"

[雍州]

　陳顯達

[郢州]

　沈文季

　建安王子真　都督郢司二州軍事、平西將軍、郢州刺史。

　　　《南齊書》卷四四《沈文季傳》:"還爲散騎常侍,領軍將軍。"卷三《武帝紀》:"十二月己亥,以中護軍建安王子真爲郢州刺史。"卷四〇《建安王子真傳》:"遷中護軍,仍出爲持節、都督郢司二州軍事、平西將軍、郢州刺史。"

[司州]

　崔慧景

[梁州][南秦州]

　陰智伯　梁南秦二州刺史。

　　　《南齊書》卷三《武帝紀》:"正月……中軍將軍陰智伯爲梁南秦二州刺史。"

［益州］

　始興王鑑

［寧州］

　董仲舒

［廣州］

　蕭惠休

［越州］

　費延宗

［交州］

　房法乘

永明八年庚午（490）

［揚州］

　豫章王嶷

　蕭緬　遷雍州。

［南徐州］

　安成王暠

［南兖州］

　西陽王子明　進號征虜將軍。

　　　《南齊書》卷四〇《西陽王子明傳》：“八年，進號征虜將
　　軍。”卷五三《沈憲傳》：“永明八年，子明典籤劉道濟取府州五
　　十人役自給，又役子明左右，及船仗贓私百萬，爲有司所奏，世
　　祖怒，賜道濟死。憲坐不糾，免官。”卷三四《王諶傳》：“西陽
　　王子明在南兖州，長史沈憲去職，上復徙諶爲征虜長史，行南
　　兖府、州事，將軍如故。”

［南豫州］

巴陵王子倫

[江州]

鄱陽王鏘　刺史。

　　《南齊書》卷三《武帝紀》："正月……丹陽尹鄱陽王鏘爲江州刺史。"卷三五《鄱陽王鏘傳》："出爲江州刺史，常侍如故。"

[徐州]

沈景德

[兗州]

垣榮祖

[豫州]

王敬則

[青州][冀州]

王文和

張沖　監青冀二州諸軍事、輔國將軍、行刺史事。正刺史。

　　《南齊書》卷三《武帝紀》："十二月……以監青冀二州軍、行刺史事張沖爲青冀二州刺史。"卷四九《張沖傳》："八年，爲假節、監青冀二州刺史事，（輔國）將軍如故。……仍轉刺史。"

[荊州]

巴東王子響　被誅。

隨郡王子隆　都督荊雍梁寧南北秦六州、鎮西將軍、荊州刺史。進督益州。

　　《南齊書》卷三《武帝紀》："八月……以左衛將軍隨郡王子隆爲荊州刺史。巴東王子響有罪，遣丹陽尹蕭順之率軍討之，子響伏誅。"卷四〇《魚復侯子響傳》："子響少好武，在西豫時，自選帶仗左右六十人，皆有膽幹。至鎮，數在內齋殺牛

置酒，與之聚樂。令内人私作錦袍絳襖，欲餉蠻交易器仗。長
史劉寅等連名密啓，上敕精檢。寅等懼，欲秘之。子響聞臺使
至，不見敕……執寅等於後堂殺之。……上聞之怒，遣衛尉胡
諧之、游擊將軍尹略、中書舍人茹法亮領齋仗數百人，檢捕群
小。……臺軍大敗，尹略死之，官軍引退。上又遣丹陽尹蕭順
之領兵繼至，子響部下恐懼，各逃散。子響乃白服降，賜死。
時年二十二。……寅字景蕤。"卷三七《胡諧之傳》："八年，上
遣諧之率禁兵討巴東王子響於江陵，兼長史行事。臺軍爲子
響所敗，有司奏免官，權行軍事如故。復爲衛尉。"卷四○《隨
郡王子隆傳》："八年，代魚復侯子響爲使持節、都督荆雍梁寧
南北秦六州、鎮西將軍、荆州刺史。……其年，始興王鑑罷益
州，進號督益州。"《南史》卷四四《魚復侯子響傳》："子響及見
順之，欲自申明，順之不許，於射堂縊之。"《南北史合注》卷四
五《魚復侯子響傳》李清按："《南齊書》曰：'……乃白衣出降，
詔賜死。'蓋蕭子顯著書梁世，故爲武帝父順之諱也。"《高僧
傳》卷一○《釋僧慧傳》："慧後還荆，遇見鎮西長史劉景蕤，忽
泣慟而投之，數日蕤果爲刺史所害。"按：《高僧傳》作"鎮西長
史劉景蕤"，據子響本傳，子響時爲鎮軍將軍，"鎮西"當爲"鎮
軍"之誤。

［湘州］

晉安王子懋　進號鎮南將軍。

　　　《南齊書》卷四○《晉安王子懋傳》："八年，進號鎮南將
軍。"按：永明八年至十年湘州刺史仍爲子懋，萬表誤爲陳
顯達。

［雍州］

陳顯達　進號征北將軍。

蕭緬　都督雍梁南北秦四州荆州之竟陵司州之隨郡軍事、左將

軍、寧蠻校尉、雍州刺史。

《南齊書》卷二六《陳顯達傳》："八年,進號征北將軍。其年,仍遷侍中、鎮軍將軍。尋加中領軍。"卷三《武帝紀》："七月辛丑,以會稽太守安陸侯緬爲雍州刺史。"卷四五《安陸王緬傳》："遷使持節、都督雍梁南北秦四州荊州之竟陵司州之隨郡軍事、左將軍、寧蠻校尉、雍州刺史。"

[郢州]

建安王子真

[司州]

崔慧景

[梁州][南秦州]

陰智伯

[益州]

始興王鑑 進號安西將軍。

《南齊書》卷三五《始興王鑑傳》："八年,進號安西將軍。明年,爲散騎常侍、秘書監,領石頭戍事。"卷三七《劉悛傳》："遷冠軍將軍、司徒左長史。尋以本官行北兗州緣淮諸軍事。從始興王前軍長史、平蠻校尉、蜀郡太守,將軍如故,行益州府、州事。郡尋改爲內史。隨府轉安西。悛治事嚴辦,以是會旨。"按:是年隨郡王子隆進督益州,鑑當已徵還。

[寧州]

董仲舒

[廣州]

蕭惠休

[越州]

費延宗

陳僧授 振威將軍、刺史。

《南齊書》卷三《武帝紀》："十二月乙丑，以振威將軍陳僧授爲越州刺史。"

[交州]

房法乘

伏登之　建武將軍、刺史。

《南齊書》卷三《武帝紀》："十一月乙卯，以建武將軍伏登之爲交州刺史。"卷五八《扶南傳》："法乘至鎮，屬疾不理事，專好讀書。長史伏登之因此擅權，改易將吏，不令法乘知。録事房季文白之，法乘大怒，繫登之於獄。十餘日，登之厚賂法乘妹夫崔景叔得出，將部曲襲州執法乘……乃啓法乘心疾動，不任視事，世祖仍以登之爲交州刺史。法乘還至嶺而卒。"

永明九年辛未（491）

[揚州]

豫章王嶷

[南徐州]

安成王暠

江夏王鋒　刺史。

《南齊書》卷三《武帝紀》："正月甲午，以侍中江夏王鋒爲南徐州刺史。"卷三五《江夏王鋒傳》："九年，出爲徐州刺史。"卷四六《王慈傳》："江夏王鋒爲南徐州，妃，慈女也，以慈爲冠軍將軍、東海太守，加秩中二千石，行徐州府事。"

[南兗州]

西陽王子明

《南齊書》卷四六《蕭惠朗傳》："永明九年，爲西陽王征虜長史，行南兗州事。典籤何益孫贓罪百萬，棄市，惠朗坐免

官。"《梁書》卷五二《顧憲之傳》:"出爲征虜長史、行南兗州
事,遭母憂。"《南齊書》卷四六《陸慧曉傳》:"遷西陽王征虜、
巴陵王後軍、臨汝公輔國三府長史,行府、州事。"

[南豫州]

　巴陵王子倫

[江州]

　鄱陽王鏘　加督江州諸軍事、安南將軍。

　　　《南齊書》卷三五《鄱陽王鏘傳》:"九年,始親府、州事。
　　加使持節、督江州諸軍事、安南將軍,置佐史,常侍如故。先是
　　二年省江州府,至是乃復。"

[徐州]

　沈景德

[兗州]

　垣榮祖

[豫州]

　王敬則

[青州][冀州]

　張沖

[荊州]

　隨郡王子隆

　　　《南齊書》卷四〇《隨郡王子隆傳》:"九年,親府州事。"

[湘州]

　晉安王子懋

　　　《南齊書》卷四〇《晉安王子懋傳》:"九年,親府州事。"

[雍州]

　蕭緬　卒。

　王奐　都督雍梁南北秦四州郢州之竟陵司州之隨郡軍事、鎮北

將軍、雍州刺史。

　　《南齊書》卷四五《安陸王緬傳》：“九年，卒。”卷三《武帝紀》：“六月甲戌，以尚書左僕射王奐爲雍州刺史。”卷四九《王奐傳》：“出爲使持節、散騎常侍、都督雍梁南北秦四州郢州之竟陵司州之隨郡軍事、鎮北將軍、雍州刺史。”《棲霞寺碑》（《江令君集》）：“齊雍州刺史田奐，方牧貴臣，深曉正見，妙識來果，並於此巖阿廣收財施。”《王紹墓誌》（《墓誌集成》一六九）：“祖奐，齊故尚書左僕射、使持節、鎮北將軍、雍州刺史。”《元恪貴華夫人王普賢墓誌》（《墓誌集成》一四二）：“祖奐，齊故尚書左僕射、使持節、鎮北大將軍、雍州刺史。”按：碑之“田奐”當爲“王奐”之訛。奐爲鎮北將軍，《賢誌》加“大”，當爲虛飾。

[郢州]

建安王子真

[司州]

崔慧景

劉楷　刺史。

　　《南齊書》卷五一《崔慧景傳》：“九年，以本號徵還，轉太子左率、加通直常侍。”卷三《武帝紀》：“三月乙卯，以南中郎司馬劉楷爲司州刺史。”

[梁州][南秦州]

陰智伯

[益州]

劉悛　監益寧二州諸軍事、冠軍將軍、益州刺史。

　　《南齊書》卷三《武帝紀》：“正月……冠軍將軍劉悛爲益州刺史。”卷三七《劉悛傳》：“悛仍代始興王鑑爲持節、監益寧二州諸軍事、益州刺史，將軍如故。”

［寧州］

董仲舒

［廣州］

蕭惠休

劉纘　刺史。

　　《南齊書》卷三《武帝紀》："三月……以太子左衛率劉纘
　爲廣州刺史。"

［越州］

陳僧授

［交州］

伏登之

永明十年壬申（492）

［揚州］

豫章王嶷　卒。

竟陵王子良　都督揚州諸軍事、揚州刺史，加中書監。

西陽王子明　督會稽東陽臨海永嘉新安五郡軍事、左將軍、會稽
太守。

　　《南齊書》卷三《武帝紀》："四月辛丑，大司馬豫章王嶷
　薨。五月己巳，司徒竟陵王子良爲揚州刺史。"卷四〇《竟陵王
　子良傳》："十年，領尚書令。尋爲使持節、都督揚州諸軍事、揚
　州刺史，本官如故。尋解尚書令，加中書監。"卷四〇《西陽王
　子明傳》："十年，進左將軍，仍爲督會稽東陽臨海永嘉新安五
　郡軍事、會稽太守，將軍如故。"卷四六《陸慧曉傳》："復爲西
　陽王左軍長史、領會稽郡丞，行郡事。"

［南徐州］

江夏王鋒

［南兗州］

西陽王子明　遷會稽。

南海王子罕　都督南兗兗徐青冀五州軍事、征虜將軍、南兗州刺史。

《南齊書》卷三《武帝紀》：“正月……北中郎將南海王子罕爲兗州刺史。”卷四〇《南海王子罕傳》：“十年，爲持節、都督南兗兗徐青冀五州軍事、征虜將軍、南兗州刺史。”

［南豫州］

巴陵王子倫

臨汝公昭文　督南豫州諸軍事、輔國將軍、南豫州刺史。

《南齊書》卷四〇《巴陵王子倫傳》：“十年，遷北中郎將、南琅邪彭城二郡太守。”卷三《武帝紀》：“正月……輔國將軍臨汝公昭文爲南豫州刺史。”卷五《海陵王紀》：“海陵恭王昭文……初爲輔國將軍、濟陽太守。十年，轉持節、督南豫州諸軍事、南豫州刺史，將軍如故。”按：同書卷四六《陸慧曉傳》云慧曉曾爲巴陵王後軍、臨汝公輔國長史，行府州事，然《子倫傳》未載子倫爲後將軍。

［江州］

鄱陽王鏘

［徐州］

王玄邈　監徐州軍事、平北將軍、徐州刺史。

《南齊書》卷三《武帝紀》：“正月……右衛將軍王玄邈爲北徐州刺史。”卷二七《王玄邈傳》：“出爲持節、監徐州軍事、平北將軍、徐州刺史。”按：吳表“王玄邈”作“王元邈”，蓋襲清諱。

［兗州］

王文和　冠軍將軍、刺史。

　　《南齊書》卷三《武帝紀》：“正月……冠軍將軍王文和爲北兖州刺史。”

[豫州]

王敬則

[青州][冀州]

張沖

[荆州]

隨郡王子隆

[湘州]

晉安王子懋

南平王鋭　都督湘州諸軍事、南中郎將、湘州刺史。

　　《南齊書》卷四〇《晉安王子懋傳》：“十年，入爲侍中、領右衛將軍。”卷三《武帝紀》：“正月……以左民尚書南平王鋭爲湘州刺史。”卷三五《南平王鋭傳》：“爲左民尚書。朝直勤謹，未嘗屬疾，上嘉之。十年，出爲持節、都督湘州諸軍事、南中郎將、湘州刺史，以此賞鋭。”

[雍州]

王奂

[郢州]

建安王子真

[司州]

劉楷

[梁州][南秦州]

陰智伯

[益州]

劉悛

［寧州］

　郭安明　　刺史。

　　　　《南齊書》卷三《武帝紀》：“八月丙申,以新城太守郭安明
　　爲寧州刺史。”

［廣州］

　劉繢

［越州］

　陳僧授

［交州］

　伏登之

永明十一年癸酉(**493**)　　正月,太子長懋死。七月,武帝死,太孫昭業即位。

［揚州］

　竟陵王子良　　進位太傅。

　西陽王子明　　進號平東將軍。

　　　　《南齊書》卷四〇《竟陵王子良傳》：“遺詔使子良輔
　　政,高宗知尚書事。子良素仁厚,不樂世務,乃推高宗。詔
　　云:‘事無大小,悉與鸞參懷。’子良所志也。……進位太
　　傅……本官如故。”卷四〇《西陽王子明傳》：“鬱林初,進
　　號平東將軍。”

［南徐州］

　江夏王鋒

　　　　《南齊書》卷三五《江夏王鋒傳》：“鬱林即位,加散騎常
　　侍。”《南史》卷四三《江夏王鋒傳》：“善與人交,行事王文和、
　　別駕江祏等,皆相友善。後文和被徵爲益州。”《南齊書》卷二

四《張瓌傳》：“以爲後將軍、南東海太守，秩中二千石，行南徐州府州事，又行河東王國事。到官，復稱疾，還爲散騎常侍、光禄大夫。”

[南兗州]

南海王子罕　進號後將軍。

《南齊書》卷四〇《南海王子罕傳》：“鬱林即位，進號後將軍。”

[南豫州]

臨汝公昭文　進號冠軍將軍。還都。

廬陵王子卿　都督南豫司二州軍事、驃騎將軍、南豫州刺史。

宜都王鏗　都督南豫司二州軍事、冠軍將軍、南豫州刺史，鎮姑熟。進號征虜將軍。

《南齊書》卷五《海陵王紀》：“十一年，進號冠軍將軍。文惠太子薨，還都。”卷三《武帝紀》：“二月壬午，以車騎將軍廬陵王子卿爲驃騎將軍、南豫州刺史。……五月……以左民尚書宜都王鏗爲南豫州刺史。”卷四〇《廬陵王子卿傳》：“十年，進號車騎將軍。俄遷使持節、都督南豫司三州軍事、驃騎將軍、南豫州刺史，侍中如故。子卿之鎮，道中戲部伍爲水軍，上聞之，大怒，殺其典籤。遣宜都王鏗代之。子卿還第，至崩，不與相見。”校勘記：“疑‘三州’爲‘二州’之訛。”《南史》卷四八《陸慧曉傳》：“武帝第三子廬陵王子卿爲南豫州刺史，帝稱其小名謂司徒竟陵王子良曰：‘烏熊癡如熊，不得天下第一人爲行事，無以壓一州。’既而曰：‘吾思得人矣。’乃使慧曉爲長史、行事。”卷四三《廬陵王子卿傳》：“雖未經庶務，而雅得人心。舉動每爲籤帥所制，立意多不得行。”《南齊書》卷三五《宜都王鏗傳》：“十一年，爲持節、都督南豫司二州軍事、冠軍將軍、南豫州刺史，鎮姑熟。……鬱林即位，進號征虜將軍。”

卷四六《蔡約傳》：“出爲宜都王冠軍長史、淮南太守，行府、州事。世祖謂約曰：‘今用卿爲近蕃上佐，想副我所期。’約曰：‘南豫密邇京師，不治自理。臣亦何人，爝火不息。’時諸王行事多相裁割，約在任，主佐之間穆如也。”按：子卿爲南豫州刺史在永明十一年，萬表誤爲十年。

［江州］

鄱陽王鏘

陳顯達　都督江州諸軍事、征南大將軍、江州刺史。

　　《南齊書》卷三《武帝紀》：“正月……江州刺史鄱陽王鏘爲領軍將軍，鎮軍大將軍陳顯達爲江州刺史。……七月……上不豫……虜侵邊，戊辰，遣江州刺史陳顯達鎮雍州樊城。”卷三五《鄱陽王鏘傳》：“十一年，爲領軍，常侍如故。”卷二六《陳顯達傳》：“出爲使持節、散騎常侍、都督江州諸軍事、征南大將軍、江州刺史。……十一年秋，虜動，詔屯樊城。世祖遺詔，即本號開府儀同三司。”《南史》卷四五《陳顯達傳》：“八年，爲征南大將軍、江州刺史。”按：陳顯達爲江州刺史在永明十一年，《南史》誤爲八年。

［徐州］

王玄邈

蕭惠休　輔國將軍、刺史。進號冠軍將軍。

　　《南齊書》卷三《武帝紀》：“五月……以輔國將軍蕭惠休爲徐州刺史。”卷四六《蕭惠休傳》：“十一年，自輔國將軍、南海太守爲徐州刺史。鬱林即位，進號冠軍將軍。”

［兗州］

王文和　遷益州。

劉靈哲　刺史。

　　《南齊書》卷三《武帝紀》：“四月……以驍騎將軍劉靈哲

爲兗州刺史。"

[豫州]

王敬則　遷司空。

崔慧景　督豫州郢州之西陽司州之汝南二郡諸軍事、冠軍將軍、
豫州刺史。進號征虜將軍。

《南齊書》卷三《武帝紀》："正月……以驃騎大將軍王敬
則爲司空。……右衛將軍崔慧景爲豫州刺史。"卷五一《崔慧
景傳》："是時虜將南侵,上出慧景爲持節、督豫州郢州之西陽
司州之汝南二郡諸軍事、冠軍將軍、豫州刺史。鬱林即位,進
號征虜將軍。"《太平廣記》卷二四六《詼諧二・胡諧之》引《談
藪》："諧之歷位度支尚書、預州刺史。"按:"預"當爲"豫"。據
《南齊書》卷三七《胡諧之傳》,諧之卒於永明十一年,豫州刺
史爲死後所贈,附於此。

[青州][冀州]

張沖　進號冠軍將軍。

《南齊書》卷四九《張沖傳》："鬱林即位,進號冠軍將軍。"

[荆州]

隨郡王子隆　解督雍州。進號征西將軍。

《南齊書》卷四〇《隨郡王子隆傳》："十一年,晉安王子懋
爲雍州,子隆復解督。鬱林立,進號征西將軍。"

[湘州]

南平王銳　進號前將軍。

《南齊書》卷三五《南平王銳傳》："鬱林即位,進號前
將軍。"

[雍州]

王奐　二月,舉兵。三月,被殺。

晉安王子懋　都督雍梁南北秦四州郢州之竟陵司州之隨郡軍

事、征北將軍、雍州刺史。進號征北大將軍。

　　《南齊書》卷三《武帝紀》："二月……以新除中書監晉安王子懋爲雍州刺史。……三月乙亥，雍州刺史王奐伏誅。"卷四九《王奐傳》："十一年，奐輒殺寧蠻長史劉興祖，上大怒……遣中書舍人吕文顯、直閤將軍曹道剛領齋仗五百人收奐。敕鎮西司馬曹虎從江陵步道會襄陽。……奐司馬黄瑤起、寧蠻長史裴叔業於城内起兵攻奐。奐聞兵入，還内禮佛，未及起，軍人遂斬之。"《法苑珠林》卷七五《齊王奐妬殺妾冥報怪》："奐猜妾有密期……即遣下階，笞殺之。……爾後數見妾來訴怨。俄而出爲雍州刺史，性漸狂異，如有憑焉。無故打殺小府長史劉興祖，誣其欲反。……寧蠻長史裴叔業於城内舉兵攻奐斬之。時人以爲妾之報也。"《魏晉南北朝史札記·〈梁書〉札記·小府、大府》："小府即指寧蠻校尉府。"《南齊書》卷四〇《晉安王子懋傳》："仍爲使持節、都督雍梁南北秦四州郢州之竟陵司州之隨郡軍事、征北將軍、雍州刺史。……鬱林即位，即本號爲大將軍。子懋見幼主新立，密懷自全之計，令作部造器杖。陳顯達時爲征虜屯襄陽，欲脅取以爲將帥。顯達密啓，高宗徵顯達還。"

[郢州]

建安王子真　　進號安西將軍。

　　《南齊書》卷四〇《建安王子真傳》："鬱林立，進號安西將軍。"

[司州]

劉楷

[梁州][南秦州]

陰智伯

曹虎　督梁南北秦沙四州諸軍事、輔國將軍、西戎校尉、梁南秦二州刺史。進號征虜將軍，又進號前將軍。

《南史》卷五九《江淹傳》："奏收前益州刺史劉悛、梁州刺史陰智伯，並贓貨巨萬，輒收付廷尉。"《南齊書》卷五七《魏虜傳》："（永明）十一年……北地人支酉，聚數千人，於長安城北西山起義。遣使告梁州刺史陰智伯。"卷三《武帝紀》："二月……輔國將軍曹虎爲梁南秦二州刺史。"卷三〇《曹虎傳》："十一年，收雍州刺史王奐，敕領步騎數百，步道取襄陽。仍除持節、督梁南北秦沙四州諸軍事、西戎校尉、梁南秦二州刺史，將軍如故。尋進號征虜將軍。鬱林即位，進號前將軍。"

[益州]

劉悛

王文和　冠軍將軍、刺史。

《南齊書》卷三七《劉悛傳》："悛既藉舊恩，尤能悅附人主，承迎權貴。賓客閨房，供費奢廣。罷廣、司二州，傾資貢獻，家無留儲。在蜀作金浴盆，餘金物稱是。罷任，以本號還都，欲獻之，而世祖晏駕，鬱林新立，悛奉獻減少，鬱林知之，諷有司收悛付廷尉，將加誅戮。高宗啓救之，見原，禁錮終身。"卷三《武帝紀》："二月……以冠軍將軍王文和爲益州刺史。"按：王文和參見是年南徐州條。

[寧州]

郭安明

[廣州]

劉纘

[交州]

伏登之

鬱林王隆昌元年、海陵王延興元年、明帝建武元年甲戌

（494）　　正月，改元隆昌。七月，蕭鸞殺昭業，立其弟昭文，改元延興。十月，蕭鸞廢帝自立，改元建武。

[揚州]

竟陵王子良　進督南徐州。四月卒。

新安王昭文　閏四月，都督揚南徐二州諸軍事、中軍將軍、揚州刺史。七月，即位。

蕭鸞　七月，都督揚南徐二州軍事、驃騎大將軍、錄尚書事、揚州刺史。十月，進位太傅，領大將軍、揚州牧。即位。

晉安王寶義　十月，都督揚南徐州軍事、前將軍、揚州刺史。未任。

始安王遙光　十一月，都督揚南徐二州諸軍事、前將軍、揚州刺史。

西陽王子明　遷中書令。

王敬則　司空、都督會稽東陽臨海永嘉新安五郡軍事、會稽太守。進位太尉，又進大司馬。

　　《南齊書》卷四〇《竟陵王子良傳》："隆昌元年……進督南徐州。其年疾篤……尋薨。"卷四《鬱林王紀》："四月……太傅竟陵王子良薨。……閏（四）月……以中軍將軍新安王昭文爲揚州刺史。"卷五《海陵王紀》："隆昌元年，爲使持節、都督揚南徐二州諸軍事、揚州刺史，將軍如故。其年，鬱林王廢，尚書令西昌侯鸞議立昭文爲帝。……延興元年秋七月丁酉，即皇帝位。以尚書令、鎮軍大將軍西昌侯鸞爲驃騎大將軍、錄尚書事、揚州刺史、宣城郡公。……十月……進驃騎大將軍、揚州刺史宣城公鸞爲太傅、領大將軍、揚州牧。"卷六《明帝紀》："鬱林王廢，海陵王立，爲使持節、都督揚南徐二州軍事、

驃騎大將軍、録尚書事、揚州刺史,開府如故。……尋加黃鉞、都督中外諸軍事、太傅、領大將軍、揚州牧。……建武元年冬十月癸亥,即皇帝位。……皇子寶義爲揚州刺史。……十一月癸酉,以西中郎長史始安王遥光爲揚州刺史。"卷五〇《巴陵王寶義傳》:"建武元年,爲持節、都督揚南徐州軍事、前將軍、揚州刺史。封晉安郡王,三千戶。寶義少有廢疾,不堪出人閒,故止加除授,仍以始安王遥光代之。"卷四五《始安王遥光傳》:"建武元年,以爲持節、都督揚南徐二州諸軍事、前將軍、揚州刺史。"卷四〇《西陽王子明傳》:"隆昌元年,爲右將軍、中書令。"卷二六《王敬則傳》:"高宗輔政,密有廢立意,隆昌元年,出敬則爲使持節、都督會稽東陽臨海永嘉新安五郡軍事、會稽太守,本官如故。海陵王立,進位太尉。……明帝即位,進大司馬。"《通典》卷一一《食貨十一·雜稅》:"齊武帝時,王敬則爲東揚州刺史,以會稽邊帶湖海,人無士庶,皆保塘陂。敬則以功力有餘,悉評斂爲錢,以送臺庫,帝納之。"校勘記:"其官爲會稽太守,非東揚州刺史。"按:齊無東揚州,王敬則鎮會稽亦不在武帝時,《通典》誤。

[南徐州]

江夏王鋒

永嘉王昭粲　正月,刺史。八月,遷荆州。

河東王鉉　八月,刺史。

蕭諶　十月,領軍將軍、左將軍、刺史。

《南齊書》卷三五《江夏王鋒傳》:"隆昌元年,入爲侍中、領驃騎將軍。"卷四《鬱林王紀》:"正月……永嘉王昭粲爲南徐州刺史。"卷五〇《桂陽王昭粲傳》:"鬱林立,以皇弟封永嘉郡王,南徐州刺史。"卷三八《蕭穎胄傳》:"隆昌元年,永嘉王昭粲爲南徐州,以穎胄爲南東海太守,行南徐州事。"卷五《海

陵王紀》：“八月……以驍騎將軍河東王鉉爲南徐州刺史。”卷
三五《河東王鉉傳》：“隆昌元年，爲驍騎將軍。出爲徐州刺
史，遷中書令。高宗誅諸王，以鉉年少才弱，故未加害。”卷四
五《始安王遥光傳》：“高宗輔政，遥光好天文候道，密懷規贊。
隆昌元年，除驍騎將軍，冠軍將軍、南東海太守，行南徐州
事……一歲之内，頻五除，並不拜。是時高宗欲即位，誅賞諸
事唯遥光共謀議。”卷六《明帝紀》：“十月……中領軍蕭諶爲
領軍將軍、南徐州刺史。”卷四二《蕭諶傳》：“守衛尉。高宗輔
政，有所匡諫，帝既在後宮不出，唯遣諶及蕭坦之遥進，乃得聞
達。諶迴附高宗，勸行廢立，密召諸王典籤約語之，不許諸王
外接人物。諶親要日久，衆皆憚而從之。……建武元年，轉領
軍將軍、左將軍、南徐州刺史。……高宗初許事克用諶爲揚
州，及有此授，諶恚曰：‘見炊飯熟，推以與人。’……上新即位，
遣左右要人於外聽察，具知諶言，深相疑阻。”

［南兖州］

南海王子罕

安陸王子敬　正月，都督南兖兖徐青冀五州、征北大將軍、南兖州刺史。九月，被殺。

王玄邈　十月，都督南兖兖徐青冀五州軍事、平北將軍、南兖州刺史。

　　《南齊書》卷四〇《南海王子罕傳》：“隆昌元年，遷散騎常
侍、右衛將軍。”卷四《鬱林王紀》：“正月……丹陽尹安陸王子
敬爲南兖州刺史。”卷四〇《安陸王子敬傳》：“隆昌元年，遷使
持節、都督南兖兖徐青冀五州、征北大將軍、南兖州刺史。延
興元年，加侍中。高宗除諸蕃王，遣中護軍王玄邈征九江，王
廣之襲殺子敬，時年二十三。”卷六《明帝紀》：“十月……中護
軍王玄邈爲南兖州刺史。”卷二七《王玄邈傳》：“建武元年，遷

持節、都督南兗兗徐青冀五州軍事、平北將軍、南兗州刺史。”

[南豫州]

宜都王鏗　九月，被殺。

《南齊書》卷三五《宜都王鏗傳》：“延興元年見害，年十八。”

[江州]

陳顯達　進號車騎大將軍。

晉安王子懋　正月，都督、刺史。九月，被殺。

王廣之　十月，都督江州諸軍事、鎮南將軍、江州刺史。

《南齊書》卷四《鬱林王紀》：“正月……征北大將軍晉安王子懋爲江州刺史。……征南大將軍陳顯達進號車騎大將軍。”卷五《海陵王紀》：“九月……江州刺史晉安王子懋起兵，遣中護軍王玄邈討之。”卷六《明帝紀》：“十月……平北將軍王廣之爲江州刺史。”卷二六《陳顯達傳》：“隆昌元年，遷侍中、車騎將軍。”卷四〇《晉安王子懋傳》：“隆昌元年，遷子懋爲都督、江州刺史，留西楚部曲助鎮襄陽，單將白直俠轂自隨。顯達入朝，子懋謂曰：‘朝廷令身單身而反，身是天王，豈可過爾輕率。今猶欲將二三千人自隨，公意何如？’顯達曰：‘殿下若不留部曲，便是大違勑旨，其事不輕。且此閒人亦難可收用。’子懋默然，顯達因辭出便發去，子懋計未立，還鎮尋陽。延興元年，加侍中。聞鄱陽隨郡二王見殺，欲起兵赴難。母阮在都，遣書欲密迎上，阮報其兄于瑤之爲計，瑤之馳告高宗。於是纂嚴，遣平西將軍王廣之南北討，使軍主裴叔業與瑤之先襲尋陽，聲云爲郢州行司馬。……害之。時年二十三。”卷二七《王玄邈傳》：“高宗使玄邈往江州殺晉安王子懋，玄邈苦辭不行，及遣王廣之往廣陵取安陸王子敬，玄邈不得已奉旨。”卷五一《裴叔業傳》：“遷晉熙王冠軍司馬。……叔業早與高宗接事,高宗輔政,厚任叔業以爲心腹,使領軍掩襲諸蕃鎮,叔業盡心用命。"按：王廣之參見是年豫州條。

[徐州]

蕭惠休

蕭誕　八月,輔國將軍、刺史。未任,十月,改司州。

　　　按：蕭誕見是年司州條。

[兗州]

劉靈哲　卒。

蕭遥欣　八月,督兗州緣淮軍事、寧朔將軍、兗州刺史。十月,遷豫州。

　　　《南齊書》卷二七《劉靈哲傳》："隆昌元年,卒。"卷四《鬱林王紀》："七月庚戌,以中書郎蕭遥欣爲兗州刺史。"卷五《海陵王紀》："八月……中書郎蕭遥欣爲兗州刺史。"卷四五《蕭遥欣傳》："延興元年,高宗樹置,以遥欣爲持節、督兗州緣淮軍事、寧朔將軍、兗州刺史。"

[豫州]

崔慧景　徵還。

王廣之　八月,督豫州郢州之西陽司州之汝南二郡諸軍事、平西將軍、豫州刺史。十月,改江州。

蕭遥欣　十月,督豫州郢州之西陽司州之汝南二郡諸軍事、輔國將軍、豫州刺史。未之任,進號西中郎將。十一月,遷荆州。

蕭遥昌　十一月,督豫州郢州之西陽司州之汝南二郡諸軍事、征虜將軍、豫州刺史。

　　　《南齊書》卷五一《崔慧景傳》："慧景以少主新立,密與虜交通,朝廷疑懼。高宗輔政,遣梁王至壽春安慰之,慧景遣密啓送誠勸進,徵還,爲散騎常侍、左衛將軍。"卷五《海陵王紀》："八月……左衛將軍王廣之爲豫州刺史。……十月……

以寧朔將軍蕭遥欣爲豫州刺史。"卷六《明帝紀》:"十一月……寧朔將軍豐城公遥昌爲豫州刺史。"卷二九《王廣之傳》:"隆昌元年,遷給事中、左衛將軍。時豫州刺史崔慧景密與虜通,有異志。延興元年,以廣之爲持節、督豫州郢州之西陽司州之汝南二郡軍事、平西將軍、豫州刺史。預廢鬱林勳,增封三百户。高宗誅害諸王,遣廣之征安陸王子敬於江陽,給鼓吹一部。事平,仍改授使持節、散騎常侍、都督江州諸軍事、鎮南將軍、江州刺史。"卷四五《蕭遥欣傳》:"仍爲督豫州郢州之西陽司州之汝南二郡、輔國將軍、豫州刺史,持節如故。未之任。建武元年,進號西中郎將,封聞喜縣公。"按:蕭遥昌參見是年郢州條。

[青州][冀州]

張沖

周奉叔　正月,都督青冀二州軍事、冠軍將軍、青州刺史。未任,被殺。

蕭穎胄　閏四月,督青冀二州軍事、輔國將軍、青冀二州刺史。未任。

王洪軌　十一月,青冀二州刺史。

　　《南齊書》卷四《鬱林王紀》:"正月……以新除黄門待郎周奉叔爲青州刺史。"卷二九《周奉叔傳》:"隆昌元年,除黄門郎,未拜,仍出爲持節、都督青冀二州軍事、冠軍將軍、青州刺史。時帝謀誅宰輔,故出奉叔爲外援。……奉叔就帝求千户侯,許之。高宗輔政,以爲不可,封曲江縣男,三百户,奉叔大怒,於衆中攘刀屬目,高宗説喻之,乃受。奉叔辭畢將之鎮,部伍已出。高宗慮其一出不可復制,與蕭諶謀,稱敕召奉叔於省内殺之。"《魏書》卷九八《島夷蕭道成傳》:"奉叔諂諛爲事,昭業甚悦之,而專恣跋扈,無所忌憚,常從單刀二十口,出入禁闥,門衛莫敢訶止。”《續高僧傳》卷七《釋法朗傳》：“祖奉叔，齊給事黃門侍郎、青州刺史。”《南齊書》卷四《鬱林王紀》：“閏（四）月乙丑，以南東海太守蕭穎胄爲青冀二州刺史。”卷三八《蕭穎胄傳》：“轉持節、督青冀二州軍事、輔國將軍、青冀二州刺史。不行，除黃門郎，領四廂直。遷衛尉。”卷六《明帝紀》：“十一月……晉壽太守王洪範爲青冀二州刺史。”卷四九《張沖傳》：“明帝即位，以晉壽太守王洪軌代沖。”卷五九《芮芮虜傳》：“（王）洪軌，齊郡臨淄人，爲太祖所親信，建武中，爲青冀二州刺史。”按：《明帝紀》作“王洪範”，此從《張沖傳》《芮芮虜傳》。

［荊州］

隨郡王子隆

臨海王昭秀　正月，都督荊雍益寧梁南北秦七州軍事、西中郎將、荊州刺史。

永嘉王昭粲　八月，都督荊雍益寧梁南北秦七州軍事、西中郎將、荊州刺史。

蕭遥欣　十一月，都督荊雍益寧梁南北秦七州軍事、右將軍、荊州刺史。

　　《南齊書》卷四〇《隨郡王子隆傳》：“隆昌元年，爲侍中、撫軍將軍，領兵置佐。”卷四《鬱林王紀》：“正月……臨海王昭秀爲荊州刺史。”卷五〇《巴陵王昭秀傳》：“隆昌元年，爲使持節、都督荊雍益寧梁南北秦七州軍事、西中郎將、荊州刺史。延興元年，徵爲車騎將軍，衛京師，以永嘉王昭粲代之。……永泰元年見殺，年十六。”卷四三《何昌寓傳》：“臨海王昭秀爲荊州，以昌寓爲西中郎長史、輔國將軍、南郡太守，行荊州事。明帝遣徐玄慶西上害蕃鎮諸王，玄慶至荊州，欲以便宜從事。昌寓曰：‘僕受朝廷意寄，翼輔外蕃，何容以殿下付君一介之使。若朝廷必須殿下還，當更聽後旨。’昭秀以此得還京師。”

《南史》卷三〇《何昌㝢傳》：“明帝將踐阼，先使裴叔業賚旨詔昌㝢，令以便宜從事。昌宇拒之曰：‘國家委身以上流之重，付身以萬里之事，臨海王未有失，寧得從君單詔邪？即時自有啓聞，須反更議。’叔業曰：‘若爾便是拒詔，拒詔，軍法行事耳。’答曰：‘能見殺者君也，能拒詔者僕也。君不能見殺，政有沿流之計耳。’昌宇素有名德，叔業不敢逼而退。上聞而嘉之，昭秀由此得還都。”校勘記：“（‘賚詔’之）‘詔’《通志》作‘詣’。……‘裴叔業’《南齊書》作‘徐玄慶’。”《南齊書》卷五《海陵王紀》：“八月……南徐州刺史永嘉王昭粲爲荆州刺史。”卷五〇《桂陽王昭粲傳》：“延興元年，出爲使持節、都督荆雍益寧梁南北秦七州軍事、西中郎將、荆州刺史。明帝立，欲以聞喜公遥欣爲荆州，轉昭粲爲右將軍、中書令。……永泰元年見殺，年八歲。”卷四六《陸慧曉傳》：“建武初，除西中郎長史，行事、内史如故。俄徵黄門郎。”卷六《明帝紀》：“十一月……以輔國將軍聞喜公遥欣爲荆州刺史。”卷四五《蕭遥欣傳》：“遷使持節、都督荆雍益寧梁南北秦七州軍事、右將軍、荆州刺史。改封曲江公。高宗子弟弱小，晉安王寶義有廢疾，故以遥光爲揚州居中，遥欣居陝西在外，權勢并在其門。遥欣好勇，聚畜武士，以爲形援。”

［湘州］

南平王鋭 九月，被誅。

蕭寶晊 十月，督湘州軍事、輔國將軍、湘州刺史。

《南齊書》卷五《海陵王紀》：“九月……誅湘州刺史南平王鋭。”卷三五《南平王鋭傳》：“延興元年，害諸王，遣裴叔業平尋陽，仍進湘州。鋭防閤周伯玉勸鋭拒叔業，而府州力弱不敢動，鋭見害，年十九。伯玉下獄誅。”卷六《明帝紀》：“十月……以安陸侯子寶晊爲湘州刺史。”卷四五《蕭寶晊傳》：

“爲持節、督湘州軍事、輔國將軍、湘州刺史。”

［雍州］

晉安王子懋　遷江州。

曹虎　正月，督雍州郢州之竟陵司州之隨郡軍事、冠軍將軍、雍州刺史。進號右將軍。

　　《南齊書》卷四《鬱林王紀》：“正月……以前將軍曹虎爲雍州刺史。”卷三〇《曹虎傳》：“隆昌元年，遷督雍州郢州之竟陵司州之隨郡軍事、冠軍將軍、雍州刺史。建武元年，進號右將軍。”

［郢州］

建安王子真

晉熙王銶　正月，督郢司二州軍事、冠軍將軍、郢州刺史。進號征虜將軍。九月，被誅。

蕭遙昌　十月，督郢司二州軍事、寧朔將軍、郢州刺史。進號冠軍將軍。未之鎮，遷豫州。

江夏王寶玄　十一月，都督郢司二州軍事、西中郎將、郢州刺史。

　　《南齊書》卷四《鬱林王紀》：“正月……驃騎將軍晉熙王銶爲郢州刺史。……郢州刺史建安王子真爲護軍將軍。”卷五《海陵王紀》：“九月……誅……郢州刺史晉熙王銶。……十月……新除黃門郎蕭遙昌爲郢州刺史。”卷六《明帝紀》：“十一月……以新除征虜將軍江夏王寶玄爲郢州刺史。”卷四〇《建安王子真傳》：“隆昌元年，爲散騎常侍、護軍將軍。”卷三五《晉熙王銶傳》：“隆昌元年，出爲持節、督郢司二州軍事、冠軍將軍、郢州刺史。延興元年，進號征虜將軍。尋見害，年十六。”卷五三《孔琇之傳》：“高宗輔政，防制諸蕃，致密旨於上佐。隆昌元年，遷琇之爲寧朔將軍、晉熙王冠軍長史，行郢州事、江夏內史。琇之辭，不許。未拜，卒。”《南史》卷二七

《孔琇之傳》：“遷琇之晉熙王冠軍長史、江夏内史，行郢州事，欲令殺晉熙。琇之辭，不許，欲自引決，友人陸閑諫之，琇之不從，遂不食而死。”《南齊書》卷四六《陸慧曉傳》：“隆昌元年，徙爲晉熙王冠軍長史、江夏内史，行郢州事。”卷四五《蕭遥昌傳》：“延興元年，除黄門侍郎，未拜，仍爲持節、督郢司二州軍事、寧朔將軍、郢州刺史。建武元年，進號冠軍將軍。……未之鎮，徙督豫州郢州之西陽司州之汝南二郡軍事、征虜將軍、豫州刺史，持節如故。”卷五〇《江夏王寶玄傳》：“仍出爲持節、都督郢司二州軍事、西中郎將、郢州刺史。”

［司州］

薛淵　正月，督司州軍事、右將軍、司州刺史。進號平北將軍，未拜，卒。

蕭誕　十月，督司州、輔國將軍、司州刺史。

　　《南齊書》卷四《鬱林王紀》：“正月……右衛將軍薛淵爲司州刺史。”校勘記：“‘衛’字疑衍。”卷三〇《薛淵傳》：“隆昌元年，出爲持節、督司州軍事、司州刺史，右將軍如故。延興元年，進號平北將軍，未拜，卒。”卷五《海陵王紀》：“八月……新除後軍司馬蕭誕爲徐州刺史。……十月……輔國將軍蕭誕爲司州刺史。”卷四二《蕭諶傳》：“諶兄誕……延興元年，自輔國、徐州爲持節、督司州、刺史，將軍如故。”

［梁州］［南秦州］

曹虎　遷雍州。

蕭懿　正月，都督梁南北秦沙四州諸軍事、西戎校尉、梁南秦二州刺史，加冠軍將軍。進號征虜將軍。

　　《南齊書》卷四《鬱林王紀》：“正月……以寧朔將軍蕭懿爲梁南秦二州刺史。”《梁書》卷二三《長沙王懿傳》：“永明季，授持節、都督梁南北秦沙四州諸軍事、西戎校尉、梁南梁二州

刺史,加冠軍將軍。是歲,魏人入漢中,遂圍南鄭。懿隨機拒
擊,傷殺甚多,乃解圍遁去。……進號征虜將軍。"《南史》卷
五一《長沙王懿傳》:"永明末,爲梁、南秦二州刺史,加督。"
《蕭懿廟碑》(《藝文類聚》卷四五《職官部一·丞相》):"公
諱,蘭陵人,皇帝之長兄也。……爲南梁、北秦二州刺史。"按:
蕭懿所任,《梁書》作梁南梁,《廟碑》作南梁北秦,此從《南齊
書》及《南史》。碑原題"梁簡文帝長沙宣武王北涼州廟碑",
時涼州非齊地,亦未見齊僑置,"北涼州"當爲"北梁州"之訛。
梁時有南梁州,或稱梁州爲北梁州。

[益州]

王文和

[寧州]

郭安明

李慶宗　八月,刺史。

　　　　《南齊書》卷五《海陵王紀》:"八月……以車騎板行參軍
李慶綜爲寧州刺史。"按:《明帝紀》作"李慶宗",從之。

[廣州]

劉纘　被殺。

王思遠　六月,都督廣交越三州諸軍事、寧朔將軍、平越中郎將、
廣州刺史。未任。

王詡　八月,輔國將軍、刺史。

　　　　《南齊書》卷四《鬱林王紀》:"六月丙寅,以黄門侍郎王思
遠爲廣州刺史。"卷四三《王思遠傳》:"出爲使持節、都督廣交
越三州諸軍事、寧朔將軍、平越中郎將、廣州刺史。高宗輔政,
不之任,仍遷御史中丞。"卷五《海陵王紀》:"八月……以輔國
將軍王詡爲廣州刺史。"卷四二《王晏傳》:"晏弟詡……後出
爲輔國將軍、始興内史。廣州刺史劉纘爲奴所殺,詡率郡兵討

之。延興元年,授詡持節、廣州刺史。"

[交州]

伏登之

申希祖　正月,刺史。

臧靈智　八月,刺史。

宋慈明　九月,刺史。

　　《南齊書》卷四《鬱林王紀》:"正月……輔國長史申希
祖爲交州刺史。……七月……東莞太守臧靈智爲交州刺
史。"卷五《海陵王紀》:"八月……以冠軍司馬臧靈智爲交
州刺史。……九月……以前九真太守宋慈明爲交州
刺史。"

建武二年乙亥(495)

[揚州]

始安王遙光　解督南徐。進號撫軍將軍。

　　王敬則

　　《南齊書》卷四五《始安王遙光傳》:"晉安王寶義爲南徐
州,遙光求解督,見許。二年,進號撫軍將軍、加散騎常
侍。……上以親近單少,憎忌高、武子孫,欲并誅之,遙光計畫
參議,當以次施行。"

[南徐州]

　　蕭諶　被殺。

　　晉安王寶義　都督南徐州軍事、鎮北將軍、南徐州刺史。

　　《南齊書》卷四二《蕭諶傳》:"二年六月,上幸華林園,宴
諶及尚書令王晏等數人盡歡。坐罷,留諶晚出……於省殺
之。"卷六《明帝紀》:"七月辛未,以右將軍晉安王寶義爲南徐

州刺史。”卷五〇《巴陵王寶義傳》：“二年，出爲使持節、都督
南徐州軍事、鎮北將軍、南徐州刺史。”卷四二《江祀傳》：
“歷……晉安王鎮北長史、南東海太守，行府州事。”

[南兗州]

王玄邈

廬陵王寶源　都督南兗兗徐青冀五州軍事、後將軍、南兗州
刺史。

　　　　《南齊書》卷二七《王玄邈傳》：“轉護軍將軍，加散騎常
侍。”卷六《明帝紀》：“八月丁未，以右衛將軍廬陵王寶源爲南
兗州刺史。”校勘記：“此‘右’下‘衛’字疑衍。”卷五〇《廬陵
王寶源傳》：“遷右將軍，領石頭戍事，仍出爲使持節、都督南兗
兗徐青冀五州軍事、後將軍、南兗州刺史。”卷三八《蕭穎胄
傳》：“出爲冠軍將軍、廬陵王後軍長史、廣陵太守、行南兗州府
州事。是年虜動，揚聲當飲馬長江。帝懼，敕穎胄移居民入
城，百姓驚恐，席卷欲南渡。穎胄以賊勢尚遠，不即施行，虜亦
尋退。”卷二四《張瓌傳》：“建武元年，轉給事中、光禄大
夫。……二年，虜盛，詔瓌以本官假節、督廣陵諸軍事、行南兗
州事，虜退乃還。”

[江州]

王廣之

[徐州]

蕭惠休

裴叔業　督徐州軍事、冠軍將軍、徐州刺史。

　　　　《南齊書》卷六《明帝紀》：“正月……虜攻鍾離，徐州刺史
蕭惠休破之。……四月……以新除黃門郎裴叔業爲徐州刺
史。”卷四六《蕭惠休傳》：“遷侍中，領步兵校尉。”卷五一《裴
叔業傳》：“除黃門侍郎。上以叔業有勳誠，封武昌縣伯，五百

戶。仍爲持節、督徐州軍事、冠軍將軍、徐州刺史。"《魏書》卷
七一《裴叔業傳》："高祖南巡,車駕次鍾離。驚拜叔業持節、
冠軍將軍、徐州刺史,以水軍入淮。"按:吳表闕裴叔業。

[兗州]

申希祖　輔國將軍、刺史。

　　《南齊書》卷六《明帝紀》:"八月……以新除輔國將軍申
希祖爲兗州刺史。"

[豫州]

蕭遙昌

[青州][冀州]

王洪軌

[荆州]

蕭遙欣

[湘州]

蕭寶晊　進號冠軍將軍。

　　《南齊書》卷四五《蕭寶晊傳》:"二年,寶晊進號冠軍將
軍。"卷四八《劉繪傳》:"安陸王寶晊爲湘州,以繪爲冠軍長
史、長沙内史,行湘州事,將軍如故。寶晊妃,(繪兄)悛女也。
寶晊愛其侍婢,繪奪取,具以啓聞,寶晊以爲恨,與繪不協。"

[雍州]

曹虎　進督爲監,進號平北將軍。

　　《南齊書》卷三〇《曹虎傳》:"二年,進督爲監,進號平北
將軍。"

[郢州]

江夏王寶玄

[司州]

蕭誕　被殺。

蕭衍　　冠軍將軍、刺史。

　　　　《南齊書》卷四二《蕭誕傳》：“建武二年春，虜攻司州，誕
盡力拒守，虜退。……徵左衛將軍。上欲殺諶，以誕在邊鎮拒
虜，故未及行。虜退六旬，諶誅，遣黃門郎梁王爲司州別駕，使
誅誕，束身受戮。”卷六《明帝紀》：“七月……以冠軍將軍梁王
爲司州刺史。”

［梁州］［南秦州］

　蕭懿

［益州］

　王文和

［寧州］

　李慶宗

　　　　《魏書》卷七下《高祖紀下》：“（太和）十有九年春正
月……平南將軍王肅頻破蕭鸞將，擒其寧州刺史董巒。”卷九
八《島夷蕭道成傳》：“（太和）十九年……左將軍元麗大破鸞
將，擒其寧州刺史董巒。”卷六一《田益宗傳》：“初，益州內附
之後，蕭鸞遣寧州刺史董巒追討之，官軍進擊，執巒并其子景
曜，送於行宮。巒，字仲舒。”《南史》卷四四《魚復侯子響傳》：
“（永明）七年，爲都督、荆州刺史。直閤將軍董蠻粗有氣力，
子響要與同行。……上聞而不悦，曰：‘人名蠻，復何容得蘊
藉。’乃改名爲仲舒。”按：魏太和十九年即齊建武二年，永明
十年後郭安明、李慶宗相繼爲寧州刺史，蓋皆未之任，寧州刺
史仍爲董仲舒，故建武三年復以李慶宗爲寧州刺史，見次年寧
州條。《魏書》云“巒，字仲舒”，據《南史》，“巒”當爲“蠻”，齊
武帝改爲“仲舒”。萬表誤慶宗爲“廣宗”。

［廣州］

　王翊

［交州］

宋慈明

建武三年丙子(**496**)

［揚州］

始安王遥光

王敬則

> 《南齊書》卷二六《王敬則傳》:"帝既多殺害,敬則自以
> 高、武舊臣,心懷憂恐。帝雖外厚其禮,而内相疑備,數訪問敬
> 則飲食體幹堪宜,聞其衰老,且以居内地,故得少安。三年中,
> 遣蕭坦之將齋仗五百人,行武進陵。敬則諸子在都,憂怖無
> 計。上知之,遣敬則世子仲雄入東安慰之。"

［南徐州］

晉安王寶義

［南兖州］

廬陵王寶源

［江州］

王廣之

建安王寶夤　都督江州軍事、南中郎將、江州刺史。

> 《南齊書》卷二九《王廣之傳》:"遷侍中、鎮軍將軍。"卷六
> 《明帝紀》:"正月……北中郎將建安王寶夤爲江州刺史。"卷
> 五〇《鄱陽王寶夤傳》:"出爲持節、都督江州軍事、南中郎將、
> 江州刺史。"

［徐州］

裴叔業

［兖州］

申希祖　遷司州。

徐玄慶　冠軍將軍、刺史。

　　　《南齊書》卷六《明帝紀》:"九月辛酉,以冠軍將軍徐玄慶爲兗州刺史。"

[豫州]

蕭遥昌

[青州][冀州]

王洪軌

[荆州]

蕭遥欣

[湘州]

蕭寶晊

[雍州]

曹虎

[郢州]

江夏王寶玄

[司州]

蕭衍

申希祖　督司州諸軍事、冠軍將軍、司州刺史。

　　　《梁書》卷一《武帝紀上》:"還爲太子中庶子,領羽林監。"《南齊書》卷六《明帝紀》:"十月,以輔國將軍申希祖爲司州刺史。"沈約《封申希祖詔》(《文苑英華》卷四一六):"持節、督司州諸軍事、冠軍將軍、司州刺史申希祖……可封開國伯。"

　　　按:不知申希祖何時進號冠軍。

[梁州][南秦州]

蕭懿　遷益州。

陰廣宗　梁南秦二州刺史。

《南齊書》卷六《明帝紀》:"五月……前軍將軍陰廣宗爲
梁南秦二州刺史。"

［益州］

王文和

蕭懿　督益寧二州軍事、征虜將軍、益州刺史。

《南齊書》卷六《明帝紀》:"五月己巳,以征虜將軍蕭懿爲
益州刺史。"《梁書》卷二三《長沙王懿傳》:"遷督益寧二州軍
事、益州刺史。"

［寧州］

李慶宗　刺史。

《南齊書》卷六《明帝紀》:"五月……前新除寧州刺史李
慶宗爲寧州刺史。"

［廣州］

王詡

［交州］

宋慈明

建武四年丁丑(497)

［揚州］

始安王遙光

王敬則

［南徐州］

晉安王寶義

《南齊書》卷四七《謝朓傳》:"建武四年,出爲晉安王鎮北
諮議、南東海太守,行南徐州事。"

［南兗州］

廬陵王寶源

[江州]

建安王寶夤

[徐州]

　裴叔業　遷豫州。

　徐玄慶　冠軍將軍、刺史。

　　　《南齊書》卷六《明帝紀》：“十二月……冠軍將軍徐玄慶爲徐州刺史。”

[兗州]

　徐玄慶　遷徐州。

　左興盛　寧朔將軍、刺史。

　　　《南齊書》卷六《明帝紀》：“十二月……寧朔將軍左興盛爲兗州刺史。”

[豫州]

　蕭遥昌

　裴叔業　督豫州、輔國將軍、豫州刺史。

　　　《南齊書》卷四五《蕭遥昌傳》：“永泰元年卒。上愛遥昌兄弟如子，甚痛惜之。”卷六《明帝紀》：“十二月甲子，以冠軍將軍裴叔業爲豫州刺史。”卷五一《裴叔業傳》：“徙督豫州、輔國將軍、豫州刺史，持節如故。”《魏書》卷七一《裴叔業傳》：“屯壽陽。”

[青州][冀州]

　王洪軌

[荆州]

　蕭遥欣　進號平西將軍。

　　　《南齊書》卷四五《蕭遥欣傳》：“四年，進號平西將軍。”

[湘州]

蕭寶晊

[雍州]

曹虎

[郢州]

江夏王寶玄

[司州]

申希祖

[梁州][南秦州]

陰廣宗

《魏書》卷六六《李崇傳》："氐楊靈珍遣弟婆羅與子雙領步騎萬餘,襲破武興,與蕭鸞相結。詔崇爲使持節、都督隴右諸軍事,率衆數萬討之。……崇多設疑兵,襲剋武興。蕭鸞梁州刺史陰廣宗遣參軍鄭猷、王思考率衆援靈珍。崇大破之,并斬婆羅首,殺千餘人,俘獲猷等,靈珍走奔漢中。"

[益州]

蕭懿

劉季連　輔國將軍、刺史。

《梁書》卷二三《長沙王懿傳》："入爲太子右衛率,尚書吏部郎,衛尉卿。"卷二〇《劉季連傳》："建武中,又出爲平西蕭遙欣長史、南郡太守。時明帝諸子幼弱,内親則仗遙欣兄弟,外親則倚后弟劉暄、内弟江祏。遙欣之鎮江陵也,意寄甚隆,而遙欣至州,多招賓客,厚自封殖,明帝甚惡之。季連族甥琅邪王會爲遙欣諮議參軍,美容貌,頗才辯,遙欣遇之甚厚。會多所憎忽,於公座與遙欣競侮季連,季連憾之,乃密表明帝,稱遙欣有異迹,明帝納焉,乃以遙欣爲雍州刺史。明帝心德季連,四年,以爲輔國將軍、益州刺史,令據遙欣上流。"按:蕭遙欣領雍州在次年二月。

［寧州］

　　李慶宗

［廣州］

　　王翃　被殺。

　　蕭季敞　征虜將軍、刺史。

　　　　《南齊書》卷四二《王晏傳》：“晏誅，上又遣南中郎司馬蕭
　　季敞襲翃殺之。”卷六《明帝紀》：“二月……征虜將軍蕭季敞
　　爲廣州刺史。”

［交州］

　　宋慈明

永泰元年戊寅（498）　　四月，改元。七月，明帝死，太子寶
卷即位。

［揚州］

　　始安王遥光　進位撫軍大將軍。

　　王敬則　四月舉兵，五月被殺。

　　盧陵王寶源　五月，都督會稽東陽臨海永嘉新安五郡軍事、後將
　　軍、會稽太守。

　　　　《南齊書》卷四五《始安王遥光傳》：“永泰元年，即本位爲
　　大將軍……帝崩，遺詔加遥光侍中、中書令。”卷六《明帝紀》：
　　“四月……大司馬、會稽太守王敬則舉兵反。五月壬午，遣輔
　　國將軍劉山陽率軍東討。乙酉，斬敬則傳首。”卷二六《王敬則
　　傳》：“永泰元年，帝疾，屢經危殆。以張瓌爲平東將軍、吳郡太
　　守，置兵佐，密防敬則。內外傳言當有異處分。……（敬則）乃
　　起兵。”卷五〇《盧陵王寶源傳》：“王敬則伏誅，徙寶源爲都督
　　會稽東陽臨海永嘉新安五郡軍事、會稽太守，（後）將軍

如故。”

[南徐州]

晉安王寶義 進號征北大將軍。

《南齊書》卷五〇《巴陵王寶義傳》:“東昏即位,進征北大將軍,開府儀同三司。”卷四六《陸慧曉傳》:“出爲輔國將軍、晉安王鎮北司馬、征北長史、東海太守,行府州事。”

[南兗州]

廬陵王寶源 遷會稽。

蕭穎胄 五月,督南兗兗徐青冀五州諸軍事、輔國將軍、南兗州刺史。

《南齊書》卷六《明帝紀》:“五月……以後軍長史蕭穎胄爲南兗州刺史。”卷三八《蕭穎胄傳》:“仍爲持節、督南兗兗徐青冀五州諸軍事、輔國將軍、南兗州刺史。”

[江州]

建安王寶寅 遷郢州。

陳顯達 七月,太尉、都督江州軍事、江州刺史。加領征南大將軍。

《南齊書》卷六《明帝紀》:“七月……太尉陳顯達爲江州刺史。”卷二六《陳顯達傳》:“以顯達爲都督江州軍事、江州刺史,鎮盆城,持節、本官如故。初,王敬則事起,始安王遙光啓明帝慮顯達爲變,欲追軍還,事尋平,乃寢。顯達亦懷危怖。及東昏立,彌不樂還京師,得此授,甚喜。尋加領征南大將軍。”

[徐州]

徐玄慶

[兗州]

左興盛

馬元和　五月,刺史。

　　《南齊書》卷六《明帝紀》:"五月……以北中郎將司馬元和爲兗州刺史。"校勘記:"'元和'上疑脱'馬'字。……齊建武三年至永元元年期間,邵陵王蕭寶攸任北中郎將,馬元和當是由寶攸司馬遷任兗州刺史。"按:《大梁皇帝敕答臣下神滅論》(《弘明集》卷一〇)有"司農卿馬元和答""弟子馬元和和南"等語,校勘記是。吳表作"司馬元和",誤。

[豫州]

裴叔業

[青州][冀州]

王洪軌　卒。

王珍國　七月,寧朔將軍、青冀二州刺史。

　　《南齊書》卷五九《芮芮虜傳》:"(洪軌)私占丁侵虜塈,奔敗,結氣卒。"卷六《明帝紀》:"七月,以輔國將軍王珍國爲青冀二州刺史。"《梁書》卷一七《王珍國傳》:"永泰元年,會稽太守王敬則反,珍國又率衆距之。敬則平,遷寧朔將軍、青冀二州刺史。"

[荆州]

蕭遙欣

[湘州]

蕭寶晊

[雍州]

曹虎

蕭遙欣　二月,領雍州刺史、寧蠻校尉。不行。

蕭衍　七月,都督雍梁南北秦四州郢州之竟陵司州之隨郡諸軍事、輔國將軍、雍州刺史。

　　《南齊書》卷三〇《曹虎傳》:"東昏即位,遷前將軍、鎮軍

司馬。"卷六《明帝紀》:"二月……平西將軍蕭遥欣領雍州刺
史。……七月……以太子中庶子梁王爲雍州刺史。"卷四五
《蕭遥欣傳》:"永泰元年,以雍州虜寇,詔遥欣以本官領刺史、
寧蠻校尉,移鎮襄陽,虜退不行。"《梁書》卷一《武帝紀上》:
"(崔)慧景與高祖進行鄧城,魏主帥十萬餘騎奄至。……慧
景軍死傷略盡,惟高祖全師而歸。俄以高祖行雍州府事。七
月,仍授持節、都督雍梁南北秦四州郢州之竟陵司州之隨郡諸
軍事、輔國將軍、雍州刺史。其月,明帝崩。"《金樓子》卷一
《興王篇》:"齊明密敕上爲雍州領兵,往救新野。仍即發引,
振旅長途,號令清嚴,所過秋毫不犯,信賞分明,士卒咸思盡
命。"《南史》卷四七《江祐傳》:"祐以外戚親要,權冠當時。魏
軍南伐,明帝欲以劉暄爲雍州。暄時方希内職,不願遠役,投
於祐。祐謂明帝曰:'昔人相暄得一州便躓,今爲雍州,儻相中
乎。'上默然。俄召梁武帝謂曰:'今使卿爲雍州,閫外一以
相委。'"

[郢州]

江夏王寶玄

劉暄　四月,刺史。七月,遷衛尉。

建安王寶寅　八月,都督郢司二州軍事、征虜將軍、郢州刺史。
　進號前將軍。

　　《梁書》卷一一《張弘策傳》:"明帝崩,遺詔以高祖爲雍州
刺史……時長沙宣武王罷益州還,仍爲西中郎長史,行郢州
事。高祖使弘策到郢,陳計於宣武王……弘策因説王曰:
'……以郢州居中流之要,雍部有戎馬之饒,卿兄弟英武,當今
無敵,虎據兩州,參分天下,糾合義兵,爲百姓請命,廢昏立明,
易於反掌……'王頗不懌而無以拒也。"卷一《武帝紀上》:"時
高祖長兄懿罷益州還,仍行郢州事,乃使弘策詣郢,陳計於懿

曰：'……郢州控帶荆、湘，西注漢、沔；雍州士馬，呼吸數萬，獸
際其間，以觀天下。……如不早圖，悔無及也。'懿聞之變色，
心弗之許。"《南齊書》卷六《明帝紀》："四月……以西中郎長
史劉暄爲郢州刺史。……七月，帝崩于正福殿……遺詔曰：
'……劉暄可衛尉……'"卷四二《江祏傳》："劉暄初爲寶玄郢
州行事，執事過刻。有人獻馬，寶玄欲看之，暄曰：'馬何用
看。'妃索煮肫，帳下諸暄，暄曰：'且已煮鵝，不煩復此。'寶玄
恚曰：'舅殊無《渭陽》之情。'暄聞之亦不悦。"卷五〇《江夏王
寶玄傳》："永泰元年，還爲前將軍，領石頭戍事。未拜，東昏即
位，進號鎮軍將軍。"卷七《東昏侯紀》："八月……南中郎將建
安王寶寅爲郢州刺史。"卷五〇《鄱陽王寶夤傳》："東昏即位，
爲使持節、都督郢司二州軍事、征虜將軍、郢州刺史。尋進號
前將軍。"卷四九《張沖傳》："東昏即位，出爲建安王征虜長
史、輔國將軍、江夏内史，行郢州府州事。"按：據《南齊書》，永
泰元年四月前劉暄爲寶玄西中郎長史，四月劉暄由長史遷郢
州刺史，是後寶夤、張沖各繼爲刺史、行事。蕭懿爲郢州行事
當在劉暄前，而《梁書》云永泰元年七月蕭衍任雍州刺史後蕭
懿仍爲西中郎長史，又有張弘策陳計事，疑誤或僞。

［司州］

申希祖

［梁州］［南秦州］

陰廣宗

［益州］

劉季連

［寧州］

李慶宗

［廣州］

　蕭季敞

［交州］

　宋慈明

東昏侯永元元年己卯（499）　正月，改元。

［揚州］

始安王遥光　八月，被殺。

晉安王寶義　八月，都督揚南徐二州軍事、驃騎大將軍、揚州刺史。

盧陵王寶源　進號安東將軍。

　　《南齊書》卷七《東昏侯紀》：“八月……揚州刺史始安王遥光據東府反。……遣領軍將軍蕭坦之率六軍討之。戊午，斬遥光傳首。”卷四五《始安王遥光傳》：“即本號開府儀同三司。遥光既輔政，見少主即位，潛與江祏兄弟謀自樹立。弟遥欣在荆楚，擁兵居上流，密相影響。遥光當據東府號令，使遥欣便星速急下。潛謀將發，而遥欣病死。江祏被誅，東昏侯召遥光入殿，告以祏罪。遥光懼，還省便陽狂號哭，自此稱疾不復入臺。……遥光弟遥昌先卒壽春，豫州部曲皆歸遥光；及遥欣喪還葬武進，停東府前，荆州衆力送者甚盛。帝誅江祏後，慮遥光不自安，欲轉爲司徒還第，召入喻旨。遥光慮見殺，八月十二日晡時，收集二州部曲，於東府門聚人衆。……城潰……斬首。”《金樓子》卷二《后妃篇》：“梁宣修容本姓石……及建武之時，始安王遥光聘焉……後遥光還東第，又諫曰：‘駙馬高蓋，其憂實重。少主貪虐，不過欲得州城，不如稱老歸第，于事爲善。若其不爾，悔將何及！’又不納。”江總《梁故度支尚書陸君誄》（《文苑英華》卷八四二）：“君諱襄……父閑，揚州別駕。齊永元紹曆，蕭遙光謀反伏誅，閑以州職見害。"《朱幹墓誌》（《秦晉豫墓誌》六七）："祖異之⋯⋯出宰吳平縣。入爲始安王記室。府王遘難，咸勸出奔，異之答曰：'豈有安而事之，急則苟免。'遂與揚州別駕陸閑一時同斃。父異。"《梁書》卷三八《朱异傳》："父巽⋯⋯官至齊江夏王參軍、吳平令。"《南齊書》卷五〇《巴陵王寶義傳》："始安王遙光誅，爲都督揚南徐二州軍事、驃騎大將軍、揚州刺史，持節如故。東府被兵火，屋宇燒殘，帝方營宮殿，不暇脩葺。寶義鎮西州。"卷四六《陸慧曉傳》："入爲五兵尚書，行揚州事。"卷五〇《廬陵王寶源傳》："永元元年，進號安東將軍。"

［南徐州］

　晉安王寶義　八月，遷揚州。

　江夏王寶玄　八月，都督南徐兗二州軍事、車騎將軍、南徐兗二州刺史。

　　　　《南齊書》卷四八《劉繪傳》："爲寧朔將軍、晉安王征北長史、南東海太守，行南徐州事。"卷七《東昏侯紀》："八月⋯⋯以征北大將軍晉安王寶玄爲南徐兗二州刺史。"校勘記："'晉安王'下疑有脫訛。"卷五〇《江夏王寶玄傳》："永元元年，又進車騎將軍，代晉安王寶義爲使持節、都督南徐兗二州軍事、南徐兗二州刺史，將軍如故。"

［南兗州］

　蕭穎胄　遷荆州行事。

　邵陵王寶攸　二月，都督南兗兗徐青冀五州軍事、北中郎將、南兗州刺史。未任。

　江夏王寶玄　八月，南徐州兼。

　裴叔業　九月，督南兗兗徐青冀五州軍事、輔國將軍、南兗州刺史。未任。

《南齊書》卷七《東昏侯紀》："二月癸丑，以北中郎將邵陵王寶攸爲南兗州刺史。"卷五〇《邵陵王寶攸傳》："永元元年，爲持節、都督南北徐南兗青冀五州軍事、南兗州刺史，(北中)郎將如故。未拜，遷征虜將軍、領石頭戍事。丹楊尹，戍事如故。"按：南兗州刺史歷來督南兗兗徐青冀五州，不督南徐，《寶攸傳》之"南北徐南兗青冀"疑有誤。裴叔業見是年豫州條。

[江州]

陳顯達　十一月，舉兵。十二月，被殺。

邵陵王寶攸　十二月，督江州軍事、左將軍、江州刺史。

《南齊書》卷七《東昏侯紀》："十一月丙辰，太尉江州刺史陳顯達舉兵於尋陽。乙丑，護軍將軍崔慧景加平南將軍、督衆軍南討事。……十二月……斬陳顯達傳首。丁亥，以征虜將軍邵陵王寶攸爲江州刺史。"卷二六《陳顯達傳》："顯達聞京師大相殺戮，又知徐孝嗣等皆死，傳聞當遣兵襲江州，顯達懼禍，十一月十五日，舉兵。"《高僧傳》卷一〇《釋保誌傳》："齊太尉司馬殷齊之隨陳顯達鎮江州……後顯達逆即，留齊之鎮州。及敗，齊之叛入廬山。"校注："三本、金陵本、《珠林》'即'作'節'。"《南齊書》卷五〇《邵陵王寶攸傳》："陳顯達事平，出爲持節、督江州軍事、左將軍、江州刺史。"《梁書》卷一六《張稷傳》："及江州刺史陳顯達舉兵反，以本號鎮歷陽南譙二郡太守，遷鎮南長史、尋陽太守、輔國將軍、行江州事。"按：《張稷傳》云稷爲鎮南長史，然《寶攸傳》云寶攸後自左將軍徵爲中軍將軍，未爲鎮南將軍，存疑。

[徐州]

徐玄慶

沈陵　閏八月，征虜將軍、刺史。十月，遷越州。

王鴻　十一月，冠軍將軍、刺史。

《南齊書》卷七《東昏侯紀》："閏(八)月……虜僞東徐州

刺史沈陵降，以爲北徐州刺史。……十月……征虜將軍沈陵
爲越州刺史。……十一月……以冠軍將軍王鴻爲徐州刺史。”
按：吳表玄慶作“延慶”。

［兗州］

馬元和

［豫州］

裴叔業　遷南兗州，尋復任。

張沖　九月，督豫州軍事、輔國將軍、豫州刺史。不行。

《南齊書》卷七《東昏侯紀》：“九月丁未，以輔國將軍裴叔
業爲兗州刺史，征虜長史張沖爲豫州刺史。”卷四九《張沖
傳》：“永元元年，遷持節、督豫州軍事、豫州刺史，代裴叔業。
竟不行。”卷五一《裴叔業傳》：“少主即位，誅大臣，京師屢有
變發。叔業登壽春城北望肥水，謂部下曰：‘卿等欲富貴乎？
我言富貴亦可辦耳。’永元元年，徙督南兗兗徐青冀五州軍事、
南兗州刺史，將軍、持節如故。叔業見時方亂，不樂居近藩，朝
廷疑其欲反，叔業亦遣使參察京師消息，於是異論轉盛。叔業
兄子植、颷並爲直閤，殿内驅使。慮禍至，棄母奔壽陽，説叔業
以朝廷必見掩襲。徐世標等慮叔業外叛，遣其宗人中書舍人
裴長穆宣旨，許停本任。叔業猶不自安，而植等説之不已，叔
業憂懼，問計於梁王，梁王令遣家還都，自然無患。叔業乃遣
子芬之等還質京師。”《魏書》卷七一《裴叔業傳》：“鸞死，子寶
卷自立，遷叔業本將軍、南兗州刺史。會陳顯達圍建鄴，叔業
遣司馬李元護率軍赴寶卷，其實應顯達也。顯達敗而還。”

［青州］［冀州］

王珍國

［荊州］

蕭遥欣　卒。

南康王寶融 正月,督荊雍益寧梁南北秦七州軍事、西中郎將,荊州刺史。

《南齊書》卷四五《蕭遙欣傳》:"永元元年卒。"卷七《東昏侯紀》:"正月……以冠軍將軍南康王寶融爲荊州刺史。"卷八《和帝紀》:"和帝諱寶融……永元元年,改封南康王,爲持節、督荊雍益寧梁南北秦七州軍事、西中郎將,荊州刺史。"卷三八《蕭穎胄傳》:"和帝爲荊州,以穎胄爲冠軍將軍、西中郎長史、南郡太守、行荊州府州事。"《續高僧傳》卷六《釋明徹傳》:"齊太傅蕭穎胄深相欽屬,及領荊州,攜遊七澤。"《梁書》卷一〇《夏侯詳傳》:"齊南康王爲荊州,遷西中郎司馬、新興太守,便道先到江陽。時始安王遙光稱兵京邑,南康王長史蕭穎胄並未至,中兵參軍劉山陽先在州,山陽副潘紹欲謀作亂,詳僞呼紹議事,即於城門斬之,州府乃安。"校勘記:"'江陽'疑爲'江陵'之誤。"

[湘州]

蕭寶晊 進號征虜將軍。

《南齊書》卷四五《蕭寶晊傳》:"永元元年……進號征虜將軍。"

[雍州]

蕭衍

[郢州]

建安王寶寅

[司州]

申希祖

[梁州][南秦州]

陰廣宗

柳惔 四月,寧朔將軍、西戎校尉、梁南秦二州刺史。

《南齊書》卷七《東昏侯紀》:"四月……以寧朔將軍柳惔

爲梁南秦二州刺史。”《梁書》卷一二《柳惔傳》：“建武末，爲西
戎校尉、梁南秦二州刺史。”按：《柳惔傳》云惔爲刺史在建武
末，此從《東昏侯紀》。

［益州］

　　劉季連

［寧州］

　　李慶宗

［廣州］

　　蕭季敞　　被殺。

　　范雲　　六月，建武將軍、平越中郎將、廣州刺史。徵還下獄。

　　顏翻　　十月，刺史。

　　　　《南齊書》卷七《東昏侯紀》：“六月……以始興内史范雲
　　爲廣州刺史。……十月……以始興内史顏翻爲廣州刺史。”卷
　　二九《周奉叔傳》：“奉叔弟世雄，永元中，爲西江督護。陳顯
　　達事後，世雄殺廣州刺史蕭季敞，稱季敞同逆，送首京師。廣
　　州刺史顏翻討殺之。”《梁書》卷一三《范雲傳》：“遷假節、建武
　　將軍、平越中郎將、廣州刺史。初，雲與尚書僕射江祏善，祏姨
　　弟徐藝爲曲江令，深以托雲。有譚儼者，縣之豪族，藝鞭之，儼
　　以爲恥，詣京訴雲，雲坐徵還下獄。”

［越州］

　　沈陵　　十月，征虜將軍、刺史。

　　　　按：沈陵見是年徐州條。

永元二年庚辰（500）　　十一月，蕭穎胄起兵於荆州，蕭衍
起兵於襄陽。

　　［揚州］

晉安王寶義

盧陵王寶源

[南徐州]

江夏王寶玄　五月,被誅。

晉熙王寶嵩　四月,都督南徐兗二州軍事、冠軍將軍、南徐州刺史。

陸慧曉　監南徐州。六月,遷南兗州。

　　《南齊書》卷七《東昏侯紀》:"四月……以晉熙王寶嵩爲南徐州刺史。……五月……江夏王寶玄伏誅。"卷五〇《江夏王寶玄傳》:"寶玄娶尚書令徐孝嗣女爲妃,孝嗣被誅離絶,少帝送少姬二人與之,寶玄恨望,密有異計。明年,崔慧景舉兵,還至廣陵,遣使奉寶玄爲主。寶玄斬其使,因是發將吏防城。帝遣馬軍主戚平、外監黄林夫助鎮京口。慧景將渡江,寶玄密與相應,殺司馬孔矜、典籤吕承緒及平、林夫,開門納慧景。……隨慧景至京師,住東城,百姓多往投集。慧景敗……少日乃殺之。"卷五〇《晉熙王寶嵩傳》:"永元二年,爲冠軍將軍、丹陽尹。仍遷持節、都督南徐兗二州軍事、南徐州刺史,將軍如故。"《梁書》卷二六《蕭琛傳》:"出爲晉熙王長史、行南徐州事。"按:陸慧曉見是年南兗州條。

[南兗州]

張沖　正月,督南兗兗徐青冀五州、輔國將軍、南兗州刺史。三月,改司州,尋復爲督南兗兗徐青冀五州、冠軍將軍、南兗州刺史。並未拜。

陸慧曉　六月,督南兗兗徐青冀五州軍事、輔國將軍、南兗州刺史。尋卒。

張稷　十一月,都督南兗州諸軍事、輔國將軍、南兗州刺史。俄進督兗徐青冀。

　　《南齊書》卷七《東昏侯紀》:"六月……守五兵尚書陸慧曉爲南兖州刺史。秋七月甲辰，以驃騎司馬張稷爲北徐州刺史。……十一月辛丑，以寧朔將軍張稷爲南兖州刺史。"卷四六《陸慧曉傳》:"崔惠景事平，領右軍將軍，出監南徐州，少時，仍遷持節、督南兖兖徐青冀五州軍事、輔國將軍、南兖州刺史。至鎮俄爾，以疾歸，卒。"《南史》卷四八《陸慧曉傳》:"出監南徐州。朝議又欲以爲侍中，王亮曰:'濟、河須人，今且就朝廷借之，以鎮南兖州。'王瑩、王志皆曰:'侍中彌須英華，方鎮猶應有選者。'亮曰:'角其二者，則貂璫緩，拒寇切。當今朝廷甚弱，宜從切者。'乃以爲輔國將軍、南兖州刺史，加督。"《梁書》卷一六《張稷傳》:"尋徵還，爲持節、輔國將軍、都督北徐州諸軍事、北徐州刺史。出次白下，仍遷都督南兖州諸軍事、南兖州刺史。俄進督北徐州兖州冀五州諸軍事，將軍並如故。"校勘記:"'北徐州兖州冀五州'，北監本、殿本作'北徐徐兖青冀五州'。按此處不足五州之數，疑有訛誤。"按:張沖見是年郢州條。張稷所任爲南兖州刺史，萬表誤爲兖州刺史。《東昏侯紀》云稷爲寧朔將軍，此從本傳。北徐州即徐州，不應并稱"北徐徐"，南兖州刺史歷來督南兖兖徐青冀五州，稷當進督徐兖青冀，并南兖爲五州。

[江州]

　　邵陵王寶攸

[徐州]

　　王鴻

　　張稷　七月，都督北徐州諸軍事、輔國將軍、北徐州刺史。十一月，遷南兖州。

　　　　按:張稷見是年南兖州條。

[兖州]

馬元和

［豫州］

裴叔業　進號冠軍將軍。降魏，二月卒。

蕭懿　二月，督豫州諸軍事、征虜將軍、豫州刺史，領歷陽南譙二郡太守，討裴叔業。三月，討崔慧景。

王肅　五月，都督豫徐司三州、右將軍、豫州刺史。

陳伯之　八月，督前驅諸軍事、冠軍將軍、豫州刺史。

　　《南齊書》卷七《東昏侯紀》："正月……詔討豫州刺史裴叔業。二月……以衛尉蕭懿爲豫州刺史，征壽春。己丑，裴叔業病死，兄子植以壽春降虜。三月……遣平西將軍崔慧景率衆軍伐壽春。……崔慧景於廣陵舉兵襲京師。壬子，右衛將軍左興盛督京邑水步衆軍。南徐州刺史江夏王寶玄以京城納慧景。……慧景入京師，宮内據城拒守。豫州刺史蕭懿起義救援。夏四月癸酉，慧景棄衆走，斬首。……五月乙巳，以虜僞豫州刺史王肅爲豫州刺史。……八月丁酉，以新除驃騎司馬陳伯之爲豫州刺史。"卷五一《裴叔業傳》："進號冠軍將軍。傳叔業反者不已，（子）芬之愈懼，復奔壽春。於是發詔討叔業，遣護軍將軍崔慧景、征虜將軍豫州刺史蕭懿督水陸衆軍西討，頓軍小峴。叔業病困，植請救魏虜，送芬之爲質。叔業尋卒，虜遣大將軍李醜、楊大眼二千餘騎入壽春。……植等皆還洛陽。"《魏書》卷七一《裴叔業傳》："叔業雖云得停，而憂懼不已……遣信詣豫州刺史薛真度，具訪入國可否之宜。……叔業遲遲數反，真度亦遣使與相報復。乃遣子芬之及兄女夫韋伯昕奉表内附。景明元年正月，世宗詔曰：'……可使持節、散騎常侍、都督豫雍兗徐司五州諸軍事、征南將軍、豫州刺史……'……軍未渡淮，叔業病卒，年六十三。李元護、席法友等推叔業兄子植監州事。"《法苑珠林》卷七八《梁裴植》："梁裴植隨其季叔叔業自南兗州入北，仕於元氏。"《檀賓墓誌》（《墓誌集成》三五三）："兗州高平平陽縣都鄉莿陵里人也。……年始廿，爲齊徐州刺史裴叔業啟爲府主薄。于時朔馬南侵，吳戈北掃，接矢徐方，交刃州境。自非雄明挺秀，無以委居邊捍，遂表君爲渦口戍主。……轉君寧朔將軍、步兵校尉，鎮戍壽春。君識否泰於將來，鑒安危於未兆，知雲臺將崩，葦巢難固，遂同裴氏，送城歸魏。"《梁書》卷二三《長沙王懿傳》："永元二年，裴叔業據豫州反，授持節、征虜將軍、督豫州諸軍事、豫州刺史，領歷陽南譙二郡太守，討叔業。叔業懼，降于魏。既而平西將軍崔慧景入寇京邑，奉江夏王寶玄圍臺城。齊室大亂，詔徵懿。……乘勝而進，慧景衆潰，追奔之。授侍中、尚書右僕射，未拜，仍遷尚書令、都督征討水陸諸軍事，持節、將軍如故。……時東昏肆虐，茹法珍、王咺之等執政，宿臣舊將，並見誅夷，懿既立元勳，獨居朝右，深爲法珍等所憚……遂遇禍。"《南史》卷五一《長沙王懿傳》："叔業懼，遂降魏。武帝時在雍州，遣典籤趙景悅説懿興晉陽之甲，誅君側之罪。懿不答。既而平西將軍崔慧景入寇，奉江夏王寶玄圍臺城，齊室大亂，馳信召懿。懿時方食，投箸而起，率鋭卒三千人入援。武帝馳遣虞安福下都説懿曰：'誅賊之後，則有不賞之功，當明君賢主，尚或難立；況於亂朝，何以自免。若賊滅之後，仍勒兵入宮，行伊、霍故事，此萬世一時。若不欲爾，便放表還歷陽，托以外拒爲事，則威振內外，誰敢不從。一朝放兵，受其厚爵，高而無人，必生後悔。'長史徐曜甫亦苦勸，並不從。"《南齊書》卷五七《魏虜傳》："時王肅僞征南將軍、豫州都督。朝廷既新失大鎮，荒人往來，詐云肅欲歸國。少帝詔以肅爲使持節、侍中、都督豫徐司三州、右將軍、豫州刺史。"校勘記："'僞'，北監本、殿本作'爲'。疑當作'爲僞'。"卷二〇《陳伯之傳》：“以勳累遷爲冠軍將軍、驃騎司馬。……義師起，東昏假伯之節、督前驅諸軍事、豫州刺史，將軍如故。”按：《法苑珠林》之南兗州當爲豫州之訛。

[青州][冀州]

王珍國

[荆州]

南康王寶融　十一月，起兵。

《南齊書》卷七《東昏侯紀》：“十一月……西中郎長史蕭穎胄起義兵於荆州。”卷八《和帝紀》：“二年十一月甲寅，長史蕭穎胄殺輔國將軍、巴西梓潼二郡太守劉山陽，奉梁王舉義。”卷三八《蕭穎胄傳》：“東昏侯誅戮群公，委任廝小，崔、陳敗後，方鎮各懷異計。永元二年十月，尚書令臨湘侯蕭懿及弟衛尉暢見害。先遣輔國將軍、巴西梓潼二郡太守劉山陽領三千兵受旨之官，就穎胄共襲雍州。雍州刺史梁王將起義兵，慮穎胄不識機變，遣使王天虎詣江陵，聲云山陽西上，并襲荆、雍。書與穎胄，或勸同義舉。……十一月十八日……送山陽首於梁王，乃發教纂嚴，分部購募。”《梁書》卷一〇《夏侯詳傳》：“遷司州刺史，辭不之職。高祖義兵起，詳與穎胄同創大舉。”

[湘州]

蕭寶晊

始安王寶覽　五月，督湘州、輔國將軍、湘州刺史。

《南齊書》卷四五《蕭寶晊傳》：“二年，爲左衛將軍。”卷七《東昏侯紀》：“五月……以始安王寶覽爲湘州刺史。”卷四五《始安王寶覽傳》：“永元二年，爲持節、督湘州、輔國將軍、湘州刺史。”

[雍州]

蕭衍　十一月，起兵。

劉繪　督雍梁南北秦四州郢州之竟陵司州之隨郡諸軍事、輔國
　　　將軍、領寧蠻校尉、雍州刺史。不就。

　　　　《梁書》卷一《武帝紀上》："永元二年冬,(蕭)懿被害信
　　　至,高祖密召長史王茂、中兵呂僧珍、別駕柳慶遠、功曹史吉士
　　　瞻等謀之。既定,以十一月乙巳召僚佐集於廳事。……是日
　　　建牙。"蕭衍《凈業賦序》(《廣弘明集》卷二九):"以齊永元二
　　　年正月,發自襄陽。"《梁書》卷二二《南平王偉傳》:"義師起,
　　　南康王承制,板爲冠軍將軍,留行雍州州府事。義師發後,州
　　　内儲備及人皆虛竭。魏興太守裴師仁、齊興太守顏僧都並據
　　　郡不受命,舉兵將襲雍州,偉與始興王憺遣兵於始平郡待師仁
　　　等,要擊大破之,州境以安。"同卷《始興王憺傳》:"齊世,弱冠
　　　爲西中郎法曹行參軍,遷外兵參軍。義師起,南康王承制,以
　　　憺爲冠軍將軍、西中郎諮議參軍,遷相國從事中郎,與南平王
　　　偉留守。"《南齊書》卷七《東昏侯紀》:"十二月,雍州刺史梁王
　　　起義兵於襄陽。戊寅,以冠軍長史劉繪爲雍州刺史。"卷四八
　　　《劉繪傳》:"及梁王義師起,朝廷以繪爲持節、督雍梁南北秦
　　　四州郢州之竟陵司州之隨郡諸軍事、輔國將軍、領寧蠻校尉、
　　　雍州刺史。固讓不就。眾以朝廷昏亂,爲之寒心,繪終不受,
　　　東昏改用張欣泰。繪轉建安王車騎長史,行府國事。"按:《凈
　　　業賦序》云蕭衍是年正月發自襄陽,《南齊書》云衍十二月起
　　　兵,此從《梁書》。

［郢州］

建安王寶夤

張沖　六月,督郢司二州、冠軍將軍、郢州刺史。進號征虜將軍。

　　　　《南齊書》卷五〇《鄱陽王寶夤傳》:"永元二年,徵爲撫
　　　軍,領石頭戍事,未拜。"卷七《東昏侯紀》:"正月壬子,以輔國
　　　將軍張沖爲南兗州刺史。……三月癸卯,以輔國將軍張沖爲

司州刺史。……丁未,以新除冠軍將軍張沖爲南兗州刺史。……六月……以新除冠軍將軍張沖爲郢州刺史。"卷四九《張沖傳》:"遷督南兗兗徐青冀五州、輔國將軍、南兗州刺史,持節如故。會司州刺史申希祖卒,以沖爲督司州軍事、冠軍將軍、司州刺史。裴叔業以壽春降虜,又遷沖爲督南兗兗徐青冀五州、南兗州刺史,持節、將軍如故。並未拜。崔慧景事平,徵建安王寶夤還都,以沖爲督郢司二州、郢州刺史,持節、將軍如故。一歲之中,頻授四州,至此受任。其冬,進征虜將軍。……梁王義師起,東昏遣驍騎將軍薛元嗣、制局監暨榮伯領兵及糧運百四十餘船送沖,使拒西師。"

[司州]

申希祖　卒。

蕭寅　二月,刺史。未任。

張沖　三月,督司州軍事、冠軍將軍、司州刺史。未任。

夏侯詳　刺史。辭不之職。

王僧炳　刺史。

　《南齊書》卷七《東昏侯紀》:"二月癸未,以黃門郎蕭寅爲司州刺史。"按:申希祖、張沖見是年郢州條,夏侯詳見是年荊州條,王僧炳見次年司州條。萬表張沖在蕭寅前,誤。

[梁州][南秦州]

柳惔

[益州]

劉季連

[寧州]

李慶宗

[廣州]

顏翻

［越州］

沈陵

和帝中興元年辛巳（501）　　三月，蕭寶融於江陵即帝位，改元。十二月，東昏侯被殺。

［揚州］

巴陵王寶義　十二月，遷太尉，領司徒。

蕭衍　十二月，中書監、都督揚南徐二州諸軍事、大司馬、録尚書事、驃騎大將軍、揚州刺史。

廬陵王寶源　三月，進號車騎將軍，和帝命。

　　《南齊書》卷五〇《巴陵王寶義傳》：“三年，進位司徒。和帝西臺建，以爲侍中、司空，使持節、都督、刺史如故。梁王定京邑，宣德太后令以寶義爲太尉、領司徒。”卷八《和帝紀》：“十二月丙寅，建康城平。己巳，皇太后令以梁王爲大司馬、録尚書事、驃騎大將軍、揚州刺史。……癸酉，以司徒、揚州刺史晉安王寶義爲太尉、領司徒。”《梁書》卷一《武帝紀上》：“授高祖中書監、都督揚南徐二州諸軍事、大司馬、録尚書、驃騎大將軍、揚州刺史。”《南齊書》卷五〇《廬陵王寶源傳》：“和帝即位，以爲侍中、車騎將軍、開府儀同三司，都督、太守如故。未拜。”

［南徐州］

晉熙王寶嵩

建安王寶夤　三月，都督南徐兗二州軍事、衛將軍、南徐州刺史，和帝命。

　　《梁書》卷二六《蕭琛傳》：“還兼少府卿、尚書左丞。”卷二六《范岫傳》：“永元末，出爲輔國將軍、冠軍晉安王長史、行南徐州事。"《南齊書》卷八《和帝紀》:"中興元年春三月……建安王寶寅爲徐州刺史。"卷七《東昏侯紀》:"九月……車騎將軍建安王寶寅爲荆州刺史。"卷五〇《鄱陽王寶夤傳》:"和帝立,西臺以寶夤爲使持節、都督南徐兗二州軍事、衞將軍、南徐州刺史。少帝以爲使持節、都督荆益寧雍梁南北秦七州軍事、荆州刺史,將軍如故。"《魏書》卷五九《蕭寶夤傳》:"寶卷弟寶融僭立,以寶夤爲衞將軍、南徐州刺史。"張熷《讀史舉正》卷六《宋書·鄱陽王寶夤傳》:"和帝即少帝也,文不應重。又是時蕭穎冑方行荆州事,何得復以寶夤爲荆州?且《和帝紀》有刺徐州文,無刺荆州文。疑有誤。"按:和帝非少帝,《南齊書》稱蕭寶融爲和帝,蕭寶卷爲少帝,張說誤。參《南齊書》卷四九《張沖傳》及《魏書》卷五九《蕭寶夤傳》,時寶夤在建康,南徐州、荆州皆未之任。《范岫傳》之"晉安王"當爲"晉熙王",見次年南徐州條。

[南兗州]

張稷 還衞宮城。

蕭昺 寧朔將軍、行南兗州事,和帝命。

《梁書》卷一六《張稷傳》:"永元末,徵爲侍中,宿衞宮城。義師至,兼衞尉江淹出奔,稷兼衞尉,副王瑩都督城內諸軍事。……北徐州刺史王珍國就稷謀之,乃使直閤張齊害東昏于含德殿。"卷二四《蕭景傳》:"字子昭,高祖從父弟也。……高祖義師至,以景爲寧朔將軍、行南兗州軍事。時天下未定,江北傖楚各據塢壁,景示以威信,渠帥相率面縛請罪,旬日境內皆平。"校勘記:"蕭景本名昺,避唐諱改。"《蕭子昭碑》(《文館詞林》卷四五七):"中興元年,霸府板補寧朔將軍,行南兗州事。"

[南豫州]

申冑 八月,監、刺史,東昏侯命。九月,棄姑孰走。

《南齊書》卷七《東昏侯紀》：“八月丁卯，以輔國將軍申胄監豫州事。”《梁書》卷一《武帝紀上》：“九月……前軍次蕪湖，南豫州刺史申胄棄姑熟走，至是時大軍進據之。”

［江州］

邵陵王寶攸　徵還。

王茂　二月，刺史，和帝命。

陳伯之　八月，安東將軍、刺史，和帝命。進號鎮南將軍。

鄭紹叔　監江州事。

李居士　九月，刺史，東昏侯命。

《南齊書》卷七《東昏侯紀》：“三月……遣平西將軍陳伯之西征。……九月甲辰，以（李）居士爲江州刺史。”卷八《和帝紀》：“二月乙丑，以冠軍長史王茂先爲江州刺史。……七月……以茂先爲中護軍。……八月丙子，平西將軍陳伯之降。乙卯，以伯之爲江州刺史。”卷五〇《邵陵王寶攸傳》：“以本號還京師，授中將軍、祕書監。”張森楷《校勘記》：“應作‘中軍將軍’。”《梁書》卷二〇《陳伯之傳》：“轉江州，據尋陽以拒義軍。郢城平，高祖得伯之幢主蘇隆之，使説伯之，即以爲安東將軍、江州刺史。伯之雖受命，猶懷兩端……衆軍遂次尋陽，伯之退保南湖，然後歸附。進號鎮南將軍，與衆俱下。”卷一一《鄭紹叔傳》：“義師起，爲冠軍將軍，改驍騎將軍，侍從東下江州，留紹叔監州事，督江、湘二州糧運，事無闕乏。”按：《梁書》有王茂，當即《南齊書》之王茂先，蓋雙名單稱。《梁書》卷九《王茂傳》唯云茂歷輔國長史、襄陽太守，參上引《和帝紀》及是年雍州條，茂當由蕭衍輔國長史遷蕭偉冠軍長史，復遷江州刺史，本傳失載。李居士，沈約《授李居壬等制》（《文苑英華》卷四一六）作李居壬，爲東昏侯九月命，時江州已歸蕭衍，當未之任。

[徐州]

王珍國　正月，寧朔將軍、刺史，東昏侯命。還都。

陳虎牙　八月，刺史，和帝命。

徐元稱　九月，監徐州，東昏侯命。

胡虎牙　十月，刺史，東昏侯命。

　　　《南史》卷四六《王珍國傳》："永元中，爲北徐州刺史，將
　　軍如故。梁武起兵，東昏召珍國以衆還都。"《南齊書》卷七
　　《東昏侯紀》："正月……以寧朔將軍王珍國爲北徐州刺
　　史。……九月……驍騎將軍徐元稱監徐州。……十月……以
　　驍騎將軍胡虎牙爲徐州刺史。"卷八《和帝紀》："八月……（陳
　　伯之）子虎牙爲徐州刺史。"按：王珍國參見是年南兗州條。

[兗州]

馬元和

劉孝慶　刺史，和帝命。

　　　《南史》卷四九《劉峻傳》："峻本將門，兄法鳳自北歸，改
　　名孝慶字仲昌。早有幹略，齊末爲兗州刺史，舉兵應梁武。"
　　按：劉孝慶爲兗州刺史，萬表誤爲南兗州刺史。劉孝慶爲蕭
　　穎冑將帥，當爲和帝所命，未之職，見是年雍州條。

[豫州]

陳伯之　三月，西征，據尋陽。

馬仙琕　九月，監豫州、寧朔將軍、豫州刺史，東昏侯命。十二
　　月降。

李元履　十一月，輔國將軍、刺史，和帝命。

　　　《南齊書》卷七《東昏侯紀》："九月……龍驤將軍馬仙琕
　　監豫州。"《梁書》卷一七《馬仙琕傳》："以功遷寧朔將軍、豫州
　　刺史。義師起，四方多響應，高祖使仙琕故人姚仲賓説之，仙
　　琕於軍斬仲賓以徇。義師至新林，仙琕猶持兵於江西，日鈔運

漕。建康城陷,仙琕號哭經宿,乃解兵歸罪。"《南齊書》卷八
《和帝紀》:"十一月乙未,以輔國將軍李元履爲豫州刺史。"
《南史》卷六《梁武帝紀上》:"十二月……丁亥,遣豫州刺史李
元履以兵五千慰勞東方十二郡。"按:陳伯之見是年江州條。

［青州］［冀州］

王珍國　正月,遷徐州。

桓和　都督青冀二州諸軍事、寧朔將軍、青冀二州刺史,東昏侯
命。十月,入衛京師,降蕭衍。

　　　《南齊書》卷七《東昏侯紀》:"十月……青冀二州刺史桓和
入衛,屯東宮,己卯,衆降。"沈約《授李居壬等制》(《文苑英華》
卷四一六):"新除節督青冀二州諸軍事、寧朔將軍、青冀二州刺
史栢和。"《沈約集校箋》:"'栢和'爲'桓和'之誤。"按:《沈隱
侯集》(《漢魏六朝百三家集》)同文"節督"作"都督"。

［荆州］

南康王寶融　三月,即帝位。

邵陵王寶攸　二月,刺史,和帝命。

蕭穎胄　三月,尚書令、鎮軍將軍、監八州軍事、行荆州刺史,和
帝命。十一月卒。

建安王寶寅　九月,都督荆益寧雍梁南北秦七州軍事、衛將軍、
荆州刺史,東昏侯命。未任。

蕭憺　十一月,右將軍、行荆州事,和帝命。

　　　《南齊書》卷八《和帝紀》:"二月……右將軍邵陵王寶攸
爲荆州刺史。……中興元年春三月乙巳,即皇帝位。……尚
書令蕭穎胄行荆州刺史。……十一月……尚書令、鎮軍將軍
蕭穎胄卒,以黃門郎蕭澹行荆州府州事。"卷三八《蕭穎胄
傳》:"中興元年三月,穎胄爲侍中、尚書令,假節、都督如故。
尋領吏部尚書,監八州軍事,行荆州刺史,本官如故。……十

二月壬寅夜,卒。"《太平廣記》卷七六《方士一・庾詵》引《談
藪》:"武獻公蕭穎胄疾篤,謂詵曰:'推其曆數,當無辜否?'答
曰:'鎮星在襄陽,荆州自少福。明府歸終於亂代,齊名伊霍,
足貴子孫,有何恨哉?'公曰:'君得之矣……'歠歠而終,果如
其言。"《法苑珠林》卷一三《東晉荆州金像遠降緣》:"齊永元
二年,鎮軍蕭穎胄與梁高共荆州刺史南康王寶融起義時,像行
出殿外,將欲下階。兩僧見而驚喚,乃迴入殿。三年穎胄暴
亡,寶融亦廢,而慶歸高祖。"《梁書》卷一〇《夏侯詳傳》:"西
臺建,以詳爲中領軍,加散騎常侍、南郡太守。凡軍國大事,穎
胄多決於詳。……穎胄卒。時高祖弟始興王憺留守襄陽,詳
乃遣使迎憺,共參軍國。和帝加詳禁兵,出入殿省,固辭不受。
遷侍中、尚書右僕射。"卷一二《席闡文傳》:"穎胄暴卒,州府
騷擾,闡文以和帝幼弱,中流任重,時始興王憺留鎮雍部,乃與
西朝群臣迎王總州事,故賴以寧輯。"《蕭憺碑》(《碑刻校注》
三・三一六):"鎮軍將軍蕭穎胄,佐命兩朝,政教攸在。一朝
徂殂,内外悒然。……徵公入輔。……除侍中、右將軍、行荆
州事。"按:《蕭穎胄傳》云穎胄十二月卒,此從《和帝紀》。寶
夤見是年南徐州條。

[湘州]

始安王寶覽

楊公則　　正月,都督湘州諸軍事、輔國將軍、湘州刺史,和帝命。
累進征虜將軍、左衛將軍。復進號左將軍。

　　《南齊書》卷八《和帝紀》:"正月……以冠軍將軍楊公則
爲湘州刺史。"卷三八《蕭穎胄傳》:"梁王義師出沔口,郢州刺
史張沖據城拒守。楊公則定湘州,行事張寶積送江陵,率軍會
夏口。"《梁書》卷一〇《楊公則傳》:"南康王爲荆州,復爲西中
郎中兵參軍。領軍將軍蕭穎胄協同義舉,以公則爲輔國將軍、

領西中郎諮議參軍，中兵如故，率衆東下。時湘州行事張寶積
發兵自守，未知所附，公則軍及巴陵，仍回師南討。軍次白沙，
寶積懼，釋甲以俟焉。公則到，撫納之，湘境遂定。和帝即位，
授持節、都督湘州諸軍事、湘州刺史。……累進征虜將軍、左
衛將軍，持節、刺史如故。郢城平，高祖命衆軍即日俱下，公則
受命先驅，徑掩柴桑。江州既定，連旌東下，直造京邑。……
進號左將軍，持節、刺史如故，還鎮南蕃。”卷一九《劉坦傳》：
“南康王爲荆州刺史，坦爲西中郎中兵參軍，領長流。義師起，
遷諮議參軍。時輔國將軍楊公則爲湘州刺史，帥師赴夏口，西
朝議行州事者……乃除輔國長史、長沙太守，行湘州事。坦嘗
在湘州，多舊恩，道迎者甚衆。下車簡選堪事吏，分詣十郡，悉
發人丁，運租米三十餘萬斛，致之義師，資糧用給。”《楊公則墓
誌》（《墓誌集成》一四〇一）：“梁故持節、都督湘州諸軍事、平
南將軍、寧都侯楊府君之墓。”按：《則誌》，《墓誌集成》標注
“疑僞”。

［雍州］

蕭衍

蕭偉　三月，都督雍梁南北秦四州郢州之竟陵司州之隨郡諸軍
　　事、鎮北將軍、寧蠻校尉、雍州刺史，和帝命。

張欣泰　三月，督雍梁南北秦四州郢州之竟陵司州之隨郡軍事、
　　輔國將軍、雍州刺史，東昏侯命。未任，被誅。

薛元嗣　七月，督雍梁南北秦四州郢州之竟陵司州之隨郡、冠軍
　　將軍、雍州刺史，東昏侯命。守郢州，降蕭衍。

王珍國　九月，刺史，東昏侯命。未任，十二月，殺東昏侯。

　　　《梁書》卷二二《南平王偉傳》：“高祖既剋郢、魯，下尋陽，
圍建業，而巴東太守蕭慧訓子璝及巴西太守魯休烈起兵逼荆
州，屯軍上明，連破荆州。鎮軍蕭穎冑遣將劉孝慶等距之，反

爲瑳所敗,穎胄憂憤暴疾卒,西朝兇懼。尚書僕射夏侯詳議徵
兵雍州,偉乃割州府將吏,配始興王憺往赴之。憺既至,瑳等
皆降。和帝詔以偉爲使持節、都督雍梁南北秦四州郢州之竟
陵司州之隨郡諸軍事、寧蠻校尉、雍州刺史,(冠軍)將軍如故。
尋加侍中,進號鎮北將軍。"《南齊書》卷八《和帝紀》:"中興元
年春三月……領軍將軍蕭偉爲雍州刺史。"《蕭餙墓誌》(《秦
晉豫墓誌》九〇):"曾祖偉,梁南平王。齊和帝授安北將軍。
梁高祖受禪,以爲鎮北將軍、雍州刺史。"《梁書》卷七《東昏侯
紀》:"三月……以輔國將軍張欣泰爲雍州刺史。……七
月……雍州刺史張欣泰、前南譙太守王靈秀率石頭文武奉建
安王寶寅向臺,至杜姥宅,宮門閉,乃散走。……九月……新
除冠軍將軍王珍國爲雍州刺史。……十二月丙寅,新除雍州
刺史王珍國、侍中張稷率兵入殿廢帝,時年十九。"卷五一《張
欣泰傳》:"除輔國將軍、廬陵王安東司馬。義師起,以欣泰爲
持節、督雍梁南北秦四州郢州之竟陵司州之隨郡軍事、雍州刺
史,將軍如故。時少帝昏亂,人情咸伺事隙。欣泰……等十餘
人,並同契會。……少日事覺,詔收欣泰、胡松等,皆伏誅。"
按:蕭偉之軍號,沈約《封授臨川等五王詔》(《文苑英華》卷
四四四)作"安北將軍",《沈約集》同詔作"冠軍將軍"。參諸
記載,偉當由冠軍進號安北,復進號鎮北。《和帝紀》云蕭偉歷
領軍將軍,本傳不載,存疑。薛元嗣見是年郢州條。

[郢州]

張沖 拒蕭衍,三月卒。

曹景宗 二月,冠軍將軍、刺史,和帝命。建康平,遷右衛將軍。

程茂 七月,督郢司二州、輔國將軍、郢州刺史,東昏侯命。未
任。是月,郢州平。

韋叡 八月,行州事,和帝命。

申冑　九月，監郢州，東昏侯命。未任。

　　　　《南齊書》卷八《和帝紀》：“二月……冠軍將軍曹景宗爲郢州刺史。……梁王率大衆屯沔口，郢州刺史張沖拒守。三月，丁酉，張沖死，驃騎將軍薛元嗣等固城。”卷七《東昏侯紀》：“七月……己未，以征虜長史程茂爲郢州刺史，驃騎將軍薛元嗣爲雍州刺史。是日，元嗣以郢城降義師。……九月……以輔國將軍申冑監郢州。”卷四九《張沖傳》：“沖病死，元嗣、榮伯與沖子孜及長史江夏内史程茂固守。……魯山陷後二日，元嗣等以郢城降。東昏以程茂爲督郢司二州、輔國將軍、郢州刺史，元嗣爲督雍梁南北秦四州郢州之竟陵司州之隨郡、冠軍將軍、雍州刺史，並持節。時郢魯二城以降，死者相積，竟無叛散。”《梁書》卷九《曹景宗傳》：“天下方亂，高祖亦厚加意焉。永元初，表爲冠軍將軍、竟陵太守。……高祖至竟陵，以景宗與冠軍將軍王茂濟江，圍郢城，自二月至于七月，城乃降。復帥衆前驅至南州，領馬步軍取建康。……城平，拜散騎常侍、右衛將軍。”卷一《武帝紀上》：“八月……高祖登舟，命諸將以次進路，留上庸太守韋叡守郢城，行州事。”按：曹景宗歷郢州刺史，《梁書》本傳失載。

［司州］

王僧炳

蕭瓚　九月，刺史，東昏侯命。未任，降蕭衍。

　　　　《梁書》卷一《武帝紀上》：“三年二月……高祖發襄陽。……移檄京邑曰：‘……益州刺史劉季連、梁州刺史柳惔、司州刺史王僧景……並肅奉明詔，龔行天罰……’”校勘記：“疑王僧景本名王僧炳，此避唐諱改。”《南齊書》卷七《東昏侯紀》：“九月……以後軍參軍蕭瓚爲司州刺史。”按：蕭瓚參見是月雍州條。

[梁州][南秦州]

柳惔　應蕭衍。

莊丘黑　三月,征虜將軍、梁南秦二州刺史,和帝命。

趙越嘗　九月,梁南秦二州刺史,東昏侯命。未任。

牛平　十月,梁南秦二州刺史,東昏侯命。未任。

　　《梁書》卷一二《柳惔傳》:"及高祖起兵,惔舉漢中應義。和帝即位,以爲侍中,領前軍將軍。高祖踐阼,徵爲護軍將軍。"《魏書》卷七一《夏侯道遷傳》:"會蕭衍以莊丘黑爲征虜將軍、梁秦二州刺史,鎮南鄭,黑請道遷爲長史,帶漢中郡。"《南齊書》卷八《和帝紀》:"中興元年春三月……以冠軍將軍莊丘黑爲梁南秦二州刺史。"卷七《東昏侯紀》:"九月……輔國長史趙越嘗爲梁南秦二州刺史。……十月……游擊將軍牛平爲梁南秦二州刺史。"

[益州]

劉季連

柳惔　三月,征虜將軍、刺史,和帝命。未任。

鄧元起　七月,冠軍將軍、刺史,和帝命。進號征虜將軍。

魯休烈　九月,刺史,東昏侯命。未任。

徐智勇　十月,刺史,東昏侯命。未任。

　　《南齊書》卷八《和帝紀》:"中興元年春三月……以征虜將軍柳惔爲益、寧二州刺史。"卷七《東昏侯紀》:"九月……前輔國將軍魯休烈爲益州刺史。……十月……左軍將軍徐智勇爲益州刺史。"《梁書》卷一〇《鄧元起傳》:"中興元年七月,郫城降,以本號爲益州刺史,仍爲前軍,先定尋陽。……建康城平,進號征虜將軍。"按:柳惔參見是年梁州、南秦州條。魯休烈參見是年雍州條。

[寧州]

柳惔　　三月，征虜將軍、刺史，和帝命。未任。

　　　　按：柳惔見是年益州條。

[廣州]

顏翻

胡元進　　二月，刺史，東昏侯命。

沈徽孚　　三月，刺史，東昏侯命。

鄧元起　　三月，冠軍將軍、平越中郎將、廣州刺史，和帝命。
未任。

徐元瑜　　刺史。

　　　　《南齊書》卷七《東昏侯紀》：“二月……以威烈將軍胡元
進爲廣州刺史。三月己亥，以驃騎將軍沈徽孚爲廣州刺
史。……十月……寧朔將軍徐元瑜以東府城降。”校勘記：
“‘驃騎將軍’，疑爲‘驍騎將軍’之訛。按《文苑英華》卷四一
六引沈約《封三舍人詔》云沈徽孚時爲‘輔國將軍、驍騎將軍、
南高平太守、兼中書通事舍人。’”卷八《和帝紀》：“中興元年
春三月……冠軍將軍鄧元起爲廣州刺史。”《梁書》卷一〇《鄧
元起傳》：“和帝即位，授假節、冠軍將軍、平越中郎將、廣州刺
史，遷給事黃門侍郎，移鎮南堂西渚。”按：徐元瑜參見《梁方
鎮年表》天監二年廣州條，其爲廣州刺史當在中興元年十月降
蕭衍後。

中興二年壬午（502）　　三月，梁代齊。

[揚州]

蕭衍　　正月，進相國、揚州牧。四月，即帝位。

盧陵王寶源

　　　　《南齊書》卷八《和帝紀》：“正月……詔大司馬梁王進位

相國,總百揆,揚州牧,封十郡爲梁公。……四月辛酉,禪詔
至……梁王奉帝爲巴陵王……戊辰,薨,年十五。"卷五〇《廬
陵王寶源傳》:"中興二年薨。"

[南徐州]

晉熙王寶嵩

鄱陽王寶寅　奔魏。

蕭秀　三月,都督南徐兗二州諸軍事、輔國將軍、南徐州刺史。

《梁書》卷二二《安成王秀傳》:"高祖義師至新林,秀與諸
王侯並自拔赴軍,高祖以秀爲輔國將軍。是時東昏弟晉熙王
寶嵩爲冠軍將軍、南徐州刺史,鎮京口,長史范岫行府州事,遣
使降,且請兵於高祖。以秀爲冠軍長史、南東海太守,鎮京口。
建康平,仍爲使持節、都督南徐兗二州諸軍事、南徐州刺史,輔
國將軍如故。"《南齊書》卷八《和帝紀》:"三月……以冠軍長
史蕭秀爲南徐州刺史。"卷五〇《鄱陽王寶寅傳》:"宣德太后
臨朝,梁王爲建安公,改封寶寅爲鄱陽王。中興二年,謀反
誅。"《十七史商榷》卷六八"南齊蕭寶寅傳與北史異"條:"此
蕭子顯之曲筆也。"《南史》卷四五《鄱陽王寶寅傳》:"中興二
年,謀反奔魏。"《南北史合注》卷四五《鄱陽王寶寅傳》李清
按:"本史載寶寅'謀反奔魏',不奔則死,何云'反'? ……若
它日負魏而反,乃爲真反。"《魏書》卷五九《蕭寶寅傳》:"改封
鄱陽王。蕭衍既克建業,殺其兄弟,將害寶寅,以兵守之,未至
嚴急。其家閹人顏文智與左右麻拱、黃神密計,穿牆夜出寶
寅。……景明二年至壽春之東城戍。戍主杜元倫推檢,知實
蕭氏子也,以禮延待,馳告揚州刺史、任城王澄,澄以車馬侍衛
迎之。時年十六。"按:蕭秀之銜,沈約《封授臨川等五王詔》
(《文苑英華》卷四四四)"都督"作"督","輔國將軍"作"北中
郎將"。

［南兗州］

　蕭昺　正月，督南兗州諸軍事、輔國將軍、監南兗州。

　　　　《南齊書》卷八《和帝紀》：“正月……以寧朔將軍蕭昺監南兗州。”《梁書》卷二四《蕭景傳》：“中興二年，遷督南兗州諸軍事、輔國將軍、監南兗州。”

［江州］

　陳伯之

　鄭紹叔

［徐州］

　陳虎牙

［兗州］

　馬元和

　　　　《梁書》卷一《武帝紀上》：“三月……兗州刺史馬元和籤：‘所領東平郡壽張縣見騶虞一。’”

［豫州］

　李元履

［青州］［冀州］

　桓和

［荆州］

　蕭憺　都督荆湘益寧南北秦六州諸軍事、平西將軍、行荆州刺史。未拜。

　　　　《梁書》卷一〇《夏侯詳傳》：“授使持節、撫軍將軍、荆州刺史。詳又固讓于憺。”卷二二《始興王憺傳》：“和帝將發江陵，詔以憺爲使持節、都督荆湘益寧南北秦六州諸軍事、平西將軍、荆州刺史，未拜。”《蕭憺碑》（《碑刻校注》三·三一六）：“和帝西下，以公爲使持節、都督荆湘益寧南北秦六州諸軍事、安西將軍、行荆州刺史。”按：沈約《封授臨川等五王詔》（《文

苑英華》卷四四四）云憺天監初爲"督荆湘益寧南北秦七州諸
軍事、安西將軍"，數止六州，"七"字當誤。《憺碑》《封五王
詔》皆云憺爲安西將軍，據《武帝紀》，憺天監六年方由平西進
號安西，此從《憺傳》。《憺碑》"荆州刺史"前有"行"字，不知
何時爲正。

[湘州]

　楊公則

[雍州]

　蕭偉

[郢州]

　曹景宗　　正月，都督郢司二州諸軍事、左將軍、郢州刺史。

　　　　《南齊書》卷八《和帝紀》："正月……以新除右將軍曹景
　　　宗爲郢州刺史。"《梁書》卷九《曹景宗傳》："遷持節、都督郢司
　　　二州諸軍事、左將軍、郢州刺史。"按：《和帝紀》作"右將軍"，
　　　此從本傳。

[司州]

　王僧炳

[梁州][南秦州]

　莊丘黑

　　　　《陳書》卷一三《周炅傳》："汝南安成人也。祖彊，齊太子
　　　舍人、梁州刺史。"《周法尚墓誌》（《秦晉豫墓誌》九三）："曾
　　　祖文強，齊太子舍人、梁州長史、新城太守。"按：傳云彊爲刺
　　　史，誌則作長史，蓋是，本表不列，附於此。

[益州]

　鄧元起

[廣州]

　徐元瑜

梁方鎮年表

　　齊末壽陽没於魏，梁初復失義陽及漢中，然大敗魏軍於鍾離，東境擴至淮河以北。普通後，魏内亂頻仍，梁乘機北伐，克淮北諸鎮，大同初又得漢中，疆域臻於極盛。梁末大亂，侯景攻入建康，繼以宗室相爭，江北没於北齊，江漢、巴蜀没於西魏，梁室所保，唯有長江以南、三峽以東而已。梁天監中定十八班制，諸州僚佐以班多者爲貴，就別駕而言，揚州十班，南徐州八班，皇弟皇子荆、江、雍、郢、南兗州六班，皇弟皇子湘、豫、司、益、廣、青、衡州五班，皇弟皇子北徐、北兗、梁、交、南梁州四班，皇弟皇子越、桂、寧、霍州三班，是梁初有二十三州，且等級分明。天監後州數劇增，前後共置達一百六十餘州，其詳難舉，此不備列。

　　梁時揚州、南徐州、南豫州之都督區小於齊代，力量有所削弱，其餘都督區則因爲不斷分置新州，所督之州也相應增加。（一）揚州都督區。鎮建康。常督揚、南徐二州。梁初承齊，内置會稽都督區，督浙江東五郡。普通五年分此五郡及江州置東揚州，後揚州刺史多不督東揚州，是揚州都督區較前縮小。太平元年罷東揚州，以會稽太守督會稽等十郡，所督已不限於以前五郡。（二）南徐州都督區。鎮京口。常督南徐州。齊時南徐州刺史常督南徐、南兗二州，梁初蕭秀亦督二州，此後唯督本州。（三）南兗州都督區。鎮廣陵。常督南兗、北兗、北徐、青、冀五州，大同末蕭會理曾增督東徐州、譙州至七州。北兗州、北徐州、青冀二州、譙州時另爲都督區。（四）北徐州都督區。鎮鍾離。常督北徐州，中大通後或加督西徐、仁、睢、安等州。

（五）南豫州都督區。普通七年始置南豫州，鎮合肥，太清元年遷壽陽，承聖元年遷姑熟。初與豫州合鎮，後常督本州。（六）豫州都督區。初鎮歷陽，天監五年遷合肥，普通七年遷壽陽，太清元年遷懸瓠。常督豫、北豫、霍、義等州。（七）江州都督區。鎮尋陽或豫章。常督江州，梁末或加督定、晉、吳、齊等州。（八）荆州都督區。鎮江陵。常督荆、湘、益、寧、雍、梁、南北秦等州，普通後加督郢、司等州。湘州、益州、雍州、梁南秦二州、郢州、司州常另爲都督區，或不爲荆州所督。（九）湘州都督區。鎮臨湘。常督湘州，普通後或加督衡、桂等州。（十）益州都督區。鎮成都。常督益寧二州，或加督梁、南北秦、沙等州，梁後期蕭紀、蕭撝至都督十餘州。（十一）雍州都督區。鎮襄陽。常督雍、梁、南北秦四州及郢州之竟陵、司州之隨郡，或加督沙、東益州。（十二）郢州都督區。鎮夏口。初督郢、司二州，後加督霍、定等州。（十三）廣州都督區。鎮番禺。常督廣、交、越、桂等州，多者都督十餘至二十州。

　　梁時揚州、南徐州、荆州仍主要由宗王鎮守。揚州先後任都督、刺史（含監揚州及揚州牧）者十四人，唯孔休源、王僧辯、陳霸先爲異姓。南徐州先後任都督、刺史者十五人，唯梁末的陳霸先、侯安都爲異姓。荆州先後任都督、刺史者九人，唯梁末的王僧辯、宋茞爲異姓。南豫州普通七年方置，先後任都督、刺史者十三人，宗室（含宗王及疏屬）唯見蕭正立、蕭淵明、蕭範三人，明顯少於宋、齊。其餘都督區宗室出鎮較多者，東揚州十人中有宗室七人，南兗州十七人中有宗室十人，江州二十七人中有宗室十五人，湘州十九人中有宗室十人，郢州十八人中有宗室十一人，雍州十三人中有宗室十人，益州九人中有宗室八人，廣州十六人中有宗室七人。其中雍州、益州、廣州宗室出鎮的比例遠高於宋、齊。

　　梁武帝在位近五十年，既是一國之主，也是一家之長，故在很長時間內維持了宗王出鎮局面的穩定，甚至在對北戰爭中還能保持一定的攻勢。但梁末發生侯景之亂，武帝被囚，不久餓死，來自中央的操縱力量不復存在。各地宗王始則起兵勤王，繼而互相爭鬥，東西魏也乘機南侵，蕭梁終在内外交困中走向滅亡，爲陳霸先所取代。

武帝天監元年壬午（502）　　四月，蕭衍即位。

[揚州]　承齊置，治建康。

臨川王宏　都督揚南徐州諸軍事、後將軍、揚州刺史。

蕭伯游　督會稽東陽新安永嘉臨海五郡諸軍事、輔國將軍、會稽太守。

　　　　《梁書》卷二《武帝紀中》：“天監元年夏四月景寅，高祖即皇帝位於南郊。……是日……以弟中護軍宏爲揚州刺史，封爲臨川郡王；南徐州刺史秀安成郡王；雍州刺史偉建安郡王；左衛將軍恢鄱陽郡王；荆州刺史憺始興郡王。”沈約《封授臨川等五王詔》（《文苑英華》卷四四四）：“西中郎將、護軍宏……使持節、督南徐兖二州諸軍、北中郎將、南徐州刺史秀……使持節、都督雍梁南北秦四州諸軍事、安北將軍、寧蠻校尉、雍州刺史偉……冠軍、右衛將軍恢……使持節、督荆湘益寧南北秦七州諸軍事、安西將軍、荆州刺史憺……宏可使持節、散騎常侍、都督揚南徐州諸軍事、後將軍、揚州刺史，封臨川郡王。秀可進號征虜將軍，餘官如故，封安成郡王。偉可使持節、散騎常侍、都督雍梁荆寧南北秦六州郢州之竟陵司州之随郡諸軍事、寧蠻校尉、雍州刺史，將軍如故，封建安郡王。恢可侍中、前將軍、領石頭戍事，領兵景佐，封鄱陽郡王。憺可使持節、都督荆湘益寧四州諸軍事、平西將軍、荆州刺史，封始興郡王。”《梁書》卷二二《臨川王宏傳》：“爲使持節、散騎常侍、都督楊南徐州諸軍事、後將軍、楊州刺史。”卷二三《永陽王伯游傳》：

“天監元年四月,詔曰:‘兄子伯游……浙東奧區,宜須撫莅,可督會稽東陽新安永嘉臨海五郡諸軍事、輔國將軍、會稽太守。’二年,襲封永陽郡王。”

[吳州]　太清三年以吳郡置,治吳。大寶元年廢。

《梁書》卷四《簡文帝紀》:“(太清三年)七月……以吳郡置吳州。……(大寶元年)二月……省吳州,如先爲郡。”

[震州]　紹泰元年以吳興郡置,治烏程。太平元年廢。

《寰宇記》卷九四湖州:“梁敬帝紹泰元年改(吳興)郡爲震州。”《梁書》卷六《敬帝紀》:“(太平元年)二月……罷震州,還復吳興郡。”

[東揚州]　普通五年分揚州、江州置,治山陰。太平元年廢。

《梁書》卷三《武帝紀下》:“(普通五年)三月甲戌,分揚州、江州置東揚州。”卷六《敬帝紀》:“(太平元年)三月景子,罷東揚州,還復會稽郡。”

[縉州]　紹泰二年以東陽郡置,治長山。

《陳書》卷三五《留異傳》:“荆州陷,王僧辯以異爲東陽太守。……紹泰二年,以應接之功,除持節、通直散騎常侍、信武將軍、縉州刺史、領東陽太守。”按:《通鑑》卷一六五承聖二年十月有“婺州刺史侯瑱”,胡注云“東陽郡,梁置婺州”,似承聖二年於東陽置婺州,紹泰二年改爲縉州。然《陳書》卷九《侯瑱傳》云瑱時爲南豫州刺史,鎮姑熟,非東陽,《通鑑》之“婺”當爲“豫”之訛。

[南徐州]　承齊置,治京口。

安成王秀　都督南徐兗二州諸軍事、征虜將軍、南徐州刺史。

《梁書》卷二二《安成王秀傳》:“天監元年,進號征虜將軍。”按:蕭秀參見是年揚州條。

[江州]　承齊置,治尋陽或豫章。

陳伯之　鎮南將軍、刺史。四月，進號征南將軍，之鎮。五月舉兵，六月奔魏。

鄭紹叔　監江州事。徵還。

王茂　五月，都督江州諸軍事、征南將軍、江州刺史。

　　《梁書》卷二《武帝紀中》：“（天監元年）四月……鎮南將軍、江州刺史陳伯之進號征南將軍。……五月……江州刺史陳伯之舉兵反，以領軍將軍王茂爲征南將軍、江州刺史，率衆討之。……六月……陳伯之奔魏，江州平。”卷二〇《陳伯之傳》：“城平，進號征南將軍……遣還之鎮。……王茂前軍既至，伯之表裏受敵，乃敗走，間道亡命出江北，與子虎牙及褚緭俱入魏。”卷一一《鄭紹叔傳》：“天監初，入爲衛尉卿。”卷九《王茂傳》：“江州刺史陳伯之舉兵叛，茂出爲使持節、散騎常侍、都督江州諸軍事、征南將軍、江州刺史，給鼓吹一部，南討伯之。伯之奔于魏。時九江新罹軍寇，民思反業，茂務農省役，百姓安之。”

[南江州]　梁末置，治新吳。

　　《梁書》卷六《敬帝紀》：“（太平二年）二月……太保、廣州刺史蕭勃舉兵反……南江州刺史余孝頃以兵會之。”《陳書》卷八《周文育傳》：“廣州刺史蕭勃舉兵踰嶺，詔文育督衆軍討之。時新吳洞主余孝頃奉兵應勃。”《通鑑》卷一六七永定元年二月《考異》：“《典略》作‘南康州刺史’。今從《梁書》。”胡注：“孝頃據新吳，蓋就置南江州，命爲刺史。”

[吳州]　承聖二年置，治鄱陽。

　　《隋書》卷三一《地理志下》鄱陽郡：“梁置吳州。”《元和志》卷二八饒州：“孫權分豫章立爲鄱陽郡。梁承聖二年改爲吳州，至陳光大元年省吳州，依舊置郡。”

[高州]　承聖中於臨川郡置。太平元年復割江州四郡置高州，治

巴山。

《陳書》卷三五《周迪傳》：“迪乃據有臨川之地，築城于工塘。梁元帝授迪持節、通直散騎常侍、壯武將軍、高州刺史。”卷一一《黃法氍傳》：“太平元年，割江州四郡置高州，以法氍爲使持節、散騎常侍、都督高州諸軍事、信武將軍、高州刺史，鎮于巴山。”《通鑑》卷一六六太平元年十一月胡注：“四郡，蓋臨川、安成、豫寧、巴山，以其地在南江之西，負山面水，據高臨深，因名高州。”《廿二史考異》卷二七《陳書·黃法氍傳》：“巴山郡梁置……餘三郡未詳。胡三省以爲臨川、安成、豫寧，不審何據。”

[**南兗州**] 承齊置，治廣陵。梁末没於北。

蕭昺 都督南北兗青冀四州諸軍事、冠軍將軍、南兗州刺史。

《梁書》卷二四《蕭景傳》：“高祖踐阼……仍爲使持節、都督北兗徐青冀四州諸軍事、冠軍將軍、南兗州刺史。”《蕭子昭碑》（《文館詞林》卷四五七）：“進授使持節督南北兗、青、冀四州諸軍事，冠軍將軍，南兗州刺史。”按：《蕭景傳》云“都督北兗徐青冀四州”，南兗州刺史不應不督本州，此從《蕭子昭碑》。

[**北兗州**] 承齊置，治淮陰。太清三年没於東魏。

馬元和 刺史。

《梁書》卷五六《侯景傳》：“（太清三年）景以蕭弄璋爲北兗州刺史，州民發兵拒之，景遣厢公丘子英、直閤將軍羊海率衆赴援，海斬子英，率其軍降于魏，魏遂據其淮陰。”

[**秦州**] 承聖元年置，治尉氏。紹泰元年没於北。

《北齊書》卷四一《暴顯傳》：“（天保三年）與梁秦州刺史嚴超達戰於涇城，破之。”《梁書》卷四六《杜崱傳》：“景平……齊將郭元建攻秦州刺史嚴超遠於秦郡，王僧辯令崱赴援。”卷五《元帝紀》：“（承聖三年）正月……陳霸先帥衆攻廣陵城。秦州刺史嚴超達自秦郡圍涇州，侯瑱、張彪出石梁，爲其聲援。”卷六《敬帝紀》：“（紹泰元年）十月……鎮北將軍、譙秦二州刺史徐嗣徽進號征北大將軍。”《北齊書》卷四《文宣紀》：“（天保六年）十一月……梁秦州刺史徐嗣輝、南豫州刺史任約等襲據石頭城，並以州内附。”《隋書》卷三一《地理志下》江都郡六合：“舊曰尉氏，置秦郡。後齊置秦州。”按：天保三年即梁承聖元年，天保六年即梁紹泰元年。史載“郭元建攻秦州刺史嚴超遠於秦郡”“秦州刺史嚴超達自秦郡圍涇州”，則嚴超達所任之秦州當置於秦郡。徐嗣徽爲“譙秦二州刺史”，秦郡近譙州，則其所任之秦州亦當爲秦郡之秦州。徐嗣徽“以州内附”，“後齊置秦州”，則北齊之秦州當承梁而置。

［譙州］　梁置，治新昌城。梁末没於北。

　　　《魏書》卷一〇六中《地形志中》譙州：“蕭衍置，魏因之。治新昌城。”

［北徐州］　承齊置，治鍾離。梁末没於北。

　　陳虎牙　刺史。六月，奔魏。

　　　《魏書》卷一〇六中《地形志中》楚州：“蕭衍置北徐州，武定七年改。治鍾離城。”按：陳虎牙見是年江州條。

［南豫州］　普通七年克壽陽，以壽陽置豫州，合肥改爲南豫州。太清元年據懸瓠，以懸瓠爲豫州，壽陽爲南豫州。壽陽後没於東魏，承聖元年鎮姑熟。

　　　《北齊書》卷四《文宣紀》：“（武定七年）十一月……梁齊州刺史茅靈斌、德州刺史劉領隊、南豫州刺史皇甫睿等並以州内屬。”《陳書》卷九《侯瑱傳》：“（承聖元年）以功除南豫州刺史，鎮于姑熟。”按：南豫州沿革參見是年豫州條。東魏武定七年即梁太清三年。

[**合州**] 太清元年以壽陽爲南豫州,改合肥之南豫州爲合州,治合肥。太清三年没於東魏。

《梁書》卷二二《鄱陽王範傳》:"(太清三年)京城不守,範乃棄合肥。"《隋書》卷三一《地理志下》廬江郡:"梁置南豫州,又改爲合州。"按:合州沿革參見是年豫州條。

[**豫州**] 齊有豫州,治壽陽,齊末没於北魏。天監初治歷陽,五年治合肥,普通七年治壽陽,太清元年治懸瓠,二年没於東魏。

李元履 輔國將軍、刺史。

《梁書》卷二《武帝紀中》:"(天監五年)五月……豫州刺史韋叡克合肥城。"卷一二《韋叡傳》:"合肥既平……遷豫州於合肥。"卷三《武帝紀下》:"(普通七年)十一月……剋壽陽城。……以壽陽置豫州,合肥改爲南豫州。……(太清元年)七月庚申,羊鴉仁入懸瓠城。甲子,詔曰:'二豫分置,其來久矣。今汝、潁剋定,可依前代故事,以懸瓠爲豫州,壽春爲南豫,改合肥爲合州,北廣陵爲淮州,項城爲殷州,合州爲南合州。'……(二年)正月……魏陷渦陽。……豫州刺史羊鴉仁、殷州刺史羊思達,並棄城走,魏進據之。"按:梁初韋叡以豫州刺史領歷陽太守,是豫州當治歷陽,天監五年遷治合肥。

[**晉州**] 太清三年,鄱陽王範於晉熙、湘東王繹於新蔡皆置晉州。

《梁書》卷二二《鄱陽王範傳》:"京城不守,範乃棄合肥……遣信告尋陽王。尋陽要還九江,欲共治兵西上,範得書大喜,乃引軍至溢城,以晉熙爲晉州,遣子嗣爲刺史。"《陳書》卷三一《魯廣達傳》:"侯景之亂,與兄悉達聚衆保新蔡。梁元帝承制,授假節、壯武將軍、晉州刺史。"

[**西晉州**] 承聖二年置,治不詳。

《梁書》卷三九《羊鴉傳》:"(承聖二年)平峽中,除西晉州刺史。破郭元建於東關,遷使持節、信武將軍、東晉州刺史。"

《廿二史考異》卷二六《梁書·羊侃傳》:"東、西晉二州,當是元帝所置。《隋志》,同安郡梁置豫州,後改曰晉州,初不見東西之名。"

[**東晉州**] 承聖二年置,治不詳。

　　　按:東晉州見是年西晉州條。

[**北江州**] 承聖元年於晉熙置。

　　《陳書》卷一三《魯悉達傳》:"招集晉熙等五郡,盡有其地。……(侯)景平,梁元帝授持節、仁威將軍、散騎常侍、北江州刺史。"

[**霍州**] 天監六年分豫州置,治岳安。

　　《梁書》卷二《武帝紀中》:"(天監六年)十二月……分豫州置霍州。"《隋書》卷三一《地理志下》廬江郡霍山:"梁置霍州及岳安郡、岳安縣。"《梁書》卷二二《臨川王宏傳》:"(天監)四年,高祖詔北伐,以宏爲都督南北兗北徐青冀豫司霍八州北討諸軍事。"《廿二史考異》卷二六《梁書·臨川王宏傳》:"《武帝紀》天監六年,分豫州置霍州,則其時尚無霍州。"

[**義州**] 天監初置,治不詳,普通二年沒於北魏。普通四年分霍州置,治羅田,大寶二年沒於北齊。

　　《魏書》卷八《世宗紀》:"(正始元年)九月……蕭衍霍州刺史田道龍、義州刺史張宗之遣使内附。"《梁書》卷三《武帝紀下》:"(普通二年)六月丁卯,信威將軍、義州刺史文僧明以州叛入于魏。……(四年六月)分霍州置義州。"《隋書》卷三一《地理志下》蘄春郡羅田:"梁置義州、義城郡。"《北齊書》卷四《文宣紀》:"(天保二年)三月……梁交州刺史李景盛、梁州刺史馬嵩仁、義州刺史夏侯珍洽、新州刺史李漢等並率州内附。"按:魏正始元年即梁天監三年,齊天保二年即梁大寶二年。

[**光州**] 梁置,治光城。大寶二年没於北齊。

《魏書》卷一〇六中《地形志中》光州:"蕭衍置,魏因之。治光城。"按:大寶二年義州降齊,光州在義州之北,亦當没於齊。

[**青州**][**冀州**] 承齊置,治鬱洲。太清三年没於東魏。

桓和 青冀二州刺史。

《魏書》卷一〇六中《地形志中》海州:"劉子業置青州,武定七年改。治龍沮城。"按:青冀二州之没見是年東徐州條。

[**南青州**][**北青州**] 梁於東海郡置。太清三年没於東魏。

《隋書》卷三一《地理志下》東海郡:"梁置南、北二青州,東魏改爲海州。"《元和》卷一一海州:"梁武帝末年,長江已北悉附後魏,武定七年改青、冀二州爲海州。"《北齊地理志》卷三海州:"竊以爲東魏武定七年改置海州是合青、冀二州及南、北青州爲一州。"按:東魏武定七年即梁太清三年。

[**東徐州**] 天監八年得北魏南徐州,置東徐州,治宿預。太清三年没於東魏。

《梁書》卷二《武帝紀中》:"(天監)八年春正月⋯⋯魏鎮東參軍成景儁斬宿預城主嚴仲賣,以城内屬。"卷一八《張惠紹傳》:"魏宿預、淮陽二城内附,惠紹撫納有功。"卷三《武帝紀下》:"(太清三年)四月⋯⋯青冀二州刺史明少遐、東徐州刺史湛海珍、北青州刺史王奉伯各舉州附于魏。"《隋書》卷三一《地理志下》下邳郡:"後魏置南徐州,梁改爲東徐州。"

[**武州**] 中大通五年得北魏東徐州,置武州,治下邳。大寶元年没於東魏。

《梁書》卷三《武帝紀下》:"(中大通五年)六月己卯,魏建義城主蘭寶殺魏東徐州刺史,以下邳城降。秋七月辛卯,改下邳爲武州。⋯⋯(太清二年)十一月辛酉,賊攻陷東府城⋯⋯

邵陵王綸帥武州刺史蕭弄璋、前譙州刺史趙伯超等入援京師。"《魏書》卷一〇六中《地形志中》東徐州："孝昌元年置，永熙二年州郡陷，武定八年復。治下邳城。"

[潼州] 大通元年得北魏臨潼、竹邑置，治取慮城。太清二年沒於東魏。

　　《梁書》卷三《武帝紀下》："（大通元年）五月景寅，成景儁剋魏臨潼、竹邑。"《魏書》卷一〇六中《地形志中》睢州："蕭衍置潼州，武定六年平，改置。治取慮城。"

[仁州] 大同元年前置，治赤坎城。太清中沒於東魏。

　　《魏書》卷九八《島夷蕭衍傳》："（天平二年）五月，衍仁州刺史黃道始寇北濟陰，徐州刺史任祥討破之。"卷一〇六中《地形志中》仁州："蕭衍置，魏因之。治赤坎城。"按：東魏天平二年即梁大同元年。

[譙州] 中大通四年正月得北魏南兗州，改爲譙州，治譙。七月復沒。

　　《梁書》卷三《武帝紀下》："（中大通四年）正月……魏南兗州刺史劉世明以城降，改魏南兗州爲譙州，以世明爲刺史。"《魏書》卷一一《三帝紀》："（太昌元年）七月……東南道大行臺樊子鵠大破蕭衍軍於譙城，擒其鄴王元樹及譙州刺史朱文開。"

[潁州] 大通二年得北魏潁州，仍置，治汝陰。

　　《元和志》卷七潁州汝陰縣："後魏孝昌三年，於此置潁州。"《魏書》卷一〇六中《地形志中》潁州："孝昌四年置，武泰元年陷。"《梁書》卷三《武帝紀下》："（大通二年）十月……魏豫州刺史鄧獻以地內屬。"卷二八《裴之高傳》："魏汝陰來附，敕之高應接，仍除假節、飈勇將軍、潁州刺史。"《鄧□墓誌》（《墓誌集釋》卷九）："祖獻，魏散騎常侍、潁州刺史。歸梁。"

按：孝昌僅三年，武泰元年即梁大通二年。據誌，鄧獻爲潁州刺史，《梁書》卷三《武帝紀下》之豫州當誤。

[殷州]　太清元年置，治項城。太清二年没於東魏。

《隋書》卷三〇《地理志中》淮陽郡項城：“東魏置揚州及丹陽郡、秫陵縣，梁改曰殷州。”校勘記：“‘揚州’，疑應作‘北揚州’。”按：殷州沿革參見是年豫州條。

[西豫州]　大通元年得北魏東豫州，改爲西豫州，治廣陵城。

《梁書》卷二八《夏侯夔傳》：“（普通八年）譙州刺史湛僧智圍魏東豫州刺史元慶和於廣陵，入其郛。……（慶和）請降。……詔以僧智領東豫州，鎮廣陵。”卷三《武帝紀下》：“（大通元年）冬十月庚戌，魏東豫州刺史元慶和以渦陽内屬。”《廿二史考異》卷二六《梁書·夏侯夔傳》：“此廣陵乃魏僑立之廣陵。”卷二八《魏書一·世祖紀》：“此非揚州之廣陵，在今光州息縣，魏時嘗置東豫州於此。”《隋書》卷三〇《地理志中》汝南郡新息：“後魏置東豫州。梁改曰西豫州。”

[楚州]　梁置，治楚城。大寶元年没於東魏。

《隋書》卷三〇《地理志中》汝南郡城陽：“後魏置城陽郡，梁置楚州。”《魏書》卷一〇六中《地形志中》西楚州：“蕭衍置，魏因之。治楚城。”《廿二史考異》卷二六《梁書·羊鴉仁傳》“都督南北司、豫、楚四州諸軍事”條：“《魏志》，西楚州，蕭衍置，治楚城，領汝陽、仟城、城陽三郡，即此楚州也。”《梁書》卷二八《夏侯夔傳》：“（普通八年）夔又遣偏將屠楚城，盡俘其衆，由是義陽北道遂與魏絶。”《北齊書》卷四《文宣紀》：“（武定）八年春正月庚申，梁楚州刺史宋安顧以州内屬。”按：普通八年得楚城，楚州當置於此後。東魏武定八年即梁大寶元年。

[夏州]　大同二年没於東魏，治不詳。

《魏書》卷一二《孝靜紀》：“（天平三年）七月……蕭衍夏

州刺史田獨鞞、潁川防城都督劉鸞慶並以州內附。"按：東魏
天平三年即梁大同二年。

[**荊州**]　承齊置,治江陵。承聖三年,西魏陷江陵,立蕭詧爲梁主。

　始興王憺　都督荊湘益寧南北秦六州諸軍事、平西將軍、荊州
　刺史。

　　　　《梁書》卷二二《始興王憺傳》："天監元年,加安西將軍,
　　　都督、刺史如故。"《蕭憺碑》(《碑刻校注》三·三一六)："天
　　　監元年……詔使持節、都督荊湘益寧南北秦六州諸軍事、安西
　　　將軍、行荊州刺史。"《周書》卷四八《蕭詧傳》："魏恭帝元年,
　　　太祖令柱國于謹伐江陵,詧以兵會之。及江陵平,太祖立詧爲
　　　梁主,居江陵東城,資以江陵一州之地。其襄陽所統,盡歸於
　　　我。"按：蕭憺參見是年揚州條,《封五王詔》作"都督荊湘益寧
　　　四州諸軍事、平西將軍",較天監前少南北秦二州,此從《憺
　　　碑》。又憺傳、碑皆作"安西將軍",據《武帝紀》,憺天監六年
　　　方進號安西,此從《封五王詔》。

[**西荊州**]　太清中有西荊州,治不詳。

　　　　《梁書》卷四六《杜幼安傳》："太清中,與兄崱同歸世祖,
　　　世祖以爲雲麾將軍、西荊州刺史。"《廿二史考異》卷二六《梁
　　　書·杜龕傳》："西荊州亦《隋志》所失載也。"

[**宜州**]　梁置,治夷陵。

　　　　《隋書》卷三一《地理志下》夷陵郡："梁置宜州。"《寰宇
　　　記》卷一四七峽州："梁武帝天監中于此(夷陵)置宜州,以舊
　　　宜都爲州之名。"《通鑑》卷一六三大寶元年七月："湘東王改
　　　宜都爲宜州,以王琳爲刺史。"按：宜州置於何時,史載各異,
　　　存疑。

[**湘州**]　承齊置,治臨湘。

　楊公則　都督湘州諸軍事、平南將軍、湘州刺史。

《梁書》卷一〇《楊公則傳》:"天監元年,進號平南將軍。……湘州寇亂累年,民多流散,公則輕刑薄斂,頃之,户口克復。"

[武州] 湘東王繹置,治武陵。

《隋書》卷三一《地理志下》武陵郡:"梁置武州,後改曰沅州。"《太平御覽》卷一六八《州郡部一四·山南道下》朗州條引《十道志》:"梁湘東王於荆州割武陵郡置武州。"

[巴州] 湘東王繹置,治巴陵。

《隋書》卷三一《地理志下》巴陵郡:"梁置巴州。"《元和志》卷二七岳州:"吴於此置巴陵縣,宋文帝又立爲巴陵郡,梁元帝改爲巴州。"徐陵《與周冢宰宇文護論邊境事書》(《文苑英華》卷六八二):"梁氏以漸水東爲安湘小郡,置立巴州。"

[營州] 湘東王繹置,治營浦。

《通鑑》卷一六四承聖元年十一月:"侯景之亂,零陵人李洪雅據其郡,上即以爲營州刺史。"胡注:"營陽郡,亦漢零陵郡之地,故因置營州,隋爲永州。"

[雍州] 承齊置,治襄陽。承聖三年,西魏遷蕭詧於江陵,據襄陽。

南平王偉 都督雍梁南北秦四州郢州之竟陵司州之隨郡諸軍事、鎮北將軍、寧蠻校尉、雍州刺史。進督荆寧二州。

《梁書》卷二二《南平王偉傳》:"天監元年,加散騎常侍,進督荆寧二州,餘如故。"按:蕭詧見是年荆州條。蕭偉參見是年揚州條。時蕭憺都督荆州,且荆州歷來不爲雍州所督,蕭偉進督荆寧,蓋一時之制。

[宛州] 天監五年置,治河南城,旋没。

《魏書》卷八《世宗紀》:"(正始三年)四月……蕭衍江州刺史王茂先寇荆州,屯於河南城,詔平南將軍楊大眼討之。"卷七三《楊大眼傳》:"蕭衍遣其前江州刺史王茂先率衆數萬次

于樊雍,招誘蠻夏,規立宛州,又令其所署宛州刺史雷豹狼、軍
主曹仲宗等領衆二萬偸據河南城。世宗以大眼爲武衛將軍、
假平南將軍、持節,都督統軍曹敬、邴虬、樊魯等諸軍討茂先
等,大破之。"《通鑑》卷一四六天監五年四月胡注:"更魏荆州
爲宛州也。……蕭子顯《齊志》,雍州有河南郡,所領五縣,惟
棘陽爲實土。則河南郡當在南陽棘陽界。《五代志》,鄧州新
野縣舊曰棘陽。"《中國行政區劃通史・三國兩晉南朝卷》第
八編第一章第五節宛州沿革:"齊雍州領有河南僑郡,領棘陽、
襄鄉二實縣。齊末没於北。……梁天監五年得之,以爲宛州,
旋失。"

[郢州]　太清中有郢州,治不詳。

　　　　《梁書》卷四六《杜龕傳》:"太清中與諸父同歸世祖,世祖
以爲持節、忠武將軍、郢州刺史。"《廿二史考異》卷二六《梁
書・杜龕傳》:"郢州之名,《本紀》及《隋志》俱失書。"

[東荆州]　中大通五年没於北魏,治不詳。

　　　　《魏書》卷一一《三帝紀》:"(永熙)二年春正月……蕭衍
勞州刺史曹鳳、東荆州刺史雷能勝等舉城内屬。"按:北魏永
熙二年即梁中大通五年。

[勞州]　中大通五年没於北魏,治不詳。

　　　　按:勞州見是年東荆州條。

[郢州]　承齊置,治夏口。

　曹景宗　都督郢司二州諸軍事、左將軍、郢州刺史。進號平西
將軍。

　　　　《梁書》卷九《曹景宗傳》:"天監元年,進號平西將軍。"

[雋州]　承聖三年置,治下雋。

　　　　《寰宇記》卷一一二鄂州崇陽:"梁大同五年於下雋縣置
上雋郡,乃分爲樂化縣。至承聖三年改爲雋州。"

[新州] 普通七年置,治新陽。大寶二年没於北齊。

《隋書》卷三一《地理志下》安陸郡京山:“舊曰新陽,梁置新州、梁寧郡。西魏改州爲温州。”《元和志》卷二一郢州:“本江夏郡雲杜縣之地。《周地圖記》曰:‘蠻人酋渠田金生代居此地,常爲邊患,梁普通末,遣郢州刺史元樹討平之,因置新州。’後魏廢帝二年改爲温州,因温水之爲名也。”《梁書》卷三九《元樹傳》:“討南蠻賊,平之,加散騎常侍、安西將軍。”卷三《武帝紀下》:“(普通七年)十一月……平西將軍、郢州刺史元樹進號安西將軍。”按:新州没齊事見是年義州條。

[土州] 齊末置,治龍巢。

《寰宇記》卷一一二鄂州:“梁武起兵襄陽,東下攻圍(夏口)二百餘日,方降,因分置北新州,尋分北新州爲土、富、洄、泉、豪五州。梁末,北齊得之,遣慕容儼守之,爲陳將侯瑱攻圍,凡二百日,不下。後因二國通和,乃復歸陳。隋平陳,改爲鄂州。”校勘記:“‘乃復歸陳’……《通典》《紀勝》作‘歸梁’,是,此作‘歸陳’,實誤。”《隋書》卷三一《地理志下》江夏郡:“舊置郢州。梁分置北新州,尋又分北新立土、富、洄、泉、豪五州。”漢東郡土山:“梁曰龍巢,置土州。”

[交州] 大寶二年没於北齊,治不詳。

按:交州没齊事見是年義州條。

[梁州] 大寶二年没於北齊,治不詳。

按:梁州没齊事見是年義州條。

[西楚州] 梁置,治孝昌。承聖三年没於北齊,後歸西魏。

《新唐書》卷七三上《宰相世系表三上》:“安陸許氏出自詢五世孫君明,梁楚州刺史,生弘周。(一世)弘周,楚州刺史。(二世)法光,後周岳州刺史。”《舊唐書》卷五九《許紹傳》:“本高陽人也,梁末徙于周,因家于安陸。祖弘,父法光,俱爲楚州刺史。"《北齊書》卷四一《暴顯傳》:"(天保五年)與高岳南臨漢水,攻下梁西楚州,獲刺史許法光。"《寰宇記》卷一三二安州孝感縣:"本漢安陸縣地,宋于此置孝昌縣,屬江夏郡。後魏于此置楚州。後周武帝三年改爲岳州及爲岳山郡。隋廢之。"《隋書》卷三一《地理志下》安陸郡孝昌:"西魏置岳州及岳山郡,後周州郡並廢。"《周書》卷二一《司馬消難傳》:"隋文帝輔政,消難既聞蜀公迥不受代,遂欲與迥合勢,亦舉兵應之。……所管郧、隨、溫、應、土、順、沔、環、岳九州……並從之。"按:許氏君明、弘周、法光三世皆刺楚州,史言君明、法光仕梁,弘周亦當仕梁,是楚州梁置。此楚州治孝昌,《暴顯傳》稱西楚州,以別於城陽之楚州(大寶元年已没於東魏)。齊天保五年即梁承聖三年,是年楚州、許法光皆没於齊,後法光仕周,是楚州復歸於西魏北周。楚州後改爲岳州,《寰宇記》云後周武帝三年改,《隋志》云西魏置,武帝無三年,疑後周武帝乃西魏廢帝之誤。《寰宇記》云岳州廢於隋,《隋志》云廢於周,據《司馬消難傳》,周末仍有岳州,當以《寰宇記》爲是。

[南司州] 天監三年以南義陽置司州,治安陸。大通二年置北司州,司州改稱南司州。大寶元年没於西魏。

《隋書》卷三一《地理志下》安陸郡:"梁置南司州,尋罷。"《梁書》卷三二《陳慶之傳》:"表省南司州,復安陸郡,置上明郡。"《廿二史考異》卷二六《梁書·陳慶之傳》:"慶之卒於大同五年,而《羊鴉仁傳》,'大同七年,除都督南北司豫楚四州諸軍事、北司州刺史',則其時尚有南司州。至太清元年,鴉仁始爲司、豫二州刺史,鎮懸瓠。南司之省,蓋在太清初,慶之殁已久矣。"《羊瑋墓誌》(《隋代墓誌銘彙考》四·三一九):"祖磊……梁太清元年,除智武將軍、通直散騎常侍、梁興郡開國侯、南司州諸軍事、南司州刺史。性曉天運,鸞飛魏國。"趙萬里釋(《墓誌集釋》卷八):"梁之南司州治安陸。……據誌知太清初州尚未廢。"《梁書》卷四《簡文帝紀》:"大寶元年春正月……西魏寇安陸,執司州刺史柳仲禮,盡没漢東之地。"按:柳仲禮爲司州刺史,本鎮義陽,太清三年帥衆至安陸,羊磊此前當已降於東魏。《隋代墓誌銘彙考》原題名皆無"墓"字,爲統一體例,本書皆加"墓"字。

[**司州**] 承齊置,治義陽。天監三年没於北魏,以南義陽置司州,治安陸。大通二年復得義陽郡,置北司州,後復稱司州。太清三年没於東魏。

　　蔡道恭　都督司州諸軍事、右將軍、司州刺史。進號平北將軍。

　　　　《南齊書》卷八《和帝紀》:"三月……新除中領軍蔡道恭爲司州刺史。"《梁書》卷二《武帝紀中》:"四月……辛未,以中領軍蔡道恭爲司州刺史。"卷一〇《蔡道恭傳》:"以功遷中領軍,固辭不受,出爲使持節、右將軍、司州刺史。天監初……進號平北將軍。"卷二《武帝紀中》:"(天監三年)八月,魏陷司州,詔以南義陽置司州。"卷三《武帝紀下》:"(大通二年)四月辛丑,魏郢州刺史元願達以義陽内附,置北司州。"《隋書》卷三一《地理志下》義陽郡:"齊置司州。梁曰北司州,後復曰司州。"《魏書》卷一〇六中《地形志中》南司州:"武定七年復,改置。"《南史》卷三八《柳仲禮傳》:"及南陽圍急,杜岸請救,仲禮乃以別將夏侯强爲司州刺史,守義陽,自帥衆如安陸。"《通鑑》卷一六二梁太清三年:"東魏使金門公潘樂等將兵五萬襲司州,刺史夏侯强降之。於是東魏盡有淮南之地。"按:東魏之南司州即梁之司州,武定七年即梁太清三年。蔡道恭參見天監三年司州條。

[**定州**] 天監十三年置,治蒙籠城。大寶元年没於東魏。

　　　　《梁書》卷二二《安成王秀傳》:"(天監)十三年……時司

州叛蠻田魯生,弟魯賢、超秀,據蒙籠來降。高祖以魯生爲北司州刺史,魯賢北豫州刺史,超秀定州刺史,爲北境捍蔽。"《水經注》卷三五《江水注三》:"舉水出龜頭山,西北流逕蒙籠戍南,梁定州治,蠻田超秀爲刺史。……又西南逕梁司、豫二州東,蠻田魯生爲刺史,治湖陂城,亦謂之水城也。"《魏書》卷一〇六中《地形志中》南定州:"蕭衍置,魏因之。治蒙籠城。……弋陽郡,州治。"《廿二史考異》卷二六《梁書・夏侯亶傳》:"魏收《志》'南定州蕭衍置,治蒙籠城',即隋之麻城縣也。"按:定州沿革參見是年洪州條。

[北司州] 天監十三年置,治湖陂城。

　　　　按:北司州沿革見是年定州條。

[北豫州] 天監十三年置,治不詳。

　　　　按:北豫州見是年定州條。

[洪州] 梁置,大寶元年没於東魏,治不詳。

　　　　《北齊書》卷四《文宣紀》:"(武定)八年春正月……梁定州刺史田聰能、洪州刺史張顯等以州内屬。"

[齊州] 梁置,治齊昌。

　　　　《通鑑》卷一六三大寶元年九月:"初,邵陵王綸以衡陽王獻爲齊州刺史,鎮齊昌,任約擊擒之,送建康,殺之。"按:齊州沿革參見是年南豫州條。

[德州] 梁置,治不詳。

　　　　按:德州見是年南豫州條。

[梁州][南秦州] 承齊置,治南鄭。天監三年,漢中没於北魏,移治魏興之西城。大同元年克漢中,復治南鄭,或曰北梁州。承聖元年没於西魏。

　　莊丘黑　　征虜將軍、梁秦二州刺史。

　　　　《梁書》卷二《武帝紀中》:"(天監三年)二月,魏陷梁州。"卷一七《王珍國傳》："梁州長史夏侯道遷以州降魏,珍國步道出魏興,將襲之,不果,遂留鎮焉。"《魏書》卷八《世宗紀》："(正始元年)閏(十二)月癸卯朔,蕭衍行梁州事夏侯道遷據漢中來降,假尚書邢巒鎮西將軍,率衆以赴之。"《梁書》卷三《武帝紀下》："(大同元年)十一月……北梁州刺史蘭欽攻漢中,剋之,魏梁州刺史元羅降。"《周書》卷二《文帝紀下》："魏廢帝元年……夏四月,達奚武圍南鄭,月餘,梁州刺史、宜豐侯蕭循以州降。"按:北魏正始元年即梁天監三年,據《魏書》,夏侯道遷降魏在天監三年閏十二月,梁失漢中當在此後,而非《梁書》所云天監三年二月。西魏廢帝元年即梁承聖元年。

[黎州] 大同初得北魏西益州置,治興安。承聖元年没於西魏。

《元和志》卷二二利州："晉改漢壽爲晉壽。梁天監中以竺胤爲太守,隨夏侯道遷入後魏,改立西益州。梁大通六年又克之,始通劍路,改西益州爲黎州。武陵王蕭紀僭號於蜀,以席嶷爲黎州刺史。嶷反,州屬魏,復改黎州爲西益州。"校勘記:"《攷證》:《梁本紀》大通無六年……恐'通''同'音近,'元''六'形近之訛。"《寰宇記》卷一三五利州:"後魏正始五年于東晉壽郡立西益州,世號爲小益州。梁大同二年改西益州爲黎州。"《通鑑》卷一六三大寶元年:"九月……黎州民攻刺史張賁,賁棄城走。州民引氐酋北益州刺史楊法琛據黎州,命王、賈二姓詣武陵王紀請法琛爲刺史。紀深責之,囚法琛質子崇顯、崇虎。冬,十月,丁丑朔,法琛遣使附魏。"《周書》卷四九《氏傳》:"廢帝元年,以(楊)法深爲黎州刺史。"按:楊法琛大寶元年蓋以北益州或沙州降魏,承聖元年(即西魏廢帝元年)蕭紀稱帝,授席嶷黎州刺史,嶷以黎州降魏,魏授法琛黎州刺史。

[北益州][沙州] 大同元年復漢中,置北益州,治平興。大寶元年

改爲沙州,是年没於西魏。

《嘉慶重修一統志》卷三九一《保寧府二》白水故城:"在昭化縣西北。漢置白水縣,屬廣漢郡。蜀漢分屬梓潼郡,晉屬晉壽郡,宋置白水郡,後魏爲南白水郡,梁置平興郡,兼置北益州。隋開皇初郡廢,縣改名平興。"《梁書》卷三《武帝紀下》:"(大同元年)十一月……北梁州刺史蘭欽攻漢中,剋之,魏梁州刺史元羅降。……雄勇將軍、北益州刺史陰平王楊法深進號平北將軍。"《通鑑》卷一六三大寶元年九月胡注:"魏以武興爲東益州,氐王楊氏居之。梁蓋以爲北益州。按下卷,楊法琛治平興,則梁置北益州於平興也。"《南史》卷五三《武陵王紀傳》:"楊乾運求爲梁州刺史不得,紀以爲潼州刺史。楊法深求爲黎州刺史亦不得,以爲沙州刺史。二人皆憾不獲所請,各遣使通西魏。"《通鑑》卷一六五承聖二年五月胡注:"蓋即以平興爲沙州也。"《北周地理志》卷四沙州:"蓋自宋世以北秦州刺史、武都王、沙州刺史、陰平王等官爵羈縻仇池楊氏渠酋,沙州之名,固甚著於世。梁之季世,沙州治平興,已可考知,而《隋書·地理志》闕載其事,此亦其疏也。"按:楊法琛降魏事參見是年黎州條。

[南梁州][北巴州] 天監四年以北巴西郡置巴州,八年又於此郡置南梁州,治閬中。承聖二年没於西魏。

《隋書》卷二九《地理志上》巴西郡:"梁置南梁、北巴州,西魏置隆州。……閬内,梁置北巴郡。"校勘記:"'北巴郡',疑應作'北巴西郡'。"《補梁疆域志》卷一南梁、北巴州條:"此蓋雙頭州郡也。"《魏書》卷六五《邢巒傳》:"蕭衍巴西太守龐景民恃遠不降,巒遣巴州刺史嚴玄思往攻之,斬景民,巴西悉平。……巒又表曰:'……巴西、南鄭相離一千四百,去州迢遞,恒多生動。昔在南之日,以其統緒勢難,故增立巴州,鎮静夷獠,梁州藉利,因而表罷。……比建議之始,嚴玄思自號巴州刺史,剋城以來,仍使行事……'……巒既剋巴西,遣軍主李仲遷守之。……城人斬其首,以城降衍將譙希遠,巴西遂没。"校勘記:"'建議'疑當作'建義'。"《梁書》卷二《武帝紀中》:"(天監八年)四月,以北巴西郡置南梁州。"卷一七《張齊傳》:"(天監)七年……遷武旅將軍、巴西太守。……初,南鄭没於魏,乃於益州西置南梁州。州鎮草創,皆仰益州取足。齊上夷獠義租,得米二十萬斛。又立臺傳,興冶鑄,以應贍南梁。……十七年,遷持節、都督南梁州諸軍事、智武將軍、南梁州刺史。"《中國行政區劃通史‧三國兩晉南朝卷》第八編第一章第八節南梁、北巴州沿革:"梁自天監四年收復巴西郡以來,即承魏以巴西郡爲巴州。……自天監八年四月,乃置南梁州帖治巴西郡,於是乃有南梁、北巴州之雙頭州郡。"《寰宇記》卷八六閬州:"梁天監中又於此立南梁州及北巴郡。西魏廢帝二年平蜀,改爲隆州。"按:《隋志》之閬内即閬中,避楊忠諱改。

[巴州] 大同元年復漢中置,治梁廣。承聖三年没於西魏。

　　《北史》卷九五《獠傳》:"正始中,夏侯道遷舉漢中内附……其後,朝廷以梁、益二州控攝險遠,乃立巴州以統諸獠。……後元羅在梁州,爲所陷,自此遂絶。"《中國行政區劃通史‧三國兩晉南朝卷》第八編第一章第八節巴州沿革:"梁之巴州乃大同元年復漢中時承魏而來,北魏所設之大谷郡隨之來屬……南梁、北巴州所屬之哀戎、遂寧、義陽、木門、北水、隆城、梓潼諸郡來屬。"《周書》卷四四《李遷哲傳》:"魏恭帝初……與賀若敦南出狗地。遷哲先至巴州,入其郛郭。梁巴州刺史牟安民惶懼,開門請降。"《隋書》卷二九《地理志上》清化郡:"舊置巴州。……化成,梁曰梁廣,仍置歸化郡。後周改縣曰化成。”按：魏恭帝元年即梁承聖三年。

［萬州］　大同二年置，治石城。承聖二年没於西魏。

　　　　《隋書》卷二九《地理志上》通川郡：“梁置萬州，西魏曰通州。”《寰宇記》卷一三七達州：“梁大同二年于宣漢縣置萬州……領開巴、新寧、寧巴、壽陽、巴中五郡。後魏廢帝二年開拓山南，改宣漢爲石城縣……其年又以萬州居四達之路，改爲通州。”

［并州］　梁置，治東關。紹泰二年没於西魏。

　　　　《隋書》卷二九《地理志上》通川郡宣漢：“西魏置并州及永昌郡。”《寰宇記》卷一三七達州：“後魏廢帝二年開拓山南……于東關縣置并州。”《周書》卷四四《李遷哲傳》：“令與田弘同討信州。魏恭帝三年正月，軍次并州。梁并州刺史杜滿各望風送款。進圍疊州，尅之，獲刺史冉助國等。”《中國行政區劃通史·三國兩晉南朝卷》第八編第一章第八節并州沿革：“西魏之得并州在恭帝三年，非廢帝二年，今從《周書》。”按：西魏恭帝三年即梁紹泰二年。

［疊州］　梁置，治不詳。紹泰二年没於西魏。

　　　　　按：疊州見是年并州條。

［信州］　普通四年分益州置，治魚復。承聖二年没於西魏。

　　　　《梁書》卷三《武帝紀下》：“（普通四年）六月乙丑，分益州置信州。”《寰宇記》卷一四八夔州：“梁大同三年于（巴東）郡理立信州。後魏廢帝三年移巴東郡于梁置陽口縣理。”《中國行政區劃通史·三國兩晉南朝卷》第八編第一章第九節信州沿革：“承聖二年蜀中没，則信州亦當隨之而没。”按：西魏廢帝三年即梁承聖三年。

［東梁州］　大同元年克漢中，梁州復治南鄭，西城之梁州改爲東梁州。承聖元年没於西魏。

　　《隋書》卷二九《地理志上》西城郡："梁置梁州，尋改曰南梁州。"《寰宇記》卷一四一金州："梁於魏興郡置北梁州，尋改爲南梁州。"《廿二史考異》卷二六《梁書·徐文盛傳》："天監三年，夏侯道遷叛，而梁失漢中地，乃移梁州於西城。大同元年，漢中復爲梁有。《隋志》，西城郡梁置梁州，據天監三年以後言之也。又云尋改曰南梁州，則據大同元年以後梁州復治漢中，當以西城爲南梁矣。"楊守敬《隋書地理志考證》卷二西城郡："徧檢魏、梁二《書》，無以魏興爲南梁州者。梁之南梁州在巴西郡，以地望準之，巴西在漢中之南，故可云'南'，魏興在漢中之東，不得云'南'也。"吳廷燮《梁方鎮年表》梁南秦二州天監四年條："梁失漢中，梁州移治魏興。洎蘭欽克復，乃還漢中，而以魏興爲東梁。"《周書》卷四四《李遷哲傳》："（梁太清）四年，遷持節、信武將軍、散騎常侍、都督東梁洵興等七州諸軍事、東梁州刺史。……大統十七年，太祖遣達奚武、王雄等略地山南，遷哲率其所部拒戰，軍敗，遂降於武。"卷二《文帝紀下》："魏廢帝元年春，王雄平上津、魏興，以其地置東梁州。"校勘記："梁代置州就名東梁，治魏興。……南洛州治上津，亦始於梁。……此條當云'以其地置南洛州、東梁州'。……魏本無此二州，在西魏爲創置也。"按：《隋志》《寰宇記》《廿二史考異》皆云西城之梁州改爲南梁州，然天監八年已於北巴西郡置南梁州，如大同元年後西城之梁州亦稱南梁州，則並有二南梁州，於理難通。楊守敬、吳廷燮云改爲東梁州，是。西魏廢帝元年即梁承聖元年。

[**南洛州**]　普通中見置，治上津。承聖元年没於西魏。

　　《隋書》卷三〇《地理志中》上洛郡上津："舊置北上洛郡，梁改爲南洛州。"梁簡文帝《北略教》（《文館詞林》卷六九九）："風烈將軍、洛州刺史、北上洛太守楊傑精甲銳兵，飛馳應起。"

《周書》卷四四《扶猛傳》："轉上庸新城二郡守、南洛北司二州刺史……魏廢帝元年，魏興叛，（王）雄擊破之，猛遂以衆降。"按：南洛州沿革參見是年東梁州條。《北略教》無年月，當作於普通北伐時，楊傑帶北上洛太守，所任洛州當即南洛州。

[**興州**]　太清元年置，治齊興。大寶元年没於西魏。

《隋書》卷三〇《地理志中》淅陽郡武當："舊置武當郡。又僑置始平郡，後改爲齊興郡。梁置興州，後周改爲豐州。"《寰宇記》卷一四三均州："晉屬順陽郡。齊永明七年於今郎鄉縣置齊興郡。《輿地志》云：'梁武帝以此郡爲南始平郡，復有武功、武陽二縣，仍屬南雍州。太清元年於梁州之齊興郡置興州。'後魏廢帝元年改興州爲豐州。"《周書》卷四四《席固傳》："梁元帝嗣位江陵，遷興州刺史。……魏大統十六年，以地來附。……乃遣使就拜使持節、驃騎大將軍、開府儀同三司、大都督、侍中、豐州刺史。"校勘記："'十六年'，三朝本、《永樂大典》卷二〇三五三引《周書·席固傳》作'十五年'。"按：西魏大統十六年即梁大寶元年。

[**益州**]　承齊置，治成都。承聖二年没於西魏。

鄧元起　征虜將軍、刺史。進號左將軍，始述職。

《梁書》卷二《武帝紀中》："（天監元年）六月……前益州刺史劉季連據成都反。"卷一〇《鄧元起傳》："天監初……又進號左將軍，刺史如故，始述職焉。初，義師之起，益州刺史劉季連持兩端，及聞元起將至，遂發兵拒守。"卷二〇《劉季連傳》："（高祖）遣左右陳建孫送季連弟通直郎子淵及季連二子使蜀，喻旨慰勞。季連受命，飭還裝。高祖以西臺將鄧元起爲益州刺史。元起，南郡人。季連爲南郡之時，素薄元起。典籤朱道琛者，嘗爲季連府都録，無賴小人，有罪，季連欲殺之，逃叛以免。……道琛既至……軍府大懼，謂元起至必誅季連，禍

及黨與,競言之於季連。季連亦以爲然;又惡昔之不禮元起
也,益憤懣。……聚兵復反,收朱道琛殺之。"

[安州] 梁末武陵王紀分南梁州置,治南安。承聖二年没於西魏。

《隋書》卷二九《地理志上》普安郡:"梁置南梁州,後改爲
安州,西魏改爲始州。……普安,舊曰南安。西魏改曰普安,
置普安郡。"《元和志》卷三三劍州:"宋於此置南安郡,梁武陵
王蕭紀改郡立安州。後魏廢帝二年,先下安州,始通巴、蜀,故
改安州爲始州。"《周書》卷二一《尉遲迥傳》:"以魏廢帝二年
春,自散關由固道出白馬,趣晉壽,開平林舊道。前軍臨劍閣,
紀安州刺史樂廣,以州先降。"卷二《文帝紀下》:"(廢帝)三年
春正月……改置州郡及縣:……南梁爲隆州……安州爲始
州……"《補梁疆域志》卷四安州條:"魏廢帝二年平蜀,改置
州郡,改南梁州曰隆州,改安州曰始州,則南梁州與安州自是
兩處。……蓋南梁州置于梁武之天監,而武陵王紀在蜀又分
南梁州爲安州。"

[西益州][潼州] 梁以巴西、梓潼二郡置,治涪。承聖二年没於
西魏。

《周書》卷四四《楊乾運傳》:"梁大同元年,除飄武將軍、
西益潼刺史。"《寰宇記》卷八三綿州:"《郡國志》云:'梓潼東
接巴西,南接廣漢,西接陰平,北接漢中。'梁武陵王蕭紀僭號,
又於二郡置西、潼二州。"校勘記:"二郡上疑脱'巴西梓潼'
字。"《北周地理志》卷三潼州:"《寰宇記》……西字下蓋奪益
字,謂置西益潼雙頭州也。"《梁書》卷五《元帝紀》:"(承聖二
年)五月……尉遲迥進逼巴西,潼州刺史楊虔運以城降,納
迥。"《隋書》卷二九《地理志上》金山郡巴西:"舊曰涪,置巴西
郡。西魏改縣曰巴西。"

[東益州] 天監中置,治晉壽。梁末没於西魏。

《隋書》卷二九《地理志上》蜀郡九隴："舊曰晉壽，梁置東益州。後周州廢，置九隴郡，并改縣曰九隴。"《寰宇記》卷七三彭州："晉以後又爲蜀、寧蜀二郡之地。梁天監中置東益州。至後周武帝廢州，又爲九隴郡。"《中國行政區劃通史·三國兩晉南朝卷》第八編第一章第九節東益州沿革："梁有東益州，所領南晉壽郡及其所領諸縣皆爲僑縣。"

［青州］　大同中見置，治齊通。梁末没於西魏。

《周書》卷四四《扶猛傳》："梁大同中以直後出爲持節、屬鋒將軍、青州刺史。"《隋書》卷二九《地理志上》眉山郡通義："舊置齊通郡及青州。西魏改州曰眉州。"

［江州］　梁末置，治江陽。承聖二年没於西魏。

《隋書》卷二九《地理志上》隆山郡隆山："舊曰犍爲，置江州。西魏改縣曰隆山。後周省州，置隆山郡。開皇初郡廢，又并江陽縣入焉。"《周書》卷二八《賀若敦傳》："魏廢帝二年……時岷蜀初開，民情尚梗。巴西人譙淹據南梁州，與梁西江州刺史王開業共爲表裏，扇動群蠻。太祖令敦率軍討之。……斬淹，盡俘其衆。"《北周地理志》卷三陵州江陽："以江左既有治於尋陽之江州，故此亦稱西江州。"《中國行政區劃通史·三國兩晉南朝卷》第八編第一章第九節江州沿革："（江州）所領江陽郡爲僑郡，所領亦爲僑縣。"

［瀘州］　大同中置，治江陽。承聖二年没於西魏。

《隋書》卷二九《地理志上》瀘川郡："梁置瀘州。仁壽中置總管府，大業初府廢。"《寰宇記》卷八八瀘州："晉于此立爲江陽郡，宋、齊因之。梁大同中置瀘州，遠取瀘川爲名。"《樂暢墓誌》（《西南大學墓誌》二四）："武陵王據有二江，自娱三蜀，授君假節黄門侍郎，領衛尉丞、廷尉監、都督瀘戎青巴寧五州諸軍事、瀘州刺史……自荆巫不守，歸命宗周。"

［戎州］　大同十年置,治僰道。承聖二年没於西魏。

　　　　《隋書》卷二九《地理志上》犍爲郡:“梁置戎州。”《元和
　　　志》卷三一戎州:“梁武帝大同十年,使先鐵討定夷獠,乃立戎
　　　州,即以鐵爲刺史,後遂不改。……僰道縣……梁於此立
　　　戎州。”

［寧州］　承齊置,治味。梁末没於爨氏。

　　　　《隋書》卷三七《梁睿傳》:“睿上疏曰:‘……至僞梁南寧
　　　州刺史徐文盛,被湘東徵赴荆州,屬東夏尚阻,未遑遠略。土
　　　民爨瓚遂竊據一方,國家遥授刺史……’”《通典》卷一八七
　　　《南蠻上·西爨》:“西爨者,南寧之渠帥,梁時通焉。自云:
　　　‘本河東安邑人,七葉祖事晉,爲南寧太守。屬中原亂,遂王蠻
　　　夷。’梁元帝時南寧州刺史徐文盛徵詣荆州,有爨瓚者,遂據南
　　　寧之地。延袤二千餘里,俗多華人,震、翫統其衆。”《北周地理
　　　志》卷三南寧州:“西魏取蜀,南寧酋帥爨氏據有其地,北周羈
　　　縻而已。”

［廣州］　承齊置,治番禺。

　　徐元瑜　刺史。

［衡州］　天監六年分湘、廣二州置,治含洭。

　　　　《梁書》卷二《武帝紀中》:“(天監六年)四月……分湘、廣
　　　二州置衡州。”《隋書》卷三一《地理志下》南海郡含洭:“梁置
　　　衡州、陽山郡。”《陳書》卷一三《魯悉達傳》:“祖斐,齊通直散
　　　騎常侍、安遠將軍、衡州刺史。”按:南齊未見衡州,魯斐之官
　　　職當爲贈官或杜撰,附於此。

［東衡州］　大寶元年分衡州置,治始興。太平中并入衡州。

　　　　《隋書》卷三一《地理志下》南海郡始興:“齊曰正階,梁改
　　　名焉,又置安遠郡,置東衡州。”《陳書》卷九《歐陽頠傳》:“及
　　　(蔡)路養等平,頠有功,梁元帝承制以始興郡爲東衡州,以頠

爲持節、通直散騎常侍、都督東衡州諸軍事、雲麾將軍、東衡州刺史。”《廿二史考異》卷二七《陳書・世祖紀》：“東衡州實置於梁末，不知何年省入衡州。”按：平蔡路養在大寶元年，分衡州置東衡州當在是年。東衡州當罷於太平中，見太平二年衡州條。

［新州］　大同七年前置，治新興。

　　《隋書》卷三一《地理志下》信安郡新興：“梁置新州、新寧郡。”《梁書》卷三《武帝紀下》：“（大同七年）交州土民李賁攻刺史蕭諮。”《陳書》卷一《高祖紀上》：“武林侯蕭諮爲交州刺史，以衰刻失衆心，土人李賁連結數州豪傑同時反，臺遣高州刺史孫冏、新州刺史盧子雄將兵擊之。”

［成州］　普通四年分廣州置，治梁信。

　　《梁書》卷三《武帝紀下》：“（普通四年）六月……分廣州置成州、南定州、合州、建州。”《隋書》卷三一《地理志下》蒼梧郡：“梁置成州。”

［石州］　梁置，治夫寧。

　　《通鑑》卷一六六紹泰元年十月胡注：“《五代志》：永平郡，梁置石州，隋後改曰藤州。”《中國行政區劃通史・三國兩晉南朝卷》第八編第一章第六節石州沿革：“查今本《隋志》下永平郡：‘平陳，置藤州。’胡氏所引未知何本，然文意較今本《隋志》爲長，姑從之。”

［高州］　普通四年前置，治高涼。

　　《隋書》卷三一《地理志下》高涼郡：“梁置高州。”合浦郡海康：“梁大通中，割番州合浦立高州，尋又分立合州。”按：參是年成州條，普通四年置合州，則置高州當在此前，《地理志》之“大通”疑爲“普通”之誤。“番”本爲“廣”，避隋諱改。

［羅州］　大同前置，治石龍。

《隋書》卷三一《地理志下》高涼郡石龍："舊置羅州、高興郡。"《寰宇記》卷一六七化州吳川縣："廢石城縣,本合浦郡地,宋將檀道濟于羅江口築石城,因置羅州,屬高涼郡。梁、陳復置羅州。"《隋書》卷八〇《譙國夫人傳》："譙國夫人者,高涼洗氏之女也。……夫人兄南梁州刺史挺,恃其富强,侵掠傍郡,嶺表苦之。夫人多所規諫,由是怨隙止息,海南、儋耳歸附者千餘洞。梁大同初,羅州刺史馮融聞夫人有志行,爲其子高涼太守寶娉以爲妻。"

[桂州]　天監六年分廣州置,大同六年後治始安。

《梁書》卷二《武帝紀中》："(天監六年)七月……分廣州置桂州。"卷三《武帝紀下》："(大同六年)十二月……置桂州於湘州始安郡,受湘州督;省南桂林等二十四郡,悉改屬桂州。"《隋書》卷三一《地理志下》始安郡："梁置桂州。"《寰宇記》卷一六二桂州："梁天監六年立桂州于蒼梧、鬱林之境,無定理處。大同六年移桂州于今理。"

[南定州]　普通四年分廣州置,治布山。

《隋書》卷三一《地理志下》鬱林郡："梁置定州,後改爲南定州。"按:南定州沿革參見是年成州條。

[越州]　承齊置,治合浦。

《隋書》卷三一《地理志下》合浦郡："舊置越州。"

[安州]　大同八年前置,治宋壽。

《隋書》卷三一《地理志下》寧越郡："梁置安州。"《元和志》卷三八欽州："宋分合浦置宋壽郡。梁武帝於今欽江縣南三里置安州,隋開皇十八年改安州爲欽州,取欽江爲名也。"《梁書》卷三《武帝紀下》："(大同八年三月)遣越州刺史陳侯、羅州刺史甯巨、安州刺史李智、愛州刺史阮漢,同征李賁於交州。"

　　[**交州**]　承齊置，治龍編。

　　[**愛州**]　普通四年置，治移風。

　　　　　《梁書》卷三《武帝紀下》：“（普通四年）六月……分交州
　　　　置愛州。”《隋書》卷三一《地理志下》九真郡：“梁置愛州。”

　　[**德州**]　大同九年前置，治九德。

　　　　　《隋書》卷三一《地理志下》日南郡：“梁置德州。”《元和
　　　　志》卷三八驩州：“吳歸命侯天紀二年，分九真之咸驩縣置九德
　　　　縣，屬交州。梁武帝於此置德州。”《梁書》卷三《武帝紀下》：
　　　　“（大同九年）夏四月，林邑王破德州，攻李賁。”

　　[**明州**]　梁置，治交谷。

　　　　　《隋書》卷三一《地理志下》日南郡交谷：“梁置明州。”

天監二年癸未（503）

　　[**揚州**]

　　　臨川王宏

　　　蕭伯游

　　[**南徐州**]

　　　安成王秀

　　　鄱陽王恢　都督南徐州諸軍事、征虜將軍、南徐州刺史。

　　　　　《梁書》卷二二《安成王秀傳》：“二年，以本號徵，領石頭
　　　　戍軍，加散騎常侍。”卷二《武帝紀中》：“正月……前將軍鄱陽
　　　　王恢爲南徐州刺史。”卷二二《鄱陽王恢傳》：“二年，出爲使持
　　　　節、都督南徐州諸軍事、征虜將軍、南徐州刺史。”

　　[**江州**]

　　　王茂

　　[**南兗州**]

蕭昺

[北徐州]

昌義之　督北徐州諸軍事、輔國將軍、北徐州刺史,鎮鍾離。

　　　《梁書》卷一八《昌義之傳》:"二年,遷假節、督北徐州諸軍事、輔國將軍、北徐州刺史,鎮鍾離。魏寇州境,義之擊破之。"《魏書》卷八《世宗紀》:"(景明四年)冬十有一月壬子,揚州大破蕭衍軍,斬其徐州刺史潘佃憐,擒司馬明素。……十有二月……蕭衍梁州刺史平陽縣開國侯翟遠、徐州刺史永昌縣開國侯陳虎牙降。"卷一九中《任城王澄傳》:"勒兵進討。……衍清溪戍望風散走。衍徐州刺史司馬明素率衆三千,欲援九山;徐州長史潘伯鄰規固淮陵;寧朔將軍王燮負險焦城。(党)法宗進克焦城,破淮陵,擒明素,斬伯鄰。"卷九八《島夷蕭衍傳》:"衍又遣其徐州長史潘伯憐屯軍淮陵,徐州刺史司馬明素又據九山,澄遣軍並擊破之,斬伯憐,擒明素。"按:《魏書》所載翟遠、潘佃憐(或潘伯鄰)、司馬明素不見於《梁書》,其官職存疑。又《梁書》卷二〇《陳伯之傳》載陳虎牙降魏在天監元年。

[豫州]

李元履

韋叡　輔國將軍、豫州刺史、領歷陽太守。

　　　《梁書》卷一二《韋叡傳》:"東宮建,遷太子右衞率,出爲輔國將軍、豫州刺史、領歷陽太守。"按:天監元年十一月立蕭統爲太子,韋叡爲豫州刺史當在此後。齊末裴植以壽陽降魏,梁初韋叡以豫州刺史領歷陽太守,是豫州當改治歷陽。

[青州][冀州]

桓和

[荆州]

始興王憺

［湘州］

楊公則

［雍州］

南平王偉

［郢州］

曹景宗

　　　　《梁書》卷九《曹景宗傳》：“景宗在州，鬻貨聚斂。……二年十月，魏寇司州，圍刺史蔡道恭。時魏攻日苦，城中負板而汲，景宗望門不出，但耀軍遊獵而已。”

［司州］

蔡道恭

［梁州］［南秦州］

莊丘黑

［益州］

鄧元起　　進號平西將軍。

　　　　《梁書》卷二《武帝紀中》：“五月……益州刺史鄧元起克成都。”卷一〇《鄧元起傳》：“高祖使赦季連罪，許之降。季連即日開城納元起，元起送季連于京師。……高祖論平蜀勳，復元起號平西將軍。”校勘記：“上文無授免元起平西將軍事，此處謂‘復號平西將軍’，疑有訛誤。《建康實錄》卷一八作‘進元起平西將軍’。”

［廣州］

徐元瑜

樂藹　　督廣交越三州諸軍事、冠軍將軍、平越中郎將、廣州刺史。進號征虜將軍。

　　　　《梁書》卷一九《樂藹傳》：“二年，出爲持節、督廣交越三州諸軍、冠軍將軍、平越中郎將、廣州刺史。前刺史徐元瑜罷歸，道遇始興人士反，逐內史崔睦舒，因掠元瑜財産。元瑜走歸廣州，借兵於藹，托欲討賊，而實謀襲藹。藹覺之，誅元瑜。尋進號征虜將軍。”

天監三年甲申(504)　　義陽、漢中没於魏。

［揚州］

臨川王宏　進號中軍將軍。

蕭伯游

《梁書》卷二《武帝紀中》：“正月戊申，後將軍、揚州刺史臨川王宏進號中軍將軍。”

［南徐州］

鄱陽王恢

［江州］

王茂

［南兗州］

蕭昺

［北兗州］

丁仲遷　刺史。

《梁書》卷七《高祖丁貴嬪傳》：“太后父仲遷，天監初，官至兗州刺史。”按：年不詳，吴表斷於天監三年，從之。

［北徐州］

昌義之　進號冠軍將軍。

《梁書》卷一八《昌義之傳》：“三年，進號冠軍將軍。”

［豫州］

韋叡

［霍州］

田道龍　刺史。降魏。

　　　按：田道龍見是年義州條。

［義州］

張宗之　刺史。降魏。

　　　《魏書》卷八《世宗紀》：“（正始元年）九月……蕭衍霍州刺史田道龍、義州刺史張宗之遣使內附。”

［青州］［冀州］

桓和

［荆州］

始興王憺

［湘州］

楊公則　遷中護軍。

夏侯詳　車騎將軍、刺史。

　　　《魏書》卷八《世宗紀》：“（正始二年）九月己巳，揚州刺史元嵩擊破衍湘州刺史楊公則等。”《梁書》卷二《武帝紀中》：“七月丁未，以光禄大夫夏侯詳爲車騎將軍、湘州刺史，湘州刺史楊公則爲中護軍。”卷一〇《夏侯詳傳》：“三年，遷使持節、散騎常侍、車騎將軍、湘州刺史。”

［雍州］

南平王偉

［郢州］

曹景宗

［司州］

蔡道恭　卒。義陽没於魏，以南義陽置司州。

　　　《梁書》卷二《武帝紀中》：“八月，魏陷司州，詔以南義陽置司州。”卷一〇《蔡道恭傳》：“三年，魏圍司州，時城中衆不滿五千人,食裁支半歲,魏軍攻之,晝夜不息,道恭隨方抗禦,皆應手摧却。……其年五月卒。魏知道恭死,攻之轉急。先是,朝廷遣郢州刺史曹景宗率衆赴援,景宗到鑿峴,頓兵不前。至八月,城内糧盡,乃陷。詔曰:‘持節、都督司州諸軍事、平北將軍、司州刺史漢壽縣開國伯道恭……’”《魏書》卷一九下《元英傳》:“蕭衍遣其平西將軍曹景宗、後將軍王僧炳等率步騎三萬來救義陽。……道恭憂死,驍騎將軍、行州事蔡靈恩復憑窮城,短兵日接。……靈恩勢窘,遂降。”

［梁州］［南秦州］

莊丘黑　卒。漢中没於魏。

王珍國　都督梁秦二州諸軍事、征虜將軍、南秦梁二州刺史。

《梁書》卷二《武帝紀中》:“二月,魏陷梁州。”卷一七《王珍國傳》:“(天監)五年……出爲使持節、都督梁秦二州諸軍事、征虜將軍、南秦梁二州刺史。會梁州長史夏侯道遷以州降魏,珍國步道出魏興,將襲之,不果,遂留鎮焉。”《魏書》卷八《世宗紀》:“(正始元年)閏(十二)月癸卯朔,蕭衍行梁州事夏侯道遷據漢中來降,假尚書邢巒鎮西將軍,率衆以赴之。”卷七一《夏侯道遷傳》:“會黑死,衍以王珍國爲刺史,未至而道遷陰圖歸順。……江悦之等推道遷爲持節、冠軍將軍、梁秦二州刺史。”卷九八《島夷蕭衍傳》:“(正始元年)十二月,衍梁秦二州行事夏侯道遷據漢中内附,詔尚書邢巒率衆赴之。”《通典》卷一七一《州郡一·序目上》注:“天監三年,梁州刺史夏侯道遷以本部叛降後魏,自劍閣以北並陷没。”按:《王珍國傳》之“五年”疑爲“三年”之誤。魏正始元年即梁天監三年。

［益州］

鄧元起　被殺。

蕭淵藻　都督益寧二州諸軍事、冠軍將軍、益州刺史。進號信威將軍。

　　《梁書》卷一〇《鄧元起傳》：“在州二年，以母老乞歸供養，詔許焉。徵爲右衛將軍，以西昌侯蕭深藻代之。是時，梁州長史夏侯道遷以南鄭叛，引魏人，白馬戍主尹天寶馳使報蜀，魏將王景胤、孔陵寇東西晉壽，並遣告急，衆勸元起急救之。元起曰：‘朝廷萬里，軍不卒至，若寇賊侵淫，方須撲討，董督之任，非我而誰？何事忽忽便救。’（庚）黔婁等苦諫之，皆不從。高祖亦假元起都督征討諸軍，將救漢中，比是，魏已攻陷兩晉壽。蕭藻將至，元起頗營還裝，糧儲器械，略無遺者。藻入城，甚怨望之，因表其逗留不憂軍事，收付州獄，於獄自縊。”卷二三《蕭藻傳》：“出爲持節、都督益寧二州諸軍事、冠軍將軍、益州刺史。……進號信威將軍。”校勘記：“藻本名淵藻，此違唐諱省‘淵’字。”《南史》卷五一《蕭藻傳》：“時鄧元起在蜀，自以有剋劉季連功，恃宿將，輕少藻，藻怒乃殺之。”卷五五《鄧元起傳》：“蕭藻入城，求其良馬。元起曰：‘年少郎子，何用馬爲。’藻恚，醉而殺之。元起麾下圍城，哭且問其故。藻懼曰：‘天子有詔。’衆乃散。遂誣以反，帝疑焉。……乃貶藻號爲冠軍將軍。”按：蕭淵藻當由信威貶號冠軍，《梁書》本傳未載。

[廣州]

　樂藹

天監四年乙酉（505）

[揚州]

　臨川王宏　權進督南北兗北徐青冀豫司霍八州，都督北討諸軍事。

蕭伯游

《梁書》卷二《武帝紀中》：“十月丙午，北伐，以中軍將軍、揚州刺史臨川王宏都督北討諸軍事。”卷二二《臨川王宏傳》：“四年，高祖詔北伐，以宏爲都督南北兖北徐青冀豫司霍八州北討諸軍事。宏以帝之介弟，所領皆器械精新，軍容甚盛，北人以爲百數十年所未之有。”《梁武帝又北伐詔》（《文館詞林》卷六六二）：“臨川王宏可權進督南北兖徐青冀豫司霍八州，都督北討諸軍事。”

［南徐州］

鄱陽王恢 遷郢州。

建安王偉 都督南徐州諸軍事、鎮北將軍、南徐州刺史。

《梁書》卷二《武帝紀中》：“正月……以鎮北將軍、雍州刺史建安王偉爲南徐州刺史。”卷二二《南平王偉傳》：“四年，徙都督南徐州諸軍事、南徐州刺史，使持節、常侍、將軍如故。”

［江州］

王茂

［南兖州］

蕭昺

《梁書》卷二四《蕭景傳》：“天監四年，王師北伐，景帥衆出淮陽，進屠宿預。丁母憂，詔起攝職。”

［北徐州］

昌義之

［豫州］

韋叡

［青州］［冀州］

桓和

［西豫州］

陳伯之　都督西豫州諸軍事、平北將軍、西豫州刺史。未之任。

　　《梁書》卷二〇《陳伯之傳》:"天監四年,詔太尉、臨川王宏率衆軍北討……伯之乃於壽陽擁衆八千歸。……伯之既至,以爲使持節、都督西豫州諸軍事、平北將軍、西豫州刺史。……未之任,復以爲通直散騎常侍、驍騎將軍。"按:此西豫州當即故壽陽之豫州,爲魏所陷,故未之任。

[荆州]

始興王憺

[湘州]

夏侯詳

[雍州]

南平王偉　遷南徐。

柳慶遠　都督雍梁南北秦四州諸軍事、征虜將軍、寧蠻校尉、雍州刺史。

　　《梁書》卷二《武帝紀中》:"正月……中領軍柳慶遠爲雍州刺史。"卷九《柳慶遠傳》:"四年,出爲使持節、都督雍梁南北秦四州諸軍事、征虜將軍、寧蠻校尉、雍州刺史。"

[郢州]

曹景宗　徵爲中護軍。

鄱陽王恢　都督郢司二州諸軍事、後將軍、郢州刺史。

　　《梁書》卷二《武帝紀中》:"正月……南徐州刺史鄱陽王恢爲郢州刺史。……二月……以前郢州刺史曹景宗爲中護軍。"卷九《曹景宗傳》:"及司州城陷,爲御史中丞任昉所奏。高祖以功臣寢而不治,徵爲護軍。"任彦昇《奏彈曹景宗》(《文選》卷六〇):"使持節、都督郢司二州諸軍事、左將軍、郢州刺史、湘西縣開國侯臣景宗……請以見事免景宗所居官。"《梁書》卷二二《鄱陽王恢傳》:"四年,改授都督郢司二州諸軍事、後將軍、郢州刺史,持節如故。"按:《曹景宗傳》云景宗天監元年已由左將軍遷平西將軍,任昉彈文仍稱"左將軍",存疑。

[司州]

鄭紹叔　征虜將軍、刺史。

《梁書》卷一一《鄭紹叔傳》:"三年,魏軍圍合肥,紹叔以本號督衆軍鎮東關,事平,復爲衛尉。既而義陽爲魏所陷,司州移鎮關南。四年,以紹叔爲使持節、征虜將軍、司州刺史。紹叔創立城隍,繕修兵器,廣田積穀,招納流民,百姓安之。"

[梁州][南秦州]

王珍國

魯方達　秦梁二州刺史,敗死。

《梁書》卷一七《王珍國傳》:"徵還爲員外散騎常侍、太子右衛率,加後軍。"《魏書》卷八《世宗紀》:"(正始二年)八月……王足遣統軍紀洪雅、盧祖遷等攻破衍軍,斬其秦梁二州刺史魯方達等十五人。"卷九八《島夷蕭衍傳》:"(正始二年)七月,王足又大破衍衆,斬其秦梁二州刺史魯方達、王明達等三十餘將。"

[益州]

蕭淵藻

[寧州]

李畎　刺史。

《魏書》卷七一《李苗傳》:"苗出後叔父略。略爲蕭衍寧州刺史,大著威名。王足伐蜀也,衍命略拒足於涪,許其益州。及足還退,衍遂改授。略怒,將有異圖,衍使人害之。"校勘記:"疑'略'乃'畎'之訛。"

[廣州]

樂藹

[交州]

李凱　刺史。

《梁書》卷二《武帝紀中》:"二月……交州刺史李凱據州反,長史李畟討平之。"

天監五年丙戌(506)

[揚州]

臨川王宏

蕭伯游　卒。

《梁書》卷二三《永陽王伯游傳》:"五年,薨。"

[南徐州]

建安王偉

豫章王綜　都督南徐州諸軍事、仁威將軍、南徐州刺史。尋進號北中郎將。

《梁書》卷二二《南平王偉傳》:"五年,至都,改爲撫軍將軍、丹陽尹,常侍如故。"卷五五《豫章王綜傳》:"五年,出爲使持節、都督南徐州諸軍事、仁威將軍、南徐州刺史,尋進號北中郎將。"

[江州]

王茂

《魏書》卷八《世宗紀》:"(正始三年)四月……蕭衍江州刺史王茂先寇荆州,屯於河南城,詔平南將軍楊大眼討之。"卷七三《楊大眼傳》:"蕭衍遣其前江州刺史王茂先率衆數萬次于樊雍,招誘蠻夏,規立宛州,又令其所署宛州刺史雷豹狼、軍主曹仲宗等領衆二萬偷據河南城。世宗以大眼爲武衛將軍、假平南將軍、持節,都督統軍曹敬、邨虮、樊魯等諸軍討茂先等,大破之。"

[南兗州]

蕭昺

《梁書》卷二四《蕭景傳》:"五年,班師,除太子右衛率,遷輔國將軍、衛尉卿。"

[北徐州]

昌義之

《梁書》卷九《曹景宗傳》:"五年,魏托跋英寇鍾離,圍徐州刺史昌義之。"《魏書》卷八《世宗紀》:"(正始三年)二月……平南將軍陳伯之破蕭衍徐州刺史昌義之於梁城。……六月……假平南將軍奚康生破蕭衍將張惠紹,斬其徐州刺史宋黑。……七月……中山王英大破衍徐州刺史王伯敖於陰陵。……九月……中山王英大破衍軍於淮南,衍中軍大將軍、臨川王蕭宏,尚書右僕射柳惔,徐州刺史昌義之等棄梁城沿淮東走。"按:時昌義之爲徐州刺史,宋黑、王伯敖不應同任,存疑。

[豫州]

韋叡　遷鎮合肥。

《梁書》卷二《武帝紀中》:"五月……豫州刺史韋叡克合肥城。"卷一二《韋叡傳》:"四年,王師北伐,詔叡都督衆軍。叡遣長史王超宗、梁郡太守馮道根攻魏小峴城……城拔。遂進討合肥。……合肥既平……遷豫州於合肥。"《魏書》卷六一《薛真度傳》:"正始初,除平南將軍、揚州刺史。……蕭衍豫州刺史王超宗率衆圍逼小峴,真度遣兼統軍李叔仁等率步騎擊之。"按:《魏書》云王超宗爲豫州刺史,據《梁書》,當爲長史。

[青州][冀州]

桓和

《梁書》卷二《武帝紀中》:"六月庚子,青冀二州刺史桓和前軍克朐山城。"《魏書》卷八《世宗紀》:"(正始)三年春正月……蕭衍冀州刺史桓和入寇南青州,州軍擊走之。"

[荆州]

始興王憺

[湘州]

夏侯詳

[雍州]

柳慶遠

[宛州]

雷豹狼

按:雷豹狼見是年江州條。

[郢州]

鄱陽王恢

[司州]

鄭紹叔

[益州]

蕭淵藻

[廣州]

樂藹

天監六年丁亥(507)　　四月,大敗魏軍於鍾離。

[揚州]

臨川王宏　進號驃騎將軍。

建安王偉　都督揚南徐二州諸軍事、右將軍、揚州刺史。進號中權將軍。

　　《梁書》卷二《武帝紀中》："四月……以中軍將軍、揚州刺史臨川王宏爲驃騎將軍、開府儀同三司，撫軍將軍建安王偉爲揚州刺史。……五月……右將軍、揚州刺史建安王偉進號中權將軍。"卷二二《南平王偉傳》："六年，遷使持節、都督楊南徐二州諸軍事、右軍將軍、揚州刺史。未拜，進號中權將軍。"按：《偉傳》作"右軍將軍"，此從《武帝紀》。

[南徐州]

豫章王綜

[江州]

王茂

安成王秀　都督江州諸軍事、平南將軍、江州刺史。

　　《梁書》卷二《武帝紀中》："四月……以江州刺史王茂爲尚書右僕射，中書令安成王秀爲平南將軍、江州刺史。"卷九《王茂傳》："六年，遷尚書右僕射，常侍如故。固辭不拜，改授侍中、中衛將軍，領太子詹事。"卷二二《安成王秀傳》："六年，出爲使持節、都督江州諸軍事、平南將軍、江州刺史。"卷三一《袁昂傳》："出爲尋陽太守，行江州事。六年，徵爲吏部尚書。"

[南兗州]

昌義之　督南兗兗徐青冀五州諸軍事、輔國將軍、南兗州刺史。免。

吕僧珍　平北將軍、刺史。

　　《梁書》卷二《武帝紀中》："九月……以左衛將軍吕僧珍爲平北將軍、南兗州刺史。"卷一一《吕僧珍傳》："僧珍去家久，表求拜墓。高祖欲榮之，使爲本州，乃授使持節、平北將軍、南兗州刺史。"按：昌義之見是年北徐州條。

［北兗州］

張惠紹　都督北兗州諸軍事、冠軍將軍、北兗州刺史。

《梁書》卷一八《張惠紹傳》："六年，魏軍攻鍾離，詔左衛將軍曹景宗督衆軍爲援，進據邵陽。惠紹與馮道根、裴邃等攻斷魏連橋，短兵接戰，魏軍大潰。……還爲左驍騎將軍。尋出爲持節、都督北兗州諸軍事、冠軍將軍、北兗州刺史。"

［北徐州］

昌義之　進號軍師將軍。遷青冀二州。

《梁書》卷二《武帝紀中》："四月……癸巳，曹景宗、韋叡等破魏軍于邵陽洲，斬獲萬計。癸卯，以右衛將軍曹景宗爲領軍將軍、徐州刺史。"卷一八《昌義之傳》："六年四月，高祖遣曹景宗、韋叡帥衆二十萬救焉，既至，與魏戰，大破之，(元)英、(揚)大眼等各脫身奔走。義之因率輕兵追至洛口而還，斬首俘生，不可勝計。以功進號軍師將軍，增封二百戶，遷持節、督青冀二州諸軍事、征虜將軍、青冀二州刺史。未拜，改督南兗兗徐青冀五州諸軍事、輔國將軍、南兗州刺史。坐禁物出藩，爲有司所奏免。"卷九《曹景宗傳》："高祖詔景宗督衆軍援義之，豫州刺史韋叡亦預焉，而受景宗節度。……及韋叡至，與景宗進頓邵陽洲，立壘去魏城百餘步。……義之出逐英至洛口，英以匹馬入梁城。緣淮百餘里，屍骸枕藉，生擒五萬餘人。……高祖詔還本軍，景宗振旅凱入……詔拜侍中、領軍將軍。"按：《武帝紀》云以曹景宗爲領軍將軍、徐州刺史，領軍與刺史不應同授，又本傳未載景宗歷徐州，此不列入，存疑。

［豫州］

韋叡

［青州］［冀州］

桓和

昌義之 督青冀二州諸軍事、征虜將軍、青冀二州刺史。未拜，改南兗。

劉孝慶 青州刺史。

　　《梁書》卷五〇《劉峻傳》：“峻兄孝慶，時爲青州刺史，峻請假省之，坐私載禁物，爲有司所奏，免官。安成王秀好峻學，及遷荆州，引爲户曹參軍。”按：昌義之見是年北徐州條。安成王秀遷荆州在天監七年，劉孝慶爲青州刺史當在此前。

[荆州]

始興王憺 進號安西將軍。

　　《梁書》卷二《武帝紀中》：“閏（十）月……平西將軍、荆州刺史始興王憺進號安西將軍。”

[湘州]

夏侯詳

柳惔 安南將軍、刺史。卒。

柳忱 督湘州諸軍事、輔國將軍、湘州刺史。

　　《梁書》卷二《武帝紀中》：“六月庚戌，以車騎將軍、湘州刺史夏侯詳爲左光禄大夫，新除金紫光禄大夫柳惔爲安南將軍、湘州刺史。”卷一〇《夏侯詳傳》：“詳善吏事，在州四載，爲百姓所稱。……六年，徵爲侍中、右光禄大夫。”卷一二《柳惔傳》：“出爲使持節、安南將軍、湘州刺史。六年十月，卒于州。”同卷《柳忱傳》：“出爲安西長史、冠軍將軍、南郡太守。六年，徵爲員外散騎常侍、太子右衛率。未發，遷持節、督湘州諸軍事、輔國將軍、湘州刺史。”

[雍州]

柳慶遠

[郢州]

鄱陽王恢

[司州]

　　鄭紹叔

　　馬仙琕　都督司州諸軍事、輔國將軍、司州刺史。進號貞威將軍。

　　　　《梁書》卷一一《鄭紹叔傳》：“六年，徵爲左將軍，加通直散騎常侍。”卷一七《馬仙琕傳》：“遷都督司州諸軍事、司州刺史，輔國將軍如故。俄進號貞威將軍。”

[益州]

　　蕭淵藻

[廣州]

　　樂藹　卒。

　　蕭昌　督廣交越桂四州諸軍事、輔國將軍、平越中郎將、廣州刺史。

　　　　《梁書》卷一九《樂藹傳》：“卒官。”卷二《武帝紀中》：“九月……豫章内史蕭昌爲廣州刺史。”卷二四《蕭昌傳》：“六年，遷持節、督廣交越桂四州諸軍事、輔國將軍、平越中郎將、廣州刺史。”

天監七年戊子（508）

[揚州]

　　建安王偉　疾解。

　　　　《梁書》卷二二《南平王偉傳》：“七年，以疾表解州，改侍中、中撫軍，知司徒事。”

[南徐州]

　　豫章王綜

[江州]

安成王秀　遷荆州。

曹景宗　安南將軍、刺史。卒。

蕭穎達　都督江州諸軍事、信威將軍、江州刺史。

　　《梁書》卷二《武帝紀中》：“五月……中衛將軍曹景宗爲安南將軍、江州刺史。……八月癸丑,安南將軍、江州刺史曹景宗卒。”卷九《曹景宗傳》：“七年,遷侍中、中衛將軍、江州刺史。赴任卒於道。”卷一〇《蕭穎達傳》：“出爲信威將軍、豫章内史……遷使持節、都督江州諸軍事、江州刺史,將軍如故。”卷五三《沈瑀傳》：“出爲安南長史、尋陽太守。江州刺史曹景宗疾篤,瑀行府州事。景宗卒,仍爲信威蕭穎達長史,太守如故。”

[**南兖州**]

吕僧珍

長沙王淵業　都督南兖兖徐青冀五州諸軍事、仁威將軍、南兖州刺史。

　　《梁書》卷二《武帝紀中》：“二月……平北將軍、南兖州刺史吕僧珍爲領軍將軍。景子,以中護軍長沙王深業爲南兖州刺史。”卷二三《長沙王業傳》：“七年,出爲使持節、都督南兖兖徐青冀五州諸軍事、仁威將軍、南兖州刺史。”校勘記：“業本名淵業,此避唐諱省‘淵’字。”

[**北兖州**]

張惠紹

[**豫州**]

韋叡

胡遜　平北將軍、刺史。

　　《梁書》卷二《武帝紀中》：“十月……魏懸瓠鎮軍主白早生、豫州刺史胡遜以城内屬。以早生爲鎮北將軍、司州刺史,遜爲平北將軍、豫州刺史。”卷一二《韋叡傳》：“七年，遷左衛將軍，俄爲安西長史、南郡太守，秩中二千石。會司州刺史馬仙琕北伐還軍，爲魏人所躡，三關擾動，詔叡督衆軍援焉。”《魏書》卷九八《島夷蕭衍傳》：“永平元年十月，懸瓠城民白早生據州反叛，衍遣將齊苟仁等四將以助之。詔尚書邢巒率騎討之，巒攻克懸瓠，斬早生，擒苟仁。”

［青州］［冀州］

元翼　信武將軍、青冀二州刺史，鎮郁州。

　　《梁書》卷二《武帝紀中》：“（天監五年）三月……魏宣武帝從弟翼率其諸弟來降。”《魏書》卷二一上《元翼傳》：“（禧）長子通……通弟翼，字仲和。後會赦，詣闕上書，求葬其父。頻年泣請，世宗不許。翼乃與弟昌、曄奔於蕭衍。……後以爲信武將軍、青冀二州刺史，鎮郁州。”

［荆州］

始興王憺　遷護軍。

安成王秀　都督荆湘雍益寧南北梁南北秦九州諸軍事、平西將軍、荆州刺史。進號安西將軍。

　　《梁書》卷二《武帝紀中》：“五月……以平南將軍、江州刺史安成王秀爲平西將軍、荆州刺史，安西將軍、荆州刺史始興王憺爲護軍將軍。……八月……平西將軍、荆州刺史安成王秀進號安西將軍。”卷二二《始興王憺傳》：“七年，慈母陳太妃薨……是冬，詔徵以本號還朝。”同卷《安成王秀傳》：“七年，遭慈母陳太妃憂，詔起視事。尋遷都督荆湘雍益寧南北梁秦州九州諸軍事、平西將軍、荆州刺史。其年，遷號安西將軍。……是歲，魏懸瓠城民反，殺豫州刺史司馬悦，引司州刺史馬仙琕，仙琕籤荆州求應赴。衆咸謂宜待臺報，秀曰：‘彼待我而爲援，援之宜速，待敕雖舊，非應急也。’即遣兵赴之。”校勘記:"九州只有八州,'秦州'上疑脱'南北'二字。"《蕭秀碑》(《藝文類聚》卷四七《職官部三·司空》):"公爲平西將軍、荆州刺史。"

[湘州]

柳枕

[雍州]

柳慶遠

蕭景 督雍梁南北秦郢州之竟陵司州之隨郡諸軍事、信武將軍、寧蠻校尉、雍州刺史。

《梁書》卷九《柳慶遠傳》:"七年,徵爲護軍將軍,領太子庶子。"卷二《武帝紀中》:"二月……兼領軍將軍蕭景爲雍州刺史,雍州刺史柳慶遠爲護軍將軍。"卷二四《蕭景傳》:"七年,遷左驍騎將軍,兼領軍將軍。領軍管天下兵要,監局官僚,舊多驕侈,景在職峻切,官曹肅然。制局監皆近倖,頗不堪命,以是不得久留中。尋出爲使持節、督雍梁南北秦郢州之竟陵司州之隨郡諸軍事、信武將軍、寧蠻校尉、雍州刺史。"

[郢州]

鄱陽王恢 進號雲麾將軍,進督霍州。復進號平西將軍。

《梁書》卷二《武帝紀中》:"八月……雲麾將軍、郢州刺史鄱陽王恢進號平西將軍。"卷二二《鄱陽王恢傳》:"七年,進號雲麾將軍,進督霍州。八年,復進號平西將軍。"卷五三《丘仲孚傳》:"出爲安西長史、南郡太守。遷雲麾長史、江夏太守,行郢州州府事。"按:《恢傳》云恢進號平西將軍在天監八年,此從《武帝紀》。

[司州]

馬仙琕

白早生 鎮北將軍、刺史。敗死。

《梁書》卷一七《馬仙琕傳》：“魏豫州人白早生殺其刺史琅邪王司馬慶曾，自號平北將軍，推鄉人胡遊爲刺史，以懸瓠來降。高祖使仙琕赴之，又遣直閤將軍武會超、馬廣率衆爲援。……魏中山王元英率衆十萬攻懸瓠，仙琕遣廣、會超等守三關。十二月，英破懸瓠，執齊苟兒，遂進攻馬廣，又破廣，生擒之，送雒陽。仙琕不能救。會超等亦相次退散，魏軍遂進據三關。仙琕坐徵還，爲雲騎將軍。”按：白早生參見是年豫州條。

［梁州］［南秦州］

陰智伯　梁秦二州刺史。

《梁書》卷四六《陰子春傳》：“父智伯，與高祖鄰居，少相友善……及高祖踐阼，官至梁秦二州刺史。”按：陰智伯齊永明年間曾任梁南秦二州刺史，梁時當復任，年不詳，吳表列於天監六年至七年。

［益州］

蕭淵藻

［廣州］

蕭昌　進號征遠將軍。

《梁書》卷二四《蕭昌傳》：“七年，進號征遠將軍。”

天監八年己丑（509）

［揚州］

臨川王宏　都督揚南徐二州諸軍事、司空、揚州刺史。

《梁書》卷二《武帝紀中》：“四月……司徒、行太子太傅臨川王宏爲司空、揚州刺史。”卷二二《臨川王宏傳》：“八年夏，爲使持節、都督揚南徐二州諸軍事、司空、揚州刺史，侍中如故。”

[南徐州]

　豫章王綜

[江州]

　蕭穎達

　韋叡　信武將軍、刺史。

　　　《梁書》卷一〇《蕭穎達傳》:“徵爲通直散騎常侍、右驍騎
　　將軍。”卷五三《沈瑀傳》:“瑀性屈彊,每忤穎達,穎達銜之。
　　天監八年,因入諸事,辭又激厲,穎達作色曰:‘朝廷用君作行
　　事耶?’瑀出,謂人曰:‘我死而後已,終不能傾側面從。’是日,
　　於路爲盜所殺,時年五十九,多以爲穎達害焉。”卷一二《韋叡
　　傳》:“遷信武將軍、江州刺史。”

[南兗州]

　長沙王淵業

　始興王憺　都督南北兗徐青冀五州諸軍事、鎮北將軍、南兗州
　　刺史。

　　　《梁書》卷二《武帝紀中》:“十月乙巳,以中軍將軍始興王
　　憺爲鎮北將軍、南兗州刺史,南兗州刺史長沙王深業爲護軍將
　　軍。”校勘記:“‘中軍將軍’……疑以作‘中衛’爲是。”卷二二
　　《始興王憺傳》:“出爲使持節、散騎常侍、都督南北兗徐青冀
　　五州諸軍事、鎮北將軍、南兗州刺史。”《蕭憺碑》(《碑刻校注》
　　三·三一六):“八年□□中書令、中衛將軍,續領衛尉
　　卿。……其年秋更授使持節、散騎常侍、都督南兗南北徐青冀
　　五州諸軍事、鎮北將軍、南兗州刺史。”按:《蕭憺碑》作“都督
　　南兗南北徐青冀五州”,南徐歷來由揚州所督,此從本傳。

[北兗州]

　張惠紹

［豫州］

　　馮道根　　督豫州諸軍事、貞毅將軍、豫州刺史，領南汝陰太守。

　　　　　　《梁書》卷一八《馮道根傳》：“八年，遷貞毅將軍、假節、督
　　　　豫州諸軍事、豫州刺史、領汝陰太守。”《廿二史考異》卷二六
　　　　《梁書·馬仙琕傳》：“是時豫州治合肥，南汝陰郡亦僑置於合
　　　　肥。《馮道根傳》……缺‘南’字耳。”

［青州］［冀州］

　　元翼

［東徐州］

　　張皋　　刺史。

　　　　　　《法苑珠林》卷七八《梁刺史張皋》：“梁東徐州刺史張皋，
　　　　僕射永之孫也。嘗被敗入北，有一土民，與皋盟誓，將送還南。
　　　　遂即出家，名僧越。皋供養之。及在東徐，亦隨至任。”按：東
　　　　徐州天監八年得魏南徐州置，皋何年爲刺史不詳，列於此。

［荊州］

　　安成王秀

［湘州］

　　柳忱

　　昌義之　　督湘州諸軍事、征遠將軍、湘州刺史。

　　　　　　《梁書》卷一二《柳忱傳》：“八年，坐輒放從軍丁免。”卷一
　　　　八《昌義之傳》：“八年，出爲持節、督湘州諸軍事、征遠將軍、
　　　　湘州刺史。”

［雍州］

　　蕭昺

［郢州］

　　鄱陽王恢

［司州］

夏侯亶　督司州諸軍事、信武將軍、司州刺史,領安陸太守。

　　　《梁書》卷二八《夏侯亶傳》:"八年,起爲持節、督司州諸軍事、信武將軍、司州刺史,領安陸太守。"

[益州]

蕭淵藻

[廣州]

蕭昌

柳惲　都督廣交桂越四州諸軍事、仁武將軍、平越中郎將、廣州刺史。

　　　《梁書》卷二一《柳惲傳》:"八年,除持節、都督廣交桂越四州諸軍事、仁武將軍、平越中郎將、廣州刺史。"

[交州]

阮研　刺史。

　　　《顏氏家訓》卷七《雜藝》:"陶隱居、阮交州、蕭祭酒諸書,莫不得羲之之體。"張懷瓘《書斷》卷中:"阮研,字文幾,陳留人。官至交州刺史。"《南史》卷四九《劉歊傳》:"太中大夫琅邪王敬胤以天監八年卒,遺命:'不得設復魄旌旐……'敬胤外甥許慧詔因阮研以聞。"按:阮研何年爲交州刺史不詳,列於此。

天監九年庚寅(510)

[揚州]

臨川王宏

[南徐州]

豫章王綜

[江州]

韋叡

建安王偉　都督江州諸軍事、鎮南將軍、江州刺史。

　　　　《梁書》卷一二《韋叡傳》：“九年,徵員外散騎常侍、右衛將軍。”卷二《武帝紀中》：“六月……以中撫將軍、領護軍建安王偉爲鎮南將軍、江州刺史。”卷二二《南平王偉傳》：“出爲使持節、散騎常侍、都督江州諸軍事、鎮南將軍、江州刺史。”

[南兗州]

始興王憺　遷益州。

晉安王綱　都督南北兗青徐冀五州諸軍事、宣毅將軍、南兗州刺史。

　　　　《梁書》卷二《武帝紀中》：“正月……以輕車將軍晉安王綱爲南兗州刺史。”卷四《簡文帝紀》：“八年,爲雲麾將軍,領石頭戍軍事,量置佐史。九年,遷使持節、都督南北兗青徐冀五州諸軍事、宣毅將軍、南兗州刺史。”卷四九《庾於陵傳》：“出爲宣毅晉安王長史、廣陵太守,行府州事,以公事免。”按：《武帝紀》云綱歷輕車將軍,《簡文帝紀》未載。

[北兗州]

張惠紹

康絢　督北兗州緣淮諸軍事、振遠將軍、北兗州刺史。

　　　　《梁書》卷一八《張惠紹傳》：“入爲衛尉卿。”同卷《康絢傳》：“九年,遷假節、督北兗州緣淮諸軍事、振遠將軍、北兗州刺史。”

[豫州]

馮道根

[青州][冀州]

元翼

　　　　《魏書》卷二一上《元翼傳》：“翼謀舉州入國,爲衍所移。”

《通鑑》卷一四七天監八年：“時翼爲青、冀二州刺史,鎮郁洲,久之,翼謀舉州降魏,事泄而死。”

[荆州]

安成王秀

[湘州]

昌義之

王珍國　都督湘州諸軍事、信武將軍、湘州刺史。

　　《梁書》卷一八《昌義之傳》：“九年,以本號還朝。”卷一七《王珍國傳》：“九年,出爲使持節、都督湘州諸軍事、信武將軍、湘州刺史。”

[雍州]

蕭昺

[郢州]

鄱陽王恢

[司州]

夏侯亶

[益州]

蕭淵藻

始興王憺　都督益寧南梁南北秦沙六州諸軍事、鎮西將軍、益州刺史。

　　《梁書》卷二三《蕭藻傳》：“九年,徵爲太子中庶子。”卷二《武帝紀中》：“正月……鎮北將軍、南兗州刺史始興王憺爲鎮西將軍、益州刺史。”卷二二《始興王憺傳》：“九年春,遷都督益寧南梁南北秦沙六州諸軍事、鎮西將軍、益州刺史。”《蕭憺碑》(《碑刻校注》三·三一六)：“九年六月,遷使持節、散騎常侍、都督益寧梁南北秦沙七州諸軍事、鎮西將軍、益州刺史。”《越縵堂讀書簡端記·金石萃編·梁始興忠武王碑》：“(碑)

所敘祇六州，《梁書》本傳作‘六州’，不誤。”《續高僧傳》卷二六《釋道仙傳》：“梁始興王憺襄帷三蜀，礼以師敬，攜至陝服沮曲。”

[廣州]

柳惲

[衡州]

蕭昌　督廣州之綏建湘州之始安諸軍事、信武將軍、衡州刺史。

　　《梁書》卷二四《蕭昌傳》：“九年，分湘州置衡州，以昌爲持節、督廣州之綏建湘州之始安諸軍事、信武將軍、衡州刺史。”按：同書卷二《武帝紀中》云天監六年四月分湘、廣二州置衡州。

天監十年辛卯（511）

[揚州]

臨川王宏

[南徐州]

豫章王綜　遷郢州。

南康王績　都督南徐州諸軍事、南徐州刺史，進號仁威將軍。

　　《梁書》卷二《武帝紀中》：“正月……輕車將軍南康王績爲南徐州刺史。”卷二九《南康王績傳》：“出爲輕車將軍，領石頭戍軍事。十年，遷使持節、都督南徐州諸軍事、南徐州刺史，進號仁威將軍。績時年七歲。”卷一五《謝覽傳》：“左遷司徒諮議參軍，仁威長史、行南徐州事，五兵尚書。”卷三三《王僧孺傳》：“出爲仁威南康王長史，行府州國事。王典籤湯道愍暱於王，用事府内，僧孺每裁抑之，道愍遂謗訟僧孺，逮詣南司。……坐免官。”

[江州]

　建安王偉

[南兗州]

　晉安王綱

[北兗州]

　康絢

[豫州]

　馮道根

[青州][冀州]

　張稷　都督青冀二州諸軍事、安北將軍、青冀二州刺史。

　　　《梁書》卷二《武帝紀中》:"正月……以尚書左僕射張稷
　　　爲安北將軍、青冀二州刺史。"卷一六《張稷傳》:"出爲使持
　　　節、散騎常侍、都督青冀二州諸軍事、安北將軍、青冀二州
　　　刺史。"

[荆州]

　安成王秀

[湘州]

　王珍國

[雍州]

　蕭昺

[郢州]

　鄱陽王恢　徵爲護軍。

　豫章王綜　都督郢司霍三州諸軍事、雲麾將軍、郢州刺史。

　　　《梁書》卷二《武帝紀中》:"正月……郢州刺史鄱陽王恢
　　　爲護軍將軍。甲辰,以南徐州刺史豫章王綜爲郢州刺史。"卷
　　　二二《鄱陽王恢傳》:"十年,徵爲侍中、護軍將軍、石頭戍軍
　　　事,領宗正卿。"卷五五《豫章王綜傳》:"十年,遷都督郢司霍

三州諸軍事、雲麾將軍、郢州刺史。”

［司州］

　夏侯亶

［梁州］［南秦州］

　吉士瞻　秦梁二州刺史，加都督。

　　　《南史》卷五五《吉士瞻傳》：“天監二年，入爲直閤將軍，
　　　歷位秦、梁二州刺史，加都督。後爲太子右衞率，又出爲西陽、
　　　武昌二郡太守。……普通七年卒於郡。”按：年不詳，吳表列
　　　於天監十年至十二年。

［益州］

　始興王憺

［廣州］

　柳惲

［衡州］

　蕭昌

天監十一年壬辰（512）

［揚州］

　臨川王宏　正月，進位太尉。十一月，降爲驃騎大將軍。

　　　《梁書》卷二《武帝紀中》：“正月……司空、楊州刺史臨川
　　　王宏進位爲太尉。……十一月……降太尉、楊州刺史臨川王
　　　宏爲驃騎將軍、開府同三司之儀。”卷二二《臨川王宏傳》：“以
　　　公事左遷驃騎大將軍，開府同三司之儀、侍中如故。未拜，遷
　　　使持節、都督楊徐二州諸軍事、揚州刺史，侍中、將軍如故。”
　　　按：據《宏傳》上下文，宏左遷在天監八年，此從《武帝紀》。又
　　　《武帝紀》云宏降爲驃騎將軍，而本傳云降爲驃騎大將軍，後又

云驃騎大將軍"如故"，此從本傳。

[南徐州]

　南康王績

[江州]

　建安王偉

　　　《梁書》卷二二《南平王偉傳》："十一年，以本號加開府儀
　　　同三司。其年，復以疾陳解。"

[南兗州]

　晉安王綱

[北兗州]

　康絢

[豫州]

　馮道根

　馬仙琕　督豫北豫霍三州諸軍事、信武將軍、豫州刺史，領南汝
　　　陰太守。

　　　《梁書》卷一八《馮道根傳》："十一年，徵爲太子右衛率。"
　　　卷一七《馬仙琕傳》："十一年，遷持節、督豫北豫霍三州諸軍
　　　事、信武將軍、豫州刺史，領南汝陰太守。"

[青州][冀州]

　張稷　進號鎮北將軍。

　　　《梁書》卷二《武帝紀中》："正月……安北將軍、青冀二州
　　　刺史張稷進號領北將軍。"校勘記："時無領北將軍之號，此處
　　　疑有訛誤。"卷一六《張稷傳》："進號鎮北將軍。"

[荆州]

　安成王秀

　鄱陽王恢　都督荆湘雍益寧南北梁南北秦九州諸軍事、平西將
　　　軍、荆州刺史。

　　　　《梁書》卷二《武帝紀中》：“十二月己未，以安西將軍、荆州刺史安成王秀爲中衛將軍，護軍將軍鄱陽王恢爲平西將軍、荆州刺史。”卷二二《安成王秀傳》：“十一年，徵爲侍中、中衛將軍，領宗正卿、石頭戍事。”同卷《鄱陽王恢傳》：“十一年，出爲使持節、都督荆湘雍益寧南北梁南北秦九州諸軍事、平西將軍、荆州刺史。”《高僧傳》卷一〇《釋保誌傳》：“梁鄱陽忠烈王，嘗屈誌來第會。忽令覓荆子甚急，既得，安之門上，莫測所以。少時王便出爲荆州刺史。”

[湘州]

　　王珍國

[雍州]

　　蕭昺

　　蕭淵藻　都督雍梁秦三州竟陵隨二郡諸軍事、仁威將軍、寧蠻校尉、雍州刺史。

　　　　《梁書》卷二四《蕭景傳》：“十一年，徵右衛將軍、領石頭戍軍事。”卷二三《蕭藻傳》：“十一年，出爲使持節、都督雍梁秦三州竟陵隨二郡諸軍事、仁威將軍、寧蠻校尉、雍州刺史。”

[郢州]

　　豫章王綜

[司州]

　　夏侯亶

[益州]

　　始興王憺

[廣州]

　　柳憚

[衡州]

　　蕭昌

天監十二年癸巳(513)

[揚州]

臨川王宏 遷司空。

《梁書》卷二《武帝紀中》："九月……驃騎將軍、開府同三司之儀、揚州刺史臨川王宏爲司空。"卷二二《臨川王宏傳》："十二年,遷司空,使持節、侍中、都督、刺史、將軍並如故。"

[南徐州]

南康王績

[江州]

建安王偉

王茂 驃騎將軍、都督江州諸軍事、江州刺史。

《梁書》卷二《武帝紀中》："九月戊午,以鎮南將軍、開府儀同三司、江州刺史建安王偉爲撫軍將軍……領中權將軍王茂爲驃騎將軍、開府同三司之儀、江州刺史。"卷二二《南平王偉傳》："十二年,徵爲撫軍將軍,儀同、常侍如故。"卷九《王茂傳》："出爲使持節、散騎常侍、驃騎將軍、開府同三司之儀、都督江州諸軍事、江州刺史。"

[南兗州]

晉安王綱

蕭昺 督南北兗北徐青冀五州諸軍事、信威將軍、南兗州刺史。

《梁書》卷四《簡文帝紀》："十二年,入爲宣惠將軍、丹陽尹。"卷二四《蕭景傳》："十二年,復爲使持節、督南北兗北徐青冀五州諸軍事、信威將軍、南兗州刺史。"校勘記:"'信威',《文館詞林》卷四五七梁孝元帝《郢州都督蕭子昭碑銘》作'信武'。"

[北兗州]

康絢

《梁書》卷一八《康絢傳》："九年……明年，青州刺史張稷
爲土人徐道角所殺，絢又遣司馬茅榮伯討平之。"按：《康絢
傳》云張稷被殺於天監十年，《魏書》卷八《世宗紀》云在延昌
二年，即梁天監十二年，見是年青冀二州條。此從後者。

[豫州]

馬仙琕

[青州]　[冀州]

張稷　被殺。

蘭子雲　雲麾將軍、刺史。

《魏書》卷八《世宗紀》："（延昌二年）二月……蕭衍郁州
民徐玄明等斬送衍鎮北將軍、青冀二州刺史張稷首，以州內
附。"卷七三《奚康生傳》："蕭衍直閤將軍徐玄明戍於鬱洲，殺
其刺史張稷，以城內附。詔遣康生迎接……未發之間，郁洲復
叛。"《梁書》卷一六《張稷傳》："初鬱洲接邊陲，民俗多與魏人
交市。及朐山叛，或與魏通，既不自安矣；且稷寬弛無防，僚吏
頗侵漁之。州人徐道角等夜襲州城，害稷。"卷三二《蘭欽
傳》："父子雲，天監中，軍功官至雲麾將軍、冀州刺史。"按：蘭
子雲何年爲冀州刺史不詳，列於此。

[荆州]

鄱陽王恢

[湘州]

王珍國

《梁書》卷二《武帝紀中》："三月癸卯，以湘州刺史王珍國
爲護軍將軍。"卷一七《王珍國傳》："視事四年，徵還爲護軍
將軍。"

[雍州]

蕭淵藻

［郢州］

　豫章王綜

［司州］

　夏侯亶

　張惠紹　都督司州諸軍事、信威將軍、司州刺史,領安陸太守。

　　　　《梁書》卷二八《夏侯亶傳》:"十二年,以本號還朝,除都
　　　官尚書。"卷一八《張惠紹傳》:"出爲持節、都督司州諸軍事、
　　　信威將軍、司州刺史,領安陸太守。"

［益州］

　始興王憺

［廣州］

　柳惲

［衡州］

　蕭昌

　　　　《梁書》卷二四《蕭昌傳》:"坐免。十三年,起爲散騎
　　　侍郎。"

天監十三年甲午(514)

［揚州］

　臨川王宏

　衡陽王元簡　會稽太守。

　　　　按:元簡見是年廣州條。

［南徐州］

　南康王績

［江州］

　王茂

［南兗州］

蕭昺　遷領軍。

蕭淵藻　都督南兗兗徐青冀五州諸軍事、仁威將軍、南兗州刺史。

　　　《梁書》卷二《武帝紀中》："六月己亥，以南兗州刺史蕭景爲領軍將軍。"卷二三《蕭藻傳》："十二年，徵爲使持節、都督南兗兗徐青冀五州諸軍事、兗州刺史，軍號如故。"校勘記："'十二年'，《册府》卷二八〇作'十三年'，疑是。"按：都督南兗兗徐青冀五州者例爲南兗州刺史，《蕭藻傳》之"兗州刺史"前當闕"南"字。

［北兗州］

康絢

［豫州］

馬仙琕

［荆州］

鄱陽王恢

晉安王綱　都督荆雍梁南北秦益寧七州諸軍事、宣惠將軍、南蠻校尉、荆州刺史。

　　　《梁書》卷二《武帝紀中》："正月壬戌，以丹陽尹晉安王綱爲荆州刺史。"卷四《簡文帝紀》："十三年，出爲使持節、都督荆雍梁南北秦益寧七州諸軍事、南蠻校尉、荆州刺史，（宣惠）將軍如故。"卷三六《孔休源傳》："出爲宣惠晉安王府長史、南郡太守、行荆州府州事。高祖謂之曰：'荆州總上流衝要，義高分陝，今以十歲兒委卿，善匡翼之，勿憚周昌之舉也。'……乃敕晉安王曰：'孔休源人倫儀表，汝年尚幼，當每事師之。'"

［雍州］

蕭淵藻　遷南兗州。

柳慶遠　都督雍梁南北秦四州郢州之竟陵司州之隨郡諸軍事、
安北將軍、寧蠻校尉、雍州刺史。

《梁書》卷二《武帝紀中》："六月……領軍將軍柳慶遠爲
安北將軍、雍州刺史。"卷九《柳慶遠傳》："十二年,遷安北將
軍、寧蠻校尉、雍州刺史。慶遠重爲本州,頗歷清節,士庶懷
之。"按:柳慶遠參見次年雍州條。紀、傳年不同,此從紀。

[郢州]

豫章王綜

安成王秀　都督郢司霍三州諸軍事、安西將軍、郢州刺史。

《梁書》卷二《武帝紀中》："正月……以翊右將軍安成王
秀爲安西將軍、郢州刺史。……四月……以郢州刺史豫章王
綜爲安右將軍。"卷五五《豫章王綜傳》："十三年,遷安右將
軍、領石頭戍軍事。"卷二二《安成王秀傳》："十三年,復出爲
使持節、散騎常侍、都督郢司霍三州諸軍事、安西將軍、郢州刺
史。郢州當塗爲劇地,百姓貧,至以婦人供役,其弊如此。秀
至鎮,務安之。……時司州叛蠻田魯生,弟魯賢、超秀,據蒙籠
來降。高祖以魯生爲北司州刺史,魯賢北豫州刺史,超秀定州
刺史,爲北境捍蔽。而魯生、超秀互相讒毁,有去就心,秀撫喻
懷納,各得其用,當時賴之。"

[司州]

張惠紹

[定州]

田超秀　刺史。

按:田超秀見是年郢州條。

[北司州]

田魯生　刺史。

按:田魯生見是年郢州條。

[北豫州]

田魯賢　刺史。

　　　　按：田魯賢見是年鄞州條。

[益州]

始興王憺

鄱陽王恢　都督益寧南北秦沙等州諸軍事、鎮西將軍、益州刺史。

　　　《梁書》卷二《武帝紀中》："正月……以平西將軍、荆州刺史鄱陽王恢爲鎮西將軍、益州刺史。"卷二二《鄱陽王恢傳》："十三年，遷散騎常侍、都督益寧南北秦沙七州諸軍事、鎮西將軍、益州刺史，使持節如故，便道之鎮。"校勘記："'七州'，《册府》卷二八○作'等州'。按此處只有五州，疑有訛脱。"《益州過軍記》（《碑刻校注》三·三一二）："天監十三年十二月，鄱陽王任益州軍府，五萬人從此過，故記之。"序："石刻於四川省巴縣（今屬重慶市）。"

[廣州]

柳惲

衡陽王元簡　都督廣交越三州諸軍事、平越中郎將、廣州刺史。

　　　《梁書》卷二一《柳惲傳》："徵爲秘書監，領左軍將軍。"卷二三《衡陽王元簡傳》："元簡（天監）三年襲封，除中書郎，遷會稽太守。十三年，入爲給事黄門侍郎，出爲持節、都督廣交越三州諸軍事、平越中郎將、廣州刺史。"

[衡州]

羊雄　刺史。

　　　《羊璋墓誌》（《隋代墓誌銘彙考》四·三一九）："汝南汝陽人也。……曾祖雄……梁天監十三年除給事、冠軍將軍、通直散騎常侍、西衡州刺史。"趙萬里釋（《墓誌集釋》卷八）：

“《梁書・武帝紀》:‘天監六年四月分湘廣二州置衡州。’至元
帝時置東衡州。《陳書・歐陽頠傳》:‘梁元帝承制,以始興郡
爲東衡州。’其後遂稱衡州爲西衡州,以别於治曲江之東衡
州。……雄剌衡州時,尚無東衡州,而稱西衡州者,則是從後
追書之耳。”

天監十四年乙未(515)

[揚州]

　臨川王宏

[南徐州]

　南康王績

[江州]

　王茂　卒。

　晉安王綱　都督江州諸軍事、雲麾將軍、江州刺史。

　　　《梁書》卷二《武帝紀中》:“四月丁丑,驃騎將軍、開府同
　　　三司之儀、江州刺史王茂薨。五月丁巳,以荆州刺史晉安王綱
　　　爲江州刺史。”卷四《簡文帝紀》:“十四年,徙爲都督江州諸軍
　　　事、雲麾將軍、江州刺史,持節如故。”卷二七《陸倕傳》:“出爲
　　　雲麾晉安王長史、尋陽太守、行江州府州事。以公事免。”卷三
　　　六《江革傳》:“出爲雲麾晉安王長史、尋陽太守、行江州
　　　府事。”

[南兗州]

　蕭淵藻

[北兗州]

　康絢

[北徐州]

劉思祖　輔國將軍、刺史。

　　《梁書》卷一八《康絢傳》:"魏降人王足陳計,求堰淮水以灌壽陽。……發徐、揚人,率二十戶取五丁以築之。假絢節、都督淮上諸軍事,并護堰作,役人及戰士,有衆二十萬。於鍾離南起浮山,北抵巉石,依岸以築土,合脊於中流。十四年……十一月,魏遣將楊大眼揚聲決堰,絢命諸軍撤營露次以待之。遣其子悦挑戰,斬魏咸陽王府司馬徐方興,魏軍小却。十二月,魏遣其尚書僕射李曇定督衆軍來戰,絢與徐州刺史劉思祖等距之。"《魏書》卷五五《劉芳傳》:"芳叔撫之,孫思祖……尚書論功擬封千户侯。思祖有二婢,美姿容,善歌舞,侍中元暉求之不得,事遂停寢。後除揚烈將軍、遼西太守。思祖於路叛奔蕭衍,衍以思祖爲輔國將軍、北徐州刺史,頻寇淮北。數年而死。"

[豫州]

馬仙琕

　　《梁書》卷一七《馬仙琕傳》:"在州四年,卒。"

[荆州]

晉安王綱　遷江州。

始興王憺　都督荆湘雍寧南梁南北秦七州諸軍事、鎮右將軍、荆州刺史。

　　《梁書》卷二《武帝紀中》:"二月……新除中撫將軍始興王憺爲荆州刺史。"卷二二《始興王憺傳》:"十四年,遷都督荆湘雍寧南梁南北秦七州諸軍事、鎮右將軍、荆州刺史。"卷三六《孔休源傳》:"尋而始興王憺代鎮荆州,復爲憺府長史,南郡太守、行府州事如故。"《越縵堂讀書簡端記·金石萃編·梁始興忠武王碑》:"碑載憺再除荆州時,爲鎮右將軍,與《梁書》本傳合,《本紀》及《南史》皆失載。梁於四征、四鎮、四安、四平

之外,更置鎮左、鎮右、翊左、翊右、安左、安右、安前諸將軍,爲
他代所無,《梁書》本紀亦略之。"

[雍州]

柳慶遠　卒。

韋叡　平北將軍、寧蠻校尉、雍州刺史。

《梁書》卷九《柳慶遠傳》:"卒,時年五十七。詔曰:'……
使持節、都督雍梁南北秦四州郢州之竟陵司州之隨郡諸軍事、
安北將軍、寧蠻校尉、雍州刺史雲杜縣開國侯柳慶遠……'"卷
二《武帝紀中》:"二月……以中護軍韋叡爲平北將軍、雍州刺
史。"卷一二《韋叡傳》:"十四年,出爲平北將軍、寧蠻校尉、雍
州刺史。"

[郢州]

安成王秀

[司州]

張惠紹

[定州]

田超秀

《魏書》卷九《肅宗紀》:"(延昌四年)八月……蕭衍定州刺
史田超秀率衆三千請降。"按:《北史》卷九五《蠻傳》云魏正光
中"梁定州刺史田超秀亦遣使求附",則是年超秀並未入魏。

[益州]

鄱陽王恢

《梁書》卷一七《張齊傳》:"十四年……葭萌人任令宗因
衆之患魏也,殺魏晉壽太守,以城歸款。益州刺史鄱陽王遣齊
帥衆三萬,督南梁州長史席宗範諸軍迎令宗。"

[寧州]

任太洪　刺史。

《魏書》卷九《肅宗紀》："（延昌四年）二月……蕭衍寧州刺史任太洪率衆寇關城，益州長史成興孫擊破之。"卷七〇《傅豎眼傳》："及高肇伐蜀，假豎眼征虜將軍、持節，領步兵三萬先討北巴。蕭衍聞大軍西伐，遣其寧州刺史任太洪從陰平偷路入益州北境，欲擾動氐蜀，以絕運路。"

[廣州]

衡陽王元簡

天監十五年丙申（516）

[揚州]

臨川王宏　拜中書監。

《梁書》卷二《武帝紀中》："五月癸未，以司空、揚州刺史臨川王宏爲中書監，驃騎大將軍、刺史如故。"卷二二《臨川王宏傳》："十五年春，所生母陳太妃寢疾，宏與母弟南平王偉侍疾。……尋起爲中書監，驃騎大將軍、使持節、都督如故，固辭弗許。"

[南徐州]

南康王績

[江州]

晉安王綱

[南兗州]

蕭淵藻

《梁書》卷二三《蕭藻傳》："徵爲太子詹事。"

[北兗州]

康絢

明山賓　督緣淮諸軍事、征遠將軍、北兗州刺史。

《梁書》卷一八《康絢傳》:"徵驃騎臨川王司馬。"卷二七《明山賓傳》:"天監十五年,出爲持節、督緣淮諸軍事、征遠將軍、北兗州刺史。"

[北徐州]

張豹子 刺史。

昌義之 都督北徐州緣淮諸軍事、平北將軍、北徐州刺史。

《梁書》卷一八《康絢傳》:"十五年四月,堰乃成。……初,堰起於徐州界,刺史張豹子宣言於境,謂己必尸其事。既而絢以他官來監作,豹子甚憋。……絢還後,豹子不脩堰,至其秋八月,淮水暴長,堰悉壞決,奔流于海。"同卷《昌義之傳》:"十五年,復以爲使持節、都督湘州諸軍事、信威將軍、湘州刺史。其年,改授都督北徐州緣淮諸軍事、平北將軍、北徐州刺史。"《魏書》卷五九《蕭寶夤傳》:"靈太后臨朝,還京師。蕭衍遣其將康絢於浮山堰淮以灌揚徐。除寶夤使持節、都督東討諸軍事、鎮東將軍以討之。……熙平初,賊堰既成,淮水濫溢,將爲揚徐之患,寶夤於堰上流更鑿新渠,引注淮澤,水乃小減。……又遣軍主周恭叔率壯士數百,夜渡淮南,焚賊徐州刺史張豹子等十一營,賊衆驚擾,自殺害者甚衆。"卷九八《島夷蕭衍傳》:"初,衍每欲稱兵境上,窺伺邊隙,常爲諸將摧破,雖懷進趣之計,而勢力不從。遂於浮山堰淮,規爲壽春之害。肅宗詔征南蕭寶夤率諸將討之,大破衍衆於淮北。(熙平元年)秋九月,堰自潰決,漂其緣淮城戍居民村落十餘萬口,流入於海。"

[豫州]

趙祖悦 刺史。敗死。

《魏書》卷九《肅宗紀》:"(延昌四年)九月……蕭衍將趙祖悦襲據硤石。癸亥,詔定州刺史崔亮假鎮南將軍,率諸將討之。……(熙平元年二月)鎮南崔亮、鎮軍李平等克硤石,斬衍豫州刺史趙祖悦。”

［荆州］

始興王憺

《續高僧傳》卷三〇《釋明達傳》：“以梁天監初來自西戎，至于益部。……以天監十五年隨始興王還荆州，冬十二月終于江陵。”

［湘州］

昌義之　都督湘州諸軍事、信威將軍、湘州刺史。未任，改授北徐。

長沙王淵業　輕車將軍、刺史。

《梁書》卷二《武帝紀中》：“十月戊午，以丹陽尹長沙王深業爲湘州刺史。”卷二三《長沙王業傳》：“出爲輕車將軍、湘州刺史。”按：昌義之見是年北徐州條。

［雍州］

韋叡　遷護軍。

《梁書》卷二《武帝紀中》：“十一月……以雍州刺史韋叡爲護軍將軍。”卷一二《韋叡傳》：“十五年，拜表致仕，優詔不許。十七年，徵散騎常侍、護軍將軍。”校勘記：“‘十七年’，《南史》卷五八《韋叡傳》無此三字，疑是。”

［郢州］

安成王秀

［司州］

張惠紹

康絢　都督司州諸軍事、信武將軍、司州刺史，領安陸太守。

《梁書》卷一八《張惠紹傳》：“徵還爲左衛將軍。”同卷《康絢傳》：“以絢爲持節、都督司州諸軍事、信武將軍、司州刺史，領安陸太守。”

[定州]

田超秀

[梁州][南秦州]

任太洪 敗死。

《魏書》卷九《肅宗紀》:"(熙平元年)五月……蕭衍衡州刺史張齊寇益州。"卷七〇《傅豎眼傳》:"轉昭武將軍、益州刺史。……肅宗初,屢請解州,乃以元法僧代之。……法僧既至,大失民和。蕭衍遣其信武將軍、衡州刺史張齊因民心之怨,入寇晉壽,頻陷葭萌、小劍諸戍,進圍州城。朝廷以西南爲憂,乃驛徵豎眼於淮南。既至,以爲右將軍、益州刺史……率步騎三千以討張齊。……豎眼既出梁州,衍冠軍將軍勾道侍、梁州刺史任太洪等十餘將所在拒塞……斬太洪及衍征虜將軍楊伏錫等首。張齊引兵西退,遂奔葭萌。……齊被重創,奔竄而退。小劍、大劍賊亦捐城西走,益州平。"校勘記:"按張齊,《梁書》卷一七有傳,未曾任衡州刺史,梁之衡州也不在此,疑有誤。"

[益州]

鄱陽王恢

[廣州]

衡陽王元簡

[交州]

李旻

《梁書》卷二《武帝紀中》:"十一月……交州刺史李旻斬交州反者阮宗孝,傳首京師。"

天監十六年丁酉(517)

[揚州]

臨川王宏

[南徐州]

南康王績

豫章王綜　北中郎將、刺史。

　　《梁書》卷二九《南康王績傳》：“十六年，徵爲宣毅將軍、
領石頭戍軍事。”卷二《武帝紀中》：“二月……以安前將軍豫
章王綜爲南徐州刺史。”卷五五《豫章王綜傳》：“十六年，復爲
北中郎將、南徐州刺史。”卷二一《王泰傳》：“遷仁威長史、南
蘭陵太守，行南康王府州國事。王遷職，復爲北中郎長史、行
豫章王府州國事，太守如故。”

[江州]

晉安王綱

廬陵王績　都督江州諸軍事、雲麾將軍、江州刺史。

　　《梁書》卷四《簡文帝紀》：“十七年，徵爲西中郎將、領石頭
戍軍事。”卷二《武帝紀中》：“六月戊申，以廬陵王績爲江州
刺史。”卷二九《廬陵王績傳》：“十六年，爲都督江州諸軍事、
雲麾將軍、江州刺史。”卷三六《江革傳》：“徙仁威廬陵王長
史，太守、行事如故，以清嚴爲百城所憚。時少王行事多傾意
於籤帥，革以正直自居，不與籤帥等同坐。”《南史》卷六〇《江
革傳》：“不與典籤趙道智坐。道智因還都啓事，面陳革墮事好
酒，以琅邪王曇聰代爲行事。”按：《江革傳》云革徙仁威廬陵
王長史，同書卷四九《何遜傳》亦云遜“除仁威廬陵王記室，復
隨府江州”，然《續傳》未載績爲仁威將軍，蓋績由仁威進號雲
麾，本傳失載。

[南兗州]

蕭昂　輕車將軍、監南兗州。

　　《梁書》卷二四《蕭昂傳》：“出爲輕車將軍、監南兗州。

初,兄景再爲南兗,德惠在人,及昂來代,時人方之馮氏。"按:
蕭昂何年監南兗不詳,當在蕭淵藻與蕭績之間,斷於此。

[北兗州]

　明山賓

[北徐州]

　昌義之

[豫州]

　馮道根　都督豫州諸軍事、信武將軍、豫州刺史。

　　　《梁書》卷一八《馮道根傳》:"十六年,復假節、都督豫州
　　諸軍事、信武將軍、豫州刺史。"

[荆州]

　始興王憺

[湘州]

　長沙王淵業

[雍州]

　安成王秀　都督雍梁南北秦四州郢州之竟陵司州之隨郡諸軍
　事、鎮北將軍、寧蠻校尉、雍州刺史。

　　　《梁書》卷二《武帝紀中》:"七月丁丑,以郢州刺史安成王
　　秀爲鎮北將軍、雍州刺史。"卷二二《安成王秀傳》:"十六年,
　　遷使持節、都督雍梁南北秦四州郢州之竟陵司州之隨郡諸軍
　　事、鎮北將軍、寧蠻校尉、雍州刺史,便道之鎮。"

[郢州]

　安成王秀　遷雍州。

　衡陽王元簡　都督郢司霍三州諸軍事、信武將軍、郢州刺史。

　　　《梁書》卷二三《衡陽王元簡傳》:"還爲太子中庶子,遷使
　　持節、都督郢司霍三州諸軍事、信武將軍、郢州刺史。"

[司州]

康絢

[定州]

田超秀

[梁州][南秦州]

裴邃　明威將軍、西戎校尉、北梁秦二州刺史。

　　　《梁書》卷二八《裴邃傳》："遷假節、明威將軍、西戎校尉、
　　　北梁秦二州刺史。"按：年不詳，參上下文，約在天監末，列
　　　於此。

[北巴州]

牟漢寵　平西將軍、刺史。

　　　《魏書》卷九《肅宗紀》："（熙平二年）十有一月甲子，蕭衍
　　　平西將軍、巴州刺史牟漢寵遣使請降。"

[益州]

鄱陽王恢

　　　《續高僧傳》卷二六《釋道仙傳》："以天監十六年至青溪
　　　山，有終焉志也。……州刺史鄱陽王恢躬礼受法。"

[廣州]

衡陽王元簡　遷郢州。

蕭昂　輕車將軍、刺史。

　　　《梁書》卷二四《蕭昂傳》："復以輕車將軍出爲廣州刺
　　　史。"卷九《王茂傳》："子貞秀嗣，以居喪無禮，爲有司奏，徙越
　　　州。後有詔留廣州，乃潛結仁威府中兵參軍杜景，欲襲州城，
　　　長史蕭昂討之。"校勘記："'長史'疑誤……昂爲廣州刺史。"

[衡州]

李元真　刺史。

　　　《周書》卷四四《李遷哲傳》："父元真，仕梁，歷東宮左衛
　　　率、東梁衡二州刺史、散騎常侍、沌陽侯。遷哲少修立……及

其父爲衡州,留遷哲本鄉,監統部曲事。……大同二年,除安康郡守。"校勘記:"'真',《北史》卷六六《李遷哲傳》作'直'。"按:年不詳,列於此。

[桂州]

    蕭淵朗   刺史。

    崔靈恩   明威將軍、刺史。

    周靈起   刺史。

        《梁書》卷五三《何遠傳》:"遷樹功將軍、始興內史。時泉陵侯深朗爲桂州,緣道剽掠,入始興界,草木無所犯。……天監十六年,詔曰:'何遠……可給事黃門侍郎。'"校勘記:"深朗本名淵朗,此避唐諱改。"卷四八《崔靈恩傳》:"天監十三年歸國。高祖以其儒術,擢拜員外散騎侍郎,累遷步兵校尉,兼國子博士。……出爲長沙內史,還除國子博士,講衆尤盛。出爲明威將軍、桂州刺史,卒官。"《陳書》卷一三《周炅傳》:"汝南安城人也。……父靈起,梁通直散騎常侍,廬桂二州刺史。"《隋書》卷六五《周法尚傳》:"祖靈起,梁直閣將軍、義陽太守、廬桂二州刺史。"《周法尚墓誌》(《秦晉豫墓誌》九三):"祖靈起,梁直閣將軍、義陽太守、通直散騎常侍、廬桂二州刺史。"按:桂州於天監六年分廣州置,蕭淵朗、崔靈恩、周靈起何年任職皆不詳,附於此。

天監十七年戊戌(518)

[揚州]

    臨川王宏   免。

    蕭昺   安右將軍、監揚州。

        《梁書》卷二《武帝紀中》:"五月戊寅,驃騎大將軍、揚州

刺史臨川王宏免。……以領軍將軍蕭景爲安右將軍，監揚
州。”卷二二《臨川王宏傳》：“十七年夏，以公事左遷侍中、中
軍將軍、行司徒。其年冬，遷侍中、中書監、司徒。”卷二四《蕭
景傳》：“十七年，太尉、揚州刺史臨川王宏坐法免。詔曰：‘揚
州應須緝理，宜得其人。侍中、領軍將軍吳平侯景才任此舉，
可以安右將軍監揚州，並置佐史，侍中如故，即宅爲府。’景越
親居揚州，辭讓甚懇惻，至于涕泣，高祖不許。在州尤稱明斷，
符教嚴整。”《越縵堂讀書記·南史》：“東晉宋齊，揚州刺史皆
宰相之兼職，梁代雖多以親王爲之，選授隆重，然非宰相之任
矣，故稱曰監州，不徑名刺史，如蕭景、孔休源皆以將軍監揚州
是也，蓋已與諸州刺史無大異，而寄任甚顯，得預機密，故景以
近屬而謂之越授，休源至有兼天子之稱矣。”按：刺史非監州，
刺史爲官，監州爲職。官職分離，或官重職輕，或官輕職重，蓋
防親貴擅權。

[南徐州]

豫章王綜

　　《梁書》卷二一《王份傳》：“遷寧朔將軍、北中郎豫章王長
史、蘭陵太守，行南徐府州事。”按：王份爲南徐州行事在王泰
後，年不詳，附於此。

[江州]

廬陵王續

[南兗州]

南康王績　都督南北兗徐青冀五州諸軍事、宣毅將軍、南兗州刺
史。進號北中郎將。

　　《梁書》卷二《武帝紀中》：“二月……以領石頭戍事南康
王績爲南兗州刺史。”卷二九《南康王績傳》：“十七年，出爲使
持節、都督南北兗徐青冀五州諸軍事、南兗州刺史，在州著稱。

尋有詔徵還,民曹嘉樂等三百七十人詣闕上表,稱績尤異一十
五條,乞留州任,優詔許之,進號北中郎將。"

［北兗州］

明山賓

［北徐州］

昌義之

［豫州］

馮道根

［青州］［冀州］

王神念　都督青冀二州諸軍事、信武將軍、青冀二州刺史。

《梁書》卷三九《王神念傳》:"出爲持節、都督青冀二州諸
軍事、信武將軍、青冀二州刺史。"按:始任年不詳,約在天監
末,參普通五年青冀二州條。

［荆州］

始興王憺

［湘州］

長沙王淵業

［雍州］

安成王秀　卒。

南平王恪　刺史。

《梁書》卷二《武帝紀中》:"二月癸巳,鎮北將軍、雍州刺
史安成王秀薨。"卷二二《安成王秀傳》:"十七年春,行至竟陵
之石梵,薨。"《南史》卷五二《南平王恪傳》:"位雍州刺史。年
少未閑庶務,委之群下。"《蕭餎墓誌》(《秦晉豫墓誌》九〇):
"祖恪,南平王。明威將軍、丹楊尹。出爲南兗、雍、郢、江四州
刺史。入爲云麾將軍、太子詹事。"按:《梁書》無恪傳,《南
史》恪傳簡略。參諸紀、傳,恪歷雍、郢、荆、湘、揚五州,誌所云

南兗、江二州不詳。

[郢州]

　衡陽王元簡

[司州]

　康絢

[定州]

　田超秀

[南梁州]

　張齊　都督南梁州諸軍事、智武將軍、南梁州刺史。

　　　　《梁書》卷二《武帝紀中》：“（天監八年）四月，以北巴西郡置南梁州。”卷一七《張齊傳》：“（天監）七年……遷武旅將軍、巴西太守。……初，南鄭没於魏，乃於益州西置南梁州。州鎮草創，皆仰益州取足。齊上夷獠義租，得米二十萬斛。又立臺傳，興冶鑄，以應贍南梁。……十七年，遷持節、都督南梁州諸軍事、智武將軍、南梁州刺史。”

[益州]

　鄱陽王恢　徵爲領軍。

　　　　《梁書》卷二《武帝紀中》：“六月乙酉，以益州刺史鄱陽王恢爲領軍將軍。”卷二二《鄱陽王恢傳》：“十七年，徵爲侍中、安前將軍、領軍將軍。”

[廣州]

　蕭昂

天監十八年己亥（519）

[揚州]

　蕭昺

《梁書》卷二四《蕭景傳》：“十八年，累表陳解，高祖未之許。”

[南徐州]

　豫章王綜

[江州]

　廬陵王續

[南兗州]

　南康王績

[北兗州]

　明山賓

[北徐州]

　昌義之

[豫州]

　馮道根

　　　《梁書》卷一八《馮道根傳》：“居州少時，遇疾，自表乞還朝，徵爲散騎常侍、左軍將軍。……普通元年正月，卒。”

[青州] [冀州]

　王神念

[荆州]

　始興王憺　徵爲領軍。

　鄱陽王恢　都督荆湘雍梁益寧南北秦八州諸軍事、征西將軍、荆州刺史。

　　　《梁書》卷二《武帝紀中》：“正月甲申，以領軍將軍鄱陽王恢爲征西將軍、開府儀同三司、荆州刺史，荆州刺史始興王憺爲中撫將軍、開府儀同三司、領軍。”李慈銘《梁書札記·始興忠武王憺傳》（《越縵堂讀史札記全編》）：“《南史》‘撫’下有‘軍’字，然本書紀傳多作‘中撫將軍’……蓋當時有此省文，如本紀天監六年置中衛、中權將軍之比。”《梁書》卷二二《鄱陽王恢傳》：“十八年，出爲使持節、散騎常侍、都督荆湘雍梁益寧南北秦八州諸軍事、征西將軍、開府儀同三司、荆州刺史。”

［湘州］

　長沙王淵業

［雍州］

　南平王恪

［郢州］

　衡陽王元簡　卒。

　　　　　《梁書》卷二三《衡陽王元簡傳》：“十八年正月，卒於州。”

［司州］

　康絢

　樊方興　仁威將軍、刺史。

　　　　　《梁書》卷一八《康絢傳》：“絢在州三年，大脩城隍，號爲嚴政。十八年，徵爲員外散騎常侍，領長水校尉。”《陳書》卷三一《樊毅傳》：“祖方興，梁散騎常侍、仁威將軍、司州刺史。”按：樊方興何年爲司州刺史不詳，列於此。

［定州］

　田超秀

［南梁州］

　張齊

［廣州］

　蕭昂

普通元年庚子（520）

　［揚州］

蕭昺　遷郢州。

臨川王宏　都督揚南徐州諸軍事、太尉、揚州刺史。

《梁書》卷三《武帝紀下》：“正月……以司徒臨川王宏爲太尉、揚州刺史。”卷二二《臨川王宏傳》：“普通元年，遷使持節、都督揚南徐州諸軍事、太尉、揚州刺史，侍中如故。”

[南徐州]

豫章王綜

[江州]

廬陵王續

邵陵王綸　信威將軍、刺史。

《梁書》卷二九《廬陵王續傳》：“普通元年，徵爲宣毅將軍，領石頭戍軍事。”卷三《武帝紀下》：“七月……以信威將軍邵陵王綸爲江州刺史。”卷二九《邵陵王綸傳》：“普通元年，領石頭戍軍事，尋爲江州刺史。”卷二八《夏侯夔傳》：“普通元年，爲邵陵王信威長史，行府國事。”

[南兗州]

南康王續

[北兗州]

明山賓

[北徐州]

昌義之

[青州][冀州]

王神念

[荆州]

鄱陽王恢

[湘州]

長沙王淵業

［雍州］

　南平王恪

［郢州］

　蕭昺　都督郢司霍三州諸軍事、安西將軍、郢州刺史。

　　　　《梁書》卷三《武帝紀下》：“正月……安右將軍、監揚州蕭
　　　景爲安西將軍、郢州刺史。”卷二四《蕭景傳》：“出爲使持節、
　　　散騎常侍、都督郢司霍三州諸軍事、安西將軍、郢州刺史。”

［定州］

　田超秀

［南梁州］

　張齊

［益州］

　晉安王綱　都督益寧雍梁南北秦沙七州諸軍事、平西將軍、益州
　　　刺史。未拜。

　　　　《梁書》卷三《武帝紀下》：“十月……以丹陽尹晉安王綱
　　　爲平西將軍、益州刺史。”卷四《簡文帝紀》：“普通元年，出爲
　　　使持節、都督益寧雍梁南北秦沙七州諸軍事、益州刺史，
　　　未拜。”

［廣州］

　蕭昂

普通二年辛丑（521）

［揚州］

　臨川王宏

［南徐州］

　豫章王綜

晉安王綱　雲麾將軍、刺史。

《梁書》卷三《武帝紀下》:"正月甲戌,以南徐州刺史豫章王綜爲鎮右將軍。新除益州刺史晉安王綱改爲徐州刺史。"卷五五《豫章王綜傳》:"普通二年,入爲侍中、鎮右將軍,置佐史。"卷四《簡文帝紀》:"改授雲麾將軍、南徐州刺史。"卷三六《孔休源傳》:"復爲晉安王府長史、南蘭陵太守,別敕專行南徐州事。休源累佐名藩,甚得民譽,王深相倚仗,軍民機務,動止詢謀。"按:《武帝紀》後一"徐州"前當闕"南"字。

[江州]

邵陵王綸

[南兗州]

南康王績

[北兗州]

明山賓

《梁書》卷二七《明山賓傳》:"普通二年,徵爲太子右衛率。"

[北徐州]

昌義之

[豫州]

裴邃　督豫州北豫霍三州諸軍事、信武將軍、豫州刺史,鎮合肥。

《梁書》卷二八《裴邃傳》:"普通二年,義州刺史文僧明以州叛入於魏,魏軍來援。以邃爲假節、信武將軍,督衆軍討焉。邃深入魏境,從邊城道,出其不意,魏所署義州刺史封壽據檀公峴,邃擊破之,遂圍其城,壽面縛請降,義州平。除持節、督北徐州諸軍事、信武將軍、北徐州刺史。未之職,又遷督豫州北豫霍三州諸軍事、豫州刺史,鎮合肥。"

[義州]

文僧明　叛入魏。

　　《梁書》卷三《武帝紀下》：“六月丁卯，信威將軍、義州刺史文僧明以州叛入于魏。”《魏書》卷九《肅宗紀》：“（正光二年）四月……蕭衍義州刺史文僧明率衆內屬。”卷七八《張普惠傳》：“蕭衍義州刺史文僧明舉城歸順，揚州刺史長孫稚遣別駕封壽入城固守，衍將裴邃、湛僧率衆攻逼，詔普惠爲持節、東道行臺，攝軍司赴援之。軍始渡淮，而封壽已棄城單馬而退。軍罷還朝。”卷一〇一《蠻傳》：“義州尋爲蕭衍將裴邃所陷。”

[青州][冀州]

　　王神念

[荆州]

　　鄱陽王恢

[湘州]

　　長沙王淵業

[雍州]

　　南平王恪

[郢州]

　　蕭昺

[定州]

　　田超秀

[南梁州]

　　張齊

[益州]

　　晉安王綱　改南徐州。

　　蕭淵猷　刺史。

　　　　《南史》卷五一《蕭猷傳》：“封臨汝侯，爲吳興郡守。……

後爲益州刺史,侍中,中護軍。"《三洞珠囊》卷四引《道學傳》:
"雙襲祖,字仲遠,梁時人也。好讀經,手不釋卷。臨汝侯任郢
州,經塗要清,使左右以香爐奩一具置襲祖前,更無所言而
去。"按:蕭淵猷參見普通六年益州條。梁郢州刺史歷年可
考,無淵猷,本傳亦不載,《道學傳》之"郢州"蓋"益州"之譌。

[廣州]

蕭昂

《梁書》卷二四《蕭昂傳》:"普通二年,爲散騎常侍、信威
將軍。"

普通三年壬寅(522)

[揚州]

臨川王宏

湘東王繹　輕車將軍、會稽太守。

《梁書》卷五《元帝紀》:"初爲寧遠將軍、會稽太守,入爲
侍中、宣威將軍、丹陽尹。普通七年,出爲……荆州刺史。"校
勘記:"'宣威',《類聚》卷五二引梁裴子野《丹陽尹湘東王善
政碑》作'宣惠'。按《隋書》卷二六《百官志上》,梁將軍號有
宣惠,無宣威。"卷四〇《到溉傳》:"湘東王繹爲會稽太守,以
溉爲輕車長史、行府郡事。高祖敕王曰:'到溉非直爲汝行事,
足爲汝師,間有進止,每須詢訪。'"按:普通五年以會稽郡置
東揚州,繹爲會稽太守當在此前,列於此。參《到溉傳》,繹當
由寧遠進號輕車,復進號宣惠,《元帝紀》失載。

[南徐州]

晉安王綱

[江州]

　　邵陵王綸

[南兗州]

　　南康王績

[北徐州]

　　昌義之

　　　　《梁書》卷一八《昌義之傳》：“普通三年，徵爲護軍將軍。”

[豫州]

　　裴邃

[青州][冀州]

　　王神念

[荆州]

　　鄱陽王恢

[湘州]

　　長沙王淵業

　　安成王機　督湘衡桂三州諸軍事、寧遠將軍、湘州刺史。

　　　　《梁書》卷二三《長沙王業傳》：“普通三年，徵爲散騎常
　　侍、護軍將軍。”卷二二《安成王機傳》：“三年，遷持節、督湘衡
　　桂三州諸軍事、寧遠將軍、湘州刺史。”

[雍州]

　　廬陵王續　都督雍梁秦沙四州諸軍事、西中郎將、雍州刺史。

　　　　《梁書》卷三《武帝紀下》：“正月……以宣毅將軍廬陵王
　　續爲雍州刺史。”卷二九《廬陵王續傳》：“三年，爲使持節、都
　　督南徐梁秦沙四州諸軍事、西中郎將、南徐州刺史。”校勘記：
　　“‘南徐梁秦沙’，《册府》卷二八〇作‘雍梁秦沙’。……是續
　　以雍州刺史都督雍梁秦沙四州。”羅振玉《五史斠議・梁書》：
　　“紀作‘雍州刺史’，誤。”按：南徐與梁秦沙不在一都督區，紀
　　不誤。據《武帝紀》，續普通中先爲雍州，後爲南徐州，是本傳

有脱訛。

[郢州]

　　蕭昺

[定州]

　　田超秀

[梁州][南秦州]

　　曹義宗　　梁秦二州刺史。

　　　　　《南史》卷五五《曹景宗傳》：“第九弟義宗……隨武帝西
　　　下,歷位梁、秦二州刺史。”按：始任年不詳,從吳表。

[南梁州]

　　張齊

[益州]

　　蕭淵猷

普通四年癸卯(523)

[揚州]

　　臨川王宏

[南徐州]

　　晉安王綱　　遷雍州。

[江州]

　　邵陵王綸

[南兗州]

　　南康王績

　　豫章王綜　　都督南兗兗徐青冀五州諸軍事、平北將軍、南兗州
　　　刺史。

　　　　　《梁書》卷二九《南康王績傳》：“普通四年,徵爲侍中、雲

麾將軍，領石頭戍軍事。”卷三《武帝紀下》：“三月壬寅，以鎮
右將軍豫章王綜爲平北將軍、南兗州刺史。”卷五五《豫章王綜
傳》：“四年，出爲使持節、都督南兗兗徐青冀五州諸軍事、平北
將軍、南兗州刺史。”

[北徐州]

　成景雋　刺史。

　　　　按：成景雋見普通五年北徐州條。

[豫州]

　裴邃　進號宣毅將軍。

　　　　《梁書》卷二八《裴邃傳》：“四年，進號宣毅將軍。”

[青州][冀州]

　王神念

[荆州]

　鄱陽王恢

[湘州]

　安成王機

[雍州]

　廬陵王續

　晉安王綱　都督雍梁南北秦四州郢州之竟陵司州之隨郡諸軍
事、平西將軍、寧蠻校尉、雍州刺史。

　　　　《梁書》卷四《簡文帝紀》：“四年，徙爲使持節、都督雍梁
南北秦四州郢州之竟陵司州之隨郡諸軍事、平西將軍、寧蠻校
尉、雍州刺史。”

[郢州]

　蕭昺　卒。

　　　　《梁書》卷二四《蕭景傳》：“普通四年，卒于州。”

[定州]

田超秀

［梁州］［南秦州］

曹義宗

［南梁州］

張齊

《梁書》卷一七《張齊傳》：“普通四年，遷信武將軍、征西鄱陽王司馬、新興永寧二郡太守。未發而卒。”

［益州］

蕭淵猷

普通五年甲辰（524）　六月，北伐。

［揚州］

臨川王宏

［東揚州］

武陵王紀　東中郎將、刺史。

《梁書》卷三《武帝紀下》：“三月甲戌，分揚州、江州置東揚州。……六月……以會稽太守武陵王紀爲東揚州刺史。”卷五五《武陵王紀傳》：“出爲會稽太守，尋以其郡爲東揚州，仍爲刺史，加使持節、東中郎將。”卷四二《臧盾傳》：“爲東中郎武陵王長史，行府州國事，領會稽郡丞。還除少府卿。”卷三六《江革傳》：“時武陵王在東州，頗自驕縱，上召革面敕曰：‘武陵王年少，臧盾性弱，不能匡正，欲以卿代爲行事。非卿不可，不得有辭。’乃除折衝將軍、東中郎武陵王長史、會稽郡丞、行府州事。……府王憚之，遂雅相欽重。每至侍宴，言論必以《詩》《書》，王因此耽學好文。典籤沈熾文以王所製詩呈高祖，高祖謂僕射徐勉曰：‘江革果能稱職。’”

［**南徐州**］

　　邵陵王綸　西中郎將、攝南徐州事。尋免。

　　廬陵王續　刺史。

　　　　《梁書》卷二九《邵陵王綸傳》：“五年，以西中郎將權攝南兗州，坐事免官奪爵。”校勘記：“‘攝南兗州’，《南史》卷五三《梁武帝諸子邵陵攜王綸傳》、《御覽》卷九三七引《梁書》作‘攝南徐州事’。”按：時豫章王綜爲南兗州刺史，綸不應攝南兗州事，當以《南史》《御覽》爲是。廬陵王續見普通六年南徐州條，不應無軍號、都督，蓋史書失載。

［**江州**］

　　邵陵王綸

　　南康王續　都督江州諸軍事、雲麾將軍、江州刺史。

　　　　《梁書》卷三《武帝紀下》：“四月乙未，以雲麾將軍南康王續爲江州刺史。”卷二九《南康王續傳》：“五年，出爲使持節、都督江州諸軍事、江州刺史。”

［**南兗州**］

　　豫章王綜　進號鎮北將軍。

　　　　《梁書》卷三《武帝紀下》：“正月……平北將軍、南兗州刺史豫章王綜進號鎮北將軍。”

［**北兗州**］

　　元樹　平北將軍、北青兗二州刺史。

　　趙景悦　刺史。

　　明山賓　權攝北兗州事。

　　　　《梁書》卷三《武帝紀下》：“六月……以員外散騎常侍元樹爲平北將軍、北青兗二州刺史，率衆北伐。……九月……北兗州刺史趙景悦圍荆山。”卷二七《明山賓傳》：“五年，又爲國子博士，常侍、中正如故。其年以本官假節，權攝北兗州事。”

[北徐州]

　成景儁

　　　《梁書》卷三《武帝紀下》:"八月庚寅,徐州刺史成景儁克
　　魏童棧。"

[豫州]

　裴邃

　　　《梁書》卷三《武帝紀下》:"九月……宣毅將軍裴邃襲壽
　　陽,入羅城,弗剋。"卷二八《裴邃傳》:"(普通)四年……大軍
　　將北伐,以邃督征討諸軍事,率騎三千,先襲壽陽。"《諸史考
　　異》卷七《梁書》"裴邃卒在六年"條:"傳'四年'當是'五年'
　　之譌。"

[青州][冀州]

　王神念

　　　《梁書》卷三九《王神念傳》:"普通中,大舉北伐,徵爲右
　　衛將軍。"

[荊州]

　鄱陽王恢　　進號驃騎大將軍。

　　　《梁書》卷三《武帝紀下》:"正月……征西將軍、開府儀同
　　三司、荊州刺史鄱陽王恢進號驃騎大將軍。"

[湘州]

　安成王機

[雍州]

　晉安王綱　　進號安北將軍。

　　　《梁書》卷三《武帝紀下》:"正月……平西將軍、雍州刺史
　　晉安王綱進號安北將軍。"梁簡文帝《北略教》(《文館詞林》卷
　　六九九):"吾今便總率麾下,一舉掃定。……風烈將軍、洛州
　　刺史、北上洛太守楊傑精甲銳兵,飛馳應起。……鎮朔將軍、

長史、襄陽太守柳津威惠兼宣，士馬充威，可留知後事，鎮守
州城。”

[定州]

田超秀

《魏書》卷七八《張普惠傳》：“出除左將軍、東豫州刺
史。……蕭衍遣將胡廣來寇安陽，軍主陳明祖等脅白沙、鹿城
二戍，衍又遣定州刺史田超秀、田僧達等竊陷石頭戍，徑據安
陂城。郢州新塘之賊，近在州西數十里。普惠前後命將拒戰，
並破之。……孝昌元年三月，在州卒。”《北史》卷九五《蠻
傳》：“正光中……義州尋爲梁將裴邃所陷。梁定州刺史田超
秀亦遣使求附，請援歷年，朝廷恐輕致邊役，未之許。會超秀
死，其部曲相率內附，徙之。”按：裴邃陷義州在魏正光二年，
即梁普通二年，魏孝昌元年即梁普通六年。超秀死於何年不
詳，斷於此。

[梁州][南秦州]

曹義宗

[南梁州]

陰子春　明威將軍、刺史。

《梁書》卷四六《陰子春傳》：“普通中，累遷至明威將軍、
南梁州刺史。”《南史》卷六四《陰子春傳》：“子春仕歷位朐山
戍主、東莞太守。時青州石鹿山臨海，先有神廟，刺史王神念
以百姓祈禱糜費，毀神影，壞屋舍。……經月余，魏欲襲朐山，
間諜前知，子春設伏摧破之，詔授南青州刺史，鎮朐山。”按：
《梁書》本傳及《魏書》卷一〇一《獠傳》皆云陰子春爲南梁州
刺史，未歷南青州，疑《南史》本傳之“詔授南青州刺史，鎮朐
山”有誤。陰子春爲南梁州刺史當在王神念被徵還前後，繼
張齊。

[南洛州]

楊傑 風烈將軍、刺史、北上洛太守。

　　按：楊傑見是年雍州條。《北略教》稱楊傑爲洛州刺史、北上洛太守，《隋書》卷三〇《地理志中》上洛郡上津條云"舊置北上洛郡，梁改爲南洛州"，傑當以南洛州刺史帶北上洛太守，《北略教》之洛州即南洛州。

[益州]

蕭淵猷

普通六年乙巳(525)

[揚州]

臨川王宏

[東揚州]

武陵王紀

[南徐州]

廬陵王續

　　《梁書》卷三《武帝紀下》："二月……南徐州刺史廬陵王續還朝，稟承戎略。"

[江州]

南康王績

[南兗州]

豫章王綜 頓彭城，攝徐州府事。奔魏。

　　《梁書》卷三《武帝紀下》："三月……鎮北將軍、南兗州刺史豫章王綜權頓彭城，總督衆軍，并攝徐州府事。……六月庚辰，豫章王綜奔于魏，魏復據彭城。"卷五五《豫章王綜傳》："初，其母吳淑媛自齊東昏宮得幸於高祖，七月而生綜，宮中多疑之者。及淑媛寵衰怨望，遂陳疑似之説，故綜懷之。……聞齊建安王蕭寶寅在魏，遂使人入北與之相知，謂爲叔父，許舉鎮歸之。會大舉北伐，六年，魏將元法僧以彭城降，高祖乃令綜都督衆軍，鎮于彭城，與魏將安豐王元延明相持。高祖以連兵既久，慮有釁生，敕綜退軍。綜懼南歸則無因復與寶寅相見，乃與數騎夜奔于延明。"《魏書》卷五九《蕭贊傳》："值元法僧以彭城叛入蕭衍，衍命贊爲南兗徐二州刺史、都督江北諸軍事，鎮彭城。於時，蕭宗遣安豐王延明、臨淮王彧討之，贊便遣使密告誠款……步投彧軍。"按：蕭贊即蕭綜，入魏後改。

[譙州]

湛僧智　刺史。

　　　按：湛僧智見是年豫州條。

[北徐州]

成景雋

[豫州]

裴邃　卒。

夏侯亶

　　　《梁書》卷三《武帝紀下》："五月……遣中護軍夏侯亶督壽陽諸軍事，北伐。"卷二八《夏侯亶傳》："六年，大舉北伐。先遣豫州刺史裴邃帥譙州刺史湛僧智、歷陽太守明紹世、南譙太守魚弘、晉熙太守張澄，並世之驍將，自南道伐壽陽城，未克而邃卒。乃加亶使持節，馳驛代邃，與魏將河間王元琛、臨淮王元彧等相拒，頻戰克捷。尋有密敕，班師合肥，以休士馬，須堰成復進。"

[荆州]

鄱陽王恢

[湘州]

安成王機

[雍州]

晉安王綱

[郢州]

元樹　督郢司霍三州諸軍事、雲麾將軍、郢州刺史。

《梁書》卷三九《元樹傳》：“普通六年，應接元法僧還朝，
遷使持節、督郢司霍三州諸軍事、雲麾將軍、郢州刺史。”

[梁州][南秦州]

曹義宗

[南梁州]

陰子春

《魏書》卷一〇一《獠傳》：“孝昌初，諸獠以（嚴）始欣貪
暴，相率反叛，攻圍巴州。……時蕭衍南梁州刺史陰子春扇惑
邊陲，始欣謀將南叛。”

[益州]

蕭淵猷

《魏書》卷九《肅宗紀》：“（孝昌元年）四月，蕭衍益州刺史
蕭淵猷遣將樊文熾、蕭世澄等率衆圍小劍戍。益州刺史邴虬
遣子子達、行臺魏子建遣別將淳于誕拒擊之。”卷七一《淳于誕
傳》：“正光中，秦隴反叛，詔誕爲西南道軍司、假冠軍將軍、別
將，從子午南出斜谷趣建安，與行臺魏子建共參經略。時衍益
州刺史蕭淵猷遣將樊文熾、蕭世澄等率衆數萬圍小劍戍，益州
刺史邴虬令子達拒之。”校勘記：“其人本名‘子達’，此或是單
稱爲‘達’。”

[廣州]

元景隆　都督廣越交桂等十三州諸軍事、平南將軍、平越中郎
將、廣州刺史。

《梁書》卷三《武帝紀下》：“三月……以魏假平東將軍元景隆爲衡州刺史，魏征虜將軍元景仲爲廣州刺史。”卷三九《元景隆傳》：“出爲持節、都督廣越交桂等十三州諸軍事、平南將軍、平越中郎將、廣州刺史。”卷四一《王規傳》：“（普通）六年，高祖於文德殿餞廣州刺史元景隆。”按：是年當以元景隆爲廣州，元景仲爲衡州，《武帝紀》誤。同書卷三九《元景仲傳》未載景仲爲衡州，當有闕。

[衡州]

元略　刺史。未行。

元景仲　刺史。

《魏書》卷一九下《元略傳》：“徐州刺史元法僧據城南叛，州内士庶皆爲法僧擁逼。衍乃以略爲大都督，令詣彭城，接誘初附。……衍尋遣其豫章王綜鎮徐州，徵略與法僧同還。……衍復除略衡州刺史，未行。會綜以城歸國，綜長史江革、司馬祖暅、將士五千人悉見擒虜。肅宗敕有司悉遣革等遷南，因以徵略。衍乃備禮遣之。”按：元景仲見是年廣州條。

普通七年丙午（526）

[揚州]

臨川王宏　卒。

孔休源　宣惠將軍、監揚州。

《梁書》卷二二《臨川王宏傳》：“七年三月，以疾累表自陳，詔許解揚州，餘如故。四月，薨。……在州二十餘年。”卷三六《孔休源傳》：“普通七年，揚州刺史臨川王宏薨，高祖與群臣議王代居州任者久之，于時貴戚公王，咸望遷授，高祖曰：‘朕已得人。孔休源才識通敏，實應此選。’乃授宣惠將軍、監

揚州。休源初爲臨川王行佐,及王薨而管州任,時論榮之。而
神州都會,簿領殷繁,休源割斷如流,傍無私謁。"

[東揚州]

武陵王紀

[南徐州]

廬陵王續　加宣毅將軍。

　　《梁書》卷二九《廬陵王續傳》:"七年,加宣毅將軍。"

[江州]

南康王績

[譙州]

湛僧智

[北徐州]

成景儁

[南豫州]

夏侯亶　刺史。

　　按:夏侯亶見是年豫州條。

[豫州]

夏侯亶　都督豫州緣淮南豫霍義定五州諸軍事、雲麾將軍、豫南
豫二州刺史。

　　《梁書》卷二八《夏侯亶傳》:"七年夏,淮堰水盛,壽陽城
將没,高祖復遣北道軍元樹帥彭寶孫、陳慶之等稍進,亶帥湛
僧智、魚弘、張澄等通清流澗,將入淮、肥。……凡降城五十
二,獲男女口七萬五千人,米二十萬石。詔以壽陽依前代置豫
州,合肥鎮改爲南豫州,以亶爲使持節、都督豫州緣淮南豫霍
義定五州諸軍事、雲麾將軍、豫南豫二州刺史。壽春久罹兵
荒,百姓多流散,亶輕刑薄賦,務農省役,頃之,民户充復。"卷
三《武帝紀下》:"十一月……剋壽陽城。……以壽陽置豫州,

合肥改爲南豫州。"

［荆州］

鄱陽王恢　卒。

湘東王繹　都督荆湘郢益寧南梁六州諸軍事、西中郎將、荆州刺史。

　　《梁書》卷三《武帝紀下》："九月己酉，驃騎大將軍、開府儀同三司、荆州刺史鄱陽王恢薨。冬十月辛未，以丹陽尹湘東王繹爲荆州刺史。"《法苑珠林》卷一三《東晉荆州金像遠降緣》："梁鄱陽王爲荆州，屢請入城，建大功德。及感病迎之，倍搁不起，少日而薨。"《梁書》卷五《元帝紀》："普通七年，出爲使持節、都督荆湘郢益寧南梁六州諸軍事、西中郎將、荆州刺史。"

［湘州］

安成王機

［雍州］

晉安王綱　權進都督荆益南梁三州諸軍事，尋解。

　　《梁書》卷四《簡文帝紀》："七年，權進都督荆益南梁三州諸軍事。是歲，丁所生穆貴嬪喪，上表陳解，詔還攝本任。"

［郢州］

元樹　進號安西將軍。

　　《梁書》卷三《武帝紀下》："十一月……平西將軍、郢州刺史元樹進號安西將軍。"卷三九《元樹傳》："討南蠻賊，平之，加散騎常侍、安西將軍。"按：《元樹傳》未載樹爲平西將軍，樹當由雲麾進號平西，復進號安西。

［司州］

夏侯夔　督司州諸軍事、信武將軍、司州刺史，領安陸太守。

　　《梁書》卷二八《夏侯夔傳》："七年，徵爲衛尉，未拜，改授持節、督司州諸軍事、信武將軍、司州刺史,領安陸太守。”

[梁州] [南秦州]

曹義宗

[益州]

鄱陽王範　　刺史。權監荆州,尋解。

　　　《南史》卷五二《鄱陽王範傳》:“爲衛尉卿,每夜自巡警,
　　武帝嘉其勞苦。出爲益州刺史。行至荆州而忠烈王薨,因停
　　自解。武帝不許,詔權監荆州。及湘東王至,範依舊述職。”

[廣州]

元景隆

[衡州]

元景仲

大通元年丁未(527)

[揚州]

孔休源

[東揚州]

武陵王紀

　　　《梁書》卷五五《武陵王紀傳》:“徵爲侍中,領石頭戍軍
　　事。”按:紀中大通元年爲江州刺史,徵還當在此前。

[南徐州]

盧陵王續

[江州]

南康王績

[譙州]

湛僧智　　領東豫州,鎮廣陵。

　　按：湛僧智見是年西豫州條。

［北徐州］

成景儁

　　《梁書》卷三《武帝紀下》：“五月景寅，成景儁剋魏臨潼、
　　竹邑。”

［南豫州］

夏侯亶

［豫州］

夏侯亶

［西豫州］

裴之禮　　信武將軍、刺史。

　　《梁書》卷三《武帝紀下》：“冬十月庚戌，魏東豫州刺史元
　　慶和以渦陽内屬。”卷二八《夏侯夔傳》：“（普通）八年……譙
　　州刺史湛僧智圍魏東豫州刺史元慶和於廣陵，入其郛。……
　　（慶和）遂請降。……詔以僧智領東豫州，鎮廣陵。”同卷《裴
　　之禮傳》：“請隨軍討壽陽，除雲麾將軍，遷散騎常侍。又別攻
　　魏廣陵城，平之，除信武將軍、西豫州刺史。”《隋書》卷三
　　〇《地理志中》汝南郡新息：“後魏置東豫州。梁改曰西豫
　　州。”《梁坦暨妻馮氏墓誌》（《隋代墓誌銘彙考》一·〇二〇）：
　　“天水冀人也。……太昌之末，世道未平，朝須儁桀，遂除征虜
　　將軍、中散大夫。……復以君爲使持節、大都督、東豫州長史。
　　其處也，俗多山水，民不樂安，始望塵飛輕爲亂，君單車杖節，
　　示以威恩，民自子來，相攜首罪。以魏末多事，遂入梁朝。然
　　君智勇雄桀，梁帝委以北邊，授使持節、同州刺史。……至梁
　　天監八年，歸還朝闕……天監十四年薨於私第。”按：梁大通
　　元年即魏孝昌三年，是年得魏東豫州，太昌在孝昌之後，梁坦
　　無由出任東豫州長史，誌之“太昌”蓋“孝昌”之訛。又梁未見

同州,且梁坦不得在天監中任刺史,存疑,附於此。

[荆州]

　湘東王繹

[湘州]

　安成王機

[雍州]

　晉安王綱

[郢州]

　元樹

[司州]

　夏侯夔

　　　《梁書》卷三《武帝紀下》:"正月……司州刺史夏侯夔進
　　軍三關,所至皆剋。"

[梁州][南秦州]

　曹義宗

[益州]

　鄱陽王範

[廣州]

　元景隆

[衡州]

　元景仲

大通二年戊申(528)

[揚州]

　孔休源

[南徐州]

廬陵王續

[江州]

南康王續

《梁書》卷三《武帝紀下》：“三月壬戌，以江州刺史南康王續爲安右將軍。”卷二九《南康王續傳》：“丁董淑儀憂，居喪過禮，高祖手詔勉之，使攝州任，固求解職，乃徵授安右將軍、領石頭戍軍事。”

[譙州]

昌寶業　刺史。

《梁書》卷一八《昌義之傳》：“普通……四年十月，卒。……子寶業嗣，官至直閤將軍、譙州刺史。”按：昌寶業何年爲譙州刺史不詳，列於此。

[北徐州]

成景雋

[南豫州]

夏侯亶

[豫州]

夏侯亶　進號平北將軍。

《梁書》卷二八《夏侯亶》：“大通二年，進號平北將軍。”

[潁州]

裴之高　颮勇將軍、刺史。

《梁書》卷二八《裴之高傳》：“魏汝陰來附，敕之高應接，仍除假節、颮勇將軍、潁州刺史。……父憂還京。”按：汝陰附梁在大通二年，見天監元年潁州條。之高何年還京不詳。

[荆州]

湘東王繹

[湘州]

安成王機 卒。

元願達 都督湘州諸軍事、平南將軍、湘州刺史。

《梁書》卷二二《安成王機傳》：“大通二年，薨於州。”《陳書》卷一七《王沖傳》：“遷武威將軍、安成嗣王長史、長沙內史，將軍如故。王薨於湘州，仍以沖監湘州事。”《梁書》卷三九《元願達傳》：“出爲使持節、散騎常侍、都督湘州諸軍事、平南將軍、湘州刺史。”

[**雍州**]

晉安王綱

[**郢州**]

元樹

[**司州**]

夏侯夔 南北司二州刺史。

《梁書》卷三《武帝紀下》：“四月辛丑，魏郢州刺史元願達以義陽內附，置北司州。時魏大亂，其北海王元顥、臨淮王元彧、汝南王元悦並來奔；其北青州刺史元世雋、南荊州刺史李志亦以地降。”卷二八《夏侯夔傳》：“二年，魏郢州刺史元願達請降，高祖敕郢州刺史元樹往迎願達，夔亦自楚城會之，遂留鎮焉。詔改魏郢州爲北司州，以夔爲刺史，兼督司州。”校勘記：“‘二年’上，疑脫‘大通’二字。”

[**梁州**][**南秦州**]

曹義宗 被俘。

韋放 督梁南秦二州諸軍事、信武將軍、梁南秦二州刺史。

《南史》卷五五《曹景宗傳》：“後義宗爲都督，征穰城，軍敗，見獲于魏，卒。”《魏書》卷一〇《孝莊紀》：“（永安元年）五月……先是，蕭衍遣其將曹義宗寇荊州。……十月……大都督費穆大破蕭衍軍，擒其將曹義宗，檻送京師。”《梁書》卷二八《韋放傳》：“普通八年，高祖遣兼領軍曹仲宗等攻渦陽，又以放爲明威將軍，帥師會之。……還爲太子右衛率，轉通直散騎常侍。出爲持節、督梁南秦二州諸軍事、信武將軍、梁南秦二州刺史。”按：魏永安元年即梁大通二年。

［益州］

鄱陽王範

［廣州］

元景隆

［衡州］

元景仲

中大通元年己酉（529）

［揚州］

孔休源

［南徐州］

廬陵王續

［江州］

武陵王紀　宣惠將軍、刺史。

《梁書》卷三《武帝紀下》：“二月甲申，以丹陽尹武陵王紀爲江州刺史。”卷五五《武陵王紀傳》：“出爲宣惠將軍、江州刺史。”

［北兗州］

張景邕　刺史。

陳慶之　都督緣淮諸軍事、奮武將軍、北兗州刺史。

《梁書》卷三二《陳慶之傳》：“出爲持節、都督緣淮諸軍事、奮武將軍、北兗州刺史。”按：張景邕見是年荊州條，存疑。

[北徐州]

成景雋

[南豫州]

夏侯亶　卒。

蕭正立

《陳書》卷二一《蕭乾傳》："建安侯蕭正立出鎮南豫州，又板録事參軍。累遷中軍宣城王中録事、諮議參軍。"《梁書》卷三《武帝紀下》："（中大通）五年春正月……以宣城王大器爲中軍將軍。"

[豫州]

夏侯亶　卒。

《梁書》卷二八《夏侯亶傳》："（大通）三年，卒於州鎮。"

[青州][冀州]

羊侃　雲麾將軍、青冀二州刺史。

《梁書》卷三《武帝紀下》："九月……以安北將軍羊侃爲青冀二州刺史。"卷三九《羊侃傳》："侃以大通三年至京師，詔授使持節、散騎常侍、都督瑕丘征討諸軍事、安北將軍、徐州刺史，并其兄黙及三弟忱、給、元，皆拜爲刺史。尋以侃爲都督北討諸軍事，出頓日城，會陳慶之失律，停進。其年，詔以爲持節、雲麾將軍、青冀二州刺史。"

[荆州]

湘東王繹

《魏書》卷一〇《孝莊紀》："（永安二年）十有二月辛亥，蕭衍兖州刺史張景邕、荆州刺史李靈起、雄信將軍蕭進明來降。"

按：荆州刺史歷來用宗王，時湘東王繹爲刺史，李靈起不應同任，此處當有訛誤。

[湘州]

　　元願達

［雍州］

　　晉安王綱

［郢州］

　　元樹

［司州］

　　夏侯夔　　進號仁威將軍。

　　　　　《梁書》卷二八《夏侯夔傳》：“（大通）三年，遷使持節，進
　　　　號仁威將軍。”

［梁州］［南秦州］

　　韋放

［益州］

　　鄱陽王範

［廣州］

　　元景隆

［衡州］

　　元景仲

［交州］

　　王弁　　刺史。

　　　　　《梁書》卷八《昭明太子統傳》：“中大通二年春，詔遣前交
　　　　州刺史王弁假節，發吳郡、吳興、義興三郡民丁就役。”按：《南
　　　　史》卷五三《昭明太子統傳》“王弁”作“王弈”。弁爲交州刺史
　　　　蓋在中大通二年前不久，列於此。

中大通二年庚戌（530）

［揚州］

孔休源

晉安王綱　都督揚南徐二州諸軍事、驃騎大將軍、揚州刺史。

　　《梁書》卷三六《孔休源傳》："中大通二年,加授金紫光禄大夫,監揚州如故。累表陳讓,優詔不許。在州畫決辭訟,夜覽墳籍。每車駕巡幸,常以軍國事委之。"卷三《武帝紀下》:"正月戊寅,以雍州刺史晉安王綱爲驃騎大將軍、揚州刺史。"卷四《簡文帝紀》:"二年,徵爲都督南揚徐二州諸軍事、驃騎將軍、揚州刺史。"校勘記:"'南揚徐',疑爲'揚南徐'之誤倒。"按:《簡文帝紀》作驃騎將軍,此從《武帝紀》。

[南徐州]

盧陵王續　遷雍州。

華容公歡　北中郎將、刺史。

　　《梁書》卷三四《張纘傳》:"大通……二年,仍遷華容公北中郎長史、南蘭陵太守,加貞威將軍,行府州事。三年,入爲度支尚書,母憂去職。"按:華容公歡見中大通三年南徐州條。張纘行南徐州事當在中大通二年,非大通二年,本傳"大通"前疑脱"中"字。

[江州]

武陵王紀

[北兗州]

陳慶之　遷司州。

[北徐州]

韋放　督北徐州諸軍事、信武將軍、北徐州刺史。

　　《梁書》卷二八《韋放傳》:"中大通二年,徙督北徐州諸軍事、北徐州刺史,增封四百户,持節、將軍如故。"

[南豫州]

蕭正立

［青州］［冀州］

　　羊侃

［荆州］

　　湘東王繹

［湘州］

　　元願達

　　桂陽王象　　湘衡二州諸軍事、輕車將軍、湘州刺史。

　　　　　　《梁書》卷三九《元願達傳》：“中大通二年，徵侍中、太中
　　　　　大夫、翊左將軍。”卷二三《桂陽王象傳》：“出爲持節、督司霍
　　　　　郢三州諸軍事、征遠將軍、郢州刺史。尋遷湘衡二州諸軍事、
　　　　　輕車將軍、湘州刺史。”按：《象傳》“湘衡”前當脱“都督”“監”
　　　　　或“督”。

［雍州］

　　晉安王綱　　遷揚州。

　　廬陵王續　　都督雍梁秦沙四州諸軍事、平北將軍、寧蠻校尉、雍
　　州刺史。

　　　　　　《梁書》卷三《武帝紀下》：“正月……南徐州刺史廬陵王
　　　　　續爲平北將軍、雍州刺史。”卷二九《廬陵王續傳》：“中大通二
　　　　　年，又爲使持節、都督雍梁秦沙四州諸軍事、平北將軍、寧蠻校
　　　　　尉、雍州刺史。”

［郢州］

　　元樹

　　桂陽王象　　督司霍郢三州諸軍事、征遠將軍、郢州刺史。尋遷
　　湘州。

　　田龍憘　　刺史。

　　　　　　《梁書》卷三九《元樹傳》：“中大通二年，徵侍中、鎮右將
　　　　　軍。”《魏書》卷四五《韋朏傳》：“蕭宗末，除征虜將軍、東徐州

刺史……蕭衍遣其郢州刺史田虣憘率衆來寇,朏於石羊崗破
斬之。……永安三年,卒於州。"按:象見是年湘州條。魏永
安三年即梁中大通二年。田虣憘爲郢州刺史不見於《梁書》,
存疑。

[司州]

夏侯夔　徵還。

陳慶之　都督南北司西豫豫四州諸軍事、奮武將軍、南北司二州
刺史。

范遵　安北將軍、司州牧。

《梁書》卷二八《夏侯夔傳》:"中大通二年,徵爲右衞將
軍。"卷三二《陳慶之傳》:"中大通二年,除都督南北司西豫豫
四州諸軍事、南北司二州刺史,餘並如故。慶之至鎮,遂圍懸
瓠。"卷三《武帝紀下》:"六月丁巳,遣魏太保汝南王元悦還北
爲魏主。庚申,以魏尚書左僕射范遵爲安北將軍、司州牧,隨
元悦北討。"按:范遵當遙領北魏洛陽之司州,附於此。

[梁州][南秦州]

韋放　遷北徐州。

[益州]

鄱陽王範

[廣州]

元景隆

[衡州]

元景仲

中大通三年辛亥(531)

[揚州]

孔休源

晉安王綱　五月,立爲皇太子。

> 《梁書》卷四《簡文帝紀》:"四月乙巳,昭明太子薨。五月景申,詔曰:'……晉安王綱……可立爲皇太子。'"卷三六《孔休源傳》:"昭明太子薨,有敕夜召休源入宴居殿,與群公參定謀議,立晉安王綱爲皇太子。"

[南徐州]

豫章王歡

> 《梁書》卷三《武帝紀下》:"四月乙巳,皇太子統薨。六月……立昭明太子子南徐州刺史華容公歡爲豫章郡王。"

[江州]

武陵王紀

[南兖州]

蕭淵藻　征北將軍、刺史。

> 《梁書》卷三《武帝紀下》:"九月庚午,以太子詹事蕭深藻爲征北將軍、南兖州刺史。"按:蕭深藻即蕭淵藻,避唐諱改。

[譙州]

裴之高　刺史。

> 《梁書》卷二八《裴之高傳》:"起爲光遠將軍,合討陰陵盜賊,平之,以爲譙州刺史。又還爲左軍將軍。"按:裴之高何年爲譙州刺史不詳,當在羊鴉仁前。

[北徐州]

韋放

> 《魏書》卷一一一《三帝紀》:"(普泰元年)三月……冠軍將軍、南青州刺史茹懷朗使其部將何寶率步騎三千擊蕭衍守將於琅邪,擒其尚書左僕射、儀同三司、雲麾將軍、徐兖二州刺史劉相如。"卷九八《島夷蕭衍傳》:"普泰元年春,南青州刺史茹

懷朗遣部將何寶率步騎三千擊衍守將於琅邪,擒其雲麾將軍、徐兗二州刺史沈預,斬其宣猛將軍、齊州刺史劉相如。"按:徐州刺史時爲韋放,沈預、劉相如不見於《梁書》,存疑。吳表兗州中大通五年至六年列耿翔,云"中大通五年六月爲兗州",誤。《魏書》卷一一《三帝紀》:"(永熙二年)六月壬申,以驃騎大將軍、開府儀同三司、尚書右僕射樊子鵠爲青膠大使,督濟州刺史、大都督蔡儁討耿翔。"卷八〇《樊子鵠傳》:"初,青州人耿翔聚衆反,亡奔蕭衍,衍資其兵,偷據膠州。除子鵠使持節、侍中、青膠大使,督濟州刺史蔡儁討之。師達青州,翔拔城奔走。在軍遇病,詔遣醫給藥。仍除兗州刺史,餘官如故,便道之州。"魏永熙二年即梁中大通五年,據上下文,知樊子鵠任魏兗州刺史,非耿翔任梁兗州刺史。

[南豫州]

　蕭正立

[青州][冀州]

　羊侃

[荊州]

　湘東王繹

[湘州]

　桂陽王象

[雍州]

　廬陵王續

[司州]

　陳慶之

　　　《梁書》卷三二《陳慶之傳》:"罷義陽鎮兵,停水陸轉運,江湖諸州並得休息。開田六千頃,二年之後,倉廩充實。高祖每嘉勞之。又表省南司州,復安陸郡,置上明郡。"

［**梁州**］［**南秦州**］

淳于文成　光烈將軍、梁州刺史。

　　《陳書》卷一一《淳于量傳》：“父文成，仕梁爲將帥，官至
光烈將軍、梁州刺史。……梁元帝爲荆州刺史，文成分量人
馬，令往事焉。起家湘東王國常侍，兼西中郎府中兵參軍。”
按：湘東王繹普通七年爲西中郎將，中大通四年進號平西將
軍，文成爲梁州刺史當在中大通四年前。

［**益州**］

鄱陽王範

［**廣州**］

　元景隆

　元景仲　都督廣越等十三州諸軍事、宣惠將軍、平越中郎將、廣
州刺史。

　　《梁書》卷三《武帝紀下》：“二月……以廣州刺史元景隆
爲安右將軍。”卷三九《元景隆傳》：“中大通三年，徵侍中、安
右將軍。”同卷《元景仲傳》：“大通三年……出爲持節、都督廣
越等十三州諸軍事、宣惠將軍、平越中郎將、廣州刺史。”按：
大通三年任廣州刺史者爲元景隆，元景仲繼爲刺史當在中大
通三年，《元景仲傳》“大通”上脱“中”字。

［**衡州**］

　元景仲　遷廣州。

　元慶和　信武將軍、刺史。

　　按：元慶和參見中大通六年梁州、衡州條。

中大通四年壬子（532）

　［**揚州**］

孔休源 卒。

邵陵王綸 正月,宣惠將軍、刺史。二月,罪免。

武陵王紀 二月,宣惠將軍、都督揚南徐二州諸軍事、揚州刺史。

《梁書》卷三六《孔休源傳》:“四年……五月,卒。”卷三《武帝紀下》:“正月……以丹陽尹邵陵王綸爲揚州刺史。……二月……新除揚州刺史邵陵王綸有罪,免爲庶人。壬子,以江州刺史武陵王紀爲揚州刺史。”卷二九《邵陵王綸傳》:“四年,爲侍中、宣惠將軍、揚州刺史。以侵漁細民,少府丞何智通以事啓聞,綸知之,令客戴子高於都巷刺殺之。智通子訴于闕下,高祖令圍綸第,捕子高,綸匿之,竟不出。坐免爲庶人。”卷五五《武陵王紀傳》:“徵爲使持節、宣惠將軍、都督揚南徐二州諸軍事、揚州刺史。”《南史》卷五三《武陵王紀傳》:“天監十三年,封武陵王。尋授揚州刺史。……紀特爲帝愛,故先作牧揚州。”按:是年武陵王紀爲揚州刺史,距天監十三年已十八年,《南史》云“尋授”,不確。

[南徐州]

豫章王歡

[江州]

武陵王紀 遷揚州。

蕭昂 刺史。

《梁書》卷三《武帝紀下》:“二月……領軍將軍蕭昂爲江州刺史。”

[南兗州]

蕭淵藻

[北兗州]

羊侃 都督瑕丘諸軍事、安北將軍、兗州刺史。

《梁書》卷三《武帝紀下》:“二月……雲麾將軍羊侃爲安

北將軍、兗州刺史。"卷三九《羊侃傳》："中大通四年，詔爲使持節、都督瑕丘諸軍事、安北將軍、兗州刺史，隨太尉元法僧北討。……行次官竹，元樹又於譙城喪師。軍罷，入爲侍中。"

［譙州］

羊鴉仁　都督譙州諸軍事、信威將軍、譙州刺史。

《梁書》卷三九《羊鴉仁傳》："中大通四年，爲持節、都督譙州諸軍事、信威將軍、譙州刺史。"按：是年正月得魏南兗州，改爲譙州，七月復没，見下譙州條，羊鴉仁所任當爲新昌之譙州。

［北徐州］

韋放　卒。

元景隆　征北將軍、刺史。不行。

《梁書》卷二八《韋放傳》："在鎮三年，卒。"卷三《武帝紀下》："二月……以安右將軍元景隆爲征北將軍、徐州刺史。"卷三九《元景隆傳》："四年，爲征北將軍、徐州刺史，封彭城王，不行，俄除侍中、度支尚書。"

［南豫州］

蕭正立

夏侯夔　督南豫州諸軍事、雲麾將軍、南豫州刺史。

《梁書》卷二八《夏侯夔傳》："時魏南兗州刺史劉明以譙城入附，詔遣鎮北將軍元樹帥軍應接，起夔爲雲麾將軍，隨機北討，尋授使持節、督南豫州諸軍事、南豫州刺史。"校勘記："'劉明'，本書卷三《武帝紀》下、《魏書》卷一一《廢出三帝後廢帝安定王紀》作'劉世明'。此避唐諱省'世'字。"卷三九《元樹傳》："四年，爲使持節、鎮北將軍，都督北討諸軍事……以伐魏，攻魏譙城，拔之。"

［青州］［冀州］

羊侃　遷兗州。

[譙州]

劉世明　刺史。

朱文開　刺史。

《梁書》卷三《武帝紀下》:"正月……魏南兗州刺史劉世明以城降,改魏南兗州爲譙州,以世明爲刺史。"《魏書》卷一一《三帝紀》:"(太昌元年)七月……東南道大行臺樊子鵠大破蕭衍軍於譙城,擒其鄴王元樹及譙州刺史朱文開。"

[荆州]

湘東王繹　進號平西將軍。

《梁書》卷三《武帝紀下》:"九月……西中郎將、荆州刺史湘東王繹爲平西將軍。"

[湘州]

桂陽王象

[雍州]

廬陵王續　進號安北將軍。

《梁書》卷三《武帝紀下》:"九月……平北將軍、雍州刺史廬陵王續爲安北將軍。"

[郢州]

元法僧　驃騎大將軍、刺史。

《梁書》卷三《武帝紀下》:"十二月庚辰,以太尉元法僧爲驃騎大將軍、開府同三司之儀、郢州刺史。"

[南司州]

任思祖　刺史。

《北齊書》卷二二《李愍傳》:"太昌初,除太府卿。後出爲南荆州刺史、當州大都督。……梁遣其南司州刺史任思祖、隨郡太守桓和等率馬步三萬,兼發邊蠻,圍逼下溠戍。愍躬自討擊,破之。"

[司州]

陳慶之

薛法護　平北將軍、司州牧。

　　《梁書》卷三《武帝紀下》:"正月……太子右衛率薛法護
　　爲平北將軍、司州牧,衛送元悦入洛。"按:薛法護當遥領北魏
　　洛陽之司州,附於此。

[梁州][南秦州]

淳于文成

[益州]

鄱陽王範

[廣州]

元景仲

[衡州]

元慶和

中大通五年癸丑(533)

[揚州]

武陵王紀

[南徐州]

豫章王歡

[江州]

蕭昂

[南兗州]

蕭淵藻

[譙州]

羊鴉仁

[北徐州]

裴之禮　都督北徐仁睢三州諸軍事、信武將軍、北徐州刺史。

　　《梁書》卷二八《裴之禮傳》：“遷中軍宣城王司馬。尋爲都督北徐仁睢三州諸軍事、信武將軍、北徐州刺史。徵太子左衛率。”卷三《武帝紀下》：“（中大通五年）以宣城王大器爲中軍將軍。”卷四二《臧盾傳》：“中大通五年二月，高祖幸同泰寺開講，設四部大會，衆數萬人。南越所獻馴象，忽於衆中狂逸，乘輿羽衛及會皆駭散，惟盾與散騎郎裴之禮巋然自若，高祖甚嘉焉。大同二年，遷中領軍。”《南史》卷五八《裴之禮傳》：“武帝設無遮會，儳象驚，排突陛衛，王公皆散，唯之禮與散騎常侍臧盾不動。帝壯之，以之禮爲壯勇將軍、北徐州刺史，盾兼中領軍將軍。”按：裴之禮爲北徐州刺史當在中大通五年或此後不久，吳表列於大同七年至八年，當誤。裴之禮之軍號，《南史》作壯勇，此從《梁書》。

[南豫州]

夏侯夔

[荆州]

湘東王繹

[湘州]

桂陽王象

[雍州]

盧陵王續

[東荆州]

雷能勝　刺史。

　　《魏書》卷一一《三帝紀》：“（永熙）二年春正月……蕭衍勞州刺史曹鳳、東荆州刺史雷能勝等舉城内屬。”按：梁之勞州、東荆州乏考。

［勞州］

　　曹鳳　　刺史。

　　　　　　按：曹鳳見是年東荆州條。

［郢州］

　　元法僧

［司州］

　　陳慶之

［梁州］［南秦州］

　　淳于文成

［益州］

　　鄱陽王範

［廣州］

　　元景仲

［衡州］

　　元慶和

中大通六年甲寅（534）

［揚州］

　　武陵王紀

［南徐州］

　　豫章王歡

［江州］

　　蕭昂

［南兗州］

　　蕭淵藻

《梁書》卷三《武帝紀下》：“（大同元年）十月辛卯，以前南兖州刺史蕭深藻爲護軍將軍。”

［譙州］

羊鴉仁

［南豫州］

夏侯夔　遷豫州。

［豫州］

毛香　刺史。

夏侯夔　督豫淮陳潁建霍義七州諸軍事、豫州刺史。

《魏書》卷一一一《三帝紀》：“（永熙三年）二月……蕭衍假節、豫州刺史、南昌王毛香舉城内附。”《梁書》卷二八《夏侯夔傳》：“（中大通）六年，轉使持節、督豫淮陳潁建霍義七州諸軍事、豫州刺史。”

［荆州］

湘東王繹

［湘州］

桂陽王象

《梁書》卷二三《桂陽王象傳》：“除中書侍郎，俄以本官行石頭戌軍事。”

［雍州］

廬陵王續

［郢州］

元法僧

［司州］

陳慶之

［梁州］［南秦州］

蘭欽　督南梁南北秦沙四州諸軍事、光烈將軍、平西校尉、梁南秦二州刺史。

　　《梁書》卷三二《蘭欽傳》："會衡州刺史元慶和爲桂陽人
嚴容所圍,遣使告急,欽往應援,破容羅溪,於是長樂諸洞一時
平蕩。又密敕欽向魏興,經南鄭,屬魏將托跋勝寇襄陽,仍敕
赴援。除持節、督南梁南北秦沙四州諸軍事、光烈將軍、平西
校尉、梁南秦二州刺史。"《隋書》卷二一《天文志下》："(中大
通六年)十二月,北梁州刺史蘭欽舉兵反。"按:《梁書》未載蘭
欽叛梁,存疑。

[益州]

　　鄱陽王範

[廣州]

　　元景仲

[衡州]

　　元慶和

　　　　《梁書》卷三《武帝紀下》："十月丁卯,以信武將軍元慶和
爲鎮北將軍,率衆北伐。"

大同元年乙卯(535)

[揚州]

　　武陵王紀

[南徐州]

　　豫章王歡

[江州]

　　蕭昂　卒。

　　桂陽王象　督江州諸軍事、信武將軍、江州刺史。疾免。

　　廬陵王續　都督江州諸軍事、安南將軍、江州刺史。

《梁書》卷二四《蕭昂傳》:"大同元年,卒。"卷二三《桂陽王象傳》:"遷侍中、太子詹事,未拜,改授持節、督江州諸軍事、信武將軍、江州刺史。以疾免。尋除太常卿,加侍中,遷祕書監、領步兵校尉。大同二年,薨。"卷三《武帝紀下》:"四月……以安北將軍廬陵王續爲安南將軍、江州刺史。"卷二九《廬陵王續傳》:"大同元年,爲使持節、都督江州諸軍事、安南將軍、江州刺史。"按:據《象傳》,象先後爲湘州、江州刺史,年皆不詳。吳表斷象爲湘州刺史在中大通二年至三年,爲江州刺史反在大通二年至中大通元年,倒錯。象卒於大同二年,爲江州刺史當在此前不久,斷於此。

[南兗州]

臨賀王正德　刺史。

《南史》卷五一《臨賀王正德傳》:"中大通四年,特封臨賀郡王。後爲丹陽尹,坐所部多劫盜,復爲有司所奏,去職。出爲南兗州。"

[譙州]

羊鴉仁

[北徐州]

劉濟　刺史。

《梁書》卷三《武帝紀下》:"四月……以魏鎮東將軍劉濟爲徐州刺史。"

[豫州]

夏侯夔

[仁州]

黃道始　刺史。

《魏書》卷九八《島夷蕭衍傳》:"(天平二年)五月,衍仁州刺史黃道始寇北濟陰,徐州刺史任祥討破之。"《北齊書》卷一九《任延敬傳》：“天平初……除徐州刺史。時梁遣元慶和及其諸將寇邊,延敬破梁仁州刺史黃道始於北濟陰。”

[荆州]

湘東王繹　進號安西將軍。

《梁書》卷三《武帝紀下》：“十二月……平西將軍、荆州刺史湘東王繹進號安西將軍。”

[湘州]

蕭恭　雲麾將軍、刺史。尋遷雍州。

南康王會理　輕車將軍、刺史。

《梁書》卷二九《南康王會理傳》：“年十五,拜輕車將軍、湘州刺史。”《南史》卷五三《南康王會理傳》：“十五爲湘州刺史,多信左右。行事劉納每禁之,會理心不平,證以贓貨,收送建鄴。納歎曰：‘我一見天子,使汝等知。’會理厚送資糧,數遣慰喻。令心腹於青草湖爲盜,殺納百口俱盡。”按：蕭恭見是年雍州條。

[雍州]

廬陵王續　遷江州。

蕭恭　仁威將軍、寧蠻校尉、雍州刺史。

《梁書》卷二二《蕭恭傳》：“行徐南徐州事,轉衡州刺史,母憂去職。尋起爲雲麾將軍、湘州刺史。……尋以雍州蠻文道拘引魏寇,詔恭赴援,仍除持節、仁威將軍、寧蠻校尉、雍州刺史,便道之鎮。”《魏書》卷九八《島夷蕭衍傳》：“(天平二年)十一月,衍雍州刺史蕭恭遣將柳仲禮寇荆州,刺史王元軌破之於牛飲。”

[郢州]

元法僧

當陽公大心　都督郢南北司定新五州諸軍事、輕車將軍、郢州刺史。

　　《梁書》卷三九《元法僧傳》：“大同二年，徵爲侍中、太尉，領軍師將軍。薨。”卷四四《潯陽王大心傳》：“中大通四年，以皇孫封當陽公，邑一千五百户。大同元年，出爲使持節、都督郢南北司定新五州諸軍事、輕車將軍、郢州刺史。時年十三，太宗以其幼，恐未達民情，戒之曰：‘事無大小，悉委行事，纖毫不須措懷。’大心雖不親州務，發言每合於理，衆皆驚服。”

［司州］

陳慶之

　　《魏書》卷九八《島夷蕭衍傳》：“（天平二年）二月，衍司州刺史陳慶之、郢州刺史田朴特等寇邊，豫州刺史堯雄擊走之。”

　　按：元法僧、當陽公大心時相繼爲郢州刺史，又田朴特不見於《梁書》《南史》，其官職存疑。

［梁州］［南秦州］

蘭欽　　克漢中。遷衡州。

杜懷寶　　驍猛將軍、梁秦二州刺史。

　　《梁書》卷三《武帝紀下》：“十一月……北梁州刺史蘭欽攻漢中，剋之，魏梁州刺史元羅降。癸亥，賜梁州歸附者復除有差。甲子，雄勇將軍、北益州刺史陰平王楊法深進號平北將軍。……十二月……以平西將軍、秦南秦二州刺史武興王楊紹先進號車騎將軍，平北將軍、北益州刺史陰平王楊法深進號驃騎將軍。”卷三二《蘭欽傳》：“破通生，擒行臺元子禮、大將薛儁、張菩薩，魏梁州刺史元羅遂降，梁、漢底定。進號智武將軍。……俄改授持節、都督衡桂二州諸軍事、衡州刺史，未及赴職，魏遣都督董紹、張獻攻圍南鄭，梁州刺史杜懷珤請救。欽率所領援之，大破紹、獻於高橋城。……詔加散騎常侍，進號仁威將軍，增封五百户，仍令述職。……至衡州，進號平南將軍。"卷四六《杜崱傳》："父懷寶……高祖義師東下，隨南平王偉留鎮襄陽。天監中，稍立功績，官至驍猛將軍、梁州刺史。大同初，魏梁州刺史元羅舉州内附，懷寶復進督華州。值秦州所部武興氏王楊紹反，懷寶擊破之。"《南史》卷六四《杜崱傳》："父懷寶少有志節，梁天監中累有軍功，後又立功南鄭，位梁、秦二州刺史。"《周書》卷三三《趙剛傳》："初，賀拔勝、獨孤信以孝武西遷之後，並流寓江左。至是剛言於魏文帝，請追而復之。乃以剛爲兼給事黄門侍郎，使梁魏興，齎移書與其梁州刺史杜懷寶等論鄰好，并致請勝等移書。……尋而梁人禮送賀拔勝、獨孤信等。"按：《通鑑》卷一五七大同元年十一月《考異》引《典略》云元羅降在七月。《南史》云杜懷寶爲梁秦二州刺史，《梁書》《周書》則云爲梁州刺史，蓋梁秦二州刺史常省稱梁州刺史。

[黎州]

　　楊乾運　　信武將軍、刺史。

　　　　　按：楊乾運見是年西益、潼二州條。

[北益州]

　　楊法深　　雄勇將軍、刺史。進號平北將軍，又進號驃騎將軍。

　　　　　按：楊法深見是年梁、南秦二州條。

[南梁州]

　　樊文熾　　刺史。

　　　　　《通鑑》卷一五七大同元年七月："益州刺史鄱陽王範、南梁州刺史樊文熾合兵圍晉壽，魏東益州刺史傅敬和來降。"按："東益州"之"東"字當衍，説見《北魏方鎮年表》永熙三年益州條。

[益州]

　　鄱陽王範

《南史》卷五二《鄱陽王範傳》：“大同元年，以開通劍道，剋復華陽增封。”

[西益州] [潼州]

楊乾運　飆武將軍、西益潼州刺史。尋遷黎州。

《周書》卷四四《楊乾運傳》：“梁大同元年，除飆武將軍、西益潼刺史，尋轉信武將軍、黎州刺史。”校勘記：“按《隋書》卷二六《百官志》上，梁將軍號無‘飄武’，第十二班有‘飆武’，這裏‘飄’應是‘飆’之訛。”

[廣州]

元景仲

[衡州]

蕭恭　刺史。母憂去職。

蘭欽　都督衡桂二州諸軍事、智武將軍、衡州刺史。進號仁威將軍，又進號平南將軍。

按：蕭恭見是年雍州條。蘭欽見是年梁州條。

[羅州]

馮融　刺史。

《隋書》卷八〇《譙國夫人傳》：“譙國夫人者，高涼洗氏之女也。……夫人兄南梁州刺史挺，恃其富強，侵掠傍郡，嶺表苦之。夫人多所規諫，由是怨隙止息，海南、儋耳歸附者千餘洞。梁大同初，羅州刺史馮融聞夫人有志行，爲其子高涼太守寶娉以爲妻。融本北燕苗裔。初，馮弘之投高麗也，遣融大父業以三百人浮海歸宋，因留于新會。自業及融，三世爲守牧，他鄉羈旅，號令不行。至是，夫人誡約本宗，使從民禮。每共寶參決辭訟，首領有犯法者，雖是親族，無所舍縱。自此政令有序，人莫敢違。”按：傳云洗挺爲南梁州刺史，據《梁書》卷二《武帝紀中》，天監八年已於北巴西郡置南梁州，不應嶺南復有一南梁州,存疑,本表不列。

大同二年丙辰（536）

［揚州］

　　武陵王紀

［南徐州］

　　豫章王歡

［江州］

　　廬陵王續

［南兗州］

　　臨賀王正德

［譙州］

　　羊鴉仁

［豫州］

　　夏侯夔

［光州］

　　郝樹　　刺史。

　　　　　　《魏書》卷一二《孝靜紀》：“（天平三年）二月丁未,蕭衍光
　　　　州刺史郝樹以州内附。”

［青州］［冀州］

　　元羅　　征北大將軍、青冀二州刺史。

　　　　　　《梁書》卷三《武帝紀下》：“五月……以魏前梁州刺史元
　　　　羅爲征北大將軍、青冀二州刺史。”按：吳表誤列於大同元年。

［楚州］

　　桓和　　刺史。被俘。

　　　　　　《魏書》卷九八《島夷蕭衍傳》：“（天平三年）十月,行臺侯

景攻陷衍楚城,獲其楚州刺史桓和兄弟。"按:桓和參見是年
司州條。

[夏州]

田獨鞞　刺史。附東魏。

《魏書》卷一二《孝静紀》:"(天平三年)七月……蕭
衍夏州刺史田獨鞞、潁川防城都督劉鸞慶並以州内附。"

[荆州]

湘東王繹

[雍州]

蕭恭

[郢州]

當陽公大心

[司州]

陳慶之　進號仁威將軍。

《梁書》卷三二《陳慶之傳》:"大同二年,魏遣將侯景率衆
七萬寇楚州,刺史桓和陷没,景仍進軍淮上,貽慶之書使降。
敕遣湘潭侯退、右衛夏侯夔等赴援,軍至黎漿,慶之已擊破景。
時大寒雪,景棄輜重走,慶之收之以歸。進號仁威將軍。"

[梁州][南秦州]

杜懷寶

[黎州]

楊乾運

[北益州]

楊法深

[益州]

鄱陽王範

[廣州]

元景仲

　　《梁書》卷三九《元法僧傳》：“大同中，徵(景仲)侍中、左
衛將軍。”

[衡州]

蘭欽

大同三年丁巳(537)

[揚州]

武陵王紀　遷益州。

　　《梁書》卷三《武帝紀下》：“五月景申，以前揚州刺史武陵
王紀復爲揚州刺史。……閏(九)月……揚州刺史武陵王紀爲
安西將軍、益州刺史。”

[東揚州]

蕭祇　刺史。

　　《北齊書》卷三三《蕭祇傳》：“梁武弟南平王偉之子
也。……在梁，封定襄侯，位東揚州刺史。于時江左承平，政
寬人慢，祇獨蒞以嚴切，梁武悅之。”按：年不詳，列於此。

[南徐州]

豫章王歡

河東王譽　刺史。

　　《梁書》卷三《武帝紀下》：“四月丁卯，以南琅邪彭城二郡
太守河東王譽爲南徐州刺史。”按：譽何年去職不詳。

[江州]

廬陵王續

邵陵王綸　刺史。

　　《梁書》卷二九《廬陵王續傳》：“三年，徵爲護軍將軍、領

石頭戍軍事。"卷三《武帝紀下》:"正月……以中書令邵陵王
綸爲江州刺史。"

[南兗州]

臨賀王正德

《南史》卷五一《臨賀王正德傳》:"在任苛刻,人不堪命。
廣陵沃壤,遂爲之荒,至人相食噉。既累試無能,從是黜廢。"
《梁書》卷三《武帝紀下》:"九月,南兗州大飢。"

[譙州]

羊鴉仁

蕭泰 仁威將軍、刺史。

《南史》卷五二《蕭泰傳》:"泰字世怡,封豐城侯。歷位
中書舍人,傾竭財産,以事時要,超爲譙州刺史。"《周書》卷
四二《蕭世怡傳》:"梁武帝弟鄱陽王恢之子也。以名犯太祖
諱,故稱字焉。……出爲持節、仁威將軍、譙州刺史。"《蕭泰
墓誌》(《庾子山集》卷一五):"大同元年,入直殿省。其年,
轉太子中書舍人。……大同三年,授持節、仁威將軍、譙州
刺史。"按:本書所引《庾子山集》之碑、誌,爲統一體例,題
名皆用簡稱。

[北徐州]

蕭暎 刺史。

《南史》卷五二《蕭暎傳》:"中大通三年,野穀生武康……
暎制嘉穀頌以聞,中詔稱美。後爲北徐州刺史。"按:《陳書》
"暎"作"映"。年不詳,吳表列於大同二年至三年,從之。

[豫州]

夏侯夔

[青州][冀州]

徐子彦 青冀二州刺史。

  《魏書》卷九八《島夷蕭衍傳》:"(天平)四年九月,衍青冀二州刺史徐子彥寇圍城,南青州刺史陸景元擊走之。"按:東魏天平四年即梁大同三年,而吳表列徐子彥於中大通五年至六年,當誤。

[荆州]

湘東王繹　進號鎮西將軍。

  《梁書》卷三《武帝紀下》:"閏(九)月甲子,安西將軍、荆州刺史湘東王繹進號鎮西將軍。"

[雍州]

蕭恭

[郢州]

當陽公大心

[司州]

陳慶之

[梁州][南秦州]

杜懷寶

[黎州]

楊乾運

[北益州]

楊法深

[益州]

鄱陽王範

武陵王紀　都督益梁等十三州諸軍事、安西將軍、益州刺史。

  《梁書》卷二二《鄱陽王範傳》:"徵爲領軍將軍、侍中。"卷五五《武陵王紀傳》:"尋改授持節、都督益梁等十三州諸軍事、安西將軍、益州刺史。"按:據《武帝紀》,大同五年範由中書令遷中領軍,則此前範當由益州刺史徵爲中書令,非領軍。

紀參見是年揚州條。

［東益州］

樊文熾 信武將軍、刺史。

《陳書》卷三一《樊毅傳》："父文熾，梁散騎常侍、信武將軍、益州刺史。"《南史》卷六七《樊毅傳》："父文熾，梁散騎常侍、東益州刺史。"卷七四《趙拔扈傳》："（樊）文茂，黎州刺史文熾弟，襄陽人也。"按：梁益州刺史多任宗室，樊文識當爲東益州或黎州刺史，此從《南史·樊毅傳》。樊文熾大同初爲南梁州刺史，何年爲東益州或黎州刺史不詳，列於此。

［廣州］

蕭勱 刺史。

《南史》卷五一《蕭勱傳》："徙廣州刺史……有詔以本號還朝，而西江俚帥陳文徹出寇高要，又詔勱重申蕃任。未幾，文徹降附。勱以南江危險，宜立重鎮，乃表臺於高涼郡立州。敕仍以爲高州，以西江督護孫固爲刺史。徵爲太子左衛率。"校勘記："《陳書·杜僧明傳》有高州刺史孫同，或即一人。"《蕭勱墓誌》（《墓誌集成》一四三五）："徵爲太子左衛率。遘疾，薨于道。"陳禹謨本《北堂書鈔》卷一四四《酒食部·羹篇》"蕭勵更衣"條引《梁書》："蕭勵爲廣州刺史，徵爲太子左衛率。"按：蕭勵當即蕭勱。《梁書》卷二四《蕭景傳》唯云"子勱嗣"，無勱傳，陳禹謨本當補自《南史》，非《梁書》。孔廣陶本無此條。

［衡州］

蘭欽

［高州］

孫固 刺史。

按：孫囧見是年廣州條。

大同四年戊午（538）

　[揚州]

　　宣城王大器　都督揚徐二州諸軍事、中軍大將軍、揚州刺史。

　　　　《梁書》卷三《武帝紀下》：“正月庚辰，以中軍將軍宣城王
　　　大器爲中軍大將軍、揚州刺史。”卷八《哀太子大器傳》：“大同
　　　四年，授使持節、都督揚徐二州諸軍事、中軍大將軍、揚州刺
　　　史，侍中如故。”

　[東揚州]

　　岳陽王詧　刺史。

　　　　《梁書》卷三《武帝紀下》：“七月己未，以南琅邪彭城二郡
　　　太守岳陽王詧爲東揚州刺史。”《周書》卷四八《蕭詧傳》：“歷
　　　官宣惠將軍，知石頭戍事，琅邪、彭城二郡太守，東揚州刺史。
　　　初，昭明卒，梁武帝舍詧兄弟而立簡文，內常愧之，寵亞諸子，
　　　以會稽人物殷阜，一都之會，故有此授，以慰其心。”《後梁春
　　　秋》上《中宗宣皇帝》：“以王爲東揚州刺史，領會稽太守。”按：
　　　《後梁春秋》云詧“領會稽太守”，不知所據。

　[江州]

　　邵陵王綸

　[譙州]

　　蕭泰

　[豫州]

　　夏侯夔　卒。

　　　　《梁書》卷二八《夏侯夔傳》：“夔兄宣先經此任，至是夔
　　　又居焉。兄弟並有恩惠於鄉里……在州七年，甚有聲績，遠

近多附之。有部曲萬人,馬二千匹,並服習精强,爲當時之
盛。……大同四年,卒於州。"《通典》卷三二《職官十四·州
郡上·州牧刺史》注:"夏侯夔字世龍,弟夔字季龍,並任荆
河州刺史。"按:《通典》之荆河州即豫州,避唐代宗李豫
諱改。

[荆州]

　湘東王繹

[雍州]

　蕭恭

[郢州]

　當陽公大心

[司州]

　陳慶之

[梁州][南秦州]

　杜懷寶

[黎州]

　楊乾運

[北益州]

　楊法深

[益州]

　武陵王紀

[廣州]

　蕭勘

[衡州]

　蘭欽

[高州]

　孫冏

大同五年己未（539）

[揚州]

　　宣城王大器

[東揚州]

　　岳陽王詧

[江州]

　　邵陵王綸

[譙州]

　　蕭泰

[荊州]

　　湘東王繹　　遷護軍。

　　盧陵王續　　驃騎將軍、都督荊郢司雍南北秦梁巴華九州諸軍事、荊州刺史。

　　　　《梁書》卷三《武帝紀下》：“七月己卯，以驃騎將軍、開府儀同三司盧陵王續爲荊州刺史，湘東王繹爲護軍將軍、安右將軍。”卷二九《盧陵王續傳》：“五年，爲驃騎將軍、開府儀同三司。又出爲使持節、都督荊郢司雍南北秦梁巴華九州諸軍事、荊州刺史。”《廿二史考異》卷二六《梁書·盧陵王續傳》：“據《杜崱傳》，父懷寶，官至梁州刺史，大同初，魏梁州刺史元羅舉州內附，懷寶復進督華州，則華州蓋置於大同初矣。華州之名，《隋志》亦無之。”

[雍州]

　　蕭恭

[郢州]

　　當陽公大心

[司州]

　　陳慶之　卒。

　　　　《梁書》卷三二《陳慶之傳》："五年十月,卒。"

[梁州][南秦州]

　　杜懷寶　卒。

　　　　《梁書》卷四六《杜崱傳》："五年,(懷寶)卒於鎮。"

[黎州]

　　楊乾運

[北益州]

　　楊法深

[益州]

　　武陵王紀

[廣州]

　　蕭勱

　　蕭暎　刺史。

　　　　《南史》卷五二《蕭暎傳》："歷給事黄門侍郎、衛尉卿、廣州
　　　　刺史。"《陳書》卷一《高祖紀上》："及(蕭)暎爲廣州刺史,高祖
　　　　爲中直兵參軍,隨府之鎮。……尋監西江督護、高要郡守。"

[衡州]

　　蘭欽

[高州]

　　孫冏

大同六年庚申(540)

[揚州]

　　宣城王大器

[東揚州]

岳陽王詧

［江州］

　　邵陵王綸　遷郢州。

　　豫章王歡　雲麾將軍、刺史。卒。

　　湘東王繹　都督江州諸軍事、鎮南將軍、江州刺史。

　　　　　《梁書》卷三《武帝紀下》：“二月……雲麾將軍豫章王懽
　　　爲江州刺史。……十二月壬子，江州刺史豫章王懽薨。以護
　　　軍將軍湘東王繹爲鎮南將軍、江州刺史。”卷五《元帝紀》：“六
　　　年，出爲使持節、都督江州諸軍事、鎮南將軍、江州刺史。”

［譙州］

　　蕭泰

［荊州］

　　盧陵王續

［雍州］

　　蕭恭

［郢州］

　　當陽公大心

　　邵陵王綸　都督郢定霍司四州諸軍事、平西將軍、郢州刺史。

　　　　　《梁書》卷三《武帝紀下》：“二月……以江州刺史邵陵王
　　　綸爲平西將軍、郢州刺史。”卷四四《潯陽王大心傳》：“七年，
　　　徵爲侍中、兼石頭戍軍事。”卷二九《邵陵王綸傳》：“七年，出
　　　爲使持節、都督郢定霍司四州諸軍事、平西將軍、郢州刺史。”
　　　《陳書》卷一七《王沖傳》：“出爲明威將軍、輕車當陽公府長
　　　史、江夏太守，行郢州事。遷平西邵陵王長史。”按：紀、傳年
　　　不同，此從紀。

［黎州］

　　楊乾運

[北益州]

　楊法深

[益州]

　武陵王紀

[廣州]

　蕭映

[衡州]

　蘭欽

[高州]

　孫冏

大同七年辛酉（541）

[揚州]

　宣城王大器

[東揚州]

　岳陽王詧

[江州]

　湘東王繹

[北兗州]

　蕭楷

　　　　《梁書》卷四七《謝藺傳》：“累遷外兵、記室參軍。時甘露
　　　降士林館，藺獻頌，高祖嘉之，因有詔使製《北兗州刺史蕭楷德
　　　政碑》，又奉令製《宣城王奉述中庸頌》。太清元年，遷散騎侍
　　　郎。”卷三《武帝紀下》：“（大同七年）於宮城西立士林館，延集
　　　學者。”按：蕭楷爲北兗州刺史當在大同七年前後，列於此。
　　　吳表列於大同三年。

［譙州］

　萧泰

［荊州］

　盧陵王續

［雍州］

　萧恭　免。

　鄱陽王範　都督雍梁東益南北秦五州諸軍事、鎮北將軍、雍州
　刺史。

　　　《梁書》卷二二《萧恭傳》："先高祖以雍爲邊鎮，運數州之
　　　粟，以實儲倉，恭後多取官米，贍給私宅，爲荆州刺史盧陵王所
　　　啓，由是免官削爵，數年竟不敍用。"卷三《武帝紀下》："二
　　　月……以中領軍鄱陽王範爲鎮北將軍、雍州刺史。"卷二二《鄱
　　　陽王範傳》："復出爲使持節、都督雍梁東益南北秦五州諸軍
　　　事、鎮北將軍、雍州刺史。"

［郢州］

　邵陵王綸

［司州］

　羊鴉仁　都督南北司豫楚四州諸軍事、輕車將軍、北司州刺史。

　　　《梁書》卷三九《羊鴉仁傳》："大同七年，除太子左衛率，出
　　　爲持節、都督南北司豫楚四州諸軍事、輕車將軍、北司州刺史。"

［黎州］

　楊乾運

［北益州］

　楊法深

［益州］

　武陵王紀

［廣州］

蕭映

[衡州]

蘭欽

[新州]

盧子雄　刺史。被殺。

　　　按：盧子雄見是年交州條。

[高州]

孫冏　被殺。

　　　按：孫冏見是年交州條。

[交州]

蕭諮　刺史。

　　　《梁書》卷三《武帝紀下》："是歲，交州土民李賁攻刺史蕭
諮，諮輸賂，得還越州。"《陳書》卷一《高祖紀上》："武林侯蕭
諮爲交州刺史，以苛刻失衆心，土人李賁連結數州豪傑同時
反，臺遣高州刺史孫冏、新州刺史盧子雄將兵擊之，冏等不時
進，皆於廣州伏誅。"卷八《杜僧明傳》："及交州土豪李賁反，
逐刺史蕭諮，諮奔廣州，臺遣（盧）子雄與高州刺史孫冏討賁。
時春草已生，瘴癘方起，子雄請待秋討之，廣州刺史新渝侯蕭
暎不聽，蕭諮又促之，子雄等不得已，遂行。至合浦，死者十六
七，衆並憚役潰散，禁之不可，乃引其餘兵退還。蕭諮啓子雄
及冏與賊交通，逗留不進，梁武帝勅於廣州賜死。"《隋書》卷
二一《天文志下》："（大同）七年，交州刺史李賁舉兵反。"按：
據《梁書》《陳書》，李賁非刺史，《隋書》當誤。

大同八年壬戌（542）

[揚州]

　　宣城王大器

[東揚州]

　　岳陽王督

[江州]

　　湘東王繹

[譙州]

　　蕭泰

[北徐州]

　　荀伯道　　刺史。

　　　　　按：荀伯道見太清三年豫州條，何年爲刺史不詳，蓋在蕭
　　循、蕭正表前，列於此。

[荆州]

　　廬陵王續

[雍州]

　　鄱陽王範

[郢州]

　　邵陵王綸

[司州]

　　羊鴉仁

[黎州]

　　楊乾運

[北益州]

　　楊法深

[益州]

　　武陵王紀

[廣州]

　　蕭映

［衡州］

　蘭欽

［羅州］

　甯巨　刺史。

　　　按：甯巨見是年越州條。

［越州］

　陳侯　刺史。

　　　《梁書》卷三《武帝紀下》：“三月……遣越州刺史陳侯、羅州
　　刺史甯巨、安州刺史李智、愛州刺史阮漢,同征李賁於交州。”

［安州］

　李智　刺史。

　　　按：李智見是年越州條。

［愛州］

　阮漢　刺史。

　　　按：阮漢見是年越州條。

大同九年癸亥(543)

［揚州］

　宣城王大器

［東揚州］

　岳陽王詧

［南徐州］

　臨川王正義　仁威將軍、刺史。

　　　按：正義見次年南徐州條,始任年不詳,斷於此。

［江州］

　湘東王繹

[南兗州]

南康王會理　都督南北兗北徐青冀東徐譙七州諸軍事、平北將軍、南兗州刺史。

　　　　《梁書》卷二九《南康王會理傳》：“出爲使持節、都督南北兗北徐青冀東徐譙七州諸軍事、平北將軍、南兗州刺史。”按：始任年不詳，斷於此。

[譙州]

蕭泰

[荆州]

廬陵王續

[湘州]

張纘　宣惠將軍、都督湘桂東寧三州諸軍事、湘州刺史。

　　　　《梁書》卷三四《張纘傳》：“九年，遷宣惠將軍、丹陽尹，未拜，改爲使持節、都督湘桂東寧三州諸軍事、湘州刺史。”《廿二史考異》卷二六《梁書·張纘傳》：“東寧州之名，《本紀》亦失書。《隋志》，始安郡義熙縣，舊曰齊熙，置齊熙、黃水二郡及東寧州。”

[雍州]

鄱陽王範

[郢州]

邵陵王綸

[司州]

羊鴉仁

[黎州]

楊乾運

[北益州]

楊法深

［益州］

武陵王紀　進號征西將軍。

《梁書》卷三《武帝紀下》："十一月辛丑,安西將軍、益州刺史武陵王紀進號征西將軍、開府儀同三司。"

［廣州］

蕭映　卒。

蘭欽　安南將軍、刺史。中毒卒。

《南史》卷五二《蕭暎傳》："卒官。"《陳書》卷一《高祖紀上》:"(盧)子雄弟子略與囘子姪及其主帥杜天合、杜僧明共舉兵,執南江督護沈顗,進寇廣州,晝夜苦攻,州中震恐。高祖率精兵三千,卷甲兼行以救之,頻戰屢捷,天合中流矢死,賊衆大潰,僧明遂降。……其年冬,蕭映卒。"卷八《杜僧明傳》:"(盧)子雄弟子略、子烈並雄豪任俠,家屬在南江。……與周文育等率衆結盟,奉子雄弟子略爲主,以攻刺史蕭映。……高祖時在高要,聞事起,率衆來討,大破之,殺天合,生擒僧明及文育等。"同卷《周文育傳》:"文育與杜僧明攻廣州,爲高祖所敗,高祖赦之。……後監州王勱以文育爲長流令,深被委任。"《梁書》卷三二《蘭欽傳》:"徵爲散騎常侍、左衛將軍,尋改授散騎常侍、安南將軍、廣州刺史。既至任所,前刺史南安侯密遣廚人置藥於食,欽中毒而卒。"《南史》卷六一《蘭欽傳》:"後爲廣州刺史。前刺史新渝侯映之薨,南安侯恬權行州事,冀得即真。及聞欽至嶺,厚貨廚人,塗刀以毒,削瓜進之,欽及愛妾俱死。帝聞大怒,檻車收恬,削爵土。"

［衡州］

蘭欽　遷廣州。

羊侃　壯武將軍、刺史。

《梁書》卷三九《羊侃傳》:"九年,出爲使持節、壯武將軍、衡州刺史。"

大同十年甲子（544）

［揚州］

宣城王大器

［東揚州］

岳陽王詧

［南徐州］

臨川王正義　進號安東將軍。

《梁書》卷三《武帝紀下》："三月……仁威將軍、南徐州刺史臨川王正義進號安東將軍。"

［江州］

湘東王繹

［南兗州］

南康王會理

［譙州］

蕭泰

［北徐州］

蕭循　輕車將軍、刺史。

《南史》卷五二《蕭脩傳》："時王子侯多爲近畿小郡，歷試有績，乃得出爲邊州。帝以脩識量宏達，自衛尉出鎮鍾離。"校勘記："'脩'《北史·周文帝紀》同。《梁書·元帝紀》、《敬帝紀》、《周書·文帝紀》、《劉璠傳》並作'循'。"《周書》卷四二《劉璠傳》："沛國沛人也。……會宜豐侯蕭循出爲北徐州刺史，即請爲其輕車府主簿，兼記室參軍，又領刑獄。"按：本表從《梁書》《周書》，作"循"。年不詳，在蕭正表前，列於此。

［荆州］

　廬陵王續

［湘州］

　張纘

［雍州］

　鄱陽王範

［郢州］

　邵陵王綸

［司州］

　羊鵶仁

［黎州］

　楊乾運

［北益州］

　楊法深

［益州］

　武陵王紀

［戎州］

　先鐵　刺史。

　　　《元和志》卷三一戎州:"梁武帝大同十年,使先鐵討定夷獠,乃立戎州,即以鐵爲刺史,後遂不改。……僰道縣……梁於此立戎州。"《隋書》卷二九《地理志上》犍爲郡:"梁置戎州。"

［廣州］

　河東王譽　冠軍將軍、刺史。

　　　《陳書》卷一七《王勱傳》:"河東王爲廣州刺史,乃以勱爲冠軍河東王長史、南海太守。"

［衡州］

　羊侃

［交州］

　　楊㬹　刺史。

　　　　《陳書》卷一《高祖紀上》：“高祖送喪還都，至大庾嶺，會有詔高祖爲交州司馬、領武平太守，與刺史楊㬹南討。”

大同十一年乙丑(545)

　　［揚州］

　　　宣城王大器

　　［東揚州］

　　　岳陽王詧

　　［南徐州］

　　　臨川王正義

　　［江州］

　　　湘東王繹

　　［南兗州］

　　　南康王會理

　　［譙州］

　　　蕭泰

　　［荊州］

　　　廬陵王續

　　［湘州］

　　　張纘

　　［雍州］

　　　鄱陽王範

　　［郢州］

　　　邵陵王綸

南平王恪　刺史。

　　《梁書》卷二九《邵陵王綸傳》:"遷爲安前將軍、丹陽尹。"
　《南史》卷五二《南平王偉傳》:"世子恪嗣。……太清中,爲郢
　州刺史。"按:綸何年遷丹陽尹不詳,恪當繼綸。

[司州]

羊鴉仁

[黎州]

楊乾運

[北益州]

楊法深

[益州]

武陵王紀　進號征西大將軍。

　　《梁書》卷五五《武陵王紀傳》:"大同十一年,授散騎常
　侍、征西大將軍、開府儀同三司。"

[青州]

扶猛　厲鋒將軍、刺史。

　　《周書》卷四四《扶猛傳》:"上甲黃土人也。其種落號白
　獸蠻,世爲渠帥。猛,梁大同中以直後出爲持節、厲鋒將軍、青
　州刺史。"按:鬱州之青州與冀州同治,二州一刺史。猛獨任
　刺史,所任當爲齊通之青州。年不詳,列於此。

[寧州]

徐文盛　督、刺史。

　　《梁書》卷四六《徐文盛傳》:"大同末,以爲持節、督寧州刺
　史。先是,州在僻遠,所管群蠻不識教義,貪欲財賄,劫篡相尋,前
　後刺史莫能制。文盛推心撫慰,示以威德,夷獠感之,風俗遂改。"

[廣州]

河東王譽

［衡州］

　羊侃

［南定州］

　蕭勃　刺史。

　　　　按：蕭勃見是年交州條。

［交州］

　楊𣈶

　　　　《陳書》卷一《高祖紀上》：“十一年六月，軍至交州，賁衆
　　　數萬於蘇歷江口立城柵以拒官軍。”《通鑑》卷一五九大同十
　　　一年六月《考異》：“《典略》作‘十二月癸丑至交州。’”《南史》
　　　卷九《陳武帝紀》：“帝益招勇敢，器械精利，𣈶委帝經略。時
　　　蕭勃爲定州刺史，於西江相會，勃知軍士憚遠役，因詭説留𣈶。
　　　𣈶集諸將問計，帝曰：‘交阯叛換，罪由宗室，節下奉辭伐罪，故
　　　當死生以之。’於是鼓行而進。”

中大同元年丙寅（546）

［揚州］

　宣城王大器

［東揚州］

　岳陽王詧　遷雍州。

　武昌王龢　刺史。卒。

　臨川王正義　安東將軍、刺史。

　　　　《梁書》卷三《武帝紀下》：“七月辛酉，以武昌王龢爲東揚
　　　州刺史。……八月丁丑，東揚州刺史武昌王龢薨。以安東將
　　　軍、南徐州刺史臨川王正義即本號東揚州刺史。”

［南徐州］

臨川王正義　遷東揚州。

邵陵王綸　鎮東將軍、刺史。

《梁書》卷三《武帝紀下》:"八月……丹陽尹邵陵王綸爲鎮東將軍、南徐州刺史。"

[江州]

湘東王繹

[南兗州]

南康王會理

[譙州]

蕭泰

[北徐州]

蕭正表　都督北徐西徐仁睢安五州諸軍事、輕車將軍、北徐州刺史,鎮鍾離。

《魏書》卷五九《蕭正表傳》:"歷東宮洗馬、淮南晉安二郡太守。轉輕車將軍、北徐州刺史,鎮鍾離。"《蕭正表墓誌》(《墓誌集成》七六九):"授使持節、都督北徐西徐仁睢安五州諸軍事、北徐州刺史。"按:始任年不詳,斷於此。

[豫州]

趙征興　雲勇將軍、都督霍合豫諸軍事、豫州刺史。

《趙征興墓誌》(《墓誌集成》九七七):"大梁興運,解巾入仕,調爲電威將軍、湘東王開府中兵參軍事……又出爲東海齊二郡太守……尋遷假節、雲旗將軍、新昭縣開國侯,食邑二千户,成州刺史。……還朝,俄授持節、超武將軍,食邑如故,霍州刺史……仍擢爲使持節、雲勇將軍、始新縣開國侯、都督霍合豫諸軍事、豫州刺史……以梁太清二年,逆寇侯景,侮亂國經……乃仰慕魏氏親鄰之德,以武定七年,翻歸樂土。"按:趙征興所歷成、霍、豫州,年皆不詳,列於此。東魏武定七年即梁太清三年。太清年間豫州刺史爲羊鴉仁，如誌所云屬實，趙征興任豫州刺史當在太清以前，非在豫州刺史任上降附東魏。

［荆州］

　　盧陵王續

［湘州］

　　張纘

［雍州］

　　鄱陽王範

　　岳陽王詧　　都督雍梁東益南北秦五州郢州之竟陵司州之隨郡諸軍事、西中郎將、領寧蠻校尉、雍州刺史。

　　　　《南史》卷五二《鄱陽王範傳》：“範作牧苠人，甚得時譽，撫循將士，盡獲歡心。於是養士馬，修城郭，聚軍糧於私邸。時盧陵王爲荆州，既是都督府，又素不相能，乃啓稱範謀亂。範亦馳啓自理，武帝恕焉。時論者猶謂範欲爲賊。又童謠云：‘莫忽忽，且寬公，誰當作天子，草覆車邊已。’時武帝年高，諸王莫肯相服。簡文雖居儲貳，亦不自安，而與司空邵陵王綸特相疑阻。”《梁書》卷三《武帝紀下》：“十月……以前東揚州刺史岳陽王詧爲雍州刺史。”《周書》卷四八《蕭詧傳》：“中大同元年，除持節、都督雍梁東益南北秦五州、郢州之竟陵、司州之隨郡諸軍事，西中郎將，領寧蠻校尉，雍州刺史。詧以襄陽形勝之地，又是梁武創基之所，時平足以樹根本，世亂可以圖霸功，遂克己勵節，樹恩於百姓，務修刑政，志存綏養。”

［郢州］

　　南平王恪

［司州］

　　羊鴉仁

［黎州］

楊乾運

[北益州]

　楊法深

[益州]

　武陵王紀

[寧州]

　徐文盛

[廣州]

　河東王譽　　還朝。

　王勱　　行廣州府事。

　　　《陳書》卷一七《王勱傳》:"王至嶺南,多所侵掠,因懼罪
　　稱疾,委州還朝,勱行廣州府事。"

[衡州]

　羊侃

[南定州]

　蕭勃

[交州]

　楊暕

　　　《梁書》卷三《武帝紀下》:"正月……交州刺史楊暕剋交
　　趾嘉寧城,李賁竄入獠洞,交州平。"

太清元年丁卯(547)　　二月,東魏侯景以河南十三州降
梁。八月,蕭淵明北伐,十一月,敗績。

[揚州]

　宣城王大器

[東揚州]

臨城公大連　輕車將軍、刺史。

　　　　《梁書》卷四四《南郡王大連傳》：“大同二年,封臨城縣
公。……太清元年,出爲使持節、輕車將軍、東揚州刺史。”

[南徐州]

邵陵王綸

[江州]

湘東王繹　遷荆州。

當陽公大心　雲麾將軍、刺史。

　　　　《梁書》卷四四《尋陽王大心傳》：“太清元年,出爲雲麾將
軍、江州刺史。”

[南兗州]

南康王會理

　　　　《梁書》卷二九《南康王會理傳》：“太清元年,督衆軍北
討,至彭城,爲魏師所敗,退歸本鎮。”

[北兗州]

胡貴孫　刺史。十一月,没東魏。

　　　　按:胡貴孫見是年南豫州條。

[譙州]

蕭泰

[北徐州]

蕭正表

[南豫州]

蕭淵明　八月,北伐。十一月,没東魏。

鄱陽王範　十二月,安北將軍、刺史。

　　　　《梁書》卷三《武帝紀下》：“八月乙丑,王師北伐,以南豫
州刺史蕭深明爲大都督。……十一月,魏遣大將軍慕容紹宗
等至寒山。景午,大戰,深明敗績,及北兗州刺史胡貴孫等並

陷魏。紹宗進圍潼州。十二月……以前征北將軍鄱陽王範爲
安北將軍、南豫州刺史。"卷二二《鄱陽王範傳》："太清元年,
大舉北伐,以範爲使持節、征北大將軍、總督漢北征討諸軍事,
進伐穰城。尋遷安北將軍、南豫州刺史。"《魏書》卷九八《島
夷蕭衍傳》："司徒侯景反,遣使通衍,請其拯援。……乃遣其
兄子豫州刺史、貞陽侯淵明,北兗州刺史胡貴孫等寇逼徐州,
與侯景爲聲援。"《北齊書》卷三三《蕭明傳》："太清中,以爲豫
州刺史。梁主既納侯景,詔明率水陸諸軍趨彭城,大圖進取。
又命兗州刺史南康嗣王會理總馭群帥,指授方略。"按:蕭明
即蕭淵明,避唐諱省。

[豫州]

　羊鴉仁　　刺史,司州兼。

　　　　按:羊鴉仁見是年司州條。

[潼州]

　郭鳳　　刺史。

　　　　《南史》卷八〇《侯景傳》："帝聞鴉仁已據懸瓠,遂命群帥
　　　　指授方略,大舉攻東魏,以貞陽侯蕭明爲都督。明軍敗見俘。
　　　　紹宗攻潼州,刺史郭鳳棄城走。"

[仁州]

　湛海珍　　刺史。

　　　　按:湛海珍見是年司州條。

[殷州]

　羊思建　　刺史。

　　　　按:羊思建見是年司州條。

[西豫州]

　裴之高　　雄信將軍、刺史。

　　　　《梁書》卷二八《裴之高傳》："除雄信將軍、西豫州刺史。"

［荆州］

　　廬陵王續　卒。

　　湘東王繹　都督荆雍湘司郢寧梁南北秦九州諸軍事、鎮西將軍、
　　荆州刺史。

　　　　《梁書》卷三《武帝紀下》：“正月壬寅，驃騎大將軍、開府
　　儀同三司、荆州刺史廬陵王續薨；以鎮南將軍、江州刺史湘東
　　王繹爲鎮西將軍、荆州刺史。”卷五《元帝紀》：“太清元年，徙
　　爲使持節、都督荆雍湘司郢寧梁南北秦九州諸軍事、鎮西將
　　軍、荆州刺史。”《陳書》卷一七《王沖傳》：“轉驃騎廬陵王長
　　史、南郡太守。王薨，行州府事。梁元帝鎮荆州，爲鎮西長史，
　　將軍、太守如故。”

［湘州］

　　張纘

［雍州］

　　岳陽王詧

［郢州］

　　南平王恪

［土州］

　　桓和　刺史。

　　　　按：桓和見是年司州條，或作“桓和之”。

［南司州］

　　羊磊　智武將軍、南司州諸軍事、南司州刺史。

　　　　《羊瑋墓誌》（《隋代墓誌銘彙考》四·三一九）：“祖
　　磊……梁太清元年，除智武將軍、通直散騎常侍、梁興郡開國
　　侯、南司州諸軍事、南司州刺史。性曉天運，鷥飛魏國。永熙
　　二年，除車騎大將軍、開府儀同三司、南司定光三州諸軍事、南
　　司州刺史。”趙萬里釋（《墓誌集釋》卷八）：“是瑋先世仕江表，

至磊始懷貳降魏。計其入魏之年，當在武定末，不當在永熙，誌文鵲突甚矣。”按：誌之“禾”當爲“天”之訛。誌稱羊磊太清元年爲南司州刺史，北魏永熙二年爲梁中大通五年，趙説是。磊降魏當在太清元年至三年間。

[司州]

羊鴉仁　都督豫司淮冀殷應西豫等七州諸軍事、司豫二州刺史，鎮懸瓠。

《梁書》卷三《武帝紀下》：“二月……魏司徒侯景求以豫、廣、潁、洛、陽、西揚、東荆、北荆、襄、東豫、南兖、西兖、齊等十三州內屬。……三月……遣司州刺史羊鴉仁、兖州刺史桓和、仁州刺史湛海珍等應接北豫州。……七月庚申，羊鴉仁入懸瓠城。甲子，詔曰：‘二豫分置，其來久矣。今汝、潁剋定，可依前代故事，以懸瓠爲豫州，壽春爲南豫，改合肥爲合州，北廣陵爲淮州，項城爲殷州，合州爲南合州。’”卷五六《侯景傳》：“齊文襄遣大將軍慕容紹宗圍景於長社，景請西魏爲援，西魏遣其五城王元慶等率兵救之，紹宗乃退。景復請兵於司州刺史羊鴉仁，鴉仁遣長史鄧鴻率兵至汝水，元慶軍又夜遁。於是據懸瓠、項城，求遣刺史以鎮之。詔以羊鴉仁爲豫司二州刺史，移鎮懸瓠；西陽太守羊思建爲殷州刺史，鎮項城。”校勘記：“‘羊思建’，本書卷三《武帝紀》下、《通鑑》卷一六〇《梁紀》一六武帝太清元年作‘羊思達’。”卷三九《羊鴉仁傳》：“侯景降，詔鴉仁督土州刺史桓和之、仁州刺史湛海珍等精兵三萬，趨懸瓠應接景，仍爲都督豫司淮冀殷應西豫等七州諸軍事、司豫二州刺史，鎮懸瓠。”按：桓和所任，《武帝紀》作兖州，《羊鴉仁傳》作土州。《魏晉南北朝史札記·〈梁書〉札記·兖州刺史桓和》：“鴉仁入懸瓠城，則兖州地望相去過遠，當以土州爲是。”

[梁州][南秦州]

陰子春 信威將軍、都督梁秦華三州諸軍事、梁秦二州刺史。

《梁書》卷四六《陰子春傳》："遷信威將軍、都督梁秦華三州諸軍事、梁秦二州刺史。"按：陰子春太清二年徵還,始任年不詳。

[黎州]

楊乾運

[北益州]

楊法深

[益州]

武陵王紀

[寧州]

徐文盛

[廣州]

王勱

元景隆 都督廣越交桂等十三州諸軍事、征南將軍、平越中郎將、廣州刺史。道卒。

元景仲 刺史。

《陳書》卷一七《王勱傳》："入爲給事黃門侍郎。侯景之亂,西奔江陵。"《梁書》卷三九《元景隆傳》："太清初,又爲使持節、都督廣越交桂等十三州諸軍事、征南將軍、平越中郎將、廣州刺史,行至雷首,遇疾卒。"同卷《元景仲傳》："兄景隆後爲廣州刺史。"校勘記："此處疑有訛脱。……景仲當繼其兄後爲廣州刺史。"

[衡州]

羊侃

韋粲 督衡州諸軍事、安遠將軍、衡州刺史。表解職。

《梁書》卷三九《羊侃傳》："太清元年,徵爲侍中。"卷四三

《韋粲傳》:"出爲持節、督衡州諸軍事、安遠將軍、衡州刺
史。……太清元年,粲至州無幾,便表解職。"卷九《歐陽頠
傳》:"時湘衡之界五十餘洞不賓,勅令衡州刺史韋粲討之,粲
委頠爲都督,悉皆平殄。粲啓梁武,稱頠誠幹,降詔褒賞,仍加
超武將軍,征討廣、衡二州山賊。"

[南定州]

蕭勃

[交州]

楊暟

《陳書》卷一《高祖紀上》:"賁竄入屈獠洞中。屈獠斬賁,
傳首京師。是歲太清元年也。賁兄天寶遁入九真,與劫帥李
紹隆收餘兵二萬,殺德州刺史陳文戒,進圍愛州,高祖仍率衆
討平之。"校勘記:"《梁書》卷三《武帝紀》下繫李賁傳首京師
事在太清二年三月。'陳文戒',《册府》卷一八六《閏位部》作
'陳文武'。"

[德州]

陳文戒　刺史。

按:陳文戒見是年交州條。

太清二年戊辰(548)　八月,侯景舉兵。十月,圍建康。

[揚州]

宣城王大器

《梁書》卷八《哀太子大器傳》:"太清二年十月,侯景寇京
邑,敕太子爲臺内大都督。"

[東揚州]

臨城公大連

《梁書》卷四四《南郡王大連傳》：“侯景入寇京師，大連率衆四萬來赴。”

[南徐州]

邵陵王綸　遷中衛將軍。

蕭淵藻　征東將軍、督、刺史。

《梁書》卷二九《邵陵王綸傳》：“太清二年，進位中衛將軍、開府儀同三司。侯景構逆，加征討大都督，率衆討景。……戰又敗，乃奔還京口。”卷三《武帝紀下》：“三月……中衛將軍、開府儀同三司蕭深藻爲征東將軍、南徐州刺史。”卷二三《蕭藻傳》：“出爲使持節、督南徐州刺史。侯景亂，藻遣長子彧率兵入援。”

[江州]

當陽公大心

《梁書》卷四四《潯陽王大心傳》：“二年，侯景寇京邑。大心招集士卒，遠近歸之，衆至數萬，與上流諸軍赴援宮闕。”

[南兗州]

南康王會理

《梁書》卷二九《南康王會理傳》：“二年，侯景圍京邑，會理治嚴將入援，會北徐州刺史封山侯正表將應其兄正德，外托赴援，實謀襲廣陵，會理擊破之，方得進路。”

[北兗州]

蕭祇　奔東魏。

《北齊書》卷三三《蕭祇傳》：“遷北兗州刺史。太清二年，侯景圍建鄴。祇聞臺城稱失守，遂來奔。以武定七年至鄴。”

[譙州]

蕭泰　被執。

趙伯超　刺史。

《梁書》卷三《武帝紀下》：“十月，侯景襲譙州，執刺史蕭泰。”卷五六《侯景傳》：“十月，景留其中軍王顯貴守壽春城，出軍僞向合肥，遂襲譙州，助防董紹先開城降之。執刺史豐城侯泰。”《南史》卷五二《蕭泰傳》：“江北人情獷强，前後刺史並綏撫之。泰至州，便徧發人丁，使擔腰輿扇繖等物，不限士庶。恥爲之者，重加杖責，多輸財者，即放免之，於是人皆思亂。及侯景至，人無戰心，乃先覆敗。”《周書》卷四二《蕭世怡傳》：“及侯景爲亂，路由城下，襲而陷之，世怡遂被執。尋遁逃得免，至于江陵。”按：趙伯超見是年武州條。

［北徐州］

蕭正表　附侯景。

《魏書》卷五九《蕭正表傳》：“初，衍未有子，以正表兄正德爲子，既而封爲西豐侯。正德私懷忿懟。……衍末，復爲散騎常侍、光禄大夫，知丹陽尹事。侯景之將濟江也，知正德有恨於衍，密與交通，許推爲主。正德以船數十舫迎之。景渡江，衍召正表入援。正表率衆次廣陵，聞正德爲侯景所推，仍托舫糧未集，磐桓不進。景尋以正表爲南兖州刺史，封南郡王。正表既受景署，遂於歐陽立栅，斷衍援軍。又欲遣其妾兄龔子明進攻廣陵。衍南兖州刺史、南康王蕭會理遣前廣陵令劉瑷襲擊，破之。正表狼狽失據，乃率輕騎，走還鍾離。”

［南豫州］

鄱陽王範　遷合州。

韋黯　監州。

侯景　正月，南豫州牧。八月，舉兵。

《梁書》卷三《武帝紀下》：“正月……以大將軍侯景爲南豫州牧，安北將軍、南豫州刺史鄱陽王範爲合州刺史。”卷一二《韋黯傳》：“起家太子舍人，稍遷太僕卿，南豫州刺史，太府卿。”卷五六《侯景傳》：“景軍潰散，乃與腹心數騎自峽石濟淮，稍收散卒，得馬步八百人，奔壽春，監州韋黯納之。景啓求貶削，優詔不許，仍以爲豫州牧，本官如故。……二年二月，高祖又與魏連和。景聞之懼，馳啓固諫，高祖不從。……八月，景遂發兵反。……於是詔郢州刺史鄱陽王範爲南道都督，北徐州刺史封山侯正表爲北道都督，司州刺史柳仲禮爲西道都督，通直散騎常侍裴之高爲東道都督，同討景。……十一月……前譙州刺史趙伯超、武州刺史蕭弄璋、步兵校尉尹思合等，馬步三萬，發自京口，直據鍾山。”按：《韋黯傳》云黯爲刺史，此從《侯景傳》。《侯景傳》之鄱陽王範應爲合州刺史，時郢州刺史爲南平王恪。

[合州]

鄱陽王範　　安北將軍、刺史，鎮合肥。

　　　　《梁書》卷二二《鄱陽王範傳》：“侯景敗於渦陽，退保壽陽，乃改範爲合州刺史，鎮合肥。時景已蓄姦謀，不臣將露，範屢啓言之，朱异每抑而不奏。及景圍京邑，範遣世子嗣與裴之高等入援。”卷三《武帝紀下》：“十一月……安北將軍鄱陽王範遣世子嗣、雄信將軍裴之高等帥衆入援，次于張公洲。”

[豫州]

羊鴉仁　　棄城走。

　　　　《梁書》卷三《武帝紀下》：“正月……魏陷渦陽。……豫州刺史羊鴉仁、殷州刺史羊思達，並棄城走，魏進據之。”卷三九《羊鴉仁傳》：“會侯景敗於渦陽，魏軍漸逼，鴉仁恐糧運不繼，遂還北司，上表陳謝，高祖大怒，責之，鴉仁懼，又頓軍於淮上。及侯景反，鴉仁率所部入援。”按：《通鑑》卷一六一太清二年正月《考異》引《典略》云羊鴉仁等棄城走在六月。

[青州][冀州]

蕭退　青冀二州刺史。

　　　《北齊書》卷三三《蕭退傳》：“梁武帝弟司空鄱陽王恢之子也。退在梁，封湘潭侯，位青州刺史，建鄴陷，與從兄祇俱入東魏。”按：蕭退參見太清三年南兗州、北兗州、北徐州條，《梁書》卷三《武帝紀下》作青冀二州刺史，從之。年不詳，列於此。吳表列於大同十年至太清二年。

[武州]

蕭弄璋

　　　《梁書》卷三《武帝紀下》：“十一月辛酉，賊攻陷東府城……邵陵王綸帥武州刺史蕭弄璋、前譙州刺史趙伯超等入援京師。”

[殷州]

羊思建　棄城走。

　　　按：羊思建見是年豫州條。

[西豫州]

裴之高

　　　《梁書》卷二八《裴之高傳》：“侯景亂，之高率眾入援，南豫州刺史、鄱陽嗣王範命之高總督江右援軍諸軍事，頓于張公洲。柳仲禮至橫江，之高遣船舸二百餘艘迎致仲禮，與韋粲等俱會青塘立營，據建興苑。”

[荊州]

湘東王繹

[湘州]

張纘　遷雍州。

邵陵王綸　平南將軍、刺史。未任。

河東王譽　南中郎將、刺史。

　　　《梁書》卷三《武帝紀下》：“三月……以鎮東將軍、南徐州

刺史邵陵王綸爲平南將軍、湘州刺史、同三司之儀。……四
月……以護軍將軍河東王譽爲湘州刺史。……五月……前湘
州刺史張纘爲領軍將軍。"卷五五《河東王譽傳》:"出爲南中
郎將、湘州刺史。"卷三四《張纘傳》:"太清二年，徵爲領軍，俄
改授使持節、都督雍梁北秦東益郢州之竟陵司州之隨郡諸軍
事、平北將軍、寧蠻校尉。纘初聞邵陵王綸當代己爲湘州，其
後定用河東王譽，纘素輕少王，州府候迎及資待甚薄，譽深銜
之。及至州，遂托疾不見纘，仍檢括州府庶事，留纘不遣。"《周
書》卷四八《蕭譽傳》:"後聞侯景作亂，（譽）頗淩蔑纘。纘懼
爲所擒，乃輕舟夜遁，將之雍部，復慮譽拒之。梁元帝時鎮江
陵，與纘有舊，纘將因之以斃譽兄弟。"按:綸參見是年南徐州
條，本傳未載其遷湘州刺史，當先遷湘州刺史，復遷中衛將軍。

[雍州]

岳陽王詧

張纘　都督雍梁北秦東益郢州之竟陵司州之隨郡諸軍事、平北
將軍、寧蠻校尉。

　　　按:張纘見是年湘州條。

[郢州]

南平王恪

　　《上清道類事相》卷一引《道學傳》:"許明業，扶風赤崗人
也。……梁太清中爲州刺史南平王請出城北神王館供養。值
亂，因入武昌清溪山立館。"

[司州]

羊鴉仁

柳仲禮　刺史。

　　《梁書》卷三《武帝紀下》:"十二月……司州刺史柳仲禮、
前衡州刺史韋粲、高州刺史李遷仕、前司州刺史羊鴉仁等並帥

軍入援,推仲禮爲大都督。"

[梁州][南秦州]

陰子春　徵還。

蕭循　信武將軍、梁秦二州刺史。

徐文盛　督梁南秦沙東益巴北巴六州諸軍事、仁威將軍、秦州刺史,湘東王署。

　　　《梁書》卷四六《陰子春傳》:"太清二年,討峽中叛蠻,平之。徵爲左衛將軍,又遷侍中。"《南史》卷六四《陰子春傳》:"腳數年一洗,言每洗則失財敗事,云在梁州,以洗足致梁州敗。太清二年,徵爲左衛將軍,遷侍中。"《廣弘明集》卷七《荀濟》:"梁州刺史陰子春左遷,濟作大詩贈之。"《南史》卷五二《蕭脩傳》:"徙爲梁、秦二州刺史。"《蕭懿廟碑》(《藝文類聚》卷四五《職官部一・丞相》):"梁秦二州刺史宜封侯條,刺舉漢陽,親覿遺愛,有表請立碑置廟,天子許焉。"《梁簡文帝集校注》卷一四校注:"宜封侯條:與《梁書》《南史》所記'宜封侯循''宜封侯修'當爲同一人。"《周書》卷四二《劉璠傳》:"(蕭)循爲梁州,除信武府記室參軍,領南鄭令。又板爲中記室,補華陽太守。屬侯景度江,梁室大亂,循以璠有才略,甚親委之。"《梁書》卷四六《徐文盛傳》:"太清二年,聞國難,乃召募得數萬人來赴。世祖嘉之,以爲持節、散騎常侍、左衛將軍、督梁南秦沙東益巴北巴六州諸軍事、仁威將軍、秦州刺史,授以東討之略。"《廿二史考異》卷二六《梁書・徐文盛傳》:"文盛除秦州,未知治所,然受命東討,初未之任也。"按:蕭循所任,或作梁州刺史,蓋梁南秦二州刺史之省稱。

[黎州]

楊乾運

[北益州]

楊法深

[南洛州]

扶猛　南洛北司二州刺史。

　　《梁書》卷四四《扶猛傳》：“轉上庸新城二郡守、南洛北司
二州刺史，封宕渠縣男。及侯景作亂，猛乃擁衆自守，未有
所從。”

[益州]

武陵王紀

[寧州]

徐文盛　遷秦州。

　　《通典》卷一八七《南蠻上·西爨》：“西爨者，南寧之渠
帥，梁時通焉。自云：‘本河東安邑人，七葉祖事晉，爲南寧太
守。屬中原亂，遂王蠻夷。’梁元帝時南寧州刺史徐文盛徵詣
荊州，有爨瓚者，遂據南寧之地。延衺二千餘里，俗多華人，
震、瓚統其衆。”

[廣州]

元景仲

　　《陳書》卷一《高祖紀上》：“二年冬，侯景寇京師，高祖將
率兵赴援，廣州刺史元景仲陰有異志，將圖高祖。高祖知其
計，與成州刺史王懷明、行臺選郎殷外臣等密議戒嚴。”

[衡州]

韋粲

歐陽頠　監衡州。

　　《梁書》卷四三《韋粲傳》：“二年，徵爲散騎常侍。粲還至
廬陵，聞侯景作逆，便簡閲部下，得精卒五千，馬百匹，倍道赴
援。……會江州刺史當陽公大心遣使要粲……遣中兵柳昕帥
兵二千人隨粲。……安北將軍鄱陽王範亦自合肥遣西豫州刺

史裴之高與其長子嗣,帥江西之衆赴京師,屯於張公洲,待上流諸軍至。"卷九《歐陽頠傳》:"侯景構逆,粲自解還都征景,以頠監衡州。"

[成州]

王懷明　刺史。

　　按:王懷明見是年廣州條。

[高州]

蘭裕　刺史。

李遷仕　刺史。

　　按:蘭裕見太清三年衡州條,李遷仕見是年司州條。

[南定州]

蕭勃

太清三年己巳(549)　三月,侯景陷宮城。五月,武帝死,太子綱即位。

[揚州]

宣城王大器　六月,立爲皇太子。

南海王大臨　七月,都督揚南徐二州諸軍事、安南將軍、揚州刺史。

　　《梁書》卷八《哀太子大器傳》:"三年五月,太宗即位。六月癸酉,立爲皇太子。"卷四《簡文帝紀》:"七月……南海王大臨爲揚州刺史。"卷四四《南海王大臨傳》:"大寶元年……出爲使持節、都督揚南徐二州諸軍事、安南將軍、揚州刺史。"按:《大臨傳》云大臨大寶元年出爲揚州刺史,此從紀。

[吳州]

安陸王大春　七月,刺史。

《梁書》卷四《簡文帝紀》：“七月……以吳郡置吳州，以安陸王大春爲刺史。”

［東揚州］

臨城公大連

《梁書》卷四四《南郡王大連傳》：“及臺城没，援軍散，復還楊州。”卷五六《侯景傳》：“五月，高祖崩于文德殿。……時東揚州刺史臨成公大連據州，吳興太守張嵊據郡，自南陵以上，皆各據守。景制命所行，惟吳郡以西，南陵以北而已。”按：《大連傳》之“楊州”前當闕“東”字。

［南徐州］

蕭淵藻　卒。

新興王大莊　都督南徐州諸軍事、宣毅將軍、南徐州刺史，侯景署。

《梁書》卷四《簡文帝紀》：“七月……新興王大壯爲南徐州刺史。……八月癸卯，征東大將軍、開府儀同三司、南徐州刺史蕭淵藻薨。”卷二三《蕭藻傳》：“及城開，加散騎常侍、大將軍。景遣其儀同蕭邕代之，據京口，藻因感氣疾，不自療。……太清三年，薨。”卷四四《新興王大莊傳》：“大寶元年……出爲使持節、都督南徐州諸軍事、宣毅將軍、南徐州刺史。”按：《大莊傳》云大莊爲南徐州刺史在大寶元年，此從紀。

［江州］

潯陽王大心　進號平南將軍。

《梁書》卷四《簡文帝紀》：“六月……封當陽公大心爲尋陽郡王。”卷四四《潯陽王大心傳》：“三年，城陷，上甲侯蕭韶南奔，宣密詔，加散騎常侍，進號平南將軍。大寶元年，封潯陽王。”按：傳云大心封王在大寶元年，此從紀。

［南兗州］

南康王會理　三月,降侯景。

董紹先　三月,刺史,侯景署。

　　《梁書》卷三《武帝紀下》:"二月丁未,南兗州刺史南康王
會理、前青冀二州刺史湘潭侯蕭退帥江州之衆,頓于蘭亭苑。"
校勘記:"'江州',《南史》卷七《梁本紀》中作'江北'。"卷二
九《南康王會理傳》:"臺城陷,侯景遣前臨江太守董紹先以高
祖手敕召會理,其僚佐咸勸距之……遂席卷而行,以城輸紹
先。至京,景以爲侍中、司空、兼中書令。"卷五六《侯景傳》:
"三月……城遂陷。……景遣董紹先率兵襲廣陵,南兗州刺史
南康嗣王會理以城降之。景以紹先爲南兗州刺史。"

[北兗州]

蕭祗　降東魏。

蕭弄璋　刺史,侯景署。

　　《梁書》卷五六《侯景傳》:"初,北兗州刺史定襄侯祗與湘
潭侯退,及前潼州刺史郭鳳同起兵,將赴援。至是,鳳謀以淮
陰應景,祗等力不能制,並奔于魏。景以蕭弄璋爲北兗州刺
史,州民發兵拒之,景遣廂公丘子英、直閤將軍羊海率衆赴援,
海斬子英,率其軍降于魏,魏遂據其淮陰。"按:蕭祗參見是年
北徐州條。

[北徐州]

蕭正表　降東魏。

　　《魏書》卷一二《孝靜紀》:"(武定)七年春正月戊辰,蕭衍
弟子北徐州刺史、封山侯蕭正表以鍾離內屬。……三月丁卯,
侯景剋建業,還以蕭衍爲主。衍弟子北兗州刺史、定襄侯蕭
祗,湘潭侯蕭退來降。衍江北郡國皆內屬。"《蕭正表墓誌》
(《墓誌集成》七六九):"在州六稔……封豕遊魂,長蛇假氣,
未伏辜誅,猶爲時蠹。於是散髮秦庭,投身魏闕。"

［南豫州］

皇甫眷　刺史。降東魏。

夏侯威生　平北將軍、刺史，侯景署。

　　　　《北齊書》卷四《文宣紀》：“（武定七年）十一月……梁齊
州刺史茅靈斌、德州刺史劉領隊、南豫州刺史皇甫眷等並以州
內屬。”按：夏侯威生見是年合州條。

［合州］

鄱陽王範　進號征北將軍。

裴之悌　平西將軍、刺史，侯景署。

　　　　《梁書》卷三《武帝紀下》：“二月……安北將軍、合州刺史
鄱陽王範以本號開府儀同三司。”卷二二《鄱陽王範傳》：“遷
開府儀同三司，進號征北將軍。京城不守，範乃棄合肥，出東
關，請兵于魏，遣二子爲質。魏人據合肥，竟不出師助範，範進
退無計，乃泝流西上，軍于樅陽，遣信告尋陽王。尋陽要還九
江，欲共治兵西上，範得書大喜，乃引軍至溢城，以晉熙爲晉
州，遣子嗣爲刺史。江州郡縣，輒更改易，尋陽政令所行，惟存
一郡，時論以此少之。”卷五六《侯景傳》：“六月……鄱陽嗣王
範率兵次柵口，江州刺史尋陽王大心要之西上。……十二
月……景以裴之悌爲使持節、平西將軍、合州刺史，以夏侯威
生爲使持節、平北將軍、南豫州刺史。”《北齊書》卷三七《魏收
傳》：“侯景既陷梁，梁鄱陽王範時爲合州刺史，文襄敕收以書
喻之。範得書，仍率部伍西上，刺史崔聖念入據其城。”

［豫州］

羊鴉仁　被殺。

荀朗　雲麾將軍、刺史。

　　　　《梁書》卷三九《羊鴉仁傳》：“臺城陷，鴉仁見景，爲景所
留，以爲五兵尚書。……三年，出奔江陵，其故部曲數百人迎

之,將赴江陵,至東莞,爲故北徐州刺史荀伯道諸子所害。"《陳書》卷一三《荀朗傳》:"侯景之亂,朗招率徒旅,據巢湖閒,無所屬。臺城陷後,簡文帝密詔授朗雲麾將軍、豫州刺史,令與外藩討景。"

[晉州]

　蕭嗣　刺史,治晉熙,鄱陽王範署。

　魯廣達　壯武將軍、刺史,治新蔡,湘東王署。

　　《陳書》卷三一《魯廣達傳》:"侯景之亂,與兄悉達聚衆保新蔡。梁元帝承制,授假節、壯武將軍、晉州刺史。"按:蕭嗣見是年合州條。

[青州][冀州]

　明少遐　青冀二州刺史。降東魏。

　　《梁書》卷三《武帝紀下》:"四月……青冀二州刺史明少遐、東徐州刺史湛海珍、北青州刺史王奉伯各舉州附于魏。"按:《通鑑》卷一六二太清三年三月《考異》引《典略》云"北青州"作"南冀州"。

[南青州][北青州]

　王奉伯　北青州刺史。降東魏。

　　按:王奉伯見是年青冀二州條。

[東徐州]

　湛海珍　刺史。降東魏。

　　按:湛海珍見是年青冀二州條。

[西豫州]

　裴之高

　　《梁書》卷二八《裴之高傳》:"及城陷,之高還合肥,與鄱陽王範西上。稍至新蔡,衆將一萬,未有所屬,元帝遣蕭慧正召之,以爲侍中、護軍將軍。"

［荆州］

湘東王繹　京師陷，爲大都督中外諸軍事、司徒，承制。

《梁書》卷五《元帝紀》：“三年三月，侯景寇没京師。四月，太子舍人蕭歆至江陵宣密詔，以世祖爲侍中、假黄鉞、大都督中外諸軍事、司徒承制，餘如故。”

［西荆州］

杜巀　刺史。

《南史》卷六四《杜崱傳》：“巀位西荆州刺史。……崱兄弟九人，兄嵩、岑、巀、岌、巘、岸及弟㟧，幼安並知名。”《法苑珠林》卷七八《梁西荆州刺史杜㟧》：“杜㟧，梁州刺史懷瑶第二子也。任西荆州刺史。”校注：“‘杜㟧’，《高麗藏》本、《太平廣記》引作‘杜巀’。”按：年不詳，蓋在杜幼安前，斷於此。

［湘州］

河東王譽

蕭方矩　督湘郢桂寧成合羅七州諸軍事、鎮南將軍、湘州刺史，湘東王署。

《梁書》卷五《元帝紀》：“三年三月……世祖徵兵於湘州，湘州刺史河東王譽拒不遣。十月景午，遣世子方等帥衆討譽，戰所敗死。是月，又遣鎮兵將軍鮑泉代討譽。……鮑泉攻湘州不克，又遣左衛將軍王僧辯代將。”卷三四《張纘傳》：“會聞侯景寇京師，譽飾裝當下援，時荆州刺史湘東王赴援，軍次郢州武城，纘馳信報曰：‘河東已豎檣上水，將襲荆州。’王信之，便回軍鎮，荆、湘因構嫌隙。尋棄其部伍，單舸赴江陵，王即遣使責讓譽，索纘部下。”卷五五《河東王譽傳》：“侯景寇京邑，譽率軍入援，至青草湖，臺城没，有詔班師，譽還湘鎮。時世祖軍于武城，新除雍州刺史張纘密報世祖曰：‘河東起兵，岳陽聚米，共爲不逞，將襲江陵。’世祖甚懼，因步道間還，遣諮議周弘

直至譽所，督其糧衆。譽曰：‘各自軍府，何忽隸人？’前後使三
反，譽並不從。世祖大怒，乃遣世子方等征之，反爲譽所敗
死。”卷八《愍懷太子方矩傳》：“世祖第四子也。……隨世祖
在荊鎮。太清初，爲使持節、督湘郢桂寧成合羅七州諸軍事、
鎮南將軍、湘州刺史。”《陳書》卷一七《王沖傳》：“梁元帝於荊
州承制……授持節、督衡桂成合四州諸軍事、雲麾將軍、衡州
刺史。元帝第四子元良爲湘州刺史，仍以沖行州事，領長沙內
史。”《周書》卷四八《蕭譽傳》：“會梁元帝與譽及信州刺史、桂
陽王慥各率所領，入援金陵。慥下峽至江津，譽次江口，梁元
帝屆郢州之武成。屬侯景已請和，梁武帝詔罷援軍。譽自江
口將旋湘鎮，慥欲待梁元帝至，謁督府，方還州。纘時在江陵，
乃貽梁元帝書曰：‘河東戴檣上水，欲襲江陵。岳陽在雍，共謀
不逞。’江陵遊軍主朱榮又遣使報云：‘桂陽住此，欲應譽、
慥。’梁元帝信之，乃鑿船沉米，斬纘而歸。至江陵，收慥殺之。
令其子方等、王僧辯等相繼攻譽於湘州。”按：蕭方矩被立爲
皇太子後改名元良。

［武州］

杜崱 信威將軍、刺史。尋遷宣毅將軍，領鎮蠻護軍、武陵內史，
湘東王署。

按：杜崱見是年雍州條。

［雍州］

岳陽王詧 稱藩於西魏。

張纘 被殺。

《梁書》卷五《元帝紀》：“九月丁卯，雍州刺史岳陽王詧舉
兵反，來寇江陵，世祖嬰城拒守。乙丑，詧將杜崱與其兄弟及
楊混各率其衆來降。景寅，詧遁走。”卷三四《張纘傳》：“（湘
東王）仍遣纘向襄陽，前刺史岳陽王詧推遷未去鎮，但以城西

白馬寺處之。會聞賊陷京師，誓因不受代。……誓舉兵襲江陵，常載櫬隨後。及軍退敗，行至淯水南，防守櫬者慮追兵至，遂害之。"卷四六《杜崱傳》："太清二年，隨岳陽王來襲荊州，世祖以與之有舊，密邀之。崱乃與兄岸、弟幼安、兄子龕等夜歸于世祖，世祖以爲持節、信威將軍、武州刺史。俄遷宣毅將軍，領鎮蠻護軍、武陵内史。"校勘記："'二年'，《南史》卷六四《杜崱傳》作'三年'。按本書卷五《元帝紀》亦繫此事於太清三年。"《周書》卷四八《蕭詧傳》："詧既與江陵搆隙，恐不能自固，大統十五年，乃遣使稱藩，請爲附庸。太祖令丞相府東閤祭酒榮權使焉。詧大悦。是歲，梁元帝令柳仲禮率衆進圖襄陽。詧懼，乃遣其妻王氏及世子嶚爲質以請救。太祖又令榮權報命，仍遣開府楊忠率兵援之。"《梁孝元帝射書雍州令》（《文館詞林》卷六九五）："柳雍州首行戒路，已當按部，適得柳信步取馮翊，湘州諸軍，行已獻凱。三萬之兵，少日而至。積穀百萬，足周十年。"

[郢州]

杜龕　忠武將軍、刺史，湘東王署。

　　　　《梁書》卷四六《杜龕傳》："太清中與諸父同歸世祖，世祖以爲持節、忠武將軍、郢州刺史。"

[鄆州]

南平王恪

[司州]

柳仲禮

夏侯強　刺史，鎮義陽，柳仲禮署。降東魏。

　　　　《周書》卷二《文帝紀下》："初，侯景自豫州附梁，後遂度江，圍建業。梁司州刺史柳仲禮以本朝有難，帥兵援之。梁竟陵郡守孫暠舉郡來附，太祖使大都督符貴往鎮之。及景克建業,仲禮還司州,率衆來寇,暠以郡叛。太祖大怒。(大統十五年)冬十一月,遣開府楊忠率兵與行臺僕射長孫儉討之,攻克隨郡。忠進圍仲禮長史馬岫於安陸。"《南史》卷三八《柳仲禮傳》:"及南陽圍急,杜岸請救,仲禮乃以別將夏侯強爲司州刺史,守義陽,自帥衆如安陸,使司馬康昭如竟陵討孫暠。暠執魏戍人以降。仲禮命其將王叔孫爲竟陵太守,副軍馬岫爲安陸太守。"《通鑑》卷一六二梁太清三年:"東魏使金門公潘樂等將兵五萬襲司州,刺史夏侯強降之。於是東魏盡有淮南之地。"

[齊州]

茅靈斌　刺史。降東魏。

　　按:齊州見是年南豫州條。

[德州]

劉領隊　刺史。降東魏。

　　按:德州見是年南豫州條。

[梁州][南秦州]

蕭循

杜岸　平北將軍、北梁州刺史,湘東王署。被殺。

　　《南史》卷五二《蕭循傳》:"(兄)嗣王範在盆城,頗有異論,武陵王大生疑防,流言噂諮。循深自分釋,求送質子,并請助防。武陵王乃遣從事中郎蕭固諮以當世之事,具觀循意。循泣涕爲言忠臣孝子之節,王敬納之。故終循之時,不爲不義。"《梁書》卷四六《杜岸傳》:"太清中,與斸同歸世祖,世祖以爲持節、平北將軍、北梁州刺史。……岸因請襲襄陽,世祖許之。岸乃晝夜兼行,先往攻其城,不剋,岳陽至,遂走保其兄巘於南陽,巘時爲南陽太守。岳陽尋遣攻陷其城,岸及巘俱遇害。"按:上年以徐文盛爲秦州刺史,是年以杜岸爲北梁州刺史,蓋奪蕭循之職,然皆未之任。

[黎州]

　　楊乾運　遷潼、南梁二州。

　　張賁　刺史。

　　　　按:張賁見大寶元年北益州條。

[北益州]

　　楊法深

[南梁州]

　　楊乾運　刺史。

　　　　按:楊乾運見是年潼州條。

[信州]

　　桂陽王慥　被殺。

　　鮑泉　刺史。

　　　　《梁書》卷三〇《鮑泉傳》:"及元帝承制,累遷至信州刺史。太清三年,元帝命泉征河東王譽於湘州,泉至長沙,作連城以逼之,譽率衆攻泉,泉據栅堅守,譽不能克。泉因其弊出擊之,譽大敗,盡俘其衆,遂圍其城,久未能拔。世祖乃數泉罪,遣平南將軍王僧辯代泉爲都督。"按:桂陽王慥見是年湘州條。

[南洛州]

　　扶猛

[興州]

　　席固　刺史。

　　　　《周書》卷四四《席固傳》:"梁元帝嗣位江陵,遷興州刺史。於是軍民慕從者,至五千餘人。固遂欲自據一州,以觀時變。後懼王師進討,方圖內屬。……魏大統十六年,以地來附。是時太祖方欲南取江陵,西定蜀、漢,聞固之至,甚禮遇之。乃遣使就拜使持節、驃騎大將軍、開府儀同三司、大都督、侍中、豐州刺史。"校勘記:"'十六年',三朝本、《永樂大典》卷二○三五三引《周書·席固傳》作'十五年'。"按:"嗣位"當作"承制"。蕭繹於太清三年承制,席固於魏大統十五或十六年,即梁太清三年或大寶元年降,承聖元年蕭繹方稱帝。

[益州]

武陵王紀

[潼州]

楊乾運　刺史。

《周書》卷四四《楊乾運傳》:"太清末,遷潼南梁二州刺史。"按:楊乾運參見大寶元年沙州條。

[廣州]

元景仲　自殺。

蕭勃　鎮南將軍、刺史。

《梁書》卷四《簡文帝紀》:"七月甲寅,廣州刺史元景仲謀應侯景,西江督護陳霸先起兵攻之,景仲自殺,霸先迎定州刺史蕭勃爲刺史。"卷三九《元景仲傳》:"侯景作亂,以景仲元氏之族,遣信誘之,許奉爲主。景仲乃舉兵,將下應景。會西江督護陳霸先與成州刺史王懷明等起兵攻之,霸先徇其衆曰:'朝廷以元景仲與賊連從,謀危社稷,今使曲江公勃爲刺史,鎮撫此州。'衆聞之,皆棄甲而散,景仲乃自縊而死。"卷五《元帝紀》:"(大寶元年)十二月壬辰,以定州刺史蕭勃爲鎮南將軍、廣州刺史。"《陳書》卷一《高祖紀上》:"(太清)三年七月,集義兵於南海,馳檄以討景仲。景仲窮蹙,縊于閤下,高祖迎蕭勃鎮廣州。是時臨賀內史歐陽頠監衡州,蘭裕、蘭京禮扇誘始興等十郡,共舉兵攻頠,頠請援於勃。勃令高祖率衆救之,悉擒裕等,仍監始興郡。"按:《簡文帝紀》云太清三年陳霸先迎蕭勃爲廣州刺史,《元帝紀》則云大寶元年以蕭勃爲廣州刺史,蓋先迎後命。

[衡州]

歐陽頠　遷始興內史。

王沖　督衡桂成合四州諸軍事、雲麾將軍、衡州刺史，湘東王署。尋行湘州事。

王懷明　刺史，陳霸先署。

《陳書》卷九《歐陽頠傳》："京城陷後，嶺南互相吞并，蘭欽弟前高州刺史裕攻始興內史蕭紹基，奪其郡。裕以兄欽與頠有舊，遣招之，頠不從。……及高祖入援京邑，將至始興，頠乃深自結托。裕遣兵攻頠，高祖援之，裕敗，高祖以王懷明爲衡州刺史，遷頠爲始興內史。"按：王沖見是年湘州條。

[成州]

王懷明　遷衡州。

[高州]

李遷仕

《梁書》卷三《武帝紀下》："正月……高州刺史李遷仕、天門太守樊文皎進軍青溪東，爲賊所破，文皎死之。"

[南定州]

蕭勃　遷廣州。

寧逺　刺史。

《寧贙碑》（《金石續編》卷三）："祖逺……梁武皇帝除定州刺史，總督九州諸軍事。"按：年不詳，約在梁末，列於此。

簡文帝大寶元年庚午（550）

[揚州]

南海王大臨

南郡王大連　輕車將軍、行揚州事,遷江州,侯景署。

　　《梁書》卷四四《南海王大臨傳》:"又除安東將軍、吳郡太
守。"卷四《簡文帝紀》:"六月辛巳,以南郡王大連行揚州事。"
按:大連參見是年東揚州條。

[吳州]

安陸王大春　遷東揚州,省吳州。

[東揚州]

南郡王大連　遷揚州。

安陸王大春　雲麾將軍、刺史,侯景署。

　　《梁書》卷四四《南郡王大連傳》:"大寶元年,封爲南郡
王,邑二千户。景仍遣其將趙伯超、劉神茂來討,大連設備以
待之。會將留異以城應賊,大連棄城走,至信安,爲賊所獲。
侯景以爲輕車將軍、行揚州事,遷平南將軍、江州刺史。"卷五
六《侯景傳》:"(太清三年)十二月,宋子仙、趙伯超、劉神茂進
攻會稽,東揚州刺史臨成公大連棄城走,遣劉神茂追擒之。"
《南史》卷五四《南郡王大連傳》:"會稽豐沃,糧仗山積,東人
懲景苛虐,咸樂爲用,而大連恒沈湎于酒。宋子仙攻之,大連
棄城走,追及於信安縣,大連猶醉弗之覺。於是三吳悉爲賊
有。"《梁書》卷四《簡文帝紀》:"二月……以安陸王大春爲東
揚州刺史。省吳州,如先爲郡。"卷四四《安陸王大春傳》:"爲
賊所獲。京城既陷,大寶元年……出爲使持節、雲麾將軍、東
揚州刺史。"

[南徐州]

新興王大莊

[江州]

尋陽王大心　降侯景。

南郡王大連　平南將軍、刺史,侯景署。

盧陵王應　刺史,湘東王署。

《梁書》卷四《簡文帝紀》:"七月戊辰,賊行臺任約寇江州,刺史尋陽王大心以州降約。是月,以南郡王大連爲江州刺史。"卷四四《尋陽王大心傳》:"初,歷陽太守莊鐵以城降侯景,既而又奉其母來奔,大心以鐵舊將,厚爲其禮,軍旅之事,悉以委之,仍以爲豫章内史。侯景數遣軍西上寇抄,大心輒令鐵擊破之,賊不能進。時鄱陽王範率衆棄合肥,屯于柵口,待援兵總集,欲俱進。大心聞之,遣要範西上,以溢城處之,廩饋甚厚,與戮力共除禍難。會莊鐵據豫章反,大心令中兵參軍韋約等將軍擊之,鐵敗績,又乞降。鄱陽世子嗣先與鐵遊處,因稱其人才略從橫,且舊將也,欲舉大事,當資其力,若降江州,必不全其首領,嗣請援之。範從之,乃遣將侯瑱率精甲五千往救鐵,夜襲破韋約等營。大心聞之大懼,於是二藩疊起,人心離貳。景將任約略地至于溢城,大心遣司馬韋質拒戰,敗績。……遂與約和。"《通鑑》卷一六三大寶元年九月:"初,寧州刺史彭城徐文盛募兵數萬人討侯景,湘東王繹以爲秦州刺史,使將兵東下,與約遇於武昌。繹以盧陵王應爲江州刺史,以文盛爲長史行府州事,督諸將拒之。應,續之子也。"按:大連參見是年東揚州條。

[南江州]

陳霸先　都督六郡諸軍事、軍師將軍、南江州刺史,湘東王署。

《廿二史考異》卷二七《陳書・高祖紀上》:"此南江州未審置於何所。"自注:"余孝頃亦爲南江州刺史。"按:陳霸先見是年交州條。余孝頃梁末爲南江州刺史,據新吳。

[南兗州]

董紹先　被殺。

侯子鑒　刺史,侯景署。

《梁書》卷四《簡文帝紀》：“正月……前江都令祖皓起義，襲廣陵，斬賊南兗州刺史董紹先。侯景自帥水步軍擊皓。二月癸未，景攻陷廣陵，皓等並見害。”卷五六《侯景傳》：“前江都令祖皓起兵於廣陵，斬景刺史董紹先，推前太子舍人蕭勔爲刺史；又結魏人爲援，馳檄遠近，將以討景。景聞之大懼，即日率侯子鑒等出自京口，水陸並集。皓嬰城拒守，景攻城，陷之。景車裂皓以徇，城中無少長皆斬之。以侯子鑒監南兗州事。……四月……以侯子鑒爲南兗州刺史。”

[晉州]

蕭嗣　戰死。

魯廣達

《梁書》卷四《簡文帝紀》：“五月庚午，征北將軍、開府儀同三司鄱陽嗣王範薨。”卷二二《鄱陽王範傳》：“既商旅不通，信使距絕，範數萬之衆，皆無復食，人多餓死。範恚，發背薨。……世子嗣……範之薨也，嗣猶據晉熙，城中食盡，士乏絕，景遣任約來攻，嗣躬擐甲冑，出壘距之。……遂中流矢，卒於陣。”

[義州]

周文育　雄信將軍、刺史。

《陳書》卷八《周文育傳》：“梁元帝授文育假節、雄信將軍、義州刺史。(李)遷仕又與劉孝尚謀拒義軍，高祖遣文育與侯安都、杜僧明、徐度、杜稜築城於白口拒之。”

[楚州]

宋安顧　刺史。降東魏。

《北齊書》卷四《文宣紀》：“(武定)八年春正月庚申，梁楚州刺史宋安顧以州內屬。”

[荊州]

南平王恪　刺史，鎮武陵，湘東王署。

《梁書》卷五《元帝紀》：“九月……以中衛將軍、尚書令、
開府儀同三司南平王恪爲荆州刺史，鎮武陵。”按：《通鑑》卷
一六三大寶元年九月云以恪爲武州。

[西荆州]

　　杜巘　　卒。

　　杜幼安　　雲麾將軍、刺史，湘東王署。

　　　　《南史》卷六四《杜崱傳》：“時讖言‘獨梁之下有瞎天子’，
元帝以巘其人也。會巘改葬父祖，帝敕圖墓者惡爲之，逾年而
巘卒。”《法苑珠林》卷七八《梁西荆州刺史杜巘》：“（巘）性甚
豪忌。新納一妾，年貌兼美，寵愛殊深。妾得其父書云：比日
困苦，欲有求告。妾倚簾讀之。巘外還，而妾自以新來，羞以
此事聞巘，因嚼吞之。巘謂是情人所寄，遂令剖腹取書。……
其夜見妾訴巘，旬日而死。襄陽人至今以爲口實。”《梁書》卷
四六《杜幼安傳》：“太清中，與兄崱同歸世祖，世祖以爲雲麾
將軍、西荆州刺史。……令與平南將軍王僧辯討河東王譽於
長沙，平之。”

[湘州]

　　河東王譽　　被殺。

　　蕭方矩

　　侯瑱　　刺史，侯景署。

　　　　《梁書》卷五《元帝紀》：“五月辛未，王僧辯克湘州，斬河
東王譽，湘州平。”《通鑑》卷一六三大寶元年七月：“于慶略地
至豫章，侯瑱力屈，降之，慶送瑱於建康。景以瑱同姓，待之甚
厚，留其妻子及弟爲質，遣瑱隨慶徇蠡南諸郡，以瑱爲湘州刺
史。”《考異》：“《太清紀》在十一月，今從《典略》。”

[武州]

　　杜崱

[巴州]

王珣　刺史。

　　按：王珣見是年定州條。時梁廣之巴州爲武陵王紀所
統，王珣當爲湘東王所署，任巴陵之巴州。

[雍州]

岳陽王詧

[郢州]

杜龕

　　《梁書》卷四六《杜龕傳》：“與叔幼安俱隨王僧辯討河東
王，平之。”

[郢州]

南平王恪　歸荆州。

蕭方諸　刺史，鎮江夏。

　　《南史》卷五二《南平王恪傳》：“太清中，爲郢州刺史。及
亂，邵陵王至郢，恪郊迎之，讓位焉，邵陵不受。及王僧辯至
郢，恪歸荆州。”《梁書》卷四《簡文帝紀》：“二月……邵陵王綸
自尋陽至于夏口，郢州刺史南平王恪以州讓綸。……八月甲
午，湘東王繹遣領軍將軍王僧辯率衆逼郢州。……邵陵王綸
棄郢州走。”卷五《元帝紀》：“九月辛酉，以前郢州刺史南平王
恪爲中衛將軍、尚書令、開府儀同三司，中撫軍將軍世子方諸
爲郢州刺史。”卷二九《邵陵王綸傳》：“臺城陷，奔禹穴。大寶
元年，綸至郢州，刺史南平王恪讓位於綸，綸不受，乃上綸爲假
黃鉞、都督中外諸軍事。……於是復收散卒，屯于齊昌郡，將
引魏軍共攻南陽。侯景將任約聞之，使鐵騎二百襲綸，綸無
備，又敗走定州。定州刺史田龍祖迎綸，綸以龍祖荆鎮所任，
懼爲所執，復歸齊昌。行至汝南，西魏所署汝南城主李素者，
綸之故吏，聞綸敗，開城納之。綸乃修浚城池，收集士卒，將攻

竟陵。西魏安州刺史馬岫聞之，報于西魏，西魏遣大將軍楊忠、儀同侯幾通率衆赴焉。二年二月，忠等至于汝南……城乃陷。忠等執綸，綸不爲屈，遂害之。”《通鑑》卷一六三大寶元年正月《考異》引《太清紀》：“三月，綸逼奪恪州，徙恪於郡廨。”《梁書》卷三〇《鮑泉傳》：“郢州平，元帝以長子方諸爲刺史，泉爲長史，行府州事。”卷四四《貞惠世子方諸傳》：“世祖第二子。……出爲郢州刺史，鎭江夏，以鮑泉爲行事，防遏下流。”

［巂州］

席文獻　刺史。

《梁書》卷五《元帝紀》：“九月……任約進寇西陽、武昌，遣左衞將軍徐文盛、右衞將軍陰子春、太子右衞率蕭慧正、巂州刺史席文獻等下武昌拒約。”按：巂州遠在越巂，且爲武陵王紀所統，疑“巂”爲“巂”之誤。

［司州］

柳仲禮　被俘。

《梁書》卷四《簡文帝紀》：“正月……西魏寇安陸，執司州刺史柳仲禮，盡没漢東之地。”《南史》卷三八《柳仲禮傳》：“置孚於安陸，而以輕兵帥于漴頭，將侵襄陽。岳陽王詧告急于魏，魏遣大將楊忠援之。仲禮與戰于漴頭，大敗，并弟子禮没于魏。……西魏於是盡得漢東。”《周書》卷二《文帝紀下》：“（大統）十六年春正月，柳仲禮率衆來援安陸，楊忠逆擊於漴頭，大破之，擒仲禮，悉虜其衆。馬岫以城降。”

［定州］

田聰能　刺史。降東魏。

田龍祖　刺史。

杜幼安　刺史，湘東王署。

《北齊書》卷四《文宣紀》:"(武定)八年春正月……梁定
州刺史田聰能、洪州刺史張顯等以州內屬。"《梁書》卷五《元
帝紀》:"十二月……遣護軍將軍尹悅、巴州刺史王珣、定州刺
史杜幼安帥衆下武昌,助徐文盛。"按:田龍祖見是年郢州條。

[洪州]

張顯　刺史。降東魏。

按:張顯見是年定州條。

[齊州]

衡陽王獻　刺史,鎮齊昌,邵陵王署。被殺。

《通鑑》卷一六三大寶元年九月:"初,邵陵王綸以衡陽王
獻爲齊州刺史,鎮齊昌,任約擊擒之,送建康,殺之。"

[梁州][南秦州]

蕭循

[黎州]

張賁　棄城走。

按:張賁見是年北益州條。

[北益州][沙州]

楊法深　改沙州。降西魏。

《通鑑》卷一六三大寶元年九月:"黎州民攻刺史張賁,賁
棄城走。州民引氐酋北益州刺史楊法深據黎州,命王、賈二姓
詣武陵王紀請法深爲刺史。紀深責之,囚法深質子崇顯、崇
虎。冬,十月,丁丑朔,法深遣使附魏。"《南史》卷五三《武陵
王紀傳》:"楊乾運求爲梁州刺史不得,紀以爲潼州刺史。楊法
深求爲黎州刺史亦不得,以爲沙州刺史。二人皆憾不獲所請,
各遣使通西魏。"《通鑑》卷一六五承聖二年五月胡注:"蓋即
以平興爲沙州也。"

[南梁州]

楊乾運

［東梁州］

李遷哲　信武將軍、都督東梁洵興等七州諸軍事、東梁州刺史。

　　　　《周書》卷四四《李遷哲傳》：“（太清）四年，遷持節、信武將軍、散騎常侍、都督東梁洵興等七州諸軍事、東梁州刺史。及侯景篡逆，諸王爭帝，遷哲外禦邊寇，自守而已。”校勘記：“張森楷云：‘……太清無四年……“四”字定誤。’按張說似有理，然梁元帝在江陵承制，仍用太清年號，到太清六年（五五二）十一月才改元承聖，遷哲官或爲元帝承制所授，則‘四年’未必誤。”

［南洛州］

扶猛

［興州］

席固　降西魏。

　　　　按：席固見太清三年興州條。

［益州］

武陵王紀

［潼州］

楊乾運

［廣州］

蕭勃

［衡州］

王懷明

［東衡州］

歐陽頠　都督東衡州諸軍事、雲麾將軍、東衡州刺史，湘東王署。

　　　　《陳書》卷九《歐陽頠傳》：“高祖之討蔡路養、李遷仕也，頠率兵度嶺，以助高祖。及路養等平，頠有功，梁元帝承制以始興郡爲東衡州，以頠爲持節、通直散騎常侍、都督東衡州諸軍事、雲麾將軍、東衡州刺史。"《歐陽頠墓誌》(《江令君集》)：

"梁孝元帝授散騎常侍、東衡州刺史、始興縣侯。"

[高州]

李遷仕

《陳書》卷八《杜僧明傳》："侯景之亂,俱隨高祖入援京師。……高州刺史李遷仕又據大皋,入灝石,以逼高祖,高祖遣周文育爲前軍,與僧明擊走之。遷仕與寧都人劉孝尚并力將襲南康,高祖又令僧明與文育等拒之。"

[交州]

陳霸先　明威將軍、刺史,湘東王署。尋遷南江州。

《陳書》卷一《高祖紀上》："大寶元年正月,高祖發自始興,次大庾嶺。(蔡)路養出軍頓南野,依山水立四城以拒高祖。高祖與戰,大破之,路養脫身竄走,進頓南康。湘東王承制授高祖員外散騎常侍、持節、明威將軍、交州刺史,改封南野縣伯。六月,高祖脩崎頭古城,徙居焉。高州刺史李遷仕據大皋,遣主帥杜平虜率千人入灝石魚梁,高祖命周文育將兵擊走之,遷仕奔寧都。承制授高祖通直散騎常侍、使持節、信威將軍、豫州刺史、領豫章內史,改封長城縣侯。尋授散騎常侍、使持節、都督六郡諸軍事、軍師將軍、南江州刺史,餘如故。時寧都人劉藹等資遷仕舟艦兵仗,將襲南康,高祖遣杜僧明等率二萬人據白口,築城以禦之,遷仕亦立城以相對。"按：時豫州已沒於東魏,陳霸先之豫州刺史疑爲遙領,本表不列。

大寶二年辛未(551)　十月,簡文帝被殺。

[揚州]

西陽王大鈞　宣惠將軍、監揚州。被殺。

《梁書》卷四四《西陽王大鈞傳》:"二年,監揚州,(宣惠)將軍如故。至秋遇害,時年十三。"

[東揚州]

安陸王大春　被殺。

陳霸先　都督會稽東陽新安臨海永嘉五郡諸軍事、平東將軍、東揚州刺史,領會稽太守、豫章内史,湘東王署。

　　《梁書》卷四四《安陸王大春傳》:"二年秋,遇害,時年二十二。"《陳書》卷一《高祖紀上》:"二年三月……承制命高祖進兵定江州,仍授江州刺史,餘如故。六月,高祖發自南康。……十一月,承制授高祖使持節、都督會稽東陽新安臨海永嘉五郡諸軍事、平東將軍、東揚州刺史,領會稽太守、豫章内史,餘並如故。"

[南徐州]

新興王大莊　被殺。

　　《梁書》卷四四《新興王大莊傳》:"二年秋,遇害。"

[江州]

南郡王大連　被殺。

陳霸先　刺史,湘東王署。遷東揚州。

王僧辯　大都督、征東將軍、刺史,進號征東大將軍,湘東王署。

　　《梁書》卷四《簡文帝紀》:"七月……王僧辯軍次湓城,賊行江州事范希榮棄城走。"《通鑑》卷一六四大寶二年六月《考異》:"《典略》云'江州刺史',今從《太清紀》。"《梁書》卷四四《南郡王大連傳》:"大連既迫寇手,恒思逃竄……事未果。二年秋,遇害。"卷五《元帝紀》:"九月己亥,以征東將軍、開府儀同三司、尚書令王僧辯爲江州刺史,餘如故。"卷四五《王僧辯傳》:"侯景浮江西寇,軍次夏首。僧辯爲大都督,率巴州刺史淳于量、定州刺史杜龕、宜州刺史王琳、郴州刺史裴之橫等,俱赴西陽。軍次巴陵,聞郢州已没,僧辯因據巴陵城。世祖乃命羅州刺史徐嗣徽、武州刺史杜崱並會僧辯于巴陵。……既頻戰挫衂,賊帥任約又爲陸法和所擒,景乃燒營夜遁,旋軍夏首。世祖策勳行賞,以僧辯爲征東將軍、開府儀同三司、江州刺史,封長寧縣公。於是世祖命僧辯即率巴陵諸軍,沿流討景。……希榮等因挾江州刺史臨城公棄城奔走。世祖加僧辯侍中、尚書令、征東大將軍,給鼓吹一部。仍令僧辯且頓江州,須衆軍齊集,得時更進。頃之,世祖命江州衆軍悉同大舉,僧辯乃表皇帝凶問,告于江陵。仍率大將百餘人,連名勸世祖即位;將欲進軍,又重奉表。"《廿二史考異》卷二六《梁書·王僧辯傳》:"《隋志》……桂陽郡云'平陳置郴州',不云梁所置,《裴之橫傳》亦不云爲郴州刺史,疑此傳誤也。"按:陳霸先見是年東揚州條。

[南兗州]

侯瑱 武臣將軍、刺史,湘東王署。

《陳書》卷九《侯瑱傳》:"及景敗於巴陵,景將宋子仙、任約等並爲西軍所獲,瑱乃誅景黨與,以應我軍,景亦盡誅其弟及妻子。梁元帝授瑱武臣將軍、南兗州刺史。……仍隨都督王僧辯討景,恒爲前鋒,每戰卻敵。"

[北兗州]

蕭邕 刺史。被殺。

馬明 平北將軍、刺史,領廬江太守,湘東王署。

《梁書》卷五六《侯景傳》:"(大寶)二年正月……北兗州刺史蕭邕謀降魏,事泄,景誅之。"《陳書》卷一○《周鐵虎傳》:"時有盱眙馬明,字世朗,梁世事鄱陽嗣王蕭範。侯景之亂,據廬江之東界,拒賊臨城柵。元帝授散騎常侍、平北將軍、北兗州刺史,領廬江太守。"按:北兗州太清三年没於東魏,蕭邕、馬明皆當遙領。

［晉州］

魯廣達

蕭惠正　刺史，湘東王署。

夏侯威生　刺史，侯景署。遁走。

　　　《陳書》卷三一《魯廣達傳》：“王僧辯之討侯景也，廣達出境候接，資奉軍儲……仍率衆隨僧辯。”《太平御覽》卷三〇六《兵部三七‧出師》引《三國典略》：“侯景西逼，梁湘東王遣晉州刺史蕭惠正率兵援于巴陵，惠正辭以不堪，舉天門郡守胡僧祐以自代。”《陳書》卷四《簡文帝紀》：“八月景午，晉熙人王僧振、鄭寵起兵襲郡城，僞晉州刺史夏侯威生、儀同任延遁走。”按：胡僧祐援巴陵在是年五月，見是年信州條。時湘東王已署魯廣達爲晉州刺史，蕭惠正當未之任。

［義州］

周文育

夏侯珍洽　刺史。附齊。

　　　《陳書》卷八《周文育傳》：“文育頻出與戰，遂擒（李）遷仕。”《北齊書》卷四《文宣紀》：“（天保二年）三月……梁交州刺史李景盛、梁州刺史馬嵩仁、義州刺史夏侯珍洽、新州刺史李漢等並率州內附。”

［光州］

鄭安忠　刺史。

　　　　按：鄭安忠見承聖二年益州條。是年義州降齊，光州在義州之北，亦當没於齊。

［東徐州］

裴之橫　平北將軍、刺史，湘東王署。

《梁書》卷二八《裴之橫傳》:"之橫率衆與兄之高同歸元帝,承制除散騎常侍、廷尉卿,出爲河東内史。又隨王僧辯拒侯景於巴陵,景退,遷持節、平北將軍、東徐州刺史,中護軍。"按:宿預之東徐州太清三年已没於東魏,裴之橫當遥領。

[潼州]

周鐵虎 仁威將軍、刺史,湘東王署。

《陳書》卷一〇《周鐵虎傳》:"及侯景西上,鐵虎從僧辯克任約,獲宋子仙,每戰皆有功。元帝承制授仁威將軍、潼州刺史。"按:取慮之潼州太清中已没於東魏,周鐵虎當遥領。

[荆州]

南平王恪 遷湘州。

[西荆州]

杜幼安 被殺。

《梁書》卷四六《杜幼安傳》:"助左衛將軍徐文盛東討侯景。至貝磯,遇景將任約來逆,遂與戰,大敗之,斬其儀同叱羅子通、湘州刺史趙威方等,傳首江陵。……會景密遣襲陷郢州,執刺史方諸等以歸,人情大駭,徐文盛由漢口遁歸,衆軍大敗,幼安遂降于景。景殺之,以其多反覆故也。"

[宜州]

王琳 刺史。

《通鑑》卷一六三大寶元年七月:"湘東王改宜都爲宜州,以王琳爲刺史。"按:王琳參見是年江州條。

[湘州]

蕭方矩 徵還。

南平王恪 征南大將軍、刺史,湘東王署。

趙威方 刺史,侯景署。敗死。

《梁書》卷五《元帝紀》:"八月……以鎮南將軍、湘州刺史蕭方矩爲中衛將軍。司空、征南將軍、南平王恪進號征南大將軍、湘州刺史,餘如故。”卷八《愍懷太子方矩傳》:“尋徵爲侍中、中衛將軍。”按:趙威方見是年西荆州條。

［武州］

杜崱

［巴州］

王珣

淳于量　都督巴州諸軍事、信威將軍、巴州刺史,湘東王署。

《梁書》卷五六《侯景傳》:“二年正月……世祖遣巴州刺史王珣等率衆下武昌,助徐文盛。”《陳書》卷一一《淳于量傳》:“元帝承制以量爲假節、通直散騎常侍、都督巴州諸軍事、信威將軍、巴州刺史。侯景西上攻巴州,元帝使都督王僧辯入據巴陵。量與僧辯并力拒景,大敗景軍,擒其將任約。進攻郢州,獲宋子仙。”按:淳于量參見是年江州條。

［雍州］

岳陽王詧

［郢州］

杜龕　遷定州。

［郢州］

蕭方諸　被執。

丁和　刺史,侯景署。

蕭韶　刺史,湘東王署。

《梁書》卷四《簡文帝紀》:“三月,侯景自帥衆西寇。……四月,至西陽。乙亥,景分遣僞將宋子仙、任約襲郢州。景子,執刺史蕭方諸。”卷三○《鮑泉傳》:“方諸與泉不恤軍政,唯蒲酒自樂……城乃陷。執方諸及泉,送之景所。”卷四六《徐文盛傳》:“文盛督衆軍東下,至武昌,遇侯景將任約,遂與相持久

之。世祖又命護軍將軍尹悦、平東將軍杜幼安、巴州刺史王珣
等會之,並授文盛節度。……會景密遣騎從間道襲陷郢州,軍
中兇懼,遂大潰。文盛奔還荆州,世祖仍以爲城北面都督。"卷
五六《侯景傳》:"景訪知郢州無備,兵少,又遣宋子仙率輕騎
三百襲陷之,執刺史方諸、行事鮑泉,盡獲武昌軍人家口。徐
文盛等聞之,大潰,奔歸江陵,景乘勝西上。初,世祖遣領軍王
僧辯率衆東下代徐文盛,軍次巴陵。……生擒約。景聞之,夜
遁。以丁和爲郢州刺史……景還京師。"《南史》卷五一《蕭韶
傳》:"太清初爲舍人,城陷奉詔西奔。……乃更爲《太清紀》。
其諸議論,多謝吳爲之。韶既承旨撰著,多非實録,湘東王德
之,改超繼宣武王,封長沙王,遂至郢州刺史。"

[新州]

李漢　刺史。附齊。

　　　按:李漢見是年義州條。

[交州]

李景盛　刺史。附齊。

　　　按:李景盛見是年義州條。

[梁州]

馬嵩仁　刺史。附齊。

　　　徐陵《梁貞陽侯重與王太尉書》(《文苑英華》卷六七七):
　　　"立兹幼弱,非曰大勳,滅我宗祊,何所逃釁?今復遣前吉州刺
　　　史馬嵩仁至彼,更具往懷,想不遠而復無貽祇悔也。"按:馬嵩
　　　仁見是年義州條。《重與王太尉書》"梁州"作"吉州",二州皆
　　　乏考,未知孰是。

[定州]

杜龕　安北將軍、督定州諸軍事、定州刺史,湘東王署。

　　　《梁書》卷四六《杜龕傳》:"又隨僧辯下,繼徐文盛軍。

至巴陵，聞侯景襲陷郢州，西上將至，乃與僧辯等守巴陵以
待之。景至，圍之數旬，不剋而遁。遷太府卿、安北將軍、督
定州諸軍事、定州刺史。……仍隨僧辯追景至江夏，圍其
城。景將宋子仙棄城遁，亷追至楊浦，生擒之。"按：杜亷參
見是年江州條。

[梁州] [南秦州]

　　蕭循

[南梁州]

　　楊乾運

[信州]

　　陸法和　　刺史。

　　徐世譜　　信武將軍、刺史。

　　　　《梁書》卷四《簡文帝紀》："五月癸未，湘東王繹遣游擊將
　　軍胡僧祐、信州刺史陸法和援巴陵，景遣任約帥衆拒援軍。六
　　月甲辰朔，僧祐等擊破任約，擒之。乙巳，景解圍宵遁。"《陳
　　書》卷一三《徐世譜傳》："隨王僧辯攻郢州，世譜復乘大艦臨
　　其倉門，賊將宋子仙據城降。以功除使持節、信武將軍、信州
　　刺史。……仍隨僧辯東下，恒爲軍鋒。"

[東梁州]

　　李遷哲

[南洛州]

　　扶猛

　　　　《周書》卷四四《扶猛傳》："魏大統十七年，大將軍王雄拓
　　定魏興，猛率其衆據險爲堡，時遣使微通餉饋而已。"

[益州]

　　武陵王紀

[潼州]

楊乾運

　　《周書》卷四四《楊乾運傳》：“及達奚武圍南鄭，武陵王蕭紀遣乾運率兵援之，爲武所敗。”

[廣州]

蕭勃

[衡州]

王懷明

[東衡州]

歐陽頠

[新州]

杜僧明　清野將軍、刺史，湘東王署。

　　《陳書》卷八《杜僧明傳》：“及高祖下南康，留僧明頓西昌，督安成、廬陵二郡軍事。元帝承制授假節、清野將軍、新州刺史。……侯景遣于慶等寇南江，高祖頓豫章，會僧明爲前驅，所向克捷。高祖表僧明爲長史，仍隨東討。”

[高州]

李遷仕

周炅　刺史，湘東王署。

　　《陳書》卷一《高祖紀上》：“二年三月，僧明等攻拔其城，生擒遷仕送南康，高祖斬之。”卷一三《周炅傳》：“梁大同中，爲通直散騎侍郎、朱衣直閤。太清元年，出爲弋陽太守。侯景之亂，元帝承制改授西陽太守。……以功授持節、高州刺史。是時炅據武昌、西陽二郡，招聚卒徒，甲兵甚盛。景將任約來據樊山，炅與寧州長史徐文盛擊約……約衆殆盡。”校勘記：“‘寧州長史’疑有訛脫。”《周法尚墓誌》（《秦晉豫墓誌》九三）：“父炅，梁通直散騎常侍、高州刺史。”按：徐文盛由寧州刺史遷江州長史，見上年江州條。

［羅州］

　　徐嗣徽　　刺史。

　　　　按：徐嗣徽見是年江州條。

元帝承聖元年壬申（552）　　三月，王僧辯平侯景。十一月，湘東王即位於江陵，改元。

［揚州］

　　南平王恪　　五月，鎮東將軍、刺史。九月，卒。

　　王僧辯　　九月，都督揚南徐東揚三州諸軍事、鎮衛將軍、揚州刺史。

　　　　《梁書》卷五《元帝紀》：“五月……以征南將軍、湘州刺史、司空南平嗣王恪爲鎮東將軍、揚州刺史，餘如故。……九月甲戌，司空、鎮東將軍、揚州刺史南平王恪薨。”《通鑑》卷一六四承聖元年：“九月，甲戌，司空南平王恪卒。甲申，以王僧辯爲揚州刺史。”按：王僧辯參見是年江州條及承聖三年揚州條。《梁書》未云是年王僧辯爲揚州刺史，萬斯同《梁將相大臣年表》斷於承聖二年，此從《通鑑》。

［東揚州］

　　陳霸先　　遷南徐州。

　　杜龕　　平東將軍、刺史。

　　　　按：杜龕見是年定州條。

［南徐州］

　　陳霸先　　都督南徐州諸軍事、征北大將軍、南徐州刺史。

　　　　《梁書》卷五《元帝紀》：“五月……以陳霸先爲征北大將軍、開府儀同三司、南徐州刺史。”《陳書》卷一《高祖紀上》：“三月，高祖與諸軍進剋姑熟，仍次蔡洲。……景衆大潰……

僧辯啓高祖鎮京口。……七月……承制授高祖使持節、散騎常侍、都督南徐州諸軍事、征北大將軍、開府儀同三司、南徐州刺史，餘並如故。"

[江州]

王僧辯 五月，進司徒、鎮衛將軍。九月，遷揚州。

杜崱 督江州諸軍事、江州刺史。

周炅 都督江定二州諸軍事、戎昭將軍、江州刺史。

《梁書》卷五《元帝紀》："五月……以尚書令、征東將軍、開府儀同三司、江州刺史王僧辯爲司徒、鎮衛將軍。"卷四五《王僧辯傳》："僧辯於是發自江州，直指建業，乃先命南兗州刺史侯瑱率銳卒輕舸，襲南陵、鵲頭等戍，至即剋之。先是，陳霸先率衆五萬，出自南江……既至湓口，與僧辯會于白茅洲，登壇盟誓。……盧暉略聞景戰敗，以石頭城降，僧辯引軍入據之。……於是逆寇悉平，京都剋定。世祖即帝位，以僧辯功，進授鎮衛將軍、司徒。"卷四六《杜崱傳》："景平，加散騎常侍、持節、督江州諸軍事、江州刺史，增邑千户。是月，齊將郭元建攻秦州刺史嚴超遠於秦郡，王僧辯令崱赴援，陳霸先亦自歐陽來會……元建收餘衆而遁。時世祖執王琳於江陵，其長史陸納等遂於長沙反，世祖徵崱與王僧辯討之。"《陳書》卷一三《周炅傳》："承聖元年，遷使持節、都督江定二州諸軍事、戎昭將軍、江州刺史。……高祖踐祚，王琳擁據上流，炅以州從之。"按：《王僧辯傳》云僧辯進授鎮衛將軍、司徒在湘東王即位後，此從《元帝紀》。《杜崱傳》之"嚴超遠"，《南史》《北齊書》及《通鑑》皆作"嚴超達"。

[高州]

周迪 壯武將軍、刺史。

《陳書》卷三五《周迪傳》："迪乃據有臨川之地，築城于工塘。梁元帝授迪持節、通直散騎常侍、壯武將軍、高州刺史。”

[南兗州]

　　侯瑱　遷南豫州。

　　杜僧明　明威將軍、刺史，領晉陵太守。

　　　　《陳書》卷八《杜僧明傳》：“及景平，以功除員外散騎常
　　侍、明威將軍、南兗州刺史……仍領晉陵太守。”按：侯瑱參見
　　是年江州條。

[北兗州]

　　馬明

[秦州]

　　嚴超達　刺史。

　　　　《北齊書》卷四一《暴顯傳》：“（天保三年）與梁秦州刺史
　　嚴超達戰於涇城，破之。”按：嚴超達參見是年江州條。

[北徐州]

　　王强　刺史。

　　　　《北齊書》卷四一《暴顯傳》：“（天保三年）爲合肥被圍，遣
　　與步汗薩、慕容儼等同攻梁北徐州。擒刺史王强。”

[南豫州]

　　侯瑱　刺史，鎮姑熟。

　　　　《陳書》卷九《侯瑱傳》：“以功除南豫州刺史，鎮于姑熟。”

[合州]

　　徐度　寧朔將軍、刺史。

　　　　《陳書》卷一二《徐度傳》：“歸至白茅灣，梁元帝授寧朔將
　　軍、合州刺史。……高祖鎮朱方，除信武將軍、蘭陵太守。”按：
　　合州時已没於東魏，徐度當遙領。

[晉州]

　　魯廣達

《陳書》卷三一《魯廣達傳》：“景平，加員外散騎常侍，餘如故。”

[北江州]

魯悉達 仁威將軍、刺史。

《陳書》卷一三《魯悉達傳》：“招集晉熙等五郡，盡有其地。使其弟廣達領兵隨王僧辯討侯景。景平，梁元帝授持節、仁威將軍、散騎常侍、北江州刺史。”

[青州][冀州]

羊鵾 都督青冀二州諸軍事、明威將軍、青州刺史，領東陽太守。

《梁書》卷三九《羊鵾傳》：“及景敗……鵾以稍入刺殺之。世祖以鵾爲持節、通直散騎常侍、都督青冀二州諸軍事、明威將軍、青州刺史……又領東陽太守。征陸納，加散騎常侍。”按：太清三年青冀二州已沒於東魏，此後任二州都督、刺史者皆當遙領。

[潼州]

周鐵虎

[湘州]

南平王恪 五月，遷揚州。

王琳 刺史。

蕭方略 刺史。

蕭循 驃騎將軍、刺史。

《梁書》卷五《元帝紀》：“十月乙未，前梁州刺史蕭循自魏至于江陵。……執湘州刺史王琳於殿內，琳副將殷晏下獄死。辛酉，以子方略爲湘州刺史。庚戌，琳州長史陸納及其將潘烏累等舉兵反，襲陷湘州。……承聖元年冬十一月……以平北將軍、開府儀同三司蕭循爲驃騎將軍、湘州刺史，餘如故。……十二月壬子，陸納分兵襲巴陵，湘州刺史蕭循擊破

之。"《陳書》卷二四《周弘直傳》："及梁元帝承制，授假節、英
果將軍、世子長史。尋除智武將軍、衡陽內史。遷貞毅將軍、
平南長史、長沙內史，行湘州府州事。……歷邵陵、零陵太守，
雲麾將軍、昌州刺史。王琳之舉兵也，弘直在湘州，琳敗，乃還
朝。"《北齊書》卷三二《王琳傳》："隨王僧辯破景。後拜湘州
刺史。……平景之勳，與杜龕俱為第一，恃寵縱暴於建業。王
僧辯禁之不可，懼將為亂，啟請誅之。琳亦疑禍，令長史陸納
率部曲前赴湘州，身徑上江陵。"按：蕭循參見是年梁秦二
州條。

[巴州]

淳于量　　遷桂州。

《陳書》卷一一《淳于量傳》："仍隨僧辯克平侯景。承聖
元年，以功授左衛將軍……尋出為持節、都督桂定東西寧等四
州諸軍事、信威將軍、安遠護軍、桂州刺史。"

[營州]

李洪雅　　刺史。

《梁書》卷五《元帝紀》："十二月……營州刺史李洪雅自
零陵率衆出空雲灘，將下討納，納遣將吳藏等襲破洪雅，洪雅
退守空雲城。"《通鑑》卷一六四承聖元年十一月："侯景之亂，
零陵人李洪雅據其郡，上即以為營州刺史。洪雅請討陸納，上
許之。丁道貴收餘衆與之俱。納遣其將吳藏襲擊，破之，洪雅
等退保空雲城。"

[雍州]

岳陽王詧

[郢州]

蕭韶

[定州]

杜龕　遷東揚州。

　　《梁書》卷四六《杜龕傳》：“大寶三年，衆軍至姑熟，景將侯子鑒逆戰，龕與陳霸先、王琳等率精鋭擊之，大敗子鑒，遂至于石頭。景親率其黨會戰，龕與衆軍奮擊，大破景，景遂東奔。論功爲最，授平東將軍、東揚州刺史。”

[梁州][南秦州]

蕭循　降西魏。

　　《南史》卷五二《蕭脩傳》：“在漢中七年，移風改俗，人號慈父。……承聖元年，魏將達奚武來攻，脩遣記室參軍劉璠至益州，求救于武陵王紀，遣將楊乾運援之，拜脩隨郡王。璠還至嶓冢，乃降于魏，乾運班師。璠至城下，説城中降魏。脩數之曰：‘卿不能死節，反爲説客邪！’命射之。間信遣至荆州，元帝遣與相聞。……魏相安定公宇文泰遣書喻之，力屈乃降。安定公禮之甚厚，未幾令還江陵。”《周書》卷四二《劉璠傳》：“梁元帝尋又以（蕭）循紹鄱陽之封，且爲雍州刺史，復以璠爲循平北府司馬。……紀於是遣使就拜循爲益州刺史，封隨郡王，以璠爲循府長史，加蜀郡太守。還至白馬西，屬達奚武軍已至南鄭，璠不得入城，遂降於武。”校勘記：“蕭循降周時仍是梁、秦二州刺史，未嘗移鎮。且雍州刺史是蕭詧，其地亦非元帝所有。這裏紀述有誤。”卷二《文帝紀下》：“魏廢帝元年春，王雄平上津、魏興，以其地置東梁州。夏四月，達奚武圍南鄭，月餘，梁州刺史、宜豐侯蕭循以州降。武執循還長安。”卷一九《達奚武傳》：“（大統）十七年，詔武率兵三萬，經略漢川。梁將楊賢以武興降，梁深以白馬降，武分兵守其城。梁梁州刺史、宜豐侯蕭循固守南鄭……循知援軍被破，乃降，率所部男女三萬口入朝，自劍以北悉平。”按：蕭循自太清二年至承聖元年爲梁南秦二州刺史只五年，《南史》本傳云“七年”，當誤。

［黎州］

席巆　刺史。

　　《元和志》卷二二利州："武陵王蕭紀僭號於蜀,以席巆爲黎州刺史。"

［沙州］

任褒　刺史。降西魏。

　　《周書》卷四四《任果傳》："父褒,龍驤將軍、新巴南安廣漢三郡守、沙州刺史、新巴縣公。果性勇決,志在立功。魏廢帝元年,率所部來附。"

［南梁州］

楊乾運

［萬州］

宋簋　刺史。

　　《南史》卷五三《武陵王紀傳》："紀乃僭號於蜀……紀又立子圓照爲皇太子。……元帝遣萬州刺史宋簋襲圓照於白帝,圓照弟圓正時爲西陽太守,召至,鎖于省内。"

［信州］

徐世譜

向鎮侯　刺史。

　　按:向鎮侯見是年南洛州條。時徐世譜爲信州刺史,鎮侯不應同任,存疑。

［東梁州］

李遷哲　降西魏。

　　《周書》卷四四《李遷哲傳》："大統十七年,太祖遣達奚武、王雄等略地山南,遷哲率其所部拒戰,軍敗,遂降於武。"

［南洛州］

扶猛　降西魏。

《周書》卷四四《扶猛傳》：“魏廢帝元年，魏興叛，雄擊破之，猛遂以衆降。太祖以其世據本鄉，乃厚加撫納，授車騎大將軍、儀同三司，加散騎常侍，復爵宕渠縣男。割二郡爲羅州，以猛爲刺史。令率所部千人，從開府賀若敦南討信州。……遂至白帝城。刺史向鎮侯列陣拒猛。猛與戰，破之，乘勝而進，遂入白帝城。”

[益州]

武陵王紀　四月稱帝，改年天正，八月東下。

蕭撝　尚書令、征西大將軍、都督益梁秦潼安瀘青戎寧華信渠萬江新巴楚義十八州諸軍事、益州刺史，守成都，蕭紀署。

《梁書》卷五《元帝紀》：“四月乙巳，益州刺史、新除假黃鉞、太尉武陵王紀竊位於蜀，改號天正元年。……八月，蕭紀率巴、蜀大衆連舟東下，遣護軍陸法和屯巴峽以拒之。”卷五五《武陵王紀傳》：“太清五年夏四月，紀帥軍東下至巴郡，以討侯景爲名，將圖荊陝。”校勘記：“蕭紀起兵在大寶三年（即太清六年）八月。”《周書》卷四二《蕭撝傳》：“紀率衆東下，以撝爲尚書令、征西大將軍、都督益梁秦潼安瀘青戎寧華信渠萬江新邑楚義十八州諸軍事、益州刺史，守成都。又令梁州刺史楊乾運守潼州。”《廿二史考異》卷三二《周書·蕭撝傳》：“此十八州，惟益、梁、秦沿宋齊之舊，餘皆梁末增置。……‘邑’疑‘巴’字之訛。”

[潼州]

楊乾運

《周書》卷四四《楊乾運傳》：“紀時已稱尊號，以乾運威服巴、渝，欲委方面之任，乃拜車騎將軍、十三州諸軍事、梁州刺史，鎮潼州。”按：《周書》云紀拜楊乾運爲梁州刺史，然《梁書》仍稱其爲潼州刺史。

［瀘州］

樂暢　都督瀘戎青巴寧五州諸軍事、瀘州刺史，蕭紀署。

《樂暢墓誌》（《西南大學墓誌》二四）：“君諱暢，字茂雅，南陽淯陽人。……梁臨汝侯之作牧靈關，號稱多士。君特逢賞遇，□絕府僚。武陵王據有二江，自娛三蜀，授君假節黃門侍郎，領衛尉丞、廷尉監、都督瀘戎青巴寧五州諸軍事、瀘州刺史，攝官青鎖，仍警八屯。佐職理官，擁旄瀘水，出内之宜，寵光聯類。”按：臨汝侯即蕭淵猷，普通中爲益州刺史。不知蕭紀何年授樂暢刺史，蓋在稱帝後。

［寧州］

周敷　信武將軍、刺史。

《陳書》卷一三《周敷傳》：“（周）迪據臨川之工塘，敷鎮臨川故郡。侯景平，梁元帝授敷使持節、通直散騎常侍、信武將軍、寧州刺史。”按：周敷據臨川故郡，此寧州當爲僑置或遥領。

［廣州］

蕭勃

［衡州］

丁道貴　刺史。

《梁書》卷五《元帝紀》：“十一月……陸納遣將潘烏累等攻破衡州刺史丁道貴於淥口，道貴走零陵。”

［東衡州］

歐陽頠　遷武州，尋授郢州，復授都督衡州諸軍事、忠武將軍、衡州刺史。

《陳書》卷九《歐陽頠傳》：“侯景平……乃授武州刺史，尋授郢州刺史，欲令出嶺，蕭勃留之，不獲拜命。尋授使持節、散騎常侍、都督衡州諸軍事、忠武將軍、衡州刺史，進封始興縣

侯。"按:《頲傳》云授頲衡州刺史,然承聖元年後丁道貴、王
琳、譚世遠相繼爲衡州刺史,頲不應同任。且頲不治含洭,仍
處始興,見承聖三年廣州條。頲所任實爲東衡州,仍列於東衡
州條下。

[石州]

杜稜 仁威將軍、刺史。

《陳書》卷一二《杜稜傳》:"從高祖,恒典書記。侯景之
亂,命稜將領,平蔡路養、李遷仕皆有功。軍至豫章,梁元帝承
制授稜仁威將軍、石州刺史。……侯景平,高祖鎮朱方,稜監
義興琅邪二郡。"按:石州在嶺南永平郡,稜蓋遥領。

[高州]

周炅 遷江州。

[羅州]

胡穎 鐵騎將軍、刺史,尋除豫章内史。

《陳書》卷一二《胡穎傳》:"梁承聖初,元帝授穎假節、鐵
騎將軍、羅州刺史……尋除豫章内史,隨高祖鎮京口。"按:穎
蓋遥領羅州。

[桂州]

淳于量 都督桂定東西寧等四州諸軍事、信威將軍、安遠護軍、
桂州刺史。

按:淳于量見是年巴州條。

承聖二年癸酉(553)　八月,西魏陷益州。

[揚州]

王僧辯

《梁書》卷五《元帝紀》:"正月乙丑,詔王僧辯率衆軍士討

陸納。……六月乙酉,湘州平。……九月庚午,司徒王僧辯旋
鎮。"卷四五《王僧辯傳》:"湘州賊陸納等攻破衡州刺史丁道
貴於淥口,盡收其軍實。……僧辯因督杜崱等衆軍,發于建
業,師次巴陵。詔僧辯爲都督東上諸軍事,霸先爲都督西上諸
軍事。……湘州平。僧辯旋于江陵,因被詔會衆軍西討,督舟
師二萬,輿駕出天居寺餞行。俄而武陵敗績,僧辯自枝江班師
于江陵,旋鎮建業。"《陳書》卷一《高祖紀上》:"及王僧辯率衆
征陸納於湘州,承制命高祖代鎮揚州。……湘州平,高祖旋鎮
京口。"

[東揚州]

杜龕

《梁書》卷四六《杜龕傳》:"承聖二年,又與王僧辯討陸納
等於長沙,降之。又征武陵王於西陵,亦平之。"

[南徐州]

陳霸先　正月,代鎮揚州。九月,還鎮京口。

陳蒨　信武將軍、監南徐州。

《陳書》卷三《世祖紀》:"承聖二年,授信武將軍,監南徐
州。"按:陳霸先見是年揚州條。

[江州]

杜崱　病卒。

晉安王方智　平南將軍、刺史。

《梁書》卷四六《杜崱傳》:"承聖二年,及(陸)納等戰
於車輪,大敗,陷其二壘,納等走保長沙,崱等圍之。後納
等降,崱又與王僧辯西討武陵王於硤口,至即破平之。於
是旋鎮,遘疾卒。"卷五《元帝紀》:"九月……以晉安王方
智爲江州刺史。"卷六《敬帝紀》:"二年,出爲平南將軍、江
州刺史。"

［吴州］

　王質　都督吴州諸軍事、寧遠將軍、吴州刺史,領鄱陽内史。

　　　《陳書》卷一八《王質傳》:“京城陷後,西奔荆州,元帝承
制以質爲右長史、帶河東太守。俄遷侍中,尋出爲持節、都督
吴州諸軍事、寧遠將軍、吴州刺史、領鄱陽内史。”

［高州］

　周迪

［南兖州］

　杜僧明　進號平北將軍。

　　　《陳書》卷八《杜僧明傳》:“承聖二年,從高祖北圍廣陵,
加使持節,遷通直散騎常侍、平北將軍、餘如故。”

［北兖州］

　馬明

［秦州］

　嚴超達

［南豫州］

　侯瑱

　　　《梁書》卷五《元帝紀》:“十一月辛酉,僧辯次于姑孰,
即留鎮焉。遣豫州刺史侯瑱據東關壘,徵吴興太守裴之橫
帥衆繼之。”《陳書》卷九《侯瑱傳》:“承聖二年,齊遣郭元建
出自濡須,僧辯遣瑱領甲士三千,築壘於東關以扞之,大敗
元建。”《通鑑》卷一六五承聖二年:“十月……己酉,王僧辯
至姑孰,遣婺州刺史侯瑱、吴郡太守張彪、吴興太守裴之橫
築壘東關,以待齊師。……閏月,丁丑,南豫州刺史侯瑱與
郭元建戰於東關,齊師大敗……王僧辯還建康。”胡注:“東
陽郡,梁置婺州。”按:《侯瑱傳》云瑱時爲南豫州刺史,鎮姑
熟,非東陽。《元帝紀》闕“南”字,《通鑑》誤“豫”爲“婺”。

《隋書》卷三一《地理志下》東陽郡：“平陳，置婺州。”知平陳前無婺州，胡注誤。

[合州]

　徐度

[晉州]

　魯廣達

[西晉州]

　羊鵾　刺史。遷東晉州。

　　　《梁書》卷三九《羊鵾傳》：“平峽中，除西晉州刺史。破郭元建於東關，遷使持節、信武將軍、東晉州刺史。”

[東晉州]

　羊鵾　信武將軍、刺史。

　　　按：羊鵾見是年西晉州條。

[北江州]

　魯悉達

[青州][冀州]

　羊鵾　遷西晉州，復遷東晉州。

　程靈洗　都督青冀二州諸軍事、雲麾將軍、青州刺史。

　　　《陳書》卷一〇《程靈洗傳》：“及景敗……以功授持節、散騎常侍、都督青冀二州諸軍事、青州刺史……（雲麾）將軍、太守如故。仍令靈洗率所部下揚州，助王僧辯鎮防。”

[潼州]

　周鐵虎

　　　《陳書》卷一〇《周鐵虎傳》：“承聖二年……仍爲散騎常侍，領信義太守，將軍如故。”

[湘州]

　蕭循

《北齊書》卷三二《王琳傳》：“梁元遣王僧辯討納，納等敗
走長沙。是時湘州未平，武陵王兵又甚盛，江陵公私恐懼，人
有異圖。納啓申琳罪，請復本位，永爲奴婢。梁元乃鎖琳送長
沙。……及放琳入，納等乃降，湘州平。仍復本位，使琳拒蕭
紀。紀平，授衡州刺史。”

[营州]

　李洪雅　降陸納。

《通鑑》卷一六五承聖二年二月：“李洪雅力屈，以空雲城
降陸納。納囚洪雅，殺丁道貴。納以沙門寶誌詩讖有‘十八
子’，以爲李氏當王，甲辰，推洪雅爲主，號大將軍。”

[雍州]

　岳陽王詧

[郢州]

　蕭韶

　陸法和　都督、刺史。

《梁書》卷五《元帝紀》：“九月……以護軍將軍陸法和爲
郢州刺史。”《北齊書》卷三二《陸法和傳》：“武陵王紀果遣蜀
兵來渡，峽口勢蹙，進退不可。王琳與法和經略，一戰而殄
之。……梁元帝以法和爲都督、郢州刺史。”

[司州]

　樊猛　輕車將軍、刺史。

《陳書》卷三一《樊猛傳》：“梁安南侯蕭方矩爲湘州刺史，
以猛爲司馬。會武陵王蕭紀舉兵自漢江東下，方矩遣猛率湘、
郢之卒，隨都督陸法和進軍以拒之。……猛手擒紀父子三
人……仍進軍撫定梁、益，蜀境悉平。軍還，遷持節、散騎常
侍、輕車將軍、司州刺史。”按：義陽、安陸之司州已没於北，猛
當遥領。

［黎州］

　席嶷　　降西魏。

　　　　《元和志》卷二二利州：“嶷反，州屬魏，復改黎州爲西
　　益州。”

［南梁州］

　譙淹　　刺史，蕭紀署。

　　　　按：譙淹見是年益州條。

［信州］

　徐世譜

［益州］

　武陵王紀　七月，敗死。

　蕭撝　　降西魏。

　　　　《梁書》卷五《元帝紀》：“正月……西魏遣大將尉遲迥襲
　　益州。……五月……尉遲迥進逼巴西，潼州刺史楊虔運以
　　城降，納迥。己丑，蕭紀軍至西陵。六月……尉遲迥圍益
　　州。秋七月……紀衆大潰，遇兵死。……八月戊戌，尉遲迥
　　陷益州。”卷五五《武陵王紀傳》：“聞西魏侵蜀，遣其將南梁
　　州刺史譙淹迴軍赴援。五月日，西魏將尉遲迥帥衆逼涪水，
　　潼州刺史楊乾運以城降之，迥分軍據守，即趨成都。丁丑，
　　紀次于西陵。……六月……世祖與紀書曰：‘……今遣散騎
　　常侍、光州刺史鄭安忠，指宣往懷。’仍令喻意于紀，許其還
　　蜀，專制岷方。紀不從命。……將軍樊猛獲紀及其第三子
　　圓滿，俱殺之於硤口。”《南史》卷五三《武陵王紀傳》：“及頓
　　兵日久，頻戰不利，師老糧盡，智力俱殫。又魏人入劍閣，成
　　都虛弱，憂懣不知所爲。……蜀中將卒日夜思歸。所署江
　　州刺史王開業進曰：‘宜還救根本，更思後圖。’”《周書》卷
　　二一《尉遲迥傳》：“甲士一萬二千，騎萬疋，伐蜀。以魏廢帝

二年春,自散關由固道出白馬,趣晉壽,開平林舊道。前軍
臨劍閣,紀安州刺史樂廣,以州先降。紀梁州刺史楊乾運時
鎮潼州,又降。六月,迴至潼州,大饗將士,引之而西。紀益
州刺史蕭撝不敢戰,遂嬰城自守。進軍圍之。初,紀至巴
郡,聞迴來侵,遣譙淹回師,爲撝外援。迴分遣元珍、乙弗亞
等以輕騎破之,遂降。撝前後戰數十合,皆爲迴所破。撝與
紀子宜都王蕭,及其文武官屬,詣軍門請見,迴以禮接之。"
《北史》卷六二《尉遲迴傳》:"初,紀至巴郡,遣前南梁州刺
史史欣景、幽州刺史趙拔扈等爲撝外援。迴分遣元珍、乙弗
亞等擊破之。拔扈等遁走,欣景遂降。"《周書》卷四二《蕭撝
傳》:"及迴入劍閣,乾運以州降。蜀中因是大駭,無復抗拒
之志。迴長驅至成都,撝見兵不滿萬人,而倉庫空竭,軍無
所資,遂爲城守之計。迴圍之五旬,撝屢遣其將出城挑戰,
多被殺傷。外援雖至,又爲迴所破。……撝遂請降。"按:
《梁書·武陵王紀傳》《周書·尉遲迴傳》云援蕭撝者爲譙
淹,《北史》則云爲史欣景、趙拔扈,存疑。

[安州]

樂廣　刺史。降西魏。

　　按:樂廣見是年益州、潼州條。

[潼州]

楊乾運　降西魏。

　　《周書》卷四四《楊乾運傳》:"時紀與其兄湘東王繹爭帝,
遂連兵不息。……(乾運)乃令(子)略將二千人鎮劍閣。又
遣其婿樂廣鎮安州。……乾運乃令使人李若等入關送款。太
祖乃密賜乾運鐵券,授使持節、驃騎大將軍、開府儀同三司、侍
中、梁州刺史、安康郡公。……乾運遂降迴。迴因此進軍成
都,數旬尅之。"

［江州］

　　王開業　　刺史。

　　　　《周書》卷二八《賀若敦傳》：“魏廢帝二年……時岷蜀初開，民情尚梗。巴西人譙淹據南梁州，與梁西江州刺史王開業共爲表裏，扇動群蠻。太祖令敦率軍討之。……斬淹，盡俘其衆。”按：王開業參見是年益州條。

［瀘州］

　　樂暢　　降西魏。

　　　　《樂暢墓誌》（《西南大學墓誌》二四）：“自荆巫不守，歸命宗周。周大祖文皇帝，曲留眄識。大冢宰晉國公深加接異，授君小畿伯。”按：時周未建立，當云歸魏。

［寧州］

　　陳知祖　　刺史。

　　　　《南史》卷五三《武陵王紀傳》：“既東下……寧州刺史陳知祖請散金銀募勇士，不聽，慟哭而去。自是人有離心，莫肯爲用。”

［廣州］

　　蕭勃

［衡州］

　　王琳　　刺史。

　　　　按：王琳見是年湘州條。

［東衡州］

　　歐陽頠

［石州］

　　杜稜

［桂州］

　　淳于量

承聖三年甲戌（554）　十一月，西魏陷江陵，立蕭詧爲梁主，居江陵。襄陽所統，盡歸西魏。

[揚州]

王僧辯　加太尉、車騎大將軍。

《梁書》卷四五《王僧辯傳》：“二月甲辰，詔曰：‘……使持節、侍中、司徒、尚書令、都督揚南徐東揚三州諸軍事、鎮衛將軍、揚州刺史永寧郡開國公僧辯……加太尉、車騎大將軍，餘悉如故。’……十月，西魏相宇文黑泰遣兵及岳陽王衆合五萬，將襲江陵，世祖遣主書李膺徵僧辯於建業，爲大都督、荆州刺史。……僧辯因命豫州刺史侯瑱等爲前軍，兗州刺史杜僧明等爲後軍。……俄而京城陷没，宮車晏駕。”

[東揚州]

杜龕

[南徐州]

陳霸先　進位司空。

陳蒨

《陳書》卷一《高祖紀上》：“三月，進高祖位司空，餘如故。十一月，西魏攻陷江陵，高祖與王僧辯等進啓江州，請晉安王以太宰承制，又遣長史謝哲奉牋勸進。十二月，晉安王至自尋陽，入居朝堂。”

[江州]

晉安王方智　江陵陷，承制。

《梁書》卷六《敬帝紀》：“十一月，江陵陷，太尉揚州刺史王僧辯、司空南徐州刺史陳霸先定議，以帝爲太宰、承制，奉迎還京師。”

[吳州]

王質

〔高州〕

周迪

〔南兗州〕

杜僧明　病卒。

荀朗　安南將軍、都督南兗州諸軍事、南兗州刺史。未任。

《陳書》卷八《杜僧明傳》：“荊州陷，高祖使僧明率吳明徹等隨侯瑱西援，於江州病卒。”卷一三《荀朗傳》：“梁承聖二年，率部曲萬餘家濟江，入宣城郡界立頓。梁元帝授朗持節、通直散騎常侍、安南將軍、都督南兗州諸軍事、南兗州刺史，未行而荊州陷。”

〔北兗州〕

馬明

《陳書》卷一〇《周鐵虎傳》：“荊州陷沒，（明）歸于高祖。”

〔秦州〕

嚴超達

《梁書》卷五《元帝紀》：“正月……陳霸先帥衆攻廣陵城。秦州刺史嚴超達自秦郡圍涇州，侯瑱、張彪出石梁，爲其聲援。”

〔南豫州〕

侯瑱　加鎮北將軍。

《梁書》卷五《元帝紀》：“正月甲午，加南豫州刺史侯瑱征北將軍。”《陳書》卷九《侯瑱傳》：“除使持節、鎮北將軍。……西魏來寇荊州，王僧辯以瑱爲前軍，赴援，未至而荊州陷。瑱之九江，因衛晉安王還都。”按：《梁書》云加侯瑱“征北將軍”，此從《陳書》。

［合州］

　徐度

［晉州］

　魯廣達

［東晉州］

　羊鵾

　　　《梁書》卷三九《羊鵾傳》:"承聖三年,西魏圍江陵,鵾赴
　　援不及。"

［北江州］

　魯悉達

［青州］［冀州］

　程靈洗

　　　《陳書》卷一〇《程靈洗傳》:"遷吳興太守,未行,僧辯命
　　靈洗從侯瑱西援荆州。荆州陷,還都。"

［荆州］

　王僧辯　大都督、刺史。未任。

　　　按:王僧辯見是年揚州條。

［湘州］

　蕭循

　王琳　刺史。

　孫瑒　智武將軍、監湘州事。

　　　《陳書》卷一七《王勱傳》:"及西魏寇江陵,元帝徵湘州刺
　　史宜豐侯蕭循入援,以勱監湘州。江陵陷,敬帝承制以爲中書
　　令。"按:王琳、孫瑒見是年廣州條。

［雍州］

　岳陽王詧　稱帝,遷江陵。

　　　《周書》卷四八《蕭詧傳》:"魏恭帝元年,太祖令柱國于謹

伐江陵，詧以兵會之。及江陵平，太祖立詧爲梁主，居江陵東
城，資以江陵一州之地。其襄陽所統，盡歸於我。”

［郢州］

陸法和　加司徒。

　　《梁書》卷五《元帝紀》：“三月……以護軍將軍、郢州刺史
陸法和爲司徒。”《北齊書》卷三二《陸法和傳》：“梁元帝以法
和功業稍重，遂就加司徒，都督、刺史如故。……及魏舉兵，法
和自郢入漢口，將赴江陵。梁元帝使人逆之曰：‘此自能破賊，
但鎮郢州，不須動也。’法和乃還州。”

［巂州］

裴畿　刺史。遷領軍，戰死。

　　《梁書》卷五《元帝紀》：“十一月……巂州刺史裴畿爲領
軍將軍。”卷二八《裴之高傳》：“子畿，累官太子右衛率、巂州
刺史。西魏攻陷江陵，畿力戰死之。”按：巂州遠在越巂，時已
没於西魏，此從傳。

［司州］

樊猛

［定州］

李洪遠　刺史。

　　《周書》卷二八《權景宣傳》：“轉安州刺史。梁定州刺史
李洪遠初款後叛，景宣惡其懷貳，密襲破之，虜其家口及部衆。
洪遠脱身走免。自是酋帥懾服，無敢叛者。”

［巴州］

牟安民　刺史。

　　《周書》卷四四《李遷哲傳》：“魏恭帝初，直州人樂熾、洋
州人田越、金州人黄國等連結爲亂。……太祖以遷哲信著山
南，乃令與（賀若）敦同往經略。熾等或降或獲，尋並平蕩。仍

與賀若敦南出狗地。遷哲先至巴州，入其郛郭。梁巴州刺史牟安民惶懼，開門請降。"《通鑑》卷一六五承聖三年五月《考異》："《典略》云：'斬梁巴州刺史牟安平。'今從《周書》《北史》。"

[信州]

徐世譜

《梁書》卷五《元帝紀》："十一月……信州刺史徐世譜、晉安王司馬任約軍次馬頭岸。"

[廣州]

蕭勃

王琳　都督、刺史。遷湘州。

孫瑒　東莞太守，行廣州刺史。尋監湘州。

《陳書》卷九《歐陽頠傳》："時蕭勃在廣州，兵彊位重，元帝深患之，遣王琳代爲刺史。琳已至小桂嶺，勃遣其將孫瑒監州，盡率部下至始興，避琳兵鋒。頠別據一城，不往謁勃，閉門高壘，亦不拒戰。勃怒，遣兵襲頠，盡收其貲財馬仗。尋赦之，還復其所，復與結盟。荆州陷，頠委質於勃。"《北齊書》卷三二《王琳傳》："梁元性多忌，以琳所部甚衆，又得衆心，故出之嶺外，又受都督、廣州刺史。……梁元爲魏圍逼，乃徵琳赴援，除湘州刺史。琳師次長沙，知魏平江陵，已立梁王詧。"《陳書》卷二五《孫瑒傳》："除東莞太守，行廣州刺史。尋除智武將軍，監湘州事。"

[衡州]

王琳　遷廣州，尋遷湘州。

[東衡州]

歐陽頠

[石州]

　　杜稜

[桂州]

　　淳于量

[安州]

　　吴明徹　　授戎昭將軍、刺史。

　　　　《陳書》卷九《吴明徹傳》：“承聖三年，授戎昭將軍、安州刺史。”

[交州]

　　袁曇緩　　刺史。

　　　　《陳書》卷九《歐陽頠傳》：“初，交州刺史袁曇緩密以金五百兩寄頠，令以百兩還合浦太守龔蒍，四百兩付兒智矩，餘人弗之知也。頠尋爲蕭勃所破，貨財並盡，唯所寄金獨在。曇緩亦尋卒，至是頠並依信還之。”

敬帝紹泰元年乙亥（555）　　七月，王僧辯納蕭淵明。九月，陳霸先襲殺僧辯，立蕭方智。十月，改元。

[揚州]

　　王僧辯　　進揚州牧。被殺。

　　陳霸先　　大都督中外諸軍事、車騎將軍、揚南徐二州刺史。

　　　　《梁書》卷四五《王僧辯傳》：“及敬帝初即梁上位，僧辯預樹立之功，承制進驃騎大將軍、中書監、都督中外諸軍事、録尚書，與陳霸先參謀討伐。時齊主高洋又欲納貞陽侯淵明以爲梁嗣……貞陽既踐僞位，仍授僧辯大司馬，領太子太傅、揚州牧，餘悉如故。陳霸先時爲司空、南徐州刺史，惡其飜覆，與諸將議，因自京口舉兵十萬，水陸俱至，襲于建康。……爾夜斬之。”《北齊書》卷三三《蕭明傳》：“天保六年，梁元爲西魏所

滅,顯祖詔立明爲梁主,前所獲梁將湛海珍等皆聽從明歸,令
上黨王渙率衆以送。……僧辯初不納。既而上黨王破東關,
斬裴之橫,江表危懼。僧辯乃啓上黨求納明,遣舟艦迎
接。……改承聖四年爲天成元年。"《陳書》卷二四《周弘正
傳》:"及江陵陷,弘正遁圍而出,歸於京師,敬帝以爲大司馬王
僧辯長史,行揚州事。"卷一《高祖紀上》:"十月己酉,晉安王
即位,改承聖四年爲紹泰元年。壬子,詔授高祖侍中、大都督
中外諸軍事、車騎將軍、揚南徐二州刺史。……震州刺史杜龕
據吳興,與義興太守韋載同舉兵反。……高祖表自東討,留高
州刺史侯安都、石州刺史杜稜宿衛臺省。甲戌,軍至義興。景
子,拔其水柵。秦州刺史徐嗣徽據其城以入齊,又要南豫州刺
史任約共舉兵應龕、載,齊人資其兵食。嗣徽等以京師空虛,
率精兵五千奄至闕下……以嗣徽寇逼,卷甲還都,命周文育進
討杜龕。十一月己卯,齊遣兵五千濟渡據姑熟。高祖命合州
刺史徐度於冶城寺立柵,南抵淮渚。……嗣徽等攻冶城柵,高
祖領鐵騎精甲,出自西明門襲擊之,賊衆大潰。"按:《周弘正
傳》云敬帝以弘正爲大司馬王僧辯長史,當誤。大司馬爲蕭淵
明所授,敬帝即位時,僧辯已死。

[震州]

杜龕 刺史,進號鎮東大將軍。

　　《梁書》卷六《敬帝紀》:"十月……震州刺史杜龕舉兵,攻
信武將軍陳蒨於長城,義興太守韋載據郡以應之。"卷四六《杜
龕傳》:"後江陵陷,齊納貞陽侯以紹梁嗣,以龕爲震州刺史、吳
興太守。又除鎮南將軍、都督南豫州諸軍事、南豫州刺史,溧
陽縣侯,給鼓吹一部;又加散騎常侍、鎮東大將軍。會陳霸先
襲陷京師,執王僧辯殺之。龕,僧辯之壻也,爲吳興太守……
乃據吳興以距之,遣軍副杜泰攻陳蒨於長城,反爲蒨所敗。霸

先乃遣將周文育討龕,龕令從弟北叟出距,又爲文育所破,走義興,霸先親率衆圍之。會齊將柳達摩等襲京師,霸先恐,遂還與齊人連和。"按:龕死於震州刺史任上,見次年震州條,當未之南豫州。

［東揚州］

杜龕　遷震州。

張彪　鎮東將軍、刺史。進號征東大將軍。

《梁書》卷六《敬帝紀》:"二月……鎮東將軍張彪爲郢州刺史。……十月……鎮東將軍、揚州刺史張彪進號征東大將軍。"張森楷《梁書校勘記》:"按下文又云'東揚州刺史張彪',‘曲赦東揚州'。疑此‘揚州'上脱一‘東'字。"

［南徐州］

陳霸先

陳曇朗　監南徐州。

《陳書》卷一四《南康王曇朗傳》:"高祖母弟忠壯王休先之子也。……紹泰元年,除中書侍郎、監南徐州。"

［江州］

侯瑱　都督江晉吳齊四州諸軍事、江州刺史,進號車騎將軍。

《梁書》卷六《敬帝紀》:"二月……以豫州刺史侯瑱爲江州刺史。"《陳書》卷九《侯瑱傳》:"承制以瑱爲侍中、使持節、都督江晉吳齊四州諸軍事、江州刺史……進號車騎將軍。司徒陸法和據郢州,引齊兵來寇,乃使瑱都督衆軍西討,未至,法和率其部北度入齊。齊遣慕容恃德鎮于夏首,瑱控引西還,水陸攻之。恃德食盡,請和,瑱還鎮豫章。僧辯使其弟僧愔率兵與瑱共討蕭勃,及高祖誅僧辯,僧愔陰欲圖瑱而奪其軍,瑱知之,盡收僧愔徒黨,僧愔奔齊。"《南史》卷六三《王僧愔傳》:"位譙州刺史,征蕭勃,及聞兄死,引軍還。時吳州刺史羊亮隸

在僧愔下,與僧愔不平,密召侯瑱見禽。僧愔以名義責瑱,瑱
乃委罪於將羊鯤斬之。僧愔復得奔齊。"《通鑑》卷一六六太
平元年正月《考異》:"《典略》:'魏恭帝三年,正月,初,僧愔與
瑱共討曲江侯勃,至是,吳州刺史羊亮説僧愔襲瑱,而翻以告
瑱,瑱攻之,僧愔奔齊。'"按:魏恭帝三年即梁太平元年。史
載各異,存疑。

[吳州]

王質　奔留異。

羊亮　刺史。

《陳書》卷一八《王質傳》:"荆州陷,侯瑱鎮于溢城,與質
不協,遣偏將羊亮代質,且以兵臨之。質率所部,度信安嶺,依
于留異。"按:羊亮參見是年江州條。

[高州]

周迪

[南兗州]

吳明徹　安東將軍、刺史。

按:吳明徹見是年安州條。

[秦州]

徐嗣徽　鎮北將軍、譙秦二州刺史。進號征北大將軍。降齊。

《梁書》卷六《敬帝紀》:"十月……鎮北將軍、譙秦二州刺
史徐嗣徽進號征北大將軍。"《北齊書》卷四《文宣紀》:"(天保
六年)十一月……梁秦州刺史徐嗣輝、南豫州刺史任約等襲據
石頭城,並以州内附。"按:徐嗣徽參見是年揚州條。

[譙州]

王僧愔　刺史。

徐嗣徽　刺史。降齊。

按:王僧愔見是年江州條。徐嗣徽見是年秦州條。

［北徐州］

裴之横　鎮北將軍、刺史。戰死。

《梁書》卷二八《裴之横傳》：“晉安王方智承制，以之横爲使持節、鎮北將軍、徐州刺史，都督衆軍……出守蘄城。之横營壘未周，而魏軍大至，兵盡矢窮，遂於陣没。”校勘記：“‘魏’，《南史》卷五八《裴邃傳》附《裴之横傳》作‘齊’，是。”

［南豫州］

侯瑱　遷江州。

杜龕　鎮南將軍、都督南豫州諸軍事、南豫州刺史。未任。

任約　征南將軍、刺史。進號征南大將軍。降齊。

周文育　都督南豫州諸軍事、嚴威將軍、南豫州刺史。還京。

胡穎　都督南豫州諸軍事、輕車將軍、南豫州刺史。

《梁書》卷六《敬帝紀》：“十月……征南將軍、南豫州刺史任約進號征南大將軍。……任約、徐嗣徽舉兵反，乘京師無備，竊據石頭。”《陳書》卷八《周文育傳》：“高祖以侯瑱擁據江州，命文育討之，仍除都督南豫州諸軍事、嚴威將軍、南豫州刺史，率兵襲溢城。未克，徐嗣徽引齊寇渡江據蕪湖，詔徵文育還京。”卷一八《陸山才傳》：“紹泰中，都督周文育出鎮南豫州，不知書疏，乃以山才爲長史，政事悉以委之。文育南討，尅蕭勃，擒歐陽頠，計畫多出山才。”卷一二《胡穎傳》：“從高祖襲王僧辯。又隨周文育於吳興討杜龕。紹泰元年，除假節、都督南豫州諸軍事、輕車將軍、南豫州刺史。”按：杜龕見是年震州條。任約參見是年秦州條。

［合州］

徐度

按：徐度見是年揚州條。

［晉州］

魯廣達

[東晉州]

羊鷗　被殺。

《梁書》卷三九《羊鷗傳》：“從王僧悁征蕭勃於嶺表。聞大尉僧辯敗，乃還，爲侯瑱所破，於豫章遇害。”

[北江州]

魯悉達

[青州]　[冀州]

程靈洗

《陳書》卷一〇《程靈洗傳》：“高祖誅僧辯，靈洗率所領來援，其徒力戰於石頭西門，軍不利，遣使招諭，久之乃降，高祖深義之。紹泰元年，授使持節、信武將軍、蘭陵太守，常侍如故，助防京口。”

[東徐州]

湛海珍　都督東徐武潼三州諸軍事、散騎常侍、明遠將軍、東徐州刺史。齊命。

徐陵《爲貞陽侯與太尉王僧辯書》（《徐孝穆集》卷二）：“上黨王，皇齊寵弟，是號宗英，親御戎軒，遠於將送。……持節、徐武潼三州諸軍事、散騎常侍、明遠將軍、東徐州刺史、始興郡開國侯湛海珍等，並前朝舊將。……便屆壽春，已具舟師，將臨江浦。使人入境，行陳所懷。”按：湛海珍參見是年揚州條。徐陵書之“徐武潼”前當闕“東”字。東徐、武、潼三州前已沒於東魏，東魏改東徐州爲東楚州，潼州爲睢州。湛海珍原爲梁東徐州刺史，今齊復以東徐授之，有名而無實也。

[荆州]

宋蒩　鎮北將軍、刺史。降齊。

《北齊書》卷四《文宣紀》：“（天保六年）二月……梁鎮北

將軍、侍中、荊州刺史宋莅爲使持節、驃騎大將軍、郢州刺史。”

[湘州]

蕭循　遷太尉。

王琳　徵還，不從命。

孫瑒　遷巴州。

《梁書》卷六《敬帝紀》：“二月……儀同三司、湘州刺史蕭循爲太尉。”《北齊書》卷三二《王琳傳》：“陳霸先既殺王僧辯，推立敬帝，以侍中司空徵。琳不從命，乃大營樓艦，將圖義舉。”

[巴州]

孫瑒　仁威將軍、刺史。

《陳書》卷二五《孫瑒傳》：“敬帝嗣位，授持節、仁威將軍、巴州刺史。”

[郢州]

陸法和　降齊。

《梁書》卷六《敬帝紀》：“四月，司徒陸法和以郢州附于齊，遣江州刺史侯瑱討之。”《北齊書》卷四《文宣紀》：“（天保）六年春正月壬寅，清河王岳以衆軍渡江，剋夏首。送梁郢州刺史陸法和。”校勘記：“這裏‘陸法和’下當脱‘於京師’三字。”

[西楚州]

許法光　刺史。被俘。

《北齊書》卷四一《暴顯傳》：“（天保五年）與高岳南臨漢水，攻下梁西楚州，獲刺史許法光。”

[司州]

樊猛

[廣州]

蕭勃　進司徒,復進太尉。

　　　　《梁書》卷六《敬帝紀》:"二月……儀同三司、廣州刺史蕭
　　　勃爲司徒。……十月……司徒蕭勃爲太尉。"

[衡州]

譚世遠　刺史。

　　　　按:譚世遠見太平二年廣州條。

[東衡州]

歐陽頠

[石州]

杜稜

[高州]

侯安都　刺史。

　　　　按:侯安都見是年揚州條。

[桂州]

淳于量

[安州]

吳明徹　遷南兗州。

　　　　《陳書》卷九《吳明徹傳》:"紹泰初,隨周文育討杜龕、張
　　　彪等。東道平,授使持節、散騎常侍、安東將軍、南兗州刺史。"

太平元年丙子(556)　九月,改元。

[揚州]

陳霸先　進丞相、録尚書事、鎮衛大將軍、揚州牧。

陳蒨　都督會稽等十郡諸軍事、宣毅將軍、會稽太守。

　　　　《梁書》卷六《敬帝紀》:"九月……進新除司徒陳霸先爲
　　　丞相、録尚書事、鎮衛大將軍、揚州牧。"按:陳蒨見是年東揚

州條。

［震州］

杜龕 被殺，州罷。

《梁書》卷六《敬帝紀》：“正月……鎮東將軍、震州刺史杜龕降，詔賜死。……二月……罷震州，還復吳興郡。”卷四六《杜龕傳》：“龕聞齊兵還，乃降，遂遇害。”《陳書》卷一《高祖紀上》：“（紹泰元年十二月）杜龕以城降。二年正月癸未，誅杜龕于吳興，龕從弟北叟、司馬沈孝敦並賜死。”《南史》卷六四《杜龕傳》：“部將杜泰私通於文帝……後杜泰降文帝，龕尚醉不覺，文帝遣人負出項王寺前斬之。”《南北史合注》卷六三《杜龕傳》李清按：“龕既與陳氏爲仇，降亦不免，安肯降？‘降’者，陳人誣辭，當從《南史》。”《通鑑》卷一六六太平元年正月《考異》：“《典略》：‘魏恭帝二年，十二月，蒨命劉澄等攻龕，大敗之，龕乃降；明年，正月丁亥，周鐵虎送杜龕祠項王神，使力士拉龕於坐，從弟北叟、司馬沈孝敦並賜死。’今從《南史》。”按：魏恭帝二年即梁紹泰元年。

［東揚州］

張彪 敗死，州罷。

《梁書》卷六《敬帝紀》：“正月……東揚州刺史張彪圍臨海太守王懷振於剡巖。二月庚戌，遣周文育、陳蒨襲會稽，討彪。……彪敗走。……若耶村人斬張彪。……三月景子，罷東揚州，還復會稽郡。”《陳書》卷三《世祖紀》：“世祖與周文育輕兵往會稽以掩彪。……以功授持節、都督會稽等十郡諸軍事、宣毅將軍、會稽太守。山越深險，皆不賓附，世祖分命討擊，悉平之，威惠大振。”

［縉州］

留異 信武將軍、縉州刺史，領東陽太守。遷信威將軍。

《陳書》卷三五《留異傳》:"荆州陷,王僧辯以異爲東陽太守。世祖平定會稽,異雖轉輸糧饋,而擁擅一郡,威福在己。紹泰二年,以應接之功,除持節、通直散騎常侍、信武將軍、縉州刺史、領東陽太守。……其年遷散騎常侍、信威將軍。"

[南徐州]

陳霸先 解南徐州。

陳曇朗 爲質於齊。

侯安都 都督南徐州諸軍事、仁威將軍、南徐州刺史。進號平南將軍。

《陳書》卷一《高祖紀上》:"六月……高祖表解南徐州以授侯安都。……七月……侯瑱以江州入附。遣侯安都鎮上流,定南中諸郡。"卷八《侯安都傳》:"紹泰元年,以功授使持節、散騎常侍、都督南徐州諸軍事、仁威將軍、南徐州刺史。高祖東討杜龕,安都留臺居守。徐嗣徽、任約等引齊寇入據石頭……以安都爲水軍,於中流斷賊糧運。又襲秦郡,破嗣徽柵,收其家口并馬驢輜重。……(嗣徽)尋而請和,高祖聽其還北。……明年春,詔安都率兵鎮梁山,以備齊。徐嗣徽等復入丹陽,至湖熟,高祖追安都還……齊軍大敗。……進號平南將軍。"卷一四《南康王曇朗傳》:"(紹泰)二年,徐嗣徽、任約引齊寇攻逼京邑,尋而請和,求高祖子姪爲質。……高祖慮曇朗憚行,或奔竄東道,乃自率步騎往京口迎之,以曇朗還京師,仍使爲質於齊。"《續高僧傳》卷九《釋慧暅傳》:"陳武在田,朱方歷試,夙承高譽,雅相欽重。司空侯公,次牧此州,虛心頂戴。"按:《侯安都傳》云紹泰元年授安都南徐州刺史,此從《高祖紀》。

[江州]

侯瑱

《陳書》卷九《侯瑱傳》:"紹泰二年,以本號加開府儀同三司,餘並如故。是時,瑱據中流,兵甚彊盛,又以本事王僧辯,雖外示臣節,未有入朝意。”

[吳州]

羊亮

[高州]

黃法氍　都督高州諸軍事、信武將軍、高州刺史,鎮巴山。

《陳書》卷一一《黃法氍傳》:“太平元年,割江州四郡置高州,以法氍爲使持節、散騎常侍、都督高州諸軍事、信武將軍、高州刺史,鎮于巴山。”《廿二史考異》卷二七《陳書·黃法氍傳》:“考是時江州刺史侯瑱爲余孝頃所逼,棄州詣闕,則析置高州,所以分孝頃之勢也。”按:《黃法氍墓誌》(《墓誌集成》一三九五)略同本傳。

[南兗州]

吳明徹

[南豫州]

胡穎

《陳書》卷一二《胡穎傳》:“太平元年,除持節、散騎常侍、仁威將軍。尋兼丹陽尹。”

[晉州]

魯廣達

[北江州]

魯悉達

[東徐州]

錢道戢　刺史。

《陳書》卷二二《錢道戢傳》:“高祖輔政,遣道戢隨世祖平張彪于會稽,以功拜直閣將軍,除員外散騎常侍、假節、東徐州刺史。”按:宿預之東徐州太清三年已没於東魏,錢道戢當遥領。

[湘州]

王琳

[武州]

衡陽王護 刺史。

《通鑑》卷一六六太平元年七月：“前天門太守樊毅襲武
陵，殺武州刺史衡陽王護，王琳使司馬潘忠擊之，執毅以歸。
護，暢之孫也。”

[巴州]

孫瑒

[司州]

樊猛

[定州]

章昭達 明威將軍、刺史。

沈泰 刺史。

《陳書》卷一一《章昭達傳》：“從世祖東討張彪於會稽，克
之。累功除明威將軍、定州刺史。是時留異擁據東陽，私署守
宰，高祖患之，乃使昭達爲長山縣令，居其心腹。”卷一《高祖紀
上》：“三月戊戌，齊遣水軍儀同蕭軌……等，率衆十萬出柵口，
向梁山。帳内盪主黃叢逆擊，敗之……齊頓軍保蕪湖。高祖
遣定州刺史沈泰、吳郡太守裴忌就侯安都，共據梁山以禦之。”
按：定州大寶元年已沒於東魏，章昭達、沈泰皆當遥領。

[并州]

杜滿 刺史。降西魏。

按：杜滿見是年信州條。

[疊州]

冉助國 刺史。爲西魏所俘。

按：冉助國見是年信州條。

[信州]

蕭韶　刺史。

《周書》卷二七《田弘傳》：“平蜀之後，梁信州刺史蕭韶等各據所部，未從朝化，詔弘討平之。”卷四四《李遷哲傳》：“令與田弘同討信州。魏恭帝三年正月，軍次并州。梁并州刺史杜滿各望風送款。進圍疊州，尅之，獲刺史冉助國等。”《田弘碑》（《庾子山集》卷一四）：“梁信州刺史蕭韶、寧州刺史譙淹等，猶處永安，稱兵漁陽，公受命中軍，迅流下瀨……兇徒多潰。”按：譙淹爲南梁州刺史，被殺於承聖二年，即西魏廢帝二年，碑當誤。

[廣州]

蕭勃　進太保、驃騎將軍。

《梁書》卷六《敬帝紀》：“十二月壬申，進太尉、鎮南將軍蕭勃爲太保、驃騎將軍。”

[衡州]

譚世遠

周迪　信威將軍、刺史，領臨川内史。

《陳書》卷三五《周迪傳》：“紹泰二年，除臨川内史。尋授使持節、散騎常侍、信威將軍、衡州刺史、領臨川内史。”按：周迪領臨川内史，當遥領衡州。

[東衡州]

歐陽頠

[新州]

華志　刺史。

《陳書》卷一《高祖紀上》：“八月癸卯，太府卿何敳、新州刺史華志各上玉璽一。”

［石州］

杜稜 遷丹陽尹。

《陳書》卷一二《杜稜傳》：“徐嗣徽、任約引齊寇濟江，攻臺城，安都與稜隨方抗拒，稜晝夜巡警，綏撫士卒，未嘗解帶。賊平，以功除通直散騎常侍、右衛將軍、丹陽尹。”

［高州］

侯安都 遷南徐州。

［桂州］

淳于量

［交州］

沈恪 除宣猛將軍、刺史。未任。

《陳書》卷一二《沈恪傳》：“世祖襲東揚州刺史張彪，以恪監吳興郡。太平元年，除宣猛將軍、交州刺史。其年遷永嘉太守，不拜，復令監吳興郡。”

［明州］

張懷鈞 刺史。

《梁書》卷六《敬帝紀》：“二月……賊徐嗣徽、任約襲採石戍，執戍主明州刺史張懷鈞，入于齊。”按：張懷鈞戍採石，當遙領明州。

太平二年丁丑（557） 十月，陳代梁。

［揚州］

陳霸先 十月，即皇帝位。

陳蒨

［縉州］

留異

［南徐州］

侯安都　進號鎮北將軍。

陳擬　明威將軍、雍州刺史資，監南徐州。

《陳書》卷八《侯安都傳》："仍都督水軍出豫章，助豫州刺史周文育討蕭勃。安都未至，文育已斬勃，并擒其將歐陽頠、傅泰等。唯余孝頃與勃子孜猶據豫章之石頭……安都至……頻戰屢克，孜乃降。孝頃奔歸新吳，請入子爲質，許之。師還，以功進號鎮北將軍、加開府儀同三司。"卷一五《陳擬傳》："二年，入知衛尉事，除員外散騎常侍、明威將軍、雍州刺史資、監南徐州。"

［江州］

侯瑱　降陳霸先。

周文育　鎮南將軍、都督江廣衡交等州諸軍事、江州刺史。

周迪　振遠將軍、刺史。

《陳書》卷九《侯瑱傳》："初，余孝頃爲豫章太守，及瑱鎮豫章，乃於新吳縣別立城柵，與瑱相拒。瑱留軍人妻子於豫章，令從弟奫知後事，悉衆以攻孝頃。……奫與其部下侯方兒不協，方兒怒，率所部攻奫，虜掠瑱軍府妓妾金玉，歸于高祖。瑱既失根本，兵衆皆潰……詣闕請罪，高祖復其爵位。永定元年，授侍中、車騎將軍。"卷八《周文育傳》："廣州刺史蕭勃舉兵踰嶺，詔文育督衆軍討之。時新吳洞主余孝頃奉兵應勃。……廣州平，文育還頓豫章。以功授鎮南將軍、開府儀同三司、都督江廣衡交等州諸軍事、江州刺史。王琳擁據上流，詔命侯安都爲西道都督，文育爲南道都督，同會武昌。"卷一八《陸山才傳》："及文育西征王琳，留山才監江州事，仍鎮豫章。"按：周迪見是年衡州條。

［南江州］

余孝頃　刺史。

按：余孝頃參見是年江州、廣州條。《通鑑》卷一六七
永定元年二月胡注：“孝頃據新吳，蓋就置南江州，命爲
刺史。”

[高州]

黄法氍

《陳書》卷一一《黄法氍傳》：“蕭勃遣歐陽頠攻法氍，法氍
與戰，破之。”

[南兗州]

吴明徹

[南豫州]

徐度　鎮西將軍、刺史。

《梁書》卷六《敬帝紀》：“五月……以鎮軍將軍徐度爲南
豫州刺史。”按：徐度歷南豫州刺史，《陳書》卷一二本傳未載。
又徐度之軍號爲鎮西，見《陳方鎮年表》永定元年南徐州條。
《徐度墓誌》（《墓誌集成》一三九三）云：“以平□□之功，詔加
討虜將軍，除豫州刺史、石鄉侯。威震邊土，毗化一方，境内有
高枕之安，城中無擊柝之警。調赴廣州，不幸中途遘疾，以太
平二年二月廿八日薨於軍次。”誌所云與《陳書·徐度傳》皆
不合，《墓誌集成》標注“疑僞”。

[晉州]

魯廣達

《陳書》卷三一《魯廣達傳》：“高祖受禪，授征遠將軍、東
海太守。”

[北江州]

魯悉達

《陳書》卷一三《魯悉達傳》：“敬帝即位，王琳據有上流，
留異、余孝頃、周迪等所在鋒起，悉達撫綏五郡，甚得民和，士

卒皆樂爲之用。”

［東徐州］

錢道戢

《陳書》卷二二《錢道戢傳》：“隨侯安都鎮防梁山，尋領錢塘餘杭二縣令。”

［湘州］

王琳　　立蕭莊爲帝。

《梁書》卷六《敬帝紀》：“三月……以新除司空王琳爲湘、郢二州刺史。”《陳書》卷一《高祖紀上》：“八月……湘州刺史王琳擁兵不應命，高祖遣周文育、侯安都率衆討之。”

［巴州］

孫瑒

［郢州］

蕭泰　　刺史。奔齊。

王琳　　湘州兼。

《周書》卷四二《蕭世怡傳》：“屬于謹平江陵，遂隨兄修在郢州。及修卒，即以世怡爲刺史。湘州刺史王琳率舟師襲世怡，世怡以州輸琳。時陳武帝執政，徵爲侍中。世怡疑而不就，乃奔于齊。”《蕭翹墓誌》（《隋代墓誌銘彙考》五·四六一）：“太保公、宜豐王脩第四子。……十六，除貞威將軍、郢州刺史，又除寧遠將軍、羅州刺史。……梁運告終，流播齊境。”趙萬里釋（《墓誌集釋》卷九）：“翹在梁官郢州刺史，世怡亦嘗與翹父脩在郢州，時地相合。翹之入齊，或與叔氏世怡偕行。”按：蕭泰字世怡。蕭修、蕭脩即蕭循，見大同十年北徐州條。蕭翹隨蕭泰入齊，郢州、羅州蓋皆未任。王琳見是年湘州條。

［司州］

樊猛

[益州]

長沙王韶　鎮西將軍、刺史。進號征南將軍。

　　　《梁書》卷六《敬帝紀》:"正月……鎮西將軍、益州刺史長沙王韶進號征南將軍。"按:益州承聖二年已没於西魏,蕭韶當遥領。

[廣州]

蕭勃　二月舉兵,三月敗死。

王勱　都督廣州等二十州諸軍事、平南將軍、平越中郎將、廣州刺史。

　　　《梁書》卷六《敬帝紀》:"二月……太保、廣州刺史蕭勃舉兵反,遣僞帥歐陽頠、傅泰、勃從子孜爲前軍,南江州刺史余孝頃以兵會之。詔平西將軍周文育、平南將軍侯安都等率衆軍南討。……周文育軍於巴山生獲歐陽頠。三月……德州刺史陳法武、前衡州刺史譚世遠於始興攻殺蕭勃。"徐陵《武皇帝作相時與嶺南酋豪書》(《文苑英華》卷六八二):"勃身居列岳,自御强兵,高視趑趄,坐觀成敗。既而天維重綴,國步還康,翻畫凶圖,更謀神鼎。……吾奉承朝筭,指畫戎略,樊滕耿賈,勠力爭驅,天地靈祇,水陸開道。獲傅泰,不勞於一箭;擒歐陽,無待於尺兵。僞黨皆俘,連城盡拔,所收軍資,不可稱筭。去月十六日,德州刺史陳法武等,願憤迴戈,仍梟凶豎,一夫挺劍,傳首上京,萬里澄清。"《陳書》卷一七《王勱傳》:"江陵陷,敬帝承制以爲中書令。……及蕭勃平後,又以勱舊在嶺表,早有政勣,乃授使持節、都督廣州等二十州諸軍事、平南將軍、平越中郎將、廣州刺史。"

[衡州]

周迪　加振遠將軍,遷江州。

歐陽頠　都督衡州諸軍事、安南將軍、衡州刺史。

　　《陳書》卷三五《周迪傳》:"周文育之討蕭勃也,迪按甲保境,以觀成敗。文育使長史陸山才説迪,迪乃大出糧餉,以資文育。勃平,以功加振遠將軍,遷江州刺史。"卷九《歐陽頠傳》:"及(蕭)勃度嶺出南康,以頠爲前軍都督,頓豫章之苦竹灘,周文育擊破之,擒送于高祖,高祖釋之,深加接待。蕭勃死後,嶺南擾亂,頠有聲南土,且與高祖有舊,乃授頠使持節、通直散騎常侍、都督衡州諸軍事、安南將軍、衡州刺史,始興縣侯。"《歐陽頠德政碑》(《藝文類聚》卷五二《治政部上‧善政》):"八柱之上,蠻夷不賓,九疑之陽,兵凶歲積。以公昔在衡皋,深留風愛,仁恩可以懷猛獸,威名可以懼啼兒,乃授持節、散騎常侍、衡州刺史。"《梁書》卷六《敬帝紀》:"(太平元年)十二月……以新除左衛將軍歐陽頠爲安南將軍、衡州刺史。"按:《頠碑》題名之"頠"字原作"顧",形近致訛。《敬帝紀》云歐陽頠爲衡州刺史在太平元年十二月,本傳云在太平二年蕭勃死後,蓋先命後至。

[東衡州]

歐陽頠　遷衡州。

　　　　按:歐陽頠遷衡州,東衡州當罷,此後至陳天嘉元年方復置。

[桂州]

淳于量

　　　　《陳書》卷一一《淳于量傳》:"荆州陷,量保據桂州。王琳擁割湘、郢,累遣召量,量外雖與琳往來,而別遣使從間道歸於高祖。"

[德州]

陳法武　刺史。

　　　　按:陳法武見是年廣州條。

陳方鎮年表

　　陳初，江北已没於齊，江漢、巴蜀已没於周，蕭詧復據江陵，爲周附庸。又王琳據湘、郢等州，留異據縉州，陳寶應據閩州，魯悉達據北江州，周迪、熊曇朗據江州，余孝頃據南江州，黄法氍據高州，歐陽頠兄弟據廣、衡、交州，淳于量據桂州，陳實際所轄，不過江東之揚、南徐、南豫數州而已。陳翦撫兼施，至太建初，方全有長江以南、三峽以東。太建中，宣帝北伐，陳疆域一度擴至淮河以北，然遭吕梁之敗，江北之地盡没於周，仍臨江而守。陳疆域雖小，然置州頗多，其前後所置，共有七十餘州。

　　陳太建中得江北、淮泗，曾置南兗州、北徐州、豫州等都督區，然尋没於周。其餘長江以南、三峽以東之都督區則略承梁朝。（一）揚州都督區。鎮建康。督揚、南徐、東揚、南豫等州，範圍較梁朝爲大。陳初會稽太守督會稽等十郡或九郡，天嘉三年以會稽等八郡置東揚州，東揚州遂另爲都督區。（二）南徐州都督區。鎮京口。常督南徐州，或稱都督南徐州緣江諸軍事。太建中北伐，陳伯固曾都督南徐、南豫、南兗、北兗四州；後失江北，復舊。（三）南豫州都督區。初鎮姑熟，太建中遷鎮歷陽，後還鎮姑熟。常督南豫州，或稱都督南豫州緣江諸軍事。（四）江州都督區。鎮尋陽或豫章。陳初周迪以江州刺史據臨川，天嘉四年平周迪，後刺史遂常督江州，或加督吴、郢等州。（五）荆州都督區。梁末蕭詧據江陵，光大元年新置荆州，鎮公安。常督荆、信二州，太建末樊毅曾都督荆、郢、巴、武四州，並進督沔漢。（六）湘州都督區。鎮臨湘。陳初湘州爲王琳所據，天嘉元年敗王琳,遂以侯瑱都督湘、巴、郢、江等州。太建後,刺史常督湘、衡、武、桂四州。(七)郢州都督區。鎮夏口。陳初郢州爲王琳所據,天嘉元年敗王琳,後刺史遂常督郢、巴、武三州。(八)廣州都督區。鎮番禺。陳初歐陽頠、歐陽紇父子先後都督廣、交、越等十九州,後刺史常都督十八或十九州。

陳時揚州、東揚州、南徐州、江州等都督區主要由宗王鎮守。揚州先後任都督、刺史者十三人,皆爲宗王。東揚州先後任都督、刺史者十一人,唯司馬消難、蕭巖爲異姓。南徐州先後任都督、刺史者十六人,其中九人爲宗王。另湘州、郢州、廣州也時見宗王出鎮。太建後,陳已完成對地方的控制,舉兵者唯見豐州刺史章大寶一例。然陳國力弱小,加之後主時政治昏亂,終爲隋所滅。

武帝永定元年丁丑(557)　　十月,陳霸先即位。

[**揚州**] 承梁置,治建康。

臨川王蒨　都督會稽等十郡諸軍事、宣毅將軍、會稽太守。進安東將軍。屯南皖。

《陳書》卷二《高祖紀下》:"十一月景申,詔曰:'……散騎常侍、使持節、都督會稽等十郡諸軍事、宣毅將軍、會稽太守長城縣侯蒨……可封臨川郡王……'"卷三《世祖紀》:"高祖受禪……拜侍中、安東將軍。及周文育、侯安都敗於沌口,高祖詔世祖入衛,軍儲戎備,皆以委焉。尋命率兵城南皖。"《諸史考異》卷八《陳書》"會稽十郡"條:"徐度、沈恪傳並云都督會稽、東陽、臨海、永嘉、新安、新寧、信安、晉安、建安九郡諸軍事。……天嘉六年三月乙未詔:'侯景以來,遭亂移在建安、晉安、義安郡者,並許還本土。其被略爲奴婢者,釋爲良民。'三郡毘連,并此而十也。"

［**吳州**］ 禎明元年置,治吳。

> 《陳書》卷六《後主紀》:“(禎明元年)十一月乙亥,割揚州
> 吳郡置吳州,割錢塘縣爲郡,屬焉。”

［**東揚州**］ 天嘉三年置,治山陰。

> 《陳書》卷三《世祖紀》:“(天嘉三年)六月……以會稽、東
> 陽、臨海、永嘉、新安、新寧、晉安、建安八郡置東揚州。”

［**縉州**］ 承梁置,治長山。

留異 信威將軍、刺史,領東陽太守。

［**閩州**］ 永定元年置,治東候官。天嘉五年罷。

陳寶應 信武將軍、刺史,領會稽太守。

> 《陳書》卷三五《陳寶應傳》:“紹泰元年,授壯武將軍、晉
> 安太守。……高祖受禪,授持節、散騎常侍、信武將軍、閩州刺
> 史、領會稽太守。”卷三《世祖紀》:“(天嘉五年)十一月……章
> 昭達破陳寶應于建安,擒寶應、留異,送京師,晉安郡平。”《隋
> 書》卷三一《地理志下》建安郡:“陳置閩州。……閩,舊曰東
> 侯官,置晉安郡。”按:“東候官”,百衲本作“東候官”。

［**豐州**］ 光大二年分東揚州晉安郡置,治東候官。

> 《陳書》卷四《廢帝紀》:“(光大二年)四月……割東揚州
> 晉安郡爲豐州。”

［**南徐州**］ 承梁置,治京口。

侯安都 都督南徐州諸軍事、鎮北將軍、南徐州刺史。爲王琳
所俘。

徐度 都督南徐州緣江諸軍事、鎮北將軍、南徐州刺史。

陳擬 明威將軍、雍州刺史資,監南徐州。

> 《陳書》卷二《高祖紀下》:“永定元年冬十月……西討都
> 督周文育、侯安都於郢州敗績,因于王琳。十一月……以鎮西
> 將軍、南豫州刺史徐度爲鎮右將軍、領軍將軍。”卷八《侯安都

傳》：“仍率衆會於武昌，與周文育西討王琳。……安都等敗績。安都與周文育、徐敬成並爲琳所囚。”卷一二《徐度傳》：“以功除信威將軍、郢州刺史、兼領吳興太守。尋遷鎮右將軍、領軍將軍，徐州緣江諸軍事、鎮北將軍、南徐州刺史，給鼓吹一部。周文育、侯安都等西討王琳，敗績，爲琳所拘，乃以度爲前軍都督，鎮于南陵。”《梁書》卷六《敬帝紀》：“（太平元年九月）以郢州刺史徐度爲領軍將軍。”《陳書》卷一五《陳擬傳》：“（太平）二年，入知衛尉事，除員外散騎常侍、明威將軍、雍州刺史資、監南徐州。高祖踐祚，詔曰：‘……從子持節、員外散騎常侍、明威將軍、雍州刺史、監南徐州擬，持節、通直散騎侍郎、貞威將軍、北徐州刺史褒，從子晃、炅，從孫假節、員外散騎常侍、明威將軍訬，假節、信威將軍、北徐州刺史吉陽縣開國侯誼，假節、通直散騎侍郎、信武將軍祏，假節、散騎侍郎、雄信將軍、青州刺史、廣梁太守詳，貞威將軍、通直散騎侍郎慧紀，從孫敬雅、敬泰，並枝戚密近，劬勞王室，宜列河山，以光利建……’擬尋除輕車將軍、兼南徐州刺史，常侍如故。”同卷《陳詳傳》：“（杜）龕平，以功授散騎侍郎、假節、雄信將軍、青州刺史資，割故鄣、廣德置廣梁郡，以詳爲太守。高祖踐祚，改廣梁爲陳留，又以爲陳留太守。”按：《陳書・高祖紀》云徐度永定元年由南豫州遷領軍，《梁書・敬帝紀》云徐度太平元年由郢州遷領軍，而徐度本傳載度歷郢州，未載歷南豫州，未知孰是。時北徐州已没於北，且陳褒、陳誼不應並爲北徐州刺史，當遙領或爲刺史資。以上爲刺史資者本表不列，附於此。

［**梁州**］　梁有梁州，治南鄭，梁末没於西魏。

　張立　振遠將軍、刺史。

　　　　按：張立見永定二年梁州條。張立爲梁州刺史，所轄有丹徒、蘭陵二縣，屬南徐州之東海郡，此梁州當爲僑置或遙領。

［**益州**］梁有益州，治成都，梁末没於西魏。

　　按：天嘉四年有益州刺史、領信義太守余孝頃，此益州當爲僑置或遙領。

［**南豫州**］陳初治姑熟，太建五年治歷陽，十一年復治姑熟。

徐度　鎮西將軍、刺史。

沈泰　刺史。

　　《陳書》卷五《宣帝紀》：“（太建五年）五月……黄法氍克歷陽城。……詔征南大將軍、開府儀同三司、南豫州刺史黄法氍徙鎮歷陽，齊改縣爲郡者並復之。”按：徐度見是年南徐州條。沈泰見次年南豫州條。

［**北江州**］梁承聖元年置於晉熙。陳置於南陵。

魯悉達　仁威將軍、刺史，梁元帝命。

　　《陳書》卷一三《魯悉達傳》：“招集晉熙等五郡，盡有其地。……（侯）景平，梁元帝授持節、仁威將軍、散騎常侍、北江州刺史。……悉達勒麾下數千人，濟江而歸高祖。……授平南將軍、散騎常侍、北江州刺史，封彭澤縣侯。世祖即位，進號安左將軍。”《隋書》卷三一《地理志下》宣城郡南陵：“梁置，并置南陵郡，陳置北江州。”《廿二史考異》卷二七《陳書・魯悉達傳》：“（梁）北江州當置於晉熙郡。及悉達濟江而歸，高祖授以北江州刺史，則移治江南，《隋志》所云‘南陵郡陳置北江州’是也。”

［**江州**］承梁置，治尋陽或豫章。

周迪　振遠將軍、刺史。

［**吳州**］承梁置，治鄱陽。光大二年罷。太建十三年復置，尋罷。

　　《陳書》卷四《廢帝紀》：“（光大）二年春正月……罷吳州，以鄱陽郡還屬江州。”卷五《宣帝紀》：“（太建十三年）十月……改鄱陽郡爲吳州。”楊守敬《隋書地理志考證》卷七鄱陽郡：“陳後主禎明元年割吳郡置吳州，不應同時有兩吳州，蓋郡陽復置吳州之後，未幾即罷也。”

[**高州**] 承梁置，治巴山。天嘉四年罷入江州。

　黃法氍　都督高州諸軍事、信武將軍、高州刺史，鎮巴山。

　　　《陳書》卷三《世祖紀》：“（天嘉四年）正月……罷高州隸入江州。”

[**南兗州**] 梁有南兗州，治廣陵，梁末沒於北。太建五年北伐，復置，十一年沒。

　吳明徹　安東將軍、刺史。

　　　按：南兗州沿革參見是年北徐州條，時沒於北，吳明徹當遙領。

[**北兗州**] 梁有北兗州，治淮陰，梁末沒於北。太建五年得淮陰，復置，十一年沒。

　　　《陳書》卷五《宣帝紀》：“（太建五年）十一月甲戌，淮陰城降。”按：北兗州沿革參見是年北徐州條。

[**北徐州**] 梁有北徐州，治鍾離，梁末沒於北。太建五年復得，十一年沒。

　　　《陳書》卷五《宣帝紀》：“（太建五年）十一月……魯廣達等克北徐州。……（十一年）十二月乙丑，南北兗、晉三州，及盱眙、山陽、陽平、馬頭、秦、歷陽、沛、北譙、南梁等九州，並自拔還京師。譙、北徐州又陷。自是淮南之地盡沒于周矣。”校勘記：“‘九州’疑有訛誤。”

[**合州**] 梁有合州，治合肥，後沒於北。太建五年克合肥，十一年沒。

　　　《陳書》卷五《宣帝紀》：“（太建五年）六月……黃法氍克合州城。”卷一一《黃法氍傳》：“（太建）五年……進兵合肥，望旗降款。”

［**豫州**］太建五年克壽陽，置豫州，十一年没。

  《陳書》卷五《宣帝紀》：“（太建五年）十月……吳明徹克壽陽城，斬王琳。……詔曰：‘梁末得懸瓠，以壽陽爲南豫州，今者克復，可還爲豫州。’”

［**晉州**］太建八年置，治懷寧，十一年没。

  《陳書》卷五《宣帝紀》：“（太建八年）十一月……分江州晉熙、高唐、新蔡三郡爲晉州。”按：晉州沿革參見是年北徐州條。

［**霍州**］梁有霍州，治岳安，後没於北。太建五年克霍州，十一年没。

  《陳書》卷五《宣帝紀》：“（太建五年）十二月……任忠克霍州城。……（十一年）十一月……霍州又陷。”

［**安州**］梁有東徐州，治宿預，梁末没於北。太建七年得宿預，改爲安州，十一年没。

  《陳書》卷三一《蕭摩訶傳》：“（太建）七年，又隨明徹進圍宿預，擊走齊將王康得。”卷五《宣帝紀》：“（太建七年）三月……改梁東徐州爲安州。”卷二二《陸子才傳》：“從吳明徹北伐，監安州，鎮于宿預。”

［**潼州**］梁有潼州，治取慮城，梁末没於北。北齊於夏丘置潼州，陳太建七年克，十一年没。

  《隋書》卷三一《地理志下》下邳郡夏丘：“後齊置，並置夏丘郡，尋立潼州。”《陳書》卷五《宣帝紀》：“（太建七年）正月……左衛將軍樊毅克潼州城。”

［**譙州**］太建五年得南譙郡置，治渦陽，十一年没。

  《魏書》卷一〇六中《地形志中》譙州：“景明中置渦陽郡，孝昌中陷，武定七年復，置州。治渦陽城。”《陳書》卷五《宣帝紀》：“（太建五年）十二月……譙城降。”按：譙州沿革參見是年北徐州條。

[**荆州**]　梁末蕭詧據江陵。光大元年，於公安置荆州。

　　　　《陳書》卷四《廢帝紀》："（光大元年）十一月己未，以護軍將軍沈恪爲平西將軍、荆州刺史。"卷二二《陸子隆傳》："荆州新置治于公安。"

[**南荆州**]　天嘉二年分荆州置，治松滋。

　　　　《陳書》卷三《世祖紀》："（天嘉二年）四月，分荆州之南平、宜都、羅、河東四郡，置南荆州，鎮河東郡。"《隋書》卷三一《地理志下》南郡松滋："江左舊置河東郡。"

[**信州**]　陳置，治安蜀城。

　　　　《陳書》卷一一《章昭達傳》："太建二年，率師征蕭巋于江陵。……周兵又於峽下南岸築壘，名曰安蜀城。"《隋書》卷四八《楊素傳》："及大舉伐陳……陳主遣其信州刺史顧覺鎮安蜀城，荆州刺史陳紀鎮公安，皆懼而退走。"

[**湘州**]　梁置，治臨湘，梁末爲王琳所據。天嘉元年，王琳奔齊。二年，周湘州城主殷亮降，陳全有湘州。

　王琳　刺史，梁命。

　　　　《陳書》卷三《世祖紀》："（天嘉元年）二月……王琳及其主蕭莊奔于齊。……（二年）正月……周湘州城主殷亮降，湘州平。"

[**武州**]　梁置，治武陵，梁末爲王琳所據。天嘉元年，王琳奔齊，分荆州之天門、義陽、南平，郢州之武陵四郡，置武州。二年，周將賀若敦北歸，陳全有武州。

　　　　《陳書》卷三《世祖紀》："（天嘉元年）三月……分荆州之天門、義陽、南平，郢州之武陵四郡，置武州。其刺史督沅州，領武陵太守，治武陵郡；其都尉所部六縣爲沅州，別置通寧郡，以刺史領太守，治都尉城，省舊都尉。……八月……周將賀若敦率馬步一萬,奄至武陵,武州刺史吳明徹不能拒,引軍還巴陵。……(二年)七月景午,周將賀若敦自拔遁歸,人畜死者十七八。武陵、天門、南平、義陽、河東、宜都郡悉平。"《廿二史考異》卷二七《陳書·世祖紀》:"梁末已有武州,蓋中廢而更立也。據此文,武州與沅州非一地,而《隋志》云'武陵郡,梁置武州,後改曰沅州',似不然矣。通寧郡之名,《隋志》亦未見。"

[巴州] 梁置,治巴陵,梁末爲王琳所據。天嘉元年,王琳奔齊,周巴陵城主尉遲憲降,陳有巴州。

　孫瑒　仁威將軍、刺史。

　　　《陳書》卷三《世祖紀》:"(天嘉元年)十二月……周巴陵城主尉遲憲降,遣巴州刺史侯安鼎守之。"

[郢州] 梁置,治夏口,梁末爲王琳所據。天嘉元年,王琳奔齊,同黨郢州刺史孫瑒內附,陳有郢州江南之地,江北爲周所據。

　王琳　刺史,梁命。

　　　《陳書》卷三《世祖紀》:"(天嘉元年)蕭莊所署郢州刺史孫瑒舉州內附。"

[沙州] 梁末置,治沙陽。

　　　《隋書》卷三一《地理志下》江夏郡蒲圻:"梁置上雋郡,又有沙陽縣,置沙州,州尋廢。平陳,郡廢。"《寰宇記》卷一一二鄂州蒲圻縣:"其沙陽縣,本名沙羨,晉安帝改爲沙陽縣,仍舊屬上雋。梁承聖三年改爲沙州。陳初復還縣,又屬上雋。"按:梁前後共置三沙州,即司州白沙關之沙州、平興郡白水之沙州、上雋郡沙陽之沙州,前二州梁末沒於北。陳天嘉四年有沙州刺史俞文冏,蓋沙陽之沙州。

[定州] 梁有定州,治蒙籠城,後沒於北。天嘉元年以西陽、武昌二郡僑置。太建五年得江北定州,十一年復沒。

《陳書》卷一三《周炅傳》:"高祖踐祚,王琳擁據上流,炅以(江)州從之。……爲侯安都所敗,擒炅送都。世祖釋炅,授戎威將軍、定州刺史、帶西陽武昌二郡太守。……初,蕭詧定州刺史田龍升以城降,詔以爲振遠將軍、定州刺史,封赤亭王。及炅入朝,龍升以江北六州七鎮叛入于齊,齊遣歷陽王高景安帥師應之。於是令炅爲江北道大都督,總統衆軍,以討龍升。……盡復江北之地。……進號平北將軍、定州刺史,持節、都督如故。"《隋書》卷三一《地理志下》永安郡麻城:"梁置信安,又有北西陽縣。陳廢北西陽,置定州。"

[齊州]　承梁置,治齊昌。

[廣州]　承梁置,治番禺。

　王勣　都督廣州等二十州諸軍事、平南將軍、平越中郎將、廣州刺史。

[衡州][西衡州]　梁置衡州,治含洭,陳承之。後分衡州置東衡州,衡州稱西衡州。

　歐陽頠　都督衡州諸軍事、安南將軍、衡州刺史。

　　　按:衡州改稱西衡州事見是年東衡州條。

[東衡州]　天嘉元年分衡州置,太建十三年復置,治始興。

　《陳書》卷三《世祖紀》:"(天嘉元年)五月乙卯,改桂陽之汝城縣爲盧陽郡、分衡州之始興、安遠二郡,置東衡州。"卷五《宣帝紀》:"(太建十三年)夏四月乙巳,分衡州始興郡爲東衡州,衡州爲西衡州。"《廿二史考異》卷二七《陳書·宣帝紀》:"天嘉元年已分置東衡州,中間未見并省,非史有脱漏,則重出矣。"

[新州]　承梁置,治新興。

[成州]　承梁置,治梁信。

[高州]　承梁置,治高涼。

［**桂州**］　承梁置,治始安。

　　淳于量　都督桂定東西寧等四州諸軍事、信威將軍、安遠護軍、桂州刺史,梁元帝命。陳授平西大將軍,尋進號鎮南將軍。

　　　　《陳書》卷一一《淳于量傳》:"高祖受禪,授持節、散騎常侍、平西大將軍,給鼓吹一部,都督、刺史並如故。尋進號鎮南將軍。"

［**南定州**］　承梁置,治布山。

［**越州**］　承梁置,治合浦。

［**安州**］　承梁置,治宋壽。

　　寧逵　刺史。

　　　　《寧贙碑》(《金石續編》卷三):"祖逵……梁武皇帝除定州刺史,總督九州諸軍事。陳宣武皇帝又除授安州刺史。"

［**交州**］　承梁置,治龍編。

［**明州**］　承梁置,治交谷。

永定二年戊寅(558)　　三月,王琳立梁永嘉王蕭莊於郢州。

［**揚州**］

　　臨川王蒨

　　沈恪　監會稽郡。

　　　　《陳書》卷一二《沈恪傳》:"高祖踐祚,除吳興太守。永定二年,徙監會稽郡。會余孝頃謀應王琳,出兵臨川攻周迪,以恪爲壯武將軍,率兵踰嶺以救迪。余孝頃聞恪至,退走。"

［**縉州**］

　　留異　遷南徐,未就。

　　　　《陳書》卷三五《留異傳》:"永定二年,徵異爲使持節、散騎常侍、都督南徐州諸軍事、平北將軍、南徐州刺史,異遷延不

就。”校勘記：“‘二年’，《南史》卷八〇《賊臣留異傳》作
‘三年’。”

［閩州］

　　陳寶應

［南徐州］

　　徐度

　　留異　都督南徐州諸軍事、平北將軍、南徐州刺史。未就。

　　　　　按：留異見是年縉州條。

［梁州］

　　張立

　　　　　《陳書》卷二《高祖紀下》：“正月……振遠將軍、梁州刺史
　　　　張立表稱：去乙亥歲八月，丹徒、蘭陵二縣界遺山側，一旦因
　　　　濤水涌生，沙漲，周旋千餘頃，並膏腴，堪墾植。”

［南豫州］

　　沈泰　奔齊。

　　侯安都　都督南豫州諸軍事、鎮西將軍、南豫州刺史。

　　　　　《陳書》卷二《高祖紀下》：“二月壬申，南豫州刺史沈泰奔
　　　　于齊。……八月……前開府儀同三司、南豫州刺史周文育，前
　　　　鎮北將軍、南徐州刺史、新除開府儀同三司侯安都等，於王琳
　　　　所逃歸，自劾廷尉。即日引見，並宥之。”卷八《侯安都傳》：
　　　　“還都自劾，詔並赦之，復其官爵。尋爲丹陽尹，出爲都督南豫
　　　　州諸軍事、鎮西將軍、南豫州刺史。”《北齊書》卷四《文宣紀》：
　　　　“（天保九年）八月……陳江州刺史沈泰以三千人內附。”按：
　　　　《陳書》云沈泰爲南豫州刺史，《北齊書》云沈泰爲江州刺史，
　　　　時周迪爲江州刺史，沈泰不應同任，此從《陳書》。

［北江州］

　　魯悉達

熊曇朗　寧遠將軍、刺史。進號平西將軍。

　　《陳書》卷二《高祖紀下》:"十二月⋯⋯以寧遠將軍、北江州刺史熊曇朗爲開府儀同三司,進號平西將軍。"《廿二史考異》卷二七《陳書・高祖紀下》:"《曇朗傳》無除北江州刺史之文。陳時北江州治南陵,而曇朗據豐城、新淦之地,與南陵隔遠,蓋遙以州名授之。"按:蓋次年魯悉達南渡後方置南陵之北江州,是年魯悉達仍任晉熙之北江州,尚未歸陳,當以晉熙之北江州遙授熊曇朗。

[江州]

周迪　進號平南將軍。

　　《陳書》卷二《高祖紀下》:"七月⋯⋯江州刺史周迪擒王琳將李孝欽、樊猛、余孝頃于工塘。⋯⋯八月⋯⋯以信威將軍、江州刺史周迪爲開府儀同三司,進號平南將軍。"卷三五《周迪傳》:"永定二年,以功加平南將軍、開府儀同三司。"按:《高祖紀》云周迪由信威進號平南,然據本傳,迪由信威進振遠,復由振遠進平南。

[高州]

黃法氍　進號宣毅將軍,復進號平南將軍。

　　《陳書》卷二《高祖紀下》:"十月⋯⋯以仁威將軍、高州刺史黃法氍爲開府儀同三司,進號鎮南將軍。"卷一一《黃法氍傳》:"永定二年,王琳遣李孝欽、樊猛、余孝頃攻周迪,且謀取法氍,法氍率兵援迪,擒孝頃等三將。進號宣毅將軍⋯⋯又以拒王琳功,授平南將軍、開府儀同三司。"《黃法氍墓誌》(《墓誌集成》一三九五):"十月丁酉,詔授平南將軍、開府儀同三司,餘并如故。"《南史》卷九《陳武帝紀》:"十月⋯⋯加高州刺史黃法氍平南將軍、開府儀同三司。"按:《陳書・高祖紀》云黃法氍由仁威進鎮南,然參本傳、墓誌及《南史・陳武帝紀》,

黃法氍由信武進宣毅,復由宣毅進平南,《陳書‧世祖紀》又云永定三年黃法氍由平南進號安南。

[南兗州]

吳明徹　拜安南將軍。

　　　　《陳書》卷二《高祖紀下》:"正月……南兗州刺史吳明徹進號安南將軍。"卷九《吳明徹傳》:"高祖受禪,拜安南將軍,仍與侯安都、周文育將兵討王琳。及眾軍敗没,明徹自拔還京。"按:四安之間當無階差,吳明徹原爲安東將軍,現拜安南將軍,不當云"進號",此從本傳。

[湘州]

王琳

[巴州]

孫瑒

　　　　《陳書》卷二五《孫瑒傳》:"高祖受禪,王琳立梁永嘉王蕭莊於郢州,徵瑒爲太府卿。"

[郢州]

王琳　三月,立蕭莊爲帝。

　　　　《陳書》卷二《高祖紀下》:"三月……王琳立梁永嘉王蕭莊于郢州。"《通鑑》卷一六七永定二年三月《考異》:"《北齊帝紀》:'十一月,丁巳,琳遣使請立莊,仍以江州內屬,令莊居之。十二月,癸酉,詔莊爲梁主,進居九派。'今從《陳書》及《典略》。然《陳書》《典略》皆云立莊於郢州。"胡注:"按琳時在溢城。蓋始居江州,後遷郢州耳。"

[廣州]

王勱　未行,改衡州。

歐陽頠　都督廣交越成定明新高合羅愛建德宜黃利安石雙十九州諸軍事、鎮南將軍、平越中郎將、廣州刺史。

《陳書》卷一七《王勱傳》：“未行，改爲衡州刺史，持節、都督
並如故。王琳據有上流，衡、廣攜貳，勱不得之鎮，留於大庾嶺。
天嘉元年，徵爲侍中、都官尚書。”按：歐陽頠見是年衡州條。

[衡州]

歐陽頠　進號鎮南將軍。遷廣州。

王勱　都督、刺史。未至。

《陳書》卷二《高祖紀下》：“正月……衡州刺史歐陽頠進
號鎮南將軍。”卷九《歐陽頠傳》：“未至嶺南，頠子紇已克定始
興。及頠至，嶺南皆懾伏。仍進廣州，盡有越地。改授都督廣
交越成定明新高合羅愛建德宜黄利安石雙十九州諸軍事、鎮
南將軍、平越中郎將、廣州刺史，持節、常侍、侯並如故。”《歐陽
頠德政碑》（《藝文類聚》卷五二《治政部上・善政》）：“踐祚
之初，進公位征南將軍、廣州刺史，又都督東衡州二十州諸軍
事。”《歐陽頠墓誌》（《江令君集》）：“而犬戎弑逆，宗社播遷，
陳纂揖讓，攸歸高祖，恩加惟舊，授使持節、都督南衡二十二州
諸軍事、廣州刺史，進爲開府儀同三司、山陽郡公，進號征南將
軍。”按：《頠傳》云頠是年進號鎮南將軍，都督十九州，次年進
號征南將軍，增督衡州，並前二十。東衡州梁末并入衡州，
陳天嘉元年方復置，《頠碑》所云“東衡州”，《頠誌》所云“南衡
二十二州”，疑皆有誤。王勱見是年廣州條。

[桂州]

淳于量

永定三年己卯（559）　六月，武帝死，姪陳蒨即位。

[揚州]

臨川王蒨　六月，即位。

　沈恪　督會稽東陽新安臨海永嘉建安晉安新寧信安九郡諸軍事、忠武將軍、會稽太守。

　　　《陳書》卷三《世祖紀》:"永定三年六月景午,高祖崩,遺詔徵世祖入纂。甲寅,至自南皖,入居中書省。"卷一二《沈恪傳》:"三年,遷使持節、通直散騎常侍、智武將軍、吳州刺史,便道之郢陽。尋有詔追還,行會稽郡事。其年,除散騎常侍、忠武將軍、會稽太守。世祖嗣位,進督會稽東陽新安臨海永嘉建安晉安新寧信安九郡諸軍事,將軍、太守如故。"

　[**縉州**]

　留異　改授都督縉州諸軍事、安南將軍、縉州刺史,領東陽太守。

　　　《陳書》卷三《世祖紀》:"八月癸巳,以平北將軍、南徐州刺史留異爲安南將軍、縉州刺史。"卷三五《留異傳》:"世祖即位,改授都督縉州諸軍事、安南將軍、縉州刺史、領東陽太守。"

　[**閩州**]

　陳寶應　進號宣毅將軍。

　　　《陳書》卷三五《陳寶應傳》:"世祖嗣位,進號宣毅將軍,又加其父光禄大夫,仍命宗正録其本系,編爲宗室,并遣使條其子女,無大小並加封爵。"

　[**南徐州**]

　徐度

　陳擬　復監南徐州,除丹陽尹。

　侯安都　司空、都督南徐州諸軍事、征北將軍、南徐州刺史。

　　　《陳書》卷三《世祖紀》:"七月……鎮北將軍、南徐州刺史徐度爲侍中、中撫軍將軍、開府儀同三司。"卷一五《陳擬傳》:"三年,復以本官監南徐州。世祖嗣位,除丹陽尹,常侍如故。"卷八《侯安都傳》:"世祖即位,遷司空,仍爲都督南徐州諸軍事、征北將軍、南徐州刺史。"《侯安都德政碑》(《藝文類聚》卷五二《治政部上・善政》）：“乃授司空公、南徐州刺史。”

[南豫州]

侯安都　遷南徐。

程靈洗　都督南豫州緣江諸軍事、信武將軍、南豫州刺史。

《陳書》卷一〇《程靈洗傳》：“高祖崩，王琳前軍東下，靈洗於南陵破之，虜其兵士，并獲青龍十餘乘。以功授持節、都督南豫州緣江諸軍事、信武將軍、南豫州刺史。”

[北江州]

熊曇朗　舉兵。

魯悉達　平南將軍、刺史，武帝命。進號安左將軍。

《陳書》卷二《高祖紀下》：“五月……北江州刺史熊曇朗殺都督周文育于軍，舉兵反。”卷三《世祖紀》：“八月……平南將軍、北江州刺史魯悉達進號安左將軍。”卷一三《魯悉達傳》：“琳授悉達鎮北將軍，高祖亦遣趙知禮授征西將軍、江州刺史，各送鼓吹女樂，悉達兩受之，遷延顧望，皆不就。高祖遣安西將軍沈泰潛師襲之，不能克。齊遣行臺慕容紹宗以衆三萬來攻鬱口諸鎮，兵甲甚盛，悉達與戰，敗齊軍，紹宗僅以身免。王琳欲圖東下，以悉達制其中流，恐爲己患，頻遣使招誘，悉達終不從。琳不得下，乃連結於齊，共爲表裏，齊遣清河王高岳助之。相持歲餘，會裨將梅天養等懼罪，乃引齊軍入城。悉達勒麾下數千人，濟江而歸高祖。……授平南將軍、散騎常侍、北江州刺史，封彭澤縣侯。世祖即位，進號安左將軍。”《廿二史考異》卷二七《陳書・魯悉達傳》：“慕容紹宗之死，在齊未受禪以前，安得此時尚存？此史家傳聞之誤。”

[江州]

周迪　進號鎮南將軍。

《陳書》卷三《世祖紀》：“七月……平南將軍、開府儀同三司周迪進號鎮南將軍。”卷三五《周迪傳》：“世祖嗣位，進號安南將軍。”按：傳作“安南將軍”，此從紀。

[吳州]

沈恪　智武將軍、刺史。未任。

胡穎　都督吳州諸軍事、宣惠將軍、吳州刺史。未任。

《陳書》卷一二《胡穎傳》：“世祖嗣位，除侍中、都督吳州諸軍事、宣惠將軍、吳州刺史。不行，尋爲義興太守。”按：沈恪見是年揚州條。

[高州]

黃法氍　進號安南將軍。

《陳書》卷三《世祖紀》：“七月……平南將軍、開府儀同三司、高州刺史黃法氍進號安南將軍。”卷一一《黃法氍傳》：“熊曇朗於金口反，害周文育，法氍共周迪討平之……世祖嗣位，進號安南將軍。”《黃法氍墓誌》（《墓誌集成》一三九五）：“三年六月，熊曇郎反於金口，公與周迪攻之……改授安南將軍，餘如故。”

[南兗州]

吳明徹　加右衛將軍。

《陳書》卷九《吳明徹傳》：“世祖即位，詔以本官加右衛將軍。”

[湘州]

王琳

[郢州]

王琳

孫瑒　都督郢荊巴武湘五州諸軍事、安西將軍、郢州刺史，王琳署。

《陳書》卷二五《孫瑒傳》：“及王琳入寇，以瑒爲使持節、

散騎常侍、都督郢荊巴武湘五州諸軍事、安西將軍、郢州刺史,
總留府之任。周遣大將史寧率衆四萬,乘虛奄至。”

[**廣州**]

歐陽頠 增督衡州。進號征南將軍。

《陳書》卷九《歐陽頠傳》:“永定三年,進授散騎常侍,增
都督衡州諸軍事,即本號開府儀同三司。世祖嗣位,進號征南
將軍。……時頠弟盛爲交州刺史,次弟邃爲衡州刺史,合門顯
貴,名振南土。又多致銅鼓、生口,獻奉珍異,前後委積,頗有
助於軍國焉。”

[**衡州**]

歐陽邃 刺史。

按:歐陽邃見是年廣州條。

[**桂州**]

淳于量 進號鎮西大將軍,復進號征南大將軍。

《陳書》卷二《高祖紀下》:“二月辛酉,以平西將軍、桂州
刺史淳于量爲開府儀同三司,進號鎮西大將軍。”卷三《世祖
紀》:“七月……以鎮南大將軍、開府儀同三司、桂州刺史淳于
量進號征南大將軍。”按:《陳書》卷一一《淳于量傳》云量永
定元年已爲平西大將軍,《高祖紀》“平西”後當闕“大”字。

[**越州**]

駱牙 威虜將軍、刺史。

《陳書》卷二二《駱牙傳》:“世祖即位,授假節、威虜將軍、
員外散騎常侍……尋爲臨安令,遷越州刺史,餘並如故。”

[**安州**]

沈欽 貞威將軍、刺史。

《陳書》卷七《世祖沈皇后傳》:“後兄欽,隨世祖征伐,以
功至貞威將軍、安州刺史。世祖即位,襲爵建城侯,加通直散

騎常侍。"

[交州]

歐陽盛　刺史。

　　　　按：歐陽盛見是年廣州條。

文帝天嘉元年庚辰（560）　　二月，王琳兵敗，與蕭莊奔于齊。

[揚州]

沈恪

[縉州]

留異

　　　　《陳書》卷三五《留異傳》："及琳敗，世祖遣左衛將軍沈恪代異爲郡，實以兵襲之。異出下淮抗禦，恪與戰，敗績，退還錢塘，異乃表啓遜謝。是時衆軍方事湘、郢，乃降詔書慰喻，且羈縻之。異亦知朝廷終討於己，乃使兵戍下淮及建德，以備江路。"

[閩州]

陳寶應

[南徐州]

侯安都

　　　　《陳書》卷八《侯安都傳》："仍別奉中旨，迎衡陽獻王昌。初，昌之將入也，致書於世祖，辭甚不遜，世祖不懌，乃召安都從容而言曰：'太子將至，須別求一蕃，吾其老焉。'安都對曰：'自古豈有被代天子？臣愚不敢奉詔。'因請自迎昌，昌濟漢而薨。以功進爵清遠郡公，邑四千户。自是威名甚重，群臣無出其右。……改桂陽之汝城縣爲盧陽郡，分衡州之始興、安遠二

郡,合三郡爲東衡州,以安都從弟曉爲刺史。……王琳敗後,
周兵入據巴、湘,安都奉詔西討。"

[南豫州]

程靈洗

　　《陳書》卷三《世祖紀》:"三月……先是,齊軍守魯山城,
戊午,齊軍棄城走,詔南豫州刺史程靈洗守之。"

[北江州]

魯悉達

[江州]

周迪

　　《陳書》卷三《世祖紀》:"三月……江州刺史周迪平南中,
斬賊率熊曇朗。"

[吳州]

趙知禮　　督吳州諸軍事、明威將軍、吳州刺史。

　　《陳書》卷一六《趙知禮傳》:"王琳平,授持節、督吳州諸
軍事、明威將軍、吳州刺史。"

[高州]

黃法氍

紀機　　刺史。

　　按:紀機見是年湘州條。

[南兗州]

吳明徹　　遷武州。

[合州]

荀朗　　安北將軍、都督霍晉合三州諸軍事、合州刺史。

　　《陳書》卷三《世祖紀》:"四月……以安南將軍荀朗爲安
北將軍、合州刺史。"卷一三《荀朗傳》:"令與侯安都等共拒王
琳。琳平,遷使持節、安北將軍、散騎常侍、都督霍晉合三州諸

軍事、合州刺史。”

[湘州]

王琳　二月，與蕭莊奔齊。

衡陽王昌　都督湘州諸軍事、驃騎將軍、湘州牧。被殺。

孫瑒　三月，安南將軍、刺史。徵還。

侯瑱　都督湘巴郢江吳等五州諸軍事，鎮溢城。

華皎　知江州事。

　　《陳書》卷三《世祖紀》：“二月……乙未，高州刺史紀機自軍叛還宣城，據郡以應王琳，涇令賀當遷討平之。景申，太尉侯瑱敗王琳于梁山，攻齊兵于博望……王琳及其主蕭莊奔齊。……以高祖第六子昌爲驃騎將軍、湘州牧，立爲衡陽王。三月……蕭莊所署郢州刺史孫瑒舉州内附。……僞郢州刺史孫瑒爲安南將軍、湘州刺史。景子，衡陽王昌薨。”卷一四《衡陽王昌傳》：“荆州陷，又與高宗俱遷關右。……高祖即位，頻遣使請高宗及昌，周人許之而未遣，及高祖崩，乃遣之。是時王琳梗於中流，昌未得還，居于安陸。王琳平後，天嘉元年二月，昌發自安陸，由魯山濟江，而巴陵王蕭沇等率百僚上表曰：‘……臣等參議，以昌爲使持節、散騎常侍、都督湘州諸軍事、驃騎將軍、湘州牧，封衡陽郡王……’詔曰‘可’。三月入境，詔令主書、舍人緣道迎接。景子，濟江，於中流船壞，以溺薨。”《南史》卷六五《衡陽王昌傳》：“於中流殞之，使以溺告。”《陳書》卷二五《孫瑒傳》：“及聞大軍敗王琳，乘勝而進，周兵乃解。瑒於是盡有中流之地，集其將士而謂之曰：‘吾與王公陳力協義，同獎梁室，亦已勤矣。今時事如此，天可違乎！’遂遣使奉表詣闕。天嘉元年，授使持節、散騎常侍、安南將軍、湘州刺史。……瑒懷不自安，乃固請入朝，徵爲散騎常侍、中領軍。”卷九《侯瑱傳》：“世祖即位，進授太尉……王琳至于栅口,又以瑱爲都督,侯安都等並隷焉。瑱與琳相持百餘日,未決。天嘉元年……琳軍大敗。……乃與妻妾左右十餘人入齊。其年,詔以瑱爲都督湘巴郢江吳等五州諸軍事,鎮溢城。"卷二〇《華皎傳》:"王琳東下,皎隨侯瑱拒之。琳平,鎮溢城,知江州事。時南州守宰多鄉里酋豪,不遵朝憲,文帝令皎以法馭之。王琳奔散將卒多附于皎。"按:衡陽王昌參見是年南徐州條。

[武州]

吳明徹　都督武沅二州諸軍事、安西將軍、武州刺史。

《陳書》卷三《世祖紀》:"三月……分荆州之天門、義陽、南平,郢州之武陵四郡,置武州。其刺史督沅州,領武陵太守,治武陵郡;其都尉所部六縣爲沅州,別置通寧郡,以刺史領太守,治都尉城,省舊都尉。以安南將軍、南兗州刺史、新除右衛將軍吳明徹爲安西將軍、武州刺史。……八月……周將賀若敦率馬步一萬,奄至武陵,武州刺史吳明徹不能拒,引軍還巴陵。"卷九《吳明徹傳》:"王琳敗,授都督武沅二州諸軍事、安西將軍、武州刺史,餘並如故。"

[巴州]

侯安鼎　刺史。

《陳書》卷三《世祖紀》:"十二月……周巴陵城主尉遲憲降,遣巴州刺史侯安鼎守之。"

[郢州]

孫瑒　降,遷湘州。

[定州]

周炅　威戎將軍、刺史,帶西陽、武昌二郡太守。

《陳書》卷一三《周炅傳》:"承聖元年,遷使持節、都督江定二州諸軍事、戎昭將軍、江州刺史。……高祖踐祚,王琳擁據上流,炅以州從之。及王琳遣其將曹慶等攻周迪,仍使炅將兵犄角而進,爲侯安都所敗,擒炅送都。世祖釋炅,授戎威將軍、定州刺史、帶西陽武昌二郡太守。"校勘記:"'戎威',疑爲'威戎'之倒誤。按《隋書》卷二六《百官志》上載陳軍號,有'威戎'而無'戎威'。"《廿二史考異》卷二七《陳書·周炅傳》:"梁置定州於江北蒙籠城,陳初畫江爲界,未得有其地,炅蓋鎮武昌,而遥帶州名耳。"

[廣州]

　歐陽頠

[衡州]

　歐陽邃

[東衡州]

　侯曉　刺史。

　　　　《陳書》卷三《世祖紀》:"五月乙卯,改桂陽之汝城縣爲盧陽郡、分衡州之始興、安遠二郡,置東衡州。"按:侯曉見是年南徐州條。

[桂州]

　淳于量

[越州]

　駱牙

[安州]

　寧猛力　安州諸軍事、安州刺史。

　　　　《寧贙碑》(《金石續編》卷三):"父猛力……文皇帝除使持節、開府儀同三司、安州諸軍事、安州刺史、宋壽縣開國侯。"按:年不詳,列於此。

[交州]

　歐陽盛

天嘉二年辛巳(561)

[揚州]

始興王伯茂 宣惠將軍、刺史。

沈恪 徵還。

徐度 都督會稽東陽臨海永嘉新安新寧信安晉安建安九郡諸軍事、鎮東將軍、會稽太守。未行。

沈欽 會稽等九郡諸軍事、明威將軍、會稽太守。

《陳書》卷三《世祖紀》:"正月……以始興王伯茂爲宣惠將軍、揚州刺史。"卷一八《陸山才傳》:"遷宣惠始興王長史,行東揚州事。侯安都討留異,山才率王府之衆從焉。異平,除明威將軍、東陽太守。"校勘記:"('東揚州'之)'東'字疑衍。"卷一〇《程文季傳》:"世祖嗣位,除宣惠始興王府限内中直兵參軍。是時王爲揚州刺史,鎮冶城,府中軍事,悉以委之。"卷一二《沈恪傳》:"二年,徵爲左衛將軍。"卷一二《徐度傳》:"出爲使持節、都督會稽東陽臨海永嘉新安新寧信安晉安建安九郡諸軍事、鎮東將軍、會稽太守。未行而太尉侯瑱薨于湘州,乃以度代瑱爲都督湘沅武巴郢桂六州諸軍事、鎮南將軍、湘州刺史。"卷七《世祖沈皇后傳》:"后兄欽,隨世祖征伐,以功至貞威將軍、安州刺史。世祖即位,襲爵建城侯,加通直散騎常侍、持節、會稽等九郡諸軍事、明威將軍、會稽太守,入爲侍中、左衛將軍、衛尉卿。"校勘記:"'持節'下疑有脱字。"按:沈欽爲會稽太守當在徐度後,列於此。

[縉州]

留異

《陳書》卷三《世祖紀》:"十二月……先是,縉州刺史留異應于王琳等反,景戌,詔司空侯安都率衆討之。"卷三五《留異傳》：“湘州平，世祖乃下詔曰：‘……可遣使持節、都督南徐州諸軍事、征北將軍、司空、南徐州刺史桂陽郡開國公安都指往擒戮……’”

［閩州］

　陳寶應

［南徐州］

　侯安都

　　　《陳書》卷八《侯安都傳》：“及留異擁據東陽，又奉詔東討。”

［南豫州］

　程靈洗

［北江州］

　魯悉達　遷吳州。

［江州］

　周迪

　華皎　仁武將軍、新州刺史資，監江州。尋督尋陽太原高唐南北新蔡五郡諸軍事、尋陽太守。

　　　《陳書》卷二〇《華皎傳》：“三年，除假節、通直散騎常侍、仁武將軍、新州刺史資、監江州。尋詔督尋陽太原高唐南北新蔡五郡諸軍事、尋陽太守，假節、將軍、州資、監如故。”《廿二史考異》卷二七《陳書·華皎傳》：“此南、北新蔡郡當在江北黃梅縣，而《隋志》無其文。黃梅縣本名永興，隋開皇初改曰新蔡，蓋因舊郡名以名縣耳。”

［吳州］

　趙知禮

　魯悉達　安南將軍、刺史。

　　　《陳書》卷一六《趙知禮傳》：“秩滿，爲明威將軍、太子右

衛率。"卷三《世祖紀》:"四月……以安左將軍魯悉達爲安南
將軍、吴州刺史。"

[高州]

黄法氍

[合州]

裴景徽　刺史。奔齊。

周令珍　刺史。

　　《陳書》卷三《世祖紀》:"正月……合州刺史裴景徽奔于
齊。"《北齊書》卷三二《王琳傳》:"陳合州刺史裴景暉,琳兄瑉
之壻也,請以私屬導引齊師。孝昭委琳與行臺左丞盧潛率兵
應赴,沉吟不決。景暉懼事泄,挺身歸齊。"卷四二《盧潛傳》:
"蕭宗作相,以潛爲揚州道行臺左丞。……陳秦、譙二州刺史
王奉國、合州刺史周令珍前後入寇,潛輒破平之。"

[譙州]

王奉國　秦譙二州刺史。

　　按:王奉國見是年合州條。

[南荆州]

吴明徹　刺史。

　　《陳書》卷三《世祖紀》:"四月,分荆州之南平、宜都、羅、
河東四郡,置南荆州,鎮河東郡,以安西將軍、武州刺史吴明徹
爲南荆州刺史。"按:吴明徹歷南荆州刺史,《陳書》卷九本傳
失載。

[湘州]

侯瑱　都督湘桂郢巴武沅六州諸軍事、車騎將軍、湘州刺
　　史。卒。

徐度　都督湘沅武巴郢桂六州諸軍事、鎮南將軍、湘州刺史。

　　《陳書》卷三《世祖紀》:"正月……周湘州城主殷亮降,湘

州平。二月景戌，以太尉侯瑱爲車騎將軍、湘州刺史。……三月乙卯，太尉、車騎將軍、湘州刺史侯瑱薨。丁丑，以鎮東將軍、會稽太守徐度爲鎮南將軍、湘州刺史。……秋七月景午，周將賀若敦自拔遁歸，人畜死者十七八。武陵、天門、南平、義陽、河東、宜都郡悉平。”卷九《侯瑱傳》：“周將賀若敦、獨孤盛等寇巴、湘，又以瑱爲西討都督，與盛戰於西江口，大敗盛軍，虜其人馬器械，不可勝數。以功授使持節、都督湘桂郢巴武沅六州諸軍事、湘州刺史。……二年，以疾表求還朝。三月，於道薨。”按：徐度參見是年揚州條。

[武州]

吳明徹　遷南荆州。

[郢州]

章昭達　都督郢巴武沅四州諸軍事、智武將軍、郢州刺史。進號平西將軍。

　　　《陳書》卷一一《章昭達傳》：“王琳平，昭達册勳第一。二年，除使持節、散騎常侍、都督郢巴武沅四州諸軍事、智武將軍、郢州刺史……尋進號平西將軍。”

[定州]

周炅

　　　《陳書》卷一三《周炅傳》：“天嘉二年，留異據東陽反，世祖召炅還都，欲令討異。未至而異平，炅還本鎮。”

[廣州]

歐陽頠

[衡州]

歐陽邃

[東衡州]

侯曉

［成州］

韓子高　壯武將軍、刺史。

　　《陳書》卷二〇《韓子高傳》：“二年，遷員外散騎常侍、

　　壯武將軍、成州刺史。及征留異，隨侯安都頓桃支嶺巖下。”

　　校勘記：“‘二年’，平安寫本作‘三年’。”按：韓子高之

　　“高”，《太平御覽》卷三一〇《兵部四一·戰傷》引《三國典

　　略》作“臯”。

［桂州］

淳于量

［越州］

駱牙

［交州］

歐陽盛

天嘉三年壬午（562）

［揚州］

始興王伯茂　遷東揚州。

安成王頊　都督揚南徐東揚南豫北江五州諸軍事、揚州刺史，進

　　號驃騎將軍。

　　《陳書》卷三《世祖紀》：“六月景辰，以侍中、中衛將軍安

　　成王頊爲驃騎將軍、揚州刺史。”卷五《宣帝紀》：“天嘉三年，

　　自周還，授侍中、中書監、中衛將軍，置佐史。尋授使持節、都

　　督揚南徐東揚南豫北江五州諸軍事、揚州刺史，進號驃騎將

　　軍，餘如故。”

［東揚州］

始興王伯茂　鎮東將軍、刺史。始置。

《陳書》卷三《世祖紀》："六月……置東揚州。以揚州刺史始興王伯茂爲鎮東將軍、東揚州刺史。"卷二三《沈君理傳》："君理第五叔邁……出爲鎮東始興王長史、會稽郡丞,行東揚州事。"

[縉州]

留異 三月,奔陳寶應。

《陳書》卷三《世祖紀》："三月……司空侯安都破留異於桃支嶺,異脱身奔晉安,東陽郡平。"卷三五《留異傳》："安都大破其柵,異與第二子忠臣奔于陳寶應。"

[閩州]

陳寶應

[南徐州]

侯安都 進號征北大將軍。

《陳書》卷八《侯安都傳》："天嘉三年夏,潦,水漲滿,安都引船入堰,起樓艦與異城等,放拍碎其樓雉。異與第二子忠臣脱身奔晉安,安都虜其妻子,盡收其人馬甲仗,振旅而歸。以功加侍中、征北大將軍,增邑并前五千户,仍還本鎮。"卷三《世祖紀》："六月……征北將軍、司空、南徐州刺史侯安都爲侍中、征北大將軍。"

[南豫州]

程靈洗 徵還。

《陳書》卷一〇《程靈洗傳》："徵爲左衛將軍。"

[北江州]

戴僧朔 壯武將軍、北江州刺史,領南陵太守。

《陳書》卷二〇《華皎傳》："戴僧朔……從征留異,侯安都於巖下出戰,爲賊所傷,僧朔單刀步援。以功除壯武將軍、北江州刺史、領南陵太守。"

[江州]

周迪　　閏二月,應留異。

華皎

吴明徹　　三月,安南將軍、刺史,領豫章太守。討周迪。

《陳書》卷三《世祖紀》:"閏二月……江州刺史周迪舉兵應留異,襲溢城,攻豫章郡,並不剋。……三月……以安右將軍吴明徹爲安南將軍、江州刺史,督衆軍南討。……九月……周迪請降,詔安成王頊督衆軍以招納之。"卷三五《周迪傳》:"豫章太守周敷本屬於迪。至是與黄法氍率其所部詣闕,世祖録其破熊曇朗之功,並加官賞,迪聞之,甚不平,乃陰與留異相結。及王師討異,迪疑懼不自安,乃使其弟方興率兵襲周敷,敷與戰,破之。又別使兵襲華皎於溢城,事覺,盡爲皎所擒。三年春,世祖乃下詔赦南川士民爲迪所詿誤者,使江州刺史吴明徹都督衆軍,與高州刺史黄法氍、豫章太守周敷討迪。……吴明徹至臨川,令衆軍作連城攻迪,相拒不能剋,世祖乃遣高宗總督討之。"卷一三《周敷傳》:"迪擒孝頃等,敷功居多。……王琳平,授散騎常侍、平西將軍、豫章太守。是時南江酋帥並顧戀巢窟,私署令長,不受召,朝廷未遑致討,但羈縻之,唯敷獨先入朝。天嘉二年,詣闕,進號安西將軍……令還鎮豫章。周迪以敷素出己下,超致顯貴,深不平,乃舉兵反,遣弟方興以兵襲敷。敷與戰,大破方興。仍率衆從都督吴明徹攻迪,破之,擒其弟方興并諸渠帥。詔以敷爲安西將軍、臨川太守,餘並如故。"卷九《吴明徹傳》:"天嘉三年,授安西將軍。及周迪反臨川,詔以明徹爲安南將軍、江州刺史,領豫章太守,總督衆軍以討迪。"按:《吴明徹傳》云天嘉三年授安西將軍,據同傳,明徹天嘉元年已爲安西將軍,三年不應復授。《世祖紀》作安右將軍。

［吳州］

　魯悉達　卒。

　陳詳　都督吳州諸軍事、仁威將軍、吳州刺史。

　　　　《陳書》卷一三《魯悉達傳》："遭母憂，哀毀過禮，因遘疾卒。"卷一五《陳詳傳》："三年，出爲假節、都督吳州諸軍事、仁威將軍、吳州刺史。周迪據臨川舉兵，詳自州從他道襲迪於濡城別營，獲其妻子。"

［高州］

　黃法氍

　　　　《陳書》卷一一《黃法氍傳》："天嘉二年，周迪反，法氍率兵會都督吳明徹，討迪於工塘。"《黃法氍墓誌》（《墓誌集成》一三九五）："三年，周迪反……公功居多。"按：討周迪在天嘉三年，非二年，傳誤。

［南荆州］

　吳明徹　授安右將軍。遷江州。

　　　　按：吳明徹見是年江州條。

［湘州］

　徐度

［郢州］

　章昭達

［定州］

　周炅

［廣州］

　歐陽頠

　　　　《續高僧傳》卷一《拘那羅陀傳》："逮陳武永定二年七月，還返豫章，又止臨川、晉安諸郡。……至文帝天嘉四年……翻《攝大乘》等論，首尾兩載，覆疏宗旨。而飄寓投委，無心寧寄，又泛小舶至梁安郡。……至三年九月,發自梁安,泛舶西引,業風賦命,飄還廣州,十二月中,上南海岸。刺史歐陽穆公頠,延住制旨寺,請翻新文。……後穆公薨没,世子紇重爲檀越,開傳經論,時又許焉。"按:"天嘉四年"當爲"天嘉元年"之誤,天嘉元年越兩載,正爲三年,次年頠死。

[衡州]

歐陽紇 安遠將軍、刺史。頠子。

《陳書》卷九《歐陽紇傳》:"天嘉中,除黄門侍郎,員外散騎常侍。累遷安遠將軍、衡州刺史。"按:紇始任年不詳,斷於此。

[東衡州]

侯曉 卒。

《陳書》卷八《侯安都傳》:"(曉)天嘉三年卒。"

[成州]

韓子高

《陳書》卷二〇《韓子高傳》:"異平,除假節、貞毅將軍、東陽太守。"

[桂州]

淳于量

[越州]

駱牙

天嘉四年癸未(563)

[揚州]

安成王頊

《陳書》卷三《世祖紀》:"四月……以侍中、中書監、中衛將軍、驃騎將軍、揚州刺史安成王頊爲開府儀同三司。”

［東揚州］

始興王伯茂

［閩州］

陳寶應

《陳書》卷三《世祖紀》:“十二月……詔護軍將軍章昭達進軍建安,以討陳寶應,信威將軍、益州刺史余孝頃督會稽、東陽、臨海、永嘉諸軍自東道會之。”卷三五《陳寶應傳》:“寶應娶留異女爲妻,侯安都之討異也,寶應遣兵助之,又資周迪兵糧,出寇臨川。及都督章昭達於東興、南城破迪,世祖因命昭達都督衆軍,由建安南道渡嶺,又命益州刺史領信義太守余孝頃都督會稽、東陽、臨海、永嘉諸軍自東道會之,以討寶應,并詔宗正絶其屬籍。於是尚書下符曰:‘……今遣沙州刺史俞文冏,明威將軍程文季,假節、宣猛將軍、成州刺史甘他……持節、通直散騎常侍、壯武將軍、定州刺史康樂縣開國侯林馮,假節、信威將軍、都督東討諸軍事、益州刺史余孝頃,率羽林二萬,蒙衝蓋海,乘跨滄波,掃蕩巢窟。……東衡州刺史錢道戢……廣州刺史歐陽紇……潼州刺史李腅,明州刺史戴晃,新州刺史區白獸……吳州刺史魯廣達,前吳州刺史遂興縣開國侯詳……使持節、散騎常侍、鎮南將軍、開府儀同三司、江州刺史新建縣開國侯法氍……’”按:時沙州刺史俞文冏、成州刺史甘他、定州刺史林馮、益州刺史余孝頃皆率禁軍討陳寶應,所任之州或梁末已没於北,蓋僑置或遥領。

［南徐州］

侯安都　遷江州。

沈君理　監南徐州。

黄法氍　都督南徐州諸軍事、鎮北大將軍、南徐州刺史。未拜,遷江州。

周寶安 都督南徐州諸軍事、貞毅將軍、南徐州刺史。

《陳書》卷二三《沈君理傳》：“天嘉三年，重授左民尚書、
領步兵校尉，尋改前軍將軍。四年，侯安都徙鎮江州，以本官
監南徐州。”卷八《周寶安傳》：“四年，授持節、都督南徐州諸
軍事、貞毅將軍、南徐州刺史。”按：黄法氍見是年高州條。

[**益州**]

余孝頃 信威將軍、益州刺史，領信義太守。

按：余孝頃見是年閩州條。

[**南豫州**]

周敷 都督南豫北江二州諸軍事、鎮南將軍、南豫州刺史。

《陳書》卷三《世祖紀》：“正月……安西將軍、領臨川太守
周敷爲南豫州刺史。”卷一三《周敷傳》：“徵爲使持節、都督南
豫北江二州諸軍事、鎮南將軍、南豫州刺史。”

[**北江州**]

戴僧朔 遷巴州。

[**江州**]

周迪 正月，奔陳寶應。

華皎 平南將軍、臨川太守。遷湘州。

吳明徹 徵還。

侯安都 都督江吳二州諸軍事、征南大將軍、江州刺史。未任，
賜死。

黄法氍 都督江吳二州諸軍事、鎮南大將軍、江州刺史。

《陳書》卷三《世祖紀》：“正月……周迪棄城走，閩州刺史
陳寶應納之，臨川郡平。……仁武將軍、新州刺史華皎進號平
南將軍。……二月……以侍中、司空、征北大將軍侯安都爲征
南大將軍、江州刺史。庚申，以平南將軍華皎爲南湘州刺

史。……六月……司空侯安都賜死。"卷三五《周迪傳》："迪
衆潰，妻子悉擒，乃脱身踰嶺之晉安，依于陳寶應。"卷二〇《華
皎傳》："皎隨都督吳明徹征迪，迪平，以功授散騎常侍、平南將
軍、臨川太守……未拜，入朝，仍授使持節、都督湘巴等四州諸
軍事、湘州刺史，常侍、將軍如故。"《廿二史考異》卷二七《陳
書·世祖紀》："本傳但云湘州刺史，（《世祖紀》）'南'字疑
衍。"《陳書》卷九《吳明徹傳》："明徹雅性剛直，統内不甚和，
世祖聞之，遣安成王頊慰曉明徹，令以本號還朝。"卷八《侯安
都傳》："自王琳平後，安都勳庸轉大，又自以功安社稷，漸用驕
矜。……又周迪之反，朝望當使安都討之，帝乃使吳明徹討
迪，又頻遣臺使案問安都部下，檢括亡叛，安都内不自安。三
年冬，遣其別駕周弘實自托於舍人蔡景歷，并問省中事。景歷
録其狀具奏之，希旨稱安都謀反。世祖慮其不受制，明年春，
乃除安都爲都督江吳二州諸軍事、征南大將軍、江州刺史。自
京口還都……於西省賜死。"按：黃法氍參見是年高州、閩
州條。

［吳州］

陳詳

魯廣達　信武將軍、刺史。

《陳書》卷一五《陳詳傳》："迪敗走，詳還復本鎮。"卷三一
《魯廣達傳》："除假節、信武將軍、北新蔡太守。隨吳明徹討
周迪於臨川，每戰功居最。仍代兄悉達爲吳州刺史。"按：陳
詳、魯廣達參見是年閩州條。魯悉達之後陳詳爲吳州刺史，魯
廣達當代陳詳，傳誤。

［高州］

黃法氍　遷南徐州，尋遷江州。

《陳書》卷三《世祖紀》："正月……鎮南將軍、開府儀同三

司、高州刺史黄法氍爲鎮北大將軍、南徐州刺史。……罷高州
隸入江州。……七月丁丑,以鎮北大將軍、開府儀同三司、南
徐州刺史黄法氍爲鎮南大將軍、江州刺史。"卷一一《黄法氍
傳》:"迪平,法氍功居多。徵爲使持節、散騎常侍、都督南徐州
諸軍事、鎮北大將軍、南徐州刺史,儀同、鼓吹並如故。未拜,
尋又改授都督江吳二州諸軍事、鎮南大將軍、江州刺史。"按:
《黄法氍墓誌》(《墓誌集成》一三九五)略同。

[潼州]

　李腑　刺史。

　　　按:李腑見是年閩州條。梁有二潼州,一治取慮城,一治
　　　涪,梁末皆没於北,此潼州蓋僑置或遙領。

[湘州]

　徐度　徵還。

　華皎　都督湘巴等四州諸軍事、平南將軍、湘州刺史。

　　　《陳書》卷一二《徐度傳》:"秩滿,爲侍中、中軍大將軍。"
　　　按:華皎見是年江州條。

[巴州]

　戴僧朔　壯武將軍、刺史。

　　　《陳書》卷二〇《華皎傳》:"(僧朔)從征周迪有功,遷巴州
　　　刺史,假節、將軍如故。"

[郢州]

　章昭達　遷護軍。

　沈恪　都督郢武巴定四州諸軍事、軍師將軍、郢州刺史。

　　　《陳書》卷三《世祖紀》:"正月……以平西將軍、郢州刺史
　　　章昭達爲護軍將軍。"卷一二《沈恪傳》:"出爲都督郢武巴定
　　　四州諸軍事、軍師將軍、郢州刺史。"

[沙州]

　　俞文冏　刺史。

　　　　按：俞文冏見是年閩州條。

[定州]

　　周炅

　　林馮　壯武將軍、刺史。

　　　　按：林馮見是年閩州條。時周炅爲定州刺史,存疑。

[廣州]

　　歐陽頠　進號征南大將軍。卒。

　　歐陽紇　都督交廣等十九州諸軍事、安遠將軍、廣州刺史。

　　　　《陳書》卷三《世祖紀》："二月戊戌,征南將軍、開府儀同
　　　三司、廣州刺史歐陽頠進號征南大將軍。……九月壬戌,開府
　　　儀同三司、廣州刺史歐陽頠薨。"卷九《歐陽紇傳》："襲封陽山
　　　郡公,都督交廣等十九州諸軍事、廣州刺史。"

[衡州]

　　歐陽紇　遷廣州。

[東衡州]

　　錢道戢　輕車將軍、都督東西二衡州諸軍事、東衡州刺史,領始
　　興內史。

　　　　《陳書》卷二二《錢道戢傳》："侯安都之討留異也,道戢帥
　　　軍出松陽以斷其後。異平,以功拜持節、通直散騎常侍、輕車
　　　將軍、都督東西二衡州諸軍事、衡州刺史、領始興內史。"校勘
　　　記："'衡州刺史',疑當爲'東衡州刺史'。"按：錢道戢參見是
　　　年閩州條。

[新州]

　　區白獸　刺史。

　　　　按：區白獸見是年閩州條。

[成州]

甘他　宣猛將軍、刺史。

　　　　按：甘他見是年閩州條。

［桂州］

　淳于量

［越州］

　駱牙

　　　　《陳書》卷二二《駱牙傳》："（天嘉）三年，以平周迪之功，遷冠軍將軍、臨川內史。"校勘記："'三年'或有疑，按本書卷三《世祖紀》載天嘉四年正月'甲申，周迪棄城走，閩州刺史陳寶應納之，臨川郡平'。"

［明州］

　戴晃　刺史。

　　　　按：戴晃見是年閩州條。

天嘉五年甲申（564）

［揚州］

　安成王頊

［東揚州］

　始興王伯茂

［閩州］

　陳寶應　被擒。

　　　　《陳書》卷三《世祖紀》："十一月……章昭達破陳寶應于建安，擒寶應、留異，送京師，晉安郡平。"

［南徐州］

　周寶安

［南豫州］

周敷　被殺。

　　《陳書》卷一三《周敷傳》：“五年，迪又收合餘衆，還襲東興。世祖遣都督章昭達征迪，敷又從軍。至定川縣，與迪相對。迪紿敷曰：‘吾昔與弟勠力同心，宗從匪他，豈規相害。今願伏罪還朝，因弟披露心腑，先乞挺身共立盟誓。’敷許之，方登壇，爲迪所害，時年三十五。詔曰：‘使持節、散騎常侍、都督南豫州緣江諸軍事、鎮南將軍、南豫州刺史西豐縣開國侯敷……’”按：《周敷傳》前云敷爲“都督南豫北江二州諸軍事”，後引詔書爲“都督南豫州緣江諸軍事”，《中國行政區劃通史・三國兩晉南朝卷》第二編第五章第一節豫州都督區（南豫都督區）注：“似北江州沿江處南豫州之上游。故此處‘南豫北江二州諸軍事’似可理解爲‘都督南豫州緣江諸軍事’。”

　[江州]

　　黃法氍

　[吳州]

　　魯廣達

　[湘州]

　　華皎

　[武州]

　　陸子隆　都督武州諸軍事、明威將軍、武州刺史。

　　　　《陳書》卷二二《陸子隆傳》：“（天嘉）二年，除明威將軍、廬陵太守。……四年，周迪引陳寶應復出臨川，子隆隨都督章昭達討迪。迪退走，因隨昭達踰東興嶺，討陳寶應。……晉安平，子隆功最，遷假節、都督武州諸軍事，將軍如故。”《南史》卷六七《陸子隆傳》：“晉安平，子隆功最，遷武州刺史。”

　[巴州]

　　戴僧朔

[郢州]

沈恪

[定州]

周炅

[廣州]

歐陽紇

[東衡州]

錢道戢

[桂州]

淳于量　徵還。

　　　　《陳書》卷三《世祖紀》：“三月丁丑，以征南大將軍、開府儀同三司、桂州刺史淳于量爲中撫軍大將軍。”卷一一《淳于量傳》：“王琳平後，頻請入朝，天嘉五年，徵爲中撫大將軍，常侍、儀同、鼓吹並如故。量所部將帥，多戀本生，並欲逃入山谷，不願入朝。世祖使湘州刺史華皎征衡州界黄洞，且以兵迎量。天康元年，至都，以在道淹留，爲有司所奏，免儀同，餘並如故。”

天嘉六年乙酉(565)

[揚州]

安成王頊　遷司空。

　　　　《陳書》卷三《世祖紀》：“四月甲寅，以侍中、中書監、中衛將軍、驃騎將軍、開府儀同三司、揚州刺史安成王頊爲司空。”

[東揚州]

始興王伯茂

[南徐州]

周寶安

鄱陽王伯山　緣江都督、平北將軍、南徐州刺史。

　　　《陳書》卷八《周寶安傳》：“徵爲左衛將軍、加信武將軍。”
卷三《世祖紀》：“十二月……以東中郎將、吳郡太守鄱陽王伯
山爲平北將軍、南徐州刺史。”卷二八《鄱陽王伯山傳》：“六
年，爲緣江都督、平北將軍、南徐州刺史。”

［南豫州］

余孝頃　宣毅將軍、刺史。

　　　按：余孝頃見光大元年南豫州條。

［江州］

黃法㲫

章昭達　都督江郢吳三州諸軍事、鎮南將軍、江州刺史。

　　　《續高僧傳》卷一《拘那羅陀傳附德賢傳》：“至陳天嘉乙
酉之歲，始於江州興業寺譯之……江州刺史黃法㲫爲檀越。”
《陳書》卷三《世祖紀》：“十二月……以鎮前將軍、開府儀同三
司章昭達爲鎮南將軍、江州刺史，鎮南大將軍、江州刺史黃法
㲫爲中衛大將軍。”卷一一《章昭達傳》：“克定閩中，盡擒留
異、寶應等。以功授鎮前將軍、開府儀同三司。……尋又出爲
使持節、都督江郢吳三州諸軍事、鎮南將軍、江州刺史。”按：
《黃法㲫墓誌》（《墓誌集成》一三九五）云徵法㲫爲中衛大將
軍在天康元年。

［吳州］

魯廣達

［湘州］

華皎

［武州］

陸子隆

［巴州］

　戴僧朔

［郢州］

　沈恪　徵還。

　程靈洗　都督郢巴武三州諸軍事、宣毅將軍、郢州刺史。

　　　《陳書》卷三《世祖紀》：“十二月……中護軍程靈洗爲宣
　　　毅將軍、郢州刺史，軍師將軍、郢州刺史沈恪爲中護軍。”卷一
　　　〇《程靈洗傳》：“出爲使持節、都督郢巴武三州諸軍事、宣毅
　　　將軍、郢州刺史。”

［定州］

　周炅

［廣州］

　歐陽紇

［東衡州］

　錢道戢

天康元年丙戌（566）　四月，文帝死，太子伯宗即位。

［揚州］

　安成王頊　進驃騎大將軍、司徒、録尚書、都督中外諸軍事。

　　　《陳書》卷三《世祖紀》：“三月己卯，以驃騎將軍、開府儀
　　　同三司、揚州刺史、司空安成王頊爲尚書令。”卷四《廢帝紀》：
　　　“五月……以驃騎將軍、司空、揚州刺史、新除尚書令安成王頊
　　　爲驃騎大將軍，進位司徒、録尚書、都督中外諸軍事。”卷七《世
　　　祖沈皇后傳》：“時高宗與僕射到仲舉、舍人劉師知等並受遺輔
　　　政，師知與仲舉恒居禁中參決衆事，而高宗爲揚州刺史，與左
　　　右三百人入居尚書省。師知見高宗權重，陰忌之，乃矯勅謂高

宗曰：‘今四方無事，王可還東府，經理州務。’高宗將出，而諮
議毛喜止之曰：‘今若出外，便受制於人，譬如曹爽，願作富家
翁不可得也。’高宗乃稱疾……自入見后及帝，極陳師知之短，
仍自草敕請畫，以師知付廷尉治罪。其夜，於獄中賜死。自是
政無大小，盡歸高宗。”

［東揚州］

　始興王伯茂　　進號征東將軍。

　　　　《陳書》卷四《廢帝紀》：“五月……鎮東將軍、東揚州刺史
　　始興王伯茂進號征東將軍、開府儀同三司。”

［南徐州］

　鄱陽王伯山　　進號鎮北將軍。

　　　　《陳書》卷四《廢帝紀》：“五月……平北將軍、南徐州刺史
　　鄱陽王伯山進號鎮北將軍。”

［南豫州］

　余孝頃

［江州］

　章昭達　　進號征南將軍。

　　　　《陳書》卷四《廢帝紀》：“五月……鎮南將軍、開府儀同三
　　司、江州刺史章昭達爲侍中，進號征南將軍。”

［吳州］

　魯廣達

［湘州］

　華皎　　進號安南將軍。

　　　　《陳書》卷四《廢帝紀》：“五月……平南將軍、湘州刺史華
　　皎進號安南將軍。”

［武州］

　陸子隆　　進號智武將軍。

《陳書》卷二二《陸子隆傳》:"廢帝即位,進號智武將軍,加員外散騎常侍,餘如故。"

[巴州]

　　戴僧朔

[郢州]

　　程靈洗　進號雲麾將軍。

　　　　《陳書》卷一〇《程靈洗傳》:"廢帝即位,進號雲麾將軍。"

[定州]

　　周炅

[廣州]

　　歐陽紇

[東衡州]

　　錢道戢

　　沈君理　都督東衡衡二州諸軍事、仁威將軍、東衡州刺史,領始興内史。未就。

　　　　《陳書》卷二三《沈君理傳》:"天康元年,以父憂去職。……其年起君理爲信威將軍、左衛將軍。又起爲持節、都督東衡衡二州諸軍事、仁威將軍、東衡州刺史、領始興内史。又起爲明威將軍、中書令。前後奪情者三,並不就。"

廢帝光大元年丁亥(567)

[揚州]

　　安成王頊

[東揚州]

　　始興王伯茂

　　鄱陽王伯山　鎮東將軍、刺史。

《陳書》卷四《廢帝紀》：“二月……以征東將軍、開府儀同三司、東揚州刺史始興王伯茂爲中衛大將軍……鎮北將軍、南徐州刺史鄱陽王伯山爲鎮東將軍、東揚州刺史。”卷二八《始興王伯茂傳》：“廢帝即位，時伯茂在都，劉師知等矯詔出高宗也，伯茂勸成之。師知等誅後，高宗恐伯茂扇動朝廷，光大元年，乃進號中衛將軍，令入居禁中，專與廢帝遊處。”卷二八《鄱陽王伯山傳》：“高宗輔政，不欲令伯山處邊，光大元年，徙爲鎮東將軍、東揚州刺史。”

［南徐州］

　鄱陽王伯山　遷東揚州。

　黄法氍　都督南徐州諸軍事、鎮北將軍、南徐州刺史。

　　　《陳書》卷四《廢帝紀》：“二月……開府儀同三司黄法氍爲鎮北將軍、南徐州刺史。”卷一一《黄法氍傳》：“光大元年，出爲使持節、都督南徐州諸軍事、鎮北將軍、南徐州刺史。”

［南豫州］

　余孝頃　被誅。

　魯廣達　都督南豫州諸軍事、信武將軍、南豫州刺史。

　　　《陳書》卷四《廢帝紀》：“二月辛亥，宣毅將軍、南豫州刺史余孝頃謀反伏誅。”卷三一《魯廣達傳》：“元年，授通直散騎常侍、都督南豫州諸軍事、南豫州刺史。”

［江州］

　章昭達

［吴州］

　魯廣達　遷南豫州。

　　　《陳書》卷四《廢帝紀》：“（光大）二年春正月……罷吴州，以鄱陽郡還屬江州。”

［荆州］

沈恪 都督荊武祐三州諸軍事、平西將軍、荊州刺史。

《陳書》卷四《廢帝紀》："十一月己未,以護軍將軍沈恪爲平西將軍、荊州刺史。"卷一二《沈恪傳》:"光大二年,遷使持節、都督荊武祐三州諸軍事、平西將軍、荊州刺史。"按:《沈恪傳》云恪光大二年遷荊州,此從《廢帝紀》。

[湘州]

華皎 九月,敗奔江陵。

吳明徹 都督湘桂武三州諸軍事、安南將軍、湘州刺史。

《陳書》卷四《廢帝紀》:"五月癸巳,以領軍將軍、丹陽尹吳明徹爲安南將軍、湘州刺史。乙未……安南將軍、湘州刺史華皎謀反,景申,以中撫大將軍淳于量爲使持節、征南大將軍,總率舟師以討之。六月壬寅,以中軍大將軍、司空徐度進號車騎將軍,總督京邑衆軍,步道襲湘州。……九月……周將長胡公拓跋定率步騎二萬入郢州,與華皎水陸俱進,都督淳于量、吳明徹等與戰,大破之。皎單舸奔江陵。擒拓跋定,俘獲萬餘人,馬四千餘匹,送京師。"卷二〇《華皎傳》:"韓子高誅後,皎內不自安,繕甲聚徒,厚禮所部守宰。高宗頻命皎送大艦、金翅等,推遷不至。光大元年,密啓求廣州,以觀時主意,高宗僞許之,而詔書未出。皎亦遣使句引周兵,又崇奉蕭巋爲主,士馬甚盛。詔乃以吳明徹爲湘州刺史,實欲以輕兵襲之。……又令巴山太守黃法慧別從宜陽出澧陵,往掩襲,出其不意,并與江州刺史章昭達、郢州刺史程靈洗等參謀討賊。是時蕭巋遣水軍爲皎聲援。周武又遣其弟衛國公宇文直率衆屯魯山,又遣其柱國長胡公拓跋定人馬三萬,攻圍郢州。蕭巋授皎司空,巴州刺史戴僧朔、衡陽內史任蠻奴、巴陵內史潘智虔、岳陽太守章昭裕、桂陽太守曹宣、湘東太守錢明並隸於皎。……賊軍大敗。皎乃與戴僧朔單舸走,過巴陵,不敢登城,逕奔江陵。”卷九《吳明徹傳》：“及湘州刺史華皎陰有異志，詔授明徹使持節、散騎常侍、都督湘桂武三州諸軍事、安南將軍、湘州刺史，給鼓吹一部，仍與征南大將軍淳于量等率兵討皎。”《吳明徹墓誌》（《庾子山集》卷一五）：“蕭湘之役……仍爲平南將軍、開府儀同三司、都督湘衡桂武四州刺史。”《周書》卷五《武帝紀上》：“（天和二年閏六月）陳湘州刺史華皎率衆來附，遣襄州總管衛國公直率柱國綏德公陸通、大將軍田弘、權景宣、元定等，將兵援之，因而南伐。……九月，衛國公直等與陳將淳于量、吳明徹戰於沌口，王師失利。元定以步騎數千先度，遂没江南。”按：《吳明徹墓誌》作平南將軍、都督湘衡桂武四州，此從本傳。

［武州］

陸子隆

《陳書》卷二二《陸子隆傳》：“華皎據湘州反，以子隆居其心腹，皎深患之，頻遣使招誘，子隆不從，皎因遣兵攻之，又不能尅。及皎敗於郢州，子隆出兵以襲其後，因與王師相會。授持節、通直散騎常侍、都督武州諸軍事。”按：《陸子隆傳》云子隆天嘉五年已爲都督武州諸軍事，此時不應復授，存疑。

［巴州］

戴僧朔　應華皎，被誅。

徐敬成　都督巴州諸軍事、雲旗將軍、巴州刺史。

《陳書》卷二〇《華皎傳》：“（僧朔）同皎爲逆，伏誅於江陵。”卷一二《徐敬成傳》：“光大元年，華皎謀反，以敬成爲假節、都督巴州諸軍事、雲旗將軍、巴州刺史。尋詔爲水軍，隨吳明徹征華皎，皎平還州。”

［郢州］

程靈洗

《陳書》卷一〇《程靈洗傳》:"華皎之反也,遣使招誘靈洗,靈洗斬皎使,以狀聞。朝廷深嘉其忠,增其守備,給鼓吹一部,因推心待之,使其子文季領水軍助防。是時周遣其將長胡公拓跋定率步騎二萬助皎攻圍靈洗,靈洗嬰城固守。及皎退,乃出軍躡定,定不獲濟江,以其衆降。因進攻周沔州,克之,擒其刺史裴寬。"

[定州]

周炅

《陳書》卷一三《周炅傳》:"天康元年,預平華皎之功,授員外散騎常侍。"按:平華皎在光大元年,傳誤。

[廣州]

歐陽紇

[東衡州]

錢道戢

光大二年戊子(568)　十一月,陳頊廢帝爲臨海王。

[揚州]

安成王頊　正月,進位太傅,領司徒。十一月,入纂。

《陳書》卷四《廢帝紀》:"正月己亥,侍中、都督中外諸軍事、驃騎大將軍、司徒、録尚書、揚州刺史安成王頊進位太傅,領司徒。"卷五《宣帝紀》:"十一月甲寅,慈訓太后令廢帝爲臨海王,以高宗入纂。"

[東揚州]

鄱陽王伯山

[豐州]

陳慧紀　宣遠將軍、刺史。

《陳書》卷四《廢帝紀》："四月……割東揚州晉安郡爲豐州。"卷一五《陳慧紀傳》："光大元年，以功除持節、通直散騎常侍、宣遠將軍、豐州刺史。"按：光大二年方置豐州，疑傳誤。

[南徐州]

　　黄法𣰶　遷郢州。

　　淳于量　都督南徐州諸軍事、鎮北將軍、南徐州刺史。

　　　　《陳書》卷四《廢帝紀》："十一月……新除中軍大將軍、開府儀同三司淳于量爲鎮北將軍、南徐州刺史。"卷一一《淳于量傳》："以功授侍中、中軍大將軍、開府儀同三司……未拜，出爲使持節、都督南徐州諸軍事、鎮北將軍、南徐州刺史，侍中、儀同、鼓吹並如故。"

[南豫州]

　　魯廣達　遷巴州。

　　徐敬成　都督南豫州諸軍事、壯武將軍、南豫州刺史。

　　　　《陳書》卷一二《徐敬成傳》："太建二年，以父憂去職。尋起爲持節、都督南豫州諸軍事、壯武將軍、南豫州刺史。"校勘記："徐度卒於光大二年。"

[江州]

　　章昭達　進號征南大將軍。徵還。

　　始興王叔陵　都督江州諸軍事、南中郎將、江州刺史。

　　　　《陳書》卷四《廢帝紀》："正月……侍中、征南將軍、開府儀同三司、江州刺史章昭達進號征南大將軍。……九月……以侍中、征南大將軍、開府儀同三司、江州刺史章昭達爲中撫大將軍。"卷一一《章昭達傳》："秩滿，徵爲中撫大將軍。"卷三六《始興王叔陵傳》："二年，出爲持節、都督江州諸軍事、南中郎將、江州刺史。"卷二一《孔奐傳》："光大二年，出爲信武將軍、南中郎康樂侯長史、尋陽太守，行江州事。高宗即位，進號仁威將軍、雲麾始興王長史,餘並如故。"

[荆州]

　沈恪　未之鎮,改護軍。

　陸子隆　都督荆信祐三州諸軍事、宣毅將軍、荆州刺史。

　　　《陳書》卷四《廢帝紀》:"十一月景午,以前平西將軍、荆州刺史沈恪爲護軍將軍。"卷一二《沈恪傳》:"未之鎮,改爲護軍將軍。"卷二二《陸子隆傳》:"尋遷都督荆信祐三州諸軍事、宣毅將軍、荆州刺史,持節、常侍如故。是時荆州新置治于公安,城池未固,子隆修建城郭,綏集夷夏,甚得民和。"

[湘州]

　吴明徹

　　　《陳書》卷四《廢帝紀》:"正月……安南將軍、湘州刺史吴明徹即本號開府儀同三司,進號鎮南將軍。"校勘記:"'進號鎮南將軍'六字疑衍。"

[武州]

　陸子隆　遷荆州。

　樊毅　刺史。

　　　《陳書》卷三一《樊毅傳》:"累遷武州刺史。"

[巴州]

　徐敬成　遷南豫州。

　魯廣達　智武將軍、都督巴州諸軍事、巴州刺史。

　　　《陳書》卷三一《魯廣達傳》:"皎平,授持節、智武將軍、都督巴州諸軍事、巴州刺史。"

[郢州]

　程靈洗　進號安西將軍。卒。

　黄法氍　都督郢巴武三州諸軍事、鎮西將軍、郢州刺史。

　　　《陳書》卷四《廢帝紀》:"正月……雲麾將軍、郢州刺史程靈洗進號安西將軍。……十一月……以鎮北將軍、開府儀同三司、南徐州刺史黃法氍爲鎮西將軍、郢州刺史。"卷一〇《程靈洗傳》："光大二年,卒於州。"卷一一《黃法氍傳》："二年,徙爲都督郢巴武三州諸軍事、鎮西將軍、郢州刺史,持節如故。"

[定州]

　周炅

[廣州]

　歐陽紇

[東衡州]

　錢道戢

宣帝太建元年己丑（569）　正月,陳頊即位,改元。

[揚州]

　晉安王伯恭　中衛將軍、刺史。

　　　　《陳書》卷二八《晉安王伯恭傳》："太建元年,入爲安前將軍、中護軍,遷中領軍。尋爲中衛將軍、揚州刺史。"

[東揚州]

　鄱陽王伯山　徵還。

　豫章王叔英　宣惠將軍、都督東揚州諸軍事、東揚州刺史。

　　　　《陳書》卷五《宣帝紀》："正月……鎮東將軍、揚州刺史、鄱陽王伯山進號中衛將軍。……以皇子建安侯叔英爲宣惠將軍、東揚州刺史。"卷二八《鄱陽王伯山傳》："太建元年,徵爲中衛將軍、中領軍。"卷二八《豫章王叔英傳》："太建元年,改封豫章王,仍爲宣惠將軍、都督東揚州諸軍事、東揚州刺史。"卷一六《蔡景歷傳》："高宗即位,遷宣惠豫章王長史、帶會稽郡守,行東揚州府事。"按:伯山時爲東揚州刺史,《宣帝紀》

“揚州刺史”前當闕“東”字。

[豐州]

　陳慧紀

　樊毅　刺史。

　　　《陳書》卷三一《樊毅傳》：“太建初，轉豐州刺史。”

[南徐州]

　淳于量　進號征北大將軍。

　　　《陳書》卷五《宣帝紀》：“正月……新除中軍大將軍、開府儀同三司、南徐州刺史淳于量爲征北大將軍。”卷一一《淳于量傳》：“太建元年，進號征北大將軍。”

[南豫州]

　徐敬成

[江州]

　始興王叔陵　進都督江郢晉三州諸軍事、軍師將軍。復進號雲麾將軍。

　　　《陳書》卷三六《始興王叔陵傳》：“太建元年……進授使持節、都督江郢晉三州諸軍事、軍師將軍，刺史如故。叔陵時年十六，政自己出，僚佐莫預焉。性嚴刻，部下懾憚。諸公子姪及罷縣令長，皆逼令事己。……尋進號雲麾將軍，加散騎常侍。”

[荆州]

　陸子隆　進號雲麾將軍。

　　　《陳書》卷二二《陸子隆傳》：“太建元年，進號雲麾將軍。”

[湘州]

　吳明徹　進號鎮南將軍。

　　　《陳書》卷五《宣帝紀》：“正月……新除安南將軍、開府儀同三司、湘州刺史吳明徹進號鎮南將軍。”

［武州］

　樊毅　遷豐州。

［巴州］

　魯廣達

［郢州］

　黃法氍　進號征西大將軍。

　　　　《陳書》卷五《宣帝紀》：“正月……鎮北將軍、開府儀同三司、南徐州刺史、新除鎮西將軍、郢州刺史黃法氍進號征西大將軍。”

［定州］

　周炅　進號龍驤將軍。

　　　　《陳書》卷一三《周炅傳》：“太建元年，遷持節、龍驤將軍、通直散騎常侍。”

［廣州］

　歐陽紇　進號輕車將軍。舉兵。

　沈恪　都督廣衡東衡交越成定新合羅愛德宜黃利安石雙等十八州諸軍事、安南將軍、平越中郎將、廣州刺史。

　　　　《陳書》卷五《宣帝紀》：“正月……護軍將軍沈恪爲鎮南將軍、廣州刺史。……十月，新除左衛將軍歐陽紇據廣州舉兵反。辛未，遣車騎將軍、開府儀同三司章昭達率衆討之。”卷九《歐陽紇傳》：“在州十餘年，威惠著於百越，進號輕車將軍。光大中，上流蕃鎮並多懷貳，高宗以紇久在南服，頗疑之。太建元年，下詔徵紇爲左衛將軍。紇懼，未欲就徵，其部下多勸之反，遂舉兵攻衡州刺史錢道戢。道戢告變，乃遣儀同章昭達討紇。”卷一二《沈恪傳》：“高宗即位，加散騎常侍、都督廣衡東衡交越成定新合羅愛德宜黃利安石雙等十八州諸軍事、鎮南將軍、平越中郎將、廣州刺史。恪未至嶺，前刺史歐陽紇舉兵拒險,恪不得進,朝廷遣司空章昭達督衆軍討紇。"按:《宣帝紀》云沈恪太建二年由安南將軍進號鎮南將軍,見次年廣州條,則沈恪初任廣州刺史時當爲安南將軍,非鎮南將軍。

[東衡州]

錢道戢

《陳書》卷二二《錢道戢傳》:"高宗即位,徵歐陽紇入朝,紇疑懼,乃舉兵來攻衡州,道戢與戰,却之。及都督章昭達率兵討紇,以道戢爲步軍都督,由閒道斷紇之後。"

太建二年庚寅(570)

[揚州]

晉安王伯恭

[東揚州]

豫章王叔英

[豐州]

樊毅

[南徐州]

淳于量

[南豫州]

徐敬成

[江州]

始興王叔陵

[荆州]

陸子隆 卒。

《陳書》卷二二《陸子隆傳》:"二年卒。"

[湘州]

　　吳明徹

[巴州]

　　魯廣達

[郢州]

　　黃法氍　徵還。

　　錢道戢　都督郢巴武三州諸軍事、仁威將軍、郢州刺史。

　　　　　《陳書》卷一一《黃法氍傳》:"二年,徵爲侍中、中權大將軍。"按:錢道戢見是年東衡州條。

[定州]

　　周炅

[廣州]

　　沈恪　進號鎮南將軍。

　　　　　《陳書》卷五《宣帝紀》:"二月癸未,儀同章昭達擒歐陽紇送都,斬于建康市,廣州平。……六月……安南將軍、廣州刺史沈恪進號鎮南將軍。"卷一二《沈恪傳》:"紇平,乃得入州。州罷兵荒,所在殘毀,恪綏懷安緝,被以恩惠,嶺表賴之。"

[東衡州]

　　錢道戢　遷郢州。

　　　　　《陳書》卷二二《錢道戢傳》:"紇平,除左衛將軍。太建二年……遷仁威將軍、吳興太守。未行,改授使持節、都督郢巴武三州諸軍事、郢州刺史。"

太建三年辛卯(571)

　　[揚州]

晉安王伯恭　免。

鄱陽王伯山　中衛將軍、刺史。

　　　　《陳書》卷二八《晉安王伯恭傳》：“以公事免。”按：伯山
　　見太建六年揚州條，《陳書》卷二八本傳失載。

[東揚州]

豫章王叔英

[豐州]

樊毅

[南徐州]

淳于量

　　　　《陳書》卷一一《淳于量傳》：“三年，坐就江陰王蕭季卿買
　　梁陵中樹，季卿坐免，量免侍中。尋復加侍中。”

[南豫州]

徐敬成

[江州]

始興王叔陵

　　　　《陳書》卷三六《始興王叔陵傳》：“三年，加侍中。”卷二一
　　《孔奐傳》：“太建三年，徵爲度支尚書、領右軍將軍。”

[湘州]

吳明徹

[巴州]

魯廣達

　　　　《陳書》卷三一《魯廣達傳》：“廣達爲政簡要，推誠任下，
　　吏民便之。及秩滿。皆詣闕表請，於是詔留二年。”

[郢州]

錢道戢

[定州]

周炅

［廣州］

沈恪

太建四年壬辰（572）

［揚州］

鄱陽王伯山

［東揚州］

豫章王叔英

建安王叔卿　東中郎將、刺史。

> 《陳書》卷五《宣帝紀》：“二月乙酉，立皇子叔卿爲建安
> 王，授東中郎將、東揚州刺史。”

［豐州］

樊毅　徵還。

> 《陳書》卷三一《樊毅傳》：“入爲左衛將軍。五年，衆軍北
> 伐，毅率衆攻廣陵楚子城，拔之。”

［南徐州］

淳于量

［南豫州］

徐敬成　徵還。

黃法𣰕　都督南豫州緣江諸軍事、征南大將軍、南豫州刺史。

> 《陳書》卷一二《徐敬成傳》：“四年……授太子右衛率。”
> 卷五《宣帝紀》：“四月戊子，以中權大將軍、開府儀同三司黃
> 法𣰕爲征南大將軍、南豫州刺史。”卷一一《黃法𣰕傳》：“四
> 年，出爲使持節、散騎常侍、都督南豫州諸軍事、征南大將軍、
> 南豫州刺史。”《黃法𣰕墓誌》（《墓誌集成》一三九五）：“四

年,除使持節、散騎常侍、都督南豫州緣江諸軍事、南豫州刺史,餘並如故。"

[江州]

始興王叔陵　遷湘州。

長沙王叔堅　宣毅將軍、刺史。

《陳書》卷五《宣帝紀》:"正月景午……東中郎將、吳郡太守長沙王叔堅爲宣毅將軍、江州刺史。"卷二八《長沙王叔堅傳》:"四年,爲宣毅將軍、江州刺史,置佐史。"卷一六《蔡景歷傳》:"遷戎昭將軍、宣毅長沙王長史、尋陽太守,行江州府事,以疾辭,遂不行。"卷三〇《陸瓊傳》:"長沙王爲江州刺史,不循法度,高宗以王年少,授瓊長史、行江州府國事、帶尋陽太守。瓊以母老,不欲遠出,太子亦固請留之,遂不行。"

[荆州]

孫瑒　都督荆信二州諸軍事、安西將軍、荆州刺史,鎮公安。

《陳書》卷五《宣帝紀》:"三月壬子,以散騎常侍孫瑒爲安西將軍、荆州刺史。"卷二五《孫瑒傳》:"高宗即位,以瑒功名素著,深委任焉。太建四年,授都督荆信二州諸軍事、安西將軍、荆州刺史,出鎮公安。瑒增脩城池,懷服邊遠,爲鄰境所憚。"

[湘州]

吳明徹　徵還。

始興王叔陵　都督湘衡桂武四州諸軍事、平南將軍、湘州刺史。

《陳書》卷九《吳明徹傳》:"四年,徵爲侍中、鎮前將軍,餘並如故。"卷五《宣帝紀》:"正月景午,以雲麾將軍、江州刺史始興王叔陵爲湘州刺史,進號平南將軍。"卷三六《始興王叔陵傳》:"四年,遷都督湘衡桂武四州諸軍事、平南將軍、湘州刺史,侍中、使持節如故。諸州鎮聞其至,皆震恐股慄。"

[巴州]

　魯廣達

[郢州]

　錢道戢

[定州]

　周炅

[廣州]

　沈恪

　南康王方泰　都督廣衡交越成定明新合羅德宜黄利安建石崖等

　　州諸軍事、平越中郎將、廣州刺史。

　　　　《陳書》卷一四《南康王方泰傳》：“太建四年,遷使持節、

　　都督廣衡交越成定明新合羅德宜黄利安建石崖十九州諸軍

　　事、平越中郎將、廣州刺史。”校勘記：“數之祇十八州,此處

　　有疑。”

太建五年癸巳(573)　　三月,吴明徹北伐。

[揚州]

　鄱陽王伯山

[東揚州]

　建安王叔卿

[豐州]

　皋文奏

　　　　《陳書》卷五《宣帝紀》：“(太建十一年十一月)前豐州刺

　　史皋文奏率步騎三千趣陽平郡。”按：年不詳,當在樊毅後,列

　　於此。

[南徐州]

淳于量 徵還。

豫章王叔英 平北將軍、刺史。

《陳書》卷五《宣帝紀》:"正月癸酉,以征北大將軍、開府儀同三司、南徐州刺史淳于量爲中權大將軍。宣惠將軍、豫章王叔英爲南徐州刺史,進號平北將軍。"卷一一《淳于量傳》:"五年,徵爲中護大將軍。"卷二八《豫章王叔英傳》:"五年,進號平北將軍、南豫州刺史。"校勘記:"此云叔英爲'南豫州刺史',疑有訛脱。"

[南豫州]

黄法氍 五月,徙鎮歷陽。十月,遷合州。

《陳書》卷五《宣帝紀》:"五月 …… 黄法氍克歷陽城。 …… 詔征南大將軍、開府儀同三司、南豫州刺史黄法氍徙鎮歷陽,齊改縣爲郡者並復之。 …… 六月 …… 黄法氍克合州城。 …… 十月 …… 征南大將軍、開府儀同三司、南豫州刺史黄法氍爲征西大將軍、合州刺史。"卷一一《黄法氍傳》:"五年,大舉北伐,都督吴明徹出秦郡,以法氍爲都督,出歷陽。 …… 城崩,克之,盡誅戍卒。進兵合肥,望旗降款。 …… 其年,遷都督合霍二州諸軍事、征西大將軍、合州刺史。"

[江州]

長沙王叔堅

[北徐州]

魯廣達 都督北徐州諸軍事、智武將軍、北徐州刺史。

《陳書》卷五《宣帝紀》:"十一月 …… 魯廣達等克北徐州。"卷三一《魯廣達傳》:"五年,衆軍北伐,略淮南舊地,廣達與齊軍會於大峴,大破之,斬其敷城王張元範,虜獲不可勝數。進克北徐州,乃授都督北徐州諸軍事、徐州刺史。"

[合州]

黃法𣰰　都督合霍二州諸軍事、征西大將軍、合州刺史。

　　　　按：黃法𣰰見是年南豫州條。

[豫州]

吳明徹　都督豫合建光朔北徐六州諸軍事、車騎大將軍、豫州刺史,鎮壽陽。

　　　　《陳書》卷五《宣帝紀》："十月……吳明徹克壽陽城,斬王琳。……詔曰：'梁末得懸瓠,以壽陽爲南豫州,今者克復,可還爲豫州。以黃城爲司州,治下爲安昌郡,漊湍爲漢陽郡,三城依梁爲義陽郡,並屬司州。'以征北大將軍、開府儀同三司吳明徹爲豫州刺史,進號車騎大將軍。"卷九《吳明徹傳》："會朝議北伐,公卿互有異同,明徹決策請行。五年,詔加侍中、都督征討諸軍事。……進克仁州,授征北大將軍……詔曰：'……可都督豫合建光朔北徐六州諸軍事、車騎大將軍、豫州刺史……'"

[安州]

周炅　都督安蘄江衡司定六州諸軍事、龍驤將軍、安州刺史。進號和戎將軍。遷定州。

　　　　按：周炅見是年定州條。

[荆州]

　孫瑒

[湘州]

　始興王叔陵

[巴州]

　魯廣達　遷北徐州。

[郢州]

　錢道戢　進號雲麾將軍。卒。

　李綜　刺史。

《陳書》卷二二《錢道戢傳》:"王師北討,道戢與儀同黃法
氍圍歷陽。歷陽城平,因以道戢鎮之。以功加雲麾將軍……
其年十一月遘疾卒。"卷五《宣帝紀》:"六月庚子,郢州刺史李
綜克灄口城。"

[定州]

周炅　遷安州。復爲平北將軍、定州刺史。

田龍升　振遠將軍、刺史。降齊。

《陳書》卷五《宣帝紀》:"七月……齊遣衆二萬援齊昌,西
陽太守周炅破之。……周炅克巴州城。"卷一三《周炅傳》:
"五年,進授使持節、西道都督安蘄江衡司定六州諸軍事、安州
刺史。……其年隨都督吳明徹北討,所向克捷。……進號和
戎將軍、散騎常侍……仍敕追炅入朝。初,蕭詧定州刺史田龍
升以城降,詔以爲振遠將軍、定州刺史,封赤亭王。及炅入朝,
龍升以江北六州七鎮叛入于齊,齊遣歷陽王高景安帥師應之。
於是令炅爲江北道大都督,總統衆軍,以討龍升。……盡復江
北之地。……進號平北將軍、定州刺史,持節、都督如故。"《周
法尚墓誌》(《秦晉豫墓誌》九三):"父炅……陳征西將軍、使
持節、西道大都督、六州七關十二鎮諸軍事、安州刺史、平北將
軍、散騎常侍、定州刺史。"《廿二史考異》卷二七《陳書·周炅
傳》:"(炅所督六州)其時皆未入版圖,方議北伐,遙假六州之
名耳。"按:太建七年方克宿預,置安州,是年周炅當遙領,如
錢氏所云。周炅天嘉初即以定州刺史帶西陽、武昌二郡太守,
是年當復授。

[廣州]

南康王方泰　免。

《陳書》卷一四《南康王方泰傳》:"爲政殘暴,爲有司所
奏,免官。尋起爲仁威將軍,置佐史。六年,授持節、都督豫章

郡諸軍事、豫章内史。"

太建六年甲午（574）

[揚州]

　鄱陽王伯山　遷南徐州。

　衡陽王伯信　宣毅將軍、刺史。

　　　《陳書》卷五《宣帝紀》："六月……以中衛將軍、揚州刺史鄱陽王伯山爲征北將軍、南徐州刺史，中護軍衡陽王伯信爲宣毅將軍、揚州刺史。"

[東揚州]

　建安王叔卿

[豐州]

　皋文奏

[南徐州]

　豫章王叔英

　鄱陽王伯山　征北將軍、刺史。

　　　按：伯山見是年揚州條。

[南豫州]

　晉安王伯恭　安南將軍、刺史。

　　　《陳書》卷五《宣帝紀》："正月……安前將軍、中領軍晉安王伯恭爲安南將軍、南豫州刺史。"卷二一《蕭允傳》："五年，出爲安前晉安王長史。六年，晉安王爲南豫州，允復爲王長史。時王尚少，未親民務，故委允行府州事。"

[江州]

　長沙王叔堅

[北徐州]

魯廣達

［合州］

黃法氍

［豫州］

吳明徹

《陳書》卷九《吳明徹傳》：“六年，自壽陽入朝。”

［荆州］

孫瑒

［湘州］

始興王叔陵　進號鎮南將軍。

《陳書》卷五《宣帝紀》：“十二月癸巳，平南將軍、湘州刺史始興王叔陵進號鎮南將軍。”

［郢州］

李綜

淳于量　都督郢巴南司定四州諸軍事、征西大將軍、郢州刺史。

《陳書》卷五《宣帝紀》：“二月……以中權大將軍、開府儀同三司淳于量爲征西大將軍、郢州刺史。”卷一一《淳于量傳》：“六年，出爲使持節、都督郢巴南司定四州諸軍事、征西大將軍、郢州刺史。”

［定州］

周炅

太建七年乙未（575）　閏九月，吳明徹破齊軍於吕梁。

［揚州］

衡陽王伯信

［東揚州］

建安王叔卿　　遷郢州。

宜都王叔明　　東中郎將、刺史。

　　　　《陳書》卷五《宣帝紀》：“十二月……宣惠將軍宜都王叔明爲東揚州刺史。”卷二八《宜都王叔明傳》：“七年，授東中郎將、東揚州刺史。”《陳叔明暨妻到氏墓誌》（《隋代墓誌銘彙考》五·四三一）：“十年，出授東揚州刺史，將軍如故。”按：誌云授東揚州在太建十年，當誤。

[豐州]

　皋文奏

[南徐州]

鄱陽王伯山　　遷江州。

新安王伯固　　都督南徐南豫南北兖四州諸軍事、鎮北將軍、南徐州刺史。

　　　　《陳書》卷五《宣帝紀》：“十月戊午……安前將軍、中領軍新安王伯固爲南徐州刺史，進號鎮北將軍。”卷三六《新安王伯固傳》：“七年，出爲使持節、散騎常侍、都督南徐南豫南北兖四州諸軍事、鎮北將軍、南徐州刺史。”

[南豫州]

　晉安王伯恭

[江州]

　長沙王叔堅

鄱陽王伯山　　征南將軍、刺史。

　　　　《陳書》卷五《宣帝紀》：“十月戊午，以征北將軍、南徐州刺史鄱陽王伯山爲征南將軍、江州刺史。……信威將軍、江州刺史長沙王叔堅爲雲麾將軍、中領軍。”《續高僧傳》卷一〇《釋慧曠傳》：“乃共同學僧宗俱栖匡岫，分時敷説，法化弥隆。州宰鄱陽、長沙二王，俱敦師資之敬。後於湘、郢二州累載弘道。”

[北徐州]

魯廣達

《陳書》卷三一《魯廣達傳》：“尋加散騎常侍，入爲右衛將軍。”

[合州]

黃法氍　遷豫州。

陳裒　刺史。

按：陳裒見次年合州條。年不詳，當在黃法氍後。

[豫州]

黃法氍　都督豫建光朔合北徐六州諸軍事、征西大將軍、豫州刺史，鎮壽陽。

陳桃根　監豫州。

《陳書》卷五《宣帝紀》：“三月……以新除征西大將軍、合州刺史、開府儀同三司黃法氍爲豫州刺史。……四月……監豫州陳桃根於所部得青牛，獻之，詔遣還民。……閏九月壬辰，都督吳明徹大破齊軍於呂梁。”卷一一《黃法氍傳》：“七年，徙都督豫建光朔合北徐六州諸軍事、豫州刺史，鎮壽陽，侍中、散騎常侍、持節、將軍、儀同、鼓吹、扶並如故。”

[安州]

徐敬成　都督安元潼三州諸軍事、壯武將軍、安州刺史，鎮宿預。卒。

陸子才　監安州。

《陳書》卷三一《蕭摩訶傳》：“七年，又隨明徹進圍宿預，擊走齊將王康得。”卷五《宣帝紀》：“三月……改梁東徐州爲安州。”卷一二《徐敬成傳》：“復爲持節、都督安元潼三州諸軍事、安州刺史，（壯武）將軍如故，鎮宿預。七年卒。”《廿二史考異》卷二七《陳書·徐敬成傳》：“元州蓋即下邳郡。《隋志》，下邳梁置武州，而《陳書·宣帝紀》太建七年改武州爲沅州，其時荆部已有沅州，以此傳證之，當爲元州矣。《隋志》不載元州之名，亦漏也。”《陳書》卷二二《陸子才傳》：“從吳明徹北伐，監安州，鎮于宿預。”按：太建五年已授周炅安州刺史，至七年方得宿預。

［荆州］

孫瑒

［湘州］

始興王叔陵

［郢州］

淳于量　徵還。

長沙王叔堅　雲麾將軍、刺史。未拜，轉廣州。

建安王叔卿　雲麾將軍、刺史。

《陳書》卷五《宣帝紀》：“十一月庚戌，以征西大將軍、開府儀同三司、郢州刺史淳于量爲中軍大將軍。十二月景辰，以新除雲麾將軍、郢州刺史長沙王叔堅爲平越中郎將、廣州刺史，東中郎將、東揚州刺史建安王叔卿爲雲麾將軍、郢州刺史。”卷一一《淳于量傳》：“七年，徵爲中軍大將軍、護軍將軍。”卷二八《長沙王叔堅傳》：“七年，進號雲麾將軍、郢州刺史，未拜，轉爲平越中郎將、廣州刺史。”同卷《建安王叔卿傳》：“七年，爲雲麾將軍、郢州刺史，置佐史。”按：叔堅參見是年江州條。據《宣帝紀》，叔堅當由宣毅將軍進號信威將軍，由信威將軍、江州刺史遷雲麾將軍、中領軍，再遷雲麾將軍、郢州刺史，本傳失載。

［定州］

周炅

[廣州]

　長沙王叔堅　雲麾將軍、平越中郎將、刺史。

　　按：叔堅見是年郢州條。

太建八年丙申（576）

[揚州]

　衡陽王伯信

[東揚州]

　宜都王叔明

[豐州]

　皋文奏

[南徐州]

　新安王伯固

[南豫州]

　晉安王伯恭

[江州]

　鄱陽王伯山

[南兗州]

　吳明徹　司空、車騎大將軍、都督南北兗南北青譙五州諸軍事、
　南兗州刺史。

　　《陳書》卷五《宣帝紀》：“八月丁卯，以車騎大將軍、司空
　吳明徹爲南兗州刺史。”卷九《吳明徹傳》：“八年，進位司空，
　餘如故。……尋授都督南北兗南北青譙五州諸軍事、南兗州
　刺史。”《吳明徹墓誌》（《庾子山集》卷一五）：“爲使持節、侍
　中、司空、車騎大將軍、都督南北兗青譙五州諸軍事、南兗州
　刺史。”

［北兗州］

　　魯廣達　刺史。遷晉州。

　　　　《陳書》卷三一《魯廣達傳》："八年,出爲北兗州刺史,遷
　　晉州刺史。"

［北徐州］

　　程文季　督北徐仁州諸軍事、安遠將軍、北徐州刺史。

　　　　按：程文季見是年譙州條。

［合州］

　　陳裒　免。

　　長沙王叔堅　平北將軍、刺史。遷郢州。

　　　　《陳書》卷二九《宗元饒傳》："時合州刺史陳裒贓汙狼藉,
　　遣使就渚斂魚,又於六郡乞米,百姓甚苦之。元饒劾奏曰:
　　'……請依旨免裒所應復除官,其應禁錮及後選左降本資,悉
　　依免官之法。'遂可其奏。"按：叔堅見是年廣州條。

［豫州］

　　黃法氍　卒。

　　裴忌　軍師將軍、刺史。

　　　　《陳書》卷一一《黃法氍傳》："八年十月,薨。"卷二五《裴
　　忌傳》："吳明徹督衆軍北伐,詔忌以本官監明徹軍。淮南平,
　　授軍師將軍、豫州刺史。忌善於綏撫,甚得民和。"

［晉州］

　　魯廣達　刺史。

　　　　《陳書》卷五《宣帝紀》："十一月……分江州晉熙、高唐、
　　新蔡三郡爲晉州。"按：魯廣達見是年北兗州條。

［譙州］

　　程文季　都督譙州諸軍事、安遠將軍、譙州刺史。遷北徐州。

　　　　《陳書》卷一〇《程文季傳》："八年,爲持節、都督譙州諸

軍事、安遠將軍、譙州刺史。其年,又督北徐仁州諸軍事、北徐
州刺史,餘並如故。”

［荊州］

　孫瑒

［湘州］

　始興王叔陵

　　　《陳書》卷三六《始興王叔陵傳》:“遷中衛將軍。”

［郢州］

　建安王叔卿

　長沙王叔堅　平西將軍、刺史。

　　　按:叔堅見是年廣州條。

［定州］

　周炅　卒。

　周法尚　監定州事。

　　　《陳書》卷一三《周炅傳》:“太建八年卒官。……封武昌
　　郡公,謚曰壯。”《隋書》卷六五《周法尚傳》:“其父卒後,監定
　　州事,督父本兵。”《周法尚墓誌》(《秦晉豫墓誌》九三):“武
　　昌公以陳太建之初,爲江北大都督,開拓定州,即爲刺史。八
　　年,在任寢疾。朝廷以此父此子,足荷堂構,將門出將,可承家
　　業,故遣監定州。尋遭壯公憂,起服,監定州。”

［廣州］

　長沙王叔堅　遷合州,復遷郢州。

　沈君高　都督廣等十八州諸軍事、寧遠將軍、平越中郎將、廣州
　　刺史。

　　　《陳書》卷五《宣帝紀》:“六月癸丑,以雲麾將軍、廣州刺
　　史長沙王叔堅爲合州刺史,進號平北將軍。……十一月乙酉,
　　以平南將軍、湘州刺史長沙王叔堅爲平西將軍、郢州刺史。”羅

振玉《五史斠議・陳書》：“《叔堅傳》無平南將軍、湘州刺史之職，殆‘平北將軍、合州刺史’之誤。其時湘州刺史爲始興王叔陵，非叔堅也。”《陳書》卷二八《長沙王叔堅傳》：“尋爲平北將軍、合州刺史。八年，復爲平西將軍、郢州刺史。”卷二三《沈君理傳》：“君理第六弟君高……八年，詔授持節、都督廣等十八州諸軍事、寧遠將軍、平越中郎將、廣州刺史。”

太建九年丁酉（577）　　周平齊。

[揚州]

始興王叔陵　都督揚南徐東揚南豫四州諸軍事、中衛將軍、揚州刺史。

　　《陳書》卷五《宣帝紀》：“正月……以湘州刺史、新除中衛將軍始興王叔陵爲揚州刺史。”卷三六《始興王叔陵傳》：“九年，除使持節、都督揚徐東揚南豫四州諸軍事、揚州刺史，侍中、將軍、鼓吹如故。”按：陳叔陵所督之徐當爲南徐。

[東揚州]

宜都王叔明

[豐州]

皋文奏

[南徐州]

新安王伯固

[南豫州]

晉安王伯恭　徵還。

　　《陳書》卷二八《晉安王伯恭傳》：“九年，入爲安前將軍、祠部尚書。”

[江州]

鄱陽王伯山

[南兗州]

吳明徹　北伐。

《陳書》卷九《吳明徹傳》：“會周氏滅齊，高宗交事徐、兗，九年，詔明徹進軍北伐，令其世子戎昭將軍、員外散騎侍郎惠覺攝行州事。明徹軍至呂梁，周徐州總管梁士彥率衆拒戰，明徹頻破之，因退兵守城，不復敢出。”卷五《宣帝紀》：“冬十月戊午，司空吳明徹破周將梁士彥衆數萬于呂梁。”

[北徐州]

程文季

《陳書》卷一〇《程文季傳》：“九年，又隨明徹北討，於呂梁作堰。”

[合州]

江夏王伯義　宣毅將軍、都督合霍二州諸軍事、合州刺史。

《陳書》卷五《宣帝紀》：“七月乙亥，以輕車將軍、丹陽尹江夏王伯義爲合州刺史。”按：伯義參見次年東揚州條。

[豫州]

裴忌　遷譙州，未任。

[晉州]

魯廣達

[譙州]

裴忌　都督譙州諸軍事、譙州刺史。未任。

蕭摩訶　武毅將軍、刺史。

《陳書》卷二五《裴忌傳》：“改授使持節、都督譙州諸軍事、譙州刺史。未及之官，會明徹受詔進討彭、汴，以忌爲都督，與明徹掎角俱進。”卷三一《蕭摩訶傳》：“九年，明徹進軍呂梁，與齊人大戰，摩訶率七騎先入，手奪齊軍大旗，齊衆大潰。以功授持節、武毅將軍、譙州刺史。”

[荆州]

孫瑒

樊猛　都督荆信二州諸軍事、宣遠將軍、荆州刺史。

《陳書》卷二五《孫瑒傳》：“居職六年，又以事免，更爲通直散騎常侍。”卷三一《樊猛傳》：“歷散騎常侍，遷使持節、都督荆信二州諸軍事、宣遠將軍、荆州刺史。”按：樊猛何年爲刺史不詳，列於此。吳表列於太建二年。

[湘州]

建安王叔卿　　平南將軍、刺史。

《陳書》卷五《宣帝紀》：“正月……雲麾將軍建安王叔卿爲湘州刺史，進號平南將軍。”

[郢州]

長沙王叔堅

[定州]

周法尚　遷齊州。

陳方慶　輕車將軍、都督定州諸軍事、定州刺史。

《陳書》卷一四《陳方慶傳》：“太建九年，出爲輕車將軍、假節、都督定州諸軍事、定州刺史。”

[齊州]

周法尚　貞毅將軍、刺史，攝齊昌太守。

《隋書》卷六五《周法尚傳》：“數有戰功，遷使持節、貞毅將軍、散騎常侍，領齊昌郡事。”《周法尚墓誌》（《秦晉豫墓誌》九三）：“九年，周師又破吳明徹所獲齊地，悉入於周。其年，陳遣司州刺史魯天念爲元帥，君率所領五千餘人，先師渡關，圍周光州刺史柳洸。洸引郢州刺史拓跋遜，馬步三萬，內外抗拒。君運奇制勝，屠城剽邑，嚴飈振落，峻坂轉圓，鋒鏑所交，

芟夷皆盡。以勛授使持節、貞毅將軍、散騎常侍在員外、齊州
刺史,攝齊昌太守。"按：司州梁太清中已没於北,魯天念蓋遥
領,本表不列。

［廣州］

沈君高

［桂州］

吳超　忠毅將軍、刺史。

　　《陳書》卷九《吳明徹傳》："明徹兄子超⋯⋯隨明徹征伐,
　　有戰功,官至忠毅將軍、散騎常侍、桂州刺史。"按：年不詳,列
　　於此。

太建十年戊戌(578)　二月,吳明徹敗於吕梁。

［揚州］

始興王叔陵

　　《陳書》卷三六《始興王叔陵傳》："十年,至都。⋯⋯叔陵
　　治在東府,事務多關治省閣,執事之司,承意順旨,即諷上進用
　　之,微致違忤,必抵以大罪,重者至殊死。道路籍籍,皆言其有
　　非常志。"

［東揚州］

宜都王叔明

江夏王伯義　宣惠將軍、刺史。

　　《陳書》卷二八《宜都王叔明傳》："尋爲輕車將軍、衛尉
　　卿。"卷五《宣帝紀》："九月壬寅⋯⋯以宣惠將軍江夏王伯義
　　爲東揚州刺史。"卷二八《江夏王伯義傳》："太建初,爲宣惠將
　　軍、東揚州刺史,置佐史。尋爲宣毅將軍、持節、散騎常侍、都
　　督合霍二州諸軍事、合州刺史。"按：《伯義傳》云伯義太建初

爲東揚州，尋爲合州，而《宣帝紀》云伯義太建九年爲合州，十年爲東揚州，此從後者。

[豐州]

駱牙　刺史。

《陳書》卷二二《駱牙傳》：“十年，授豐州刺史。”

[南徐州]

新安王伯固

廬陵王伯仁　平北將軍、刺史。

《陳書》卷三六《新安王伯固傳》：“十年，入朝，又爲侍中、鎮右將軍，尋除護軍將軍。”卷五《宣帝紀》：“正月己巳朔，以中領軍廬陵王伯仁爲平北將軍、南徐州刺史。”

[江州]

鄱陽王伯山

[南兗州]

吳明徹　二月，敗於呂梁。

淳于量　都督南北兗譙三州諸軍事、車騎將軍、南兗州刺史。

《陳書》卷五《宣帝紀》：“二月甲子，北討衆軍敗績於呂梁，司空吳明徹及將卒已下，並爲周軍所獲。三月……以中軍大將軍、開府儀同三司、護軍將軍淳于量爲南兗州刺史，進號車騎將軍。”卷九《吳明徹傳》：“明徹仍自決其堰，乘水勢以退軍，冀其獲濟。及至清口，水勢漸微，舟艦並不得渡，衆軍皆潰，明徹窮蹙，乃就執。尋以憂憤遘疾，卒於長安。”卷一一《淳于量傳》：“十年，吳明徹陷没，加量使持節、都督水陸諸軍事，仍授散騎常侍、都督南北兗譙三州諸軍事、車騎將軍、南兗州刺史，餘並如故。”

[北兗州]

陳慧紀　智武將軍、緣江都督、兗州刺史。

《陳書》卷一五《陳慧紀傳》："太建十年，吳明徹北討敗績，以慧紀爲持節、智武將軍、緣江都督、兗州刺史。"

[北徐州]

程文季 没於周。

《陳書》卷一〇《程文季傳》："十年春，敗績，爲周所囚。"《太平御覽》卷三二三《兵部五四·敗》引《三國典略》："周遣大將軍王軌破陳於吕梁，擒其司空南平郡公吳明徹、北徐州刺史董安公程文季等，俘斬三萬餘人。……初……北譙州刺史裴子烈議曰……"按：文季本傳云其封重安縣公，《典略》之"董"字當誤。又時蕭摩訶爲譙州刺史，裴子烈不應同任。《陳書》卷九《吳明徹傳》云子烈歷北譙太守，《典略》當誤太守爲刺史。

[合州]

江夏王伯義 遷東揚州。

魯廣達 都督合霍二州諸軍事、仁威將軍、合州刺史。

《陳書》卷三一《魯廣達傳》："十年，授使持節、都督合霍二州諸軍事，進號仁威將軍、合州刺史。"卷五《宣帝紀》："十二月乙亥，合州廬江蠻田伯興出寇樅陽，刺史魯廣達討平之。"

[豫州]

裴忌 没於周。

《陳書》卷二五《裴忌傳》："吕梁軍敗，陷于周。"

[晉州]

魯廣達 遷合州。

[霍州]

任忠 都督壽陽新蔡霍州緣淮衆軍、寧遠將軍、霍州刺史。

《陳書》卷三一《任忠傳》："吕梁之喪師也，忠全軍而還。

尋詔忠都督壽陽新蔡、霍州緣淮衆軍，進號寧遠將軍、霍州刺史。入爲左衛將軍。”

［譙州］

　　蕭摩訶

　　　　《陳書》卷三一《蕭摩訶傳》：“及周武帝滅齊，遣其將宇文忻率衆爭吕梁，戰於龍晦。……率先衝突，自後衆騎繼焉，比旦達淮南。高宗詔徵還，授右衛將軍。”

［荆州］

　　樊猛

［信州］

　　楊寶安　刺史。

　　　　按：楊寶安見次年南兗州條。

［湘州］

　　建安王叔卿

［郢州］

　　長沙王叔堅

［定州］

　　陳方慶

［齊州］

　　周法尚

［廣州］

　　沈君高　卒。

　　馬靖　刺史。

　　　　《陳書》卷二三《沈君理傳》：“嶺南俚、獠世相攻伐，君高本文吏，無武幹，推心撫御，甚得民和。十年，卒於官。”按：馬靖見太建十二年廣州條。

太建十一年己亥(**579**)　　十二月,淮南之地盡没於周。

[揚州]

始興王叔陵

《陳書》卷三六《始興王叔陵傳》:“十一年,丁所生母彭氏
憂去職。頃之,起爲中衛將軍,使持節、都督、刺史如故。”

[東揚州]

江夏王伯義

[豐州]

駱牙

[南徐州]

廬陵王伯仁

[江州]

鄱陽王伯山

豫章王叔英　　鎮南將軍、刺史。

《陳書》卷五《宣帝紀》:“六月庚辰,以鎮前將軍豫章王叔
英爲鎮南將軍、江州刺史。景戌,以征南將軍、江州刺史鄱陽
王伯山爲中權將軍、護軍將軍。”卷二八《豫章王叔英傳》:“十
一年,爲鎮前將軍、江州刺史。”羅振玉《五史斠議·陳書》:
“‘鎮南’是也,陳江州刺史皆進鎮南將軍號。”

[南兗州]

淳于量　　十二月,州陷。

沈恪　　平北將軍、監南兗州。

《陳書》卷五《宣帝紀》:“十一月……周遣柱國梁士彦率
衆至肥口。戊戌,周軍進圍壽陽。辛丑,以車騎將軍、開府儀
同三司、南兗州刺史淳于量爲上流水軍都督。中領軍樊毅都
督北討諸軍事,加安北將軍。散騎常侍、左衛將軍任忠都督北

討前軍事,加平北將軍。前豐州刺史皋文奏率步騎三千趣陽平郡。……戊申,豫州陷。辛亥,霍州又陷。……十二月乙丑,南北兗、晉三州,及盱眙、山陽、陽平、馬頭、秦、歷陽、沛、北譙、南梁等九州,並自拔還京師。譙、北徐州又陷。自是淮南之地盡沒于周矣。……遣平北將軍沈恪、電威將軍裴子烈鎮南徐州,開遠將軍徐道奴鎮柵口,前信州刺史楊寶安鎮白下。戊寅,以中領軍樊毅爲鎮西將軍、都督荆郢巴武四州水陸諸軍事。"校勘記:"'九州'疑有訛誤。"卷一二《沈恪傳》:"十一年,起爲散騎常侍、衛尉卿。其年,授平北將軍、假節、監南兗州。"

[北兗州]

　　陳慧紀

[合州]

　　魯廣達　　免。

　　　　《陳書》卷三一《魯廣達傳》:"十一年,周將梁士彥將兵圍壽春,詔遣中領軍樊毅、左衛將軍任忠等分部趣陽平、秦郡,廣達率衆入淮,爲掎角以擊之。周軍攻陷豫、霍二州,南北兗、晉等各拔,諸將並無功,盡失淮南之地,廣達因免官,以俟還第。"

[霍州]

　　周羅睺　　都督霍州諸軍事。十一月,州陷。

　　　　《隋書》卷六五《周羅睺傳》:"十一年,授使持節、都督霍州諸軍事。"

[荆州]

　　樊猛

　　樊毅　　鎮西將軍、都督荆郢巴武四州水陸諸軍事。

　　　　按:樊毅見是年南兗州條。

[湘州]

建安王叔卿

[郢州]

長沙王叔堅　徵還。

孫瑒　都督荆郢巴武湘五州諸軍事、鎮西將軍、郢州刺史。

《陳書》卷二八《長沙王叔堅傳》：“十一年，入爲翊左將軍、丹陽尹。”卷五《宣帝紀》：“（太建十年）十一月辛丑，以鎮西將軍孫瑒爲郢州刺史。”卷二五《孫瑒傳》：“及吳明徹軍敗呂梁，授使持節、督緣江水陸諸軍事、鎮西將軍，給鼓吹一部。尋授散騎常侍、都督荆郢巴武湘五州諸軍事、郢州刺史，持節、將軍、鼓吹並如故。”按：叔堅太建十一年還，孫瑒太建十年已爲郢州刺史，蓋十一年方至。

[定州]

陳方慶　徵還。

周法僧　刺史。被縶。

《陳書》卷一四《陳方慶傳》：“秩滿，又爲散騎常侍、兼宗正卿。”按：周法僧見是年齊州條。

[齊州]

周法尚　降周。

《隋書》卷六五《周法尚傳》：“以其兄武昌縣公法僧代爲定州刺史。法尚與長沙王叔堅不相能，叔堅言其將反。陳宣帝執禁法僧，發兵欲取法尚。其下將吏皆勸之歸北……法尚遂歸于周。”《周法尚墓誌》（《秦晉豫墓誌》九三）：“十一年，永安太守李援舉郡入周，周安州總管蔣公梁睿，遣長史華山公越勤紀，領衆二萬，入境應接，仍欲掩襲隔陽。行經義陽郡，郡守胥尚兒棄城遁走。君……前縱後擒，略無漏刃。賊平還任，聲望益重。君所統並皆驍鋭，自造甲杖，又悉精新。膽略過人，才氣絶類，士卒爲用，民吏悦服。總府長沙王叔賢憚君豪强,規君馬仗不馴之類,因而附托。朝廷不能明察,虚相信受,密設婆菲,成其攜貳。欲徵君入朝,慮或違拒,乃繫君兄定州刺史法僧,遣總府掩襲。君預識萌兆,深明去就,集將吏而圖之曰:‘三輔舊都,四守强國,鼎足之勢,兼并斯在此行也。非□自免,親屬在陳,聞我已拔,決當無慮。’及歸命周朝,陳氏聞君高舉,兄法僧即得釋禁,仍授鄱陽内史,並如君所謀。”按:傳云以兄法僧代爲定州刺史,似代法尚,參同書卷一四《陳方慶傳》,當代方慶。叔賢即叔堅,入關後更名,見《陳書》卷二八《長沙王叔堅傳》。

［廣州］

　　馬靖

太建十二年庚子（580）　八月,周鄖州總管司馬消難以九州八鎮内附。

［揚州］

　　始興王叔陵

［東揚州］

　　江夏王伯義

［豐州］

　　駱牙

［南徐州］

　　廬陵王伯仁

　　河東王叔獻　四月,軍師將軍、都督南徐州諸軍事、南徐州刺史。十二月卒。

　　沈恪　翊右將軍、監南徐州。

　　　　《陳書》卷五《宣帝紀》:“四月……以宣毅將軍河東王叔

獻爲南徐州刺史。……十二月庚辰,宣毅將軍、南徐州刺史河東王叔獻薨。"卷二八《河東王叔獻傳》:"爲散騎常侍、軍師將軍、都督南徐州諸軍事、南徐州刺史。十二年薨,年十三。"《陳叔獻墓誌》(《徐孝穆集》卷五):"授使持節、南徐州刺史。……薨於沙鎮,時年一十有七。"《陳書》卷一二《沈恪傳》:"十二年,改授散騎常侍、翊右將軍、監南徐州。"按:《宣帝紀》云叔獻爲宣毅將軍,此從本傳。叔獻誌,《徐孝穆集》原題"河東康簡王墓志"。

[南豫州]

任忠 都督南豫州諸軍事、平南將軍、南豫州刺史。

《陳書》卷五《宣帝紀》:"正月戊戌,以散騎常侍、左衛將軍任忠爲平南將軍、南豫州刺史,督緣江軍防事。……八月己未,周使持節、上柱國、郢州總管滎陽郡公司馬消難以郢、隨、溫、應、土、順、沔、儇、岳等九州,魯山、甑山、沌陽、應城、平靖、武陽、上明、溳水等八鎮内附。……庚申,詔鎮西將軍樊毅進督沔漢諸軍事。遣平南將軍、南豫州刺史任忠率衆趣歷陽,通直散騎常侍、超武將軍陳慧紀爲前軍都督趣南兗州。"卷三一《任忠傳》:"十二年,遷使持節、散騎常侍、都督南豫州諸軍事、平南將軍、南豫州刺史。……仍率步騎趣歷陽。周遣王延貴率衆爲援,忠大破之,生擒延貴。"

[江州]

豫章王叔英

[北兗州]

陳慧紀 遷郢州。

《陳書》卷一五《陳慧紀傳》:"周軍乘勝據有淮南,江外騷擾,慧紀收集士卒,自海道還都。尋除使持節、散騎常侍、宣毅將軍、都督郢巴二州諸軍事、郢州刺史。"

［荆州］

　樊猛

　樊毅　　進督沔漢諸軍事。

　　　　《陳書》卷三一《樊毅傳》：“十二年，進督沔漢諸軍事。”
　　　按：樊毅參見是年南豫州、郢州條。

［湘州］

　建安王叔卿

［郢州］

　孫瑒

　陳慧紀　宣毅將軍、都督郢巴二州諸軍事、郢州刺史。

　魯廣達　平西將軍、都督郢州以上十州諸軍事，治江夏。

　　　　《陳書》卷二五《孫瑒傳》：“十二年，坐壇場交通抵罪。”卷
　　　三一《魯廣達傳》：“十二年，與豫州刺史樊毅率衆北討，克郭
　　　默城。尋授使持節、平西將軍、都督郢州以上十州諸軍事，率
　　　舟師四萬，治江夏。”校勘記：“‘豫州’，《南史》卷六七《魯悉達
　　　傳》附《魯廣達傳》作‘南豫州’。……‘十州’，《南史》卷六七
　　　《魯悉達傳》附《魯廣達傳》作‘七州’。”按：《陳書》卷三一《樊
　　　毅傳》云毅時爲都督荆郢巴武四州水陸諸軍事，未曾任豫州或
　　　南豫州刺史，羅振玉《五史斠議·陳書》云“當是‘與豫州刺史
　　　任忠’之僞”。陳慧紀見是年北兗州條。

［廣州］

　馬靖

　　　　《陳書》卷二一《蕭引傳》：“十二年……時廣州刺史馬靖
　　　甚得嶺表人心，而兵甲精練，每年深入俚洞，又數有戰功，朝野
　　　頗生異議。高宗以引悉嶺外物情，且遣引觀靖，審其舉措，諷
　　　令送質。引奉密旨南行，外托收督賧物。既至番禺，靖即悟
　　　旨，盡遣兒弟下都爲質。”

太建十三年辛丑（581）

［揚州］

始興王叔陵

新安王伯固　都督揚南徐東揚南豫四州諸軍事、鎮右將軍、揚州刺史。

《陳書》卷三六《始興王叔陵傳》："服闋，又爲侍中、中軍大將軍。"卷五《宣帝紀》："正月……鎮右將軍、國子祭酒新安王伯固爲揚州刺史。"卷三六《新安王伯固傳》："十三年，爲使持節、都督揚南徐東揚南豫四州諸軍事、揚州刺史，侍中、（鎮右）將軍如故。"

［東揚州］

江夏王伯義

［豐州］

駱牙

章大寶　仁武將軍、刺史。

《陳書》卷一一《章昭達傳》："子大寶……出爲豐州刺史。"按：章大寶參見太建十四年豐州條。

［南徐州］

沈恪

宜都王叔明　雲麾將軍、刺史。

《陳書》卷一二《沈恪傳》："入爲衛尉卿，常侍、將軍如故。"卷五《宣帝紀》："正月……以輕車將軍、衛尉卿宜都王叔明爲南徐州刺史。"卷二八《宜都王叔明傳》："十三年，出爲使持節、雲麾將軍、南徐州刺史。"《陳叔明暨妻到氏墓誌》（《隋代墓誌銘彙考》五·四三一）："十二年，進授散騎常侍、南徐州刺史。"按：誌云叔明爲南徐州刺史在太建十二年，此從

　　紀、傳。

［南豫州］

　　任忠

［江州］

　　豫章王叔英

［荆州］

　　樊猛

　　樊毅　鎮西將軍、刺史。

　　　　《陳書》卷三一《樊猛傳》：“入爲左衛將軍。”卷五《宣帝
　　　　紀》：“十月……護軍將軍樊毅爲鎮西將軍、荆州刺史。”卷三一
　　　　《樊毅傳》：“十三年，徵授中護軍。尋遷護軍將軍，荆州刺史。”

［信州］

　　陸子才　飆猛將軍、刺史。

　　　　《陳書》卷二二《陸子才傳》：“遷飆猛將軍、信州刺史。太
　　　　建十三年卒。”按：始任年不詳。

［湘州］

　　建安王叔卿

［郢州］

　　陳慧紀

　　魯廣達

［廣州］

　　馬靖

太建十四年壬寅（582）　　正月，宣帝死，太子叔寶即位。

［揚州］

　　新安王伯固　被殺。

長沙王叔堅　驃騎將軍、刺史。遷司空。

《陳書》卷六《後主紀》："正月甲寅，高宗崩。……以侍中、翊前將軍、丹陽尹長沙王叔堅爲驃騎將軍、開府儀同三司、揚州刺史。……九月……以驃騎將軍、開府儀同三司、揚州刺史長沙王叔堅爲司空。"卷二八《長沙王叔堅傳》："及高宗弗豫，叔堅、叔陵等並從後主侍疾。……及翌日小斂，叔陵袖剉藥刀趨進，斫後主，中項，後主悶絶于地。……叔堅自後扼叔陵，擒之，并奪其刀。……其年，以功進號驃騎將軍、開府儀同三司、揚州刺史。尋遷司空，將軍、刺史如故。是時後主患創，不能視事，政無小大，悉委叔堅決之，於是勢傾朝廷。叔堅因肆驕縱，事多不法，後主由是疎而忌之。孔範、管斌、施文慶之徒，並東宮舊臣，日夜陰持其短。"卷三六《新安王伯固傳》："及叔陵出奔東府，遣使告之，伯固單馬馳赴，助叔陵指揮。知事不捷，便欲遁走，會四門已閉不得出，因同趣白楊道。臺馬客至，爲亂兵所殺。"

[東揚州]

江夏王伯義

司馬消難　征東將軍、刺史。

《陳書》卷二八《江夏王伯義傳》："十四年，徵爲侍中、忠武將軍、金紫光禄大夫。"按：司馬消難見至德元年東揚州條。

[豐州]

章大寶　遷中護軍，尋還爲刺史。

《陳書》卷六《後主紀》："正月……仁武將軍、豐州刺史章大寶爲中護軍。……三月……中護軍章大寶爲豐州刺史。"

[南徐州]

宜都王叔明

蕭摩訶　車騎將軍、刺史。

《陳書》卷二八《宜都王叔明傳》：“又爲侍中、翊右將軍。”
卷六《後主紀》：“正月……右衞將軍蕭摩訶爲車騎將軍、南徐
州刺史。”卷三一《蕭摩訶傳》：“會隋總管賀若弼鎮廣陵，窺覦
江左，後主委摩訶備禦之任，授南徐州刺史。”《續高僧傳》卷
一○《釋智琳傳》：“姓閭丘氏，高平防釐人也。……以陳太建
十年旋于舊里。南徐州刺史蕭摩訶深加禮異，爰請敷説，於是
欝居宗匠，盛轉法輪，受業求聞，寔繁有衆。至十一年，下勅爲
曲阿僧正。至德二年，勅補徐州僧都。”按：蕭摩訶太建十四
年方爲南徐州刺史，《續高僧傳》以終職稱之。又如同書卷八
《釋僧範傳》所云“膠州刺史杜弼”、《釋曇延傳》所云“蒲州刺
史中山公”，皆爲終職，非現職。

[南豫州]

任忠　　進號鎮南將軍。

　　　　《陳書》卷六《後主紀》：“正月……平南將軍、豫州刺史任
忠進號鎮南將軍。”

[江州]

豫章王叔英　　進號征南將軍。

　　　　《陳書》卷六《後主紀》：“正月……鎮南將軍、江州刺史豫
章王叔英進號征南將軍。……九月……征南將軍、江州刺史
豫章王叔英即本號開府儀同三司。”

[荆州]

樊毅　　進號征西將軍。

　　　　《陳書》卷六《後主紀》：“正月……鎮西將軍、荆州刺史樊
毅進號征西將軍。”

[湘州]

建安王叔卿　　進號安南將軍。

晉安王伯恭　　安南將軍、刺史，未拜。

《陳書》卷六《後主紀》:"正月……平南將軍、湘州刺史建安王叔卿進號安南將軍。……三月……以侍中、尚書左僕射、新除翊前將軍晉安王伯恭爲安南將軍、湘州刺史。"卷二八《晉安王伯恭傳》:"十四年,出爲安南將軍、湘州刺史,未拜。"《續高僧傳》卷一二《釋慧覺傳》:"攝山泉石致美,息心勝地,乃摳衣獨往,止于栖霞寺焉。……陳晉安王伯恭爲湘州刺史,深加禮異,并請講衆南行弘演。吏部尚書毛喜、護軍將軍孫瑒,並鞠躬頂禮,虔仰殊常。"按:伯恭未拜,慧覺當未至湘州。

[郢州]

陳慧紀

魯廣達　徵還。

《陳書》卷三一《魯廣達傳》:"後主即位,入爲安左將軍。"

[廣州]

馬靖

後主至德元年癸卯(583)

[揚州]

長沙王叔堅　遷江州,未之任,尋免。

晉熙王叔文　輕車將軍、刺史。遷江州。

始興王叔重　仁威將軍、刺史。

《陳書》卷六《後主紀》:"正月……以征南將軍、江州刺史、新除開府儀同三司豫章王叔英爲中衛大將軍,驃騎將軍、開府儀同三司、揚州刺史長沙王叔堅爲江州刺史……宣惠將軍、丹陽尹晉熙王叔文爲揚州刺史。……四月……以前輕車將軍、揚州刺史晉熙王叔文爲江州刺史。"卷二八《長沙王叔堅傳》:"至德元年,乃詔令即本號用三司之儀,出爲江州刺史。

未發,尋有詔又以爲驃騎將軍,重爲司空,實欲去其權勢。叔堅不自安,稍怨望,乃爲左道厭魅以求福助。……特免所居官,以王還第。"同卷《晉熙王叔文傳》:"進號輕車將軍、揚州刺史。至德元年,授持節、都督江州諸軍事、江州刺史。"羅振玉《五史斠議・陳書》:"《後主紀》叔文刺史揚州在至德元年,此誤列元年前。"《陳書》卷二八《始興王叔重傳》:"至德元年,爲仁威將軍、揚州刺史,置佐史。"

[東揚州]

　司馬消難　　進號車騎將軍。

　新蔡王叔齊　　東中郎將、刺史。

　　　　《陳書》卷六《後主紀》:"正月……征東將軍、開府儀同三司、東揚州刺史司馬消難進號車騎將軍。"卷二八《新蔡王叔齊傳》:"出爲東中郎將、東揚州刺史。"按:吳表列叔齊於太建七年。

[豐州]

　章大寶

[南徐州]

　蕭摩訶

[南豫州]

　任忠

　魯廣達　　平南將軍、刺史。

　　　　《陳書》卷六《後主紀》:"正月……鎮南將軍、南豫州刺史任忠爲領軍將軍,安左將軍魯廣達爲平南將軍、南豫州刺史。"

[江州]

　豫章王叔英　　遷中衛大將軍。

　長沙王叔堅　　驃騎將軍、刺史,未任。

　晉熙王叔文　　輕車將軍、都督江州諸軍事、江州刺史。

按：叔英、叔堅、叔文皆見是年揚州條。

[荆州]

樊毅

[湘州]

建安王叔卿

[郢州]

陳慧紀

[廣州]

馬靖

[交州]

李幼榮　　刺史。

《陳書》卷六《後主紀》："四月戊辰，交州刺史李幼榮獻
馴象。"

至德二年甲辰（584）

[揚州]

始興王叔重　　遷江州。

南平王嶷　　信武將軍、刺史。

《陳書》卷六《後主紀》："五月……信武將軍、南琅邪彭城
二郡太守南平王嶷爲揚州刺史。"卷二四《周確傳》："遷散騎
常侍，加貞威將軍、信州南平王府長史，行揚州事。"校勘記：
"'信州'疑爲'信武'之訛。"

[東揚州]

新蔡王叔齊　　入爲侍中。

永陽王伯智　　都督東揚豐二州諸軍事、平東將軍、東揚州刺史，
領會稽内史。

《陳書》卷二八《新蔡王叔齊傳》：“至德二年，入爲侍中，將軍、佐史如故。”卷六《後主紀》：“五月戊子，以尚書僕射永陽王伯智爲平東將軍、東揚州刺史。”卷二八《永陽王伯智傳》：“出爲使持節、都督東揚豐二州諸軍事、平東將軍、領會稽内史。至德二年，入爲侍中、翊左將軍，加特進。”按：鄱陽王伯山於至德四年繼爲東揚州，疑《伯智傳》之至德二年爲至德四年之訛。

［豐州］

章大寶

［南徐州］

蕭摩訶

［南豫州］

魯廣達　進號安南將軍。

《陳書》卷六《後主紀》：“正月……平南將軍、豫州刺史魯廣達進號安南將軍。”卷三一《魯廣達傳》：“至德二年，授安南將軍。”

［江州］

晉熙王叔文　遷湘州。

始興王叔重　仁威將軍、都督江州諸軍事、江州刺史。

《陳書》卷六《後主紀》：“五月……仁威將軍、揚州刺史始興王叔重爲江州刺史。”卷二八《始興王叔重傳》：“二年，加使持節、都督江州諸軍事、江州刺史。”

［荆州］

樊毅

陳慧紀　雲麾將軍、都督荆信二州諸軍事、荆州刺史。

《陳書》卷一五《陳慧紀傳》：“至德二年，遷使持節、散騎常侍、雲麾將軍、都督荆信二州諸軍事、荆州刺史。”卷六《後主紀》：“（至德）三年春正月……征西將軍、荆州刺史樊毅爲護軍將軍。”

［湘州］

建安王叔卿

晉熙王叔文　信威將軍、督湘衡武桂四州諸軍事、湘州刺史。

《陳書》卷二八《建安王叔卿傳》：“又爲侍中、鎮右將軍、中書令。”同卷《晉熙王叔文傳》：“二年，遷信威將軍、督湘衡武桂四州諸軍事、湘州刺史。”卷六《後主紀》：“五月……輕車將軍、江州刺史晉熙王叔文爲信威將軍、湘州刺史。”

［武州］

陳方慶　智武將軍、刺史。遷廣州。

按：陳方慶見是年廣州條。

［郢州］

陳慧紀　遷荆州。

［廣州］

馬靖　被殺。

陳方慶　仁威將軍、刺史。進號宣毅將軍。

《陳書》卷一四《陳方慶傳》：“至德二年，進號智武將軍、武州刺史。初，廣州刺史馬靖久居嶺表，大得人心，士馬彊盛，朝廷疑之。至是以方慶爲仁威將軍、廣州刺史，以兵襲靖。靖誅，進號宣毅將軍。”

［東衡州］

王勇　超武將軍、都督、刺史，領始興内史。加光勝將軍、平越中郎將、大都督。

《南史》卷二四《王猛傳》：“猛字世雄，本名勇。……會廣州刺史馬靖不受徵，乃除猛都督東衡州刺史，領始興内史，與廣州刺史陳方慶共取靖。猛至，即禽靖送建鄴，加光勝將軍、平越中郎將、大都督，發廣、桂等二十州兵討嶺外荒梗，所至皆平。”《陳書》卷一四《王勇傳》：“方慶之襲馬靖也，朝廷以勇爲超武將軍、東衡州刺史、領始興内史，以爲方慶聲勢。”

至德三年乙巳（585）

［揚州］

　南平王嶷

［東揚州］

　永陽王伯智

［豐州］

　章大寶　舉兵。

　李暈　刺史。被殺。

　吳惠覺　刺史。

　　《陳書》卷六《後主紀》：“三月辛酉，前豐州刺史章大寶舉兵反。夏四月庚戌，豐州義軍主陳景詳斬大寶。”卷一一《章昭達傳》：“（大寶）在州貪縱，百姓怨酷，後主以太僕卿李暈代之。至德三年四月，暈將到州，大寶乃襲殺暈，舉兵反，遣其將楊通寇建安。建安内史吳慧覺據郡城拒之，通累攻不克。官軍稍近，人情離異，大寶計窮，乃與通俱逃。……爲追兵所及，生擒送都，於路死。”卷九《吳明徹傳》：“（子）惠覺歷黃門侍郎，以平章大寶功，授豐州刺史。”按：吳惠覺、吳慧覺當爲一人，此從《吳明徹傳》。

［南徐州］

　蕭摩訶

［南豫州］

　魯廣達

[江州]

　始興王叔重

[譙州]

　陳稜　　刺史。

　　　《隋書》卷六四《陳稜傳》："事章大寶爲帳内部曲。告大
　　寶反,授譙州刺史。"按:渦陽之譙州太建十一年已没,此譙州
　　當爲遥領或僑置。

[荆州]

　陳慧紀

　長沙王叔堅　　征西將軍、刺史。

　　　《陳書》卷二八《長沙王叔堅傳》:"(至德)三年,出爲征西
　　將軍、荆州刺史。四年,進號中軍大將軍、開府儀同三司。禎
　　明二年,秩滿還都。"按:據同書卷一五《陳慧紀傳》,慧紀任荆
　　州刺史直至陳亡,叔堅不應同爲刺史,存疑。

[湘州]

　晉熙王叔文

[廣州]

　陳方慶

[東衡州]

　王勇

至德四年丙午(586)

[揚州]

　南平王嶷

[東揚州]

　永陽王伯智

鄱陽王伯山　都督東揚豐二州諸軍事、鎮衛將軍、東揚州刺史。

　　　　《陳書》卷六《後主紀》：“九月……以鎮衛將軍、開府儀同三司鄱陽王伯山爲東揚州刺史。”卷二八《鄱陽王伯山傳》：“後主即位，進號中權大將軍。至德四年，出爲持節、都督東揚豐二州諸軍事、東揚州刺史，加侍中，餘並如故。”按：伯山之將軍號見次年東揚州條，本傳闕。

［豐州］

吳惠覺

鄭萬頃　昭武將軍、刺史。

　　　　《陳書》卷一四《鄭萬頃傳》：“至德中，與司馬消難來奔。尋拜散騎常侍、昭武將軍、豐州刺史。”按：司馬消難奔陳在太建十二年，非至德中。鄭萬頃陳亡前仍爲刺史，始任年不詳，當在吳惠覺後，斷於此。

［南徐州］

蕭摩訶

［南豫州］

魯廣達

樊猛　都督南豫州諸軍事、忠武將軍、南豫州刺史。

　　　　《陳書》卷三一《魯廣達傳》：“徵拜侍中。”同卷《樊猛傳》：“至德四年，授使持節、都督南豫州諸軍事、忠武將軍、南豫州刺史。”

［江州］

始興王叔重

［荆州］

陳慧紀

［湘州］

晉熙王叔文

［廣州］

　陳方慶　進號雲麾將軍。

　　　　《陳書》卷一四《陳方慶傳》：“四年，進號雲麾將軍。”

［東衡州］

　王勇

禎明元年丁未（587）

［揚州］

　南平王嶷　遷江州。

　始安王深　軍師將軍、刺史。

　　　　《陳書》卷二八《皇太子深傳》：“爲軍師將軍、揚州刺史，置佐史。”

［吳州］

　蕭瓛　安東將軍、刺史。

　　　　《周書》卷四八《蕭瓛傳》：“巋第三子也。……初，隋師至郢州，梁之百寮咸恐懼，計無所出。唯瓛建議南奔。入陳，授侍中、安東將軍、吳州刺史。”按：蕭瓛參見是年東揚州條。

［東揚州］

　鄱陽王伯山

　蕭巖　平東將軍、刺史。

　謝儼　監東揚州。

　　　　《陳書》卷二八《鄱陽王伯山傳》：“禎明元年，丁所生母憂，去職。”卷六《後主紀》：“九月……蕭琮所署尚書令、太傅安平王蕭巖，中軍將軍、荆州刺史義興王蕭瓛，遣其都官尚書沈君公，詣荆州刺史陳紀請降。辛卯，巖等率文武男女十萬餘口濟江。……十一月乙亥，割揚州吳郡置吳州，割錢塘縣爲郡，屬焉。

景子,以蕭巖爲平東將軍、開府儀同三司、東揚州刺史,蕭瓛爲安東將軍、吳州刺史。……十二月景辰,以前鎮衛將軍、開府儀同三司、東揚州刺史鄱陽王伯山爲鎮衛大將軍、開府儀同三司。”卷二一《謝昄傳》:“二子儼、伸。儼官至散騎常侍,侍中,御史中丞,太常卿,出監東揚州。”《周書》卷四八《蕭巖傳》:“詧第五子也。……入陳,授平東將軍、東揚州刺史。”

［豐州］

鄭萬頃

［南徐州］

蕭摩訶

［南豫州］

樊猛

［江州］

始興王叔重

南平王嶷　平南將軍、刺史。

　　　　按:南平王嶷見禎明二年江州條,《陳書》卷二八本傳失載。

［荊州］

陳慧紀　進號征西將軍。

　　　《陳書》卷一五《陳慧紀傳》:“禎明元年,蕭琮尚書左僕射安平王蕭巖、晉熙王蕭瓛等,率其部衆男女二萬餘口,詣慧紀請降,慧紀以兵迎之。其年,以應接之功,加侍中、金紫光禄大夫、開府儀同三司、征西將軍。”

［湘州］

晉熙王叔文

岳陽王叔慎　都督湘衡桂武四州諸軍事、智武將軍、湘州刺史。

　　　《陳書》卷六《後主紀》:“正月……智武將軍、丹陽尹岳陽

王叔慎爲湘州刺史。"卷二八《岳陽王叔慎傳》:"禎明元年,出
爲使持節、都督湘衡桂武四州諸軍事、智武將軍、湘州刺史。"

[郢州]

荀法尚　都督郢巴武三州諸軍事、郢州刺史。

《陳書》卷一三《荀朗傳》:"子法尚嗣。……禎明中,爲都
督郢巴武三州諸軍事、郢州刺史。"

[廣州]

陳方慶

[西衡州]

衡陽王伯信　鎮南將軍、刺史。

《陳書》卷六《後主紀》:"正月……以鎮前將軍衡陽王伯
信爲鎮南將軍、西衡州刺史。"

[東衡州]

王勇

禎明二年戊申(588)　　十一月,隋伐陳。

[揚州]

始安王深　六月,立爲皇太子。

會稽王莊　六月,都督揚州諸軍事、翊前將軍、揚州刺史。

《陳書》卷六《後主紀》:"六月……立軍師將軍、揚州刺史始
安王深爲皇太子。……會稽王莊爲翊前將軍、揚州刺史。"卷二八
《皇太子深傳》:"禎明二年,皇太子胤廢,後主乃立深爲皇太子。"
同卷《會稽王莊傳》:"除使持節、都督揚州諸軍事、揚州刺史。"

[吳州]

蕭瓛

[東揚州]

蕭巖

謝儼　卒。

　　　《陳書》卷二一《謝貺傳》:"禎明二年(儼)卒於會稽。"

[豐州]

鄭萬頃

[南徐州]

蕭摩訶　次年徵還。

永嘉王彦　忠武將軍、刺史,進號安北將軍。十一月,遷江州。

南海王虔　十一月,安北將軍、刺史。

　　　《陳書》卷六《後主紀》:"六月……忠武將軍、南徐州刺史
永嘉王彦進號安北將軍。……十一月……安北將軍、南徐州
刺史永嘉王彦爲安南將軍、江州刺史。軍師將軍南海王虔爲
安北將軍、南徐州刺史。"卷二八《永嘉王彦傳》:"爲忠武將
軍、南徐州刺史,進號安南將軍。授散騎常侍、使持節、都督江
巴東衡三州諸軍事、平南將軍、江州刺史。"卷二八《南海王虔
傳》:"禎明二年,出爲平北將軍、南徐州刺史。"按:《彦傳》云
進號安南,紀云進號安北,南徐州刺史例以"北"爲號,此從紀。
又《彦傳》之平南,紀作安南,《虔傳》之平北,紀作安北,此皆
從紀。

[南豫州]

樊猛

[江州]

南平王嶷　進號鎮南將軍。十一月,遷郢州。

永嘉王彦　十一月,都督江巴東衡三州諸軍事、安南將軍、江州
　刺史。

　　　《陳書》卷六《後主紀》:"六月……平南將軍、江州刺史南
平王嶷進號鎮南將軍。……十一月……以鎮南將軍、江州刺

史南平王嶷爲征西將軍、郢州刺史。"卷二八《南平王嶷傳》：
"爲使持節、都督郢荆湘三州諸軍事、征西將軍、郢州刺史。"
按：彥見是年南徐州條。

[荆州]

陳慧紀

[湘州]

岳陽王叔慎

《陳書》卷二八《晉熙王叔文傳》："禎明二年，秩滿，徵爲
侍中、宣毅將軍。"

[郢州]

荀法尚　次年降隋。

南平王嶷　十一月，都督郢荆湘三州諸軍事、征西將軍、郢州
刺史。

按：嶷見是年江州條。

[廣州]

陳方慶

[西衡州]

衡陽王伯信

[東衡州]

王勇　進鎮南大將軍、都督二十四州諸軍事。

《南史》卷二四《王猛傳》："禎明二年，詔授鎮南大將軍、
都督二十四州諸軍事，尋命徙鎮廣州。"《陳書》卷一四《王勇
傳》："及隋軍臨江，詔授勇使持節、光勝將軍、總督衡廣交桂武
等二十四州諸軍事、平越中郎將，仍入援。"《南北史掇瑣·
〈南史〉卷二十四》："《南史》載王猛爲'光勝將軍、平越中郎
將'在禎明二年之前，而《陳書·王勇傳》載王勇爲'平越中郎
將'在'隋軍臨江'之後，即在禎明二年之後。"按：王勇都督二

十四州,不應仍爲光勝將軍,此從《南史》。

禎明三年己酉(589)　　　三月,隋滅陳。

[揚州]

會稽王莊　入關。

《陳書》卷二八《會稽王莊傳》:"禎明三年入關。"

[吳州]

蕭瓛

《周書》卷四八《蕭瓛傳》:"及陳亡,吳人推爲主以禦隋師。戰而敗,與巖同時伏法。"

[東揚州]

蕭巖

《周書》卷四八《蕭巖傳》:"及陳亡,百姓推巖爲主,以禦隋師。爲總管宇文述所破,伏法於長安。"

[豐州]

鄭萬頃　降隋。

《陳書》卷一四《鄭萬頃傳》:"初,萬頃之在周,深被隋文帝知遇,及隋文踐祚,常思還北。及王勇之殺方慶,萬頃乃率州兵拒勇,遣使由閒道降于隋軍。"

[南徐州]

南海王虔　入關。

《陳書》卷二八《南海王虔傳》:"三年入關。"卷三一《蕭摩訶傳》:"禎明三年正月元會,徵摩訶還朝,賀若弼乘虛濟江,襲京口,摩訶請兵逆戰,後主不許。"

[南豫州]

樊猛

《陳書》卷六《後主紀》："正月……遣南豫州刺史樊猛帥舟師出白下,散騎常侍皋文奏將兵鎮南豫州。庚午,賀若弼攻陷南徐州。辛未,韓擒虎又陷南豫州,文奏敗還。至是隋軍南北道並進。"卷三一《樊猛傳》："隋將韓擒虎之濟江也,猛在京師,第六子巡攝行州事,擒虎進軍攻陷之,巡及家口並見執。"

[江州]

永嘉王彦　未行,入關。

《陳書》卷二八《永嘉王彦傳》："未行,隋師濟江。禎明三年入關。"

[荆州]

陳慧紀　降隋。

《陳書》卷一五《陳慧紀傳》："及隋師濟江,元帥清河公楊素下自巴硤,慧紀遣其將呂忠肅、陸倫等拒之,戰敗,素進據馬頭。是時,隋將韓擒虎及賀若弼等已濟江據蔣山,慧紀聞之,留其長史陳文盛等居守,身率將士三萬人,樓船千餘乘,沿江而下,欲趣臺城。至漢口,爲秦王軍所拒,不得進,因與湘州刺史晉熙王叔文、巴州刺史畢寶等請降。"《南史》卷六五《陳慧紀傳》："聞肅敗,盡燒公安之儲,僞引兵東下,因推湘州刺史晉熙王叔文爲盟主。水軍都督周羅睺與郢州刺史荀法尚守江夏。及建鄴平,隋晉王廣遣一使以慧紀子正業來喻,又使樊毅喻羅睺,其上流城戍悉解甲。於是慧紀及巴州刺史畢寶並慟哭俱降。"按:叔文爲前湘州刺史。

[信州]

顧覺　刺史。退走。

《隋書》卷四八《楊素傳》："及大舉伐陳,以素爲行軍元帥……陳南康內史呂仲肅屯岐亭,正據江峽,於北岸鑿岩,綴鐵鎖三條,橫截上流,以遏戰船。素與(劉)仁恩登陸俱發,先

攻其栅。仲肅軍夜潰，素徐去其鎮。……陳主遣其信州刺史
顧覺鎮安蜀城，荆州刺史陳紀鎮公安，皆懼而退走。巴陵以
東，無敢守者。湘州刺史、岳陽王陳叔慎遣使請降。"

［湘州］

岳陽王叔慎　被殺。

施文慶　都督、刺史，未之官，被殺。

　　《陳書》卷二八《晉熙王叔文傳》："未還，而隋軍濟江，破
臺城，隋漢東道行軍元帥秦王至于漢口。時叔文自湘州還朝，
至巴州，乃率巴州刺史畢寶等請降……叔文於是與畢寶、荆州
刺史陳紀及文武將吏赴于漢口，秦王並厚待之，置于賓館。"同
卷《岳陽王叔慎傳》："三年，隋師濟江，破臺城，前刺史晉熙王
叔文還至巴州，與巴州刺史畢寶、荆州刺史陳紀並降。隋行軍
元帥清河公楊素兵下荆門，別遣其將龐暉將兵略地，南至湘
州……（劉）仁恩虜叔慎、（侯）正理、（鄔）居業及其黨與十餘
人，秦王斬之于漢口。叔慎時年十八。"卷三一《任忠傳》："有
施文慶者……遷中書舍人，俄擢爲湘州刺史。未及之官，會隋
軍來伐，四方州鎮，相繼以聞。文慶、客卿俱掌機密，外有表
啓，皆由其呈奏。文慶心悅湘州重鎮，冀欲早行，遂與客卿共
爲表裏，抑而不言，後主弗之知也，遂以無備，至乎敗國，寔二
人之罪。隋軍既入，並戮之於前闕。"《南史》卷七七《施文慶
傳》："禎明三年，湘州刺史晉熙王叔文在職既久，大得人和，後
主以其據有上流，陰忌之。自度素與群臣少恩，恐不爲用，無
所任者，乃擢文慶爲都督、湘州刺史，配以精兵，欲令西上，仍
徵叔文還朝。文慶深喜其事，然懼居外，後執事者持己短長，
因進其黨沈客卿以自代。未發間，二人共掌機密。"按：《陳
書》云叔文被徵在禎明二年，叔文後有叔慎，《南史・施文慶
傳》當有脫誤。

［巴州］

畢寶　刺史,降隋。

　　　　按：畢寶是年荊州條。

［郢州］

南平王嶷　未行,入關。

　　　　《陳書》卷二八《南平王嶷傳》："未行而隋軍濟江。禎明
　　　三年入關。"卷一三《荀朗傳》："及隋軍濟江,法尚降于漢東道
　　　元帥秦王。"《隋書》卷六〇《于仲文傳》："及伐陳之役,拜行軍
　　　總管,以舟師自章山出漢口。陳郢州刺史荀法尚、魯山城主誕
　　　法澄、鄧沙彌等請降,秦王俊皆令仲文以兵納之。"

［廣州］

陳方慶　被殺。

　　　　《陳書》卷一四《陳方慶傳》："禎明三年,隋師濟江,衡州
　　　刺史王勇遣高州刺史戴智烈將五百騎迎方慶,欲令承制總督
　　　征討諸軍事。是時隋行軍總管韋洸帥兵度嶺,宣隋文帝敕云：
　　　'若嶺南平定,留勇與豐州刺史鄭萬頃且依舊職。'方慶聞之,
　　　恐勇賣己,乃不從,率兵以拒智烈。智烈與戰,敗之,斬方慶於
　　　廣州。"校勘記："'衡州刺史',《南史》卷六五《陳宗室諸王
　　　傳》附《陳方慶傳》作'東衡州刺史'。"

［西衡州］

衡陽王伯信　被殺。

鄧暠　刺史。降隋。

　　　　《陳書》卷二八《衡陽王伯信傳》："三年,隋軍濟江,與臨
　　　汝侯方慶並爲東衡州刺史王勇所害。"《隋書》卷六五《周法尚
　　　傳》："及伐陳之役,以行軍總管隸秦孝王,率舟師三萬出于樊
　　　口。陳城州刺史熊門超出師拒戰,擊破之,擒超於陣。轉鄂州
　　　刺史,尋遷永州總管。……陳桂州刺史錢季卿、南康內史柳

璿、西衡州刺史鄧暠、陽山太守毛爽等前後詣法尚降。陳定州刺史呂子廓據山洞反，法尚引兵踰嶺，子廓兵衆日散，與千餘人走保巖嶮，其左右斬之而降。”按：“城州”乏考，疑爲“成州”之訛。

[東衡州]

王勇　降隋。

　　《南史》卷二四《王猛傳》：“未之鎮，而隋師濟江，猛總督所部赴援。時廣州刺史臨汝侯方慶、西衡州刺史衡陽王伯信並隸猛督府，各觀望不至。猛使高州刺史戴智烈、清遠太守曾孝遠各以輕兵就斬之而發其兵。及聞臺城不守……因勒兵緣江拒守，以固誠節。及審後主不死，乃遣其部將辛昉馳驛赴京師歸款。……猛尋卒于廣州。”《陳書》卷一四《王勇傳》：“會京城陷，勇因移檄管内，徵兵據守，使其同產弟鄧暠將兵五千，頓于嶺上。又遣使迎方慶，欲假以爲名，而自執兵要。及方慶敗績，虜其妻子，收其貲產，分賞將帥。又令其將王仲宣、曾孝武迎西衡州刺史衡陽王伯信，伯信懼，奔于清遠郡，孝武追殺之。是時韋洸兵已上嶺，豐州刺史鄭萬頃據州不受勇召，而高梁女子洗氏舉兵以應隋軍，攻陷傍郡。勇計無所出，乃以其衆降。行至荆州，道病卒。”

[成州]

熊門超　刺史。被俘。

　　按：熊門超見是年西衡州條。

[高州]

戴智烈　刺史。

　　按：戴智烈見是年廣州條。

[桂州]

錢季卿　刺史。降隋。

按：錢季卿見是年西衡州條。

[南定州]

呂子廓　刺史。被殺。

按：呂子廓見是年西衡州條。

[交州]

楊縉　交愛等九州都督。

楊林甫　交愛等九州都督。縉子。

《新唐書》卷一三〇《楊瑒傳》："華州華陰人。五世祖縉爲陳中書舍人，名屬文，終交、愛九州都督、武康郡公。子林甫代領都督，隋滅陳，踰三年乃降，徙長安。"《舊唐書》卷一八五《楊瑒傳》："華陰人。高祖縉，陳中書舍人，以辭學知名。陳亡，始自江左徙關中。"《楊志碑》（《文苑英華》卷九一二）："弘農華陰人也。……曾祖晉，陳內使舍人、臨海王府長史、開蓬蔣遂交愛等九州刺史、武康節公。……大父林甫，陳貞威將軍、廣州都督。"按：《藝文類聚》卷三三"游俠"篇、卷五五"史傳"篇、卷九七"螢火"篇有楊縉詩，《樂府詩集》卷五八、《先秦漢魏晉南北朝詩·陳詩》卷六亦收錄，作者爲"陽縉"。《中國行政區劃通史·三國兩晉南朝卷》第二編第五章第一節交愛都督區注："中古時代'楊'、'陽'常雜用……楊瑒既爲華州華陰人，則其先祖當以'楊'姓爲是。"楊縉、楊林甫所任，史載各異，此從《新唐書》。縉卒年不詳，斷於此。

參 考 文 獻

《宋方鎮年表》《齊方鎮年表》《宋將相大臣年表》《齊將相大臣年表》《梁將相大臣年表》《陳將相大臣年表》,〔清〕萬斯同撰,《二十五史補編》第三至四册,上海:開明書店,1936年。簡稱"萬表"。

《宋齊梁陳方鎮年表》,吴廷燮撰,《歷代方鎮年表》,遼海書社本。簡稱"吳表"。

《晉書》,〔唐〕房玄齡等撰,北京:中華書局,1974年。

《宋書》(修訂本),〔梁〕沈約撰,北京:中華書局,2019年。

《南齊書》(修訂本),〔梁〕蕭子顯撰,北京:中華書局,2019年。

《梁書》(修訂本),〔唐〕姚思廉撰,北京:中華書局,2020年。

《陳書》(修訂本),〔唐〕姚思廉撰,北京:中華書局,2021年。

《魏書》(修訂本),〔北齊〕魏收撰,北京:中華書局,2018年。

《北齊書》,〔唐〕李百藥撰,北京:中華書局,1972年。

《周書》(修訂本),〔唐〕令狐德棻撰,北京:中華書局,2022年。

《隋書》(修訂本),〔唐〕魏徵等撰,北京:中華書局,2020年。

《南史》,〔唐〕李延壽撰,北京:中華書局,1975年。

《北史》,〔唐〕李延壽撰,北京:中華書局,1974年。

《舊唐書》,〔後晉〕劉昫等撰,北京:中華書局,1975年。

《新唐書》,〔宋〕歐陽修、宋祁撰,北京:中華書局,1975年。

《資治通鑑》,〔宋〕司馬光編著,〔元〕胡三省音注,北京:中華書局,1956年。簡稱《通鑑》。

《建康實録》,[唐] 許嵩撰,張忱石點校,北京:中華書局,1986 年。

《三國典略輯校》,[唐] 丘悦撰,杜德橋、趙超輯校,臺北:東大圖書股份有限公司,1998 年。

《西魏書》,[清] 謝啓昆撰,《續修四庫全書》第三○四册,上海:上海古籍出版社,2002 年。

《後梁春秋》,[明] 姚士粦撰,《四庫全書存目叢書》史部第一六三册,濟南:齊魯書社,1996 年。

《南北史合注》,[清] 李清撰,《續修四庫全書》第二七八册至二八二册,上海:上海古籍出版社,2002 年。

《漢魏六朝雜傳集》,熊明輯校,北京:中華書局,2017 年。

《顏氏家訓集解》(增補本),[北齊] 顏之推撰,王利器集解,北京:中華書局,1993 年。

《金樓子校箋》,[梁] 蕭繹撰,許逸民校箋,北京:中華書局,2011 年。

《金樓子疏證校注》,[南朝梁] 蕭繹撰,陳志平、熊清元疏證校注,上海:上海古籍出版社,2014 年。

《書斷》,[唐] 張懷瓘撰,《景印文淵閣四庫全書》第八一二册,臺北:臺灣商務印書館股份有限公司,1986 年。

《異苑》,[南朝宋] 劉敬叔撰,范寧校點;《談藪》,[北齊] 陽松玠撰,程毅中、程有慶輯校,北京:中華書局,1996 年。

《八代談藪校箋》,[隋] 陽玠撰,黄大宏校箋,北京:中華書局,2010 年。

《幽明録》,[南朝宋] 劉義慶撰,鄭晚晴輯注,北京:文化藝術出版社,1988 年。

《比丘尼傳校注》,[梁] 釋寶唱著,王孺童校注,北京:中華書局,2006 年。

《高僧傳》,[梁] 釋慧皎撰,湯用彤校注,北京:中華書局,1992 年。

《續高僧傳》,[唐] 釋道宣撰,郭紹林點校,北京:中華書局,2014 年。

《弘明集》,[梁] 釋僧祐撰;《廣弘明集》,[唐] 釋道宣撰,上海:上海古籍出版社,1991 年。

《弘明集校箋》,[梁] 釋僧祐撰,李小榮校箋,上海:上海古籍出版社,2013 年。

《出三藏記集》,[梁] 釋僧祐撰,蘇晉仁、蕭鍊子點校,北京:中華書局,1995 年。

《法苑珠林校注》,[唐] 釋道世撰,周叔迦、蘇晉仁校注,北京:中華書局,2003 年。

《上清道類事相》,[唐] 王懸河編,《道藏》第二四冊,北京:文物出版社等,1988 年。

《三洞珠囊》,[唐] 王懸河編,《道藏》第二五冊,北京:文物出版社等,1988 年。

《顏光禄集》,[宋] 顏延之撰,《叢書集成三編》第三七冊,臺北:新文豐出版公司,1985 年。

《梁簡文帝集校注》,[南朝梁] 蕭綱著,肖占鵬、董志廣校注,天津:南開大學出版社,2015 年。

《江文通集》,[梁] 江淹撰,[明] 胡之驥彙注,明萬曆二十六年刻本。

《江文通集校注》,[梁] 江淹撰,丁福林、楊勝朋校注,上海:上海古籍出版社,2017 年。

《沈隱侯集》,[梁] 沈約撰,《漢魏六朝百三家集》,《叢書集成三編》第三七冊,臺北:新文豐出版公司,1985 年。

《沈約集校箋》,[梁] 沈約撰,陳慶元校箋,杭州:浙江古籍出版社,1995 年。

《任中丞集》,［梁］任昉撰,《叢書集成三編》第三七册,臺北：新文豐出版公司,1985 年。

《劉秘書集》,［梁］劉孝綽撰,《叢書集成三編》第三七册,臺北：新文豐出版公司,1985 年。

《徐孝穆集》,［陳］徐陵撰,［清］吳兆宜注,《景印摛藻堂四庫全書薈要》第三五七册,臺北：世界書局,1988 年。

《江令君集》,［陳］江總撰,《叢書集成三編》第三七册,臺北：新文豐出版公司,1985 年。

《庾子山集注》,［北周］庾信撰,［清］倪璠注,許逸民校點,北京：中華書局,1980 年。

《文選》,［梁］蕭統編,［唐］李善注,北京：中華書局,1977 年。

《日藏弘仁本文館詞林校證》,［唐］許敬宗編,羅國威整理,北京：中華書局,2001 年。

《樂府詩集》,［宋］郭茂倩編,北京：中華書局,1979 年。

《全上古三代秦漢三國六朝文》,［清］嚴可均輯,《續修四庫全書》第一六〇三至一六〇八册,上海：上海古籍出版社,2002 年。

《先秦漢魏晉南北朝詩》,逯欽立輯校,北京：中華書局,1983 年。

《通典》,［唐］杜佑撰,王文錦等點校,北京：中華書局,1988 年。

《通志》,［宋］鄭樵撰,北京：中華書局,1987 年。

《北堂書鈔》,［唐］虞世南撰,［明］陳禹謨補注,《景印文淵閣四庫全書》第八八九册,臺北：臺灣商務印書館股份有限公司,1986 年。

《北堂書鈔》,［唐］虞世南撰,［清］孔廣陶校注,光緒富文齋刻本。

《藝文類聚》,［唐］歐陽詢撰,汪紹楹校,上海：上海古籍出版社,1965 年。

《初學記》,[唐] 徐堅等撰,北京:中華書局,1962 年。

《太平御覽》,[宋] 李昉等編,北京:中華書局,1960 年。

《册府元龜》,[宋] 王欽若等編,北京:中華書局,1960 年。

《太平廣記》,[宋] 李昉等編,北京:中華書局,1961 年。

《文苑英華》,[宋] 李昉等編,北京:中華書局,1966 年。

《集古録跋尾》,[宋] 歐陽修撰,《石刻史料新編》第一輯第二四册,臺北:新文豐出版公司,1977 年。

《金石續編》,[清] 陸耀遹撰,《石刻史料新編》第一輯第四至五册,臺北:新文豐出版公司,1977 年。

《漢魏南北朝墓誌集釋》,趙萬里撰,《石刻史料新編》第三輯第三至四册,臺北:新文豐出版公司,1986 年。簡稱《墓誌集釋》。

《漢魏南北朝墓誌彙編》,趙超撰,天津:天津古籍出版社,2008 年。

《新出魏晉南北朝墓誌疏證》(修訂本),羅新、葉煒撰,北京:中華書局,2016 年。

《漢魏六朝碑刻校注》,毛遠明編著,北京:綫裝書局,2008 年。簡稱《碑刻校注》。

《西南大學新藏墓誌集釋》,毛遠明編著,南京:鳳凰出版社,2018 年。簡稱《西南大學墓誌》。

《南北朝墓誌集成》,王連龍編撰,上海:上海人民出版社,2021 年。簡稱《墓誌集成》。

《隋代墓誌銘彙考》,王其禕、周曉薇編著,北京:綫裝書局,2007 年。

《秦晉豫新出墓誌蒐佚》,趙君平、趙文成編,北京:國家圖書館出版社,2012 年。簡稱《秦晉豫墓誌》。

《水經注疏》,[北魏] 酈道元注,楊守敬、熊會貞疏,南京:江蘇古籍出版社,1989 年。

《元和郡縣圖志》，［唐］李吉甫撰，賀次君點校，北京：中華書局，1983 年。簡稱《元和志》。

《太平寰宇記》，［宋］樂史撰，王文楚等點校，北京：中華書局，2007 年。簡稱《寰宇記》。

《嘉慶重修一統志》，北京：中華書局，1986 年。

《補梁疆域志》，［清］洪齮孫撰，《二十五史補編》第四册，上海：開明書店，1936 年。

《補陳疆域志》，臧勵龢撰，《二十五史補編》第四册，上海：開明書店，1936 年。

《北周地理志》，王仲犖撰，北京：中華書局，1980 年。

《北齊地理志》，施和金撰，北京：中華書局，2008 年。

《隋書地理志考證（附補遺）》，楊守敬撰，《二十五史補編》第四册，上海：開明書店，1936 年。

《東晉南北朝輿地表》，［清］徐文範撰，《二十五史補編》第五册，上海：開明書店，1936 年。

《讀史方輿紀要》，［清］顧祖禹撰，賀次君、施和金點校，北京：中華書局，2005 年。

《匡謬正俗平議》，［唐］顏師古原著，劉曉東平議，濟南：山東大學出版社，1999 年。

《宋書考論》，［清］孫彭撰，《二十五史三編》第五册，長沙：岳麓書社，1994 年。

《五史斠議》，羅振玉撰，《二十五史三編》第五册，長沙：岳麓書社，1994 年。

《南北史掇瑣》，高敏撰，鄭州：中州古籍出版社，2003 年。

《讀史舉正》，［清］張熷撰，《續修四庫全書》第四五五册，上海：上海古籍出版社，2002 年。

《十七史商榷》，［清］王鳴盛撰，黄曙輝點校，上海：上海古籍出版社,2013 年。

《廿二史劄記校證》,〔清〕趙翼撰,王樹民校證,北京:中華書局,2013 年。

《廿二史考異》,〔清〕錢大昕撰,方詩銘、周殿傑校點,上海:上海古籍出版社,2004 年。

《諸史考異》,〔清〕洪頤煊撰,《續修四庫全書》第四五五冊,上海:上海古籍出版社,2002 年。

《越縵堂讀書簡端記》,〔清〕李慈銘撰,王利器纂輯,天津:天津人民出版社,1980 年。

《越縵堂讀書記》,〔清〕李慈銘著,由雲龍輯,上海:上海書店出版社,2000 年。

《越縵堂讀史札記全編》,〔清〕李慈銘著,北京:北京圖書館出版社,2003 年。

《魏晉南北朝史札記》,周一良撰,北京:中華書局,1985 年。

《中國地方行政制度史》乙部《魏晉南北朝地方行政制度》(上下冊),嚴耕望著,臺北:"中研院"歷史語言研究所,1990 年。

《六朝都督制研究》,〔日〕小尾孟夫著,廣島:株式會社溪水社,2001 年。

《魏晉南北朝都督制度研究》,張鶴泉著,長春:吉林文史出版社,2007 年。

《魏晉南北朝將軍制與都督制論稿》,張鶴泉著,長春:長春出版社,2023 年。

《中國疆域沿革史》,顧頡剛、史念海著,北京:商務印書館,1999 年。

《六朝疆域與政區研究》(增訂本),胡阿祥著,北京:學苑出版社,2005 年。

《中國行政區劃通史·三國兩晉南朝卷》,周振鶴主編,胡阿祥、孔祥軍、徐成著，上海：復旦大學出版社，2017 年。

　　《中國歷史地圖集》，譚其驤主編，北京：中國地圖出版社，1982 年。

人　名　索　引①

B

C

---

① 本人名索引爲漢語拼音索引。表中所列人物之封號，在索引中皆改爲姓，如
　　"廬陵王義真"改爲"劉義真"。

H

J

X

圖書在版編目(CIP)數據

魏晉南北朝方鎮年表新編. 宋齊梁陳卷 / 魯力著
. —上海：上海古籍出版社，2023.12
ISBN 978－7－5732－1002－9

Ⅰ.①魏…　Ⅱ.①魯…　Ⅲ.①中國歷史—魏晉南北朝
時代—歷史年表　Ⅳ.①K235.08

中國國家版本館 CIP 數據核字(2023)第 237497 號

魏晉南北朝方鎮年表新編(宋齊梁陳卷)
魯　力　著
上海古籍出版社出版發行
(上海市閔行區號景路 159 弄 1－5 號 A 座 5F　郵政編碼 201101)
(1)網址：www.guji.com.cn
(2)E-mail：guji1@guji.com.cn
(3)易文網網址：www.ewen.co
上海市崇明縣裕安印刷廠印刷
開本 850×1168　1/32　印張 24　插頁 2　字數 602,000
2023 年 12 月第 1 版　2023 年 12 月第 1 次印刷
ISBN 978－7－5732－1002－9
K·3532　定價：108.00 元
如有質量問題,請與承印公司聯繫